ERNST LOHMEYER

GREIFSWALDER THEOLOGISCHE FORSCHUNGEN
(GThF)

Herausgegeben von Christfried Böttrich im Auftrag
der Theologischen Fakultät Greifswald

Band 28

Christfried Böttrich (Hrsg.)

ERNST LOHMEYER

BEITRÄGE ZU LEBEN UND WERK

EVANGELISCHE VERLAGSANSTALT
Leipzig

Gedruckt mit Mitteln der Deutschen Forschungsgemeinschaft.

Bibliographische Information der Deutschen Nationalbibliothek
Die Deutsche Nationalbibliothek verzeichnet diese Publikation in der
Deutschen Nationalbibliographie; detaillierte bibliographische Daten
sind im Internet über http://dnb.dnb.de abrufbar.

Cover: Kai-Michael Gustmann, Leipzig
Satz: 3W+P, Rimpar
Druck und Binden: Hubert & Co., Göttingen

ISBN 978-3-374-05687-3
www.eva-leipzig.de

Inhalt

Abb. 1: Hausspruch am Pfarrhaus in Vlotho (Westfalen)

ZEIGE MIR HERR DEN WEG DEINER RECHTE DAS ICH SIE BEWAHRE
(Ps 119,33)
Hier ging Ernst Lohmeyer in den Jahren seiner Kindheit und Jugend (1895–
1908) aus und ein. Dieser Psalmvers musste sich dem wachen Verstand des
Kindes einprägen und später auch dem Erwachsenen in Erinnerung bleiben.

VORWORT

Ernst Lohmeyer (1890–1946), einer der bedeutendsten Neutestamentler des 20. Jahrhunderts, ist und bleibt mit der Universitätsstadt Greifswald auf eine ganz besondere Weise verbunden. Seine Heimat liegt in Westfalen. Das Studium führte ihn nach Tübingen, Leipzig, Berlin und Heidelberg. Die längste und erfolgreichste Zeit seiner akademischen Tätigkeit verbrachte er in Breslau. Greifswald aber, wo er von 1935 bis 1946 lehrte und arbeitete, wurde für ihn zum Schicksalsort. Hier endete sein Leben in den Wirren der Nachkriegszeit auf unerwartete und gewaltsame Weise. In Greifswald erlitt sein Name in den folgenden Jahrzehnten bis zum Ende der DDR eine ideologisch motivierte *damnatio memoria*. Von Greifswald ging nach 1989 schließlich auch die erneute Initiative aus, die Ehre des politisch mehrfach Verfemten wiederherzustellen. Schüler Ernst Lohmeyers wie sein späterer Greifswalder Nachfolger Werner Schmauch oder ehemalige Greifswalder Studenten wie Gerhard Saß und Horst Eduard Beintker erinnerten immer wieder an sein Werk und an sein Geschick.

Von Lohmeyers Ende her, das mit der Verhaftung am 15. Februar 1946 noch Aufsehen erregte, mit der Ermordung am 19. September 1946 dann aber bereits der öffentlichen Wahrnehmung entzogen war, fällt ein eigentümliches Licht auf dieses bemerkenswerte Gelehrtenleben. Dessen war man sich in Greifswald immer bewusst – während der Jahre des Schweigens wie auch später, als die Zeit der Aufarbeitung begann. Dieser Situation verdankt sich der vorliegende Band.

Als ich 2003 als mittlerweile achter Nachfolger Ernst Lohmeyers nach Greifswald kam, waren die Rätsel um die Ereignisse von 1946 bereits weitgehend aufgeklärt. Das Gebäude der Theologischen Fakultät trug Lohmeyers Namen. Eine bronzene Porträtbüste erinnerte im Hauptgebäude der Universität an die kurze Zeit seines Rektorates. Ernst Lohmeyers Bücher lagen auf meinem Tisch und veranlassten mich – nun selbst vor Ort – zu einer erneuten, intensiveren Lektüre. Günter Haufe (von 1971 bis 1996 Professor für Neues Testament in Greifswald) übergab mir mehrere dicke Mappen mit Materialien, die Ernst Lohmeyers Greifswalder Zeit betrafen – Sonderdrucke, Briefe, Zeitungsausschnitte, Programme, Bilder. Als Martin Onnasch (von 1996 bis 2009 Professor für Kirchengeschichte in Greifswald) in den Ruhestand trat, kamen einige weitere Mappen vergleichbaren Inhaltes hinzu. Diesem Material gegenüber habe ich seither stets eine Verpflichtung empfunden.

Im Jahre 2016 rückte der 70. Todestag Ernst Lohmeyers in den Blick. Im Professorium der Theologischen Fakultät kam die Frage auf, wie dieses Datum in angemessener Weise zu gestalten sei. Dabei nahm schon bald der Plan für ein Symposium Gestalt an, das schließlich am 24. Oktober 2016 im Alfried-Krupp-Wissenschaftskolleg stattfand: »Hoffnungsvoller Aufbruch – gewaltsames Ende. Symposium zum Gedenken an Ernst Lohmeyers Tod vor 70 Jahren«. Das Programm begann mit einem Grußwort der Rektorin, Prof. Johanna Eleonore Weber, und endete mit einem öffentlichen Abendvortrag von Prof. John W. Rogerson aus Sheffield. Die insgesamt sechs Vorträge leuchteten Leben und Werk Ernst Lohmeyers gleichermaßen aus und führten Lohmeyer-Forscher aus den USA, aus England und Italien mit dem Kollegium der Theologischen Fakultät Greifswald zusammen.

Die Veröffentlichung der Beiträge dieses Symposiums in der Reihe »Greifswalder Theologische Forschungen« entwickelte dann in der Folge noch einmal eine besondere Dynamik. Thomas K. Kuhn, der sich als Kirchenhistoriker intensiv in die Ereignisse um Lohmeyers Verschwinden und seine spätere Rehabilitierung eingearbeitet hatte, suchte von neuem die Archive auf und baute seinen Eröffnungsvortrag zu einer umfangreichen, eigenständigen Studie aus, die eine Reihe bislang noch kaum beachteter Aspekte wie auch völlig neuer Details zur Darstellung bringt. Sie ist diesem Band vorangestellt. Die weiteren fünf Vorträge von James R. Edwards (Spokane), Andreas Köhn (Como), Heinrich Assel (Greifswald), Christfried Böttrich (Greifswald) und John W. Rogerson (Sheffield) bilden einen gemeinsamen Block; bei ihnen ist der Vortragsstil weitgehend erhalten geblieben.

Darüber hinaus bot es sich an, den Band für die Veröffentlichung einiger biographischer Materialien zu nutzen, die in den Greifswalder Beständen vorliegen. An erster Stelle stehen hier jene 18 Ehrenerklärungen, die zwischen 1946 und 1947 von bedeutenden Persönlichkeiten abgegeben wurden. Sie stellen ein ganz einzigartiges Zeugnis für das Charakterbild Ernst Lohmeyers in der Sicht seiner Zeitgenossen dar. Eine frühe, noch ganz unter dem unmittelbaren Eindruck der Ereignisse stehende Darstellung des »Falles Lohmeyer« stammt von seiner Frau Melie Lohmeyer (1886–1971); dieser Text lag bislang nur als Schreibmaschinenskript vor. Ebenso verhält es sich mit den Erinnerungen des Juristen Karl Peters (1904–1998), die indessen mit einem deutlich größeren zeitlichen Abstand zu Papier gebracht worden sind.

In der Diskussion nach dem öffentlichen Abendvortrag am 24. Oktober 2016 hatte sich auch Frau Brigitte Remertz-Stumpff zu Wort gemeldet, die als Kind dasselbe Haus wie Familie Lohmeyer in der Greifswalder Arndtstraße 3 bewohnte. Daraus entstand im Nachgang ein Interview, das hier mit einem herzlichen Dank an Frau Remertz-Stumpff wiedergeben wird. Ihm folgt ein kurzer Ausschnitt aus einem schon älteren Interview mit Anneliese Pflugbeil, der »Mutter« der Greifswalder Bachwoche, das dankenswerterweise von Rainer Neumann zur Verfügung gestellt worden ist.

Im Juni 2017 lernte ich in Herford Pfarrer Dr. Wolfgang Otto kennen, der mir freundlicherweise noch einmal Materialien und Unterlagen aus seiner langjährigen Beschäftigung mit Ernst Lohmeyer zur Verfügung stellte. Sie gesellen sich den von Günter Haufe und Martin Onnasch übernommenen Materialien hinzu. Auf diesem Material basieren drei weitere Beiträge. Der erste versucht, den Weg des Erinnerns und Gedenkens an Ernst Lohmeyer nachzuzeichnen, der im Westen und im Osten zunächst auf unterschiedlichen Bahnen verlief, bis dann die Wende von 1989 wieder eine gemeinsame Pflege des Lohmeyerschen Erbes gestattete. Der zweite skizziert die Geschichte jener bronzenen Porträtbüste, die sich seit 1990 in Greifswald befindet. Der dritte ist der marmornen Gedenktafel gewidmet, die seit 2000 am Gebäude der Theologischen Fakultät hängt.

Die Bibliographie Ernst Lohmeyers ist für diesen Band noch einmal neu zusammengestellt worden. Alle Einträge wurden nach Möglichkeit durch Autopsie überprüft, wobei sich der Bestand hier und da noch erweitert hat. Die Literatur über Ernst Lohmeyer liegt nun auf dem neuesten Stand vor und schließt erstmals auch die Fülle der Zeitungsartikel ein. Gelegentlich hinzugefügte Kommentare liefern Zusatzinformationen und sollen der Selbsterschließung dieser Bibliographie dienen.

Ein Bildanhang versammelt Porträts von Ernst Lohmeyer aus verschiedenen Lebensphasen und stellt seine Persönlichkeit auf diese Weise noch einmal in einem anderen Medium vor Augen. Bilder jener Häuser, in denen Ernst Lohmeyer lebte, sowie solcher, die mit seinem Namen benannt wurden, schließen sich an. Den Schluss bildet eine Kurzvita in Stichworten, um die wichtigsten biographischen Daten überblicksartig zur Verfügung zu stellen.

Dass dieser Band nun auch im Druck vorgelegt werden kann, verdankt sich vielfacher Hilfe und Unterstützung. Der erste und größte Dank gebührt allen Beiträgern, die mit ihrer Präsenz während des Symposiums am 24. Oktober 2016 sowie durch ihre Texte die Auseinandersetzung mit Lohmeyers Leben und Werk gefördert haben. Das Alfried-Krupp-Wissenschaftskolleg Greifswald hat durch seine großzügige finanzielle Unterstützung das Symposium überhaupt erst möglich gemacht. Insbesondere danke ich dabei Herrn Dr. Christian Suhm, dem wissenschaftlichen Geschäftsführer des Hauses, für die vielfach bewährte, gute Zusammenarbeit. Ein herzlicher Dank gilt auch den Enkeln Ernst Lohmeyers, Julia Otto und Stefan Rettner, für ihre freundliche Zustimmung, die noch unveröffentlichten Texte und Bilder publizieren zu dürfen. Den Band hat in gewohnt professioneller Weise die Evangelische Verlagsanstalt Leipzig unter der umsichtigen Leitung von Dr. Annette Weidhas betreut. An der Arbeit am Manuskript waren Sabine Schöning und Clara Kretschmann beteiligt. Die nötigen Druckkosten konnten durch die finanzielle Hilfe der DFG aufgebracht werden. Ihnen allen gilt ein herzliches Dankeschön!

Als Ernst Lohmeyer 1939–1943 aus seiner Greifswalder Tätigkeit heraus-gerissen und erneut zum Militärdienst verpflichtet wurde, trug er stets sein *Novum Testamentum Graece* bei sich. Im Chaos der Kriegsereignisse arbeitete er an der Kommentierung des Evangeliums nach Matthäus weiter, die er auf Feldpostkarten skizzierte. Aus dieser Situation heraus schrieb er an seine Frau: »Hoffentlich bleibt mir noch etwas Zeit. Ich habe noch so viel zu sagen ...« Zeit blieb ihm nur noch wenig vergönnt. Aber sein Werk, das er im Ganzen hinter-lassen hat, zeigt, was Ernst Lohmeyer auch heute immer noch und wieder neu zur Interpretation des Neuen Testaments beizutragen vermag.

Greifswald, Pfingsten 2018   Christfried Böttrich

I. STUDIE

»Es ist unheimlich still um ihn ...«

Der Weg zur Rehabilitation Ernst Lohmeyers (1945–1996)*

Thomas K. Kuhn

I.

Kriegsende und Neuanfang

Kurz vor Kriegsende begann an der Greifswalder Universität im April 1945 das Sommersemester. Am 3. Mai 1945 gab der Greifswalder Rektor Carl Engel (1895–1947), der kurze Zeit später verhaftet und im Lager Fünfeichen bei Neubrandenburg interniert wurde, allen Mitgliedern des Lehrkörpers bekannt: »Die Universität arbeitet in vollem Umfange weiter. Soweit Vorlesungen und Übungen nicht bereits laufen, bitte ich dieselben sofort aufzunehmen und auch bei kleinster Teilnehmerzahl durchzuführen.«[1] Kleinste Teilnehmerzahlen wies beispielsweise die Theologische Fakultät auf, die mit vier Studenten den Lehrbetrieb startete.[2] Diese erstaunlich frühe Aufnahme des Vorlesungsbetriebs war

---

*   Für die Unterstützung bei den Korrekturen danke ich Paul Gohlke, Marita Gruner und Lea Weber ganz herzlich.

[1]   Evangelisches Zentralarchiv Berlin (= EZA) 712/213 (Nachlass Rudolf Hermann). Engel war seit 1933 Mitglied der NSDAP gewesen.

[2]   Das folgende Frühjahrssemester zählte immerhin schon 18 Studenten. In der Vorkriegszeit war die Zahl der Theologiestudierenden in den Jahren 1933 bis 1939 von 306 auf 38 gesunken; Zahlen nach Helge Matthiesen, Greifswald in Vorpommern. Konservatives Milieu im Kaiserreich, in: Demokratie und Diktatur 1900–1990, Düsseldorf 2000, 336. Zur Situation der Universität in den Jahren 1945 und 1946 siehe Henrik Eberle, »Ein wertvolles Instrument«. Die Universität Greifswald im Nationalsozialismus, Köln, Weimar, Wien 2015, 594–600; sowie Martin Onnasch, Die Geschichte der Theologischen Fakultät Greifswald 1938–2004, in: Dirk Alvermann / Karl-Heinz Spieß (Hg.), Universität und Gesellschaft. Festschrift zur 550-Jahrfeier der Universität Greifswald 1456–2006. Band 1: Die Geschichte der Fakultäten im 19. und 20. Jahrhundert, Rostock 2006, 92–165, hier 99–105. Zur Situation am Ende des Krieges siehe auch Arnold Wiebel, Das Aufziehen der weißen Fahne in Greifswald. Ein weiteres Tagebuch aus den Wochen um das Kriegsende 1945, in: Zeitgeschichte regional – Mitteilungen aus Mecklenburg-

deswegen möglich geworden, weil die Greifswalder Alma Mater im Gegensatz zu anderen Hochschulen kaum Kriegsschäden zu beklagen hatte.[3] Die Universitätsbibliothek war zudem die einzige noch völlig intakte Bibliothek im Osten Deutschlands.[4] Vor diesem Hintergrund erklärte knapp drei Wochen später der als Nachfolger Engels eingesetzte kommissarische Rektor Ernst Lohmeyer:»Die Universität Greifswald ist daher wie keine andere deutsche Universität bestimmt, bei dem Wiederaufbau des kulturellen und wissenschaftlichen Lebens im nordostdeutschen Raum die führende Rolle zu übernehmen. Sie würde damit auch der Stadt, mit deren Schicksal ihr eigenes Ergehen seit ihrer Gründung immer eng verbunden gewesen ist, wieder den Charakter einer ausgesprochenen Universitätsstadt geben können.«[5]

Diese vergleichsweise glücklichen universitären Gegebenheiten verdankte die Hansestadt dem weitsichtigen Vorgehen einiger Bürger und Mitglieder der Universität. Denn in der Nacht vom 29. auf den 30. April 1945 war eine Gruppe von Parlamentären in drei mühsam beschafften Autos aus Greifswald nach Anklam aufgebrochen, wo sie im Auftrag von Oberst Rudolf Petershagen (1901–1969), dem Greifswalder Kampfkommandanten, den vorrückenden russischen Truppen erfolgreich die kampflose Übergabe Greifswalds angeboten hatte. Die Sowjets akzeptierten die Kapitulation und erließen daraufhin eine Übergabevereinbarung.[6] Als am nächsten Morgen russische Panzer über die Anklamer

---

Vorpommern 3, 1999, 49–54, der aus dem Tagebuch des Greifswalder Theologen Rudolf Hermann (1887–1962) berichtet.

[3]   In Greifswald waren nur maximal 9 % der Universitätsgebäude zerstört gewesen, in Rostock beispielsweise 50 %; siehe dazu Petr I. Nikitin, Zwischen Dogma und gesundem Menschenverstand. Wie ich die Universitäten der deutschen Besatzungszone »sowjetisierte«. Erinnerungen des Sektorleiters Hochschulen und Wissenschaft der Sowjetischen Militäradministration in Deutschland, Berlin 1997, 61.

[4]   Ernst Lohmeyer in einem Schreiben vom 22. Mai 1945 an den Kommandanten der Stadt Greifswald; Universitätsarchiv Greifswald (= UAG): Altes Rektorat R 458, Bl. 238.

[5]   Ebd. Drei Tage zuvor hatte der Kurator der Universität am 19. Mai 1945 ein ähnlich lautendes Schreiben an den Oberbürgermeister von Greifswald verfasst und u. a. erklärt: »Nachdem alle, dem Charakter Greifswalds fremden Einflüsse durch die Kriegshandlungen ausgeschaltet und verschwunden sind, kann Greifswald seinen Charakter als ausgesprochene Universitätsstadt nunmehr wieder zurückgewinnen. Eine weitschauende städtische Politik, an der es in den vergangenen Jahren gefehlt hat, wird mit der wichtigste Faktor für die Neugestaltung des hiesigen geistigen und damit auch wirtschaftlichen Lebens sein.« UAG: Altes Rektorat R 458, Bl. 242.

[6]   Wiebel, Aufziehen, 51. Siehe auch Matthias Schubert, Die kampflose Übergabe von Greifswald am 30. April 1945. Erinnerungen an und von Paul Grams, in: Zeitgeschichte regional – Mitteilungen aus Mecklenburg-Vorpommern 19, 2015, 69–79; ferner Hans-Jürgen Schumacher / Ulrich Frohriep (Hg.), Rudolf Petershagen und die kampflose Übergabe der Stadt Greifswald. Zeitzeugen erinnern sich an die letzten Kriegstage in und

Chaussee in die Stadt rollten, hingen an Häusern und Kirchtürmen weiße Fahnen. Eilig gedruckte Plakate[7] informierten die Bevölkerung über die Bedingungen der Übergabe. Nachdem Oberst Petershagen im Rathaus die Stadt offiziell an die Sowjets übergeben hatte, war für Greifswald zwar der Krieg vorbei[8], aber es folgten bis zum Sommer 1946 Monate, in denen die »Ordnung der regionalen Gesellschaft an den Rand der Auflösung« kam.[9] Aus Angst vor den heranrückenden sowjetischen Truppen flohen einerseits seit Ende April Tausende aus Greifswald und eine erschreckend große Selbstmordwelle überzog die Region.[10] Andererseits ergossen sich gewaltige Flüchtlingsströme nach Greifswald und ins spätere Land Mecklenburg-Vorpommern.[11] Die Stadt war nach Kriegsende »hoffnungslos überbevölkert«, aber die Situation ruhiger als auf dem Land.[12] Für Unruhe sorgen neben den Versorgungsmängeln die zunehmenden Verhaftungen, die oft völlig überraschend und willkürlich erfolgten. Sie sollten der Einschüchterung der Bevölkerung dienen und besaßen Terrorcharakter.[13]

---

um Greifswald, Rostock 2005; Norbert Buske / Carl Engel (Hg.), Die kampflose Übergabe der Stadt Greifswald im April 1945. Das Tagebuch des Rektors der Greifswalder Universität Professor Carl Engel und Auszüge aus der »Chronik des Grundstückes Anklamer Straße 60/61 in Greifswald«. Eine Dokumentation, Schwerin (Nachdr. der Ausgabe von 1993) 2001.

[7] Das Plakat ist abgebildet bei Helge Matthiesen, Greifswald unter sowjetischer Besatzung und in der DDR, in: Horst Wernicke (Hg.), Greifswald. Geschichte der Stadt, Schwerin 2000, 141–159, hier 141.

[8] Siehe dazu Helge Matthiesen, Das Kriegsende 1945 und der Mythos von der kampflosen Übergabe, in: Horst Wernicke (Hg.), Greifswald, 135–140; ferner Hans Georg Thümmel, Greifswald – Geschichte und Geschichten. Die Stadt, ihre Kirchen und ihre Universität, Paderborn, München, Wien, Zürich 2011, 208–212, und Dirk Alvermann, Die Zeit, in: Gerhardt Katsch, Greifswalder Tagebuch 1946–47, hg. von Dirk Alvermann, Irmfried Garbe, Manfred Herling, Kiel ³2015, 15–30, hier 15.

[9] Matthiesen, Greifswald, 141. Siehe ferner zur Situation Matthiesen, Greifswald in Vorpommern, 449–453.

[10] Siehe neuerdings dazu Florian Huber, Kind, versprich mir, dass du dich erschießt. Der Untergang der kleinen Leute 1945, Berlin 2016; ferner Damian van Melis, Entnazifizierung in Mecklenburg-Vorpommern. Herrschaft und Verwaltung 1945–1948, München 1999, 23–24.

[11] Melis, Entnazifizierung, 11, erklärt: »Am stärksten wurde das Land seit 1945 aber von der großen Zahl an Flüchtlingen geprägt. Kein anderes Bundesland nahm so viele Ortsfremde auf: Fast die Hälfte der Bevölkerung zwischen Usedom und Boizenburg hatte vor dem Krieg noch in anderen Städten und Regionen gelebt.« Siehe dort ferner 42–45.

[12] Matthiesen, Greifswald, 141–142. Ende Mai 1945 war die Anzahl der Bevölkerung auf 68.000 gestiegen. Das war fast das Doppelte der Vorkriegszeit. Der Anteil der Flüchtlinge betrug rund 60 %; Matthiesen, Greifswald in Vorpommern, 456.

[13] Matthiesen, Greifswald in Vorpommern, 454–455.

Aufgrund der bei der Kapitulation ausgehandelten Übergabevereinbarungen konnte in Greifswald – anders als an den meisten anderen deutschen Universitäten – nach der militärischen Okkupation der universitäre Unterricht rasch fortgesetzt werden, freilich unter erschwerten, weil eingeschränkten personellen Bedingungen.[14] So nahm auch die Theologische Fakultät alsbald ihren Betrieb auf.[15] Außer den Professoren Walter Bülck (1891–1952)[16] und Probst Heinrich Laag (1892–1972)[17] waren die anderen Lehrkräfte in Greifswald geblieben und

---

[14]   Alvermann, Zeit, 15.

[15]   Die Greifswalder Universität war nicht wie viele andere Universitäten im Deutschen Reich geschlossen worden, sondern im letzten halben Kriegsjahr geöffnet geblieben. Ernst Lohmeyer berichtete an den Göttinger Verleger Günther Ruprecht (1898–2001): »Greifswald bleibt geöffnet, auch die theol. Fakultät, daneben noch die Theol. Fakultäten in Leipzig und Tübingen. Als Universitäten werden ganz geschlossen: Köln, Bonn, Strassburg wahrscheinlich auch Münster und teilweise auch noch manche andere wie Hamburg, Kiel, Rostock, Königsberg, Berlin, Breslau. Unsere Theologen müssen sich also praktisch, da Leipzig ausgebombt ist, auf Greifwald und Tübingen verteilen. Die Nachrichten stammen von unserem Kurator, der gleichzeitig im Ministerium arbeitet; sie sind noch mit einer gewissen Vertraulichkeit zu behandeln.« E. Lohmeyer an G. Ruprecht, Brief vom 9. Oktober 1944; Staatsbibliothek Berlin (= SBB): Nachlass 494 (Archiv des Verlags Vandenhoeck & Ruprecht: Ernst Lohmeyer), G 1940–1946. Tasche 13, Bl. 600.

[16]   Der Schüler von Otto Baumgarten (1858–1934) und liberale Praktische Theologe war 1936 u.a. wegen seiner politischen Haltung gezwungen worden, von Kiel auf eine schlechter dotierte Stelle nach Greifswald zu wechseln. Nach dem Krieg floh er am 25. April 1945 nach Hamburg. Dort versah er einen Lehrauftrag für Religionspädagogik und übernahm eine Pfarrstelle in Altona; siehe Eberle, Universität Greifswald, 621–622; ferner Ralph Uhlig / Uta Cornelia Schmatzler (Hg.), Vertriebene Wissenschaftler der Christian-Albrechts-Universität zu Kiel (CAU) nach 1933. Zur Geschichte der CAU im Nationalsozialismus. Eine Dokumentation, Frankfurt am Main u.a. 1991, 99–102, sowie Jendris Alwast, Geschichte der Theologischen Fakultät. Von ihrer Gründung an der gottorfisch-herzoglichen Christian-Albrechts-Universität bis zum Ende der gesamtstaatlichen Zeit, Bd. 2.2, Norderstedt 2008, 125–127; Eberle, Universität Greifswald, 339–341; Rudolf Bultmann, Briefwechsel mit Götz Harbsmeier und Ernst Wolf. 1933–1976, Tübingen 2017, 566, Anm. 5–6.

[17]   Der gebürtige Mecklenburger Heinrich Laag übernahm zunächst im hessischen Schlüchtern eine Pfarrstelle und erhielt 1950 einen Lehrauftrag an der Universität Marburg. Dort wurde er schließlich Honorarprofessor und gründete 1954 die Zentralstelle für modernen Kirchenbau, aus der das Institut für Kirchenbau und kirchliche Kunst der Gegenwart hervorging, das Laag bis 1965 leitete; siehe dazu Ulrich Fabricius, Heinrich Laag, in: Neue Deutsche Biographie 13, 1982, 358–359.

die »herzlich langweilige Fakultät«[18] konnte mit ihren acht verbliebenen Professoren den Lehrbetrieb aufnehmen.[19]

An der Vorbereitung der für die Stadt so wichtigen kampflosen Übergabe hatte sich auch Ernst Lohmeyer beteiligt. Der Greifswalder Professor für Neues Testament übernahm wenige Tage später am 3. Mai das Amt des Prorektors.[20] Zwölf Tage später trat er schließlich nach der Amtsenthebung von Rektor Carl Engel kommissarisch das Rektorat an.[21]

Gut zwei Jahre zuvor war er »gelb und mager, mit einem völlig veränderten Gesichtsausdruck«, gezeichnet von beharrlich wiederkehrenden Ruhranfällen, aus dem Krieg zurückgekehrt.[22] Während seines Kriegsdienstes, bei dem ihn ein griechisches Neues Testament begleitete, konnte er zwar immer wieder in bescheidenem Maße theologisch arbeiten – wie das Buch über das »Vater unser« oder seine Arbeit am Kommentar zum Matthäus-Evangelium zeigen –, insgesamt aber war er weitgehend aus den theologischen Zusammenhängen herausgerissen

---

[18]   So urteilte rückblickend Hans von Campenhausen, der im Wintersemester 1937/38 nach Greifswald gekommen war: Hans von Campenhausen, Die »Murren« des Hans Freiherr von Campenhausen. »Erinnerungen, dicht wie ein Schneegestöber«. Autobiografie, Norderstedt 2005, 175.

[19]   Zum Lehrkörper siehe Eberle, Universität Greifswald, 600–601: Von den acht Angehörigen der Theologischen Fakultät waren nur zwei ehemalige NSDAP-Mitglieder: Walther Glawe (1880–1967) und Wilhelm Koepp (1885–1965); damit hatte die Fakultät gesamtuniversitär gesehen prozentual den niedrigsten Anteil. Zu den Lehrpersonen im Einzelnen siehe Eberle, Universität Greifswald, 620–640. Über die ersten beiden Semester nach Kriegsende berichtete Dekan Rudolf Hermann auf der Versammlung des Lehrkörpers und der Studentenschaft der Universität Greifswald am 24. Mai 1946. Siehe dazu das Protokoll der Sitzung; UAG: Altes Rektorat R 580/4; Bl. 38–47, hier 44–47.

[20]   Siehe UAG: Altes Rektorat R 458, S. 247. Ferner Günter Haufe, Gedenkvortrag zum 100. Geburtstag Ernst Lohmeyers, in: Hans-Jürgen Zobel (Hg.), In memoriam Ernst Lohmeyer. 8. Juli 1890–19. September 1946. Gedenkveranstaltung am 19. September 1990 anläßlich des 100. Geburtstages und der Wiederkehr des Todestages, Greifswald 1991, 6–16, hier 13.

[21]   Der Greifswald Mediziner Gerhardt Katsch (1887–1961) berichtet in seinem Tagebuch, dass sich Lohmeyer für Engel eingesetzt habe, seine Intervention aber »völlig negativ verlaufen sei. Es scheint, daß die N.K.W.D. der Ansicht ist, Engel sei aus zurückliegenden Jahren im antisowjetischen Sinn schwer belastet«; siehe Gerhardt Katsch, Greifswalder Tagebuch 1945–46, hg. von Mathias Niendorf, Kiel 2015, 34–35. Siehe dazu Andreas Köhn, Der Neutestamentler Ernst Lohmeyer. Studien zu Biographie und Theologie, Tübingen 2004, 115–116; ferner Thomas Stamm-Kuhlmann, Die Universität Greifswald seit dem Übergang an Preußen, in: Horst Wernicke (Hg.), Greifswald, 209–218, hier 215.

[22]   Melie Lohmeyer, Der Fall Lohmeyer – dargestellt von seiner Frau 1949; in diesem Band, 249.

gewesen.[23] Anscheinend beschäftigte er sich in jener Zeit einerseits mit seiner beruflichen Zukunft nach Ende des Krieges und zog in Erwägung, einen Berufswechsel vorbereiten zu müssen. Wie seine Frau aus dieser Zeit an Rudolf Bultmann (1884–1976) berichtete, hatte sich Lohmeyer von allem »aktuell Kirchlichem [...] so entfremdet, daß es ihn oft garnicht interessierte«.[24] Obendrein bezweifelte er den Fortbestand der Theologischen Fakultäten nach Kriegsende. Deshalb überlegte er, einen Verwaltungsposten zu übernehmen.[25] Andererseits fühlte er sich während seiner Stationierung im Westen »dreckleid« und unterfordert, so dass er sich zu »größeren Aufgaben nach Russland« melden wollte.[26] Als er dort eingesetzt worden war, erkrankte er im Sommer 1942 lebensgefährlich. Zudem setzte ihm der Tod seines Sohnes Helge zu, der am 29. Januar

---

[23]   So schrieb E. Lohmeyer beispielsweise an seinen befreundeten Kollegen Hans von Campenhausen: »Dabei bin ich – ich spüre das fast bei jedem Wort – aus dem lebendigen Zusammenhang der theologischen Arbeit völlig heraus; gerade mein kleines Thema [Vater unser] hält mich noch etwas aufrecht, und bald kann ich mich wie der Poet vor Zeus Thron fühlen«. E. Lohmeyer an H. von Campenhausen, Brief vom 25. März 1941, Nachlass vom Campenhausen, Herder-Institut Marburg: DSHI 110 Campenhausen 1427, 46, hier 46v. Ich danke Herrn Axel von Campenhausen für seine freundliche Unterstützung und dem Herder-Institut für die Bereitstellung der Briefe. Im Sommer 1941 berichtete Lohmeyer, dass er sich zur Regel gemacht habe, »täglich etwas am Matthäus Kommentar zu arbeiten«; Lohmeyer an von Campenhausen, Brief vom 17. Juni 1941: DSHI 110, Campenhausen 1427, 47–49, hier 48.

[24]   Ernst Lohmeyer beschrieb seine Zeit auch folgendermaßen: »Wir leben doch in einer Zeit des heidnischen oder christlichen Pfaffentums, wenn man auch gerade da etwas anderes erhofft hatte.« E. Lohmeyer an R. Bultmann, Brief vom 19. Mai 1942, abgedruckt in: Ulrich Hutter-Wolandt, Der Briefwechsel zwischen Ernst und Melie Lohmeyer und Rudolf und Helene Bultmann. Kommentiert und mit einer historischen Einleitung, in: ders., Glaubenswelten. Aufsätze zur schlesischen und Oberlausitzer Kirchengeschichte, Bonn 2011, 225–344, hier 297.

[25]   M. Lohmeyer an R. Bultmann, Brief vom 9. August 1941, abgedruckt in: Hutter-Wolandt, Briefwechsel, 289.

[26]   Siehe dazu M. Lohmeyer an H. von Campenhausen, Brief vom 17. Februar 1942: DSHI 110, Campenhausen 1427, 45, hier 45v. Frau Lohmeyer hoffte indes zu diesem Zeitpunkt, dass sich die Personalfrage ihres Mannes zu seiner Zufriedenheit lösen würde, so dass sich Russland »vorläufig« erübrige. In der Tat wurde Lohmeyer im April 1942 Kommandant der Kommandantur OK-708 und mit ihr im Juni 1942 in die UdSSR versetzt. Siehe dazu Andreas Weigelt / Klaus-Dieter Müller / Thomas Schaarschmidt / Mike Schmeitzner (Hg.), Todesurteile sowjetischer Militärtribunale gegen Deutsche (1944–1947). Eine historisch-biographische Studie, Göttingen 2015, 421–422.

1942 gefallen war, und er schrieb:»Der dunkle Schatten des Todes meines Ältesten liegt noch über uns.«[27]

Wie seine Frau Melie drei Jahre nach der Verhaftung rückblickend berichtete,[28] dauerte es wegen der schlechten Pflegemöglichkeiten, bis ihr Mann »wieder etwas stabiler und frischer wurde«.[29] Er las in dieser Zeit »Stunden und Stunden in altgeliebten Büchern: Dickens, Raabe, Meyer, Keller. Ich sehe ihn noch blass und mit einem Buch vor sich, geduldig sitzen und lesen. – Allmählich wurde er dann wohler und begann zuerst langsam, dann jedoch mit zunehmender, fast verbissener Energie seine Arbeiten wieder aufzunehmen.«[30] Schon vor seiner Entlassung aus dem aktiven Wehrdienst am 16. November 1943[31] hatte er während seines »Arbeitsurlaubs« bis zum 15. August im Sommersemester 1943 eine Vorlesung über die Gleichnisse gehalten und an seinem »Gottesknecht«[32] gearbeitet.[33]

In der Zeit von Oktober 1944 bis Mitte März 1945[34] beendete Ernst Lohmeyer sein Buch über das »Vater unser«, das er zuvor im Feld begonnen hatte. Zunächst beabsichtigte er, dieses Buch in der von Oscar Cullmann (1902–1999) und Walther Eichrodt (1890–1978) seit 1944 herausgegebenen Reihe »Abhandlungen zur Theologie des Alten und Neuen Testaments«[35] zu publizieren. Der Basler und Straßburger Neutestamentler Cullmann, mit dem Lohmeyer schon seit den späten 1930er Jahren in brieflicher Verbindung stand,[36] hatte Lohmeyer am

---

[27]   So im Brief an R. Bultmann am 6. November 1942. Siehe auch den Bericht von M. Lohmeyer über Helges Tod an R. Bultmann vom 4. Januar 1943; alles abgedruckt in: Hutter-Wolandt, Briefwechsel, 298–300.

[28]   Siehe zum Folgenden M. Lohmeyer, Fall. Die Aufzeichnungen erfolgten in der Zeit vom 15. bis 20. Februar 1946.

[29]   Siehe zum Gesundheitszustand Lohmeyers auch die Aussage seiner Frau:»Mein Mann zittert u. wartet – er kann weder seelisch noch körperlich weiter.« Hutter-Wolandt, Briefwechsel, 302.

[30]   M. Lohmeyer, Fall; in diesem Band, 249.

[31]   Siehe dazu die Personalakte Lohmeyers im UAG: PA 347 Bd. 3, Bl. 1.

[32]   Das Manuskript wurde im August fertig. Das Buch erschien zunächst unter dem Titel »Gottesknecht und Davidssohn« 1945 in Kopenhagen; die zweite unveränderte Auflage folgte 1953 bei Vandenhoeck & Ruprecht.

[33]   E. Lohmeyer an R. Bultmann, Brief vom 12. Juli 1943; abgedruckt in: Hutter-Wolandt, Briefwechsel, 304–306.

[34]   Am 21. März 1945 teilte Ernst Lohmeyer seinem Basler Kollegen Oscar Cullmann die Fertigstellung des Manuskripts mit. Siehe dazu E. Lohmeyer an O. Cullmann, Postkarte vom 21. März. 1945; Universitätsbibliothek Basel (= UBBS), Nachlass (= NL) 353 (Oscar Cullmann): B:I:a:903. Der Poststempel trägt das Datum: 20. März 1945.

[35]   Diese Reihe ist die Fortsetzung von »Gegenwartsfragen biblischer Theologie«.

[36]   Siehe dazu E. Lohmeyer an O. Cullmann, Postkarte vom 2. Juli 1938; UBBS: NL 353: B:I:a:903.

21. Oktober 1944 eine Veröffentlichung zugesagt.[37] Möglicherweise war Lohmeyers Buch als zweiter Band der neuen Reihe vorgesehen, erschien dann aber
ebenso wenig wie der erste anvisierte Band der Reihe, die deshalb ihre Zählung
erst mit dem dritten Band beginnt.[38]

Lohmeyer wollte sein Werk, das viel umfangreicher als geplant ausgefallen
war, unbedingt an Cullmann in die sichere Schweiz schicken, da er angesichts der
ungewissen Lage und der unkalkulierbaren Kriegszeit kaum Chancen auf eine
baldige Veröffentlichung in Deutschland sah. Nun stellte sich allerdings die Frage
nach dem Transport des Manuskripts nach Basel, da der gewöhnliche Postweg
nicht mehr in Frage kam. Lohmeyer erkundigte sich deshalb in Berlin bei der
Schweizerischen Gesandtschaft, ob das Manuskript als diplomatische Post nach
Bern transportiert werden könne. Die Möglichkeit scheint es gegeben zu haben,
allerdings war ein Antrag von Cullmann beim Auswärtigen Amt in Bern erforderlich, der aber wahrscheinlich niemals gestellt wurde.[39] Welche Gründe
letztlich dazu geführt haben, das Buch nicht in der Schweiz zu veröffentlichen,
kann nicht mehr mit Bestimmtheit rekonstruiert werden. Wahrscheinlich war der

---

[37]   E. Lohmeyer an O. Cullmann, Postkarte vom 30. Oktober 1944; UBBS: NL 353: B:I:a:903,
dankt dem Kollegen für die Zusage und schreibt weiter: »Es ist natürlich eine wissenschaftliche Arbeit, etwa in der Art meines Buches über Kultus und Evangelium, her-
ausgewachsen aus meiner Arbeit am Matt. Evangelium, das ich ja für den ›Meyer‹ erkläre. Alle äusseren Bedingungen sind mir natürlich recht; dass Sie die Last der
Korrekturen auf sich nehmen wollen, ist sehr freundlich, und ich danke Ihnen herzlich
für diese Mitarbeit. Es steht fest, dass das Buch, das ich auf Bitten von Koll. Fridrichsen –
Uppsala geschrieben habe, dort schwedisch erscheinen soll. Ich habe aber zur Sicherheit
noch einmal an Fridrichsen geschrieben, um diese Bedingung auch schriftlich festzu-
legen. Wie gross der Umfang sein wird, kann ich noch nicht bestimmt sagen; ich fürchte
er wird 6 Bogen übersteigen. Haben Sie von dem Umfang Ihrer ersten Arbeit in der Reihe,
des Buches von [Wilhelm] Michaelis, das ja 15 Bogen umfasst, abgehen müssen? Ich
möchte glauben, dass eine gründliche Erklärung des Vater-Unsers ein Bedürfnis ist; seit
langem fehlt sie doch, und die kurzen Bemerkungen der Kommentare bieten nicht ge-
nügenden Ersatz. Ich beginne eben mit der Reinschrift; so bald ich den Umfang ab-
schätzen kann, gebe ich Ihnen genauen Bescheid. Herzlichen Dank und Gruss Ihr Ernst
Lohmeyer.«

[38]   Als Band 3 erschien: Oscar Cullmann, Urchristentum und Gottesdienst, Basel 1944. Die
von Lohmeyer erwähnte Schrift des aus Deutschland stammenden Berner Neutestamentlers Wilhelm Michaelis (1896–1965) erschien nicht in der Reihe. Möglicherweise
handelt es sich hier um das Buch »Die Erscheinungen des Auferstandenen« (Basel 1944).
Nachfragen beim Archiv des Theologischen Verlags Zürich brachten keine weiteren
Erkenntnisse, da alle Archivalien vor 2000 verloren gegangen sind. So die Auskunft von
Lisa Briner Schönberger (Verlagsleitung TVZ) vom 15. August 2017.

[39]   Siehe hierzu seine mit Zensurstempel und Hitlerbriefmarke versehene Postkarte an O.
Cullmann vom 21. März 1945; UBBS: NL 353: B:I:a:903.

Versand ins Ausland doch nicht möglich geworden, woraufhin Lohmeyer die Gelegenheit ergriff, seinem Sohn Hartmut, der im Oktober 1945 über Göttingen nach München reiste, das Manuskript mitzugeben, damit er es Günther Ruprecht vorlegte.[40] Diese Wahl geschah nicht zufällig, war Ruprecht doch für Lohmeyer und später auch für dessen Frau mehr als nur ein Verleger. Zunächst fungierte er als eine Art »Vermittlungsstelle« zwischen Lohmeyer und seinem Sohn, solange dieser hinter dem »eisernen Vorhang« lebte.[41] Später kümmerte sich Ruprecht über Jahre hinweg intensiv um Amelie (Melie) Lohmeyer.

Wenige Tage nach Erhalt des Manuskripts sagte Ruprecht den Druck des Buches zu, ohne aber wegen der herrschenden Papierknappheit einen Erscheinungszeitpunkt nennen zu können. Wie wichtig ihm aber diese Veröffentlichung war, zeigt die Tatsache, dass sich Ruprecht sogar in Genf bei dem damals noch nicht offiziell gegründeten Ökumenischen Rat der Kirchen (ÖRK) um Druckpapier bemühte.[42]

Diese insgesamt recht positiven Auskünfte beruhigten Lohmeyer in zusehends schwieriger werdenden Zeiten in Greifswald. Zudem tat sich schließlich eine weitere Gelegenheit auf, das Buch in der Schweiz drucken zu lassen.[43] Bei einem Besuch in Berlin traf Lohmeyer zufällig auf den Basler Theologen Fritz Lieb (1892–1970), den er ebenfalls von früher her kannte.[44] Nachdem Lieb von dem Manuskript und wahrscheinlich auch von den Schwierigkeiten einer kurzfristigen Drucklegung in Deutschland gehört hatte, wollte er es gleich aus Göttingen mitnehmen, um es in Basel drucken zu lassen. Doch dieses Vorhaben scheiterte aus nicht weiter bekannten Gründen.[45] Die Aussicht auf ein baldiges Erscheinen reizte Lohmeyer zwar, aber er beließ es bei einem Druck in Göttingen, wo der Band schließlich im November 1946 posthum erscheinen sollte.[46] Der zunächst

---

[40] Zum Verhältnis von Ernst Lohmeyer zum Verlagshaus von Vandenhoeck & Ruprecht siehe Köhn, Neutestamentler, 30–51.

[41] E. Lohmeyer an G. Ruprecht, Brief vom 21. Oktober 1945; SBB: Nachl. 494, G 1940–1946. Tasche 13, Bl. 599.

[42] G. Ruprecht an E. Lohmeyer, Brief vom 29. Oktober 1945; SBB: Nachl. 494, G 1940–1946. Tasche 13, Bl. 598. Der Verlag hatte den Krieg gut überstanden und man stand schon im »Neuaufbau der Verlagsarbeit«.

[43] Auch ein Druck in Schweden war anvisiert.

[44] Zu Lieb siehe unten Fußnote 261.

[45] Lieb war zwar in Göttingen, suchte aber nicht den Verlag auf. Ruprecht hatte inzwischen Papier für den Druck erhalten, bot Lohmeyer aber dennoch an, Lieb das Manuskript auf dem Kurierweg zuzuschicken. Siehe G. Ruprecht an E. Lohmeyer, Brief vom 23. November 1945; SBB: Nachl. 494, G 1940–1946. Tasche 13, Bl. 594.

[46] E. Lohmeyer an G. Ruprecht, Brief vom 10. November 1945; SBB: NL 494, G 1940–1946. Tasche 13, Bl. 595–596: »Inzwischen traf ich in Berlin zufällig auf Prof. Fritz Lieb aus Basel, den ich von früher her kenne. Als er von dem Manuskript hörte, stürzte er sich mit

anvisierte Erscheinungstermin für den Sommer 1946 hatte nicht eingehalten werden können.[47] Denn nach der Verhaftung von Lohmeyer hatte sich zunächst die Frage des weiteren Vorgehens gestellt. Dabei ging es zum einen um die Erstellung eines neuen Manuskripts, da die Fahnenkorrektur verloren gegangen war.[48] Zum anderen musste der Text Korrektur gelesen werden. Am 9. April 1946 bat Melie Lohmeyer deshalb den Verleger, er möge das Manuskript entweder an den Göttinger Professor Joachim Jeremias (1900–1979) oder an Rudolf Bultmann schicken. Gemeinsam mit dem Greifswalder Alttestamentler Leonhard Rost (1896–1979) rekonstruierte Melie Lohmeyer schließlich das verloren gegangene Fahnenmanuskript, so dass das Buch Ende November 1946 erscheinen konnte und schon im Frühjahr 1947 vergriffen war.[49]

Zusätzlich zur wissenschaftlichen Arbeit[50] stellte sich Lohmeyer nach Kriegsende für den Wiederaufbau der Universität zur Verfügung und »nahm das von den Greifswaldern vorgeschlagene und von den Russen bestätigte Amt des Rektors am 15. Mai 45 eigentlich mit Eifer und Hoffnungsfreude an.[51] Es begann nun an der Universität ein reges Leben«.[52] Seine neue Funktion brachte vielfältige Aufgaben und Kontakte mit sich. So musste sich Lohmeyer immer wieder mit den Vertretern von KPD oder später – nach der Zwangsvereinigung mit der SPD[53] – der SED auseinandersetzen.[54] Neben dem Rektorat versah er zudem das kirch-

---

Begeisterung darauf, wollte auf dem Heimweg zu Ihnen kommen und es nach Basel entführen, um es dort sofort drucken zu lassen. Ich weiss nicht wie und ob Sie sich vor dem Ansturm haben retten können. Mir wäre es an sich lieber, wenn das Vater-unser bei Ihnen und damit in Deutschland gedruckt wird; an der Schweiz reizt mich nur, dass der Druck sofort beginnen könnte. Vielleicht könnten Sie durch Lieb mit der Ökumene in Genf in Verbindung treten, um das nötige Papier zu erhalten. Ich wäre sehr dankbar, wenn es so bald als möglich erschiene, aber ich bin gewiss, Sie werden mögliche dazu tun.«

[47]   Köhn, Neutestamentler, 137.

[48]   Siehe hierzu Köhn, Neutestamentler, 138–139.

[49]   Ernst Lohmeyer, Das Vater-unser, Göttingen 1946. Bis 1962 erschien das Buch in fünf unveränderten Auflagen. Köhn, Neutestamentler, 139–141.

[50]   Günther Ruprecht drängte Lohmeyer beispielsweise, eine Neuauflage des Markuskommentars in Angriff zu nehmen; Brief vom 23. November 1945; SBB: Nachl. 494, G 1940–1946. Tasche 13, Bl. 594.

[51]   Siehe dazu auch die Kopie der Akte »Wiedereröffnung der Universität Greifswald«, in der die Gründe genannt werden, die zum Rektoratswechsel geführt hatten. Vor den russischen Behörden war der Rektor für alles verantwortlich, was in der Universität geschieht. UAG: Altes Rektorat R 580/1, Bl. 1–5.

[52]   M. Lohmeyer, Fall; in diesem Band, 250.

[53]   Klaus Schwabe (Hg.), Die Zwangsvereinigung von KPD und SPD in Mecklenburg-Vorpommern, Schwerin ³1996.

[54]   UAG: Altes Rektorat R 458, Bl. 210.

liche Amt eines »nebenamtlichen Konsistorialrates«, in das er Mitte August 1945 berufen wurde.[55] Außerdem engagierte er sich parteipolitisch und zählte zu den Gründungsmitgliedern der »Greifswalder demokratischen Partei«, die als Sammelbecken bürgerlicher Kreise galt.[56] Lohmeyer nahm an einer Sitzung der Partei am 24. Juni 1945 teil, wie die authentische Unterschriftenliste zeigt.[57] Am 2. September gab sich die Partei den Namen CDU und nahm das Wort »christlich« explizit in ihren Namen auf.[58] Lohmeyer zählte von Anfang zu dieser Partei,[59] die einen enormen Zulauf erlebte und eine »demokratische Massenpartei« wurde, was der SED kaum gefallen haben dürfte.[60] Mit dem Verschwinden Lohmeyers aber endete diese Aufstiegsphase, und es begann eine Wende der Politik in Greifswald.[61]

Lohmeyer scheint mit weitreichenden Ideen in sein neues Amt gestartet zu sein. Sein Ziel war es, eine »Universitas« aufzubauen, »in der die Freiheit des

---

[55] Schreiben des Evangelischen Konsistoriums Pommern an den Dekan der Theologischen Fakultät vom 14. August 1945; UAG: PA 347, Bd. 5, Bl. 32. Siehe dazu die problematische Notiz von Horst Dähn, die an einem prominenten Ort erschienen ist: »Das Konsistorium (die Verwaltungsbehörde) erfuhr nur wenige personelle Veränderungen; höchst auffällig war es jedoch, daß der zum nebenamtlichen Konsistorialrat berufene Theologieprofessor Ernst Lohmeyer am 15. Februar 1946 wegen Mitwirkung an Kriegsverbrechen verhaftet wurde (er starb wenige Monate später)«; Horst Dähn, Kirchen und Religionsgemeinschaften, in: Martin Broszat / Hermann Weber (Hg.), SBZ-Handbuch. Staatliche Verwaltungen, Parteien, gesellschaftliche Organisationen und ihre Führungskräfte in der Sowjetischen Besatzungszone Deutschlands 1945–1949, München ²1993, 815–851, hier 821.

[56] Das Folgende nach Matthiesen, Greifswald in Vorpommern, 466–467.

[57] Hingegen fehlt nach Matthiesen sein Name ebenso wie der des Finanzwissenschaftlers Prof. Dr. Anton Fleck (1884–1969) auf der Abschrift. Möglicherweise wurde Lohmeyers Name dort aus politischen Gründen getilgt.

[58] Matthiesen, Greifswald in Vorpommern, 471: »Hier im Christlichen lag ein Punkt, wo man neu beginnen konnte, eine unzerstörte, moralisch intakte, ethische Grundlage für Politik. Die Religion war mithin so etwas wie die innere Notverfassung des nichtsozialistischen Lagers.«

[59] Sein Mitgliedsausweis trägt die Nummer 025 und wurde von der Greifswalder Bezirksstelle ausgestellt. Siehe Köhn, Neutestamentler, 119. Auch das Protokoll der am 14. Februar 1946 erfolgten Hausdurchsuchung nennt den Mitgliederausweis Nr. 025. Ernst Wolf vermutete in einem Schreiben an Rudolf Bultmann am 16. März 1946 sogar, dass Lohmeyer »vermutlich wegen starkem Einsatz für die CDU« verhaftet worden sei; siehe dazu Bultmann, Briefwechsel, 515. Siehe auch Matthiesen, Greifswald, 144.

[60] Matthiesen, Greifswald in Vorpommern, 474–475: Nahmen an den monatlichen Versammlungen zunächst im August 1945 40, im September 63 und im Oktober 138 Personen teil, so stieg die Zahl im Januar 1946 auf rund 500.

[61] Matthiesen, Greifswald in Vorpommern, 513.

Geistes in einer umfassenden Bildung gelehrt« werden sollte. Seine Pläne stießen in den Verhandlungen mit den russischen Vertretern zunächst auf Zuspruch. Aber wirklich vorhersehen konnte in jener Zeit anscheinend kaum jemand, »dass die kommenden Universitäten in der Besatzungszone mehr oder weniger als rein politische Instrumente gedacht waren«.[62]

Zunächst fehlte auf Seiten der Sowjetischen Militäradministration in Deutschland (SMAD) hinsichtlich der Bildungsfragen eine klare Konzeption.[63] Unter den für den Hochschulbereich zuständigen führenden Mitgliedern, die selbst über akademische Grade und Erfahrungen im universitären Bereich verfügten und häufig sogar recht gut Deutsch sprachen, bestand Einvernehmen darüber, dass aufgrund der unterschiedlichen Grade der Zerstörung der Universitäten im Osten keine zeitgleichen Eröffnungen möglich waren. Für Greifswald strebte Major Iwan Matwejewitsch Jessin (1907–1979) eine zeitnahe Eröffnung noch im Jahr 1945 an. Für die weiteren Entwicklungen sollte der sogenannte Befehl 50[64] »Über die Vorbereitung der Hochschulen und Unter-

---

[62]   Die Zitate bei M. Lohmeyer, Fall; in diesem Band, 250. Siehe dazu auch den undatierten Bericht des Greifswalder Oberbürgermeisters Paul Hoffmann (1887–1975) »Sowjet. Hilfe bei der Wiedereröffnung der Universität Greifswald«, in: UAG: NL Paul Hoffmann, Nr. 32. Hier berichtet Hoffmann davon, dass nach Erlass des Befehls Nr. 50 im Juli 1945 erste Vorbereitungen zur Wiedereröffnung der Universität getroffen worden seien. »In Greifswald erschien eine sowj. Kommission unter Führung von Prof. Jessin. Es fand eine Besprechung über die Neueröffnung der Univ. statt, zu der von deutscher Seite geladen waren als Rektor Prof. Lohmeyer [gestrichen Lohausen], von der Philosoph. Fakultät als Dekan Prof. Jacobi und ich als Oberbürgermeister. In der Verhandlung drehte es sich besonders um die Form der neuen Univ. (neben der Entnazifizierung des Lehrkörpers). Während L + J die Beibehaltung der alten Einrichtungen vertraten und verteidigten, forderte ich mit Gründen die zusätzliche Neuerrichtung einer Pädagogischen Fakultät für die Lehrer. Es entspann sich eine heftige Debatte, in der besonders die Philosoph. Fakultät krampfhaft bemüht war, die Lehrerbildung ›nebenbei‹ an der Philos. F. durchführen zu lassen. Ich forderte nunmehr die vorrangige Päd. Fakultät, weil es z. Z. keine wichtigere Aufgabe geben könne als die Umerziehung der Menschen. Die sowjet. Kommission schloss sich abschließend einstimmig meinem Antrag an, und die Pädagog. Fakultät kam.«

[63]   Zum Folgenden siehe Nikitin, Dogma, 62–65. Ferner siehe zur SMAD Stefan Creuzberger, Die sowjetische Besatzungsmacht und das politische System der SBZ, Weimar, Wien u. a. 1996; Jan Foitzik, Der Sicherheitsapparat der sowjetischen Besatzungsverwaltung und der SBZ 1945–1949, in: Peter Reif-Spirek / Bodo Ritscher (Hg.), Speziallager in der SBZ. Gedenkstätten mit »doppelter Vergangenheit«, Berlin 1999, 182–191.

[64]   Jan Foitzik, Inventar der Befehle des Obersten Chefs der Sowjetischen Militäradministration in Deutschland (SMAD) 1945–1949. Offene Serie, München 1995; Jan Foitzik, Berichtigung zum »Inventar der Befehle des Obersten Chefs der sowjetischen Militäradministration in Deutschland (SMAD) 1945–1949. Offene Serie. Im Auftrag des In-

richtsbeginn« vom 4. September 1945 eine wichtige Rolle spielen. Er regelte nämlich die weiteren Schritte bis zur Wiedereröffnung der Universitäten, wie etwa die »Verbannung nazistischer und militaristischer Doktrinen aus der Ausbildung und Erziehung der Studenten«, die Auswahl der Rektoren und die Zulassungsbedingungen für die Immatrikulation der Studenten sowie die »Ausführung der dringenden Wiederaufbauarbeiten«.[65] Nach seinem Erscheinen wurde für jede Universität ein Maßnahmenplan erarbeitet, in dem die Personalfragen sowie die Entnazifizierung[66] und die Besetzung der Leitungsfunktionen im Zentrum standen. Mit Blick auf die Besetzung der Rektorate gab es unterschiedliche Standpunkte. Wie der ehemalige Mitarbeiter des SMAD Pjotr Iwanowitsch Nikitin (1912–2000)[67] berichtet, konnten sich einige führende Mitglieder der Abteilung für Volksbildung durchaus Rektoren vorstellen, die keine Mitglieder der KPD waren. Nikitin beispielsweise vertrat mit anderen die Meinung, »daß als Rektoren solche ordentlichen Professoren berufen werden sollten, die Ansehen im wissenschaftlichen Bereich genossen und für ihre antifaschistische Gesinnung bekannt waren«.[68] Mit Blick auf die Besetzung des Greifswalder Rektorates hatte der Oberinspektor der Abteilung Volksbildung der SMAD[69], der Philosoph Iwan M. Jessin[70], Ernst Lohmeyer gegenüber seinem Abteilungsleiter,

---

stituts für Zeitgeschichte zusammengestellt und Bearbeitet von Jan Foitzik, München u. a. 1995«, in: Vierteljahreshefte für Zeitgeschichte 49, 2001, 685–690; ferner Detlev Brunner, Inventar der Befehle der Sowjetischen Militäradministration Mecklenburg (-Vorpommern) 1945–1949, München 2003.

[65]   Siehe dazu Nikitin, Dogma, 62–63.

[66]   Siehe dazu u. a. Clemens Vollnhals, Politische Säuberung als Herrschaftsinstrument. Entnazifizierung in der Sowjetischen Besatzungszone, in: Andreas Hilger / Mike Schmeitzner / Ute Schmidt (Hg.), Diktaturdurchsetzung. Instrumente und Methoden der kommunistischen Machtsicherung in der SBZ/DDR 1945–1955, Dresden 2001, 127–138, sowie Manfred Wille, Entnazifizierung in der Sowjetischen Besatzungszone Deutschlands 1945–48, Magdeburg 1993.

[67]   Eine Kurzbiographie bietet Horst Möller / Alexandr O. Tschubarjan (Hg.), SMAD-Handbuch. Die Sowjetische Militäradministration in Deutschland 1945–1949, München 2009, 676.

[68]   Nikitin, Dogma, 63.

[69]   Siehe zu dieser Abteilung Nikitin, Dogma, 23–54.

[70]   Siehe zur Person Günter Ewert / Ralf Ewert, Ein Greifswalder Internist von Weltruf. Gerhardt Katsch (*14.05.1887 †07.03.1961), Berlin 2016, 182; siehe zudem Manfred Heinemann (Hg.), Hochschuloffiziere und Wiederaufbau des Hochschulwesens in Deutschland 1945–1949. Die sowjetische Besatzungszone, Berlin 2000, 95: Hier wird deutlich, dass Jessin anscheinend oft versucht habe, »seine Politik mit außerordentlichen Mitteln durchzusetzen«. In dem bei Heinemann abgedruckten Interview mit P. I. Nikitin wird auch Lohmeyer erwähnt, der »in den Tod getrieben« worden sei. Jessin lebte oft über längere Zeit in Greifswald und hatte auch nach Gründung der DDR enge Beziehungen zur

dem Historiker Pjotr Wassiljewitsch Solotuchin (1897–1968), vorgeschlagen.[71] Solotuchin, der sich bei der Frage, ob die Rektoren und Dekane gewählt oder vom SMAD ernannt werden sollten, nachdrücklich für die Beibehaltung der traditionellen Wahl ausgesprochen hatte,[72] bestätigte schließlich die Ernennung Lohmeyers.[73]

Bei der nun anstehenden Erneuerung der Universität unter bislang unbekannten politischen Verhältnissen kam Lohmeyer als kommissarischem Rektor zweifelsohne eine zentrale Rolle zu.[74] Dieses Leitungsamt stellte insofern eine besondere Herausforderung dar, weil ihm anfänglich zuverlässige politische Ansprechpartner fehlten. Schon im November 1945 wünschte er sich, die als zu schwere Last empfundene Aufgabe ablegen zu können.[75] Denn bei seinen schwierigen Verhandlungen mit den zuständigen Stellen in Berlin und Schwerin wurden zusehends unübersehbare bildungspolitische Differenzen deutlich, so dass sich ihm nahestehende Kollegen schon im Juni 1945 fragten, wie lange er wohl noch Rektor bleiben werde.[76] Denn insbesondere die Vertreter der Schweriner KPD verfolgten einen kompromisslosen universitätspolitischen Kurs, wie sich vornehmlich bei den zunächst konzeptionslosen Maßnahmen zur

---

Ortsgruppe der SED. Im Jahr 1958 erhielt er in Greifswald die Ehrendoktorwürde. Siehe dazu: Ehrenpromotion Professor I. M. Jessin, 24. Februar 1958 (Greifswalder Universitätsreden Neue Folge Nr. 31), Greifswald 1975.

[71] Nikitin, Dogma, 65. Solotuchin war vor dem Krieg der Rektor der Universität Leningrad gewesen; siehe zur Person Nikitin, Dogma, 29; Katsch, Tagebuch 1945–46, 205, Anm. 66 sowie Heinemann, Hochschuloffiziere, 3.

[72] Heinemann, Hochschuloffiziere, 3.

[73] Rückblickend auf Lohmeyers Verhaftung erklärte Nikitin: »Es ist uns nicht gelungen, genaueres über die Gründe für seine Verhaftung zu erfahren. Jessin glaubte immer an die Unschuld Lohmeyers.« Nikitin, Dogma, 65.

[74] Siehe dazu Markus Seils, »Aufgabe: Die planmäßige ideologische Umgestaltung der Universitäten«. Staatliche Hochschulpolitik im Land Mecklenburg-Vorpommern 1945 bis 1950, Güstrow 1996.

[75] E. Lohmeyer an G. Ruprecht, Brief vom 10. November 1945; SBB: Nachl. 494, G 1940–1946. Tasche 13, Bl. 595–596: »Von unserem Leben hier, das für jeden Aussenstehenden unvorstellbar ist, im Guten wie im Bösen, wäre viel zu berichten; aber man würde es auch durch noch so genauen Bericht nicht kennen lernen. Die Bürde des Rektorats ist sehr schwer, und ich würde sie lieber heute als morgen ablegen, aber ich fürchte, ich werde sie noch lange tragen müssen.«

[76] Siehe dazu Rudolf Hermanns Tagebuchnotiz vom 26. Juni 1945 nach einer zweistündigen Senatssitzung; so Arnold Wiebel, »Der Fall L.« in Greifswald, Schwerin und Berlin. Was wurde zur Rettung Ernst Lohmeyers unternommen, in: Zeitgeschichte regional – Mitteilungen aus Mecklenburg-Vorpommern 1, 1997, 29–34, hier 29.

Entnazifizierung der Universität[77] und bei der angestrebten grundlegenden »Reform der geistigen Ausbildung« erweisen sollte.[78] Hier zeigten sich die Berliner Stellen der SMAD erkennbar großzügiger. Im Zuge der Maßnahmen zur Entnazifizierung wurde der Lehrbetrieb, obwohl Lohmeyer dem Stadtkommandanten ein »Konzept für die Weiterentwicklung der Universität« vorgelegt hatte,[79] zwischen dem 28. April und dem 3. Mai 1945 unterbrochen. Nach der Wiederaufnahme am 4. Mai erfolgte auf Anweisung des sowjetischen Oberkommandos am 29. Mai die Schließung der Universität.[80] Das sowjetische Oberkommando verlangte eine Überprüfung von Lehrplänen und Lehrbüchern sowie der Bibliotheken. Auch das Lehrangebot für die beiden kommenden Semester war den russischen Behörden vorzulegen.[81] Die Theologische Fakultät war nach der Aufhebung aller aus der Zeit des Nationalsozialismus stammenden Gesetze zudem mit der Formulierung neuer gesetzlicher Grundlagen beschäftigt. Dabei orientierte man sich an Vorlagen aus der Weimarer Republik. Für Unruhe sorgte zudem der Umstand, dass der Theologischen Fakultät der Verlust der Lehrerausbildung drohte. Diese sollte zukünftig an den Universitäten in Rostock und Greifswald in neu einzurichtenden Pädagogischen Fakultäten erfolgen.[82] In dieser gleichermaßen unübersichtlichen wie problematischen Situation schrieb Lohmeyer am 25. Juni 1945 einen Brief an den Obersten Chef der SMAD in Deutschland,[83] Marschall der Sowjetunion Georgi Konstantinowitsch Schukow

---

[77] Klaus Schwabe, Entnazifizierung in Mecklenburg-Vorpommern 1945–1949. Anmerkungen zur Geschichte einer Region, Schwerin ³2000.

[78] Mathias Rautenberg, Franz Wohlgemuth – »Wie sieht sein wahres Gesicht aus?«, in: Zeitgeschichte regional – Mitteilungen aus Mecklenburg-Vorpommern 4, 2000, 49–59, hier 53.

[79] Eberle, Universität Greifswald, 595.

[80] Siehe dazu Melis, Entnazifizierung, 126: Auf einer Liste des Jahres 1946 mit den seit 1945 aus der Universität Greifswald ausgeschiedenen Lehrkräften sind 103 Personen aufgezählt, von denen 46 als »Pg« (Parteigenosse) gekennzeichnet sind.

[81] Siehe dazu beispielsweise das Schreiben von Rektor Lohmeyer an den Präsidenten des Landes Mecklenburg-Vorpommern, Abt. Kultur und Volksbildung, Brief vom 15. Oktober 1945 (UAG: Altes Rektorat R 458 Bl. 107), in dem Lohmeyer betont, dass in der Philosophischen und Theologischen Fakultät trotz der nun angefertigten Lehrpläne das Prinzip der »Unterrichts- und Studienfreiheit« bestehen bleiben soll und die Lehrpläne allein als »Richtschnur und Anhalt für den Studenten« gelten würden.

[82] Siehe dazu Ilko-Sascha Kowalczuk, Geist im Dienste der Macht. Hochschulpolitik in der SBZ/DDR 1945 bis 1961, Berlin 2003, 175–183.

[83] Die Sowjetische Militäradministration in Deutschland (SMAD) war von Juni 1945 bis Oktober 1949 oberstes Besatzungsorgan in der SBZ mit regionalen Gliederungen in den fünf Ländern. Siehe dazu Möller, Tschubarjan, SMAD; ferner Horst Möller / Jan Foitzik (Hg.), Die Politik der Sowjetischen Militäradministration in Deutschland (SMAD). Kultur,

(1896-1974), und bat ihn, sich um die Universität zu kümmern.[84] Dabei bezog er sich auf die bei der kampflosen Übergabe der Universität gemachte Zusicherung, wonach die Universität ihre Arbeit bald wieder aufnehmen könne. Als Rektor stand er dafür ein, dass kein nationalsozialistisches Gedankengut vermittelt würde. Er beklagte zudem die Entwendung von Apparaten und Instrumenten aus den naturwissenschaftlichen Instituten sowie den Verlust von wertvollen Bücherbeständen durch Kommissionen der Roten Armee.[85] In der Folgezeit sollte der Aufruf des Zentralkomitees der KPD vom Juni 1945 »für ganz Deutschland die Orientierung auf eine antifaschistisch-demokratische, antiimperialistische Umwälzung« durchzuführen, eine entscheidende Rolle für die Entwicklungen in der Greifswalder Universität spielen.

UNIVERSITÄTSPOLITISCHE DIFFERENZEN

Nachdem im September 1945 Schukow den Befehl zur Überprüfung von Bibliotheken erlassen hatte, wurde die Bibliothek der Theologischen Fakultät in Augenschein genommen.[86] Zu Jahresbeginn 1946 kehrte sie zurück und wurde wieder aufgestellt, nachdem 62 Monographien und 82 Zeitschriften respektive einzelne Hefte beanstandet und entfernt worden waren. Rektor Lohmeyer hatte in dieser Zeit darüber zu entscheiden, ob das Religionswissenschaftliche Institut,

---

Wissenschaft und Bildung 1945-1949. Ziele, Methoden, Ergebnisse, Dokumente aus russischen Archiven, München 2005.

[84] Siehe die Zusammenfassung des Briefes in: Heinemann, Hochschuloffiziere, 95-96. sowie UAG: Altes Rektorat R 458.

[85] So bei Heinemann, Hochschuloffiziere, 96.

[86] Zum Verfahren im Allgemeinen siehe Angela Hammer, Aussonderung nationalsozialistischer Literatur in ostdeutschen Bibliotheken nach dem Zweiten Weltkrieg am Beispiel der Universitätsbibliothek der Humboldt-Universität zu Berlin, in: Bibliothek, Forschung und Praxis 37, 2013, 331-346. In den Jahren 1945 bis 1951 wurde eine »Liste der auszusondernden Literatur« erarbeitet, die herausgegeben von der Deutschen Verwaltung für Volksbildung in der sowjetischen Besatzungszone in vier Bänden in der Zeit von 1946 bis 1953 erschien und den Bibliotheken zur Verfügung gestellt wurde; Ute Steigers, Die Mitwirkung der Deutschen Bücherei an der Erarbeitung der »Liste der auszusondernden Literatur« in den Jahren 1945 bis 1951, in: Zeitschrift für Bibliothekswesen und Bibliographie 38, 1991, 236-256. Von Ernst Lohmeyer sind in diesen Listen keine Werke gelistet, dafür aber beispielsweise: Walther Glawe, Vom Zweiten und vom Dritten Reich. Rede gehalten auf der Reichsgründungsfeier der Ernst-Moritz-Arndt-Universität Greifswald am 18. Januar 1934, Greifswald 1934; sowie Hermann Wolfgang Beyer, Im Kampf um Volk und Kirche. Reden und Aufsätze, Dresden 1934; Hermann Wolfgang Beyer, Christenglaube in unserer Zeit. Ein Vortrag, in: Glaube und Volk in der Entscheidung 6, 1937, 9-21; Hermann Wolfgang Beyer, Tausend Jahre deutscher Schicksalskampf im Osten, Berlin 1939; Hermann Wolfgang Beyer, Houston Stewart Chamberlain und die innere Erneuerung des Christentums, Berlin 1939.

das zwischenzeitlich Teil der Philosophischen Fakultät geworden war, wieder der Theologischen Fakultät zugeschlagen werden sollte. Da ihn aber vielfältige andere und dringlichere gesamtuniversitäre Aufgaben völlig in Anspruch nahmen, blieb diese Frage unbeantwortet. Eine zentrale Aufgabe Lohmeyers bestand im geforderten Prozess der Entnazifizierung etwa darin, hinsichtlich der Ende Juli 1945 von der Landesverwaltung[87] geforderten Überprüfung der Lehrenden bei den Behörden differenziertere Bewertungskriterien und auf diesem Wege eine Lockerung des Verfahrens zu erwirken, ohne aber selbst unter den Verdacht zu geraten, belastete Personen schützen zu wollen.[88] Die Anordnung sah vor, alle Lehrenden, die schon vor 1937 der NSDAP angehört hatten, aus dem Amt zu entfernen, denjenigen aber, die nach 1937 in die Partei eingetreten waren, nur leitende Funktionsstellen zu verwehren. Da die rigorose Durchführung dieser Säuberungsmaßnahmen die Funktionstüchtigkeit der Universität erheblich beeinträchtigt hätte, sah sich Lohmeyer gezwungen, nach weniger einschneidenden Lösungen zu suchen, zumal die Universität im Vergleich zum Wintersemester 1944/45 mindestens 80 Prozent ihres Lehrkörpers verloren hatte.[89]

Die Verhandlungen mit den russischen Besatzern gestalteten sich unterdessen als äußerst schwierig und spitzten sich zu. Denn bei einer Zusammenkunft im August 1945 hatten russische Offiziere von Lohmeyer nun sogar die fristlose Entlassung aller Mitglieder des Lehrkörpers gefordert, die einmal Mitglieder der NSDAP gewesen waren.[90] Daraufhin führte Lohmeyer mit den zuständigen Stellen in Berlin und Schwerin weitere Gespräche, die aber erfolglos blieben.[91] Vielmehr verschärfte sich die Situation und die Schweriner Regierung betrieb die Entnazifizierung mit wachsendem Nachdruck. Ende Oktober war Lohmeyer beispielsweise zu Gesprächen in Schwerin, um über die »Säuberung« des Lehrkörpers zu sprechen. Nach seiner Rückkehr am 23. Oktober rief er mit seinem neu erhaltenen Telefon den Prorektor Gerhardt Katsch an und berichtete ihm davon, dass die Eingriffe in das Personal stärker als erwartet ausfallen würden.[92] Die Sorge um die Zukunft der Universität trieb Lohmeyer solcher-

---

[87]   Zur Landesverwaltung siehe Barbara Fait, Landesregierungen und -verwaltungen. Mecklenburg(-Vorpommern), in: Martin Broszat / Hermann Weber (Hg.), SBZ-Handbuch, 103–125

[88]   Kowalczuk, Geist, 115. Siehe dazu auch die Notizen von Gerhardt Katsch, in: Ewert, Ewert, Greifswalder Internist, 125–131.

[89]   Kowalczuk, Geist, 116.

[90]   James R. Edwards, Ernst Lohmeyer – ein Schlußkapitel, in: Evangelische Theologie 56, 1996, 320–342, hier 329.

[91]   Ewert, Ewert, Greifswalder Internist, 127–128. Ende September 1945 reiste Lohmeyer nach Berlin, um dort erstmalig Universitätsangelegenheiten zu besprechen; siehe Katsch, Tagebuch 1945–46, 32.

[92]   Siehe Katsch, Tagebuch 1945–46, 50.

maßen um, dass sich befreundete Kollegen, wie beispielsweise Gerhardt Katsch, große Sorgen um seinen Gesundheitszustand machten. Katsch versorgte die Familie Lohmeyer deshalb auch mit Lebensmitteln – beispielsweise mit einer Hammelkeule[93] –, »um dem Rektor ernährungsmäßig etwas beizuspringen«. Ihm war sehr daran gelegen, Lohmeyer, den er einem »Verelendungszustand entgegentreiben« sah, bei Kräften zu halten, da er sich »unter den gegenwärtigen Verhältnissen keinen besseren Rektor als ihn« vorstellen konnte.[94]

Am Morgen des 25. November 1945 erhielt Lohmeyer ein Telegramm der Schweriner Regierung, in dem diese die sofortige Entfernung der sämtlichen »früheren Mitglieder der NSDAP aus den Universitätsbetrieben« mit Setzung einer Frist bis zum Mittag 12 Uhr befahl. Ausgenommen waren hier allerdings die Angehörigen des Lehrkörpers, die Ärzte sowie das im Krankendienst tätige Personal.[95] Einen Tag später kam als »Sendbote der Schweriner Regierung« Dr. Friedrich (Fritz) Müller (1900–1974)[96], der ab Dezember 1945 als Leiter der Hochschulabteilung in der Schweriner Landesverwaltung agieren sollte, und forderte obendrein die fristlose Entlassung aller Professoren und Assistenten, die Mitglieder der NSDAP oder einer ihrer Gliederungen gewesen waren.[97] Das Vorgehen Müllers, der keine schriftliche Regierungsverfügung mit sich führte, lässt erkennen, dass die Schweriner Stellen bei den Fragen der Entnazifizierung zunehmend rigoroser agierten, um ihren politischen Führungsanspruch durchzusetzen. Im Vergleich mit anderen Regionen gingen die Kommunisten im strukturschwachen Mecklenburg-Vorpommern am radikalsten vor; hier konnte

---

[93] Die Eheleute Katsch und Lohmeyer trafen sich immer wieder zu gemeinsamen Abendessen. So auch am 22. Dezember 1945, als man im Hause Katsch einen von der Fischfanggenossenschaft zugestellten Zander verspeiste; Katsch, Tagebuch 1945–46, 103. Insgesamt wird in den Aufzeichnungen von Katsch immer wieder deutlich, wie prekär die Versorgung mit Lebensmitteln war.

[94] Katsch, Tagebuch 1945–46, 60–61.

[95] Katsch, Tagebuch 1945–46, 80. Katsch kommentierte das Telegramm mit den Worten: »In der Frage der Parteizugehörigkeit geht also die Radikalisierung weiter. Es wird nicht mehr gefragt, ob jemand ›nominell‹ oder aktiv der N.S.D.A.P. angehört hat ... Begleitmusik zum Nürnberger Prozess, der seit einigen Tagen läuft.«

[96] Zur Person siehe Martin Guntau, Müller, Fritz, in: Wer war wer in der DDR? 2, 2010, 910, der als Todesdatum angibt »5.10.1974«. Ein anderes Todesdatum nennt der Eintrag von »Fritz Müller« im Catalogus Professorum Rostochiensium, URL: http://purl.uni-rostock.de/cpr/00002297 (abgerufen am 7. Mai 2018): »05.03.1973«. Dieses Datum dürfte das korrekte sein; siehe dazu auch https://www.bundesstiftung-aufarbeitung.de/wer-war-wer-in-der-ddr-%2363%3B-1424.html?ID=2399 (abgerufen am 7. Mai 2018).

[97] Siehe dazu Katsch, Tagebuch 1945–46, 125–128; ferner seine Tagebucheinträge, in: Ewert, Ewert, Greifswalder Internist, 127–129.

»die Säuberung der öffentlichen Verwaltung bereits Ende 1945 nahezu abgeschlossen werden«.[98]

Einen Tag nach Müllers Besuch reiste Lohmeyer nach Berlin, um der Eröffnung der Berliner Universität beizuwohnen. Er wollte die Reise, die er »mit
starkem Hexenschuß, begleitet von Wels als medizinischem Dekan, in einem
Eisenbahnwagen mit lauter zertrümmerten Fensterscheiben« antrat, aber auch
für Gespräche mit der sowjetischen Administration nutzen, um »der für die
Universität vernichtenden Aktion Müller« entgegenzuwirken.[99]

Mit seiner großzügigeren und differenzierenden Sicht, die von dem Gedanken einer funktionstüchtigen Universität geleitet war, stand Lohmeyer als Mitglied der CDU in deutlicher Opposition zu den Vertretern der Schweriner KPD, die
in ihm einen Vertreter reaktionärer Politik sahen. Denn immerhin zählte von den
noch 60 Professoren ungefähr die Hälfte zu den ehemaligen NSDAP-Mitgliedern.
Da die KPD zunächst eine gründliche Entnazifizierung als unabdingbar ansah,
missbilligte sie eine frühzeitige Wiedereröffnung der Universität. Außerdem
stand sie der Greifswalder Universität aus einem weiteren Grund reserviert gegenüber: Anders als die Handels- und Industriestadt Rostock mit ihrer zahlen-
mäßig starken Arbeiterschaft und ihren Traditionen im »Klassenkampf« galt
Greifswald als ein konservativ und preußisch geprägter Ort, an dem die Geisteswissenschaften und vor allem Philosophie und Theologie in besonderer Weise
gepflegt worden waren. Deshalb wollte beispielsweise der Schweriner Landes-
minister für Volksbildung und Kultur, Gottfried Grünberg (1899–1985),[100] eher
die Rostocker als die Greifswalder Universität eröffnen, wobei dort die Theologie
verschwinden und die Philosophie stark eingeschränkt werden sollte.[101] Die
Urteile über Greifswald und seine Universität konnten in Berichten an das Ministerium für Volksbildung durchaus noch schärfer ausfallen. So hieß es beispielsweise, dass von dort eine Gefahr der »Fehlbildung der Intelligenz« ausgehe
und man in Greifswald eine »Entwicklung zum Spiessbürgertum« ausmachte:
»Spiessertum und offene Reaktion reichen sich nur zu rasch die Hand, und
Greifswald ist durch seinen soziologischen Charakter als Kleinstadt ein klares
Abbild der Universität. So wie die Universität denkt, wird irgendwie die Stadt

---

[98]   Vollnhals, Säuberung, 129.

[99]   Siehe Katsch, Tagebuch 1945–46, 127–128.

[100] Gottfried Grünberg war am 6. Mai 1945 als Mitglied der »Gruppe Sobottka« in Stargard
      (Pommern) eingetroffen. Siehe dazu Detlev Brunner, Der Schein der Souveränität.
      Landesregierung und Besatzungspolitik in Mecklenburg-Vorpommern 1945–1949, Köln
      2006, 79; Gerlinde Grahn, Grünberg, Gottfried, in: Gabriele Baumgartner / Dieter Hebig
      (Hg.), Biographisches Handbuch der SBZ/DDR, 1945–1990. Bd. 1: Abendroth – Lyr,
      München u. a. 1996, 253–254

[101] Siehe dazu beispielsweise die stark stilisierte Autobiographie des Kommunisten Gott-
      fried Grünberg, Kumpel, Kämpfer, Kommunist, Berlin 1977, 292–293.

sein.« Da man an der Greifswalder Universität weiterhin »die absolute Gebundenheit ihrer Glieder an die politische Entwicklung Preussendeutschlands« und bei den älteren Professoren die Gebundenheit an das humboldtsche Ideal sowie einen »traditionsschwangeren Geist« vermutete, so war aus Sicht der Kommunisten hier besonders gründlich vorzugehen, um die eigenen hochschulpolitischen Vorstellungen realisieren zu können.[102]

Deshalb wurde im Dezember 1945 die Entnazifizierung auf den Lehrkörper ausgeweitet, wobei es für jede Hochschule nur drei Ausnahmen geben sollte.[103] Dieses rigorose Vorgehen verhinderte freilich einen vollständigen Lehrbetrieb. Für manche Fächer gab es keine Dozenten mehr und die Juristische Fakultät sollte insgesamt aufgegeben werden. Lohmeyer überlegte, ob er diese »niederschmetternde Nachricht bis nach dem Weihnachtsfest geheim« halten sollte.[104] Doch nicht nur das Ende der Juristischen Fakultät in Greifswald trieb den Greifswalder Rektor um, sondern insbesondere die drohende Nichteröffnung der Universität. Denn am 13. Januar 1946 berichtete ihm Gerhardt Katsch von seinen gerade erfolgten Gesprächen in Berlin. Dort hatte die Zentralverwaltung die Absicht erklärt, nur eine der beiden Universitäten im Nordosten zu eröffnen.[105]

Nachdem Ende Januar durch einen Besuch aus Schwerin nochmals die sofortige frist- und gehaltlose Entlassung aller »Professoren und Assistenten, die irgendwann auch nur vorübergehend Mitglieder der NSDAP oder in einer von ihren Gliederungen gewesen seien«, aus Lehramt oder sonstiger Tätigkeit gefordert worden war, reiste Lohmeyer unter dem Vorwand, bei der Eröffnung der Berliner Universität anwesend sein zu wollen, nochmals nach Berlin. Dort beabsichtigte der Greifswalder Rektor, bei den »höchsten Berliner Dienststellen, insbesondere der sowjetischen Administration« Widerspruch gegen die Schweriner Forderungen zu erheben.[106]

---

[102]   Siehe dazu den »Bericht über Stand und Entwicklungen der Universitäten Rostock und Greifswald im Jahre 1946 (Jahresbericht)«, in: Landeshauptarchiv Schwerin: 6.11–21 Ministerium für Volksbildung, 2226, Bl. 120–121.

[103]   Ewert, Ewert, Greifswalder Internist, 128. Katsch notierte am 17. Dezember 1945: »Ein vollständiger Lehrbetrieb wird unmöglich sein, da für eine ganze Reihe von Fächern kein Vertreter übrig bleibt. Die Juristische Fakultät verschwindet ganz.« Im Dezember musste Lohmeyer wiederum ganz kurzfristig nach Schwerin reisen. In einem Telegramm hieß es: »Zu einer Besprechung mit Landesverw und Administration sofort nach Schwerin kommen = Manthey«. Hans Manthey stammte aus Stettin und hatte vor 1933 der SPD angehört und sich 1945 der KPD angeschlossen. Vermutlich hatte er früher als Lehrer gearbeitet. Siehe dazu Brunner, Schein, 90.

[104]   Katsch, Tagebuch 1945–46, 100–101.

[105]   Katsch, Tagebuch 1945–46, 117.

[106]   Ewert, Ewert, Greifswalder Internist, 128.

Vor seiner Abreise nach Berlin richtete Lohmeyer noch »in aller Eile ein Schreiben an alle Angehörigen des Lehrkörpers [...], in dem er auf die von Dr. Müller angekündigte schärfste Denazifikation vorbereitet, die so weit gehen soll, daß selbst jemand, der kurze Zeit einen Förderbeitrag zu irgendeiner Nazigliederung gezahlt hat, frist- und gehaltlos entlassen wird. Andererseits sei eine gewisse Milderung der Auswirkung dieser Bestimmungen vielleicht möglich durch Anträge an den antifaschistischen Block auf Annullierung der Parteizugehörigkeit gewisser nomineller Parteianhänger.«[107] Ob die Verbreitung dieser Mitteilung in der gesamten Universität sinnvoll gewesen sei, bezweifelte Katsch, weil dadurch die schon vorfindliche Unruhe vergrößert würde. Möglicherweise gab es zwischen dem Rektor und seinem Prorektor in der Frage des weiteren Vorgehens unterschiedliche Ansichten. Katsch schien in einer Zeit, die er als eine »unruhige und bedrohliche« wahrnahm, eher die Ruhe bewahren und nichts Übereiltes tun zu wollen. Seine Haltung dürfte durch einen Zeitungsartikel von Fritz Müller, dem Dezernenten für das Hochschulwesen der Schweriner Landesregierung, beeinflusst gewesen sein. Dieser hatte in der Volkszeitung am 29. Januar 1946 gegen die Hochschullehrer polemisiert, sie »beschimpft und belehrt«, ohne sie überhaupt zu kennen.[108] Am 31. Januar fasste Katsch die Situation bezüglich der Entnazifizierung in einem prägnanten Satz zusammen: »Es herrscht viel Unklarheit über die Zukunft der Hochschule wie über unsere Zukunft überhaupt.«[109] Deshalb bemühte er sich während der Abwesenheit von Lohmeyer Ende Januar, »auf Ruhe hinzuwirken, bis die endgültigen Bestimmungen aus Schwerin eingetroffen und der Rektor aus Berlin zurück« gekommen sei.[110]

Dass die Einschätzung der Situation durch Katsch zutreffend war, zeigte sich schon am folgenden Tag. Am 1. Februar notierte er nämlich in seinem Tagebuch: »Dramatische Zuspitzung um die Eröffnung der Universität.«[111] Was war geschehen? Katsch waren zwei »selbstbewußte schriftliche Verfügungen« von Müller vorgelegt worden, die eine wesentlich breitere Entnazifizierung forderten, da nun nicht mehr nur der Lehrkörper, sondern auch die »Assistentenschaft endlich ganz rigoros gereinigt werden müsse von allen Personen, die irgendwie mit der N.S.D.A.P. Berührung gehabt haben.«[112]

Am selben Tag kam Lohmeyer aus Berlin zurück. Seine Mitteilungen, die er in Berlin von der SMAD erhalten hatte, standen in einem deutlichen Widerspruch zu den Schreiben Müllers und zeigen, dass die Sowjets und die Schweriner Lan-

---

[107] Katsch, Tagebuch 1945–46, 128–129.
[108] Katsch, Tagebuch 1945–46, 129.
[109] Katsch, Tagebuch 1945–46, 129.
[110] Katsch, Tagebuch 1945–46, 129.
[111] Katsch, Tagebuch 1945–46, 130.
[112] Katsch, Tagebuch 1945–46, 130.

desregierung durchaus unterschiedliche hochschulpolitische Ziele verfolgten und die Militäradministration auf eine zeitnahe Eröffnung der Universitäten zielte. Lohmeyer hatte nämlich in Berlin vier wichtige Informationen erhalten: Erstens war für die Eröffnung der Hochschule endgültig der 15. Februar anvisiert und zweitens sollten bis dahin die »Müllerschen Bereinigungsfragen« zurückgestellt werden.[113] Drittens blieben die bei einer Sitzung in Schwerin am 18. Dezember 1945 zugelassenen Lehrkräfte auf Weisung der SMA dies auch weiterhin. Es bestand viertens schließlich begründete Hoffnung auf eine Erweiterung dieser Liste von genehmigten Lehrkräften.[114]

In der am selben Tag stattfindenden Senatssitzung berichtete Lohmeyer von seiner Reise nach Berlin und von der dortigen Eröffnungsfeier. Zudem standen die Fragen nach Zulassung und Ausschluss der Studierenden auf der Tagesordnung. Eine sorgsame Prüfung ihrer politischen Haltung sowie ihrer Positionen im Militär oder in der Hitlerjugend wurden gefordert und die Kriterien für den Ausschluss vom Studium festgelegt.[115] Des Weiteren informierte Lohmeyer über die Eröffnung der Universitäten Greifswald und Rostock. In Greifswald sollte die Eröffnung ohne Juristische Fakultät, in Rostock ohne die Medizin erfolgen. Man sah zudem vor, in der Greifswalder Philosophischen Fakultät die Fächer Philosophie[116], Kunstgeschichte, Geschichte und Geographie vorläufig nicht zuzulassen[117] und nannte konkrete Studentenzahlen für die einzelnen

---

[113]   Im Februar 1946 zählte die Universität Greifswald 46 Professoren und Dozenten, ein Jahr später 69. Für das Sommersemester 1946 immatrikulierten sich 718 Studierende. Zu den Zahlen siehe Joachim Mai, Die Universität Greifswald im Ringen um ein neues Verhältnis zur Sowjetunion 1945–1949, in: Jahrbuch für Geschichte der sozialistischen Länder Europas 20, 1976, 211–225, hier 217, Anm. 21.

[114]   Katsch, Tagebuch 1945–46, 130.

[115]   Siehe dazu Katsch, Tagebuch 1945–46, 130–131. Auch solche Studienbewerber, deren Eltern in der NSDAP eine »bedeutende Rolle« gespielt hatten, waren vom Studium ausgeschlossen.

[116]   »Das kleinste DDR-Philosophie-Institut befand sich an der Ernst-Moritz-Arndt Universität (EMAU) in Greifswald«; eine prägende Figur war hier als Mitbegründer der Neueren Ontologie und auch universitätspolitisch einflussreich Günther Jacoby (1881–1969), der als »letzter ›altbürgerlicher‹ Universitätsphilosoph« in der DDR verblieb und »nicht nur bis 1956/58 einflussreich in Greifswald lehrend, sondern sich entschieden, selbstbestimmt wie wirkungsvoll in die anfängliche DDR-Philosophieentwicklung« einmischte; siehe dazu Hans-Christoph Rauh, Philosophie aus einer abgeschlossenen Welt. Zur Geschichte der DDR-Philosophie und ihrer Institutionen. Mit Beiträgen von Camilla Warnke und Peer Pasternack, Berlin 2017, das Kapitel »Greifswald: Ein NS-Philosoph, Günther Jacoby und die DDR-Philosophie«, 399–518; Zitate 399. Siehe zu Jacoby auch die Tagebuch-Einträge in: Victor Klemperer, So sitze ich denn zwischen allen Stühlen. Tagebücher 1945–1949, Berlin 1999, 260 u.ö.

[117]   Siehe dazu UAG: Altes Rektorat R 459, Bl. 253.

Fächer.[118] Schließlich besprach der Senat den Festakt für die am 15. Februar geplante Eröffnung.

Bei einem drei Tage später angesetzten Treffen, an dem neben Prorektor Katsch die Dekane und zwei russische Offiziere teilnahmen, sagten letztere zu, die Hochschule »möglichst leistungsfähig« gestalten zu wollen.[119] Mit diesem wissenschaftlichen Anspruch rieben sich allerdings die vornehmlich machtpolitisch motivierten Interessen der Landesregierung, wie sie immer wieder der Schweriner Dezernent für Hochschulwesen Fritz Müller zum Ausdruck brachte. Er streute nicht nur die beunruhigende Information, dass nur eine der beiden Universitäten im Lande eröffnet werden sollte, sondern erklärte mit Verweis auf die Universitäten in Leipzig und Halle, dass es in Greifswald bezüglich der NSDAP-Mitgliedschaft von Lehrenden gleichermaßen keine Ausnahmen geben dürfe.

Das Rektorat machte also wiederholt die Erfahrung einer überaus rigorosen und unflexiblen Haltung der Schweriner Regierung. Katsch kommentierte diese Auseinandersetzung mit den Worten:»Ich persönlich glaube, daß die Russen sehr viel leichter zu einer solchen Individualisierung und zur Gestattung von Ausnahmen gelangen als die Deutschen, bei denen ein aufgestelltes Prinzip mit aller Unbedingtheit angewendet werden muss.«[120] Diese Spannungen zwischen den russischen und deutschen Behörden zeigten sich wiederum, als Lohmeyer ein paar Tage später in Schwerin zu verhandeln versuchte. Dort fühlte man sich anscheinend von den Berliner Stellen übergangen wie eine Notiz von Katsch über Lohmeyers Rückkehr aus Schwerin belegt:»Lohmeyer kommt sehr verstimmt von Schwerin zurück. Man mißbilligt seine Berliner Vereinbarungen, stellt sie in Frage, entschloss sich aber schließlich, einen Kurier nach Berlin zu schicken, der die Bestätigung für Lohmeyers Abmachungen holen soll.«[121]

Die sich immer weiter zuspitzenden Rangeleien um hochschulpolitische Kompetenzen zwischen Berlin und Schwerin[122] spielen - das wird in dieser

---

[118] Für die Theologen waren immerhin 40 Plätze vorgesehen. Für die Medizin 350, Landwirtschaftliche Fakultät 100, je 40 für Mathematik, Physik, Chemie, Biologie. Germanistik und Anglistik bekamen zusammen 100 Plätze. Siehe dazu Katsch, Tagebuch 1945–46, 131.

[119] Katsch, Tagebuch 1945–46, 134.

[120] Katsch, Tagebuch 1945–46, 134.

[121] Ewert, Ewert, Greifswalder Internist, 129.

[122] Siehe dazu Katsch, Tagebuch 1945–46, 141:»Die Berliner Stellen haben vieles genehmigt, was nun die Landesregierung Mecklenburg (die Russen sagen bezeichnenderweise ›die Provinzialregierung‹) ihrerseits entscheidend bestimmen oder genehmigen möchte. Andererseits hat jetzt der hiesige Rayonkommandant eine Hochschulabteilung (Oberstleutnant Nachapetow und Major Pschenitzin), die unbedingt eingeschaltet und verantwortlich kontrollieren will.«

Tagebuchnotiz spürbar – mit Blick auf die wenige Tage später erfolgende Verhaftung Lohmeyers eine zentrale Rolle. Es scheint nämlich so, dass sich der Zorn der Schweriner zusehends auf Lohmeyer und seine gleichermaßen geschickten wie erfolgreichen Verhandlungen in Berlin konzentrierten, und er in ihren Augen zweifelsohne zu einem politischen Gegner avancierte, der irgendwie ausgeschaltet werden musste.[123]

Als Rektor stand Lohmeyer offensichtlich in steigendem Maße zwischen den Forderungen der Landesregierung bezüglich der Entlassung aller ehemaligen Nationalsozialisten und der Forderung der SMAD, die Universität rasch zu eröffnen.[124] Diese Spannung ergab sich daraus, dass zentrale staatliche Instanzen der Sowjetunion – geradezu als Konstante ihrer Besatzungspolitik – immer wieder in die operativen Entscheidungen der SMAD eingriffen. Anders als die Abteilung Volksbildung der SMAD, die auf eine möglichst frühzeitige Eröffnung der Universität zielte, machte das Volkskommissariat für Auswärtige Angelegenheiten in Moskau die Wiedereröffnung von einer möglichst hohen Quote bei der Entnazifizierung des Lehrkörpers abhängig.[125] Die Vertreter der Schweriner Landesregierung korrigierten folglich ihren hochschulpolitischen Kurs, orientierten sich an den Moskauer Vorgaben und bemühten sich um deren Erfüllung.[126]

Zunächst aber hatte sich die KPD in ihrem Gründungsaufruf hinsichtlich der Schulen und Hochschulen politisch noch recht moderat gegeben.[127] Mit Blick auf den Bildungsbereich wurde die »Säuberung [...] von dem faschistischen und reaktionären Unrat«, die »Pflege eines wahrhaft demokratischen, fortschrittlichen und freiheitlichen Geistes in allen Schulen und Lehranstalten« und die

---

[123]   Zu Lohmeyers hochschulpolitischen Ansichten siehe auch das Papier »Kirche und theologische Fakultäten«, das, auf Grund eines Beschlusses der Konferenz der östlichen Kirchen vom 27. November 1945, gemeinsam mit Friedrich Wilhelm Krummacher und dem Leipziger Professor für Praktische Theologie Alfred Dedo Müller (1890–1972) am 4. Februar 1946 verfasst wurde; EZA 4/626. Dieses Papier betont die wissenschaftliche wie kirchliche Unentbehrlichkeit der Theologie und ihre Zugehörigkeit »in den Zusammenhang der Universitas Literarum«.

[124]   Eberle, Universität Greifswald, 598.

[125]   Siehe dazu Mathias Rautenberg, Der Tod und die SED. Zum 65. Todestag Ernst Lohmeyers, in: Zeitgeschichte regional – Mitteilungen aus Mecklenburg-Vorpommern 15, 2011, 20–33, hier 21; dort auch weitere Literatur.

[126]   »Diese Dissonanz war offenbar so nachhaltig prägend, dass spätere Diskussionen über den Anlass für Lohmeyers Verhaftung immer vor diesem Hintergrund geführt wurden.« So Rautenberg, Tod, 21.

[127]   Siehe hierzu Seils, Aufgabe, 17–20.

Freiheit der wissenschaftlichen Forschung verlangt.[128] In Hochschulen und Universitäten sollte »der neue Geist eines wahrhaft fortschrittlichen Humanismus und kämpferischer Demokratie« Einzug halten. Der Präsident der am 27. Juli 1945 durch den SMAD-Befehl 17 gegründeten Deutschen Zentralverwaltung für Volksbildung[129], Paul Wandel (1905–1995)[130], hatte als knappe strategische Vorgabe formuliert: »Außer der Verordnung zur Eröffnung der Universität keinerlei Einmischung, nur eine Bedingung: keine Rassen- und Völkerhetze, kein Antikommunismus, keine Hetze gegen die Sowjetunion, keine Kriegshetze. Alles andere sollen die Professoren selbst beraten und selbst für die Wissenschaftlichkeit ihres Stoffes sorgen«.[131] Neben den Personalproblemen, die sich im Zuge der Entnazifizierung ergaben, standen zunehmend organisatorische und strategische Fragen zur Debatte. Zum einen ging es um den Charakter und die Ausrichtung der Universität, zum anderen um eine Neuausrichtung der Wissenschaft. Als dringende Aufgaben formulierte beispielsweise der Dezernent für die Hochschulen in der Landesverwaltung Fritz Müller die »Heranbildung einer neuen demokratischen Intelligenz« sowie eine neue Hochschulpolitik. In diesem Zusammenhang brachte er auch die Möglichkeit einer Zusammenführung der beiden Universitäten im Nordosten ins Spiel. Mit Blick auf die Studierenden und die Gestaltung der Studiengänge zielte er – im Gegensatz zu Lohmeyers Vorstellungen – auf eine stärker berufsqualifizierende Ausrichtung des Studiums.[132] Diese hochschulpolitischen Differenzen prägten Lohmeyers Rektorat von Anfang an. Denn schon wenige Tage nach seinem Amtsantritt zeigte sich, dass Schwerin die Universität als Schule auffasste[133] und zudem die Errichtung von pädagogi-

---

[128] Die Erteilung des Religionsunterrichtes durch die Kirchen wurde mit einem Erlass vom 21. September 1945 durch den Präsidenten des Landes Mecklenburg-Vorpommern, Abteilung Kultur und Volksbildung untersagt; UAG: Nachlass Paul Hoffmann, Nr. 32. Die Erlaubnis, für den Religionsunterricht schulische Räume zu nutzen, wurde mit Erlass vom 13. November 1945 zurückgenommen; ebd.

[129] Helga A. Welsh, Deutsche Zentralverwaltung für Volksbildung (DVV), in: Martin Broszat / Hermann Weber (Hg.), SBZ-Handbuch, 229–238.

[130] Peter Erler / Helmut Müller-Enbergs, Wandel, Paul, in: Wer war wer in der DDR? 2, 2010, 1378–1379; Gabriele Baumgartner, Wandel, Paul, in: Gabriele Baumgartner / Dieter Hebig (Hg.), Biographisches Handbuch der SBZ/DDR, 1945–1990. Bd. 2: Maaßen – Zylla. Nachtrag zu Band 1, München u. a. 1997, 976; Martin Broszat / Hermann Weber (Hg.), SBZ-Handbuch. Staatliche Verwaltungen, Parteien, gesellschaftliche Organisationen und ihre Führungskräfte in der Sowjetischen Besatzungszone Deutschlands 1945–1949, München ²1993, 1051.

[131] Zitiert bei Seils, Aufgabe, 17.

[132] Siehe dazu den undatierten Zeitungsartikel, der einen Aufsatz von Fritz Müller zusammenfasst; UAG: Altes Rektorat R 459, Bl. 257.

[133] Siehe dazu den Bericht des Rektors über die Unterbrechung der Lehrveranstaltungen vom 29. Mai 1945; UAG: Altes Rektorat R 580/1 Bl. 6–7.

schen Fakultäten plante.[134] Lohmeyer beurteilte diese Pläne äußerst skeptisch. Da er das Abgleiten zu einer Fachschule befürchtete und dadurch die Universität in ihren Grundfesten als gefährdet ansah, wandte er sich beispielsweise ratsuchend an den Klassischen Philologen und Althistoriker Johannes Stroux (1886–1954), der als Rektor der Berliner Universität und als Präsident der Preußischen Akademie der Wissenschaften fungierte. In diesem Zusammenhang wird erkennbar, dass Lohmeyer, um die Forschung zu stärken, als Nachfolgerin der »Pommerschen Akademie für Landesforschung« eine »Pommersche Akademie der Wissenschaft« ins Leben zu rufen plante.[135]

Mit der Frage nach der inhaltlichen Ausrichtung der Universität einher gingen solche nach ihrer Struktur und Verfassung. Seit dem Herbst 1945 sah sich Lohmeyer als Rektor unmittelbar in die Debatten um die Verfassung der Universität involviert. Er stand dabei auf der Seite derer, welche die alte deutsche Tradition der Selbstverwaltung und der Hochschulautonomie befürworteten.[136] Zur Debatte stand vornehmlich die Führung der Universität. Man diskutierte über die Frage, ob zukünftig neben dem Rektor ein Kurator als Leiter der Verwaltung und als Vertreter des Staats eingesetzt bleiben sollte.[137] Gegen die Festschreibung einer solchen Doppelspitze wandten sich die beiden Universitäten in Mecklenburg-Vorpommern, sie wollten sich vielmehr ihres amtierenden Kurators entledigen. Den Greifswaldern gelang es schließlich auf einer Ver-

---

[134]   UAG: Altes Rektorat R 580/1, Bl. 32.

[135]   Siehe dazu das Schreiben von Lohmeyer an Johannes Stroux vom 30. Dezember 1945; UAG R 458, Bl. 51: »Darf ich Ihnen eine Frage vorlegen, die uns hier in Greifswald sehr beschäftigt? Die akademischen Dinge im sowjetisch besetzten Gebiet scheinen sich immer stärker derart zu entwickeln, daß der Universität der Charakter einer Fachschule aufgeprägt wird. Nicht nur die Stundenpläne weisen in diese Richtung, sondern jetzt auch, wenigstens auch in Mecklenburg und Vorpommern, der feste Plan, die Ausbildung der Volksschullehrer durch eine pädagogische Fakultät an der Universität vornehmen zu lassen. Angesichts der damit drohenden Gefahren fühlen wir uns verpflichtet, den ererbten Charakter einer deutschen Universität dadurch fester zu bewahren, daß wir das Moment der Forschung deutlicher in den Vordergrund schieben. Es bestand in Greifswald eine ›Pommersche Akademie für Landesforschung‹. Wenn sie auch nicht sonderlich in Tätigkeit getreten ist, so gibt sie uns doch den Ansatzpunkt, um aus ihr eine ›Pommersche Akademie der Wissenschaft‹ zu bilden. Darf ich Sie als Sekretär der Preußischen Akademie bitten, uns bei den Plänen dieser Umformung freundlichst zu beraten?« Zu Stroux siehe Sören Flachowsky, Der Wissenschaftsorganisator Johannes Stroux an der Berliner Universität 1945–1947, in: Jahrbuch für Universitätsgeschichte 7, 2004, 191–214.

[136]   Seils, Aufgabe, 31.

[137]   Siehe zu diesen Debatten Maik Landsmann, Die Universitätsparteileitung der Universität Rostock von 1946 bis zur Vorbereitung der Volkswahlen der DDR 1954, Rostock 2010, 28–31.

sammlung von zwölf Professoren am 15. September 1945, Grünberg die Aussage zu entlocken, wonach der Rektor in Zukunft die allein leitende universitäre Instanz sein solle. Grünberg wollte nach russischem Vorbild ein universitäres Leitungsamt, das Rektor und Kurator in einer Person vereinigte. Zudem soll er Lohmeyer aufgefordert haben, den Kurator zu entlassen.[138] Aufgrund dieser Aussage beantragte Lohmeyer am 3. November 1945 die Abschaffung des Kuratoramtes und fand dabei Unterstützung beim Hochschuloffizier Professor Iwanow.

In der Folgezeit änderte Grünberg unter dem Eindruck intensiver Diskussionen allerdings seine Meinung. Er erkannte spätestens zum Jahreswechsel, dass mit der Abschaffung des Kurators ein Verlust der politischen Einflussmöglichkeiten auf die Universitäten einhergehe,[139] zumal die Rektorenposten noch nicht mit Parteigängern besetzt waren. Auch der Ministerialdirektor der Landesverwaltung für Kultur und Volksbildung, Hans Manthey (geb. 1895),[140] zielte darauf, durch den Kurator größtmöglichen Einfluss auf die Universität zu nehmen.[141] Somit spitzte sich die Situation zu und Lohmeyer stand mit seinem Antrag unverkennbar in deutlicher Opposition zur SED. Die Ansichten seiner Gegner lässt der 1946 von Wohlgemuth verfasste Jahresbericht erkennen.[142] Hier wird nicht nur die Forderung laut, dass die Hochschulpolitik entscheidend von den Notwendigkeiten des Staates her zu bestimmen sei, sondern es heißt weiter: »So sehr eine demokratische Selbstverwaltung der Universität im Sinne einer Rektoratsverfassung als gegeben erscheint, so ist sie im Augenblick noch unmöglich. Die Einflussnahme der demokratischen Öffentlichkeit auf die Gestaltung des Universitätslebens ist z. B. in Greifswald[143] in erster Linie ein Werk des Kurators gewesen. Sie muß in jedem Falle gefördert werden und das ist nur

---

[138] Siehe dazu M. Lohmeyer, Fall; in diesem Band.

[139] »Eine nicht zu unterschätzende Informations- und Einflußmöglichkeit lag für die Kuratoren auch darin, daß der gesamte Briefwechsel zwischen Universität und Landesministerium durch die Hände des Kurators zu gehen hatte und von diesem gezeichnet werden mußte. Schien es dem Kurator angebracht, konnte er Schreiben der Universität unmittelbar mit Kommentaren versehen und sie erst dann weiterleiten«; Seils, Aufgabe, 58.

[140] Zur Person siehe Matthias Busch, Staatsbürgerkunde in der Weimarer Republik. Genese einer demokratischen Fachdidaktik, Bad Heilbrunn 2016, 141, Anm. 138.

[141] Siehe dazu UAG: Altes Rektorat R 580/1, Bl. 51–52.

[142] Siehe hierzu den »Bericht über Stand und Entwicklung der Universitäten Rostock und Greifswald im Jahre 1946 (Jahresbericht)«; Landeshauptarchiv Schwerin: 6.11-21 Ministerium für Volksbildung (2226), Bl. 25–28.

[143] Der »Bericht« nennt anfangs nur Greifswald und zeigt, dass hier das hochschulpolitische Problem als am stärksten ausgeprägt empfunden wurde. Die Bewertung ist zweifelsohne eine implizite Kritik an Lohmeyers Amtsführung.

möglich, wenn die Landesregierung am Hochschulort einen Geschäftsträger hat, der auch auf die Personalpolitik der Universitäten seinen Einfluß auszuüben vermag.«[144] Es scheine angemessen, die Kuratorialverfassung für die Übergangszeit auf mehrere Jahre beizubehalten. Sie allein schien für Wohlgemuth »ein wichtiges Mittel zur fortschreitenden Demokratisierung« der Hochschulen zu sein.[145] Diesen Plänen stand Lohmeyer als Rektor im Weg, denn so schreibt Wohlgemuth:»Als 1945 die Universität geschlossen wurde, betrieb der damalige Rektor, Prof. Dr. Lohmeyer, mit aller Kraft die Wiedereröffnung und versuchte, den Lehrkörper, den die Universität bis 1945 gehabt hatte, solange zu konservieren, bis die Universität eröffnet würde.

Verhandlungen zwischen dem Antifablock und dem Senat der Universität über die Bereinigung des Lehrkörpers ergaben schon heftige Auseinandersetzungen. Die reaktionären Kräfte der Universität behaupteten, dass die Amtsentfernung der nazistisch belasteten Professoren ›Rachegelüste eines übermütigen Siegers‹ seien (Prof. Wels).

Die Universität, welche im wahrsten Sinne des Wortes konservativ war, sah in der Demokratisierung eine grosse Gefahr für ihren bisherigen Kurs und versuchte naturgemäß, diesem Kurs durch Abkapselung zu steuern, vor allem dadurch, dass bei Berufungen von Wissenschaftlern solche aus der Praxis oder politisch für eine demokratische Entwicklung erklärten Wissenschaftler nicht berufen werden. Statt dessen wurden beharrlich die amtsentfernten Nazi-Professoren immer wieder in Vorschlag gebracht.«[146]

Zu diesen Vorwürfen kam schließlich jener, dass Lohmeyer an Schwerin vorbei mit Berlin verhandelt habe. So heißt es in einem internen Bericht vom Juni 1946 der Abteilung Kultur und Volksbildung hinsichtlich der Universität Greifswald:»Die Universität zeigte besonders unter der Leitung des früheren Rektors Lohmeyer das Bestreben, alle Aufbaumaßnahmen selbständig und unabhängig von der Landesverwaltung Schwerin durchzuführen. Erst mit der Einsetzung des Kurators Wohlgemuth ist dies anders geworden«.[147]

---

[144] Bericht, Bl. 27r.

[145] Bericht, Bl. 27r. Siehe zu den hochschulpolitischen Ansichten von Wohlgemuth auch seine Rede vom 24. Mai 1946 auf der Versammlung des Lehrkörpers und der Studentenschaft der Universität Greifswald. Hier forderte er u. a. die Aufgabe der universitären Selbstverwaltung. Die Universität müsse vielmehr »hinein in das Volk, sie muss ein Teil des Volkes sein.« UAG: Altes Rektorat R 580/4, Bl. 57–62, hier 59.

[146] Siehe hierzu den Mitte Juni 1948 im Ministerium eingegangen umfangreichen Text des Kurators Wohlgemuth:»Die Entwicklung der Universität Greifswald aus ihren Anfängen bis heute«; Landeshauptarchiv Schwerin: 6.11–21 Ministerium für Volksbildung (2226), Bl. 120r-140v, hier 124v-125r.

[147] Seils, Aufgabe, 57. Siehe dazu auch M. Lohmeyer, Fall; in diesem Band, 250.

Im Zusammenhang mit der Entlassung des von der Landesregierung eingesetzten Kurators der Universität durch den Rektor scheint es vermutlich durch Franz Wohlgemuth,[148] den Kreisleiter der Greifswalder KPD und Universitätsparteisekretär, der eine härtere Gangart gegen Lohmeyer verfolgte, zu einer folgenschweren Denunziation des Rektors als Kriegsverbrecher beim Volkskommissariat für innere Angelegenheiten (NKWD)[149] gekommen zu sein.[150] Dass diese Verleumdung unmittelbar zur Verhaftung Lohmeyers führen würde, stand außer Zweifel. Sie erfolgte umgehend am Abend vor der Eröffnung der Universität.[151] Sechs Wochen nach Lohmeyers Verhaftung wurde Wohlgemuth selbst zum Kurator der Universität ernannt.[152] In dieser Funktion nahm er den von der Parteileitung gewünschten Einfluss auf die Bildungspolitik in Greifswald und verantwortete bis 1949 alle wesentlichen universitären Personalentscheidungen. Bald galt er in der Stadt »als intrigante Hauptfigur des politisch motivierten und

---

[148] Zur Person Franz Xaver Wohlgemuths, der 1915 in Köln geboren, später katholische Theologie studierte und es bis zum Professor für wissenschaftlichen Sozialismus bringen und nach seiner »Republikflucht« in der DDR in Ungnade fallen sollte, siehe Rautenberg, Wohlgemuth. Wohlgemuth und der oben schon erwähnte Bredel kannten sich aus dem Lager 27, in dem Bredel als Lehrer tätig gewesen war und Wohlgemuth als gelehrigen »Antifaschisten« kennengelernt hatte; siehe Rautenberg, Wohlgemuth, 50. Ferner Günter Schenk / Regina Meÿer, Biographische Studien über die Mitglieder des Professorenzirkels »Spirituskreis«, Halle/Saale 2007, 820–827. Eine Personalakte befindet sich im UAG: PA 213.

[149] Siehe dazu u. a. Jan Foitzik / Nikita W. Petrow, Die sowjetischen Geheimdienste in der SBZ/DDR von 1945 bis 1953, Berlin 2009.

[150] In einer maschinenschriftlichen Notiz vom 14. Februar 1949 aus einer Akte der Greifswalder SED-Kreisleitung mit dem Aktentitel »Schriftwechsel des Kreisvorstandes und der Ortsgruppe der SED Greifswald« (Vorpommersches Landesarchiv, Akte IV/4/02/46/16) wird als Zeuge Franz Wohlgemuth genannt. Diesem Dokument zufolge, das sachliche Fehler aufweist, bezeugte Wohlgemuth bezüglich Lohmeyer, dass dieser an den Erschießungen in Bromberg teilgenommen habe und 1940 Ortskommandant in Holland oder Belgien, 1942/42 Ortskommandant in der Ukraine gewesen sei. Für seine Unterstützung danke ich Michael Sparing, Landesarchiv Greifswald. Siehe zu dieser Notiz Helge Matthiesen, Eine tödliche Intrige. Die Wiedereröffnung der Universität Greifswald 1946 und der Fall Lohmeyer, in: FAZ (15.3.1996), 10 und Rautenberg, Wohlgemuth, 51–52.

[151] Eberle, Universität Greifswald, 598–599.

[152] Wohlgemuth war zunächst ab 5. März 1946 kommissarischer, ab 15. März 1946 Kurator der Greifswalder Universität. Zu Wohlgemuth siehe zudem UAG: PA Nr. 213 sowie Landeshauptarchiv Schwerin (LHA) 411/1: Akten betr. Kurator, Personalakte ab 1946–1949. Dort befindet sich auch ein Lebenslauf von Wohlgemuth; ferner Edwards, Ernst Lohmeyer, 336.

gewaltsamen Gesellschaftsumbaus« und war als der »Rote Teufel« verhasst.[153] Später arbeitete er seit 1951 hauptverantwortlich im Staatssekretariat für Hochschulwesen, wurde 1957 Professor in Halle und flüchtete 1958 in den Westen.[154] Ferner ist im Zusammenhang der Verhaftung Lohmeyers noch Bernhard Gräfling (1913–?) zu nennen, der zunächst als Kadersekretär der Kreisleitung Greifswald tätig war und dann zum Sowjetischen Nachrichtenbüro (SNB) gewechselt sein soll. Es ist mit »hoher Wahrscheinlichkeit davon auszugehen, dass die beiden Männer als Vertrauensleute für sowjetische Dienste in Greifswald platziert worden waren.«[155]

DIE ERÖFFNUNG DER UNIVERSITÄT UND DIE VERHAFTUNG LOHMEYERS

Die kurz bevorstehende Eröffnung der Greifswalder Universität bewegte nicht nur die Hochschule selbst, sondern auch die Vertreter der sowjetischen Behörden. Oberstleutnant A. I. Nachapetow, Gesundheitschef der Kreiskommandantur der SMA,[156] beispielsweise zeigte großes Interesse am Ablauf der Feier. Die Vorschläge bezüglich der musikalischen Beiträge ergänzte er durch ein Stück von Tschaikowski.[157] Am 13. Februar genehmigte der Kreiskommandant Oberst Nikita Jakowlewitsch Siderow[158] Rektor Lohmeyer den präzise geplanten Festakt. Doch schon am nächsten Tag revidierte die Landesregierung durch Müller und einen nicht weiter bekannten Rathke aus Schwerin diese Bewilligung und ordnete Programmänderungen für den Festakt an: So wurde unter anderem Lohmeyer untersagt, einen Vortrag zu halten,[159] allein einen Dank für die Eröffnung im Namen der Professoren billigte man ihm zu. Auch sollte die »Belehnung« des Rektors nicht stattfinden.[160] Diese Änderungen bestätigte auf Nachfragen des

---

[153]   Matthiesen, Greifswald in Vorpommern, 488.

[154]   Kowalczuk, Geist, 115.

[155]   Rautenberg, Tod, 23.

[156]   Katsch, Tagebuch 1945–46, 206, Anm. 96.

[157]   Lohmeyer hatte am Anfang Händels »Concerto grosso« vorgeschlagen und am Ende Beethovens Ouvertüre zu Coriolan. Katsch kommentierte die Vorbereitungsgespräche ein wenig missgelaunt: »All diese Besprechungen, denen man Gründlichkeit nicht absprechen kann, die freilich von der Idee ausgehend geführt werden, als wenn eine deutsche Universität, die bald ihr 500jähriges Bestehen feiert, noch nie einen akademischen Festakt gestaltet hätte, selbst über die Zahl der Garderobenfrauen wurde gesprochen – dauerten bis ein Uhr nachts.« Katsch, Tagebuch 1945–46, 141.

[158]   Katsch, Tagebuch 1945–46, 207, Anm. 103.

[159]   Schon einige Tage zuvor hatte sich Fritz Müller bei Prorektor Gerhardt Katsch erkundigt, ob der Rektor bei der Eröffnungsfeier über das Thema »Hochschulreform« zu sprechen gedenke; siehe dazu die Notiz des Prorektors Katsch für Lohmeyer vom 7. Februar 1945; UAG: Altes Rektorat R 580/ 1, Bl. 69.

[160]   Katsch, Tagebuch 1945–46, 142.

umgehend vom Rektorat informierten Nachapetow der aus Berlin eingetroffene Professor Iwanow. Im Rektorat erklärte schließlich noch der sehr erregte und alkoholisierte Müller, dass auch Katsch zusammen mit den Professoren Egon Kaining (1892–1971)[161] und Gerhart Jander (1892–1961)[162] »nicht ohne ein Annullierungsverfahren betreffend die frühere Parteizugehörigkeit im Amt bleiben könnten«.[163] Als Katsch schließlich erst um ein Uhr nachts nach Hause gekommen war, erreichte ihn gut eine Stunde später ein Anruf von Melie Lohmeyer, die ihm die Verhaftung ihres Mannes und eine Hausdurchsuchung mitteilte.[164] Wie Lohmeyers Frau überlieferte, habe der schwer angetrunkene Friedrich Müller Lohmeyer mit den Worten »Mönchlein, du gehst einen schweren Gang« verhöhnt und ihn im Namen der Schweriner Regierung als Rektor abgesetzt.[165]

Als Katsch am nächsten Morgen, am Tage der Eröffnung der Universität,[166] frühzeitig Iwanow aufsuchte, schien dieser nichts von der Verhaftung zu wissen. Er versprach, in den nächsten Tagen alles in Ordnung zu bringen, betonte aber, dass die letzten Entscheidungen bei der SMA in Karlshorst lägen, diese aber im Einvernehmen mit Schwerin erfolgten. Wenige Tage später erklärte der in Karlshorst für Greifswald zuständige Major Jessin, »daß die wissenschaftlichen und politischen Angelegenheiten betreffend die Professoren in Karlshorst entschieden werden, während die wirtschaftlichen Angelegenheiten der Universität Sache der Schweriner Provinzialregierung seien. Hiernach würden die Vorwürfe, die aus Schwerin von Dr. Müller und Ministerialdirektor Manthey (früher Volksschullehrer) Herrn Lohmeyer gemacht werden, er habe unter Umgehung von Schwerin zuviel direkt mit Berlin verhandelt, in sich zusammenbrechen.«[167]

---

[161] Professor für Dermatologie, später für Haut- und Geschlechtskrankheiten.

[162] Professor für allgemeine und anorganische Chemie.

[163] Katsch, Tagebuch 1945–46, 142.

[164] Katsch, Tagebuch 1945–46, 142–143. Zur Schilderung der Verhaftung siehe M. Lohmeyer, Fall; in diesem Band, 253.

[165] Siehe M. Lohmeyer, Fall; in diesem Band, 253. Ferner Wolfgang Otto (Hg.), Freiheit in der Gebundenheit. Zur Erinnerung an den Theologen Ernst Lohmeyer anlässlich seines 100. Geburtstages, Göttingen 1990, 96. Ende Juli 1946 sprach sich Müller dann aber in einem Gutachten für eine Begnadigung Lohmeyers aus. Siehe dazu Köhn, Neutestamentler, 139.

[166] Siehe dazu den Bericht in der Volkszeitung aus Schwerin vom 16. Februar 1946, der mit keinem Wort auf den fehlenden Rektor eingeht, dafür aber den neuen Geist der Universität beschreibt.

[167] Katsch, Tagebuch 1945–46, 144. Siehe dazu auch das Protokoll über die Verhandlungen am 18. Februar 1946 im Konzilssaal der Universität, das die Rede über die Strukturen der deutschen und sowjetischen Zentralverwaltungen von Major Jessin wiedergibt; UAG: Altes Rektorat R 580/1, Bl. 82–83.

Deshalb stellte sich nicht nur Katsch die Frage nach dem Zeitpunkt der Verhaftung, zumal in der Öffentlichkeit die Frage nach den Hintergründen diskutiert wurde. Den politischen Kräften lag offensichtlich sehr daran, angebliche Gründe für die Verhaftung von Lohmeyer publik zu machen, die nicht mit seiner in der Öffentlichkeit anerkannten Tätigkeit als Rektor zusammenhingen, sondern schwerwiegender waren. Dafür eigneten sich Vorwürfe, die sich auf Lohmeyers Militärdienst im Osten bezogen. Schon am Tag nach seiner Verhaftung scheinen solche Vermutungen kommuniziert worden zu sein, denn Lohmeyers Kollege Rudolf Hermann notierte am 15. Februar 1945 in seinem Tagebuch: »Rektor Lohmeyer verhaftet [...] aus Gründen seines Aufenthaltes im Osten«.[168] Andere Spekulationen verwiesen auf Lohmeyers Zugehörigkeit zu einem »bestimmten Landesschützenbataillon«.[169] Doch wirken diese Deutungsversuche gegenüber der lautgewordenen Kritik an Lohmeyers Amtsführung wenig überzeugend. In einer Sitzung des Lehrkörpers, die einen Tag nach der Eröffnungsfeier am 16. Februar 1946 gemeinsam mit der Landes- und Zentralverwaltung im Konzilssaal stattfand[170], kritisierte Manthey die Personalpolitik des Rektors und warnte mit Blick auf die Entnazifizierung davor, »irgend eine Verschleierungs- oder Verschleppungstaktik zu üben«. Auch in der sich daran anschließenden Sitzung, an der zudem Iwanow, Nachapetoff sowie Landesvizepräsident Grünberg, Josef Naas (1906–1993) von der Deutschen Verwaltung für Volksbildung[171] und Robert Rompe (1905–1993) teilnahmen, wurde Lohmeyer wiederum beschuldigt. Naas erklärte: »Es gehe darum, die Greifswalder Universität arbeitsfähig zu machen. Daß sie es noch nicht sei, liege daran, daß Professor Lohmeyer die Richtlinien, die die Zentralverwaltung in Berlin gegeben habe, nicht eingehalten habe. Der Lehrkörper müsse gemäß diesen Bestimmungen vollständig gesäubert werden. Erst später könne ein individuelles Wiederaufnahmeverfah-

168 Arnold Wiebel, Rudolf Hermann (1887–1962). Biographische Skizzen zu seiner Lebensarbeit, Bielefeld 1998, 147.

169 Katsch notierte am 18. Februar 1946: »Es verlautet mit immer größerer Bestimmtheit, Lohmeyers Verhaftung hinge nicht mit seiner Universitätspolitik zusammen, sondern mit seiner Zugehörigkeit zu einem bestimmten Landesschützenbataillon! Womit aber hängt der Zeitpunkt der Verhaftung zusammen?!« Katsch, Tagebuch 1945–46, 145.

170 Siehe dazu den Tagebucheintrag von Rudolf Hermann, zitiert in: Wiebel, Fall, 29.

171 Der Mathematiker Josef Naas war Mitglied der KPD sowie der SED und leitete die Abteilung Kultur des Zentralkomitees der KPD und seit 1946 die Abteilung Kultur und Erziehung beim Parteivorstand der SED; Tina Kwiatkowski-Celofiga, Verfolgte Schüler. Ursachen und Folgen von Diskriminierung im Schulwesen der DDR, Göttingen 2014, 102; Heinemann, Hochschuloffiziere, 108; zu dieser Abteilung siehe Michael Kubina, Der Aufbau des zentralen Parteiapparates der KPD 1945–1946, in: Manfred Wilke (Hg.), Anatomie der Parteizentrale. Die KPD/SED auf dem Weg zur Macht, Berlin 1998, 49–117, hier 94.

ren stattfinden.«[172] Auch Grünberg wandte sich gegen Lohmeyer: »Die Richtlinien seien klar und deutlich gewesen, aber man habe immer wieder versucht, diesen oder jenen durchzudrücken. Man müsse die vollkommen unbelasteten Mitglieder des Lehrkörpers zusammenholen. Das bisherige Verfahren sei ein Vertrauensbruch sondergleichen. Die Eröffnung der Universität sei sabotiert worden, indem immer wieder etwas verschwiegen worden sei.« Außerdem habe Lohmeyer zu wenig die Zuziehung auswärtiger Lehrkräfte betrieben. Nach einer eindringlichen Verteidigung Lohmeyers durch den Pharmakologen Paul Wels (1890–1963), der sich die Dekane anschlossen, versuchte Naas die Situation ein wenig zu entschärfen, indem er behauptete: »Professor Lohmeyer's Verhaftung steht nicht im Zusammenhang mit seiner Amtsführung als Rektor. Zu dieser Amtsführung müsse er allerdings auch erklären, daß Professor Lohmeyer die Weisungen von Berlin nicht vollständig durchgeführt habe. Er habe sich nicht genügend um neue Lehrkräfte bemüht und die Tendenz gehabt, die Stellen der belasteten Lehrkräfte freizuhalten. Es müsse der Grundsatz gelten, daß Unbelasteten der Vorzug gegenüber Belasteten zu geben sei. In diesem Punkt sei die Tätigkeit Professor Lohmeyers für die Universität nicht gut gewesen.«

Am 4. März wurde dann als Grund der Verhaftung Lohmeyers dessen Tätigkeit als Ortskommandant im Kaukasusgebiet genannt, die nun zu überprüfen sei.[173] Diese Nachrichten verbreiteten sich sehr rasch über Greifswald hinaus und erreichten beispielsweise noch vor Monatsende Lohmeyers Verleger Günther Ruprecht in Göttingen, der daraufhin folgende Information verbreitete: »Zuerst wurde angenommen, daß ihm [Lohmeyer] zum Vorwurf gemacht werde, er habe sich als Rektor der Universität für ehemalige Pg's eingesetzt. Jetzt scheint es, als ob eine unwahre Denunziation vorläge, daß er als Ortskommandant in Polen und Rußland an Zwangsmaßnahmen und Erschießungen der Zivilbevölkerung beteiligt gewesen sei. Es steht jedoch außer Zweifel, daß ihm in dieser Hinsicht keinerlei Vorwürfe irgendwelcher Art gemacht werden können. Diese Nachricht habe ich heute durch einen Boten aus Greifswald erhalten. Es scheint erwünscht, dass die Ökumene von der Angelegenheit erführe, ohne daß sie in die auslän-

---

[172] Auch die folgenden Zitate: UAG: Altes Rektorat R 580/1, Bl. 70–75.

[173] Katsch informierte M. Lohmeyer am Abend des 4. März über diese Entwicklung; Katsch, Tagebuch 1945–46, 155. Nach Auskunft des Bundesarchivs, Abteilung Militärarchiv in Freiburg im Breisgau sind weder eine Personalakte Lohmeyers noch Aufzeichnungen der Ortskommandantur 708 und des Landesschützen-Bataillons 264 in den einschlägigen Beständen RH 36 und RH 38 nachgewiesen. Beide Einheiten gehörten zur Heerestruppe. Die Kommandantur war im Juni 1940 dem Militärbefehlshaber Belgien/Nordfrankreich (Bestand RW 36) unterstellt, das Landesschützen-Bataillon war ebenfalls im Westen eingesetzt, wurde am 10. April 1941 in den Osten zur Sicherungs-Division 444 (Bestand RH 26-444) verlegt. Für die Auskunft mit Schreiben vom 13. November 2017 danke ich herzlich Elfriede Frischmuth.

dische Presse kommt, und wenn von der Ökumene irgendwie eine Nachfrage nach seinem Schicksal beim Kontrollrat erreicht werden könnte. Bis vor acht Tagen befand er sich noch im Gefängnis in Greifswald. Die Angehörigen befürchten aber seine Verschleppung nach Rußland. Sein Gesundheitszustand ist nicht besonders gut. Durch seine vorhergehende Tätigkeit als Rektor der Universität hatte er sich stark überarbeitet. Bis vor 8 Tagen war er noch nicht geschlagen worden, hat jedoch weder Papier noch Bleistift noch Bücher. Die Verpflegung ist knapp, aber für beschäftigungsloses Liegen gerade ausreichend.«[174]

Mit der Verhaftung ihres Mannes begann für Melie Lohmeyer, die zunächst einmal zusammenbrach,[175] eine zermürbende Zeit des bangen Hoffens, der Ungewissheit und der Verzweiflung. Drei Tage nach der Verhaftung ihres Mannes suchte sie in Begleitung von Paul Wels,[176] einem engen Wegbegleiter, zu Prof. Iwanow gehörende Offiziere auf, um Nachrichten über ihren Mann zu erhalten. Die Suche nach Informationen und Hinweisen das Schicksal ihres Mannes betreffend sollte die kommenden Jahre ebenso prägen wie das Bemühen, die Erinnerung an ihn und an sein Werk wach zu halten. Dabei stand sie beispielsweise mit Ruprecht, Bultmann, Cullmann und Hans Freiherr von Campenhausen (1903–1989)[177] in mehr oder weniger engem brieflichen Kontakt. Vier Tage nach der Verhaftung wandte sie sich zunächst an den befreundeten Marburger Neutestamentler Rudolf Bultmann und schrieb ihm mit Blick auf eine mögliche Zensur des Briefes:»Uns hier ging es bisher recht gut. Nur viel Arbeit – zu viel – Onkel Ernst war ganz ungeheuer körperlich reduziert u. mußte leider am 15ten. eine anscheinend lange, unbequeme Reise antreten. Wir sind sehr in Sorge um ihn. Er müßte unbedingt ein anderes Tätigkeitsfeld mit besserem Klima haben. Aber das ist ja heute schwer.«[178] Knapp zwei Wochen später bot Bultmann an, Lohmeyers Briefe aus dem Krieg zur Verfügung zu stellen, wenn dem Verhafteten damit geholfen werden könne und schrieb geradezu fassungslos:»Inzwischen hörte ich nun zu meinem großen Bedauern, dass seine Zukunft unsicher ist, was mir, da ich seine radikale Ablehnung des Nationalsozialismus und des Militarismus kenne, schwer begreiflich ist. Ich habe seine Briefe, die er mir in den Kriegsjahren geschrieben hat, aufbewahrt. Sie zeigen ganz deutlich, dass die Interessen, die ihn bewegten, im krassen Widerspruch zu der Situation standen,

---

[174]   Günther Ruprecht Notiz vom Ende Februar 1946; SBB: Nachl. 494, G 1940–1946. Tasche 13, Bl. 592.

[175]   Katsch, Tagebuch 1945–46, 145.

[176]   Zu Paul Wels, der wegen seiner SA-Mitgliedschaft in den Jahren 1933–1937 zeitweise aus dem Dienst entlassen worden war, siehe Wiebel, Fall, 33, Anm. 9, sowie Katsch, Tagebuch 1945–46, 204, Anm. 41 u. ö.

[177]   Zu Campenhausen siehe Thomas K. Kuhn, Campenhausen, Hans Freiherr von, in: Biographisch-bibliographisches Kirchenlexikon 16 (1999), 253–254.

[178]   Der Brief vom 18. Februar 1946 ist abgedruckt bei Hutter-Wolandt, Briefwechsel, 319.

in die er durch den Krieg gezwungen war.«[179] Unterstützung erhielt Melie Loh-
meyer aber auch durch Rudolf Hermann, der sich für Lohmeyer einsetzte und
bald zu spüren bekam, dass sich der neue Greifswalder Rektor einem Einsatz für
Lohmeyer verweigerte.[180] Auf Seiten der Kirche wandte sich Anfang März der
Oberkirchenrat an die SMA in Schwerin mit der Bitte um Freilassung und betonte
Lohmeyers kritische Distanz zum Nationalsozialismus.[181] Auch Bischof Otto
Dibelius (1880–1967) setzte sich bei den politischen Behörden frühzeitig für
Lohmeyer ein.[182] Zunächst scheint er recht bald nach Lohmeyers Verhaftung bei
Oberst Sergei Iwanowitsch Tjulpanow (1901–1984),[183] dem Leiter der Propa-
ganda- und Informationsabteilung der SMAD in Berlin, vorstellig geworden zu
sein, dem aber von der Verhaftung nichts bekannt gewesen war. Nach dessen
Abreise nach Moskau nahm Dibelius mit dessen Vertreter Kontakt auf, erkannte
aber, dass die maßgeblichen Stellen nicht in Berlin, sondern in Schwerin saßen.
Anfang April bat er deshalb schriftlich bei der Schweriner SMA um baldige
Freilassung Lohmeyers.[184]

Ernst Lohmeyer als politischer Gegner

Die Frage nach den Gründen, die letztendlich für die Verhaftung Lohmeyers
ausschlaggebend gewesen sein dürften, kann nicht mit letzter Sicherheit beantwortet werden. Sie blieben auch in weiteren, vergleichbaren Fällen – wie
beispielsweise bei dem mecklenburgischen religiös-sozialen Pfarrer Aurel von
Jüchen (1902–1991), der im März 1950 vom NKWD verhaftet und zu 25 Jahren

---

[179] Der Brief vom 1. März 1946 ist abgedruckt bei Hutter-Wolandt, Briefwechsel, 319–321
und befindet sich im Nachlass Lohmeyer im Geheimen Staatsarchiv Berlin Preußischer
Kulturbesitz (= GStA PK) VI. HA, Familienarchive und Nachlässe, Nr. 6, 1–25.

[180] Zu den Hintergründen siehe Wiebel, Fall, 30. Bei einem Besuch von Minister und General
Prof. Solotuchin Anfang Oktober in der Universität Greifswald »verwandte« sich Herrmann für Lohmeyer und bat um eine Beschleunigung des Verfahrens: »Jede Einfluß-
nahme darauf wurde jedoch abgelehnt.« So Gerhardt Katsch, Tagebucheintrag vom
7. Oktober 1946; siehe Gerhardt Katsch, Greifswalder Tagebuch 1946–47, Kiel ³2015, 58.

[181] Lohmeyer habe in seinen wissenschaftlichen Übungen das Tragen der SA-Uniform
verboten und während des Krieges keinen Schuss abgegeben. Zudem habe er gesagt:
»Wenn Deutschland siegen würde – wofür denn? –, könnte ich mich auch nicht freuen.
Ein Sieg des Nationalsozialismus würde bedeuten, daß wir verloren sind.«; UAG: PA 347,
Bd. 5, Bl. 11–13.

[182] Wiebel, Fall, 29.

[183] Siehe dazu Jan Foitzik, Tjulpanow, Sergej Iwanowitsch, in: Wer war wer in der DDR? 2,
2010, 1325.

[184] Siehe dazu die Abschrift des Schreibens von Dibelius an die SMAD vom 9. April 1946;
EZA 712/213.

Arbeitslager in Workuta verurteilt wurde – offen.[185] Aber im Gegensatz zu manchen zeitgenössischen Beteuerungen, welche die Verhaftung nicht im Zusammenhang mit Lohmeyers universitätspolitischem Kurs sehen wollten, drängt sich doch aufgrund der überlieferten Quellen die begründete Annahme auf, dass es hier um die auch an anderen Orten praktizierte Ausschaltung eines ernsthaften politischen Widersachers ging. Mir scheint diese These vor allem deswegen zuzutreffen, da Fritz Müller wenige Tage nach Lohmeyers Verhaftung gegenüber Leonhard Rost (1896–1979), dem Dekan der Theologischen Fakultät, sein Bedauern darüber äußerte, dass Lohmeyer nicht in den Westen gegangen sei.[186] Denn nach einem Fortzug Lohmeyers – so dürfte Müllers unausgesprochener Gedanke gewesen sein – wäre die SED einen ihrer ärgsten Greifswalder Gegner losgeworden und hätte hochschulpolitisch weithin freie Bahn gehabt. Zudem schüchterte die Verhaftung dieses prominenten CDU-Mitglieds andere Vertreter dieser Partei zweifelsohne ein und schürte Unsicherheit wie Angst.[187]

Diese Vermutung stützen zudem Zeitzeugen wie beispielsweise Horst J. E. Beintker (1918–2012), der von Lohmeyer zum Sprecher der Studenten bestimmt worden war und 1946 die studentische Eröffnungsrede gehalten hatte,[188] sowie

---

[185] Auch von Jüchen wurde zunächst aus dem Kulturbund gedrängt und schließlich aus der SED. Zudem erfolgte eine Anklage wegen Spionage und Bildung oppositioneller Gruppen. Siehe dazu Ulrich Peter, Möhrenbach – Schwerin – Workuta – Berlin. Aurel von Jüchen (1902–1991). Ein Pfarrerleben im Jahrhundert der Diktaturen, Schwerin 2006. Von Jüchen taucht zusammen mit Lohmeyer auf einer »Liste der vom sowjetischen Tribunal Verurteilten« auf, die Bischof Otto Dibelius einem Schreiben vom 15. Februar 1955 an den »Hohen Kommissar der U.d.S.S.R. Herrn Botschafter Puschkin« beifügte. Diese Liste umfasst insgesamt 17 Namen. Das Schreiben befindet sich im Evangelischen Landeskirchlichen Archiv in Berlin (= ELAB) 76/7.

[186] Siehe dazu den Bericht von Leonhard Rost über seine Reise nach Schwerin am 21. und 22. Februar 1946; UAG: Altes Rektorat R 459, Bl. 243–244.

[187] Matthiesen, Greifswald in Vorpommern, 514. Auf S. 440 seines Buches druckte Matthiesen ein Foto von Lohmeyer ab.

[188] Siehe dazu den Text der Rede in UAG: Altes Rektorat R 580/2, Bl. 27–28. und den Bericht in der Schweriner Volkszeitung vom 16. Februar 1946, S. 2 (UAG: Altes Rektorat R 459, Bl. 248). Er ist publiziert in: Horst Eduard Beintker, »Es fiel ein Reif in der Frühlingsnacht«. Erinnerung und Bemerkungen zur Rede bei der Wiedereröffnung der Universität Greifswald am 15. Februar 1946, in: Zeitgeschichte regional – Mitteilungen aus Mecklenburg-Vorpommern 1, 1997, 21–28. Die Rede wurde damals in der Ostsee-Zeitung abgedruckt. Nach Lohmeyers Verhaftung konnte Beintker nicht mehr in Greifswald bleiben, wie er berichtet: »Ich war dann als Offizier, als Hauptmann, nicht zulaßbar. Erst 1949 hat Rudolf Hermann als Prorektor die Zulassung für mich in Greifswald erreicht.« Da er weder in Leipzig noch in Berlin als Student zugelassen wurde, ging er an die Kirchliche Hochschule in Berlin-Zehlendorf, die im amerikanischen Sektor lag. Beintker berichtete weiter: »Auch in der Humboldt-Universität wurde dann ein Zulassungsge-

Roland Köhler durch ihre Voten auf dem Wissenschaftlichen Kolloquium »Hochschul- und Wissenschaftspolitik der SMAD« (1992).[189] Beintker berichtete u. a. davon, dass ihm als Student die Einbindung in den Fall Lohmeyer persönlich geschadet hatte. Mit Blick auf die Rekonstruktion der Gründe, die zu Lohmeyers Verhaftung und Hinrichtung geführt hatten, sind die Erinnerungen Köhlers bedeutend, der die eigenen, innovativen hochschulpolitischen Vorstellungen Lohmeyers betont sowie seine ablehnende Haltung gegenüber dem Amt eines Kurators: »Er [Lohmeyer] hat in dieser Zeit der Vorbereitung auf die Eröffnung auch sehr deutliche Vorstellungen entwickelt – das ist im Universitätsarchiv zu finden – über den Charakter der Universität, auch über den Typ dieser Universität. Welche Rolle sollte darin die Wissenschaft, ihre Autonomie, spielen, auch der Kurator? Sollte es noch einen Kurator geben oder nicht? Er war der Meinung: Nein. Also das sind Fragen, die man sich gründlich ansehen müßte. Er hat sehr viel getan, den Typ der Universität in dieser Zeit weiterzuentwickeln.«[190]

Zweifelsohne hatte sich der Greifswalder Rektor einerseits mit seiner universitäts- und personalpolitischen Haltung in eine bedrohliche Lage gebracht, ohne freilich die Brisanz dieser Situation realistisch eingeschätzt zu haben.[191] Andererseits sah sich die Schweriner Regierung durch Lohmeyer politisch massiv herausgefordert und nahm ihn als gefährlichen politischen Gegner wahr, den es auszuschalten galt. Mit dem Verbot für den Rektor, bei der Eröffnung eine Rede halten zu dürfen, nahm die Schweriner Regierung Lohmeyer ganz bewusst die Möglichkeit, sich hochschulpolitisch äußern zu können. Nach den zahlreichen Begegnungen und Gesprächen waren Lohmeyers Ansichten hinlänglich bekannt, ihnen sollte keine weitere Öffentlichkeit geboten werden. Wahrscheinlich erinnerte man sich in den Kreisen der SED noch an seine Rede, die er am 26. August 1945 während der Gründungsveranstaltung des »Kulturbundes zur demokratischen Erneuerung«[192] für das Land Mecklenburg-Vorpommern im Schweriner Theater gehalten hatte.[193] Da seinerzeit der Präsident des Kultur-

---

spräch geführt. Dabei sind sehr interessante Dinge ans Licht gekommen. Es gab für mich also durch die Einbindung in die Lohmeyer-Affäre eine persönliche Benachteiligung.« Siehe Heinemann, Hochschuloffiziere, 224.

[189] Das Kolloquium fand vom 30. August bis 4. September 1992 in Gosen bei Berlin statt. Es ist dokumentiert in: Heinemann, Hochschuloffiziere, 147–410; die Kurzbiographien der Teilnehmer dort 433–442.

[190] Heinemann, Hochschuloffiziere, 225.

[191] Siehe dazu auch die Bemerkungen von Roland Köhler in: Heinemann, Hochschuloffiziere, 225.

[192] Siehe zum Kulturbund Magdalena Heider, Kulturbund zur demokratischen Erneuerung Deutschlands, in: Martin Broszat / Hermann Weber (Hg.), SBZ-Handbuch, 714–733.

[193] Zum Folgenden siehe Mathias Rautenberg, Das vorzeitige Ende der demokratischen Erneuerung im »Kulturbund zur demokratischen Erneuerung Deutschlands«, in: Zeit-

bundes, der kommunistische Schriftsteller und Kulturpolitiker Johannes R. Becher (1891–1958), den man als »Clou« präsentieren wollte, seine Teilnahme und
somit seinen vorgesehenen Hauptvortrag abgesagt hatte, musste ein Ersatz für
ihn bestimmt werden. Wie der kommunistische Schriftsteller Willi Bredel (1901–
1964)[194] an das Sekretariat der Landesleitung der KPD unmittelbar nach Abschluss der Veranstaltung berichtete, sei es notwendig gewesen, Lohmeyer als
Hauptredner der Gründungskundgebung herauszustellen. Rückblickend wertete
Bredel diese Entscheidung als Fehler, da »leider Prof. Lohmeyer nicht restlos in
der Ideologie gesprochen hat, die wir gewünscht hätten.« Zudem hätte sich
Lohmeyer »als ein philosophischer Idealist und sogar etwas als Mystiker gezeigt
mit einer sogar mehr als angedeuteten Reserve gegenüber Sowjetrussland und
der Roten Armee.« Gegenüber der Landesleitung seiner Partei relativierte Bredel
das politische Malheur mit dem Hinweis darauf, dass dem als bürgerlicher Demokrat bekannten Lohmeyer nur durch die Absage Bechers diese unbeabsich-
tigte Bedeutung bei der Veranstaltung zugekommen sei.[195] Ziemlich genau ein
Jahr später – und damit nach Lohmeyers Verhaftung – äußerte sich Bredel gegenüber der Landesleitung der SED wiederum über Lohmeyer, verurteilte erneut
dessen »politisch recht ungeschicktes Referat«, in dem er »mit seinen ausserordentlich unpassenden Worten über die Sowjetunion« die »russischen Freunde
arg verschnupft« habe. In diesem Schreiben wird deutlich, dass man in den
Reihen der SED Lohmeyer zwar als Mitstreiter beim demokratischen Wiederaufbau sehen konnte, ihm aber letztlich eine der Partei entsprechende politische
Haltung absprach. Vielmehr sah man ihn in der Universität »von lauter undurchsichtigen, manchmal aber recht deutlich reaktionären Professoren umgeben«, die ihn »sehr oft« zu ihrem »Werkzeug« und zum »Sprecher ihrer Forderungen gemacht« hätten. Lohmeyer pendle außerdem »stets zwischen seinem
ehrlichen Willen und den reaktionären Intrigen seiner Kollegen hin und her.«[196]
Solche und andere, womöglich noch kritischere Einschätzungen Lohmeyers von
Seiten der SED führten schließlich zu seiner Enthebung als Vorsitzender der
Greifswalder Ortsgruppe des Kulturbundes im Februar 1946, nachdem er erst am
22. Dezember 1945 in seiner Funktion bestätigt worden war.[197] Vielleicht aber –

---

geschichte regional – Mitteilungen aus Mecklenburg-Vorpommern 3, 1999, 55–61. Dort
ist die Rede Lohmeyers als Nachschrift abdruckt (56–59).

[194] Zu Bredel siehe Broszat / Weber, SBZ-Handbuch, 877; Bernd-Rainer Barth, Bredel, Willi,
in: Wer war wer in der DDR? 1 (2010), 172, sowie Grete Grewolls (Hg.), Wer war wer in
Mecklenburg und Vorpommern. Das Personenlexikon, Rostock 2011, online-Ausgabe:
http://ub-mnms.ub.uni-greifswald.de/html5/start.html.

[195] Zitate nach Rautenberg, Ende, 55.

[196] Rautenberg, Ende, 59.

[197] Rautenberg, Ende, 59: Den Vorstand komplettierten drei der wichtigsten politischen
Kräfte der Stadt: Max Burwitz (1896–1974), Kulturdezernent der Stadt Greifswald; zur

doch das bleibt nur eine Vermutung – war zu diesem Zeitpunkt eine Verhaftung Lohmeyers längst beschlossene Sache. Lohmeyer wurde zum Verhängnis, dass er in Greifswald das umzusetzen versuchte, was er mit Blick auf die Rostocker Fakultät seinem alttestamentlichen Kollegen Gottfried Quell (1896–1976) am 23. November 1945 geschrieben hatte: »Denn das Anfangen scheint mir notwendig, nicht das Abwarten, – Anfangen um jeden Preis, wenn auch zunächst mit unzulänglichen Mitteln.«[198]

DER »FALL LOHMEYER« IN DER HISTORIOGRAPHIE DER DDR

Für seinen unerschrockenen Einsatz und für sein vorwärtsdrängendes »Anfangen um jeden Preis« zahlte Lohmeyer schließlich einen hohen Preis. Wie viele andere der nach 1945 in der SBZ Repressierten hatte Lohmeyer keine Straftat begangen, sondern war mit der politischen Macht in Konflikt geraten.[199] Diese trat Lohmeyer in den zumeist völlig unkontrolliert agierenden Organen des NKWD entgegen, die als »ausgeprägteste Verkörperung des stalinischen totalitären Regimes« auftraten und in ihren Entscheidungen völlig unabhängig von der SMAD waren. Sie missbrauchten ihre Macht »und mischten sich ungeniert in den ideologischen und politischen Kampf in der Sowjetischen Besatzungszone ein«.[200]

Person siehe Andreas Herbst, Burwitz, Max, in: Wer war wer in der DDR? 1, 2010, 197; Franz Wohlgemuth, Sekretär für Agitation und Propaganda der Kreisleitung Greifswald der KPD sowie Richard Fritze (1887–1950), Rektor des Greifswalder Gymnasiums; siehe zur Person Ingrid Miethe / Martina Schiebel, Biografie, Bildung und Institution. Die Arbeiter-und-Bauern-Fakultäten in der DDR, Frankfurt am Main u. a. 2008, 85–94.

[198] Gert Haendler, Dokumente zum Wiederaufbau der Theologischen Fakultät Rostock 1945–1948, in: Heinrich Holze (Hg.), Die Theologische Fakultät Rostock unter zwei Diktaturen. Studien zur Geschichte 1933–1989. Festschrift für Gert Haendler zum 80. Geburtstag, Münster 2004, 117–142, hier 126.

[199] Siehe dazu Leonid P. Kopalin, Zur Rehabilitierung deutscher Staatsbürger, die von sowjetischen Organen aus politischen Motiven repressiert wurden, in: Vjačeslav Dmitrievič Selemenev (Hg.), Sovetskie i nemeckie voennoplennye v gody Vtoroj Mirovoj Vojny (Sowjetische und deutsche Kriegsgefangene in den Jahren des Zweiten Weltkriegs), Dresden, Minsk 2004, 422–469, hier 448, der zahlreiche Beispiele für diese willkürlichen Repressalien und Hinrichtungen nennt (450–458).

[200] So Michail Iwanowitsch Semiryaga, zitiert bei Leonid P. Kopalin, Zur Rehabilitierung repressierter deutscher Staatsbürger, in: Gerald Wiemers (Hg.), Der frühe Widerstand in der Sowjetischen Besatzungszone Deutschlands SBZ/DDR, Leipzig 2012, 133–152, hier 144; siehe ferner Michail Iwanowitsch Semiryaga, Wie Berijas Leute in Ostdeutschland die »Demokratie« einrichteten, in: Gerald Wiemers (Hg.), Der frühe Widerstand in der Sowjetischen Besatzungszone Deutschlands SBZ/DDR, 153–170, sowie Nikita W. Petrow, Die gemeinsame Arbeit der Staatssicherheitsorgane der UdSSR und der DDR im

Die DDR-Geschichtsschreibung schwieg sich über den »Fall Lohmeyer« weithin aus. Für Greifswald blieb er, um mit den Worten des Historikers Mathias Rautenberg zu sprechen, »eine offene, aber nicht offen eingestandene Wunde«,[201] wie sich an der offiziellen Historiographie zeigen lässt. Die im Jahr 1982 zum 525-jährigen Bestehen der Greifswalder Universität veröffentlichte Festschrift erwähnte das Rektorat Ernst Lohmeyers, geschweige denn seine Verhaftung, an keiner Stelle.[202] Allerdings hatte der Historiker Wolfgang Wilhelmus (*1931) dem Hochschulministerium und dem Verlag zunächst ein Manuskript vorgelegt, in dem das »bisherige Tabuthema Ernst Lohmeyer« sowie dessen Leistungen »bei der Demokratisierung der Universität und bei der Vorbereitung ihrer Wiedereröffnung« im Rahmen des damaligen Kenntnisstandes und des »politisch Möglichen« gewürdigt wurde.[203] Doch nach der Begutachtung hieß es dann – und dieses Votum illustriert sehr anschaulich die in den frühen 1980er Jahren herrschende offizielle Sicht der SED –: »Als Verstoß gegen die Parteilichkeit der marxistisch-leninistischen Geschichtsschreibung müssen einige Passagen über die Person Lohmeyer gewertet werden, [... der] von sowjetischen Organen für Verbrechen, die er als faschistischer Offizier und Ortskommandant in der Ukraine begangen hatte, zur Verantwortung gezogen wurde. Um diese Verhaftung war man in der Folgezeit in der BRD bemüht – und das wissen die Greifswalder Genossen gut – Lohmeyers faschistische Vergangenheit zu vertuschen und seine oppositionellen Äußerungen als Theologen aufzuwerten. Unkritisch übernehmen die Greifswalder Genossen bürgerliche Wertungen über Lohmeyer.«[204]

Osten Deutschlands, in: Peter Reif-Spirek / Bodo Ritscher (Hg.), Speziallager in der SBZ, 192–203.

[201] Rautenberg, Tod, hier 27.

[202] Wolfgang Wilhelmus (Hg.), Universität Greifswald. 525 Jahre, Berlin 1982; auch anlässlich der 500-Jahrfeier wurde Lohmeyer nicht als Rektor erwähnt: Werner Rothmaler / Wilhelm Braun (Hg.), Festschrift zur 500-Jahrfeier der Universität Greifswald, 17.10. 1956, Greifswald 1956; siehe aber Dirk Alvermann / Karl-Heinz Spieß (Hg.), Universität und Gesellschaft. Festschrift zur 550-Jahrfeier der Universität Greifswald 1456–2006. Band 1: Die Geschichte der Fakultäten im 19. und 20. Jahrhundert, Rostock 2006, v. a. 119; Band 2: Stadt, Region und Staat, 192.

[203] Wolfgang Wilhelmus, Noch einmal Ernst Lohmeyer. Eine Rede, die nicht gehalten werden konnte, und eine Akte, in: Zeitgeschichte regional – Mitteilungen aus Mecklenburg-Vorpommern 15, 2011, 73–84, hier 73.

[204] Diese Passage aus dem Gutachten des Instituts für Hochschulbildung beim Ministerium für Hochschulwesen aus dem März 1980 befindet sich im Greifswalder Universitätsarchiv und ist abgedruckt bei Wilhelmus, Lohmeyer, 73. Zu den weiteren Auseinandersetzungen bezüglich des Manuskripts und Lohmeyer siehe ebd.

Wenn die DDR-Geschichtsschreibung Lohmeyer erwähnte, dann betonte sie zuvorderst die Schwierigkeit, die Entnazifizierung in Greifswald durchzuführen und damit den »antifaschistisch-demokratischen Neubeginn« der Universität einzuleiten und machte dafür undifferenziert den Greifswalder Rektor verantwortlich. Ein Beispiel dieser Haltung ist der ehemalige Greifswalder Historiker Joachim Mai (1930–2009).[205] Sein Bericht über die oben erwähnte Sitzung des Lehrkörpers im Konzilssaal am Tag nach der Eröffnung der Universität[206] und seine Wiedergabe der Anschuldigungen gegenüber Lohmeyer lassen die offizielle geschichtspolitische Diktion erkennen, wenn es heißt: »Die sowjetische Hilfe und Unterstützung für die Wiedereröffnung der Universität zeugt vom Vertrauen der sowjetischen Militärverwaltung in die deutschen Antifaschisten; denn die Säuberung von faschistischen Elementen war noch nicht abgeschlossen.«[207]

Auch wenn nicht mit Sicherheit gesagt werden kann, ob und inwieweit Lohmeyers Name den staatlichen Behörden in Greifswald in den 1960er und 1970er Jahren geläufig gewesen ist, so scheint es zumindest gewisse Erinnerungen oder Assoziationen in den 1980er Jahren gegeben zu haben. Als man nämlich in der Theologischen Fakultät seit 1987 begann,[208] sich Gedanken über den 100. Geburtstag von Lohmeyer im Jahr 1990 zu machen, alarmierten diese Planungen die Staatssicherheit.[209] Dort ging man zunächst von »unüberprüften Hinweisen« auf eine 1945 erfolgte Verhaftung und Verurteilung Lohmeyers zu 25 Jahren Zuchthaus aus. Wie in vergleichbaren anderen Fällen, leitete die Staatssicherheit Maßnahmen ein, um einen politischen Schaden zu verhindern.[210] Dazu konnte die Stasi anscheinend auf die Akten des Sowjetischen Militärtribunals

---

205 Zu Mai siehe Manfred Menger, Joachim Mai 60 Jahre, in: ZfG 38, 1990, 251–252; ferner Mathias Niendorf, Osteuropa, Ostforschung und Osteuropäische Geschichte in Greifswald. Vom 20. bis 21. Jahrhundert, in: Niels Hegewisch / Karl-Heinz Spieß / Thomas Stamm-Kuhlmann (Hg.), Geschichtswissenschaft in Greifswald. Festschrift zum 150jährigen Bestehen des Historischen Instituts der Universität Greifswald, Stuttgart 2015, 134–173, hier 165–166.
206 Zur Eröffnungsfeier und zur Sitzung des Lehrkörpers siehe die detaillierten Ausführungen von Köhn, Neutestamentler, 128–134.
207 Mai, Universität, 214–215.
208 Köhn, Neutestamentler, 150–151.
209 Siehe dazu Wilhelmus, Lohmeyer, 74, der davon berichtet, dass er zusammen mit Hans-Jürgen Zobel, dem damaligen Direktor der Sektion Theologie, am 15. August 1989 vom Rektor der Universität zu getrennten Gesprächen zitiert worden war. Die Staatssicherheit hatte den Rektor darüber informiert, dass in Greifswald ein »Kriegsverbrecher« geehrt werden solle.
210 Rautenberg, Tod, 27.

zurückgreifen, die Lohmeyers angebliche Mitverantwortung an Kriegsverbrechen zu bestätigten schienen.[211]

»Verhandlungen« und »Prozess« gegen Ernst Lohmeyer 1946

Schon an dieser Stelle sei betont, dass die der Anklage zugrunde liegenden Vorwürfe, Lohmeyer habe sich als Kriegsverbrecher schuldig gemacht,[212] inzwischen von der Moskauer Militärstaatsanwaltschaft in einem Rehabilitationsverfahren völlig entkräftet wurden und Lohmeyer seit 1996 – also gut 50 Jahre nach seiner Exekution – vollständig rehabilitiert ist. Quellenkritisch ist anzufügen, dass die vorliegenden Akten weder einen rechtmäßigen Prozess widerspiegeln – was auch die russischen Behörden im Zusammenhang der Rehabilitierung betonten –,[213] noch zweifelsfrei präzise und wahrheitsgetreu die Aussagen dokumentieren, sondern sie zeigen, wie »begrifflich vorgestanzte und kaum hinterfragte Wahrnehmungsmuster, Feindbilder und Handlungsmechanismen« den Umgang mit den politischen Gegnern prägten.[214]

Nach seiner Verhaftung am 14. Februar 1946 wurde Lohmeyer zumindest zeitweilig im Strafjustizgebäude in der Domstraße 6/7 eingesperrt.[215] Die dortigen Haftbedingungen waren wie in vielen anderen Gefängnissen dieser Zeit katastrophal. Für die zum Tode verurteilten Gefangenen gestalteten sich die Verhältnisse in den Todeszellen gewöhnlich nochmals unerträglicher, denn sie hatten meist Wochen und Monate auf die endgültige Entscheidung respektive auf die Vollstreckung der Urteile zu warten und waren dadurch einem enormen psychischen Druck ausgesetzt.[216] Außerdem erhielten sie häufig kaum noch eine nennenswerte Form von Versorgung, so dass sie völlig unterernährt, verdreckt und verlumpt, mit langen und verfilzten Kopf- und Barthaaren vor sich hin vegetierten.[217] Wie der US-amerikanische Theologe und Lohmeyer-Forscher James

---

[211] Siehe dazu die Informationen des Bundesbeauftragten für die Unterlagen des Staatssicherheitsdienstes der ehemaligen DDR bei Rautenberg, Tod, 33, Anm. 110–111.

[212] Siehe dazu Eberle, Universität Greifswald, 600.

[213] Das Gutachten vermerkt: »Die Voruntersuchung in bezug auf Lohmeyer wurde unter Verletzung der Forderungen der Strafprozeßgebung durchgeführt.«

[214] Bettina Greiner, Verdrängter Terror. Geschichte und Wahrnehmung sowjetischer Speziallager in Deutschland, Hamburg 2010, 107.

[215] Edwards, Ernst Lohmeyer, 338.

[216] Andreas Hilger, Strafjustiz im Verfolgungswahn. Todesurteile sowjetischer Gerichte in Deutschland, in: ders. (Hg.), »Tod den Spionen!«. Todesurteile sowjetischer Gerichte in der SBZ/DDR und in der Sowjetunion bis 1953, Göttingen, München 2006, 95–155, hier 97–98.

[217] Siehe dazu Paul Hoffmann, Die Straflager und Zuchthäuser der Sowjetischen Besatzungszone, in: Klaus-Peter Graffius / Horst Hennig (Hg.), Zwischen Bautzen und Wor-

R. Edwards berichtet, konnte in der Frühzeit von Lohmeyers Inhaftierung die Familie vom Wall aus den Gefangenen einmal schemenhaft erkennen und ihm vorsichtig zuwinken.[218] Ansonsten blieben bloß sporadische Nachrichten aus der Haft. Als einziges und augenscheinlich letztes Schriftstück vor Lohmeyers Hinrichtung gelangte an die Familie – wie auch immer – ein Brief vom 31. März 1946, der den für lange Zeit einzigen Hinweis auf die Hintergründe der Verhaftung gab. Lohmeyer schrieb aus dem Gefängnis:»Ich bin nur von dem kleinen Kapitän Iwanoff[219] verhört worden, der mich auch verhaftete, er verhörte mich nach Gesichtspunkten, die ihm gegeben waren, vermutlich von dem Kommandant der hiesigen NKWD, Oberst Lurykow, und fragte nur nach militärischen Dingen, und zwar nach den Erschiessungen in Polen, meiner Tätigkeit in Belgien und schließlich in Rußland. Aber auch da habe ich den Eindruck, als suchten sie erst nach Dingen bei denen sie einhaken und mich fassen könnten, und als ob diese Fragen nur die wahren Motive verschleiern sollen, die auf politischem Gebiet liegen und der hiesigen NKWD selbst nicht bekannt sind. Ich sollte matt gesetzt werden, ob als der zufällige Blitzableiter für einen Groll, der sonst nichts mit mir zu tun hat, oder weil ich ihnen zu erfolgreich und geschickt erschien, das weiß ich nicht. Ich halte das ganze immer noch für eine Schweriner Intrige, bei der die KPD nicht ganz unschuldig ist. Deshalb kann man wohl nur einsetzen bei den Stellen, die Schwerin vorgesetzt sind, wie etwa Karlshorst. Hier im Gefängnis meint man, Köhler[220] habe mich nach sich gezogen, um einen Zeugen für seine Unschuld zu haben, die man ihm hier nicht glauben will. Aber das ist vielleicht

---

kuta. Totalitäre Gewaltherrschaft und Haftfolgen, Leipzig 2004, 15–69, hier 22; ferner zu den Haftbedingungen Greiner, Terror, 164–176.

[218]   Edwards, Ernst Lohmeyer, 338.

[219]   Siehe dazu Wiebel, Hermann, 148, Anm. 197, der davon ausgeht, dass es sich hier um »Prof. Iwanow« handeln muss, ohne diese Identifizierung allerdings zu belegen.

[220]   Otto Köhler (1883–1946) war vor seiner Verhaftung Pfarrer an der Greifswalder Domkirche St. Nikolai gewesen. Er zählte auch zum Greifswalder Landeschützenbataillon und diente dort bis 1940 als Oberstleutnant, wurde dann aus Altersgründen entlassen. Seine Familie blieb nach seiner Verhaftung ebenso über Jahre ohne Nachricht. Siehe dazu Bischof Karl von Scheven an Bischof Theophil Wurm, Brief vom 28. Januar 1949; Landeskirchliches Archiv Greifswald (= LKAG) Best. 77.36 Bischof von Scheven Nr. 105, S. 303; ferner den Antrag der Gemeinde auf Entlassung Köhlers aus der Haft vom 11. April 1946; ebd. S. 313. Schließlich das Schreiben des Wolgaster Pfarrers Werner Ladwig an Bischof von Scheven vom 12. Februar 1950 (ebd. Nr. 105, 499–500.), das berichtet, dass Köhler zunächst in Greifswald inhaftiert war, bevor er im Juli 1946 nach Torgau gebracht wurde, wo er bald nach Weihnachten 1947 verstorben sei. Laut Katsch wurden die Mitglieder des Landeschützenbataillons, »die in Polen Erschießungen durchgeführt haben«, darunter Köhler am 5. Juni 1946 mit dem Zug abtransportiert; Katsch, Tagebuch 1945–46, 185. Ebenso wenig wie Lohmeyer war Köhler nach heutigem Kenntnisstand an den Bromberger Massakern (5.–10. September 1939) beteiligt.

mit ein Anlass gewesen, aber sicher nicht der Grund, denn allen anderen sind die Anklagepunkte wegen Bromberg mitgeteilt worden, mir aber nicht. Und dass sie mich nur als einen möglichen Zeugen dabehielten, ist mir unwahrscheinlich. So tappe auch ich eigentlich im Dunkeln und hoffe nur, daß ebenso plötzlich wie meine Haft begann, sie auch enden wird, wenn es sicher lange dauern wird. Meine persönliche Lage ist erträglich, das Essen reicht hin da man nichts tut [...].«[221] Angeblich durfte Lohmeyer – so zumindest die Aussage eines Mitgefangenen – in seiner Einzelzelle wissenschaftlich arbeiten, wozu man ihm Schreibmaterial zur Verfügung gestellt habe.[222]

Diese kurze Mitteilung lässt zweifelsfrei erkennen, dass sich Lohmeyer mit Blick auf seine militärischen Tätigkeiten keinerlei Schuld bewusst war. So war er – wie seine Ehefrau überlieferte – immer ganz ruhig geblieben, als es seit Dezember 1945 zu ersten Verhaftungen von einigen älteren Männern durch den NKWD in Greifswald gekommen war, die dem »Landesschützenbataillon« Greifswald angehört hatten. Er ging zudem davon aus, dass der seiner Meinung nach sehr gut recherchierende russische Nachrichtendienst ihm nichts anhängen könne.[223] Deshalb war es nur folgerichtig, wenn Lohmeyer seine Verhaftung, anders als beispielsweise von Josef Naas lanciert, – ohne sich freilich völlig sicher zu sein – primär auf die anscheinend gravierend gewordenen politischen Differenzen mit der KPD respektive SED zurückführte und deshalb mit einer längeren Inhaftierung rechnete.[224] Die im Frühjahr und Sommer 1946 angefertigten sogenannten Verhör- und Gerichtsprotokolle, die im Zuge seines Rehabilitationsprozesses öffentlich wurden, berichten von mehreren Verhören Lohmeyers seit dem 16. Februar 1946.[225] Diese Vernehmungen verfolgten indes von Anfang an nur eine Absicht: Sie zielten auf eine Verurteilung entweder zur langjährigen Zwangsarbeit oder zum Tode. Somit ist Lohmeyer ein Beispiel für viele andere

---

[221]   Ausschnitt aus dem Brief von Ernst Lohmeyer vom 31. März 1946 aus dem Gefängnis. Die Abschrift befindet sich in den Dokumenten zu Lohmeyer in der Privatsammlung von Günter Haufe und Martin Onnasch (Greifswald). Gekürzt zitiert bei Edwards, Ernst Lohmeyer, 339, Anm. 72. Der gesamte Brief, der sich in Berliner Generalstaatsarchiv im Nachlass Lohmeyer befindet, war mir als Teil des gesperrten Teils des Nachlasses leider nicht zugänglich.

[222]   So ebenfalls in dem Bericht von Werner Ladwig vom 12. Februar 1950, der mit einem Heimkehrer namens Warnke gesprochen habe, der mit Lohmeyer in Greifswald inhaftiert gewesen sei; siehe dazu LKAG Best. 77.36, Nr. 105, 499–500.

[223]   Siehe dazu M. Lohmeyer, Fall; in diesem Band, 251.

[224]   Siehe dazu auch M. Lohmeyer, Fall; in diesem Band, 251.

[225]   Zur üblichen Verhörpraxis des Geheimdienstes siehe Greiner, Terror, 176–192.

Inhaftierte, für die die Verhaftung nach stalinistischer Verfahrensweise zugleich das Todesurteil bedeuten sollte.[226]

Die in Kopie vorliegenden Akten[227] wurden im Zusammenhang des Rehabilitationsprozesses in Moskau nach längerer Suche gefunden. Aufgrund des »Gesetzes der Russischen Föderation über die Rehabilitierung von Opfern politischer Repression« in der Fassung vom 18. Oktober 1991 wurde Lohmeyers Verurteilung von der Generalstaatsanwaltschaft der Russischen Föderation überprüft.[228] Seine Akte liegt in einer Übersetzung aus dem Russischen vor und wurde angelegt von der »Greifswalder Operativen Gruppe« des »Operativen Sektors für die Provinz Mecklenburg und West-Pommern«.[229] Diese »Untersuchungsakte 2313«[230] zur Anklage »wegen Verbrechen nach Teil 1 des Erlasses des Präsidiums des Obersten Sowjets der Union der Sozialistischen Sowjetrepubliken vom 19. April 1943« wurde am 14. Februar 1946, also gleich am Tag der Verhaftung angelegt.[231] Sie war – so ein Vermerk – zur ständigen Archivierung

---

[226]   Siehe dazu Greiner, Terror, 34–35: »Eine Erfahrung war allen Verhafteten indes von der ersten Stunde an gemein: Einmal festgesetzt, hatten sie keine Chance. Ob belastet oder nicht, kein Häftling fand Gehör, unterschiedslos alle waren der Willkür ausgeliefert. Nicht nur konnten sie sich nicht verständlich machen, es gab überhaupt kein Interesse, sie verstehen zu wollen. Was sie während der Verhöre in den ›GPU-Kellern‹ angaben, ob sie die Wahrheit sagten oder logen, war völlig nebensächlich. Von Interesse war nur, was der Verhörende hören wollte – und dass die Verhörten durch ihre Unterschrift unter in russischer Sprache abgefasste und für sie unverständliche Protokolle ihre Schuld und Entrechtung eigenhändig attestierten.«

[227]   Diese Akten erstmalig eingesehen und ausgewertet hat Hilger, Strafjustiz, 109–113.

[228]   Siehe dazu weiter unten 130–136.

[229]   Siehe dazu Foitzik / Petrow, Die sowjetischen Geheimdienste.

[230]   Die »Untersuchungsakte« liegt in Kopie vor in der Aktensammlung zur Rehabilitation Lohmeyers, Privatsammlung Haufe und Onnasch (= PHO), Greifswald.

[231]   Der »Ukaz« des Präsidiums des Obersten Sowjets »Über Maßnahmen zur Bestrafung der deutschen faschistischen Übeltäter, schuldig der Tötung und Misshandlung der sowjetischen Zivilbevölkerung und der gefangenen Rotarmisten, der Spione, der Vaterlandsverräter unter den sowjetischen Bürgern und deren Mithelfern« war nicht ein Mittel, um Kriegs- und Gewaltverbrechen zu ahnden, sondern er zielte auf eine umfassende »Generalabrechnung mit dem angeblich erwiesenen oder auch nur potentiellen ›inneren‹ politischen Feind« und war somit Mittel einer erneuten »Säuberung«; siehe dazu Andreas Hilger, Einleitung: Smert' Špionam! – Tod den Spionen! Todesstrafe und sowjetischer Justizexport in die SBZ / DDR, 1945–1955, in: ders. (Hg.), »Tod den Spionen!«, 7–35, hier 15–16; ferner Andreas Hilger / Nikita Petrov / Günter Wagenlehner, Der »Ukaz 43«. Entstehung und Problematik des Dekrets des Präsidiums des Obersten Sowjets vom 19. April 1943, in: Andreas Hilger / Ute Schmidt / Günther Wagenlehner (Hg.), Sowjetische Militärtribunale. Bd. 1: Die Verurteilung deutscher Kriegsgefangener 1941–1953, Köln 2001, 177–210.

vorgesehen. Ein Enddatum der Akte ist nicht vorhanden, allein ein Stempelab-
druck: 10. September 1946.

Das erste Dokument dieses Dossiers, dessen Beginn auf den Tag der Verhaftung Lohmeyers datiert ist, bietet den »Beschluß (über die Eröffnung eines
Strafverfahrens und die Durchführung der entsprechenden Untersuchung)« vom
30. Mai 1946 durch den Oberuntersuchungsrichter der Operativen Gruppe der
sowjetischen Militärverwaltung für den Kreis Greifswald, Hauptmann Ivanov.
Der Hauptmann erklärte hier, dass er die bezüglich ihrer Herkunft und Inhalte
nicht weiter beschriebenen »Materialien über die verbrecherischen Handlungen
durchgesehen« und daraufhin festgestellt habe, dass Lohmeyer der Kriegsverbrechen schuldig sei. Daraufhin beschloss er, »gegen Lohmeyer eine Strafsache
zu eröffnen und mit der Untersuchung zu beginnen. Es wird ein Strafverfahren
eröffnet.« An keiner Stelle lassen die Protokolle erkennen, worauf sich die
schwerwiegenden, aber eben nicht belegten Anschuldigungen bezogen und
warum es solange bis zur Eröffnung des Strafverfahrens gedauert hatte. Untersuchungsrichter Ivanov warf Lohmeyer vor, dass unter seiner Leitung die Orts-
kommandantur-708 auf dem besetzten Territorium der Sowjetunion »eine
Hetzjagd auf sowjetische Bürger« durchgeführt habe. Weiter heißt es in dem
Protokoll: Lohmeyer »arretierte und verhörte sowjetische Bürger und überwies
sie danach an das Feldgericht. Auf Anweisung von Lohmeyer hat die Feldgendarmerie gewalttätig sowjetische Bürger zur Zwangsarbeit geschickt. Während
der Zeit der Lokation der ›Ortskommandantur-708‹ in der Stanitza Slavjanskaja,
Gebiet Krasnodar wurden auf Anweisung von Lohmeyer bis zu 70 sowjetische
Bürger verhaftet, von denen etwa 20 Personen dem Feldgericht übergeben
wurden; die anderen wurden im (*) der Kommandantur zwischen 5 und 20 Tagen
festgehalten.«[232]

Auf Grundlage der Artikel 145 und 158 des Strafgesetzbuches der Russischen Sozialistischen Föderativen Sowjetrepublik beschloss der Untersuchungsrichter, Lohmeyer – gut drei Monate nach seiner Verhaftung – in Gewahrsam zu nehmen und eine »Haussuchung« durchzuführen. Die beigefügte
»Berechtigung zur Hausdurchsuchung und Inhaftierung von Lohmeyer, Ernst«
wurde an Hauptmann Ivanov ausgehändigt und ist auf den 14. Februar 1946
datiert, das Festnahmeprotokoll trägt allerdings das Datum des 14. April[233]. Es
hält fest, dass Lohmeyer keinen Widerstand geleistet, man keine Waffe eingezogen und der Festgenommene keine Beschwerden hervorgebracht habe. Das
Protokoll der »Haussuchung« ist ebenfalls auf den 14. Februar 1946 datiert.
Danach hat Hauptmann Ivanov in Anwesenheit eines Übersetzers und des
Feldwebels Beljajew die Hausdurchsuchung und eine Leibesvisitation bei Loh-

---

[232]   Siehe dazu den »Beschluß (über die Inhaftierung)« vom 30. Mai 1946; Untersuchungsakte, 4.

[233]   Hier liegt möglicherweise ein Schreibfehler vor.

meyer durchgeführt. Man zog neben dem Pass, diversen Bescheinigungen auch den Mitgliedsausweis der Christlich-demokratischen Union ein, zudem Fotografien sowie einen Radioempfänger der Marke »Kerting«. Später wurde eine Inventarliste des Vermögens des Verhafteten erstellt, auf der unter anderem ein Flügel, eine Nähmaschine sowie verschiedene Möbelstücke verzeichnet sind und die einen Gesamtwert von 3.300 Mark ausweist. Mit der Verhaftung verlor Lohmeyer seine Einkünfte und die Familie stand augenblicklich völlig mittellos da. Frau Lohmeyer musste sich schriftlich verpflichten, die registrierten Möbel und das »aufgeführte Vermögen« bis zu einer besonderen Anordnung zu »bewahren«. Die in Aussicht gestellte Konfiszierung erfolgte wohl im September 1947 und ihre Durchführung ließ bei manchen Lohmeyers Tod vermuten.[234]

Unter den weiteren Dokumenten findet sich ein Eintrag von Hauptmann Ivanov, wonach Lohmeyer »bis zum 30. Mai 1946 in Lagern inhaftiert« gewesen sei.[235] Diese Notiz steht zwar in einem gewissen Widerspruch zu dem eben erwähnten Schreiben Lohmeyers vom Ende März, in dem deutlich wird, das Ivanov ihn damals schon in Greifswald vernommen hatte. Denkbar ist aber eine zeitweilige Verlegung Lohmeyers an andere, bislang nicht weiter benennbare Orte. Gerüchtweise tauchte immer wieder das NKWD-Speziallager Nr. 9 bei Neubrandenburg (Lager Fünfeichen)[236] auf, in dem sich 1946 gut 10.000 Häftlinge befanden.[237] Möglicherweise waren die Kapazitäten für die Unterbringung von Gefangenen in der Domstraße gelegentlich erschöpft. Abschließend kann diese Frage derzeit nicht beantwortet werden.

Nachdem sich Lohmeyer zahlreichen Verhören hatte unterziehen müssen, erfolgte der Beschluss über die Erhebung einer Anklage erst am 5. Juni 1946. Damit aber verschärfte sich die Situation für Lohmeyer schlagartig. Denn nun wurden angebliche konkrete Vergehen benannt und Hauptmann Ivanov hielt mit

---

[234]   Siehe dazu eine Notiz aus dem September 1947, in: EZA 7/16024.

[235]   Untersuchungsakte, 15. So beispielsweise äußerte sich Wolfgang Schweitzer, seinerzeit Sekretär in der Studienabteilung des Ökumenischen Rats der Kirchen in Genf in einem Brief an O. Cullmann vom 6. Dezember 1948: Korrespondenzserie General Secretariat, occasional correspondences, Signatur WCC Archives 42.2.003: »Wahrscheinlich werden Sie wissen, dass Frau Lohmeyer vor längerer Zeit (ich glaube es war schon im vorigen Jahr) die Wohnung und Mobiliar beschlagnahmt bekam: Man hat dies damals als sehr schlechtes Zeichen gesehen, in dem Sinn, dass er womöglich nicht mehr unter den Lebenden weilt. Eine Verbindung mit der Aussenwelt besteht, so viel ich weiss, nicht.«

[236]   Natalja Jeske, Lager in Neubrandenburg-Fünfeichen 1939–1948. Kriegsgefangenenlager der Wehrmacht, Repatriierungslager, sowjetisches Speziallager, Schwerin 2013.

[237]   Siehe dazu auch den »Nachtrag« von Haufe, Gedenkvortrag, 16, der bei aller Quellenkritik einen Aufenthalt in Fünfeichen durchaus als möglich erscheinen lässt. Zum Lager: Dieter Krüger / Gerhard Finn, Mecklenburg-Vorpommern 1945 bis 1948 und das Lager Fünfeichen, Berlin 1991.

Blick auf Lohmeyers militärisches Einsatzgebiet fest: »Im Verlauf der ganzen Zeit der Okkupation herrschte auf dem Territorium des Slovjansker Rayon schreckliche Willkür. Die deutschen, faschistischen Eroberer führten Zwangsarbeit für die Bevölkerung ungeachtet des Alters und der Gesundheit ein. Die deutschen, faschistischen Eroberer arretierten und töteten 500 friedliche Bürger. Lohmeyer und die ihm untergebene Ortskommandantur mit der Gendarmerie hatten unmittelbar teil an der Verübung dieser Verbrechen. Die sowjetischen Bürger, die nicht für die deutsch-faschistischen Okkupanten arbeiten wollten, wurden auf Befehl von Lohmeyer gezwungen unter Bewachung durch die Gendarmerie und Polizei, Wirtschaftsarbeiten auszuführen, wobei sie für ihre Arbeit nichts erhalten haben. Die sowjetischen Bürger, die nicht für die deutsch-faschistischen Okkupanten arbeiten wollten, wurden von Lohmeyer mit Geldstrafen belegt oder für 3 Wochen ins Gefängnis der Ortskommandantur gesetzt und gleichfalls unter Bewachung zu schweren Arbeiten geschickt. Die Feldgendarmerie, die Lohmeyer unterstand, führte Verhaftungen durch, Verhöre und Erschießungen friedlicher sowjetischer Bürger.« Ivanov führte weitere angebliche Verbrechen der Ortskommandantur-708 auf, für die Lohmeyer Verantwortung getragen haben soll, ohne dass aber irgendwelche Beweise oder Zeugen benannt worden wären. Lohmeyer hingegen beteuerte wahrheitsgemäß – wie wir heute unzweifelhaft wissen – in einem weiteren Verhör seine Unschuld. Er habe zwar Verhaftungen vornehmen lassen, aber unter seinem Kommando habe es keine Erschießungen gegeben. Ein Partisan, der Telefonleitungen durchgeschnitten habe, sei an das Feldgericht Krasnodar geschickt worden, das ihn zum Tode durch Erhängen verurteilte. Lohmeyer betonte zudem, dass er als Angehöriger der deutschen Armee der Befehlsgewalt unterworfen gewesen war.

Die bis heute nicht eindeutig belegbare Vermutung, wonach das ganze Verfahren gegen Lohmeyer durchaus auf einer Denunziation gegründet habe, bekommt allerdings durch einen Hinweis in der am 15. Juli 1946 formulierten »Anklageschrift« Gewicht, wenn dort von »Informationen« die Rede ist, die der Operativen Gruppe der Sowjetischen Militärverwaltung zugegangen seien, wonach Lohmeyer die friedliche russische Bevölkerung verhöhnt habe.[238] Zu den bisher Lohmeyer gegenüber erhobenen Anklagepunkten kam nun noch der Vorwurf von Folter bei Verhören hinzu. Aufgrund der vorgebrachten Anklagepunkte wies Ivanov an, Lohmeyer im Gefängnis in Greifswald zu belassen.

Die bis dahin vom Untersuchungsrichter zusammengestellten, angeblich von Lohmeyer begangenen schweren Verbrechen dienten – wie in anderen Fällen stalinistischer Prozesse – nur einem Ziel: der Verurteilung des Angeklagten durch Erschießen. Darüber entschied schließlich das »Kriegstribunal der Provinz Mecklenburg und Westpommern in geschlossener Sitzung in der Stadt Greifs-

---

[238] Anklageschrift vom 15. Juli 1946; Untersuchungsakte, 28.

wald« am Abend des 28. August 1946.[239] Anwesend waren neben dem Angeklagten als Vorsitzender der Major der Justiz Jakovčenko, zwei Beisitzer sowie ein
Sekretär. Die Sitzung begann um 18 Uhr – wie auch ansonsten üblich – ohne
Staatsanwalt, Anwalt und Zeugen. Lohmeyer berichtete nochmals ausführlich
über seine militärischen Tätigkeiten. Laut Protokoll gestand Lohmeyer angeblich
ein, dass während seiner Dienstzeit ungefähr 550 Menschen ums Leben gekommen seien, verwies aber auf den Rückzug der deutschen Truppen und
weigerte sich, die Gesamtschuld der deutschen Truppen zu übernehmen.

Der Vorsitzende erklärte das Verfahren daraufhin für beendet und gab
Lohmeyer das letzte Wort. Lohmeyer nutze diese Gelegenheit und betonte neben
anderem seine oppositionelle Haltung gegenüber dem Nationalsozialismus sowie
seine christliche Existenz, verwies auf seine Ehrenmitgliedschaft in der theologischen Gesellschaft Amerikas und seine zahlreichen antifaschistischen Freunde. Sein letzter protokollierter Satz lautet:»Ich habe immer gesagt, daß Krieg ein
Verbrechen ist.«[240] Um 20 Uhr zog sich das Gericht zu zweistündigen Beratungen
zurück. Um 22 Uhr verlas der Vorsitzende das Urteil[241] und erläuterte das Verfahren zur Einreichung eines Gnadengesuches. Das Urteil ging davon aus, dass
die »schreckliche Willkür« der faschistischen Eroberer nicht ohne Lohmeyers
Kenntnis und Teilnahme hätte erfolgen können. Das Gericht führte weiter aus:
»Die Befehle zur Errichtung der faschistischen Ordnung hat Lohmeyer als
Kommandant unterzeichnet. Außerdem hat Lohmeyer um sich herum einen
Kreis von Vaterlandsverrätern versammelt, die ihm Kommunisten, Komsomol-
zen und Juden und sowjetische Gewerkschafter preisgaben, was zur Folge hatte,
daß diese festgehalten und zur Urteilsvollstreckung weitergeleitet wurden.«[242]
Für diese Anklagepunkte lägen – so das Gericht – »Dokumente der Staatlichen
Kommission zur Verfolgung der Verbrechen der deutschen-faschistischen Er-
oberer«[243] vor. Der Vorsitzende Jakovčenko erklärte:»Ernst Lohmeyer wird ge-

---

[239] Siehe dazu das »Protokoll der Gerichtsverhandlung«, Untersuchungsakte, 34–40.

[240] Untersuchungsakte, 40.

[241] Siehe dazu die Untersuchungsakte, 41–43.

[242] Untersuchungsakte, S. 42.

[243] Der Name dieser auf Beschluss Nr. 160/17 des Präsidiums des Obersten Sowjets am
       2. November 1942 eingesetzten (ihre Arbeit begann erst im März 1943) und am 9. Juni
       1951 aufgelösten Kommission lautet vollständig: »Außerordentliche staatliche Kom-
       mission für die Feststellung und Untersuchung der Gräueltaten der deutsch-faschisti-
       schen Eindringlinge und ihrer Komplizen, und des Schadens, den sie den Bürgern,
       Kolchosen, öffentlichen Organisationen, staatlichen Betrieben und Einrichtungen der
       UdSSR zugefügt haben« (ČGK). Siehe dazu Jochen Laufer, Pax Sovietica. Stalin, die
       Westmächte und die deutsche Frage 1941–1945, Köln 2009, 290–292:»Die Erfassung
       der Kriegsverbrechen, die Registrierung der Schäden und die Sammlung von Zeugen-
       aussagen entwickelten sich seit 1943 zu einer ›Massenbewegung‹, die zur Anhäufung

mäß Artikel 1 der Verordnung des Obersten Sowjets der UdSSR zur Höchststrafe, zum Erschießen und der Vermögenseinziehung, verurteilt. Das Urteil ist rechtskräftig und unterliegt nicht der Berufung.« Die Sitzung endete um 22.20 Uhr. Lohmeyer wurde demnach gemäß des ersten Artikels des Ukas des Präsidiums des Obersten Sowjets vom 19. April 1943 verurteilt, der die Todesstrafe für »deutsche, italienische, rumänische [usw.] faschistische Verbrecher« vorsah, die »der Tötung und Misshandlung der Zivilbevölkerung und gefangener Rotarmisten überführt sind«.[244]

Am folgenden Tag reichte Lohmeyer sein mehrseitiges Gnadengesuch ein.[245] Als Gründe für einen Gnadenerweis hob er u. a. seine internationalen Beziehungen hervor,[246] seine Ablehnung der Nationalsozialisten sowie seine antifaschistische Haltung, die für ihn bekanntlich nachteilige berufliche Konsequenzen gezeitigt hatte. Er betonte seinen Widerstand gegen den Krieg und unterstrich sein Engagement für die russische Bevölkerung[247] ebenso wie seine Beziehungen zu jüdischen Freunden und seinen Einsatz im Nachkriegsdeutschland.[248] Eine

---

unzähliger, bisher wenig genutzter Quellen führte« (a.a.O., 292). Dass diese »Quellen« allerdings äußerst kritisch gesehen werden müssen, zeigt das Beispiel Lohmeyers. Siehe ferner zur Kommission Stefan Karner, Zum Umgang mit der historischen Wahrheit in der Sowjetunion. Die »Außerordentliche Staatliche Kommission« 1942 bis 1951, in: Wilhelm Wadl (Hg.), Kärntner Landesgeschichte und Archivwissenschaft. Festschrift für Alfred Ogris zum 60. Geburtstag, Klagenfurt 2001, 509–523.

[244] Hilger, Strafjustiz, 107.

[245] Siehe Untersuchungsakte, 44–46.

[246] Einen Überblick über seine internationalen Kontakte findet sich in UAG: PA 347, Bd. 5, Bl. 2.

[247] Dieses Engagement belegt eindrücklich die polizeilich beglaubigte »Eidesstattliche Erklärung« von Fritz Kleemann vom 10. Juni 1947, die sich ebenfalls im Nachlass von Lohmeyer befindet und abgedruckt ist bei Köhn, Neutestamentler, 110–111: Kleemann war Kriegsverwaltungsinspektor des Truppenzahlmeisterdienstes und lebte von Ende Mai 1940 bis April 1943 zusammen mit Lohmeyer.

[248] Lohmeyer erklärte: »Als Deutschland 1945 zu Grunde ging, bin ich nicht wie viele andere geflüchtet, sondern habe mich sofort an die sowjetischen administrativen Organe gewandt und stand ihnen zur Verfügung. Sie haben mich als bevollmächtigten Rektor der Universität in Greifswald bestätigt. Ich bin Mitglied des antifaschistischen Blockes und der Leitung der Christlich Demokratischen Union in Mecklenburg-Vorpommern. Kompetente sowjetische Organe können bestätigen, daß ich als Rektor der Universität immer alle Verpflichtungen erfüllt habe und alles nur Mögliche getan habe, um meinen Beitrag zum Wiederaufbau der Universität im antifaschistischen und demokratischen Geist zu leisten. Aus diesem Grund wurde ich auch als Mitglied der Leitung des Kulturbundes der demokratischen Erneuerung in Schwerin gewählt und bin offen gegen faschistische Kriegsverbrecher aufgetreten. Dies können die leitenden Mitglieder der KPD W. Bredel, G. Schwerin und B. Keller bezeugen.« Siehe die Untersuchungsakte, 45.

Übersetzung dieses Gnadengesuches ins Russische erfolgte erst am 12. August 1996, also vor gut 20 Jahren und damit 50 Jahre nach der Niederschrift. Zunächst hatte es demnach keinerlei Beachtung gefunden, es interessierte auf russischer Seite damals niemanden und verschwand in der Akte.

Das Urteil wurde am 14. September vom Obersten Militärrat der 5. Stoßarmee bestätigt und umgehend vollstreckt: Fünf Tage später fand »in Greifswald« die Exekution Lohmeyers »durch Erschießen« statt. Der stellvertretende Leiter der Abteilung »A« des Operativen Sektors der sowjetischen Militäradministration des Landes Mecklenburg, Leutnant Štyrjaev, bescheinigte am 11. Dezember 1947 die Vollstreckung des Urteils.[249] Damit schließt die Akte.[250]

Ein ehemaliger Mitgefangener erinnerte sich wenige Jahre später an diesen 19. September: »Im September 1946 betrat ein russischer Offizier die Zelle rief seinen Namen. [Lohmeyer] lag auf seiner Pritsche mit Hemd, Hose und Strümpfen bekleidet, er erhob sich und wollte seine Sachen zusammenpacken und sich ankleiden, worauf der Offizier sagte, es sei nicht nötig. Im selben Moment betraten zwei russische Soldaten die Zelle, rissen seine Hände auf den Rücken und banden ihn. Sie führten ihn aus der Zelle, worauf kurze Zeit später das Motorengeräusch der bereitstehenden Wagen ertönte.«[251]

Dieser kurze Bericht lässt – wie die Akte – vermuten, dass Lohmeyer irgendwo in der Nähe Greifswalds hingerichtet wurde. Der genaue Ort ist – und das ist durchaus übliche Praxis der Behörden gewesen – unbekannt. Man ließ zudem die Angehörigen gewöhnlich über das Schicksal des Verhafteten im Ungewissen.

STALINISTISCHE JUSTIZPRAXIS

Der Fall Lohmeyer ist kein Einzelfall. Sein Beispiel steht exemplarisch für viele andere. Das Vorgehen der sowjetischen Behörden gegen ihn ist ein typisches Beispiel stalinistischer Justizpraxis wie der Historiker Andreas Hilger gezeigt hat. Er spricht davon, dass die Verurteilungen von Einwohnern der SBZ/DDR wichtige »Mittel der Diktaturdurchsetzung« waren.[252] Mit einer »brachialen Strafpolitik und einer Verfahrensweise, die rechtsstaatlichen Prinzipien in keiner Weise

---

[249] Untersuchungsakte, 48. Warum diese Bescheinigung erst ein gutes Jahr nach der Hinrichtung Lohmeyers erfolgte, konnte nicht erklärt werden. Ein Versehen (Tippfehler) bei der Übersetzung ist allerdings auch denkbar.

[250] Noch Haufe nimmt es als erwiesen an, dass Lohmeyer im Neubrandenburger Lager Fünfeichen verstorben sei; siehe Haufe, Gedenkvortrag, 16.

[251] Zitat ohne Beleg bei Wolfgang Otto (Hg.), »Aus der Einsamkeit«. Briefe einer Freundschaft. Richard Hönigswald an Ernst Lohmeyer, Würzburg 1999, 119. Edwards, Ernst Lohmeyer, 339.

[252] Andreas Hilger, Die Tätigkeit sowjetischer Militärtribunale gegen deutsche Zivilisten: Recht und Ideologie, in: Andreas Hilger / Mike Schmeitzner / Ute Schmidt (Hg.), Diktaturdurchsetzung, 79–90, hier 79–80.

genügte, flankierte die Militärjustiz seit Beginn der Besatzung« ihr Ziel, die politische Macht zu sichern.[253] Dazu sollte jede »tatsächlich oder vermeintlich aufkeimende politische Opposition im Besatzungsgebiet bereits im Ansatz« eliminiert werden. Die dabei von den sowjetischen Militärtribunalen in der SBZ/ DDR erhobenen Vorwürfe zielten zunächst auf die sogenannten »Kriegsverbrechen« und nationalsozialistischen Gewalttaten, bevor die Verfolgung »konterrevolutionärer Verbrechen« in den Fokus rückte.[254] Ob die dabei erhobenen Anschuldigungen auf konkreten Tatbeständen fußten, muss ihn vielen Fällen bezweifelt werden, folgten diese Ermittlungsverfahren doch keinen rechtsstaatlichen Prinzipien,[255] wie es der Fall Lohmeyer exemplarisch belegt.

Sein Beispiel zeigt die Kernelemente der Praxis des NKWD und der Militärtribunale. Ein prägendes Kennzeichen ist die weitgehende Geheimhaltung der Verfahren, die geradezu einem Verschwindenlassen der Verhafteten gleichkam. Ein anderes Merkmal ist die lange Verweildauer in Haft, ohne dass überhaupt Anklage erhoben wurde. Ferner erfolgten die Verfahren gewöhnlich ohne Verteidiger und Staatsanwalt. Auch die Exekution verlief meist nach gleichen Mustern: »Das Herausholen erfolgte nachts, wobei sich entschied, ob es zum Genickschuß ging, oder ob eine Begnadigung [...] ausgesprochen war. Die Aufforderung, die Kleider in der Zelle zu lassen oder mitzunehmen, brachte bereits die Entscheidung. Das Geräusch der sich entfernenden Füße auf dem Steinboden des Kellergangs, das Anlassen eines LKW-Motors und das Klirren auf den Wagen geworfener Spaten war das letzte, was von dem Unglücklichen zu hören war.«[256]

Die Vollstreckung der Urteile erfolgte in der Regel durch Erschießen und immer geheim. In Deutschland fanden die Hinrichtungen bis 1950 im Schutz der Dämmerung an abgelegenen Orten statt. Die Leichen wurden von den Erschießungskommandos gleich vor Ort verscharrt, ohne Kennzeichnung eines Grabes. Die Angehörigen und Dienststellen erhielten in den 1940er und 1950er Jahren keine Nachricht über die Vollstreckung der Urteile. Selbst wenn, wie bei Lohmeyer, »zusätzlich zum Todesurteil eine Einziehung des Vermögens angeordnet worden war, wurde die Konfiskation ohne weitere Aufklärung der Angehörigen abgewickelt«.[257] Häufig nannten die Behörden zudem bewusst falsche Todesda-

---

[253] Ute Schmidt, Strafjustiz einer Siegermacht oder stalinistisches Repressionsinstrument? Zur Tätigkeit und Rolle der sowjetischen Militärtribunale in Deutschland (1945–1955), in: Andreas Hilger / Mike Schmeitzner / Ute Schmidt (Hg.), Diktaturdurchsetzung, 91–111, hier 100.

[254] Schmidt, Strafjustiz, 101. Peter Erler, Zur Tätigkeit der sowjetischen Militärtribunale in Deutschland, in: Peter Reif-Spirek / Bodo Ritscher (Hg.), Speziallager in der SBZ, 204–221.

[255] Schmidt, Strafjustiz, 106.

[256] Hoffmann, Straflager, 22.

[257] Hilger, Strafjustiz, 102.

ten. Die terrorisierenden Nebenwirkungen einer solchen Justizpraxis waren Stalin und seinen Geheimdiensten so wichtig, dass sie die verheerenden Auswirkungen auf die öffentliche Stimmung bewusst in Kauf nahmen. Erst nach Stalins Tod 1955 erhielten die Angehörigen mündlich die Nachricht, dass die Verschwundenen zu 10 Jahren Internierungslager verurteilt worden waren und dort verstorben seien. Seit Ende 1956 informierte das Rote Kreuz der DDR, das von den sowjetischen Rotkreuzgesellschaften Nachrichten erhielt, über die Todesfälle.

Die Todesurteile – auch das zeigt das Beispiel Lohmeyers – wurden für justizfremde Zwecke angewendet: Es ging häufig allein um politische Instrumentalisierung. Im Hintergrund dieser Rechtspraxis stand eine Mischung aus »sowjetischer Wirklichkeitserfahrung und intensiver Vergeltungspropaganda«.[258] Der Justiz ging es vor allem, und das wird auch im Prozess gegen Lohmeyer deutlich, um Verbrechen gegen sowjetische Bürger und gegen die UdSSR. Die Lohmeyer hier zur Last gelegten Vorwürfe zählten zu den Üblichen. Allerdings ist festzuhalten: »Insgesamt handelt es sich bei allen genannten Verbrechen um Komplexe, die in ihren grauenhaften Dimensionen unzweifelhaft sind«.[259] Die Anfälligkeit der sowjetischen Justiz für eine politische Instrumentalisierung ist freilich unverkennbar. Auch das zeigt der »Fall Lohmeyer«.

II.

UNGEWISSHEIT UND SOLIDARITÄTSBEKUNDUNGEN

Während Lohmeyer in Greifswald der Prozess gemacht wurde, lebten die Familien wie die Freunde und Kollegen zwischen Hoffen und Bangen. Wie aber sollte man sich in dieser Situation verhalten? War ein offensiver Einsatz für Lohmeyer hilfreich oder eher nachteilig? Sollte man abwarten oder intervenieren? In Greifswald hielt man aufgrund der als bedrohlich empfundenen politischen Lage ein vorsichtiges und zurückhaltendes Agieren und Schreiben für geboten und unumgänglich. Diese Haltung belegen exemplarisch Aussagen in Briefen von Melie Lohmeyer oder im Tagebuch von Rudolf Hermann.[260] Dennoch setzte sich das engere unmittelbare Umfeld im Rahmen der Möglichkeiten für

---

[258] Die hohe Zahl »der 1945 bis 1947 gefällten Todesurteile gegen Deutsche, die auf Vorwürfen wegen Kriegs- und Gewaltverbrechen beruhte«, zeigt, »dass diese Verbrechenskomplexe in der Tätigkeit der sowjetischen Justiz einen wesentlichen Schwerpunkt bildeten«. Ein Drittel der bis 1947 verhängten Todesurteile bezogen sich auf Kriegs- und NS-Verbrechen. Hilger, Strafjustiz, 107–108.

[259] Hilger, Strafjustiz, 109.

[260] Wiebel, Fall, 30, berichtet davon, dass Hermann schon im März 1946 den Namen »Lohmeyer« nur noch abgekürzt als »L.« notierte und an einer Stelle auch schwärzte.

Lohmeyer ein. Darüber hinaus nahmen zahlreiche, in den westlichen Besatzungszonen oder im Ausland lebende Kollegen an seiner Verhaftung Anteil und suchten nach Möglichkeiten einer Intervention. Einer der ersten, der sich zu Wort meldete, war der Basler Theologe und Vorsitzende der »Gesellschaft Schweiz-Sowjetunion« Fritz Lieb,[261] den Lohmeyer auch namentlich in seinem Gnadengesuch erwähnte. Das Beispiel von Fritz Lieb ist insofern von besonderem Interesse, da er sich am 26. Mai 1946 mit einem Brief an den »Genossen« Wilhelm Pieck (1876–1960) wandte, der seit April 1946 gemeinsam mit dem Sozialdemokraten Otto Grotewohl (1894–1964) Vorsitzender der SED war.[262] Fritz Lieb, der namhafte Schweizer Sozialdemokrat und Basler Theologieprofessor, der Schüler von Leonhard Ragaz (1868–1945) und Hermann Kutter (1863–1931) sowie Vikar bei Karl Barth (1886–1968) gewesen war, ging in seinem Schreiben fälschlicherweise davon aus, dass Lohmeyer zu zehn Jahren Zuchthaus verurteilt worden sei. Der Basler Theologe, der Pieck aus dem Kontext des auch von Lieb unterzeichneten Aufrufs für die deutsche Volksfront für Frieden, Freiheit und Brot vom 21. Dezember 1936 kannte,[263] schrieb nämlich: »Dieser Brief war schon längst geschrieben und wartete auf eine Reisegelegenheit, da kam die Nachricht, daß der Rektor von Greifswald, der Theologe Ernst Lohmeyer [im Original rot und blau unterstrichen] verhaftet worden sei (schon im Februar) und dann zu 10 Jahren Zuchthaus verurteilt, angeblich weil sein Regiment 1939 in Polen Kriegsgreuel begangen hätte. Dazu wird berichtet, er habe einen ganzen Tag diesem Regiment als Offizier angehört! Ich kenne ihn seit langer Zeit und sah ihn

---

[261] Manfred Karnetzki / Karl-Johann Rese (Hg.), Fritz Lieb. Ein europäischer Christ und Sozialist. Eine Dokumentation der Evangelischen Akademie Berlin im Evangelischen Bildungswerk, Berlin 1992; Helena Kanyar Becker, Lieb, Fritz, in: Historisches Lexikon der Schweiz 7, 2008, 832. Im Sommer 1946 wurde Lieb vom Dekan der Berliner Theologischen Fakultät ein »ordentlicher Lehrstuhl für die osteuropäische Kirche« angeboten. Lieb lehnte nach längeren Überlegungen ab, stellte sich aber seit dem Sommersemester 1947 für Gastvorlesungen zur Verfügungen. Siehe dazu das Schreiben von F. Lieb an Dekan Walther Eltester vom 30. Juli 1947; UBBS: NL 43 (Fritz Lieb): Ag 82, 1. Gemeinsam mit seiner Frau Ruth Lieb war Fritz Lieb später von April bis Juli 1947 sowie von April bis Juli 1948 in Berlin. Siehe dazu die eindrücklichen Tagebücher von Ruth Lieb im Nachlass Fritz Lieb; UBBS: NL 43: If 2–4.

[262] Zum Folgenden siehe Jürgen Schröder, Ein früher Protest gegen die Verhaftung des ersten Nachkriegsrektors der Greifswalder Universität, Prof. Dr. Ernst Lohmeyer, in: Zeitgeschichte regional – Mitteilungen aus Mecklenburg-Vorpommern 1, 1997, 13–14.

[263] Dieser Aufruf wurde von Vertretern des Zentralkomitees der KPD und einigen prominenten Vertretern der deutschen Sozialdemokratie sowie von bekannten Schriftstellern und Künstlern unterschrieben. Siehe dazu Wilhelm Pieck, Im Kampf um die Arbeitereinheit und die deutsche Volksfront 1936–1938, Berlin 1955, 83–90; ferner Hans Kluth, Die KPD in der Bundesrepublik. Ihre politische Tätigkeit und Organisation 1945–1956, Wiesbaden 1959, 17–18.

auch im November 1945. Ich halte ihn, wie alle andern, die ihn kennen, für völlig unschuldig. Er war immer ausgesprochener Nazigegner und Anhänger der Bek. K. Die Nachricht hat hier, in Schweden und in Holland wie eine Bombe eingeschlagen. Die Sache wird die unerfreulichsten Folgen haben, wenn sie in die Presse kommt und die antirussische Welle, die momentan Hochkonjunktur hat, stark unterstützen. Ich wäre Ihnen sehr dankbar, wenn sie irgendwie in der Sache etwas tun könnten. Das hat gerade noch gefehlt! Einigen ›Kommunisten‹ soll er nicht gewogen gewesen sein. Das ist doch kein Grund. Lohmeyer ist in der ganzen protestantischen Welt – neben Bultmann der berühmteste Neutestamentler! [im Original rot unterstrichen] Ich denke, Sie werden mir, wenn auch alles sehr unangenehm ist, auf die Länge dankbar sein, daß ich Ihnen das so offen schreibe. Ich tue es, weil ich es unbedingt für nötig halte.«[264]

Der Zeitpunkt, an dem der Brief Pieck erreichte, ist unbekannt, aber in dessen Aufzeichnungen findet sich der Vermerk, dass er die »Freilassung Prof. Lohmeier [!] Greifswald« während der »Besprechungen vom 12. 11. 1946 abends 10 Uhr in Karlshorst« anzusprechen gedachte.[265] Um in dieser Angelegenheit neben Lieb weitere Einschätzungen aus Kreisen der SED zu erhalten, ließ Pieck durch seine

---

[264] Der Brief befindet sich im Archiv der Parteien und Massenorganisationen der DDR im Bundesarchiv; Bestand Wilhelm Pieck, Sig. NY 4036/661. Siehe dazu Schröder, Protest, 13. Eine Abschrift des Briefes, nach der ich zitiere, befindet sich im Nachlass von Fritz Lieb; UBBS: NL 43: Ag 117, 1. Dort ist nur der Name Lohmeyer rot unterstrichen. Vor dieser Passage Lohmeyer betreffend schreibt Lieb ferner: »Mir ist all das unverständlich, was hier im Westen bis zu uns hin die SP-Leute ›westlicher‹ Observanz von den Dingen im Osten denken. Einzelheiten mögen ja zu beanstanden sein – aber aufs Ganze hin gesehen und vor allem auf die Zukunft hin, leben diese Leute immer mehr von den Grabstätten der Vergangenheit. [...] Karl Barth, der, wie man hört, auf starke Feindseligkeit der Studenten in Bonn stösst – die seitdem aber aufgehört hat!, will, das lässt er ausdrücklich sagen, am Ende des Sommer-Semesters (Anfangs August) unbedingt nach Berlin kommen. Grüssen Sie herzlich Ihre und meine Genossen, Ihr Fritz Lieb«.

[265] Rolf Badstübner / Wilfried Loth (Hg.), Wilhelm Pieck – Aufzeichnungen zur Deutschlandpolitik 1945–1953, Berlin 1994, 94; sowie 127: »Lohmüller – Greifswald.« Siehe dazu auch die Tagebuchaufzeichnungen von Rudolf Hermann, in denen er von seiner Teilnahme an der Beerdigung Gerhart Hauptmanns am 28. Juli 1946 auf Hiddensee berichtet: »Ich bat noch Dr. Müller, bei Pieck anzufragen, ob ich noch für L[ohmeyer] ein Wort hinzufügen könne. Er gab aber zurück, (und der russische Oberst sei dabei gewesen), die Sache werde in den nächsten Tagen entschieden. Sein (Piecks) Votum sei durchaus positiv. Es werde nun festgestellt, ob irgendeine Verschuldung oder ob nichts Bedenkliches vorliege«; zitiert bei Arnold Wiebel, Die Beerdigung Gerhart Hauptmanns. Tulpanow und Pieck, Theologen und Historiker gemeinsam am Grab, in: Zeitgeschichte regional – Mitteilungen aus Mecklenburg-Vorpommern 1, 1997, 14–17, hier 16.

Tochter Elly (Eleonora) Winter (1898–1987)[266] beim Ersten Sekretär der Landesleitung der SED Mecklenburg-Vorpommerns, Kurt Bürger (1894–1951)[267], nachfragen, ob eine Freilassung Lohmeyers zu befürworten wäre.[268] Bürger holte verschiedene Stellungnahmen ein und schickte am 31. August 1946 ein die Freilassung befürwortendes Schreiben ab.[269] Wie Mathias Rautenberg zeigen konnte, unterstützten Fritz Müller und Gottfried Grünberg mit unterschiedlichen Motiven den Einsatz für Lohmeyer. Grünberg sah als »Präsident des Landes Mecklenburg-Vorpommern Abteilung Kultur und Volksbildung« in einer Freilassung Lohmeyers auch die Chance, die sogenannten reaktionären Kräfte in Mecklenburg-Vorpommern zu schwächen. Er argumentierte auf einer funktionalen und klassenkämpferischen Ebene, wenn er unter Betonung des Einflusses Lohmeyers innerhalb der evangelischen Kirche schreibt: »Ich glaube es lohnt sich, etwas für ihn zu unternehmen. Er würde sich dankbar erweisen und könnte sehr viel helfen, eine Spaltung der reaktionären Kräfte herbeizuführen.«[270] Auch Willi Bredel stellte Lohmeyer in seinem Schreiben an die Landesleitung der SED in Schwerin[271] – trotz mancher Bedenken bezüglich dessen politischer Haltung – und der Weigerung, für ihn zu bürgen, ein positives Zeugnis aus und begrüßte eine Intervention bei den sowjetischen Militärbehörden.

---

[266]   Andreas Herbst, Winter, Elly (Eleonora), geb. Pieck, in: Wer war wer in der DDR? 2, 2010, 1429–1430.

[267]   Bernd-Rainer Barth / Helmut Müller-Enbergs, Bürger, Kurt, in: Wer war wer in der DDR? 1, 2010, 193–194.

[268]   Siehe hierzu Wilhelmus, Lohmeyer, 81–82.

[269]   Zu den Befürwortern gehörte auch Willi Bredel, der bei aller Kritik an Lohmeyer schrieb: »Wenn ich gefragt werde, ob ich Professor Lohmeyer für wert halte, dass man für ihn bei den sowjetischen Instanzen interveniert, damit er freigelassen wird, so möchte ich dies bejahen und zwar eben in Hinweis auf meine Überzeugung, dass Professor Lohmeyer nach dem Zusammenbruch innerlich ehrlich bestrebt war, im Sinne der Demokratie am Neuaufbau mitzuarbeiten. Ich würde also eine diesbezügliche Intervention bei den sowjetischen Militärbehörden zur Freilassung Lohmeyers nur begrüßen.« Rautenberg, Ende, 59. Neben Bredel wirkten der Vizepräsident Gottfried Grünberg und der Hochschuldezernent Fritz Müller an der Stellungnahme mit. Siehe hierzu auch den bei Wilhelmus zitierten Entwurf, der von der Leiterin der Personalabteilung des SED-Landesvorstandes, Aenne Kundermann, gezeichnet war und sich deutlich für einen Gnadenersuch aussprach; Wilhelmus, Lohmeyer, 81.

[270]   Zitiert bei Rautenberg, Tod, 25. Die im Sommer 1990 aufgetauchte »Personalakte Lohmeyer 1945–1949« aus dem Bestand der bis 1952 bestehenden SED-Landesleitung Mecklenburg ist seit 2011 weder im Landeshauptarchiv Schwerin noch im Landesarchiv Greifswald auffindbar. Siehe dazu Wilhelmus, Lohmeyer, 80–81.

[271]   Dieses Schreiben bietet Rautenberg, Ende, 59.

INTERVENTIONEN

Wie in den Briefen aus jener Zeit von Melie Lohmeyer an den Göttinger Verleger Günther Ruprecht ersichtlich wird, hegte sie durchaus die Hoffnung, ihren Mann wiederzusehen. Wenn sie dort von Krankheiten Lohmeyers spricht, benennt sie damit zweifelsohne den labilen Gesundheitszustand ihres Mannes, meint damit aber vor allem die Inhaftierung, die sie mit Blick auf die Zensur nicht als solche benennen wollte.[272] Ihre Hoffnung war, »daß sein Ruf als Gelehrter und Mensch Hilfsmaßnahmen in großem Stil möglich macht.«[273] Durch diese bedrückenden Zeiten, in denen sie oft der Verzweiflung nahe war und die ökonomisch zunehmend schwieriger wurden, trug sie ihr intensives Engagement hinsichtlich der Veröffentlichungen ihres Mannes. Dabei fand sie Unterstützung beispielsweise durch Rudolf Bultmann, mit dem Lohmeyers »herzlichst befreundet« waren trotz aller wissenschaftlicher Differenzen der Männer.[274] Neben dem Marburger Neutestamentler, der Korrekturen las, sind in diesem Zusammenhang ferner zu nennen Oscar Cullmann und Werner Schmauch (1905–1964),[275] ein Freund und Schüler Lohmeyers. Ihr dringendes Anliegen, das Erbe ihres Mannes zu pflegen, ging hier mit der Sorge um dringend erforderliche wirtschaftliche Einkünfte Hand in Hand. Dabei erhielt sie über längere Zeit überaus wohlwollende Unterstützung durch Günther Ruprecht, der für sie zu einem wichtigen Begleiter und Ratgeber wurde und der zudem über ein weitgespanntes Netz an wichtigen Ansprechpartnern verfügte. Ihm legte sie auch eigene literarische Produkte vor, die bei Ruprecht jedoch nicht auf ungeteilte Zustimmung stießen.[276] Melie Lohmeyer bemühte sich sogar intensiv darum, eines ihrer Stücke vertonen zu lassen. Doch hatte sie damit keinerlei Erfolg.[277]

Im Juni 1946 erhielt sie die Nachricht von der weiteren Anwesenheit ihres Mannes in Greifswald und über das noch nicht abgeschlossene Verfahren.[278] Im

---

[272] Siehe beispielsweise M. Lohmeyer an Rudolf Bultmann, Brief vom 18.02.1946; abgedruckt in: Hutter-Wolandt, Briefwechsel, 319; zitiert oben 48.

[273] M. Lohmeyer an G. Ruprecht, Postkarte vom 9. April 1946; SBB: Nachl. 494, G 1940–1946. Tasche 13, Bl. 589.

[274] M. Lohmeyer bezeichnet Rudolf Bultmann als wissenschaftlichen Antipoden ihres Mannes; M. Lohmeyer an G. Ruprecht, Brief vom 30.10.1950; SBB: Nachl. 494, G 1946–1950. Tasche 13, Bl. 400.

[275] Dietfried Gewalt, Schmauch, Werner, in: Biographisch-bibliographisches Kirchenlexikon 9, 1995, 320–322.

[276] Siehe dazu G. Ruprecht an M. Lohmeyer, Brief vom 15. August 1946; SBB: Nachl. 494, G 1946–1950. Tasche 13, Bl. 471.

[277] Siehe dazu die zahlreichen Schreiben seit April 1946 im Verlagsarchiv von Vandenhoeck & Ruprecht; SBB: Nachl. 494.

[278] Siehe dazu G. Ruprecht an H. Lohmeyer, Brief vom 3. Juni 1946; SBB: Nachl. 494, G 1946–1950. Tasche 13, Bl. 474.

September ging sie wiederum von einer langen Haftstrafe aus.[279] In den folgenden Wochen scheint die Familie Lohmeyer entschieden zu haben, sich nun offensiver um die Freilassung von Lohmeyer zu bemühen. Der in Karlsruhe unter anderem bei Egon Eiermann (1904–1970) Architektur studierende Sohn Hartmut Lohmeyer (geb. 1923)[280] schrieb in diesem Sinne an Rudolf Bultmann: »Ich habe mich nun entschlossen, von allen in Frage kommenden Bekannten meines Vaters ein Gutachten einzufordern, das ich durch Fotokopie vervielfältigen lassen will, um es an alle interessierten Stellen im In- und Ausland zu schicken.«[281] Möglicherweise hatte die Familie von den zahlreichen Bemühungen um Lohmeyer gehört, die im Ausland, vor allem in Schweden und der Schweiz unternommen worden waren.

Zunächst schrieb die Leitung der EKD in der Person von Bischof Otto Dibelius schon im frühen April 1946 wegen Lohmeyer an den SMAD und erklärte, dass die Verhaftung von Lohmeyer »eine außerordentlich große Bestürzung in der gesamten evangelischen Kirche Deutschlands erregt hat.«[282] Danach war es ein ehemaliger Doktorand und Assistent Lohmeyers, der auf den »Fall Lohmeyer« aufmerksam machte. Der seinerzeit im oberfränkischen Unterleinleiter tätige schlesische Pfarrer Gottfried Fitzer (1903–1997),[283] der zuvor das Pfarramt in Friedrichskirch (Schlesien) innegehabt hatte, wandte sich mit einer »sehr dringlichen Angelegenheit« über die in Schwäbisch Gmünd ansässige Kirchenkanzlei – von 1945 bis 1949 »Zentrum« der evangelischen Kirche – an den Rat der EKD. Fitzer hatte Mitte Juni aus Göttingen gehört, dass Lohmeyer nach monatelanger Haft »von den Russen zu 15 Jahren Zuchthaus verurteilt worden ist«, ohne aber weitere Details zu kennen. Mit Verweis auf Lohmeyers Strafversetzung nach Greifswald wegen seines »Eintretens für die Bekennende Kirche« und seine Beziehungen zu Schweden, appellierte er als »schlesischer

---

[279]   »Es wird nun wohl lange dauern bis wir ihn wieder haben. Das bedrückt mich schwer. Er wird umkommen vor Ideen. Ach – alles ist nur ertragbar, wenn man sich einer Führung fest bewusst ist. Und das weiss ich von ihm genau.« M. Lohmeyer an G. Ruprecht, Brief vom 10. September 1946; SBB: Nachl. 494, G 1946–1950. Tasche 13, Bl. 469–470.

[280]   In den 1950/60er Jahren arbeitete H. Lohmeyer als freier Architekt und Möbelgestalter für die Firma Wilkhahn.

[281]   Hutter-Wolandt, Briefwechsel, 322–323. Das auch von Bultmann erbetene Gutachten ist dort abgedruckt in Fußnote 490. Insgesamt befinden sich 18 Gutachten im Nachlass von Lohmeyer.

[282]   Schreiben vom 9. April 1946; EZA 712/213.

[283]   Karl Schwarz, In memoriam Gottfried Fitzer (1903–1997), in: Jahrbuch für Schlesische Kirchengeschichte 82, 2003, 283–298; sowie Kurt Niederwimmer, Gottfried Fitzer zum Gedenken, in: Wiener Jahrbuch für Theologie 2, 1998, 593–604. Seine ungedruckte Breslauer Dissertation trägt den Titel »Der Begriff des ›martys‹ im Judentum und Urchristentum« (1928).

Pfarrer« an die Kirchenleitung »alles daran zu setzen, um Professor Lohmeyer aus seiner schweren Lage zu befreien«.[284]

Darüber hinaus regte sich vor allem in Basel waches Interesse an Lohmeyer. Nicht nur Fritz Lieb, sondern auch dessen Kollegen Karl Ludwig Schmidt (1891–1956) – wie Lohmeyer ein Schüler von Adolf Deißmann (1866–1937) – und Oscar Cullmann sind hier zu nennen. Der Neutestamentler Schmidt beispielsweise schrieb am 10. Juli 1946 an das Basler Fakultätsmitglied Karl Barth[285] und bat diesen, sich in Ostberlin für Lohmeyer einzusetzen. Wie dieser Brief zeigt, ging man einerseits von falschen Informationen die Verurteilung Lohmeyers betreffend aus, hoffte aber andererseits in schwedisch-schweizerischer Kooperation dem Greifswalder Kollegen helfen zu können. Schließlich belegt der Brief auch die breite personelle Anteilnahme am Schicksal Lohmeyers: »Lieber Karl Barth, wie ich habe läuten hören – im Arthur Frey'schen EPD stand allerdings noch nichts darüber –, planst Du eine Reise nach Russisch-Berlin. Wenn dieser Dein allfälliger Plan Wirklichkeit werden sollte, so solltest Du doch an maßgebender russischer Stelle den höchst betrüblichen Fall Ernst Lohmeyer, über den Du, wie ich hörte, schon seit längerer Zeit unterrichtet bist, abklären zu helfen versuchen. Ich hörte zum ersten Mal davon um Pfingsten herum von W. Jannasch,[286] der mich bat, vor allem Fritz Lieb zu mobilisieren. Inzwischen hat nun dieser an den KPD-Führer Wilhelm Pieck geschrieben und ist mit weiteren Schritten beschäftigt, die er hoffentlich über seiner jetzt gestarteten Reise in die Tschechoslowakei nicht vergißt. Näheres teilte mir spontan der Neutestamentler Anton Fridrichsen[287], Uppsala, in einigen Luftpostbriefen mit: Lohmeyer, von den Russen als Rektor der Universität eingesetzt, sei von deutschen KPD-Leuten denunziert worden und habe in einem geheimen Verfahren der russischen Militärbehörde 10 Jahre Zuchthaus erhalten. Ernst Wolf[288] teilte mir spontan mit, es seien 15 Jahre. Die schwedischen Kollegen, mit denen Lohmeyer während des Krieges wie schon vorher in Verbindung war, tun das Menschenmögliche, um an diesen dubiosen Fall ›heranzukommen‹, und bitten uns hier in der Schweiz,

---

284   Gottfried Fitzer an die EKD, Brief vom 14. Juni 1946; EZA 4/626.

285   Beide Theologen hatten als Mitglieder der SPD zur Zeit des Nationalsozialismus aus politischen Gründen die Universität Bonn verlassen müssen und eine neue Heimat in Basel gefunden.

286   Wilhelm Jannasch (1888–1966), als Gegner der Nationalsozialisten 1934 zwangspensioniert, war von 1946–1956 Professor für Praktische Theologie in Mainz; Klaus-Bernward Springer, Jannasch, Wilhelm, in: Biographisch-bibliographisches Kirchenlexikon 20, 2002, 810–816.

287   Der gebürtige Norweger Anton Fridrichsen (1888–1953) war mit Lohmeyer befreundet.

288   Ernst Wolf (1902–1971) war seit 1945 Professor in Göttingen; siehe zur Person Wolfgang Maaser, Wolf, Ernst, in: Biographisch-bibliographisches Kirchenlexikon 13, 1998, 1495–1501.

mitzuhelfen. Es dürfte ja nun wohl so sein, daß eine Aktion seitens der westlichen Alliierten, an die manche auch schon gedacht haben, eher schaden als nützen würde. Sicherlich sind Schweizer und Schweden als Helfer geeigneter.«[289] Neben diesem Schreiben finden sich weitere Zeugnisse, die Schmidts Einsatz für Lohmeyer bezeugen. Dabei konnte es zwischen Schmidt und seinen Basler Kollegen durchaus zu Kontroversen über die Beurteilung der politischen Verhältnisse und ihrer Akteure kommen, denn Schmidt teilte beispielsweise nicht die Russenfreundlichkeit von Fritz Lieb, den er als »russophilen Polterer« charakterisierte.[290] Dass Lohmeyers Verschwinden immer wieder Gegenstand in Telefonaten und Korrespondenzen war, und dass dabei immer wieder – durchaus ungewollt und ohne böse Absichten – neue Falschmeldungen entstanden, zeigt sich an in einem Brief von Schmidt an den schwedischen Theologen Bo Reicke (1914– 1987), der später ab 1953 in Basel Nachfolger von Schmidt werden sollte. Hier wird auch deutlich, dass das oben schon erwähnte Memorandum aus Jerusalem auf Schmidts Initiative zurückging. Im Postskriptum notierte Schmidt: »Könnten

---

[289]   Der Brief befindet sich im Karl-Barth-Archiv in Basel (= KBA) 9346 0896. Ich danke Herrn Dr. Peter Zocher für die Bereitstellung des Briefes. Ob und in welcher Weise Karl Barth sich in Berlin für Lohmeyer eingesetzt hat, konnte nicht ermittelt werden. Am 1. November 1946 schrieb Schmidt wiederum an Barth: »Vielleicht hast Du inzwischen bereits etwas in der Sache Lohmeyer getan. Jedenfalls bin ich nach wie vor der Meinung, daß Du etwas tun solltest.« KBA 9346.1407. Die Personen, die sich schriftlich mit einem Gutachten bei den militärischen Behörden für Lohmeyer einsetzten nennt Köhn, Neutestamentler, 142–143.

[290]   Siehe dazu den Brief von K. L. Schmidt an Dr. Esther Bussmann (Institut für Angewandte Psychologie, Bern) vom 1./2.11.1946; Nachlass Karl Ludwig Schmidt, Evangelisches Studienhaus Riehen (Schweiz): »Aus der beiliegenden Kopie ersehen Sie, dass ich in der vergangenen Nacht noch einen Brief wegen eines Greifswalder Kollegen zu schreiben hatte, der seit Februar von den Russen gefangen und zugleich versteckt ist. Es handelt sich um den von den Russen selbst [eingesetzten] dz. [derzeitigen] Rektor der Univ. Greifswald. Als ich darüber mit Fritz Lieb telefonierte wurden dieser russophile Polterer und ich im Hinblick auf die SED (Sozialistische Einheitspartei = faktisch Kommunistische Partei) gar nicht einig. Über die neuerlichen Berliner Wahlen meinte Lieb, da hätten in der Hauptsache die Frauen reaktionär gestimmt. Die SPD (Sozialdemokratische Partei …) zählt er gleich mit zur Reaktion, obwohl er sozialdemokratischer Großrat ist, also nicht der PdA angehört. Da wir telefonisch wirklich nicht einig werden konnten, müssen wir uns demnächst zu einer mündlichen Aussprache treffen. Wie ich zu der deutschen Parteienfrage stehe, ergibt sich aus meinem Brief an den Heidelberger Dibelius.« Ferner berichtet Schmidt in diesem Brief über eine geplante Europareise Martin Bubers, über den Zionistenkongress in Basel und einen Besuch Hans von Campenhausens und anderer Heidelberger in der Schweiz. Von Campenhausen war der Vetter von Schmidts Ehefrau.

Sie wohl Herrn Fridrichsen über das neuerliche Schicksal von Prof. Ernst Lohmeyer, Greifswald, eine Mitteilung machen?

Gestern habe ich von Prof. Martin Dibelius,[291] Heidelberg, der mich vor
wenigen Wochen hier besucht hat,[292] einen Brief vom 6.2.47 erhalten, in dem es
heißt: ›Heute meldete sich nach der Vorlesung eine Student mit Grüßen von
Fichtner, der mir sagen ließ, daß unser viel besprochener Freund, der Apoka-
lypsen-Kommentar (scil. Ernst Lohmeyer) jetzt aus seiner Stadt (scil. Greifswald)
verschwunden sei, und niemand wisse, wohin. Das kompliziert die Dinge ja nun
unendlich. Ich bin daraufhin auch nicht weiter in Berlin in dieser Beziehung
vorstellig geworden. Wenn ich selber dorthin komme, kann ich natürlich noch
Erkundigungen einziehen...‹

Vielleicht ist Herr Fridrichsen über diesen neuen bösen Status bereits unterrichtet. Wohin mögen die Russen unsern trefflichen Kollegen und Freund
Lohmeyer verschleppt haben? Von hier aus haben wir das Menschenmögliche
getan. Auf meine Veranlassung hin hat Martin Buber, Jerusalem, zusammen mit
zwei Kollegen von der dortigen Hebrew University ein denkbar positives Memorandum über Lohmeyers Verhalten zu den sogenannten Nichtariern während
der Hitler Zeit verfaßt; diese ist durch mich u. a. an die zuständigen Stellen weiter
geleitet worden. Unser Basler Fritz Lieb, der zwischendurch 2mal in Berlin gewesen ist, hat an Ort und Stelle verschiedene Schritte unternommen. Im nächsten
Semester wird er an der Universität Berlin Vorlesungen halten und erklärte mir,
er werde dann nach Greifswald fahren, um dort die nötigen Nachforschungen
anzustellen. Und nun ist Lohmeyer auf einmal spurlos verschwunden. Für alle
Fälle habe ich Fritz Lieb soeben telefonisch ins Bild gesetzt.«

Schließlich ist noch eine weitere Überlegung in Sachen Lohmeyer zu erwähnen. Anscheinend hatte Martin Dibelius, der bei Schmidt in Basel zu Gast
gewesen war, mit dem Basler Kollegen darüber gesprochen, ob und inwiefern
Dibelius zugunsten von Lohmeyer, der sich bei Dibelius in Heidelberg habilitiert
hatte, auf seine Berufung nach Berlin verzichten solle.[293] Dieser Verzicht bot sich

---

[291] Im Universitäts-Archiv Heidelberg befinden sich keine Briefe von K. L. Schmidt im
Nachlass von M. Dibelius (1883–1947) und auch keine anderen Dokumente zu Lohmeyer. So die Auskunft aus Heidelberg vom 16. Februar 2018.

[292] Dibelius kehrte Anfang Februar aus der Schweiz nach Heidelberg zurück; Stefan Geiser,
Verantwortung und Schuld. Studien zu Martin Dibelius, Münster u.a . 2001, 293.

[293] Karl Ludwig Schmidt an Prof. lic. Walter Dreß (Berlin), Brief vom 22. März 1947;
Nachlass K. L. Schmidt:»Martin Dibelius, Heidelberg, war neulich hier unser Logiergast
und berichtete mir genau über seine Berufung nach Berlin. Dabei erwog er vor allem das
Problem, in welcher Weise er am besten für Ernst Lohmeyer, der ja nun seit geraumer
Zeit einfach verschollen ist, – verzichten könnte.« Dibelius, den die Berliner Fakultät
schon vor dem Krieg gerne als Nachfolger von Adolf Deißmann (1866–1937) gewonnen
hätte – aber seinerzeit bekam das NSDAP-Mitglied Johannes Behm (1883–1948) die

aber auch deshalb an, da Dibelius zu diesem Zeitpunkt schon an einer schweren Tuberkulose litt, die er sich im letzten Kriegsjahr zugezogen hatte und an der er am 11. November 1947 verstarb.[294]

Ehrenerklärungen für Lohmeyer

Die von Hartmut Lohmeyer erbetenen Gutachten und Ehrenerklärungen trafen umgehend ein.[295] Der Heidelberger Patristiker Hans Freiherr von Campenhausen betonte in seiner Stellungnahme nicht nur Lohmeyers Rang als »Gelehrter von europäischem Ruf«, sondern hob vor allem dessen Gegnerschaft gegenüber dem Nationalsozialismus hervor, wenn er schreibt:»Prof. Lohmeyer war seinem Wesen, seiner geistigen Haltung und seiner immer wieder ausgesprochenen Überzeugung nach für eine Universität des dritten Reiches ein Fremdkörper, ein

---

Stelle – führte im Sommer 1947 in Berlin Berufungsverhandlungen und lehnte den Ruf nach Berlin schließlich am 22. Juli 1947 ab; siehe dazu Geiser, Verantwortung, 293. Auf der Berliner Berufungsliste wurde Lohmeyer nicht geführt; siehe dazu Humboldt-Universität Berlin, UA, Theologische Fakultät, Dekanat 1945–1968, 1932, 124. In einem längeren Briefwechsel zwischen Dekan Prof. Lic. Walther Eltester über einen möglichen Ruf von Dibelius nach Berlin wird Lohmeyer ebenfalls nicht erwähnt. Ich danke Herrn Cornelius Brühn, Berlin, für seine hilfreichen Auskünfte. Der Kirchenhistoriker Walter Dreß (1904–1979) war ein Schwager und Freund von Dietrich Bonhoeffer und nach dem Krieg Professor an der Berliner Universität und später an der Kirchlichen Hochschule. In den frühen 1930er Jahren unterrichtete er u.a. in Greifswald. Siehe dazu Rudolf Hermann, Aufsätze – Tagebücher – Briefe, Berlin 2009, 373.

[294]   Otto Merk, Die Evangelische Kriegsgeneration. Martin Albertz, Rudolf Bultmann, Martin Dibelius, Erich Fascher, Gerhard Kittel, Johannes Leipoldt, Ernst Lohmeyer, Karl Ludwig Schmidt, Julius Schniewind, in: Cilliers Breytenbach (Hg.), Neutestamentliche Wissenschaft nach 1945. Hauptvertreter der deutschsprachigen Exegese in der Darstellung ihrer Schüler, Neukirchen-Vluyn 2008, 1–58, hier 17.

[295]   Die Gutachten befinden sich im Nachlass Lohmeyer im GStA PK, VI. HA, Nl Ernst Lohmeyer, Nr. 18 und sind im vorliegenden Band abgedruckt. Sie werden im Folgenden nicht mehr einzeln nachgewiesen. Es sind folgende Personen: Martin Buber, Robert Bedürftig (Studienrat in Hannover und drei Jahre Hauslehrer bei Lohmeyers), Rudolf Bultmann, Ernst Joseph Cohn, Hans Freiherr von Campenhausen, Martin Dibelius, Gottfried Fitzer, Erwin Fues (Prof. an der Technischen Hochschule Stuttgart, früher Breslau), Richard Hönigswald, Fritz Kleemann (Industrievertreter, früher Kriegsverwaltungsinspektor des Truppenzahlmeisterdienstes), Edmund Nick (Komponist und Musikschriftsteller), Martin Niemöller, Clemens Schaefer (Professor für Physik in Köln, früher Breslau), Julius Schniewind, Rudolf Seeliger (Professor für Physik in Greifswald), Hanna Sommer (Vikarin in Albersthausen, früher Leiterin der Schlesischen Vertrauensstelle des Büros Pfarrer Grüber, Hilfsstelle für Nichtarier in Breslau), Katharina Strauss (Ehefrau des Professors für Indologie und Sanskrit an der Universität Breslau, Hildesheim). In diesem Band werden sie zum ersten Mal vollständig veröffentlicht.

Gegner der politischen Ideen und Methoden des Nationalsozialismus und trotz der Benachteiligung, die er schon erfahren hatte, fest entschlossen, keinerlei Konzessionen zu machen. Seine zahlreichen internationalen Verbindungen, von denen die Aufsätze in englischer, französischer, schwedischer Sprache und seine Vortragsreisen und Ehrungen im Ausland Zeugnis geben und seine nie verleugneten, freundschaftlichen Beziehungen auch zu nicht arischen Kollegen (wie z. B. dem Breslauer Kollegen Hönigswald) waren der echte Ausdruck seiner universal gebildeten, geistig und politisch gleich unabhängigen Persönlichkeit.«

Lohmeyers ehemaliger Lehrer, der Heidelberger Neutestamentler Martin Dibelius, gab am 18. Oktober 1946 ebenfalls eine eidesstattliche Erklärung ab, in der er Lohmeyer als »eines der wertvollsten Mitglieder der deutschen Professorenschaft« und als »eine menschliche Erscheinung von besonderem und edlem Gepräge«, die zu einer »unedlen und ehrenhaften Handlung nicht fähig sei«, bezeichnete. Dibelius hob ebenfalls Lohmeyers spannungsvolles Verhältnis zum Nationalsozialismus hervor, das schließlich zu seiner Strafversetzung nach Greifswald geführt habe. Für Dibelius war Lohmeyer, den er seit 1910 kannte, ein »ernster wahrhaftiger Christ, ein Charakter von seltener Lauterkeit, ein Mensch von hoher geistiger Kultur, ein Gelehrter von außerordentlichen Fähigkeiten, einer der besten seines Fachs, dazu ein Künstler in der Stilisierung des gesprochenen und geschriebenen Wortes.«[296]

Rudolf Bultmann, der mit Lohmeyer seit über zwanzig Jahren in Kontakt stand, unterstrich Lohmeyers ausgezeichneten Charakter:»Die Lauterkeit seiner Gesinnung, seine Wahrhaftigkeit und unbedingte Zuverlässigkeit wie seine menschliche Güte habe ich oft erprobt. Er ist eine Persönlichkeit von ungewöhnlich reicher Begabung und Bildung, von grosser Aufgeschlossenheit und Originalität des Denkens.« Neben seiner wissenschaftlichen Bedeutung betonte auch der Marburger Neutestamentler, der sich selbst als »radikaler Gegner des Nationalsozialismus« darstellte, die antifaschistische Haltung seines Kollegen und dessen Bedeutung für den Aufbau Deutschlands.[297]

Neben den bisher genannten Kollegen Lohmeyers sorgte sich auch sein langjähriger jüdischer Freund und Breslauer philosophischer Kollege Richard Hönigswald (1875–1947)[298] um den Verbleib des Freundes. Er war im März 1939 über die Schweiz in die USA geflohen und ist für Lohmeyers Werk von nicht zu

---

[296] Das Gutachten von Martin Dibelius ist abgedruckt bei Ulrich Hutter, Theologie als Wissenschaft. Zu Leben und Werk Ernst Lohmeyers (1890–1946). Mit einem Quellenanhang, in: Jahrbuch für Schlesische Kirchengeschichte 69, 1990, 123–169, hier 168–169.

[297] Zum Gutachten von Rudolf Bultmann siehe auch Fußnote 281.

[298] Henry M. Hoenigswald, Zu Leben und Werk von Richard Hönigswald. Internationales Richard-Hönigswald Symposion Kassel 1995, in: Wolfdietrich Schmied-Kowarzik (Hg.), Erkennen – Monas – Sprache, Würzburg 1997, 425–436.

unterschätzender Bedeutung.[299] Am 18. September 1946 verfasste Hönigswald in New York, also einen Tag vor der Erschießung Lohmeyers, eine eidesstattliche Erklärung, in der er Lohmeyer als seinen »intimen Freund« bezeichnet, dem er »absolutes Vertrauen und bedingungslose Hochschätzung entgegen« bringe. Er beschreibt Lohmeyer als »Mann von humanster Gesinnung, vorbildlicher Toleranz und höchster Kultur«. Mit Blick auf die gegenüber Lohmeyer lautgewordenen Vorwürfe bezüglich seines Verhaltens als deutscher Offizier erklärte er: »Ich halte ihn einer unehrenhaften Handlung oder nur der kleinsten Inhumanität für absolut unfähig. Ich kenne Professor Lohmeyer als bedingungslosen Gegner der nationalsozialistischen Herrschaft in Deutschland und als unversöhnlichen Feind jeder antisemitischen Tendenz, wie sich denn zu allen Zeiten in seinem engsten Freundeskreis Juden befanden, und er sich niemals, auch nicht auf der Höhe der nationalsozialistischen Herrschaft, gescheut hat, sich offen und rückhaltlos zu seinen jüdischen Freunden zu bekennen.«[300] Zudem hob Hönigswald Lohmeyers herausragenden wissenschaftlichen Stellenwert auch jenseits der neutestamentlichen Wissenschaft hervor, wenn er schreibt: »Als Gelehrter gehört Herr Professor Lohmeyer zu den Ersten seines Faches. Er ist ein ausgezeichneter Forscher und fruchtbarer wissenschaftlicher Schriftsteller auf den Gebieten der Kirchen- bzw. Religionsgeschichte, sowie der theologischen Systematik. Dort bewährt er die besten Qualitäten des nüchtern urteilenden Historikers und feinsinnigen Darstellers, hier bewegt er sich ganz und gar auf der Höhe vollwertiger philosophisch-wissenschaftlicher Einsicht. Alles in Allem: Ich schätze Professor Lohmeyer als eine der wertvollsten Persönlichkeiten, denen ich im Leben und im Verlaufe meiner eigenen langen Laufbahn als Forscher und Hochschullehrer begegnet bin.«[301]

Der nach Israel emigrierte Martin Buber (1878–1965), der an der Universität Jerusalem als Professor für Soziologie tätig war, schickte ebenfalls eine Stellungnahme und betonte wie Hönigswald Lohmeyers Nähe zu Vertretern des Judentums gerade während der Zeit des Nationalsozialismus. Er sei einer der wenigen Deutschen gewesen, die ihre Gesinnung offen bekannt hätten: »Er ist daher einer der aeusserst wenigen Professoren, die auf Grund ihrer Gesinnung und ihrer anerkannten wissenschaftlichen Bedeutung auf die akademische Jugend einwirken koennen, um sie vor der drohenden Gefahr des Rueckfalls in den Faschismus zu bewahren. Wir bitten daher dringend, baldigst seine Strafe auf-

---

[299]   Köhn, Neutestamentler, 25–29; ferner Hutter, Theologie; Ulrich Hutter-Wolandt, Ernst Lohmeyer und Richard Hönigswald. Um die Wissenschaftlichkeit neutestamentlicher Exegese, in: ders., Glaubenswelten. Aufsätze zur schlesischen und Oberlausitzer Kirchengeschichte, Bonn 2011, 117–136; Otto, Einsamkeit.

[300]   Otto, Einsamkeit, 119.

[301]   Hutter, Theologie, 167–168.

zuheben und ihm die Einwirkung auf die Jugend zu ermoeglichen«.[302] In einem an Hartmut Lohmeyer gerichteten Begleitschreiben zeichnet er anschaulich Lohmeyers Gradlinigkeit und Unerschrockenheit nach, indem er anmerkte:»Als ich dem Nazi-Professor Gerhard Kittel auf seine Schrift zur Judenfrage[303] die – damals noch öffentlich mögliche – gebührende Antwort in den Theologischen Blättern[304] erteilt hatte, erhielt ich von Ihrem Vater eine Postkarte (also nicht geschlossenen Brief!), auf der u. a. stand: ›Es hat mich gefreut, wie Sie es diesem Wicht Kittel gegeben haben.‹ Später, als die Situation sich schon verschärft hatte, besuchte er mich in meinem Wohnort Heppenheim a. B. [an der Bergstraße], einer südwestdeutschen Kleinstadt, und sagte im Hotel, in dem er abstieg: ›Ich bin gekommen, um Herrn Prof. Buber zu besuchen.‹ So ist mir damals berichtet worden.«[305]

Für den Juristen Ernst J. Cohn (1904–1976)[306] war Lohmeyer ebenfalls zu allen Zeiten»ein durchaus überzeugter und mutiger Antinazi«. Für ihn gehörte er »zu den überzeugten und aufrichtigen Christen, von denen ich, als praktizierender Jude nur in tiefster Bewunderung und Dankbarkeit für all das[,] was sie mir und meinen Glaubensgenossen und für all die, die unter der Nazi-Verfolgung zu leiden hatten, getan haben, sprechen kann«. Andere Gutachten sprachen ihn von»Rassenhochmut« frei und nannten seinen unerschrockenen Einsatz für Juden[307] und die russische Bevölkerung. Martin Niemöllers (1892–1984)[308] äu-

---

[302]   Das Gutachten von Martin Buber vom 18. November 1946 wird zitiert nach einem Durchschlag, der sich im Nachlass Lieb befindet; UBBS: NL 43: Beilage zu Aa 365.

[303]   Gerhard Kittel, Die Judenfrage, Stuttgart ²1933.

[304]   Martin Buber, Offener Brief an Gerhard Kittel, in: Theologische Blätter 12, 1933, 248–250.

[305]   Martin Buber an H. Lohmeyer, Begleitschreiben vom 18. November 1846; GStA PK, VI. HA, Nl Ernst Lohmeyer, Nr. 18. Zum Verhältnis von Buber und Lohmeyer siehe Ekkehard Stegemann, Ernst Lohmeyer an Martin Buber, in: Kirche und Israel 1, 1986, 5–8.

[306]   »Cohn, Ernst Joseph«, in: Hessische Biografie online (https://www.lagis-hessen.de/pnd/11852142X), Stand: 6.11.2014; A. G. Chloros (Hg.), Liber amicorum Ernst J. Cohn. Festschrift für Ernst J. Cohn zum 70. Geburtstag, Heidelberg 1975.

[307]   Erwin Fuess:»Als tief christlicher Mann waren ihm Rassenhochmut und jede Art gewaltsamer staatlicher Unterdrückung nach innen und aussen verhasst. In dieser Beziehung sind äusserst scharfe und gefährliche Worte im Hause Lohmeyer auch vor fremden Ohren gefallen. Die Willkürherrschaft des [!] Gestapo, ihre Unterdrückung der Juden wurden in schärfster Weise kritisiert. Lohmeyer und seine Frau haben, soviel sie konnten, bis in die letzten Kriegsjahre befreundeten Juden Beistand geleistet. Beide wünschten glühend den Untergang der Rechtlosigkeit in Deutschland.« GStA PK, VI. HA, Nl Ernst Lohmeyer, Nr. 18.

[308]   Zur Person siehe Carsten Nicolaisen, Niemöller, Martin, in: Biographisch-bibliographisches Kirchenlexikon 6, 1993, 735–748.

ßerst kurze Stellungnahme hingegen strich die treue Mitgliedschaft in der Bekennenden Kirche hervor.

Über das Einwerben dieser Gutachten und ihren Versand um Weihnachten
1946 herum »an alle interessierten russischen Stellen«[309] hinaus kümmerte sich
Hartmut Lohmeyer auch anderweitig um das Schicksal seines Vaters. Nachdem
seine Mutter in Berlin Fritz Lieb getroffen und kennengelernt hatte, wandte sich
der Sohn umgehend an den Basler Theologen und berichtete ihm von seinen
Aktivitäten und von der Absicht, die unterschiedlichen »Aktionen« für den Vater
zu koordinieren. Seine Hoffnung war, dass sich aus der Schweiz heraus hilfreiche
Initiativen organisieren ließen und nahm dabei zudem England und die USA in
den Blick. Er plante, die vervielfältigten Gutachten »an alle massgebenden Stellen
im In- und Ausland mit einem entsprechenden Begleitschreiben« zu verschicken.[310] Auf Empfehlung von Martin Dibelius sollte sich Hartmut Lohmeyer an
Pfarrer Dr. Adolf Freudenberg (1894–1977)[311] wenden, der seit 1939 in Genf mit
dem Aufbau des Flüchtlingswerks betraut war. Er folgte diesem Rat am 13. Oktober und erhielt einen Monat später aus Genf die Nachricht, dass man die Angelegenheit nochmals aufgreife und ein Memorandum verfasse wolle, was dann
auch geschah.[312] Freudenberg verschickte es an »seine Freunde«.[313] Mitte Dezember dankte Hartmut Lohmeyer Freudenberg für seinen Einsatz und berichtet
von den Sorgen der Familie bezüglich des vermuteten schlechten Gesundheits-
zustandes des Vaters.[314] Mit diesem Schreiben wollte Lohmeyer Freudenberg
über die neuen Entwicklungen informieren. Dabei wird auch ersichtlich, dass in
Uppsala durch Fridrichsen geplant war, über eine Einladung zu Gastvorlesungen
eine Freilassung Lohmeyers zu erwirken.

In einem ebenfalls am 17. Dezember 1946 verfassten Schreiben an Fritz Lieb,
der Hartmut Lohmeyer knapp zwei Wochen zuvor über seine Aktivitäten unterrichtet[315] und sich bei den zuständigen russischen Behörden intensiv für
Lohmeyer durch Briefe und Besuche eingesetzt hatte, informierte Hartmut
Lohmeyer einerseits über den Fortgang der Aktivitäten und den Empfang der
Gutachten von Buber, Koebner und Heinemann. Andererseits berichtete er vom
erfolglosen Einsatz Karl Ludwig Schmidts. Schließlich beschrieb er sorgenvoll die

---

[309] So H. Lohmeyer an F. Lieb, Brief vom 3. April 1947; UBBS: NL 43: Ab 1312.

[310] H. Lohmeyer an F. Lieb, Brief vom 8. November 1946; UBBS: NL 43: Ab 1312.

[311] Siehe zur Person Martin Stöhr / Klaus Würmell (Hg.), Juden, Christen und die Ökumene.
       Adolf Freudenberg 1894–1994. Ein bemerkenswertes Leben, Frankfurt am Main 1994.

[312] A. Freudenberg an H. Lohmeyer, Brief vom 12. November 1946; GStA PK, VI. HA, Nl
       Ernst Lohmeyer, Nr. 6, 1–25.

[313] H. Lohmeyer an F. Lieb, Brief vom 17. Dezember 1946; UBBS: NL 43: Ab 1312.

[314] H. Lohmeyer an A. Freudenberg, Brief vom 17. Dezember 1946; UBBS: NL 43, Aa 365.

[315] Dieses Schreiben vom 4. Dezember 1947 scheint nicht mehr vorhanden zu sein. Im
       Nachlass von Ernst Lohmeyer befinden sich überhaupt keine Briefe von Fritz Lieb.

Lage in Greifswald: »Die Lage in Greifswald hat sich seit dem letzten Bericht nicht geändert. Die Bewachung und die Kontrolle der Gefangenen soll sich den Berichten meiner Mutter nach verschärft haben, so dass wir schon seit langem ohne jede Nachricht von ihm sind. Da sich mein Vater in sehr schlechter gesundheitlicher Verfassung befinden soll, ist im Augenblick unsere größte Sorge, ob er im Stande sein wird, den ganzen Winter ohne ernsthafte gesundheitliche Schädigungen zu überstehen.«[316] Einige Monate später folgte ein weiterer Bericht Hartmut Lohmeyers an Lieb, da sich die Lage für den Vater nicht verbessert, aber verändert habe. Hartmut Lohmeyer hatte auf die eingereichten Gutachten von der russischen Behörde in Karlshorst immerhin eine Antwort erhalten, wenn auch eine ablehnende. Anscheinend hatte der Sohn die Freilassung des Vaters beantragt. Gemäß den neuesten Nachrichten vermutete er den Vater in einem Lager in »Neu-Brandenburg«. Die Familie und vor allem Melie Lohmeyer hegten zu diesem Zeitpunkt immer noch große Hoffnungen, dass Ernst Lohmeyer weiterhin am Leben sei und sie ihn wiedersehen würden. Sie glaubten aber kaum mehr an den Erfolg ausländischer Initiativen, denn der Sohn schrieb an Lieb: »Die Gefangenen würden dort relativ gut behandelt und er sei in bester Gesellschaft (!), denn er ist ja nicht der einzige seiner Art. Es wird ihm neuerdings zur Last gelegt, dass er damals beim Rückmarsch der deutschen Truppen aus dem Kaukasus der dortigen Zivilbevölkerung zur Flucht vor der Roten Armee verholfen habe. Das sei eine Sowjetfeindliche Haltung und deshalb ein ›Verbrechen gegen die Menschlichkeit‹ (!). Meine Mutter nimmt an, dass er nach einiger Zeit der ›Kaltstellung‹ zum Kriegsgefangenen erklärt wird und auf dem normalen (leider sehr umständlichen Weg) über das Entlassungslager in Frankfurt an der Oder entlassen werden wird. Einige seiner Leidensgenossen haben schon diesen Weg hinter sich und wenn er dann eines Tages entlassen wird (›als Kriegsgefangener‹), dann ist ja (wenigstens theoretisch) alles Aufsehen vermieden. Hoffen wir also, dass es im Lauf dieses Jahres (oder vielleicht auch später?) einmal soweit kommt. Weitere Bemühungen vom Ausland aus zu unternehmen, hat wohl nach dem Scheitern aller bisherigen Aktionen wenig Erfolg.«[317] Noch in der Adventszeit des Jahres 1947 hoffte die inzwischen im Spandauer Johannisstift wohnende Melie Loh-

---

[316] H. Lohmeyer an F. Lieb, Brief vom 17. Dezember 1946; UBBS: NL 43: Ab 1312.

[317] H. Lohmeyer an F. Lieb, Brief vom 3. April 1947; UBBS: NL 43: Ab 1312. M. Lohmeyer schrieb in diesem Sinne am 21. Mai 1947 an Günter Ruprecht: »Von unserem Patienten kann ich Ihnen nach langer Ungewissheit u. vielen Erregungen heute berichten, dass der Zustand noch der alte ist nämlich die Krankheit wird noch immer untersucht u. es atmen wir ein wenig auf – denn mal muss ja der Tag kommen, wo man ihn gesund erklären muss. Darauf hoffen wir, wenn es auch noch dauern wird.« SBB: Nachl. 494, G 1946–1950. Tasche 13, Bl. 448.

meyer weiterhin, dass ihr Mann nicht verurteilt sei.[318] Wenige Wochen später allerdings ging sie »sicher« von einer Verurteilung aus[319] und erklärte gegenüber Ruprecht: »Die Nachricht stammt von Krummacher[320] u. ist sicher. – Näheres weiss niemand. Ich vermute die Aktion war im April 47 in Schwerin. Möglich, dass Torgau der jetzige Aufenthaltsort ist – kann aber auch das Land der damaligen Tätigkeit sein. – Könnten Sie etwas erfahren, wäre es eine grosse Wohltat. Aber ich glaube nicht. Ich bin völlig hoffnungslos – auch was all die neuen Zeitungsnachrichten[321] anbelangt. – Das sind scheint mir, nur Hoffnungen von Leuten die an dem allgemeinen Wohlwollen nach jener Richtung hin interessiert sind. – Es wäre ja die Sache auf den Kopf gestellt, wenn die Hauptzuchtrute eben dieses ›Verschwinden lassen‹ nun auf einmal aufgehoben würde u. entspräche nicht dem System. Nein, das glaube ich nicht. Ich halte das für Bluff bestimmter Gruppen. Denkt man hier auch. – Nein ich bin ziemlich hoffnungslos – überhaupt – u. auch im Bezug auf Nachrichten.«[322]

Wie wichtig für Lieb sein Einsatz für Lohmeyer war, belegt die Tatsache, dass er sich bemühte, in großem Maße das Ausland zu mobilisieren. So empfahl er zum Beispiel gegenüber Hartmut Lohmeyer den Bischof von Chichester, George Kennedy Allen Bell (1883-1958)[323], der ein Verbündeter der Bekennenden Kirche gewesen war, als Ansprechpartner und wandte sich in dieser Angelegenheit an Freudenberg.[324] In welchem Umfang dieses Vorhaben einer möglichen internationalen Initiative im ÖRK aber aufgegriffen und umgesetzt wurde, ist nicht bekannt. Immerhin zeigt sich aber, dass neben Freudenberg Dr. Reinold von Thadden-Trieglaff (1891-1976)[325] weitere Aktivitäten im Fall Lohmeyer ergriff.

---

[318] M. Lohmeyer an Günter Ruprecht, Brief vom 4. Dezember 1947; SBB: Nachl. 494, G 1946-1950. Tasche 13, Bl. 441.

[319] M. Lohmeyer an Günter Ruprecht, Postkarte vom 28. Februar 1948 (Poststempel); SBB: Nachl. 494, G 1946-1950. Tasche 13, Bl. 439.

[320] Generalsuperintendent Friedrich Wilhelm Krummacher (1901-1974) gehörte seit 1946 der Ev. Kirchenleitung von Berlin-Brandenburg an und wurde 1954 zum Bischof von Greifswald gewählt

[321] Worauf sich Melie Lohmeyer bezieht, ist hier nicht eindeutig zu bestimmen.

[322] M. Lohmeyer an Günter Ruprecht, Brief vom 19. April 1948; SBB: Nachl. 494, G 1946-1950. Tasche 13, Bl. 432.

[323] Andrew Chandler, George Bell, Bishop of Chichester. Church, State, and Resistance in the Age of Dictatorship, Grand Rapids (Michigan), Cambridge (U.K.) 2016.

[324] Siehe dazu George Kennedy Allen Bell / Willem Adolph Visser 't Hooft, ›Intimately associated for many years‹. George K. A. Bell's and Willem A. Visser 't Hooft's common life-work in the service of the church universal, mirrored in their correspondence, Newcastle upon Tyne (UK) 2015, 468-469, 475, 484.

[325] Jochen-Christoph Kaiser, Thadden-Trieglaff, Reinold von, in: Religion in Geschichte und Gegenwart 8, 2005, 207.

Der aus einem alten pommerschen Adelsgeschlecht stammende Jurist hatte ebenfalls zur Bekennenden Kirche sowie zu den Unterzeichnern der Barmer Theologischen Erklärung gehört und arbeitete nach dem Krieg zunächst für den Weltkirchenrat. In dieser Position schrieb er am Altjahrstag 1946 an Karl Barth, den er kurze Zeit zuvor in Basel besucht hatte, und legte ihm zwei Bitten vor. Neben dem Anliegen, für die unumgängliche Behandlung der schwer erkrankten Tochter des verstorbenen rheinischen Präses Paul Humburg (1878–1945) in der Schweiz finanzielle Mittel einzuwerben, brachte von Thadden die Verhaftung Lohmeyers vor, den er als langjähriges Mitglied der Bekennenden Kirche vorstellte. Man wisse zwar nichts über dessen Aufenthaltsort, vermute ihn aber noch in Westpommern. Als Grund für die Verhaftung nannte er Lohmeyers Tätigkeit als Offizier in Russland, um dann fortzufahren: »Bei der Schwäche unserer Ostzonen-Kirche im allgemeinen und den gegenwärtigen Personalverhältnissen in der Greifswalder Fakultät im Besonderen wäre es dringend erwünscht, wenn Prof. Lohmeyer wieder seine Lehrtätigkeit zurückgegeben werden könnte. Er ist auch Mitglied der kl. rest.-pommerischen Kirchenregierung in Greifswald, wo es sehr an führenden Männern fehlt. Wüssten Sie einen Weg, Herr Professor, in der Angelegenheit irgendwie zu intervenieren? Würden Sie es für erfolgversprechend halten, Professor Lieb zu interessieren und ihn zu bitten, bei den russischen Dienststellen in Berlin zu Gunsten von Dr. Lohmeyer vorzusprechen? Oder wären Sie zufällig selber in der Lage, eine damals gewonnene Beziehung zu russischen Militärs in diesem Sinne auszunutzen?

Sollte ihnen einer der beiden Gedanken einleuchten, würde ich Ihnen sehr dankbar sein, wenn Sie so gütig wären, sich als wohlwollender Vermittler einzuschalten, und mich zu unterrichten.«[326]

Auch dieser Brief zeigt die zentrale Stellung, die Fritz Lieb beim Einsatz für Lohmeyer zukam. Er war aufgrund seiner engen und vielfältigen Verbindungen nach Berlin und in den Osten zweifelsohne für diese Aufgabe prädestiniert. Deshalb schickte ihm gut zwei Wochen später Adolf Freudenberg die von Hartmut Lohmeyer erhaltenen Gutachten der drei jüdischen Gelehrten Marin Buber, Isaak Heinemann (1878–1957)[327] und Richard Koebner (1885–1958),[328] verse-

---

[326] Reinold von Thadden an Karl Barth, Brief vom 31. Dezember 1946; KBA 936.1636.

[327] Der klassische Philologe und Religionsphilosoph Heinemann, der auch Rabbiner war, kannte Lohmeyer aus gemeinsamen Breslauer Zeiten, wo er Religionsphilosophie des Altertums und des Mittalters sowie Hellenismus unterrichtete, bevor er 1938 emigrierte und seit 1939 Professor an der Universität Jerusalem war. Siehe Günter Stemberger, Isaak Heinemann, in: Religion in Geschichte und Gegenwart 3, 2000, 1597.

[328] Auch der Historiker Koebner zählte zu Lohmeyers Breslauer Freundeskreis. Er wurde nach seiner 1933 erfolgten Entlassung in Jerusalem Professor für neue Geschichte; siehe Dieter Langewiesche, »Zeitwende« – eine Grundfigur neuzeitlichen Geschichtsdenkens: Richard Koebner im Vergleich mit Francis Fukuyama und Eric Hobsbawm, in: ders.,

hen mit dem Stempel des Ökumenischen Ausschusses für Flüchtlingshilfe als das
angekündigte Memorandum an Lieb.[329] Freudenberg erhoffte sich demnach, dass
durch die als »recht wichtig« qualifizierten Gutachten und durch Lieb »als
Theologie-Kollegen« und seine persönlichen Beziehungen in Berlin Bewegung in
den Fall Lohmeyer kommen würde.

Im Gegensatz zu Lieb scheint sich dessen Basler Kollege und Freund Karl
Barth nicht in besonderem Maße für Lohmeyer engagiert zu haben. Immerhin
sprach er den Fall in seinem Freundeskreis an und stellte von Thadden gegenüber seine Unterstützung in Aussicht: »Und nun muss ich Ihnen leider erst noch
sagen, dass ich in den beiden Fällen, von denen Sie mir berichten, im Augenblick
auch nicht zu raten weiss. Wegen des Kollegen Lohmeyer ist wohl unternommen
worden, was unsererseits unternommen werden kann, aber bisher ergebnislos.
Fritz Lieb hat die Sache persönlich bei der russischen Behörde vorgetragen, man
hat es dort auch zur Kenntnis genommen, aber dann ist nichts mehr verlautet.
Wenn ich im Sommer wieder in Deutschland sein werde, so werde ich gewiss
nichts unterlassen, was irgendwie zur Befreiung dieses auch für die neutestamentliche Wissenschaft so bedeutenden Mannes beitragen könnte. Meine
Freunde Ernst Wolf und Iwand[330] in Göttingen sind übrigens auch aufs auf-
merksamste an seinem Schicksal beteiligt.«[331] Von Thadden dankte Barth für
seinen Brief mit den Worten »Was Professor Lohmeyer angeht, so ist es ja schon
viel wert zu wissen, dass alles geschehen ist, was in unserer Macht stand.«[332]

Neben den bislang erwähnten Initiativen für Lohmeyers Haftentlassung sind
außerdem jene der Kirchen zu nennen. Karl von Scheven (1882–1954)[333] beispielsweise drängte nach ersten vergeblichen Bemühungen ein knappes Jahr
nach der Verhaftung und kurz nach seiner Ernennung zum Bischof der Pommerschen Evangelischen Kirche gegenüber dem aus Breslau stammenden Ju-

---

Zeitwende. Geschichtsdenken heute, hg. von Nikolaus Buschmann, Ute Planert, Göttingen 2008, 41–55.

[329] A. Freudenberg an F. Lieb, Brief vom 15. Januar 1947; UBBS: NL 43: Aa 365, 2. Das hier
erwähnte Memorandum ist die Ehrenerklärung von Martin Buber vom 18. November
1946; siehe dazu den Text in diesem Band, 239–241.

[330] Hans Joachim Iwand (1899–1960) war nach dem Zweiten Weltkrieg Kollege von Ernst
Wolf an der Universität in Göttingen; zur Person siehe Werner Führer, Iwand, Hans
Joachim, in: Biographisch-bibliographisches Kirchenlexikon 14, 1998, 1101–1104.

[331] Karl Barth an Reinold von Thadden, Brief vom 10. Februar 1947; KBA 9247.32.

[332] Reinold von Thadden an Karl Barth, Brief vom 13. Februar 1947; KBA 9347.0159.

[333] Friedrich Winter, Ein pommersches Pfarrerleben in vier Zeiten. Bischof Karl von Scheven
(1882–1954), Berlin 2009, 160.

risten und Berliner Konsistorialrat Dr. Walther Tröger (1884–1952)[334] mit Verweis auf Lohmeyers eindeutig antifaschistische Haltung auf weitere Interventionen bei der SMAD.[335] Das Greifswalder Konsistorium beschloss zudem – was der Evangelische Oberkirchenrat in Berlin bestätigte –, an Lohmeyer respektive seine Frau weiterhin die nebenamtlichen Konsistorialbezüge zu zahlen, da Lohmeyer keine staatlichen Zuwendungen mehr erhielt.[336]

Auf von Schevens Eingabe reagierte der Evangelische Oberkirchenrat in Berlin umgehend Mitte Februar 1947 mit einem ausführlichen Brief an Marschall Wassili Danilowitsch Sokolowski (1897–1968),[337] den Obersten Chef der SMAD und Oberkommandierenden der Gruppe der Sowjetischen Streitkräfte in Deutschland. Das Schreiben markiert gleich zu Beginn die hohe politische Bedeutung der Angelegenheit: »Um der Ehrlichkeit unserer Beziehungen willen sehe ich mich veranlaßt, Ihnen Herr Marschall, eine Angelegenheit vorzutragen, die sich je länger desto mehr als eine Belastung des Verhältnisses der evangelischen Kirche zur sowjetischen Besatzungsmacht auswirkt.« Zudem kritisierte der EOK einerseits sehr deutlich das Verhalten der Behörden und die ausbleibenden Informationen über Lohmeyer. Andererseits wies man den allein als Gerücht bekannt gewordenen Vorwurf zurück, Lohmeyer habe Kriegsverbrechen begangen und hob das wachsende internationale Interesse am Verschwinden dieses international angesehenen Wissenschaftlers in der Ökumene hervor. Schließlich appellierte das Schreiben an die Verantwortung des Marschalls und unterstrich nochmals die politischen Dimensionen des Falles.[338]

---

[334] Zur Person siehe Johannes Michael Wischnath, Kirche in Aktion. Das Evangelische Hilfswerk 1945–1957 und sein Verhältnis zu Kirche und Innerer Mission, Göttingen 1986, 474.

[335] Bischof von Scheven an Präsident Walther Tröger, Brief vom 10. Februar 1947: »[...] Ich bitte im Hinblick auf die Dauer der Haft und auf sein höheres Lebensalter erneut den Versuch zu machen, unsere Bitte um seine Freilassung bei der SAM vorzutragen. Die antifaschistische Haltung des Genannten steht für alle, die hier mit ihm zusammengearbeitet haben, ausser Zweifel.«; EZA 7/16024.

[336] Das Konsistorium der Pommerschen Evangelischen Kirche, Brief vom 15. Februar 1947; EZA 7/16024. Der EOK antwortete am 17. März 1947.

[337] Jan Foitzik, Sokolowski, Wassli Danilowitsch, in: Wer war wer in der DDR? 2, 2010, 1242.

[338] »Sie wissen, Herr Marschall, daß sich die evangelischen Kirchen im Osten Deutschlands ehrlich bemühen, den mannigfachen Vorurteilen entgegenzutreten, die in der Welt noch immer über die Kulturpolitik der Sowjetunion und insbesondere über ihre Stellung gegenüber Christentum und Kirche verbreitet sind. Ich muß offen gestehen, daß es mir im Falle Lohmeyer unmöglich ist, den anfragenden Stellen – so noch unlängst einer Abordnung der französischen Kirche – eine befriedigende Erklärung zu geben. [...] Ich habe alle Möglichkeiten, eine rasche und befriedigende Klärung des Falles Lohmeyer zu erreichen, erschöpft. Es bleibt mir darum nichts anderes übrig, als heute an Ihren Sinn für Gerechtigkeit und Menschlichkeit zu appellieren und Ihr Eingreifen zu erbitten.

Dieses Schreiben überrascht zweifelsohne in seiner fordernden Direktheit. Weniger überrascht die Tatsache, dass es anscheinend in dieser Form nie abgeschickt wurde. Die Kirchenleitung hatte wohl Angst vor der eigenen Courage bekommen. Um die angespannten Beziehungen nicht weiter zu strapazieren, entschied man sich, das Anliegen mündlich vorzutragen.[339] Mitte März fand schließlich ein Gespräch zwischen Bischof Dibelius und Generaloberst Pavel Alekseyevich Kurochkin (1900–1989) statt. Bei diesem Gespräch sei von Kurochkin die »bestimmte Mitteilung« gemacht worden, dass Lohmeyer am Leben sei. Durch den Präses der Pommerschen Synode, Werner Rautenberg (1896–1969),[340] sollten Bischof Scheven und Frau Lohmeyer diese Information erhalten.[341] Mitte September des Jahres verhandelte Bischof Otto Dibelius nochmals mit einem russischen General. Anlass dieser Konsultation dürfte die Nachricht von einer nicht weiter beschriebenen Verurteilung Lohmeyers durch den Ortskommandanten in Greifswald und die sich daran anschließende Abholung der Möbel aus dessen Wohnung gewesen zu sein. Im Anschluss daran erörterte die Kirchenleitung die Frage, ob man nun an die Öffentlichkeit gehen solle.[342] Diesen Schritt tat die Kirchenleitung in Berlin zwar weiterhin nicht, sie bemühte sich aber stattdessen, verlässliche Informationen über Lohmeyers Schicksal zu erhalten. In Greifswald bereitete der pommersche Bischof gemeinsam mit dem Dekan der Theologischen Fakultät zudem ein Gnadengesuch an den Patriarchen

---

Tragen Sie dafür Sorge, daß das Verfahren gegen Prof. Lohmeyer entweder öffentlich durchgeführt oder baldigst eingestellt wird. Vor allem aber: Erlauben Sie Lohmeyer, seinen Angehörigen Nachricht zu geben und ihren Besuch zu empfangen!
Wir haben die Angelegenheit Lohmeyer bisher mit aller Zurückhaltung behandelt. Unsere Verantwortung für einen hochverdienten Lehrer der Kirche aber nötigt uns, diesen letzten ernsten Appell an Ihre Verantwortung zu richten.« Der Präsident des EOK an den Marschall der Sowjetunion Sokolowski, Brief vom 18. Februar 1947; EZA 7/16024.

[339] Das Schreiben trägt den handschriftlichen Vermerk »Geht nicht ab!« Eine handschriftliche russische Übersetzung des Briefes liegt vor.

[340] Thomas K. Kuhn, Eugenik, Heerespsychologie und Evangelisches Hilfswerk. Zur Biographie des pommerschen Präses Werner Rautenberg (1896–1969), in: Tobias Sarx / Rajah Scheepers / Michael Stahl (Hg.), Protestantismus und Gesellschaft. Beiträge zur Geschichte von Kirche und Diakonie im 19. und 20. Jahrhundert. Jochen-Christoph Kaiser zum 65. Geburtstag, Stuttgart 2013, 115–132.

[341] Siehe dazu die Notiz von Dibelius für Oberkonsistorialrat Dr. Söhngen vom 24. März 1947; EZA 7/16024. Siehe aber dazu den Brief von G. Ruprecht an M. Lohmeyer vom 20. Mai 1047; SBB: Nachl. 494, G 1946–1950. Tasche 13, Bl. 450.

[342] Siehe dazu den auf September 1947 zu datierenden Notizzettel von Söhngen; EZA 7/16024.

der Orthodoxen Kirche in Moskau vor.[343] Nachdem diese Petition der Berliner Kirchenleitung vorgelegen hatte, empfahl Generalsuperintendent Krummacher dem pommerschen Bischof, sich nicht an den Patriarchen, sondern direkt an den »Obersten Chef der Sowjet-Militär-Verwaltung« zu wenden.[344] In Greifswald nahm man diesen Vorschlag auf und verfasste ein Gnadengesuch,[345] das mit der Bitte um umgehende Weiterleitung an Krummacher abging.[346] Insgesamt ist das Schreiben recht zurückhaltend formuliert und bittet darum, dass die Behörde in »wohlwollende Erwägung ziehe, die Angelegenheit Lohmeyer auf dem Gnaden-wege als abgegolten anzusehen, falls dieser die über ihn verhängte Strafe an-getreten hat.« Man lobt ihn als Wissenschaftler, als Mitglied der Fakultät und Kirche und betont seine Mitgliedschaft in der Bekennenden Kirche. Neben seiner menschlichen Größe hebt das Schreiben zudem Lohmeyers »antifaschistischen Charakter« und seine Strafversetzung von Breslau nach Greifswald hervor, bevor es nach einem Hinweis auf die Nöte der Familie mit der Bitte um Begnadigung schließt.[347] Das Gnadengesuch wurde Anfang Mai 1948 ins Russische übersetzt. Gleichzeitig leitete man die ersten Schritte ein, um den zuständigen Adressaten

---

[343] Das Schreiben vom 26. Februar 1948 befindet sich im UAG: PA 347, Bd. 5, Bl. 8, und ist bis auf den Schlussabsatz textidentisch mit einem Schreiben vom Bischof und Dekan Rudolf Hermann an den Obersten Befehlshaber der SMA von 24. April 1948: UAG: PA 347, Bd. 5, Bl. 7. Siehe auch das Schreiben Rudolf Hermanns im Namen der Greifswalder Theologischen Fakultät an die Kanzlei der EKD in Berlin vom 26. August 1948, in dem er den Vorschlag macht, sich an den russischen Patriarchen zu wenden; EZA 4/627.

[344] Krummacher schrieb an Bischof von Scheven am 27. Februar 1948:»Auf Grund der Besprechungen mit Herrn Konsistorialrat Faißt und Herrn Professor D. Hermann habe ich die Frage eines Gnadengesuchs für Professor Lohmeyer mit verschiedenen Stellen unter der Hand besprochen und bin zu folgendem Vorschlag gekommen: Auf dem Weg über die russische Kirche kann man sich kaum einen wirksamen Erfolg versprechen, weil unsere Beziehungen zu dieser Kirche vorläufig zu gering sind. Es bleibt nur der Weg eines Gnadengesuchs an die russische Regierung, die für uns nur zugänglich ist über den Obersten Chef der Sowjet-Militär-Verwaltung, Marschall Sokolowski in Berlin-Karls-horst. Ich würde deshalb raten, daß Sie als der zuständige Bischof das in Aussicht ge-nommene Gnadengesuch an diese Adresse richten. Wir würden dann unsererseits uns bemühen, das Gnadengesuch, sobald Sie es uns hierher schicken, auf einem geeigneten Wege möglichst an die richtige Adresse durch einen persönlichen, russisch sprechenden Mittelsmann nach Karlshorst gelangen zu lassen.«; LKAG Best.77.36, Nr. 105, S. 295. Siehe dazu auch UAG: PA 347, Bd. 5, Bl. 27.

[345] Siehe dazu Wiebel, Fall, 31.

[346] Siehe dazu das Begleitschreiben von Schevens an Krummacher vom 23. April 1948; LKAG Best. 77.36, Nr. 105, 239.

[347] Das von Hermann und von von Scheven unterzeichnete Gnadengesuch befindet sich Kopie in: LKAG Best. 77.36, Nr. 105, S. 307.

zu eruieren. Dieses Unterfangen sollte sich indes als überaus schwierig erweisen.[348]

In etwa zeitgleich, ohne aber voneinander zu wissen, bemühte sich Lohmeyers Schüler Werner Schmauch, der, nachdem er Dekan im polnisch verwalteten Niederschlesien gewesen war, inzwischen als Mitglied der Kirchenleitung in Görlitz fungierte, sich für seinen Lehrer einzusetzen.[349] Nach einem Gespräch mit dem Berliner Systematischen Theologen Heinrich Vogel (1902–1989)[350] wandte er sich an den Hallenser Neutestamentler Julius Schniewind (1883–1948).[351] Über diese Kontaktaufnahme wie über das weitere Vorgehen

---

[348]   Krummacher an von Scheven, Brief vom 5. Mai 1948; LKAG Best. 77.36, Nr. 105, S. 241. Ende September verfassten von Scheven und Hermann ein weiteres Schreiben, das über Krummacher an »den Obersten Befehlshaber der Sowjetischen Militäradministration in Karlshorst bei Berlin« weiter geleitet werden sollte. Es wurde veranlasst durch die zahlreichen Entlassungen aus Kriegsgefangenschaft und Haft: »Herr Marschall! In letzter Zeit mehren sich die Fälle, dass nicht nur ehemalige deutsche Soldaten aus sowjetischer Kriegsgefangenschaft in die Heimat zurückkehren, sondern dass auch eine grosse Zahl von sonstigen inhaftiert gewesenen Männern und Frauen aus den Lagern zur Entlassung gelangt sind. In die Stadt Greifswald sind gleichfalls eine Reihe von Männern aus der Haft zurückgekehrt. Auch die Entlassung dieser Inhaftierten wird in der Stadt Greifswald allgemein dankbar als Erleichterung empfunden. Die aus dieser Massnahme sprechende wohlwollende Haltung der SMAD ermutigt mich und den unterzeichnenden Dekan der Theologischen Fakultät, die Aufmerksamkeit der SMAD erneut auf den Fall des Konsistorialrats Professor D. Dr. Ernst Lohmeyer aus Greifswald zu lenken. Wir haben bereits am 23. April d. Js. an Sie ein Gnadengesuch eingereicht. Wir wiesen darauf hin, dass uns sein persönliches Handeln seit längeren Jahren so bekannt ist, dass wir ihm nichts Böses zutrauen können. Da wir nichts von seinem Schicksal gehört haben, so wissen wir weder, was ihm vorgeworfen wird, noch, ob er verurteilt ist. Wir hoben bereits damals hervor, dass – wenn er verurteilt sein sollte – am ehesten die Kirche auf den Weg der Gnade aufmerksam machen kann. Nunmehr möchten wir die Frage stellen, ob nicht auch für die Beurteilung des Falles Lohmeyer im Wege des Gnadenerweises die Richtlinien in Betracht kommen können, die für die Entlassung der Inhaftierten aus den Lagern massgebend gewesen sind, zumal, da Lohmeyer bereits seit Februar 1946 verhaftet ist. Der mitunterzeichnende Dekan der theologischen Fakultät schliesst sich dieser Bitte an.«; Schreiben des Bischofs an den Obersten Befehlshaber der SMA vom 27. September 1948; LKAG Best. 77.36, Nr. 105, S. 297.

[349]   Siehe dazu das Schreiben von W. Schmauch an H. Vogel vom 24. April 1948 sowie seine kirchenamtliche Bescheinigung vom selben Tag; Nachlass Heinrich Vogel: EZA 665/110.

[350]   Zur Person siehe Klaus-Gunther Wesseling, Vogel, Heinrich, in: Biographisch-bibliographisches Kirchenlexikon 12, 1997, 1554–1563.

[351]   Zur Person siehe Klaus-Gunther Wesseling, Schniewind, Julius, in: Biographisch-bibliographisches Kirchenlexikon 9, 1995, 577–581.

informierte Schmauch seinen Berliner Kollegen und stellte in Aussicht, dass der ehemalige Greifswalder Alttestamentler und mit der Familie Lohmeyer bekannte Leonhard Rost seine Berliner Kollegen an der Kirchlichen Hochschule ansprechen werde. Schmauch hatte einen Entwurf für eine Eingabe von Hochschullehrern an die Kanzlei der EKD (Berliner Stelle) vorbereitet, den er Vogel vorlegte. Mit dieser Eingabe sollte die EKD aufgefordert werden, eine schriftliche Petition zugunsten Lohmeyers an die die russische Regierung zu schicken. Allerdings war fraglich, wie die Leitung der EKD reagieren würde, da Schmauch erklärte, in Bischof Dibelius einen Gegner zu haben.

Schmauch legte der Eingabe die kirchenamtlich beglaubigten Ehrenerklärungen von Hönigswald, Buber, Heinemann und Koebner bei[352] sowie diejenigen von Joseph Cohn, Martin Niemöller, Vikarin Katharina Staritz, Katharina Strauss (Hildesheim), Prof. Clemens Schaefer (Köln), Rudolf Seeliger, Hans von Campenhausen, Martin Dibelius, Rudolf Bultmann, Edmund Nick (München), Studienrat Robert Bedürftig (Hannover), die er wohl über Hartmut oder Melie Lohmeyer erhalten haben dürfte. Von besonderem Interesse sind zudem seine beiden Briefabschriften, die er dem Schreiben an Vogel beifügte. Schmauch hatte zwei Tage zuvor am 22. April 1948 an Günther Bornkamm (1905–1990) in Göttingen und an Schniewind in Halle geschrieben und zunächst über die Verfassung von Lohmeyers Frau berichtet. Nach einem Gespräch mit ihr war er sehr betroffen davon,»wie verlassen sie sich von den Kollegen ihres Mannes fühlt und bedrückt von der Tatsache, dass kaum etwas für ihn geschehen ist. Es ist wohl wiederholt bei der SMA nach ihm gefragt worden, aber es scheint bisher von keiner Stelle aus ein offizieller Schritt mit einer schriftlichen Eingabe unternommen worden zu sein. Das wird dadurch bestätigt, dass ihr direkt aus den der SMA nahestehenden Kreisen gesagt worden ist, es bestehe Verwunderung darüber, dass so wenig für Lohmeyer unternommen wird.«

Für Schmauch schien nun nach Rücksprache mit Melie Lohmeyer ein günstiger Zeitpunkt gekommen zu sein, um an die Öffentlichkeit zu gehen. Schmauch übernahm es, die entsprechenden Schritte für die »Ostzone« einzuleiten und zwar mittels einer Eingabe der Wissenschaftler über die Kanzlei der EKD.[353] Schniewind sollte in Halle und Leipzig für die Eingabe werben, aber unter

---

[352]   Siehe dazu oben 76–80.

[353]   Der Entwurf der Eingabe lautet:»Wir unterzeichneten Hochschullehrer der Theologie werden je länger je mehr davon beunruhigt, dass der Universitätsprofessor der Theologie D. Dr. Ernst Lohmeyer aus Greifswald seiner Forschungsarbeit und Lehrtätigkeit für Theologie und Kirche seit Anfang 1946 entzogen ist, ohne dass ein Grund für seine Verhaftung inzwischen angegeben oder etwas über sein Verbleib bekannt geworden ist. Aus eigener, persönlicher Kenntnis und zugleich unter Hinweis auf die beigefügten Stellungnahmen weiterer theologischer und anderer Hochschullehrer erklären wir: Prof. D. Dr. Ernst Lohmeyer ist ein Gelehrter von internationalem Ruf. Seine For-

Ausschluss des Postweges. Zudem plante Schmauch, sich noch an die Rostocker Fakultät mit der Bitte um Unterstützung zu wenden. Die Greifswalder Fakultät hingegen ließ er außen vor, da er sich von ihr nichts mehr erwartete.[354] Günther Bornkamm schließlich bat er um eine analoge Initiative in den westlichen Zonen. Dort war eine viel umfassendere Aktion unter Beteiligung aller Fakultäten und anderer prominenter Dozenten aus anderen Fakultäten vorgesehen. Als mögliche Adressaten der Unterschriftensammlung kamen entweder das Kirchliche Außenamt mit Martin Niemöller oder der ÖRK in Frage. Schmauch war zudem überzeugt, die anglikanische Kirche – hier dachte er an Bell in Chichester – für eine Unterstützung der Eingabe gewinnen zu können. Offen blieb aber die wichtige Frage, ob diese Petition über kirchliche oder diplomatische Wege an die russische Regierung gelangen sollte. Schmauch bat Bornkamm deshalb darum,

---

schungsarbeit hat die theologische Wissenschaft in aussergewöhnlicher Weise gefördert. Die Unterbrechung seiner Arbeit erweist sich als ein schweres Hindernis in der Fortentwicklung der theologischen Wissenschaft. Professor Lohmeyer, als Gegner des Nationalsozialismus mannigfach ausgewiesen, ist zugleich ein Hochschullehrer, der besonders geeignet ist, die akademische Jugend vor faschistischen Tendenzen zu bewahren, so dass sich sein Fehlen gegenüber dem allgemeinen Interesse an einer demokratischen Erneuerung Deutschlands nachteilig auswirkt. Wir kennen Professor Lohmeyer persönlich als einen so lauteren Charakter, dass wir ihm, an welchem Platz er auch immer zu handeln genötigt sein mag, ein unehrenhaftes Tun nicht zutrauen. Die oekumenische Bedeutung Ernst Lohmeyers für Theologie und Kirche und sein besonderes Geschick, von dem er unter allen deutschen Hochschullehrern der Theologie als einziger betroffen ist, legen der Evangelischen Kirche in Deutschland eine Verantwortung auf, in der sie an das ihr aufgetragene Amt gebunden ist.

Darum bitten wir die Kanzlei der Evangelischen Kirche in Deutschland – Berliner Stelle –, namens der Evangelischen Kirche in Deutschland durch eine baldige schriftliche Eingabe an die russische Regierung, die Freilassung Professor Lohmeyers zu erbitten. Aufgrund der in der Presse gemachten Mitteilung über die Inhaftierten halten wir den gegenwärtigen Zeitpunkt für günstig, andererseits eine Verzögerung der Eingabe für unzweckmässig. Wir stellen anheim, in dieser Eingabe ausdrücklich darauf hinzuweisen, dass die Angelegenheit Lohmeyer in steigendem Masse uns in unserer einem friedlichen Aufbau dienenden Forschungsarbeit und Lehrtätigkeit behindert, wie sie auf der ganzen Evangelischen Kirche als eine Last liegt. Darüber hinaus geben wir anheim, in der Eingabe darauf hinzuweisen, dass wir Unterzeichneten Professor Lohmeyer weder eines unedlen Handelns noch eines Vergehens gegen die Menschlichkeit für fähig halten.« Die Stellungnahme ist beigefügt: W. Schmauch an H. Vogel, Brief vom 24. April 1948, EZA 665/110.

[354]   Schmauch schrieb: »Wir würden ebenso versuchen, Rostock dafür zu gewinnen. Besonders betrüblich ist, dass Greifswald selbst darin bisher versagt hat, und ich nach dem Bericht von Frau Lohmeyer auch dringend empfehlen möchte, mit diesem Schritt Greifswald nicht zu befassen.« Siehe dazu auch das folgende Schreiben an Bornkamm.

sich mit seinem Heidelberger Kollegen Hans von Campenhausen zu besprechen. Abschließend schrieb er mit Blick auf die Greifswalder Fakultät: »Nur nebenbei und vertraulich möchte ich Ihnen mitteilen, dass die Angelegenheit wohl deswegen so im Rückstande ist, weil die Greifswalder Fakultät darin so gut wie ganz versagt hat. Auf dringenden Rat von Frau Lohmeyer wollen wir auch darauf verzichten, Greifswald an der in der Ostzone vorgesehenen Eingabe zu beteiligen. Charakteristisch ist, dass Frau Lohmeyer nach Wegfall des Gehaltes seit 1946 keinerlei Unterstützung durch die Fakultät erhalten hat, bis auf einen Betrag von 50,- RM (!), der ihr als Ertrag einer Sammlung im Kreise der Kollegen als einmalige Unterstützung überreicht worden ist. (!) Ihre Tochter ist Musikstudentin und beide sind angewiesen allein auf die Entschädigung, die die Pommersche Kirche für Lohmeyer als Konsistorialrat im Nebenamte weiter zahlt. Das bitte ich aber vertraulichst zu behandeln.« Mit Blick auf eine mögliche Briefzensur bat er Bornkamm wie Schniewind darum, bei einer Antwort an Schmauch den Namen Lohmeyer nicht zu erwähnen, »damit nicht für die Sache unerwünschte Schwierigkeiten entstehen.«[355]

Zumindest im Westen stieß die Initiative von Schmauch und Bornkamm offensichtlich auf fruchtbaren Boden. Denn die Theologischen Fakultäten in Marburg, Heidelberg, Kiel, Tübingen, Erlangen, Bonn und Mainz machten Eingaben zugunsten Lohmeyers, die schließlich an das kirchliche Außenamt gingen. Von dort erreichten sie die Kirchenkanzlei.[356] Krummacher verschickte sie versehen mit den Ehrenzeugnissen Ende Juni 1949 über Generalmajor Tjulpanow an die SMA und betonte in seinem Anschreiben das loyale Verhalten der Kirchenleitung gegenüber den sowjetischen Behörden sowie das daraus resultierende Bemühen, den Fall Lohmeyer möglichst wenig in die Öffentlichkeit dringen zu lassen. Auf Grund der zwischenzeitlich vermehrt eingegangenen Anfragen und Eingaben sah man sich nicht mehr in der Lage, diesen Weg weiterzugehen, sondern erbat Informationen von der SMA über das Schicksal Lohmeyers.[357]

---

[355] Das Schreiben von W. Schmauch an H. Bornkamm vom 22. April 1948 ist beigefügt: W. Schmauch an H. Vogel, Brief vom 24. April 1948, EZA 665/110.

[356] Siehe dazu das Schreiben des Kirchlichen Außenamts an die Kanzlei der EKD in Berlin vom 12. Mai 1949; EZA 4/628.

[357] Siehe dazu das Schreiben von F.-W. Krummacher an das Kirchliche Außenamt vom 24. Juni 1949; EZA 4/628; ferner das Schreiben Krummachers an von Scheven vom 22. August 1949; LKAG Best. 77.36, Nr. 105, S. 325. Anscheinend fertigte man keine Abschriften an, denn bislang konnten die Eingaben im EZA nicht nachgewiesen werden.

Oscar Cullmann

Eine bislang in der deutschsprachigen Lohmeyer-Forschung[358] nicht thematisierte enge Beziehung bestand zu Oscar Cullmann (1902–1999).[359] Der an der Universität in Basel Neues Testament und Patristik lehrende Professor zählt zu den »bedeutendsten protestantischen Theologen des 20. Jahrhunderts« und wirkte »als eminenter Mittler zwischen verschiedenen Sprachkulturen, theologischen Konzeptionen und Konfessionen«.[360] Im Nachlass des gebürtigen Straßburgers, der später ein wichtiger evangelischer Vertreter auf dem Zweiten Vatikanischen Konzil werden sollte,[361] befinden sich vierzehn Briefe respektive Postkarten von Ernst Lohmeyer und seiner Frau Melie an Cullmann.[362] Die drei Postkarten von Ernst Lohmeyer stammen aus den Jahren 1938 bis 1945[363] und tragen die Daten: 2. Juli 1938, 30. Oktober 1944 und 21. März 1945. Die beiden letzten Postkarten sind mit einem Zensurstempel versehen. Im ersten Schreiben geht es um einen Aufsatz, den Lohmeyer für die »Revue d'histoire et de philosophie religieuses« von Cullmann geschrieben hatte, der aber dort nicht erschienen ist.[364] Außerdem gratulierte Lohmeyer Cullmann zu dessen Berufung nach Basel.[365] Die beiden späteren Karten widmeten sich seinem »Vater unser«.[366]

Neben den drei erwähnten Postkarten sind elf Briefe von Melie Lohmeyer überliefert, die ein vertrauensvolles Verhältnis zwischen ihr und Cullmann erkennen lassen. Der Briefwechsel setzte am 30. April 1949 ein. Zu diesem Zeitpunkt lebte Melie Lohmeyer mit ihrer Tochter in Berlin-Tempelhof. Anlass für das erste Schreiben war das Erscheinen eines Artikels über Ernst Lohmeyer aus der

---

[358] Siehe aber Matthieu Arnold, Oscar Cullmann et l'»affaire Lohmeyer« (1946–1951), in: Revue d'histoire et de philosophie religieuses 89, 2009, 11–27.

[359] Siehe zur Person Felix Christ, Oscar Cullmann (*1902). Pionier der modernen ökumenischen Bewegung, in: Stephan Leimgruber / Max Schoch (Hg.), Gegen die Gottvergessenheit. Schweizer Theologen im 19. und 20. Jahrhundert, Basel u. a. 1990, 539–545, sowie Martin Sallmann / Karlfried Froehlich (Hg.), Zehn Jahre nach Oscar Cullmanns Tod. Rückblick und Ausblick, Zürich 2012.

[360] Rudolf Brändle, Cullmann, Oscar, in: Historisches Lexikon der Schweiz 3, 2004, 548.

[361] Thomas K. Kuhn, Oscar Cullmann und das Zweite Vatikanische Konzil, in: Schweizerische Zeitschrift für Religions- und Kulturgeschichte 104, 2010, 251–274.

[362] Der Nachlass von Oscar Cullmann befindet sich in der UBBS: NL 353.

[363] UBBS: NL 353: B:I:a:903.

[364] Da der Aufsatz schon zuvor in deutscher Sprache erschienen war, hat die Redaktion der »Revue« möglicherweise von einer Veröffentlichung Abstand genommen. Siehe Ernst Lohmeyer, Die Versuchung Jesu, in: Zeitschrift für systematische Theologie 14, 1937, 619–650.

[365] »Sie haben dort neben K. Barth und K. L. Schmidt eine schöne, aber auch schwierige Aufgabe.«; E. Lohmeyer an O. Cullmann, Postkarte vom 2. Juli 1938; UBBS: NL 353: B:I:a:903.

[366] Siehe dazu oben 21–22.

Feder Cullmanns. Unter dem Titel »Das Schweigen über Ernst Lohmeyer« hatte er am 2. Dezember 1948 im »Kirchenblatt für die reformierte Schweiz« einen zweispaltigen Beitrag veröffentlicht, der die erste publizistische Äußerung zum Fall Lohmeyer darstellt.[367] Der auch ins Französische übersetzte Artikel,[368] der noch vom Leben Lohmeyers ausgeht und sich nicht an irgendwelchen Spekulationen über die Gründe der Verhaftung beteiligt, setzt sich einerseits kritisch mit dem Verhalten der russischen Behörden auseinander, um andererseits das Schweigen der Kirche zu monieren. Im weiteren Verlauf des Artikels spitzt Cullmann seine Kritik an den Kirchen zu und vergleicht deren Verhalten mit dem Schweigen während des Nationalsozialismus, als Martin Niemöller Opfer des totalitären NS-Regimes geworden war. Cullmann ruft die Kirchen vor diesem historischen Hintergrund zu einem vernehmlichen Protest auf und lehnt die seinerzeit in kirchlichen Kreisen verbreitete abwartende Zurückhaltung ab.[369]

---

[367] Oscar Cullmann, Das Schweigen über Ernst Lohmeyer, in: Kirchenblatt für die reformierte Schweiz 104, 1948, 376; Köhn, Neutestamentler, nennt den Beitrag beispielsweise nicht. Ein handschriftlicher Entwurf für diese Miszelle befindet sich in UBBS: NL 353: C:II:146. Siehe dazu auch M. Lohmeyer, Fall; in diesem Band, 255, die 1949 schrieb: »Jedenfalls ist überall ›Schweigen um Ernst Lohmeyer‹, wie es kürzlich eine Schweizer Zeitung brachte, die an das Gewissen der Oeffentlichkeit klopfte.«

[368] Oscar Cullmann, Le silence autour de Ernst Lohmeyer, in: Réforme, 15 janvier 1949.

[369] Da dieser Artikel nicht so leicht zugänglich ist und bislang kaum zur Kenntnis genommen wurde, soll er im Folgenden vollständig zitiert werden:»Nicht vom Schweigen der russischen Besatzungsbehörden, sondern vom Schweigen der Kirche soll hier die Rede sein. Seit langen Monaten und bald Jahren befindet sich ein Lehrer der Kirche, der Professor für Neues Testament Ernst Lohmeyer, der sich um die tiefere Erfassung des Wortes Gottes große Verdienste erworben hat, in einem russischen Gefängnis oder Lager. Alle, die mit Lohmeyer, sei es in persönlichem, sei es schriftlichem Verkehr standen, wissen, daß hier ein Unrecht geschehen ist und weiter geschieht. Denn er ist ein entschiedener Gegner der Naziherrschaft gewesen. Sonst hätten ihn übrigens die Russen nach dem Krieg nicht zunächst zum Rektor der Universität Greifswald gemacht. Welches auch die Gründe seien, welche die russischen Behörden dann nach einiger Zeit veranlaßt haben, diesen aufrechten Theologen zu verhaften und seither gefangenzuhalten, die Tatsache allein, daß diese Gründe nicht öffentlich mitgeteilt wurden, bedeutet schon ein Unrecht, das an diesem Diener unserer Kirche begangen wird. Es kann der Kirche nicht einerlei sein, daß er an der Ausübung seiner für sie so wichtigen Lehrtätigkeit verhindert wird, um so mehr als sich in letzter Zeit die Reihen der Neutestamentler in Deutschland bedenklich gelichtet haben.
Das Schweigen der Kirche über diese Angelegenheit ist um so auffälliger, als noch in aller Erinnerung ist, wie seinerzeit die Festnahme des Pastors Niemöller, jenes andern hervorragenden Dieners unserer Kirche, der den Uebergriffen einer Staatsdämonie zum Opfer gefallen war, allenthalben Gegenstand des kirchlichen Gesprächs und der kirchlichen Fürbitte geworden war. Man wird freilich einwenden, der Fall Lohmeyer

Mit dieser Haltung hatte Cullmann, wie sich umgehend zeigen sollte, einen wichtigen Impuls gesetzt und zahlreiche Reaktionen auf internationaler Ebene ausgelöst. So reagierte nach Erscheinen des Beitrags beispielsweise umgehend der Sekretär in der Studienabteilung des Ökumenischen Rates der Kirchen in Genf, Dr. Wolfgang Schweitzer (1916–2009),[370] und schrieb: »Ich möchte sofort

---

interessiere die Kirche weniger, weil Lohmeyer nicht wie Niemöller um seiner Verkündigung willen verfolgt werde. Aber wir wissen ja nichts Genaues über die Gründe und
Hintergründe seiner Gefangenhaltung, und alle, die Lohmeyer kennen, sind jedenfalls
davon überzeugt, daß seine Festnahme zu irgendeinem Zwecke Mittel ist, das auch dann
nicht geheiligt wäre, wenn jener Zweck selbst wirklich heilig wäre. Wo ein solches
Unrecht geschieht, einerlei von welcher Seite es kommt, da sollte die Kirche reden, und
zum mindesten sollte sie dagegen protestieren, daß einer ihrer bedeutendsten Lehrer
seiner Freiheit beraubt wird, ohne daß klar und deutlich gesagt wird, worin seine Ver-
fehlung bestanden haben soll.

Ich möchte diese Angelegenheit, die nicht nur mir am Herzen liegt, nicht mit der allgemeinen Debatte über die viel diskutierte Frage beschweren, ob die Kirche zu dem, was
wir vom jetzigen Rußland wissen, eine andere Stellung einzunehmen hat als zu den Taten
des Nazideutschlands. Ich kann jedoch trotz allem, was über die Verschiedenheit der
Situation zu sagen ist, nicht umhin, meine Befürchtung auszusprechen, daß die heute der
Kirche vielfach empfohlene abwartende und im Urteil über Recht und Unrecht erstaunlich zurückhaltende Einstellung den Ereignissen gegenüber zu einer Erschlaffung
eines der vornehmsten Charismen der Kirche führen muß: des ethischen Urteilens
(dokimazein) und der ethischen Unterscheidungsgabe (diakrisis). Daß auf allen Seiten
Unrecht geschieht, wissen wir wahrhaftig, und das ist auch zur Zeit des Kampfes gegen
das nationalsozialistische Deutschland so gewesen. Diese Tatsache konnte und durfte
aber unsern Sinn für Recht und Unrecht nicht abstumpfen, und sie kann auch heute das
Stillschweigen der Kirche in der Angelegenheit Lohmeyer nicht rechtfertigen.

Wohl wissen wir, daß die öffentliche Anteilnahme der Kirche am Los ihres der Freiheit
beraubten Lehrers menschlich gesprochen ebensowenig ›nützen‹ wird, wie dies zur Zeit
des Nationalsozialismus in analogen Fällen genützt hat – ängstliche Gemüter könnten
vielleicht sogar eine Verschlimmerung der Lage des Gefangenen davon erwarten. Aber
bedeuten solche Erwägungen nicht Kleinglauben, der die Kirche völlig lähmen würde?
Wir wissen nicht, inwieweit der Gefangene mit der Außenwelt verkehren kann. Aber
wird es nicht für ihn in der furchtbaren Prüfung, die ihm in seiner Gefangenschaft
auferlegt ist, eine große innere Hilfe sein, wenn er hört, daß die Kirche mit ihrem Urteil
und ihrem Gebet ihn nicht allein läßt? Denn wir dürfen ja jedenfalls hoffen, daß die
Nachricht davon ihn vielleicht doch erreichen könnte. Und selbst wenn dies nicht der Fall
sein sollte, so müßte die Kirche doch der Aufforderung des Hebräerbriefes gehorchen:
›Gedenket der Gefangenen als Mitgefangene derer, die Unrecht leiden, als solche, die
auch im Leibe sind‹ (Kap. 13,3).«

[370]   Wolfgang Schweitzer war seit 1952 Dozent in Heidelberg und seit 1955 Professor für
        Systematische Theologie an der Kirchlichen Hochschule in Bethel. Er zählt zu den
        Gründern der »Zeitschrift für evangelische Ethik«.

Ihnen recht herzlich für dieses Wort danken, dessen Bedeutung gerade aus Ihrem Munde nicht überschätzt werden kann. Ich gehöre zu denen, die – auch im Namen meines Vaters,[371] der ein Jugendfreund von Ernst Lohmeyer ist, – immer wieder an den ›Fall Lohmeyer‹ erinnern und habe dies auch hier kürzlich wieder getan. Es ist wirklich wahr: Wir dürfen ihn einfach innerlich nicht im Stich lassen, denn hier geschieht tatsächlich seit mehreren Jahren grosses Unrecht.

Es wird Sie interessieren, dass ich in Deutschland einmal mit einem Mann aus Pommern gesprochen habe, der mit Lohmeyer zusammen im Gefängnis gesessen hat und seine Haltung als vorbildlich rühmte, ohne selbst Christ zu sein. Wahrscheinlich werden Sie wissen, dass Frau Lohmeyer vor längerer Zeit (ich glaube es war schon im vorigen Jahr) die Wohnung und Mobiliar beschlagnahmt bekam: Man hat dies damals als sehr schlechtes Zeichen gesehen, in dem Sinn, dass er womöglich nicht mehr unter den Lebenden weilt. Eine Verbindung mit der Aussenwelt besteht, so viel ich weiss, nicht.«[372]

Eine Kopie des Briefes an Cullmann ließ Wolfgang Schweitzer am 6. Dezember 1948 dem Generalsekretär des Ökumenischen Rates der Kirchen Willem Adolf Visser ′t Hooft (1900–1985)[373] zukommen und löste damit eine kurze Auseinandersetzung zwischen dem stark von Karl Barth geprägten Visser ′t Hooft und Cullmann aus. Da der Generalsekretär Cullmanns Artikel zunächst als einen Angriff auf die Kirchen gelesen hatte, schrieb er am 29. Dezember nach Basel und verwies auf die Aktivitäten durch Bischof Bell in Chichester und dessen Eingabe beim Foreign Office.[374] Schließlich warf er Cullmann vor, seinen Artikel ohne weitere Auskünfte des ÖRK abgefasst zu haben und empfahl, eher bei eingeleiteten Schritten zu helfen, als mit unbegründeten Vorwürfen anzugreifen.[375] Cullmann wiederum fühlte sich völlig missverstanden und forderte Visser ′t Hooft schon einen Tag später in einem zunächst recht scharf und gereizt tö-

---

[371] Carl Gunther Schweitzer (1889–1965), Sohn jüdischer Kaufleute, war seit 1919 Pfarrer an der Potsdamer Garnisonskirche, Mitglied der Bekennenden Kirche und Ehrendoktor der Universität Rostock (1931). Nach 1945 wurde er wichtig für Innere Mission und Diakonie. Zur Person siehe Peter Noss, Schweitzer, Carl Gunther, in: Biographisch-bibliographisches Kirchenlexikon 9, 1995, 1200–1210; ferner Katrin Bosse, Schweitzer, Carl, in: Neue Deutsche Biographie 24, 2010, 60–61.

[372] Dr. Wolfgang Schweitzer an O. Cullmann, Brief vom 6. Dezember 1948 (Abschrift für Visser ′t Hooft); WCC Archives 42.2.004.

[373] Wolfdietrich von Kloeden, Visser ′t Hooft, Willem Adolf, in: Biographisch-bibliographisches Kirchenlexikon 12, 1997, 1512–1514.

[374] Zum Folgenden siehe den französischsprachigen Briefwechsel zwischen Visser ′t Hooft und Cullmann; WCC Archives 42.2.003. Ich danke Jeanne Closson für ihre Übersetzungen.

[375] Siehe WCC Archives 42.2.003. Ich danke Herrn Hans von Rütte, Archivar des Ökumenischen Rates der Kirchen in Genf, ganz herzlich für seine Unterstützung.

nenden Schreiben zu einer erneuten und nüchternen Lektüre seines Artikels auf.[376] Es war ihm nicht um die vereinzelten, aber erfolglosen Versuche, etwas für Lohmeyer zu tun, gegangen, wie sie beispielsweise Fritz Lieb auf seine Bitte hin unternommen hatte, sondern um das absolute Schweigen der Kirche. Das für ihn unverständliche Verhalten der Kirche irritierte ihn umso mehr, da die Kirche seines Erachtens gegenüber den Opfern des Nationalsozialismus ein ganz anderes Verhalten zeige. Cullmann hatte dem ÖRK den Artikel nicht als Kritik, sondern in der Hoffnung zugeschickt, dass man in Genf etwas beitragen könne, um dieses Schweigen zu brechen. Denn auf zahlreichen Reisen hatte er an vielen Orten eine weitverbreitete Bestürzung über dieses Schweigen erfahren können. Ihm war es deshalb wichtig gewesen, als Kollege und Franzose das Schweigen zu brechen und hoffte weiterhin auf mehr öffentliche Initiativen und Gebete für Lohmeyer. Mit Verweis auf die zahlreichen Briefe, die Cullmann als Reaktion auf seinen Artikel bekommen hatte, erklärte er, dass kein Leser ihn in dieser Weise wie Visser 't Hooft missverstanden habe. Obwohl er den unfreundlichen Ton aus Genf beklagte, wollte er nicht weiter streiten und war bereit, die seines Erachtens ungerechtfertigten Vorwürfe aus Genf zu vergessen. Denn es könne nur darum gehen, dem »armen Lohmeyer« zu helfen. Seinen Brief beendete Cullmann mit einem erneuten Hinweis auf die Wirkung von Gebet und Fürbitte und forderte, dass sich die Kirche in ihrer Verkündigung zum Guten und Bösen äußere. Zwar entschuldigte sich Visser 't Hooft am 3. Januar 1949 und erklärte, dass öffentliche Proteste von Seiten der Kirche die Situation der Gefangenen erschwere, aber er kritisierte nochmals, dass Cullmann nicht die bislang erfolgten Schritte benannt hatte. Mit der Aussicht auf eine zeitnahe Reise nach Deutschland und der Zusage, sich dort um weitere Hilfsmöglichkeiten zu bemühen, endete diese Kontroverse.

Unmittelbar nach dem Erscheinen seines Artikels schickte Cullmann diesen auch an Hans von Campenhausen nach Heidelberg. Dieser dankte schon eine Woche später mit einem ausführlichen Schreiben, in dem er breit auf den Fall Lohmeyer einging.[377] Er betonte die nahe persönliche Beziehung zu Lohmeyer und freute sich deswegen umso mehr, dass Cullmann seine Stimme erhoben hatte. Nun hoffte er auf positive Auswirkungen des Artikels. Seinerseits hatte er kurz zuvor mit »dem Führer einer deutschen Landeskirche« gesprochen. Dieser scheint die Möglichkeit ins Aussicht gestellt zu haben, die Angelegenheit auch im Rat der EKD zu besprechen. Dazu bemerkte von Campenhausen kritisch an: »Freilich bleibt es wahr: wenn die Kirche nur in der Westzone ihre Stimme erhebt, so ist es leider ein etwas billiges und heute fast zweideutiges Heldentum; die Kirchen in der Ostzone haben aber schon so viel nachgegeben und so viel hingenommen, daß sie kaum mehr die Möglichkeit besitzen – wenigstens aus die-

---

[376]   Siehe dazu auch O. Cullmann an A. Visser 't Hooft, Entwurf des Briefes vom 30. Dezember 1948; UBBS: NL 353: B:III:114.

[377]   H. von Campenhausen, Brief vom 10. Dezember 1948; UBBS: NL 353: B:I:a:254.

sem Anlaß - einen Kurswechsel vorzunehmen.« Mit Blick auf Lohmeyer ging er davon aus, dass »von irgendeiner Schuld im ernsthaften Sinn keine Rede« sein könne. Er vermutete vielmehr den Einfluss politischer Fragen, wie sie auch in vielen anderen Fällen ausschlaggebend gewesen seien.

INTERVENTIONEN IN ENGLAND

Über diese kleine binnenschweizerische Debatte hinaus löste Cullmanns Artikel auch in England und in Deutschland Reaktionen aus. In England reagierte George Kennedy Allen Bell (1883-1958), der Bischof von Chichester, indem er sich an Willem Adolf Visser 't Hooft wandte. Er hatte im Februar 1947 von Freudenberg einen Brief mit einer Anfrage bezüglich Lohmeyer erhalten und daraufhin die Angelegenheit im Außenministerium vorgelegt, wo man ihm eine Anfrage bei den Sowjets zugesagt hatte. Seitdem waren aber keine weiteren Informationen bezüglich dieser Angelegenheit eingetroffen. Bell war aber zu Ohren gekommen, dass Cullmann sehr »disturbed« sei wegen des Schweigens der Kirchen über den Fall Lohmeyer. Zudem sei in einem schweizerischen Journal etwas von ihm dazu erschienen. Deshalb bat er Visser 't Hooft, mit dem er in einem regelmäßigen Briefwechsel stand,[378] um weitere Informationen. Er selbst versprach, nochmals im Foreign Office nachzufragen und die Angelegenheit auch der Regierung vorzulegen.[379]

Wenige Tage später erschien zu Jahresbeginn 1949 in der englischen Zeitschrift »The Journal of Theological Studies« ein kurzer Hinweis auf das Schicksal von Lohmeyer.[380] Nachdem anscheinend in England Überlegungen über das

---

[378] Bell, Visser 't Hooft, Correspondence.

[379] Der Brief vom 22. Dezember 1948 lautet: »My dear Vim, In February 1947 I had a letter from Freudenberg in answer to an enquiry of mine about Prof. Lohmeyer, who was originally nominated by the Russians as Rector of the University of Greifswald and then arrested in Feb[ruary] 1946, without any one knowing the reason. I took the matter up also with the Foreign Office here, and they promised to make enquiries from the Soviet authorities, but I have since heard no more. I now gather that Prof. Cullmann is very much disturbed about the silence of the Churches about the case, and something has appeared in a Swiss journal with which he is no doubt connected. Could you find out anything more? I am tackling the Foreign Office again on the question. We might possibly consider the matter at the Executive.« Abgedruckt in: Bell, Visser 't Hooft, Correspondence, 468-469.

[380] »Professor Ernst Lohmeyer«, in: The Journal of Theological Studies, January 1949, 72: »Readers of the Journal will be concerned to know that, in spite of urgent and continued representations, no news is yet available about this scholar, who has done so much to promote the study of Christian origins. It seems that after the war the Russians appointed him Rector of his University, Greifswald, which is within the Russian zone, but that on 15. February 1946 he was arrested, with no reason given, and removed to Russia; and all

weitere Vorgehen angestellt worden waren, gab Bischof Bell den Vorschlag von Prof. Robert Henry Lightfoot (1883–1953) aus Oxford an Visser 't Hooft weiter, Cullmanns Artikel im »Journal of Theological Studies« zu veröffentlichen. Diese Idee wurde aber nicht realisiert.[381] Dafür führte sein Engagement auf politischer Ebene dazu, wie ihm die britische »Political Division« schriftlich mitteilte, dass die sowjetische Regierung die Angelegenheit an die sowjetischen Militärbehörden weitergeleitet habe; mehr Informationen gab es allerdings nicht. Auch in England blieb das Engagement demnach insgesamt auffallend zurückhaltend. Aufgrund der gegebenen politischen Verhältnisse glaubte man, keine weiteren zwischenstaatlichen Schritte mehr unternehmen zu können, um Lohmeyer nicht zu schaden.[382] Deshalb suchte Bell nach weiteren Möglichkeiten, bei den sowjetischen Behörden Informationen zu bekommen und schlug vor, den schwedischen Erzbischof Erling Eidem (1880–1972),[383] einen der Präsidenten des ÖRK, um eine Intervention bei den russischen Behörden zu bitten. Darüber wollte er bei seinem nächsten Besuch in Genf mit Visser 't Hooft sprechen.[384]

Wege in die Öffentlichkeit

Auch wenn das »Kirchenblatt für die reformierte Schweiz« in Deutschland – insbesondere so kurz nach Kriegsende – keine weite Verbreitung hatte, so wurde anscheinend auch dort – zumindest auf der Ebene der Kirchenleitung – Cullmanns Artikel zur Kenntnis genommen. Der gebürtige Basler Theophil Wurm

---

efforts to discover his whereabouts or the grounds of his arrest have thus far proved fruitless. Both in this country and in Germany efforts continue to be made, by those qualified to act in these matters, in the hope that at least the reasons for the Russian action may be made known and the Professor's relatives and friends may receive news of him.«

[381] Bell, Visser 't Hooft, Correspondence, 475.

[382] P. Garram an G. K. A. Bell, Brief vom 17. Januar 1949: »In Steele's absence from Berlin I am replying to your letter of 22nd December about the case of Professor Lohmeyer. I am sorry that I have not been able to reply sooner. Steele eventually received from the Soviet Administration a letter stating merely that they had referred the matter to the Soviet Military Authorities for investigation. Nothing has since been heard from them. I fear that in our relations with the Soviet Authorities we have reached the stage where if we press them for information or action about any individual we can do him no good and may do him harm. If the Russians come to believe that we are particularly anxious to secure the release of Professor Lohmeyer I am afraid that they are all the more likely to refuse it.«; Bell, Visser 't Hooft, Correspondence, 484–485.

[383] Jens Holger Schjørring, Eidem, Erling, in: Religion in Geschichte und Gegenwart 2, 1999, 1130.

[384] Bell, Visser 't Hooft, Correspondence, 484.

(1868–1953)[385], der bis 1948 Landesbischof der Evangelischen Landeskirche in Württemberg und bis 1949 Ratsvorsitzender der EKD war, hatte den Beitrag durch den Tübinger Theologieprofessor Adolf Köberle (1898–1990)[386] erhalten, der durch seine Tätigkeit als außerordentlicher Professor für Systematische Theologie in Basel in den Jahren 1930 bis 1939 über gute Kontakte in die Schweiz verfügt haben dürfte. Wurm nahm den Artikel zum Anlass, um mit Cullmann in Kontakt zu treten. Er war seinerzeit als Ratsvorsitzender unmittelbar von Melie Lohmeyer über die Verhaftung ihres Ehemannes informiert worden.[387] Daraufhin hatte er sofort Erkundigungen eingeholt, aber nicht mehr erfahren, als von irgendwelchen Vorkommnissen aus dem Krieg. In der Folgezeit zielte von den vielen Anfragen, die ihn erreichten, keine mehr auf Lohmeyer und so hatte er seit dem Frühjahr 1946 nichts mehr bezüglich Lohmeyer gehört. In den Gremien der EKD scheint der Greifswalder Theologe anscheinend kein Thema mehr gewesen zu sein. An Cullmann schrieb Wurm selbstkritisch:»Bei dem ehernen Schweigen, in das sich die russischen Militär- und Zivilbehörden gegenüber Anfragen jeder Art hüllen, ist die Versuchung zu erlahmen riesengross.« Mit Blick auf einige schweizerische Stellungnahmen hinsichtlich der Haltung der dortigen Kirchen fügte er schließlich noch mit einem deutlich kritischen Unterton an:»Von der Versuchung, zu dem totalitären Staat Stalins eine andere Haltung einzunehmen als zu dem Hitlers, sind wir hier völlig frei, im Gegenteil, wir wundern uns, dass von der Schweiz aus den Kirchen in der Ostzone eine Haltung angeraten wurde, die mit der einstigen DC Haltung deutscher Kirchenbehörden viele Ähnlichkeit hat. Die Rechtlosigkeit aller Minderheiten in den Sowjetstaaten und ihren Satellitenstaaten ist eine vollkommene, genau wie die der Deutschen in der russisch besetzten Zonc.«[388]

---

[385] Jörg Thierfelder, Theophil Wurm, in: Wolf-Dieter Hauschild (Hg.), Profile des Luthertums. Biographien zum 20. Jahrhundert, Gütersloh 1998, 743–758.

[386] Jochen Eber, Adolf Köberle, in: Biographisch-bibliographisches Kirchenlexikon 24, 2005, 953–963.

[387] Das Schreiben konnte bislang nicht nachgewiesen werden; weder in den entsprechenden Akten aus dem Nachlass von Th. Wurm noch im Bestand A 126 (Allgemeine Kirchenakten der Kirchenleitung) im Landeskirchlichen Archiv in Stuttgart findet es sich. Ich danke Dr. Siglind Ehlinger für Ihre Auskunft. Auch im Bestand des Kirchenamts der EKD im Evangelischen Zentralarchiv Berlin blieb die Suche bislang erfolglos. Hier habe ich Christiane Mokroß ganz herzlich für ihre vielfältige Unterstützung zu danken.

[388] Neben dieser Kritik formuliert Wurm abschließend eine solche am sowjetischen politischen System:»Ich habe kürzlich die Schilderung eines deutschen Arbeiters über die Zustände in den Uranbergwerken im Erzgebirge erhalten; dass ein politisches System das den Marxismus verwirklichen will, eine solche Sklaverei befördert, ist nur für den fasslich, der überzeugt ist, dass es den kommunistischen Führern überhaupt nicht um eine Sache oder um das Wohl des Volkes, sondern lediglich um ihre Macht zu tun ist. Ich

Ferner schickte Wurm den Text – wie Cullmann gegenüber angekündigt – nach Greifswald an Bischof von Scheven, als den »wohl am ehesten Orientierten«, um auf den neuesten Informationsstand zu kommen. Der Ratsvorsitzende verlieh seinem Erstaunen darüber Ausdruck, bislang außer der ersten Meldung über die Verhaftung nicht weiter involviert worden zu sein.[389] Knapp zwei Wochen später antwortete von Scheven mit Verweis auf mehrfache, aber erfolglos gebliebene Interventionen für Lohmeyer und legte die beiden Schreiben bei, die zusammen mit Dekan Hermann verfasst worden waren.[390] Der Brief dokumentiert die völlige Unwissenheit der pommerschen Kirchenleitung, die von einer längeren Haftstrafe ausgeht und dabei immer wieder auf das schon erwähnte Landesschützenbataillon verweist. Neben den offiziellen Anschreiben an die Besatzungsmacht hatte es zudem persönliche Unterredungen mit den Sowjets gegeben, aber auch mit Mitgliedern aus der Ökumene und mit Fachgenossen. Von Scheven betonte ferner den Einsatz von Otto Dibelius für Lohmeyer. Ihm sei berichtet worden, dass Lohmeyer noch am Leben sei. In Greifswald war es aber vor allem Rudolf Hermann, der sich mit dem Fall Lohmeyer beschäftigte. Von Scheven bat darum, die ganze Angelegenheit mit Vorsicht zu behandeln, da neben Lohmeyer auch der Pfarrer von St. Nikolai, Otto Köhler, verhaftet worden war und man seitdem nichts von ihm gehört habe.[391] Auch im Zusammenhang mit dem in russischer Gefangenschaft sitzenden Studentenpfarrer Gerhard Bruno Krause wird der Fall Lohmeyer erwähnt.[392]

Entgegen der von Scheven angemahnten Vorsicht in Sachen des Falles Lohmeyer ging man im Westen nun zunehmend an die Öffentlichkeit. Den Artikel von Cullmann nahm Theophil Wurm zum Anlass, sich mit einem ausführlichen Schreiben an den Evangelischen Presseverband zu wenden. Darin informierte er

---

weiss z. B. auch dass der Sohn einer befreundeten Familie in einem KZ-Lager in Deutschland ist, aus dem keinerlei Nachrichten herauskommen und in das auch keinerlei Nachrichten gelangen. Der ganze Kampf der Alliierten gegen Hitler ist von ihnen längst unglaubwürdig gemacht worden dadurch, dass sie das System Stalins nicht so kennzeichnen wie es ist.« Siehe dazu Theophil Wurm an O. Cullmann, Brief vom 15. Januar 1949; UBBS: NL 353: B:I: a:1638.

[389] Theophil Wurm an Karl von Scheven, Brief vom 15. Januar 1949: LKAG Best. 77.36, Nr. 105, S. 305.

[390] Siehe dazu oben 87.

[391] Bischof von Scheven an Bischof Wurm LKAG Best. 77.36, Nr. 105, S. 303.

[392] Siehe dazu LKAG Best. 77.36, Nr. 105, S. 327; 329. Die Greifswalder Theologische Fakultät wandte sich an Fritz Lieb in Basel und bat ihn um Unterstützung. Sie bezog sich dabei auf Liebs »Kenntnis Russlands« und seine »Beziehungen zu russischen Kreisen«. Ferner hoffte man auf den »Zugang zum Osten« durch die kirchlichen Beziehungen von Liebs Basler Kollegen Karl Barth. Theologische Fakultät an F. Lieb; Brief vom 18. Januar 1949; UBBS: NL 43: Aa 414, 1.

über die bisher von ihm unternommenen Schritte sowie über die seit drei Jahren fehlenden Informationen und zitierte aus einer der Eingaben an die russischen Behörden. Das Schreiben schließt mit den Worten:»Das ist eben das System einer Macht, die die Angelsachsen für eine Demokratie zu halten sich bemühten, um das Bündnis mit ihr zu rechtfertigen. Wir wären sehr dankbar, wenn Proteste des Auslands über ein derartiges unqualifizierbares Verfahren mehr erreichen würden als die Bitten evangelischer Kirchenbehörden in Deutschland.«[393]

Diese Pressemitteilung nahm zunächst das Deutsche Pfarrerblatt unter der Überschrift»Wo ist Professor Dr. Ernst Lohmeyer?«am 1. März 1949 auf[394] und die Zeitschrift»Junge Kirche. Evangelische Kirchenzeitung« druckte in ihrer Rubrik»Aus der evangelischen Kirche Deutschlands« den Beitrag des Pfarrerblattes mit Verweis auf dessen Herkunft wortgleich ab.[395] Beide Meldungen verleihen Wurms hoffnungsvollem Appell an das Ausland Ausdruck, sich von dort mit Protesten für Lohmeyer einzusetzen. In Greifswald bemühte man sich in dieser Zeit ebenfalls um Unterstützung aus dem Ausland und wandte sich an Anton Fridrichsen in Uppsala.

In der Schweiz blieb das Schicksal Lohmeyers nach Cullmanns Artikel überaus präsent. Wie der im vor den Toren Basels gelegenen Riehen tätige religiös-soziale Pfarrer Gottlob Wieser (1888–1973)[396] in einem weiteren Artikel im

---

[393] Siehe dazu die Kopie des Schreibens von Wurm vom 5. Februar 1949, UBBS: NL 353: B:I: a:1638.

[394] »Wo ist Professor Dr. Ernst Lohmeyer? Der bekannte Basler Neutestamentler Professor Cullmann hat im ›Kirchenblatt für die reformierte Schweiz‹ sich nach dem Verbleib des von den Russen im Jahre 1946 verhafteten Greifswalder Theologieprofessors D. Ernst Lohmeyer erkundigt. Die von der Leitung der EKD geführten Ermittlungen haben als Grund für die Verhaftung die Vermutung ergeben, daß es sich um Vorkommnisse handelt, die seiner militärischen Einheit, einer Landesschützendivision, die auf polnischem und russischem Gebiet Verwendung fand, zum Vorwurf gemacht werden. Lohmeyer war Gegner des Nationalsozialismus, persönlich freundlich, hilfsbereit und fürsorglich. Landesbischof D. Wurm appellierte an das Ausland in der Hoffnung, daß Proteste von außen mehr erreichen würden, als die Bitten evangelischer Kirchenbehörden in Deutschland, die ihr Möglichstes getan haben, um das Dunkel um die Verschleppung D. Lohmeyers und eines weiteren Greifswalder Pfarrers zu erhellen. Die Zeugnisse namhafter Kirchenführer erklären übereinstimmend, daß Lohmeyer keiner verbrecherischen Tat fähig gewesen sei.« Deutsches Pfarrerblatt. Bundesblatt der deutschen evangelischen Pfarrvereine 49, 1949, 96.

[395] Junge Kirche 10, 1949, 309. Die»Junge Kirche« 11, 1950, 387, schrieb zudem mit Angabe eines falschen Geburtstages:»Professor D. Dr. Ernst Lohmeyer (Greifswald) wurde am 6. Juli 60 Jahre [sic!] alt. Im Februar 1946 wurde er auf eine Denunziation hin von den Russen verhaftet und ist seitdem spurlos verschwunden.«

[396] Zur Person siehe Thomas K. Kuhn (Hg.), Paul Wernle und Eduard Thurneysen. Briefwechsel von 1909 bis 1934, Göttingen 2016, 384.

»Kirchenblatt für die Reformierte Schweiz« Anfang März 1949 zeigte, hatte Cullmanns Artikel ein »starkes Echo gefunden«.[397] So druckten beispielsweise neben dem Waldenserblatt »La Luce« auch die französische »Réforme« Cullmanns Artikel in Übersetzung ab. Wieser nahm in seiner Bestandsaufnahme das auf Wurm zurückgehende, eben schon erwähnte Bulletin des evangelischen Presseverbands für Württemberg zur Kenntnis und zitierte daraus. Zudem bedauerte Wieser, »daß auch die Stimmen des Auslandes bisher nicht durch den eisernen Vorhang gedrungen sind, jedenfalls keine Antwort gefunden haben« und erklärte: »Es ist ein Zeichen mehr für die furchtbare Rechtlosigkeit, die heute weithin in Europa herrscht.« Mit einem Dank an Cullmann für sein Durchbrechen des Schweigens über Ernst Lohmeyer schließt der recht ausführliche Beitrag.

In Deutschland hatte die »Evangelische Kirchenzeitung« am 31. Januar 1949 ebenfalls auf den Artikel von Cullmann verwiesen. Der Tübinger Professor für Neues Testament, Otto Michel (1903–1993)[398], griff in einem ausführlichen Beitrag Lohmeyers Schicksal auf und rief zu Fürbitte und Gedenken auf.[399] Dieser Beitrag motivierte den in Hermannsburg bei Celle lebenden Robert Bedürftig (1910–1994)[400], einen guten Bekannten der Familie Lohmeyer, sich an Cullmann mit der Bitte um Zusendung des Aufsatzes zu wenden, den er gerne Frau Lohmeyer zur Kenntnis geben würde.[401] Ob durch ihn oder durch eine andere Quelle gelangte der Artikel an Melie Lohmeyer, denn Ende April 1949 dankte sie Oscar Cullmann dafür in einem sehr persönlichen Schreiben.

MELIE LOHMEYER UND OSCAR CULLMANN

Cullmanns Aufruf an die Kirchen nahm Melie Lohmeyer überaus dankbar zur Kenntnis, da er ihrem eigenen Empfinden trefflich Ausdruck verlieh und dem »Fall Lohmeyer« endlich eine breitere Öffentlichkeit verschaffte.[402] So schrieb sie gleichzeitig dankbar und sorgenvoll: »Sie haben das gesagt, was ich immer

---

[397]   Gottlob Wieser, Das Schweigen über Ernst Lohmeyer, in: Kirchenblatt für die reformierte Schweiz 105, 1949, 73–74.

[398]   Zur Person siehe Christoph Schmitt, Michel, Otto, in: Biographisch-bibliographisches Kirchenlexikon 14, 1998, 1253–1261.

[399]   Otto Michel, Das Schweigen um Ernst Lohmeyer. Ein Wort der Fürbitte und des Gedenkens, in: Evangelisch-lutherische Kirchenzeitung 3, 1949, 28.

[400]   Zu seinem Lebenslauf siehe das Biogramm in diesem Band, 238.

[401]   »Mit Familie Lohmeyer stehe ich in enger Verbindung, und ich verdanke Herrn Prof. Lohmeyer in wissenschaftlicher Hinsicht viel, obwohl ich nicht Theologe bin. Ich nehme an, dass Frau Lohmeyer keine Kenntnis von Ihrem Aufsatz hat. Gern würde ich ihn daher an Frau Lohmeyer weiterschicken, da ihr alle Erwähnungen oder gar Anerkennungen ihres Mannes Freude bereiten.«; So Robert Bedürftig an O. Cullmann, Brief vom 9. März 1949; UBBS: NL 353: C:VII:7.

[402]   M. Lohmeyer an O. Cullmann, Brief vom 30. April 1949; UBBS: NL 353: B:I:a:903.

empfand – aber ich konnte niemals gegen das ›Schweigen‹ vorgehen[,] da ich von allen Stellen immer wieder belehrt wurde, dass ›Reden‹ meinem Mann nur schaden könne. In wie weit jedoch diese Meinung begründet ist[,] habe ich nie erfahren, denn man hat mir nie ein Beispiel dafür geben können. Es geht nun ins dritte Jahr u. man fragt mit begründeter Angst: ja lebt er denn überhaupt noch?! Es ist unheimlich still um ihn – während man von manchen anderen Männern in dergleichen Situation, weiß Gott durch welche unterirdischen Kanäle oder mystische Zufälle dann schon irgend ein kleines Zeichen bekam.«[403] Und im Anschluss an Cullmanns Überlegungen fragte sie:»Kann man ihm eigentlich eben, so wie die Sachen stehen, überhaupt noch mehr schaden?! Denn lebt er noch u. müsste so weiter leben, wäre es dann nicht eine Gnade er dürfte sterben?! Also ich bin für ›Reden‹: ich stehe mit Professor Hans v. Campenhausen in Heidelberg, Rohrbacherstr. 60 um dieser Fragen willen augenblicklich in Briefwechsel. Er schätzte u. kannte meinen Mann u. ich habe das Vertrauen zu ihm, dass er seine Sache richtig behandeln wird.[404] Ich schickte ihm auch einen Bericht[405] von dem

---

[403] Ebd.

[404] Hans von Campenhausen war seit 1946 Kirchenhistoriker an der Universität Heidelberg. Zu seiner Beziehung zu Lohmeyer siehe seine Autobiographie. Sein dort formuliertes Urteil über Lohmeyer fällt durchaus ambivalent aus: Einerseits sei er eine »überdurchschnittliche Persönlichkeit«, »ein Mann von überragenden Gaben, deren er sich um so mehr bewußt war, als er bei seinen Fachkollegen mehr oder weniger als Phantast galt. Philosophisch gebildet, musikalisch und ein Ästhet bis in den feierlichen Stil seiner Arbeiten hinein, beherrschte er das ganze Rüstzeug der Philologie, suchte es aber eher zu verstecken und immer seine eigenen, oft in der Tat phantastischen Wege zu gehen. An der Kirche war er wenig, an den gängigen theologischen Zänkereien gar nicht interessiert, obschon er sich wohl locker zur BK hielt.« Lohmeyers »Vater-unser« schätzte er ebenso wie dessen Theorie über die doppelte Wurzel des Urchristentums. Andererseits kritisierte von Campenhausen Lohmeyers Grundlegung der paulinischen Theologie ebenso wie seinen Kommentar über die Johannesapokalypse, der »im wesentlichen dank der verrückten Theorie über ihren dichterischen Aufbau in der Tat kaum zu gebrauchen« sei. Auf der persönlichen Ebene kamen sich die beiden Kollegen allerdings nahe: »Lohmeyer nahm mich überaus freundlich und ›mit Distinktion‹ auf: ich nahm an seiner Arbeitsgemeinschaft teil und ging in seinem Hause aus und ein.« Mit Blick auf die Ereignisse nach Kriegsende erinnert von Campenhausen:»Lohmeyer wurde später, nach dem Einmarsch der Russen, zum Rektor gemacht. Er versuchte in verhängnisvoller Überschätzung seiner Position die ganze Universität in seinem Sinne zu erneuern, wurde dann verhaftet und schließlich, nachdem alle verzweifelten Rettungsversuche seiner Frau fehlgeschlagen waren, wahrscheinlich umgebracht, ist jedenfalls in Gefangenschaft gestorben«; Campenhausen, Murren, 175.

[405] Hier dürfte es sich um »Der Fall Lohmeyer, dargestellt von seiner Frau« handeln; diesen Text hatte M. Lohmeyer vom 15. Bis 20. Februar 1949 verfasst; UAG: PA 347, Bd. 4, o. S. Vgl. den Text in diesem Band, 249–256.

ich annehme, dass er Sie interessieren wird. Ob Sie sich mit ihm beratend in Verbindung setzen? Es ist natürlich vieles zu bedenken. Kommen Sie nicht mal irgendwie nach Berlin? Bitte schreiben Sie mir, ob dieser Brief bei Ihnen ankam, ja? Und nun lassen Sie sich noch einmal von Herzen danken. Sie glauben nicht, wie schwer mir die ›Schweigetaktik‹ zu ertragen war u. wie wenig ich sie einsehe.«[406]

Diesem Dankesschreiben sollten noch weitere Briefe folgen, die eine durchaus persönliche Beziehung dokumentieren. In einem weiteren Schreiben vom 13. September 1949 kündigte Melie Lohmeyer eine Reise ihrer Tochter Gudrun zu einem Arbeitseinsatz in die Schweiz an, die sie auch durch Basel führen sollte. Sie bat Cullmann deshalb darum, sich mit ihrer Tochter zu treffen, damit diese den »Anhänger ihres Vaters« kennenlernen könne, »der sich so warm für ihn eingesetzt« habe. Mit Blick auf Ernst Lohmeyer schreibt sie: »Von uns – das heisst von meinem Mann – ist gar nichts weiter zu vermelden. Nach wie vor ist alles stumm und dunkel um ihn – wenn auch die dummen Fehlberichte die Welt überfluten – Wüßte ich, er wäre in den Frieden Gottes eingegangen, wäre es leichter.«[407]

In Basel war es zu dem von der Mutter erhofften Zusammentreffen von Gudrun Lohmeyer und Oscar Cullmann gekommen.[408] Das andauernde Schweigen bezüglich des Vaters und Ehemannes quälte die beiden Frauen in Berlin weiterhin. Zudem hatten sie sich immer wieder mit irgendwelchen Gerüchten oder Falschmeldungen auseinanderzusetzen. Melie Lohmeyer schrieb diesbezüglich: »Die Fehlmeldung, dass mein Mann in einem polnischen Zuchthause säße ist <u>offiziell</u> <u>von Polen</u> dementiert worden. Er befindet sich nicht in Polen. (wie ich es ja immer wußte).«[409] In einem weiteren Luftpostbrief an Cullmann vom 1. Oktober 1950 wird deutlich, dass Melie Lohmeyer zwischenzeitlich vom Tod ihres Mannes erfahren hatte. Allerdings war ihr anscheinend untersagt, den Sterbefall öffentlich zu machen. Dennoch schrieb sie: »[...] ein sehr schwerer, erschütterungsreicher Sommer brachte uns die Gewissheit von meines Mannes Ende. Da ich Sie in seinem treuen Gedenken weiss[,] teile ich Ihnen diese Trauerbotschaft mit – jedoch mit der Pflicht vorläufig nicht darüber zu sprechen. Aus zwingenden Gründen muss ich noch mit der Veröffentlichung warten. [...] Ich habe vorläufig nur zur Kenntnis genommen was so <u>grauen</u>haft (schon 46) geschehen ist u. werde den Rest meines Lebens brauchen[,] um es zu begreifen.«[410]

---

[406] M. Lohmeyer an O. Cullmann, Brief vom 30. April 1949; UBBS: NL 353: B:I:a:903.

[407] M. Lohmeyer an O. Cullmann, Brief vom 13. September 1949; UBBS: NL 353: B:I:a:903.

[408] Siehe Gudrun Lohmeyer an O. Cullmann, Brief vom 16. Januar 1950; UBBS: NL 353: B:I:a:903.

[409] M. Lohmeyer an O. Cullmann, Brief vom 16. Januar 1950; UBBS: NL 353: B:I:a:903.

[410] M. Lohmeyer an O. Cullmann, Brief vom 1. Oktober 1950; UBBS: NL 353: B:I:a:903. Am selben Tag schrieb M. Lohmeyer auch an Günter Bornkamm und teilte diesem mit der

Cullmann antwortete am 19. Oktober 1950 und schrieb:»Über die traurige Nachricht, die mir Ihr Brief gebracht hat, bin ich bestürzt. Gerne möchte ich mehr wissen. Aber ich verstehe wohl den Grund Ihres Schweigens und will auch selbst dafür sorgen, dass vorläufig nichts veröffentlicht wird.«[411] Zudem ging er auf die in Vorbereitung befindliche Festschrift für Lohmeyer ein, die nun eine Gedenkschrift werden würde.

Den Wunsch Cullmanns, weitere Informationen über Lohmeyer zu erhalten, erfüllte Melie Lohmeyer wenige Tage später umgehend.[412] Auch dieses Schreiben bezeugt ihr großes Vertrauen gegenüber Cullmann. Nachdem es zunächst um die Frage ging, wie mit den exegetischen Kommentaren Lohmeyers weiter zu verfahren sei, berichtete sie ausführlich über den Stand der Dinge:»Sie wollten Näheres über meinen Mann wissen: Ich muss aber um absolute Discretion bitten. Die Entlassenen, die die Aussagen machten, aber auch meine Tochter und ich, sind sonst unmittelbar gefährdet. Sollte es möglich sein, dass vom Westen her auf diplomatischem Wege eine Auskunft der anderen Seite erreicht werden könnte, es wäre vielleicht eine ausführliche Veröffentlichung möglich. Es wird schon lange, aber bis jetzt vergebens versucht. Wir werden darum wahrscheinlich die Umwelt mit dem Ableben meines Mannes bekannt machen können – weiter nichts. – Es war so: Die Verhaftungsursachen sind Ihnen bekannt. Mein Mann sollte dann in der Tat Ende Juli, Anf. Aug. entlassen werden. Bis dahin wußte ich ihn immer sicher. Nun endlich bin ich auch über das weitere so ziemlich aufgeklärt. Im Begriff frei zu kommen[,] kam dann plötzlich eine Anklage auf Grund seiner Tätigkeit als Kreiskommandant am Kuban. Ziemlich sicher eine Denunziation der Elemente die ihn auch reingebracht hatten. Ich weiss nicht genau – noch nicht – wie man die ›Schuld‹ formulierte. Wahrscheinlich 1. weil er Russen vor den Bolschewiken zur Flucht verhalf. 2. ›wirtschaftliche Ausbeutung Russlands‹. Das heisst weil er damals, auf militärischen Befehl hin, Öl, Reis und Baumwolle nach Deutschland verschicken lassen musste – wie alle in diesen Stellungen. Ich weiss aber, wie gesagt, von der ›Schuld‹ noch nichts eindeutig Genaues. Ich glaube aber, dass es so gewesen sein muss. Denn das wären die einzigen Möglichkeiten, wenn schon überhaupt ein tatsächlicher Grund angegeben wurde, was jedoch anzunehmen ist. Das machen sie immer. Er wurde im August 46 vom ›Tribunal‹ zum Tode verurteilt u. verschwand Mitte Sep. eines Abends ohne Schuhe u. Rock mit gebundenen Armen. Freilich ist bei der Exekution kein Deutscher dabei gewesen infolge dessen fehlt der letzte % Sicherheit,

---

Bitte um sein Schweigen die Nachricht über den Tod ihres Mannes mit. Allein Hans von Campenhausen sollte informiert werden. Dieser Brief ist deponiert in UBBS: NL 353: B:I: a:903.

[411] O. Cullmann an M. Lohmeyer, Brief vom 19. Oktober 1950 (Durchschlag); UBBS: NL 353: B:I:a:903.

[412] M. Lohmeyer an O. Cullmann, Brief vom 26. Oktober 1950; UBBS: NL 353: B:I:a:903.

den man hofft im Westen zu erreichen (ich glaube nicht mehr daran)[.] Jedenfalls ist mein Mann in keinem deutschen Lager gesichtet worden. Und selbst wenn sie nach Russland kommen[,] passieren sie alle längere Zeit deutsche Durchgangslager. Seit Sept 46 hören alle Nachrichten über ihn schlagartig auf. Es waren dann alle nur falsche Gerüchte oder Combinationen von 1000 nebulosen Möglichkeiten aus der Verzweiflung geboren.

Die Nachrichten[,] die wir haben[,] sind von drei ganz verschiedenen Entlassenen aus ganz verschiedenen Orten u. Ländern, u. sie decken sich vollkommen. Alle drei Männer sind fest von der Hinrichtung überzeugt, sprachen alle drei von dem Todesurteil u. sagten alle drei, es habe sich um den Kuban gehandelt. Zum Teil wussten sie als Beweis ihrer Glaubwürdigkeit Sachen aus dem Leben meines Mannes, die nur er ihnen konnte erzählt haben. Aber es ist schon er – wenn auch der eine % fehlt.

Wenn sie mir nun antworten, gehen Sie bitte auf nichts Einzelnes ein – ich werde schon begreifen was Sie meinen. Es gibt nämlich auch hier im Westsektor Kontrollen. Ich glaube, dass Sie ein Fühlen mit meinem Mann hatten, u. darum sage ich Ihnen was war.«[413]

Weitere Entwicklungen

Bevor Melie Lohmeyer die Nachricht über den Tod ihres Mannes erhalten hatte, waren einige aufregende Monate vorangegangen. Denn im Juni 1949 tauchte – neben anderen Falschmeldungen – plötzlich die Mitteilung auf, dass Lohmeyer an Polen ausgeliefert worden sei. Wenige Wochen später indes wurde sie widerrufen.[414] Melie Lohmeyer, die in dieser Zeit in Berlin als Gefängnisfürsorgerin arbeitete und kaum noch hoffte, ihren Mann lebendig wiederzusehen,[415] glaubte den Meldungen bezüglich Polen nicht, sondern ging im Sommer 1949 – sollte ihr Mann überhaupt noch leben – von einem Aufenthalt in Russland aus. In dieser Zeit wachsender Hoffnungslosigkeit erreichte sie Ende Juni über Bischof von Scheven[416] ein Brief des Zehlendorfer Pfarrers Werner Bellardi (1904–1993).[417] Dieser hatte in Breslau zum Seminar Lohmeyers gehört und war ein enger Freund von Gottfried Fitzer, dem schon erwähnten Doktoranden Lohmeyers, der nach dem Krieg Professor für Neues Testament in Wien geworden war. Der Hirtenbrief

---

[413] M. Lohmeyer an O. Cullmann, Brief vom 26. Oktober 1950; UBBS: NL 353: B:I:a:903.

[414] Siehe dazu EZA 7/16024. Diese Nachricht publizierte beispielsweise die »Evangelisch-Lutherische Kirchenzeitung« aus München am 15. Juni 1949.

[415] M. Lohmeyer an Günter Ruprecht, Brief vom 19. Juni 1949; SBB: Nachl. 494, G 1946–1950. Tasche 13, Bl. 425.

[416] Siehe dazu die Schreiben von Bellardi vom 21. Juni 1949; LKAG Best. 77.36, Nr. 105, S. 315; 317.

[417] Nach dem Krieg trat Bellardi nach seiner Ausweisung aus Schlesien in den Dienst der Diakonieschwesternschaft Zehlendorf.

zu Pfingsten von Bischof Dibelius,[418] der das unbekannte Schicksal Lohmeyers erwähnt hatte, war Anlass für dieses Schreiben gewesen. Bellardi berichtet darin über eine in Frankfurt am Main erhaltene Mitteilung eines ehemaligen aus Polen entlassenen Gefangenen vom März 1946. Dieser habe von einer Inhaftierung Lohmeyers in einem namentlich bekannten polnischen Gefängnis gewusst. Zwischenzeitlich seien schon Schritte beim Weltkirchenrat eingeleitet worden, von denen man die Freilassung Lohmeyers erhoffe.

In Greifswald kursierten in dieser Zeit ähnliche Nachrichten,[419] die bald in der westdeutschen und ausländischen Presse Niederschlag fanden und vor allem in Greifswald für Unruhe sorgten. Dort sah man durch die Berichterstattung die eigenen Bemühungen um Lohmeyer gefährdet.[420] Die Berliner Kirchenleitung hatte – wie Krummacher berichtete – anscheinend umgehend Nachforschungen bezüglich dieser Nachricht angestellt und konnte zumindest ihren Ursprung identifizieren: Die Spur führte nach Bonn, wo der dortige Alttestamentler Martin Noth (1902–1968), der Ende der 1920er Jahre kurze Zeit Privatdozent in Greifswald gewesen war, einer falschen Information zum Opfer gefallen war.[421] Sein Bonner Kollege Günther Dehn (1882–1970) hatte sie ungeprüft an das

---

[418] Der Hirtenbrief ist abgedruckt in: Michael Kühne, Die Protokolle der Kirchlichen Ost-konferenz 1945–1949, Göttingen 2005, 334–337; ein weiterer Abdruck bei J. Jürgen Seidel, »Neubeginn« in der Kirche? Die evangelischen Landes- und Provinzialkirchen in der SBZ/DDR im gesellschaftspolitischen Kontext der Nachkriegszeit (1945–1953), Göttingen 1989, 274–277. In dem Brief vergleicht Dibelius nicht nur die K5-Abteilung der Volkspolizei mit der Gestapo und vollzog damit einen Diktaturenvergleich, sondern erinnerte auch an die Opfer: »Nach allem aber, was andere Völker in sechs Kriegsjahren durch Deutsche erlitten haben, hatte die Kirche nicht die innere Freiheit, Anklagen nach außen zu erheben. Wir haben für die Entrechteten, für die Gefangenen und für die In-ternierten in Ost und West in aller Stille getan, was wir konnten. Öffentlich haben wir nur in einzelnen, ganz besonderen Fällen geredet, so schwer es auch war zu schweigen, wenn Zehntausende, Männer und Frauen, Alte und ganz, ganz Junge, auch Pastoren, plötzlich verschwanden oder wenn, um ein Beispiel herauszugreifen, ein theologischer Lehrer wie Professor Lohmeyer in Greifswald, hochangesehen im Inland und Ausland, verhaftet wurde und wir bis auf den heutigen Tag nicht wissen, ob er noch am Leben ist.«; Seidel, Neubeginn, 275.

[419] Rudolf Hermann beispielsweise verwies in seinem Tagebuch auf die Witwe des Greifs-walder Historikers Fritz Curschmann (1874–1946), die ebenfalls von Lohmeyers Auf-enthalt in Polen erzählte; Wiebel, Fall, 32.

[420] Siehe dazu LKAG Best. 77.36, Nr. 105, S. 323. Es wurde vor allem der Schriftleiter des Ev. Pressedienstes in Bethel ins Visier genommen und man kritisierte insbesondere die Darstellung der Verhaftung Lohmeyers.

[421] Siehe dazu die Abschrift eines Briefes von Krummacher an Bischof Dibelius vom 22. August 1949; EZA 712/213.

»Kirchenblatt für die reformierte Schweiz«[422] weitergegeben, von wo aus sie schließlich im Juni 1949 in die westdeutschen kirchlichen Blätter gelangt war.[423]

Melie Lohmeyer, die nach einem Gespräch mit Bellardi durch Bischof von Scheven über die Falschmeldung informiert wurde, schickte zunächst eine Richtigstellung an die Redaktion des »Kirchenblatts«.[424] Ihren Unmut über die kirchliche Informationspolitik und das in ihren Augen ungeschickte Agieren des Bischof zeigte sie diesem in einem durchaus gereizt klingenden Brief an: »Wenn die Angelegenheit nicht so tragisch wäre, wäre es amüsant zu verfolgen, wie jeder Referent noch etwas dazu macht. Es ist alles das nicht wahr u. der Ursprung des Gerüchtes, der aus einer Mischung von Hilfsbereitschaft, Vertrautheit u. Ahnungslosigkeit in Bezug auf die politische Exaktheit entstand, ist lange entdeckt. Leider wird das In- u. Ausland mit diesen Fehlmeldungen überflutet. In Wirklichkeit wissen wir <u>hier</u> nichts von meinem Mann. Ich vermute, dass Schwerin (Wohlgemut) [!] wohl orientiert sein werde, aber natürlich kommt da nichts raus. – Vor langer Zeit soll Prf. Hermann mit anderen Gerüchten über meinen Mann auch das gehört haben, er sei tot.

Vielleicht, Herr Bischof, könnten Sie einmal bei dem nächsten Sich sprechen darauf Bezug nehmen u. ihn fragen ob er da in der Tat mehr hörte oder von wo das Gerücht kommt. Ich wäre Ihnen dankbar. Es gibt hier immer eine Gelegenheit mich über das Ergebnis zu verständigen.«[425]

---

[422]   In der Ausgabe des »Kirchenblatts« vom 28. April 1949, 143, erschien von G. Wieser ein kurzer »Bericht von Ernst Lohmeyer«: »In Deutschland sind endlich Nachrichten über Prof. Ernst Lohmeyer eingetroffen (S. Kirchenblatt S. 73 f.). Danach ist dieser von einem polnischen Gericht zu einer schweren Zuchthausstrafe verurteilt worden (wie viele Jahre, wurde nicht angegeben). Sein Verbrechen hat darin bestanden, daß er während des Krieges als Ortskommandant ukrainischen Kriegsgefangenen zur Flucht verholfen habe. Was das besagen will, bleibt einigermaßen dunkel. Jedenfalls weiß man jetzt, daß Lohmeyer noch am Leben ist. Es bleibt aber sehr fraglich, wie ihm geholfen werden kann und ob er die Zuchthaus-Behandlung auszuhalten vermag«.

[423]   Krummacher an von Scheven, Brief vom 22. August 1949; LKAG Best. 77.36, Nr. 105, S. 325.

[424]   Die Richtigstellung erschien im »Kirchenblatt« am 7. Juli 1949, 223: »*Prof. Lohmeyer.* Wie uns Frau Prof. Lohmeyer mitteilt, ist die in Nr. 9 (S. 43) wiedergegebene Meldung, Prof. Lohmeyer sei von einem polnischen Gericht verurteilt worden, nicht bestätigt. Man weiß nach wie vor nur, daß er am 15. Februar 1946 von der russischen NKWD (früher GPU) verhaftet wurde, weiß aber nichts über seinen Aufenthalt, ob er überhaupt noch lebt.«

[425]   M. Lohmeyer an Bischof von Scheven, Brief vom 25. August 1949; LKAG Best. 77.36, Nr. 105, S. 319–321. In ähnlicher Weise schrieb M. Lohmeyer am 1. November 1946 an G. Ruprecht: »Wir hörten <u>gar nichts</u> über ihn, u. alle Zeitungsnachrichten sind gewissenlose Enten. Es ist nichts davon wahr u. man hat sich meines Namens dazu einfach sträflich bedient – wie überhaupt alles was meinen Mann angeht schief läuft. Manchmal denke

Einige Wochen nach Gründung der DDR wandte sich der Greifswalder Rektor, der Mineraloge Rudolf Groß (1888-1954), Ende November an die politischen Behörden. In seinem Schreiben an das »Ministerium für Auswärtige Angelegenheiten der Deutschen Demokratischen Republik« baten Rektor und Senat »unter Berufung auf die Amnestieaussichten, die bei der Begründung der Deutschen Demokratischen Republik und ihrer Anerkennung durch die Sowjetunion eröffnet wurden, die Möglichkeit einer Begnadigung von Professor Lohmeyer überprüfen zu wollen.« Weiter heißt es in dem Schreiben: »Wir geben uns der Hoffnung hin, dass er seiner Gelehrtenarbeit sowie seiner Familie zurückgegeben werden kann. Es würde zur Beruhigung seiner Kollegen, seiner vielen Freunde und weiter Kreise, die sich um ihn sorgen, beitragen, wenn er auf dem Gnadenwege entlassen würde.«[426] Wenige Tage zuvor hatte Rudolf Hermann den inzwischen in Moskau tätigen und der Theologischen Fakultät durchaus wohlgesonnenen Major Jessin gebeten, sich in Moskau für Lohmeyer einzusetzen.[427]

Die im August 1949 in Aussicht gestellte Richtigstellung im »Kirchenblatt« ließ auf sich warten. Deshalb bat Melie Lohmeyer Anfang 1950 Oscar Cullmann nachdrücklich darum, »dass die damalige schweizer Zeitungsnachricht[,] die dann über die ganze Welt ging nun endlich richtig gestellt würde. Es wäre im Augenblick besonders wichtig wie überhaupt ein erneuter Hinweis auf meinen Mann eben wichtig wäre.«[428] Cullmann informierte umgehend die Presse mit einer kurzen Notiz, um das neuerliche Schweigen zu durchbrechen.[429] Schon wenige Tage später erschien wiederum im »Kirchenblatt für die reformierte Schweiz« Cullmanns »Notiz« unter der Überschrift »Zum Falle Lohmeyer«: »Wie mir soeben Frau Prof. Lohmeyer aus Berlin mitteilt, ist die vor einiger Zeit an verschiedenen Orten verbreitete Fehlmeldung, ihr Mann säße in einem polnischen Zuchthause, nunmehr auch offiziell von Polen dementiert worden. Er

---

ich hier sitzt ein Teufel dahinter. Wir hier glauben eigentlich nicht mehr, dass er noch lebt - aber keiner weiss etwas.« SBB: Nachl. 494, G 1946-1950. Tasche 13, Bl. 421-422.

[426] Schreiben des Rektors an das Ministerium vom 25. November 1949; UAG: PA 347, Bd. 4, Blatt 10-11.

[427] »Dass wir gern etwas für unseren früheren Rektor getan hätten und tun würden, wissen Sie. Sollte sich dafür in Moskau ein Weg zeigen, der mehr Erfolg als bisher verspricht, so bitte ich, sich auch dieser Wunde noch erinnern zu wollen. Gegebenenfalls stehen wir natürlich für diese Sache jederzeit zur Verfügung.« Rudolf Hermann an Iwan M. Jessin, Brief vom 21. November 1949; EZA 712/213.

[428] Gudrun und M. Lohmeyer an O. Cullmann, Brief vom 16. Januar 1950; UBBS: NL 353: B:I: a:903.

[429] O. Cullmann an M. Lohmeyer, Brief vom 19. Januar 1950; GSTA PK VI. HA, Nl Ernst Lohmeyer, Nr. 6, 1-25.

befindet sich nicht in Polen. Im Übrigen hat Frau Prof. Lohmeyer nicht die geringste Nachricht von dem Lose ihres Mannes.

Wir möchten hier aufs neue auf unsere Pflicht hinweisen, diesen hochverdienten Lehrer unserer Kirche nicht zu vergessen und, falls wir nichts anderes für ihn und seine schwergeprüften Angehörigen tun können, wenigstens fürbittend seiner zu gedenken für den Fall, daß er noch unter den Lebenden weilt, und seiner Familie mit unserer Teilnahme beizustehen. Frau Lohmeyer selbst ist überzeugt, daß mit dem Schweigen über diesen Fall niemandem geholfen ist. Basel. Oscar Cullmann«.[430]

Auch in der Basler »Theologischen Zeitung« sollte dieser Aufruf erscheinen. Der Redakteur Karl Ludwig Schmidt schrieb am 15. Februar 1950 in den »redaktionellen Mitteilungen« dieser Zeitschrift: »Leider hat in diesem Heft ein Aufruf von Oscar Cullmann ›Zum Fall Ernst Lohmeyer‹ nicht mehr erscheinen können, da der Umbruch schon zu weit fortgeschritten war. Dieser Aufruf wird im nächsten Heft herauskommen.«[431] Daraufhin wandte sich sechs Wochen später der Schriftleiter der Berliner Zeitschrift »Zeichen der Zeit«,[432] Pastor Gerhard Brennecke (1916–1973),[433] an Karl Ludwig Schmidt und bat im Namen der Greifswalder Theologischen Fakultät darum, von einer Veröffentlichung zum Fall Lohmeyer Abstand zu nehmen, um die mit den Behörden aufgenommenen Kontakte nicht zu gefährden.[434] Möglicherweise entsprach K. L. Schmidt dieser

---

[430]   Kirchenblatt für die reformierte Schweiz 106, 1950, 46.

[431]   Karl Ludwig Schmidt, Redaktionelle Mitteilungen, in: ThZ 6, 1950, 80.

[432]   Zur Zeitschrift siehe Jens Bulisch, Evangelische Presse in der DDR. »Die Zeichen der Zeit« (1947–1990), Göttingen 2006.

[433]   Zur Person siehe Albrecht Schönherr, Gerhard Brennecke zum Gedenken – 5. 1.1916 bis 14. 5.1973, in: Zeichen der Zeit. Evangelische Monatsschrift für Mitarbeiter der Kirche 27, 1973, 241–243.

[434]   G. Brennecke an K. L. Schmidt, Brief vom 29. März 1950: »Sehr geehrter Herr Professor, die theologische Fakultät Greifswald, die es aus naheliegenden Gründen vermeiden möchte, ihr Anliegen unmittelbar an Sie zu übermitteln, trägt uns ihre Besorgnis darüber vor, dass in der letzten Nummer Ihrer Zeitschrift ein Beitrag zum Fall Lohmeyer für die kommende Nummer Ihrer Zeitschrift angekündigt ist. Es sind in dieser Sache neue Schritte unternommen worden, um Klarheit über das Schicksal Lohmeyers zu bekommen bzw. sogar die Verbindung zwischen ihm und seinen Angehörigen herzustellen. Man befürchtet, dass diesen Bemühungen auch der Schimmer einer Aussicht genommen wird, wenn jetzt wieder – wie schon einmal – durch Ihre Publikation der Gegenseite Anlass zum Abbruch jeder Unterhaltung gegeben wird. Daher die durch uns übermittelte Bitte an Sie, nach Möglichkeit zunächst von der Veröffentlichung im Interesse der Sache Abstand zu nehmen. Es handelt sich ja nicht um den Beitrag zu Ihrer Zeitschrift allein, sondern man müsste damit rechnen, dass er zitiert, womöglich tendenziös zitiert würde, und dadurch der befürchtete Schaden erwüchse«.

Bitte, denn auch in der folgenden Ausgabe der »Theologischen Zeitschrift« erschien der angekündigte Aufruf nicht, sondern es hieß bloß: »Der im vorigen Heft angekündigte Aufruf zum ›Fall Lohmeyer‹ muß noch einmal zurückgestellt werden.«[435]

Als es im März 1950 zu größeren Gefangenenentlassungen in Russland kam, bemühte sich Melie Lohmeyer abermals intensiv darum, neue Informationen über das Schicksal ihres Mannes zu erhalten und schrieb an Helene Bultmann (1892–1973)[436]: »Die letzten Wochen waren sehr mitnehmend, da wir durch die Auflösung der K.Z.te[437] hofften, endlich etwas über meinen Mann zu hören. Ich lief bei alle den Entlassungsstellen u. Lazaretten hier herum, hörte dieses u. jenes aber nichts Verlässliches. Auch ein Betrüger war bei uns, der mir Grüße von meinem Mann brachte, u. etwa 2 Stunden glaubten wir feste er lebe u. alles würde wieder gut. Nein, wir wissen nichts u. verlangen immer stürmischer, daß endlich sich irgend eine Behörde oder Institution dafür einsetzt u. an die Russen – wenn nicht anders dann öffentlich herantritt. Worauf sollte man noch länger warten? Töter wie tot kann doch niemand geschwiegen werden.«[438]

Die in dieser Zeit im Evangelischen Oberkirchenrat notierte »sichere Nachricht« darüber, dass Lohmeyer schon im Jahr 1946 verstorben sei, galt wenig später schon wieder als falsch und im Sommer des Jahres hatte man immer noch keine neuen und verlässlichen Erkenntnisse.[439] Melie Lohmeyer äußerte derweil verschiedentlich ihren Unmut über das Vorgehen von Kirchenleitungen und Universität. Zum einen trieben sie erhebliche ökonomische Sorgen um, da sie weder von staatlichen noch von kirchlichen Stellen im Osten oder Westen eine Pension erhielt. Zum anderen warf sie den Kirchen mangelndes Engagement für ihren Mann sowie Ängstlichkeit und zu große Rücksichtnahme gegenüber den Russen vor. Sie befürchtete, dass Lohmeyer deswegen einfach vergessen wür-

---

K. L. Schmidt leitete das Schreiben an Cullmann »z.K. und zur allfälligen Erledigung« weiter; siehe dazu UBBS: NL 353: C:VII:7.

[435] Siehe hierzu die »Redaktionellen Mitteilungen« vom 10. April 1950, in: ThZ 6, 1950, 160. Es erschien in der Folge auch kein Hinweis mehr auf Lohmeyer. Siehe aber die beiden im folgenden Jahrgang veröffentlichten Artikel zu Lohmeyer von Cullmann und Lieb: Oscar Cullmann, Ernst Lohmeyer † (1890–1946), in: ThZ 7, 1951, 158–160; wieder abgedruckt in: Oscar Cullmann, Ernst Lohmeyer † (1890–1946), in: ders., Vorträge und Aufsätze 1925–1962, hg. von Karlfried Fröhlich, Tübingen, Zürich 1966, 663–666; Fritz Lieb, Zum Tode von Ernst Lohmeyer, in: Theologische Zeitschrift 7, 1951, 238–239.

[436] Zur Person siehe Konrad Hammann, Rudolf Bultmann. Eine Biographie, Tübingen ³2012.

[437] Hier ist die Auflösung der Speziallager gemeint, die nach dem Zweiten Weltkrieg von der SMA in der Sowjetischen Besatzungszone eingerichtet worden waren.

[438] M. Lohmeyer an H. Bultmann, Brief vom 24. März 1950, in: Hutter-Wolandt, Briefwechsel, 323–324.

[439] Siehe dazu den Vermerk vom 13. März 1950 von Oskar Söhngen; EZA 7/16024.

de.[440] Da sie zwischenzeitlich durchaus günstigere politische Konstellationen zu erkennen glaubte,[441] plädierte sie für eine offensivere Vorgehensweise gegenüber den russischen Behörden. Für die Zurückhaltung der Kirchenleitung in Berlin machte sie den Ratsvorsitzenden der EKD, Bischof Otto Dibelius, verantwortlich, indem sie beispielsweise dem Ehepaar Bultmann gegenüber erklärte: »Ich habe u. hatte nie den Eindruck als ob Dibelius sich positiv eingesetzt hätte. Die beiden Herren [Lohmeyer und Dibelius] hatten wohl kein Verhältnis u. mein Mann war damals gegen seine Wahl als Bischof. Ich könnte Ihnen von D's Verhalten merkwürdige Sachen erzählen.«[442]

Auf der akademischen und freundschaftlich-persönlichen Ebene bemühte sich einerseits Lohmeyers schwedischer Kollege Fridrichsen darum, die Erinnerungen an den Verschwundenen wach zu halten, indem er beispielsweise in der Zeitschrift »Nuntius sodalicii neotestamentici Upsaliensis« ein Bild Lohmeyers zu dessen 60. Geburtstag am 8. Juli 1950 zu veröffentlichen gedachte. Der Göttinger Verleger Ruprecht nahm den Geburtstag ebenfalls zum Anlass, um deutschen Zeitschriften ein Foto Lohmeyers anzubieten[443] und um eine Meldung

---

[440] »Ich habe u. hatte nie den Eindruck, dass etwas Ernstliches für ihn getan würde. Als man es hier noch mit einem gewissen Erfolg gekonnt hätte, war die Ängstlichkeit zu groß. Dann hieß es: blos nichts aus dem Westen oder vom Ausland her machen, das reizt die Russen.« M. Lohmeyer an H. und R. Bultmann, Brief vom 11. Mai 1950, in: Hutter-Wolandt, Briefwechsel, 329.

[441] »Es fragt sich nun jetzt, ob nicht der Zeitpunkt gekommen ist vom Westen u. Ausland etwas zu unternehmen – denn es scheint doch im Augenblick so, als lege Russland Wert auf seine Stellung auch in der gebildeten Welt.« M. Lohmeyer an H. und R. Bultmann, Brief vom 11. Mai 1950, in: Hutter-Wolandt, Briefwechsel, 329.

[442] M. Lohmeyer an H. und R. Bultmann, Brief vom 11. Mai 1950, in: Hutter-Wolandt, Briefwechsel, 329. Auch der Lohmeyer-Schüler Schmauch berichtet von einem angespannten Verhältnis zu Dibelius; siehe dazu W. Schmauch an H. Vogel, Brief vom 24. April 1948; EZA 665/110.

[443] G. Ruprecht an M. Lohmeyer, Brief vom 17. Mai 1950; SBB: Nachl. 494, G 1946–1950. Tasche 13, Bl. 417. Melie Lohmeyer schickte Ruprecht, weil der Abzug nichts geworden war, ihr einziges Original von einem 1942 angefertigten Militärbild. Dieses Bild sei sehr gut im Ausdruck, vermittelte aber eben ein früheres Aussehen: »Er war ein tragischer Mensch geworden und endete wohl auch so. Das steht in diesem Gesicht geschrieben. Ich habe ihn seitdem nicht mehr heiter u. lebensbejahend gesehen. Ich liebe das Bild über allen.« M. Lohmeyer an G. Ruprecht, Brief vom 10. Juni 1950; SBB: Nachl. 494, G 1946–1950. Tasche 13, Bl. 407. Von diesem Foto ließ Ruprecht eine Fotomontage herstellen und schrieb dazu am 28. Juni 1950 an M. Lohmeyer: »Stoßen Sie sich bitte nicht daran, daß Ihr Mann vielleicht früher nie einen solchen Längsschlips getragen hat, denn schließlich ist nicht der Schlips, sondern der Kopf das Wesentliche, und der ist völlig unverändert aus Ihrem Original reproduziert, und ich meine, daß diese Reproduktion doch relativ gut gelungen ist und dadurch die Schwierigkeit, die für eine Publikation die Uniform be-

für den Evangelischen Pressedienst zu verfassen.[444] Zudem begann Schmauch im Frühjahr 1950 damit, Beiträger für eine Lohmeyer-Festschrift zu gewinnen.[445] So schrieb er u. a. auch Karl Barth an, der sich aber wegen seiner Arbeit an der Kirchlichen Dogmatik nicht in der Lage sah, einen Beitrag zu liefern.[446] In einem Gottesdienst in Bad Schwalbach bei Wiesbaden, in dem Martin Niemöller predigte, wurde Ernst Lohmeyers im allgemeinen Kirchengebet namentlich gedacht.[447]

In dieser Zeit unmittelbar vor dem 60. Geburtstag ihres Mannes erhielt Melie Lohmeyer einige Informationen, die sie als erste sichere Nachrichten ansah:

---

deutete, umgangen ist.« Er schickte das Foto an den Evangelischen Pressedienst nach Bethel und an die Deutsche Presseagentur nach Hamburg; SBB: Nachl. 494, G 1946–1950. Tasche 13, Bl. 405.

[444] In dieser Pressemeldung wird ein falscher Geburtstag genannt:»Am 6. Juli begeht seinen 60. Geburtstag Professor D. Dr. Ernst Lohmeyer früher Greifwald, der seit dem Februar 1946 auf eine grundlose Denunziation hin von den Russen verhaftet und verschleppt worden ist, ohne dass es bisher trotz aller Bemühungen in- und ausländischer kirchlicher Stellen gelungen wäre, Zuverlässiges über sein Schicksal zu erfahren. Er zählt zu den bedeutendsten Neutestamentlern und ist besonders durch seine Kommentare zum Markus-Evangelium und den Gefangenschaftsbriefen bekannt geworden, die im Herbst bzw. Winter in Neuauflage erscheinen sollen. Auch sein Buch über das Vater Unser hat weite Verbreitung gefunden.« SBB: Nachl. 494, G 1946–1950. Tasche 13, Bl. 409. Die Ausgabe der »EPD B Nr. 202« vom 26. Juni 1950 druckte unter dem Titel »Gedenken an Ernst Lohmeyer« eine knappe Notiz ab:»In vielen Kreisen wird man in diesen Tagen, da der 60. Geburtstag des Greifswalder Theologieprofessors D. Ernst Lohmeyer bevorsteht, des im Februar 1946 von den Russen verhafteten und seitdem spurlos verschwundenen allgemein angesehenen Mannes gedenken. Alle Bemühungen in- und ausländischer Kirchenstellen, Zuverlässiges über sein Schicksal zu erfahren, sind bisher vergeblich geblieben.«; SBB: Nachl. 494, G 1946–1950. Tasche 13, Bl. 406. Die Zeitung »Evangelische Welt« vom 1. Juli 1950 brachte in der Rubrik »Akademisches Leben« das »Bild eines Verschollenen« anlässlich des Geburtstages; EZA 7/16024.

[445] Zur Festschrift siehe unten 115.

[446] »Ich danke Ihnen für Ihre Aufforderung und Sie können sich denken, dass ich rein menschlich mich gerne beteiligen würde an der Ehrung gerade dieses Mannes, dessen Schicksal uns alle betrifft. Aber ich sehe keine Möglichkeit, in diesem Jahr, in dem ich zwei Bände meiner Kirchlichen Dogmatik veröffentlichen werde, noch einen Auftrag zu übernehmen, der meiner ganzen Arbeitsweise zufolge, mir ziemlich viel Zeit kosten würde. So muss ich Sie zu meinem eigenen grossen Bedauern bitten, mich zu entschuldigen. Mit den besten Grüssen und der Bitte um höfliche Empfehlungen an Frau Professor Lohmeyer«; Karl Barth an Werner Schmauch, Brief vom 30. Mai 1950; KBA 9250.110.

[447] So G. Ruprecht an M. Lohmeyer, Brief vom 28. Juni 1950; SBB: Nachl. 494, G 1946–1950. Tasche 13, Bl. 405.

Danach sei ihr Mann bis Weihnachten im Gefängnis in Greifswald gewesen, dann nach Torgau gekommen, wo er wissenschaftlich habe arbeiten können.[448] Von dort sei er wahrscheinlich an einen bislang unbekannten Ort in Russland transportiert worden. Man dürfe also doch hoffen, dass er noch lebe.[449] Allerdings ließ sie das Verhalten der russischen Behörden eher den Tod ihres Mannes vermuten.[450] Gewissheit verschaffte kurz darauf ein Schreiben der in Berlin-Nikolassee ansässigen »Kampfgruppe gegen Unmenschlichkeit« (KgU) vom 17. Juni.[451] Diese 1948 in West-Berlin gegründete und bis 1959 existierende, vom CIA finanzierte, dezidiert antikommunistische Gruppe, war auf vielfältige Weise aktiv. Im Zusammenhang mit Lohmeyer ist ihr Such- und Hilfsdienst zu nennen. Seit der Jahreswende 1948/49 hatte die KgU eine Kartei aufgebaut, die in den späten 1950er Jahren als das beste Sucharchiv im Bundesgebiet gegolten hat.[452] Die KgU forderte öffentlich ehemalige Häftlinge auf, Namenslisten von verstorbenen oder noch in Haft verbliebenen Personen zu erstellen. Da beispielsweise der Suchdienst des Deutschen Roten Kreuzes in Dahlem keine offiziellen Nachforschungen über in der Sowjetzone verhaftete Personen anstellen durfte, stieß die KgU hier in eine Lücke. Innerhalb kürzester Zeit wurde ihr Suchdienst mit tausenden von Anfragen überhäuft: In der ersten Jahreshälfte 1949 erfolgten schon 12.000 Suchanträge. Anscheinend war Melie Lohmeyer unter diesen Antragstellern gewesen, denn der Suchdienst teilte Melie Lohmeyer Mitte Juni 1949 mit, dass ihr Mann nach Aussagen eines ehemaligen Häftlings im Herbst

---

[448]   Die Meldung bezüglich Lohmeyers angeblichem Aufenthalt in Torgau korrigierte der Greifswalder Oberkonsistorialrat Hans Faißt (1896–1976) am 18. Juli 1950 in einem Schreiben an M. Lohmeyer; ELAB 76/7. Diese war sehr verärgert über die zahlreichen Fehlmeldungen (»Enten«) und wetterte beispielsweise gegen Bischof von Scheven: »Alles andere waren Fehlnachrichten, auch das letzte senile verantwortungslose Geschwätz Bischof von Schevens über Torgau, das er zurücknahm u. was seit dem aufs Neue die um meinen Mann bewegten Gemüter in Atem hielt.« M. Lohmeyer an G. Ruprecht; Brief vom 14. Oktober 1950; SBB: Nachl. 494, G 1946–1950. Tasche 13, Bl. 400.

[449]   M. Lohmeyer an G. Ruprecht; Brief vom 20. Mai 1950; SBB: Nachl. 494, G 1946–1950. Tasche 13, Bl. 411.

[450]   »Die unsicheren verschleierten Aussagen die man von hoher Stelle aus dem Westen vom Russen über ihn erhalten hat lassen eigentlich darauf schliessen dass mein Mann tot ist u. man es nicht raus haben will. – Aber eine endgültige Sicherheit ist immer noch nicht da.« M. Lohmeyer an G. Ruprecht, Brief vom 10. Juni 1950; SBB: Nachl. 494, G 1946–1950. Tasche 13, Bl. 407.

[451]   Zum Folgenden siehe die grundlegende Arbeit von Enrico Heitzer, Die Kampfgruppe gegen Unmenschlichkeit (KgU). Widerstand und Spionage im Kalten Krieg 1948–1959, Köln, Wien u.a. 2015.

[452]   Zum Such- und Hilfsdienst siehe Heitzer, Kampfgruppe, 48–50.

1946 im Gefängnis in Greifswald »verstorben« sei.[453] Gut vier Jahre nach der Verhaftung und wenige Wochen vor dem 60. Geburtstag Lohmeyers gab es nun keine Zweifel mehr. Am Geburtstag Lohmeyers selbst erreichte sie die Meldung, dass Lohmeyer »schon Mitte Sept. 46! in den Wäldern bei Greifswald nach einem Todesurteil des Tribunals erschossen« worden sei.[454]

Die am 27. September 1950 vom Berliner Standesamt I ausgestellte Sterbeurkunde Lohmeyers bescheinigt den Tod im September 1946 in der Greifswalder Internierungshaft – eine genaue Todeszeit galt als unbekannt.[455] Immerhin erfuhr Melie Lohmeyer, die den Tod ihres Mannes erst nach Erhalt einer offiziellen russischen Erklärung publik machen durfte, und deshalb die trotzdem ins Vertrauen gezogenen Wegbegleiter um ihr Schweigen bat,[456] dass im Greifswalder Gefängnis sowohl das Todesurteil wie die Hinrichtung allgemein bekannt gewesen sein sollen. Um weiteren öffentlichen Spekulationen Einhalt zu gebieten, zog sie in Erwägung, Lohmeyers Tod zeit- und ortlos zu veröffentlichen.[457]

Cullmann, der im Herbst 1950 eine Zeitlang krank war, erlebte die Nachricht vom Tod Lohmeyers als »großen Schmerz«. Er hatte immer noch gehofft, dass Lohmeyer die akademische Festgabe selbst in Empfang nehmen könnte.[458] Nun aber wurde aus der geplanten Festschrift ein Gedenkband »In memoriam«.[459] Dieser Band erschien ohne Änderung des ursprünglichen Publikationsplanes 1951 im Evangelischen Verlagswerk und umfasste neben einem biographischen Abriss, einer Exegese Ernst Lohmeyers und einer Bibliographie 25 Beiträge internationaler Autoren.[460] Melie Lohmeyer empfand diese Ehrung ihres Mannes

---

[453]   Siehe dazu die Abschrift des Schreibens vom 17. Juni 1949 in: ELAB 76/7. »Sehr geehrte Frau Lohmeyer! Wir haben die traurige Pflicht, Ihnen heute mitteilen zu müssen, dass der von Ihnen Gesuchte Ernst Lohmeyer nach Aussagen eines ehemaligen Häftlings am (sic!) Herbst 1946 im Gef. Greifswald verstorben ist. Aus Sicherungsgründen können wir zunächst den Namen des Gewährsmannes nicht angeben. Seien Sie unserer herzlichen Anteilnahme versichert. [...]«

[454]   M. Lohmeyer an G. Ruprecht, Brief vom 14. Oktober 1950; SBB: Nachl. 494, G 1946–1950. Tasche 13, Bl. 400.

[455]   EZA 7/16024.

[456]   Gegenüber der Kirchenleitung der EKD scheint Melie Lohmeyer aber geschwiegen zu haben. Denn wahrscheinlich erfuhr beispielsweise Krummacher erst durch eine Meldung in der kirchlichen Presse »von dem höchstwahrscheinlichen Tode« Lohmeyers; siehe seine Notiz vom 7. Juni 1951; EZA 4/628.

[457]   M. Lohmeyer an G. Ruprecht, Brief vom 14. Oktober 1950; SBB: Nachl. 494, G 1946–1950. Tasche 13, Bl. 400.

[458]   O. Cullmann an M. Lohmeyer, Brief vom 8. Dezember 1950; UBBS: NL 353: B:I:a:903.

[459]   W. Schmauch an O. Cullmann, Brief vom 15. November 1950; UBBS: NL 353: B:I:a:1326.

[460]   Werner Schmauch (Hg.), In memoriam Ernst Lohmeyer, Stuttgart 1951. Folgende Beiträger umfasst der Band: Martin Buber, Leonhard Rost, Sherman E. Johnson, Anders

als »eine Hilfe in der Einsamkeit ihres Leides«.[461] Der Herausgeber des »Gedenkbuches«, Werner Schmauch, sah dessen Wirkung auch darin, »dass es nun und auf diese Weise das Schweigen durchbricht, in das in grausamer Weise das Ende Ernst Lohmeyers gehüllt worden war und das je länger je mehr ebenso einen fremden Schatten über sein Leben breiten müsste wie jede polemische Enthüllung seiner Beseitigung immer seinem Wesen unangemessen wäre. Was es aber bedeutet, dass in unserer so aufgewühlten und zerrissenen Zeit einem Manne, der durch Lüge und Gewalt dem Schaffen und Leben entrissen worden ist, ein Denkmal errichtet werden konnte, das durch den Kreis derer, die es errichtet haben, wie durch seine Gestalt selbst von der Versöhnung zeugt, die zu Ernst Lohmeyers eigenstem Wesen gehört wie sie jede echte Wissenschaft auszeichnet, wird wohl erst später einmal ganz übersehen werden können.«[462]

Anfang Februar 1951 ging Melie Lohmeyer schließlich mit der Todesnachricht an die Öffentlichkeit, indem sie zunächst den Evangelischen Oberkirchenrat in Berlin mit einem ausführlichen und als »geheim« gekennzeichneten Schreiben in Kenntnis setzte. Sie betonte darin, dass die Gründe der Verhaftung zunächst mit Lohmeyers Tätigkeit als Offizier zusammengehangen hätten, er aber Ende Juli 1946 – wie ihr anscheinend aus einer zuverlässigen Quelle mitgeteilt worden war[463] – wieder hätte entlassen werden sollen, was als Zeichen seiner Unschuld zu deuten sei. Warum er dann aber in Haft blieb und schließlich verurteilt und sogar hingerichtet wurde, darüber hatte Melie keinerlei Informationen. Sie vermutete allerdings, wie an anderen Orten auch kommuniziert, Zusammenhänge mit Lohmeyers Amtsführung und erklärte: »Im Laufe der verflossenen sechs Jahre ist uns allen die Haltung der bolschewistisch-kommunistischen Idee klar geworden: ein reingeistiger Mann, gänzlich unpolitisch, der die Universität nach den alten, hohen Idealen der Universitas aufziehen wollte, passte nicht in die östlichen Projekte.« Sie beendete das Schreiben zunächst mit der Bitte um Geheimhaltung ihrer Mitteilungen; allein Lohmeyers Tod im Herbst 1946 sollte

---

Nygren, Otto Michel, Karl Ludwig Schmidt, Robert Henry Lightfoot, Günther Bornkamm, Oscar Cullmann, Johannes Schneider, Hellmut Gollwitzer, Gottfried Fitzer, Rudolf Bultmann, Werner Schmauch, Erik Esking, Gerhard Saß, Hans von Campenhausen, Eugen Rosenstock-Huessy, Joachim Konrad, Karl Peters, Hartmut Lohmeyer, Clemens Schaefer, Erwin Fues, Heinrich Vogel und Ernst Wolf.

[461]   W. Schmauch an »sämtliche Herrn Mitarbeiter der Lohmeyer-Ehrung«, Schreiben vom 21. Februar 1952; UBBS: NL 353: B:I:a:1326.

[462]   W. Schmauch an »sämtliche Herrn Mitarbeiter der Lohmeyer-Ehrung«, Schreiben vom 21. Februar 1952; UBBS: NL 353: B:I:a:1326.

[463]   »Immerhin muss ich zur Ehre der N.K.W.D. sagen, dass sie, wie ich sicher weiss, bereit war, meinen Mann Ende Juli 46 zu entlassen. Auf welche Weise nun er in ein neues Verfahren hineinkam, das ihm das Genick brach, konnte ich nicht ganz aufklären.« M. Lohmeyer an EOK Berlin, Brief vom 9. Februar 1951; EZA 7/16024.

bekannt gemacht werden. Am Ende dankte sie – trotz mancher früher geäußerter Kritik – der Kirche für die materielle Unterstützung in den vergangenen Jahren.[464] Etwa zwei Wochen später antwortete der Oberkirchenrat durch Oberkonsistorialrat Oskar Söhngen (1900–1983)[465] und bekundete nicht nur sein Beileid, sondern auch eine tiefe Wertschätzung gegenüber Lohmeyer, die in den folgenden Sätzen zum Ausdruck kommt:»[...] was ihm seine besondere Stellung in der Geschichte der theologischen Wissenschaft gibt, ist das klare Bewußtsein, mit dem er, der leidenschaftlich der Wahrheit verpflichtete Forscher, sich zugleich als Lehrer der Kirche in Dienst genommen wußte, damit das neue Selbstverständnis der theologischen Fakultäten vorwegnehmend, das sich heute auf breiter Front durchgesetzt hat. Er war ein wirklicher Professor, ein Bekenner, der seiner kirchlichen Überzeugung, wenn es erfordert wurde, auch sein Amt zum Opfer brachte. Und gerade die altpreußische Kirche wird es ihm nicht vergessen, daß er stets zur Stelle war, wenn sie seinen Dienst brauchte.«[466]

ÖFFENTLICHKEITSARBEIT IM WESTEN

Anders als in Berlin oder gar in Greifswald sickerten die Informationen über Lohmeyers Schicksal im Westen früher durch. Wieder war es ein schweizerisches Organ, das Mitte März zuerst über Lohmeyer berichtete. Prominent platzierte die Morgenausgabe der »Neuen Zürcher Zeitung« auf ihrem Titelblatt am 14. März 1951 (Nr. 557) sowie auf der zweiten Seite einen Nekrolog unter dem Titel »Ernst Lohmeyer †«, den der seinerzeit in Mainz und später in Marburg wirkende Neutestamentler Werner Georg Kümmel (1905–1995) verfasst hatte. Er erinnerte an seinen verstorbenen Kollegen und beklagte, dass die »Wissenschaft vom

---

[464] Die Frage einer materiellen Unterstützung von M. Lohmeyer blieb eine ungeklärte Angelegenheit. Weder Universitäten noch staatliche Behörden in der Bundesrepublik sahen sich zuständig, um die durch Lohmeyer in mehr als 25-jährigem Staatsdienst erworbenen Rechte einer Pension an die Witwe zu realisieren. Wie prekär die Lage für M. Lohmeyer gewesen sein muss, lässt die Tatsache erahnen, dass Werner Schmauch sogar an den Bundesminister für gesamtdeutsche Fragen, Jakob Kaiser (1888–1961), CDU, geschrieben hatte. Daraufhin wandte sich das Ministerium an den EOK und schlug vor, ihr Zuwendungen aus dem »Unterstützungsfonds für Geistliche« zu überweisen. Siehe dazu das Schreiben des Bundesministers für gesamtdeutsche Fragen an den Evangelischen Oberkirchenrat vom 13. Februar 1951; EZA 7/16024. Ende März 1951 stellte der EOK zunächst wegen knapper Westgeldmittel seine Zahlungen an die Witwe ein; die Kirchenleitung der APU gewährte mit Beschluss vom 10. April 1951 die weitere Zuwendung; ebd.

[465] Christian Bunners, Söhngen, Oskar, in: Religion in Geschichte und Gegenwart 7, 2004, 1421–1422.

[466] Evangelischer Oberkirchenrat an M. Lohmeyer, Brief vom 24. Februar 1951; EZA 7/16024.

Neuen Testament deutscher Zunge, deren Reihen durch den allzu frühen Tod von H. von Soden, M. Dibelius, G. Kittel seit dem Ende des 2. Weltkrieges schon sehr gelichtet waren« durch den Tod Lohmeyers nun einen »weiteren schweren Verlust erlitten habe«. Kümmel berichtete von Lohmeyers Schicksal und seiner Verhaftung, die »aus völlig unbekannten Gründen auf Anstiften eines deutschen Kommunisten durch die Russen« erfolgt sei. Aus »äußerst zuverlässiger skandinavischer Quelle« sei nun Lohmeyers Erschießung im Herbst 1946 bestätigt worden. Kümmel charakterisierte Lohmeyer ferner als einen »Wegweiser«, als einen »Dichter‹ unter den Erforschern des Urchristentums« und als einen »wirklichen Forscher«, beschrieb aber historisch unzutreffend – ohne die erfolgte Strafversetzung zu kennen respektive zu nennen – dessen Wechsel von Breslau nach Greifswald. Dieser überaus würdigende Nachruf endet mit den Worten: »Aus dem fast unbegreiflich reichen Werk des zu früh Vollendeten wird eine theologische Wissenschaft, die streng geschichtliche Arbeit mit dem Ringen um theologisches Verständnis verbinden möchte, noch lange mit Dankbarkeit zu zehren haben.«

Ende April erschien eine weitere Notiz von Wieser im »Kirchenblatt für die reformierte Schweiz«: »*Prof. Ernst Lohmeyer.* Nach einer uns zugegangenen Anzeige hat die Familie nach fünfjährigem qualvollen Warten jetzt die Gewißheit erhalten, daß Prof. Lohmeyer bereits im Herbst 1946 gestorben ist. Er ist damals in Greifswald von den Russen verhaftet und abtransportiert worden. Mit seinen Angehörigen trauern viele um diesen bedeutenden Theologen.«[467]

Im Mai 1951 widmeten sich endlich auch westdeutsche Zeitschriften dem Fall Lohmeyer. In der »Jungen Kirche« erschien 1951 in der Rubrik »Kurze Nachrichten« – »Aus der Evangelischen Kirche in Deutschland« ein knapper und ausgewogener Beitrag, der von einem Todesurteil im August 1946 und einem folgenden Abtransport und von der großen Wahrscheinlichkeit des Todes von Lohmeyer ausgeht. Dem Hinweis, dass die Verurteilung »auf Grund angeblicher Kriegsverbrechen« erfolgt sei, wird der Verweis auf »zahlreiche Bekundungen von Krimbewohnern« entgegengestellt, »bei denen sich Professor Lohmeyer als Kreiskommandant wegen seiner Menschlichkeit großen Ansehens erfreut hat«.[468] »Der Kurier. Berliner Abendblatt« setzte am 2. Mai 1951 auf den reißerischen Titel »Von den Sowjets zum Tode verurteilt« und der Evangelische Pressedienst veröffentlichte zwei Tage später unter dem Titel »Ernst Lohmeyer – als ›Kriegsverbrecher‹ hingerichtet« eine Mitteilung.[469] Diese Berichterstattung, insbesondere die Bezeichnung von Ernst Lohmeyer als Kriegsverbrecher, erschütterte Melie Lohmeyer zutiefst. Vor allem die EPD-Meldung, die sie nicht nur

---

[467]   In der Rubrik »Kleine Mitteilung« erschien diese Notiz in: Kirchenblatt für die reformierte Schweiz 107, 1951, am 26. April 1951, 143.

[468]   Junge Kirche 12, 1951, 304–305.

[469]   EPD vom 4. Mai 1951.

als gefährlich, sondern auch als takt- und geschmacklos verwarf,[470] scheint sie so
sehr verärgert zu haben, dass sie deren Entstehung zu rekonstruieren versuchte:
Sie ging deshalb der Frage nach, wie ihre als »geheim« und insofern als vertraulich zu behandelnden Informationen an den Evangelischen Oberkirchenrat in
die Presse gelangen konnten. Gemäß ihrer Recherchen hatte der Herausgeber des
EPD in Bethel, Focko Lüpsen (1898–1977),[471] nachdem er den Artikel von Wieser
gelesen hatte, beim Berliner Pressebüro der EKD angerufen. Der dortige Chefredakteur Friedrich Schönfeld (1907–1955),[472] der mit Lüpsen 1939 in der EPD-
Redaktion zusammengearbeitet hatte,[473] und der anscheinend in Berlin nicht
über Lohmeyer berichten durfte, informierte Lüpsen in Grundzügen. Dieser hatte
in den Augen von Melie Lohmeyer in seiner Meldung nicht nur einige falsche
Informationen, sondern eine »üble Zeitungsschmiererei« um der Sensation willen
abgeliefert. Da sie um das Ansehen ihres Mannes fürchtete,[474] versuchte sie in
Westdeutschland eine weniger sensationsheischende Berichterstattung zu initi-
ieren und wandte sich dabei hilfesuchend an Cullmann. Auch weitere Artikel
über Lohmeyer erregten ihren Unmut. Es scheint, als hätte sie vornehmlich
einzelne Formulierungen – vor allem die Bezeichnung »Kriegsverbrecher« –,
nicht aber den gesamten Duktus der jeweiligen Artikel wahrgenommen. Denn an
dem Artikel des Pfarrers und Schriftstellers Kurt Ihlenfeld (1901–1972),[475] der
Ende Mai unter dem Titel »Gottesfürchtige Wissenschaft. Betrachtung im Gedenken an Theologieprofessor Lohmeyer« in der EPD erschien[476] und Lohmeyer
als Wissenschaftler sehr wohlwollend würdigte, kritisierte sie die Formulierung,
ihr Mann sei »wegen Verbrechen gegen die Menschlichkeit zum Tode verurteilt

---

[470]   So M. Lohmeyer an O. Cullmann vom 19. Mai 1951; UBBS: NL 353: B:I:a:903. Das Fol-
       gende auch aus diesem Schreiben.
[471]   Siehe zur Person Hans-Wolfgang Heßler, Lüpsen, Focko, in: Neue Deutsche Biographie
       15, 1987, 472–473; Hans Hafenbrack, Geschichte des evangelischen Pressedienstes.
       Evangelische Pressearbeit von 1848 bis 1981, Bielefeld 2004, 418–456; siehe auch Emil
       Groß, Handbuch Deutsche Presse, Bielefeld ²1951, 102.
[472]   Schönfeld war seit 1946 Berliner Vertreter der EPD-Zentralredaktion sowie der Leiter der
       Presse- und Informationsstelle der evangelischen Kirchenkanzlei Berlin und seit 1950
       Chefredakteur von »Die Kirche«. Eine biographische Notiz bietet Hafenbrack, Geschichte,
       649; siehe auch Groß, Handbuch, 102.
[473]   Siehe dazu Hafenbrack, Geschichte, 346–347.
[474]   »Darf ich sie nun bitten in irgend einer Weise das Andenken meines Mannes zu ehren?
       Ich bin sicher, Sie machen [es] recht. Es bringt mich zur Verzweiflung dass nach dieser
       leidvollen Katastrophe nun auch noch Sensationsschmiererei sich über ein Schicksal
       hermacht dass nur Ehrfurcht verdient.« M. Lohmeyer an O. Cullmann, Brief vom 19. Mai
       1951; UBBS: NL 353: B:I:a:903.
[475]   Siehe zur Person Hafenbrack, Geschichte, 642–643.
[476]   In EZA 7/16024 findet sich der Beitrag aus EPD B Nr. 16.

und hingerichtet worden«. Auch der Hinweis darauf, das ungezählten Deutschen das gleiche oder ähnliches widerfahren sei und das über der Verhaftung wie über der Verhandlung und der Verurteilung undurchdringliches Dunkel liege, besänftigte sie nicht. In ihren Briefen an Oscar Cullmann kommt nämlich einerseits ihr Ärger über die Berichterstattung zum Ausdruck, andererseits beschreibt sie die von Angst geprägte politische und gesellschaftliche Gegenwart. Ohne diese Angst hätte man – so Melie Lohmeyer – gleich nach der Verhaftung Lohmeyers etwas tun und ihn retten können.[477] Es wird zudem deutlich, wie sehr Melie Lohmeyer seit der Verhaftung ihres Mannes ihr ganzes Leben auf ihn ausgerichtet hatte. Nach der Mitteilung seines Todes, sah sie die Jahre seit Lohmeyers Rückkehr aus dem Krieg in einem anderen Licht: Im Krieg, vor allem in Russland, habe der innere Zerstörungsprozess ihres Mannes schon begonnen: »Da war er wie ausgehöhlt – sein Tod war nicht zufällig – er ging darauf zu – wenn er auch in seinem Bewusstsein auf Rettung hoffte.«[478]

Außer an Cullmann schrieb Melie Lohmeyer an den Hannoveraner Landesbischof und stellvertretenden Ratsvorsitzenden der EKD Hanns Lilje (1899–

---

[477] So schrieb M. Lohmeyer an O. Cullmann: »Sie haben Recht, mein Mann ist totgeschwiegen worden – aber das geschah im ersten halben Jahr seiner Verhaftung. Da hätte man ihn rausholen können u. ich hatte es auch fast so weit. Später, auch wenn er am Leben geblieben wäre, wäre erfahrungsgemäss wohl kaum noch etwas zu machen gewesen. Auf jeden Fall hätten die vielen ungefährlichen heimlichen Gnadengesuche, die in irgend einen kommunistischen oder russischen Papierkorb wanderten auch nichts genutzt.
Der Ausländer kann sich auch jetzt noch keine Vorstellung von der panischen Angst machen[,] die in Deutschland im Volk u. allen Regierungskreisen herrscht. Es ist überhaupt als habe sich unsere Kraft in den beiden Kriegen u der entsetzlichen Naziherrschaft vollständig erschöpft. Bei uns wird nur noch laviert – nicht gehandelt – u. ganz besonders wenn es den Russen angeht.
Ihr Monitum hat mich gefreut, dass können sie ruhig Alle lesen – aber ändern wird sich nichts. Wir liegen am Boden, wir sind kaput [sic!]. Und den wenigen Menschen von Charakter u. Format, wie mein Mann es war, wird es gehen wie ihm.
Entsetzlich ist jetzt die Schreiberei hinter ihm her.
Seit Herr Foko Lüpsen von der E.K.D. die Schleusen geöffnet hat, dadurch dass er sich missverstandene Bruchteile aus meinem Geheimbericht an den hiesigen Oberkirchenrat zu verschaffen wusste, strömt die Flut der Geschmacklosigkeit, Sensationslust u. politischer Skrupellosigkeit. Hauptsache man hat eine Atraktion [sic!] für seine Zeitung. Gestern bekam ich ein Kirchenblatt aus dem Westen geschickt, da stand schon drin, mein Mann sei wegen Verbrechen gegen die Menschlichkeit hingerichtet worden!!! Kann man es den Russen mundgerechter machen?! Es ist ein Skandal [...]«. M. Lohmeyer an O. Cullmann; Brief vom 2. Juni 1951; UBBS: NL 353: B:I:a:903.
[478] Siehe dazu ihren Brief an Rudolf Bultmann vom 1. November 1951; in: Hutter-Wolandt, Briefwechsel, 331.

1977),[479] da in ihren Augen die Berliner Kirchenleitung »der gefährlichen Situation wegen«, nichts für ihren Mann unternommen hatte. Von ihm erhoffte sie sich einen Lohmeyer gerecht werdenden Nachruf, mit dem der »Journalistenskrupellosigkeit« begegnet werden sollte.[480] Lilje nahm ihr Anliegen umgehend und speditiv auf, indem er den Brief an Heinz Zahrnt (1915–2003),[481] den Chefredakteur der in Hamburg erscheinenden Zeitschrift »Das Sonntagsblatt. Die christliche Wochenzeitung für Politik, Wirtschaft und Kultur« mit der Bitte weiterleitete, den von Melie Lohmeyer kritisierten Pressemeldungen mit einem Gedenkaufsatz zu begegnen. Zahrnt sagte seine Unterstützung zu und schlug Hans von Campenhausen als Verfasser vor. Diese Anregung fand Melie Lohmeyers ungeteilte Zustimmung.[482] Campenhausen übernahm nach kurzem Zögern die Aufgabe und verfasste für das »Sonntagsblatt« den Artikel und schickte Melie Lohmeyer das Manuskript zur Ansicht zu. Nachdem diese eine Passage moniert[483] und Zahrnt eine Korrektur zugesagt und vollzogen hatte, erschien der Artikel am 8. Juli 1951.[484]

Mitte Juli veröffentlichte wiederum eine schweizerische Kirchenzeitung einen Artikel über Lohmeyer. In diesem Fall war es die alle zwei Wochen erscheinende Zeitschrift »Der Protestant. Organ für Wahrung und Pflege protestantischen Sinnes«, die am 12. Juli 1951 unter dem Titel »Zum Gedächtnis von Prof. Ernst Lohmeyer« aus dessen Leben und über sein Schicksal berichtete. Dabei wendete sich der unbekannte Verfasser einerseits mit deutlichen Worten gegen das kommunistische Regime, andererseits unterstrich er, dass auch »die evangelische Kirche im Osten ihre Märtyrer hat, nicht nur die römisch-katholische«. Da aber über letztere viel mehr »Lärm« gemacht werde, müsse nun offensiv über Lohmeyer berichtet werden, denn sein »Sterben stellt ihn in die Gemein-

---

[479] Zur Person siehe Gertraud Grünzinger, Lilje, Hanns, in: Biographisch-bibliographisches Kirchenlexikon 5, 1993, 63–69.

[480] M. Lohmeyer an O. Cullmann; Brief vom 2. Juni 1951; UBBS: NL 353: B:I:a:903.

[481] Zur Person siehe Beate Kolb / Werner Raupp, Zahrnt, Heinz in: Biographisch-bibliographisches Kirchenlexikon 24, 2005, 1561–1572.

[482] Siehe dazu die Schreiben von Heinz Zahrnt an M. Lohmeyer vom 9. und 15. Juni 1951; GStA: VI. HA Nr. 6, 1–25.

[483] In der einleitenden Passage hatte von Campenhausen u. a. geschrieben: »Das Gefängnis, das ihn, den ersten wieder frei gewählten Rektor der Universität Greifswald verschlang, hat ihn nicht mehr frei gegeben; er ist für immer verschwunden.« Den letzten Satzteil über das Verschwinden ließ M. Lohmeyer u. a. streichen.

[484] Siehe dazu die entsprechenden Schreiben in GStA: VI. HA Nr. 6, 1–25. Dort ist auch eine Kopie des Manuskriptes erhalten. Der Beitrag stammt folglich nicht von Lilje, sondern von dem Heidelberger von Campenhausen. Köhn, Neutestamentler, 149, vermerkt, dass Lilje am 8. Juli 1951 im »Sonntagsblatt« über Lohmeyer geschrieben habe.

schaft aller, die im Osten um ihres Glaubens willen verfolgt sind«.[485] Als weiteres ausländisches Organ zeigte das schon erwähnte englische »Journal of Theological Studies« im Herbst 1951 Lohmeyers Tod an.[486]

BLEIBENDE ZWEIFEL AM TOD VON ERNST LOHMEYER

Mit der Todesanzeige und den Presseberichten über Lohmeyers Tod schien der Fall Lohmeyer in der breiteren Öffentlichkeit zumindest an ein vorläufiges Ende gekommen zu sein. Die Leitung der EKD setzte sich Mitte Januar 1954, nachdem ca. 8.000 Kriegsgefangene und Zivilinternierte freigekommen waren, weiterhin für die in Haft gebliebenen Deutschen ein. Dabei nahm sie auch die durch die Sowjetischen Militärtribunale Verurteilten in den Blick, welche sich entweder in deutschem Gewahrsam oder auf dem Gebiet der Sowjetunion befanden. Der EKD-Ratsvorsitzende Otto Dibelius wandte sich deshalb, nachdem Recherchen bei den ostdeutschen Behörden erfolglos geblieben waren, an den sowjetischen Botschafter in der DDR, Wladimir Semjonowitsch Semjonow (1911–1992).[487] Er bat ihn, diese Gefangenen, von denen ihre Familien größtenteils seit Jahren nichts mehr gehört hatten, ebenfalls mit in die Amnestie einzubeziehen. Die Kirche war nun »in besonderer Weise an den verhafteten und verurteilten kirchlichen Amtsträgern interessiert«. Deshalb legte Dibelius dem Schreiben zwei Gefangenenlisten bei. Auf der ersten Liste, die solche kirchlichen Amtsträger verzeichnete, von denen man keine Nachricht hatte, sie aber aufgrund von Hinweisen von Heimkehrern in Haft in der UdSSR vermutete, stand der Name Lohmeyers an erster Stelle.[488] Die andere Liste nannte vom Sowjetischen Militärtribunal (SMT) verurteile Amtsträger, die in deutschen Gefängnissen einsaßen.[489] Da Lohmeyer auf einer von den Sowjets wenig später mitgeteilten Liste der inzwischen entlassenen oder verstorbenen Deutschen nicht verzeichnet war,[490] zweifelte man in der Berliner Kirchenleitung an Lohmeyers Tod. Generalsuperintendent Friedrich-

---

[485]   [Anonym], Zum Gedächtnis von Prof. Ernst Lohmeyer, in: Der Protestant 54, 1951, 53–54, hier 54. Als Verfasser darf der Redakteur der Zeitschrift Ernst Gerhard Rüsch (1917–1997) vermutet werden.

[486]   Professor Ernst Lohmeyer, in: The Journal of Theological Studies, 1. Oktober 1951, 183: »Readers of the *Journal* will be grieved to learn that the death of Professor Lohmeyer in the autumn of 1946 has now officially confirmed.«

[487]   Jan Foitzik, Semjonow, Wladimir Semjonowitsch, in: Wer war wer in der DDR? 2, 2010, 1225–1226.

[488]   Dibelius bezog sich hier u. a. auf die Mecklenburger Pfarrer Aurel von Jüchen (Schwerin) und Robert Lansemann (Wismar), die ihre Strafen in der UdSSR verbüßten.

[489]   Siehe dazu das Schreiben des Ratsvorsitzenden der EKD an Semjonow vom 13. Januar 1954; EZA 4/741.

[490]   Siehe dazu das Schreiben des Hochkommissars der UDSSR in Berlin Semjonow vom 13. März 1954; EZA 4/471.

Wilhelm Krummacher schrieb deshalb noch vor seiner Wahl zum Bischof in Greifswald unter dem Signum strenger Vertraulichkeit an den Generalsekretär des ÖRK und bat ihn »in einer sehr heiklen Angelegenheit« um Mithilfe.[491] Die Kirchenleitung hatte nämlich auf Umwegen Nachricht erhalten von einer am 20. Oktober 1951 erfolgten Verhandlung gegen Lohmeyer, allerdings ohne Mitteilungen über Strafmaß und Aufenthaltsort. Probst Dr. Heinrich Grüber (1891–1975)[492] hatte sich als Bevollmächtigter des Rates der EKD daraufhin umgehend an die sowjetische Hohe Kommission mit der Bitte um Aufklärung gewandt, bekam aber keine Antwort. Vor diesem Hintergrund erging an den Generalsekretär des ÖRK die Bitte um Unterstützung. Die Kirchenleitung war nämlich der Meinung, »daß keine Mühe gescheut werden darf, um Professor Lohmeyer, wenn er noch lebt, den Weg in die Freiheit zu ebnen«. Deshalb schlug Krummacher eine Kontaktaufnahme des Generalsekretärs auf der am 26. April 1954 in Genf beginnenden »Fern-Ostkonferenz« mit der sowjetischen Delegation vor, am besten mit Außenminister Wjatscheslaw Michailowitsch Molotow (1890–1986). Ihm könnte der Generalsekretär als Vertreter der Ökumene die Bitte vortragen, sich für »diesen weltbekannten Theologen« Lohmeyer einzusetzen. Abschließend erklärte er: »Wir wissen wohl, daß diese unsere Bitte eine ziemliche Zumutung für Sie ist, möchten aber doch Ihnen jedenfalls unser Anliegen vortragen. Wir betonen, daß nur ein ganz kleiner Kreis von Menschen um die Möglichkeit weiß, daß Professor Lohmeyer noch am Leben ist. Nicht einmal die Familie haben wir bisher davon in Kenntnis gesetzt, um nicht Hoffnungen zu erwecken, die sich später nicht erfüllen. Es ist uns bekannt, daß die Ehefrau sehr leidend ist und einer solchen neuerlichen Belastung vielleicht nicht gewachsen wäre. Darum bitten wir, die ganze Angelegenheit sehr vertraulich zu behandeln.«

Anscheinend gehörte Rudolf Herrmann zu den Eingeweihten. In diesem Falle würde auch sein Tagebucheintrag vom 4. Mai 1954 »Gesuch für L. an den Friedensrat« verständlich.[493] Die stete Hoffnung der Kirchenleitung, dass Lohmeyer noch leben könnte, dokumentiert ein weiteres Schreiben von Dibelius, das er ein knappes Jahr später nach der Beendigung des Kriegszustandes zwischen der UdSSR und Deutschland an den Botschafter Georgi Maximowitsch Puschkin

---

[491] Friedrich-Wilhelm Krummacher an Willem A. Visser 't Hooft, Briefentwurf vom 21. April 1954; EZA 4/471. Der Brief konnte bislang nicht im Archiv des Genfer ÖRK nachgewiesen werden, besitzt aber einen Absendevermerk vom 22. April 1954.

[492] Sigurd Rink, Der Bevollmächtigte. Propst Grüber und die Regierung der DDR, Stuttgart 1996.

[493] Wiebel geht wohl zurecht davon aus, dass Herrmann den Nachruf von O. Cullmann in der »Theologischen Zeitschrift« auf Lohmeyer gekannt haben dürfte und schreibt: »Ganz unbegreiflich ist dann aber, daß unter dem 4.5.1954 noch eingetragen steht: ›Gesuch für L. an den Friedensrat‹«. Siehe dazu Wiebel, Fall, 32–33.

(1909–1963)[494] schickte. Dibelius reichte wiederum eine Namensliste ein, die 16 Personen, darunter kirchliche Amtsträger wie Lohmeyer verzeichnete. Anders als bei der ersten Liste war Lohmeyer nun ganz ans Ende gerückt.[495] Diese Verschiebung darf indes nicht als Ausdruck eines reduzierten Interesses gedeutet werden. Das Gegenteil war vielmehr der Fall. Denn einen Monat nach dem Schreiben trafen sich die Vertreter der beiden Kirchen, die Bischöfe Dibelius und Westkamm[496] mit Puschkin zu einem Gespräch, in dem Dibelius darum bat, »insbesondere den Fall des Prof. Lohmeyer zu untersuchen, der vor langen Jahren in Greifswald verhaftet worden sei«. Der Botschafter sagte zu, sich nach diesem Fall zu erkundigen und auch die anderen zu prüfen.[497]

Die Berliner Kirchenleitung scheint also noch zu diesem späten Zeitpunkt – Mitte der 1950er Jahre – eine Gefangenschaft Lohmeyers als recht wahrscheinlich eingeschätzt zu haben. Hingegen stand sie der von Melie Lohmeyer vertretenen Ansicht, wonach ihr Mann in Greifswald hingerichtet worden sei, ablehnend gegenüber.[498] Ob diese Skepsis freilich nur durch die Berichte von Heimkehrern und durch die fehlenden Namen auf den sowjetischen Listen motiviert war und nicht auch durch politische Rücksichtnahme, diese Frage kann nicht abschließend beantwortet werden. Immerhin zeigte die Kirchenleitung durchaus den Willen, das Schicksal Ernst Lohmeyers weiter aufzuklären. Dazu wandte sie sich Ende November 1955 an die rheinische Kirchenleitung in Düsseldorf, um über Präses Heinrich Held (1897–1957)[499] und den Präsidenten des

---

[494] Jan Foitzik, Puschkin, Georgi Maximowitsch, in: Wer war wer in der DDR? 2, 2010, 1031–1032.

[495] Otto Dibelius an Georgi M. Puschkin, Brief vom 15. Februar 1955; ELAB 76/7.

[496] Franz Johannes Wilhelm Westkamm (1891–1956) war von 1951 bis 1956 römisch-katholischer Bischof in Berlin. Erhielt 1955 von der Evangelisch-theologischen Fakultät Halle die Ehrendoktorwürde. Neben den Bischöfen waren noch der katholische Prälat Johannes Zinke (1903–1968), der im Auftrag der Bischöfe die Kontakte zur Staatssicherheit pflegte, und ein Protokollführer anwesend.

[497] Siehe dazu die Dokumentationen des Gesprächs vom 26. März 1955; ELAB 76/7 und dazu auch den Vermerk vom 5. November 1957; ELAB 76/7.

[498] Diese Haltung wird in einem Brief vom 30. November 1955 des Konsistoriums an den Präses der Evangelischen Kirche im Rheinland, Heinrich Held (1897–1957) ersichtlich, wo es heißt: »Ganz besonders möchte Dich auf den Fall von Professor Lohmeyer hinweisen, von dem seine Frau noch immer annimmt, er sei schon seinerzeit in Greifswald hingerichtet worden, von dessen Existenz in einem sowjetischen Gefangenenlager aber einige frühere Heimkehrer berichtet haben.«; ELAB 76/7.

[499] Zur Person siehe Volkmar Wittmütz, Heinrich Held, der erste Präses der Evangelischen Kirche im Rheinland – Eine Skizze, in: Monatshefte für Evangelische Kirchengeschichte des Rheinlandes 56, 2007, 29–42.

Deutschen Roten Kreuzes Dr. Heinrich Weitz (1890–1962),[500] der sich intensiv für die Rückkehr von in der Sowjetunion Gefangenen engagierte und eine Reise nach Moskau plante, eine Namensliste für die Verhandlungen mit dem russischen Roten Kreuz einzureichen.[501] Zwei Monate später kontaktierte das Berliner Konsistorium Ende Januar 1956 außerdem den schwedischen Bischof John Cullberg (1896–1983) im Bistum Västerås.[502] Ihm beabsichtigte die Greifswalder Theologische Fakultät die Ehrendoktorwürde zu verleihen, der Vollzug der Promotion hatte aber aus politischen Gründen noch nicht vollzogen werden dürfen.[503] Von diesem Problem ausgehend und dem Vorschlag einer Ehrenpromotion durch eine westdeutsche Fakultät bat man Cullberg darum, den mit ihm gut bekannten zweiten Generalsekretär der Vereinten Nationen, Dag Hammarskjöld (1905–1961), auf den Fall Lohmeyer, den das Schreiben detailliert zusammenfasste, aufmerksam zu machen. Hammarskjöld stand damals vor dem Beginn einer Weltreise, die auch einen Besuch in Moskau vorsah. Dort sollte er sich beim Roten Kreuz nach dem Verbleib Lohmeyers, einem »Wissenschaftler von Weltrang«, erkundigen. Das Konsistorium hatte sich zum einen vor allem deswegen für diese Anfrage entschieden, da man inzwischen keinen anderen Weg mehr sah, um wirkungsvoll an die sowjetischen Verwaltungsstellen heranzutreten. Denn die für den November 1955 geplante Reise von Heinrich Weitz nach Moskau, den man ebenfalls informiert hatte, war nicht erfolgt. Zum anderen schwand nun auch im Konsistorium die Hoffnung auf eine Rückkehr Lohmeyers, da er nicht zu den Heimkehrern der seit Oktober 1955 einsetzenden großen Entlassungsaktion aus Russland zählte. Der zwischenzeitlich von Greifswald nach Berlin gewechselte Rudolf Hermann ging Mitte Oktober 1956 erstmalig von Lohmeyers Ableben aus und notierte anlässlich der 500-Jahr-Feier der Greifswalder Universität unter dem Datum 19. Oktober 1956: »Aufhängen der Bilder verstorbener Neutestamentler (Schlatter, Deißner, Schniewind, Haußleitner, Lohmeyer), Ehrung besonders des letzteren«.[504] Das Berliner Konsistorium hingegen setzte seine Bemühungen Anfang 1957 fort und hielt eine Hinrichtung noch in Greifswald weiterhin für unwahrscheinlich, wie in einem Schreiben an den Ministerialdirigenten und ehemaligen Konsistorialpräsidenten Dr. Heinz Gefaeller (1905–1987) ersichtlich wird, wenn es dort heißt: »Seine Kollegen bitten dringend, alles zu tun, was möglich ist, damit dieser Fall aufgeklärt wird. Es

---

[500]   Zur Person siehe Heinz Monz (Hg.), Trierer biographisches Lexikon, Koblenz 2000, 498–
499.

[501]   Schreiben vom 30. November 1955 des Berliner Konsistoriums an Präses H. Held; ELAB
76/7.

[502]   Siehe dazu den Entwurf eines Schreibens des Berliner Konsistoriums an Johann Cullberg
vom 26. Januar 1956; ELAB 76/7.

[503]   Die Ehrenpromotion erfolgte schließlich noch im Jahr 1956.

[504]   Zitiert bei Wiebel, Fall, 33.

muß jedoch verhindert werden, daß eine Notiz über ihn in die Presse oder auch in eine wissenschaftliche Zeitschrift gelangt. Es ist besser, daß zunächst nicht von der Möglichkeit gesprochen wird, daß er noch am Leben ist.«[505]

Anders als Melie Lohmeyer, die Ende Januar 1955 das DRK darum gebeten hatte, keine weiteren Bemühungen zur Aufklärung des Schicksals ihres Mannes mehr zu unternehmen,[506] sagte beispielsweise das Büro von »Bischof« Heckel[507] in München der Berliner Kirchenkanzlei zu, sich um die Klärung des Schicksals von Lohmeyer zu kümmern und zu diesem Zweck Lohmeyer auf die Liste der zu klärenden Fälle für die Deutsche Botschaft in Moskau zu setzen.[508] Auf Initiative von Heinz Gefaeller hin stellte zudem der Hamburger Suchdienst ein »Nachforschungsgesuch« an das sowjetische Rote Kreuz, nicht aber einen Antrag auf Ausstellung einer Sterbeurkunde.[509] Präses Kurt Scharf (1902–1990)[510] ließ Anfang November einen ausführlichen Bericht über Lohmeyer anfertigen, der die vielfältigen Bemühungen in den Kirchenleitungen dokumentiert.[511] Zudem versuchte beispielsweise Präses Held über den Präsidenten der Evangelischen Kirche in Frankreich an den Präsidenten des Weltfriedensrates, Frédéric Joliot-Curie (1900–1958) heranzutreten. Zuvor hatten sich außerdem schon Lohmeyers Greifswalder Kollegen wahrscheinlich Anfang 1955 über den Vorsitzenden des deutschen Friedensrates an das Präsidium des Weltfriedensrates gewandt. Präses Scharf nahm über Held Kontakt mit dem Präsidenten des DRK Heinrich Weitz auf, um auf diesem Wege an Informationen über Lohmeyer zu gelangen. Bischof Dibelius überreichte schließlich anlässlich des gesamtdeutschen Kirchentags in Frankfurt am Main 1956 dem Stellvertreter des Vorsitzenden des Ministerrates, Otto Nuschke (1883–1957),[512] ein Schreiben an den Ministerpräsidenten, in dem neben anderen Anliegen um Aufklärung im Fall Lohmeyer gebeten wird.

---

[505]   Evangelisches Konsistorium an Heinz Gefaeller, Brief vom 28. Januar 1957: ELAB 76/7.

[506]   Siehe dazu das Schreiben von Heinrich Weitz an Heinz Gefaeller vom 15. März 1957; ELAB 76/7.

[507]   Theodor Heckel (1894–1967) hatte 1934 den Bischofstitel erhalten, den er auch nach dem Krieg als Beauftragter des Rats der EKD für Kriegsgefangenenfragen behielt. Von 1950 bis 1964 Dekan in München. Zur Person siehe Rolf-Ulrich Kunze, Theodor Heckel (1894–1967). Eine Biographie, Stuttgart 1997.

[508]   Siehe dazu den Aktenvermerk vom 11. Mai 1957; ELAB 76/7.

[509]   Weitz an Gefaeller, Brief vom 5. Juni 1957; EALB 76/7.

[510]   Zur Person siehe Paul Gerhard Aring, Scharf, Kurt, in: Biographisch-bibliographisches Kirchenlexikon 14, 1998, 1418–1419.

[511]   Vermerk vom 5. November 1957; ELAB 76/7.

[512]   Zur Person siehe Helmut Müller-Enbergs, Nuschke, Otto, in: Wer war wer in der DDR? 2, 2010, 963.

GEWISSHEIT

Nach gut elfeinhalb Jahren, die geprägt waren von Vermutungen, Gerüchten und Ungewissheit, teilte das Russische Rote Kreuz am 6. Dezember 1957 mit, dass Lohmeyer in »russischem Gewahrsam am 19. September 1946« verstorben sei.[513] Über den genauen Todesort und die Todesumstände informierten die Behörden weiterhin nicht, hier herrschte bis Mitte der 1990er Jahre eisernes Schweigen.

Somit waren all jene Vermutungen, die Lohmeyer noch in Gefangenschaft wähnten, hinfällig und Melie Lohmeyers Recherchen aus dem Jahr 1950 fanden Bestätigung. Anscheinend blieb die Todeserklärung längere Zeit im Berliner Bundeshaus[514] liegen, denn Melie Lohmeyer erhielt sie offiziell erst Ende April 1958 durch Präses Scharf zugesandt.[515] Wenige Tage zuvor war sie auf das in der Kirchenleitung und bei Freunden ohne ihr Wissen über Jahre verfolgte Gerücht gestoßen, wonach Lohmeyer 1951 zu 25 Jahren Arbeitslager verurteilt worden sei. Innerhalb kürzester Zeit konnte sie als Urheber dieser »Nachricht« eine Meldung der »Kampfgruppe gegen Unmenschlichkeit« ausmachen, die am 18. November 1951 an das Amt für Gesamtdeutsche Studentenfragen in West-berlin gegangen war. Ihre Annahme, dass diese Information in der vom Verband deutscher Studentenschaften und dem Amt für Gesamtdeutsche Studentenfragen herausgegebenen Broschüre »Namen und Schicksale der seit 1945 in der sow-jetischen Besatzungszone Deutschlands verhafteten und verschleppten Profes-soren und Studenten« veröffentlicht worden sei, ist zutreffend, denn in der dritten Auflage heißt es dort: »Lohmeyer, Ernst, Dr. theol. Professor für evangelischen Theologie an der Universität Greifswald. Verhaftet 1945 beim Rektoratsantritt durch die sowjetische Besatzungsmacht: Verurteilt am 25. 10. 1951 durch ein sowjetisches Militärtribunal zu 25 Jahren Arbeitslager.«[516] Wie beständig diese

[513] Zitiert bei Wiebel, Fall, 31.

[514] Damit ist das Gebäude in der Bundesallee 216–218 in Berlin-Wilmersdorf gemeint, in dem seit 1950 einige Institutionen des Bundes ihren Sitz hatten.

[515] Siehe dazu ihr Dankschreiben an Präses Scharf vom 30. Mai 1958; ELAB 76/7.

[516] Amt für gesamtdeutsche Studentenfragen des Verbandes Deutscher Studentenschaften (Hg.), Namen und Schicksale der seit 1945 in der sowjetischen Besatzungszone Deutschlands verhafteten und verschleppten Professoren und Studenten [...] nach dem Stande vom 1. Februar 1953, Berlin ³1953, 21. In den beiden vorangehenden Auflagen war die Information über die Verurteilung noch nicht gegeben; siehe Amt für gesamt-deutsche Studentenfragen im Verband Deutscher Studentenschaften, Namen und Schicksale der seit 1945 in der sowjetischen Besatzungszone Deutschlands verhafteten und verschleppten Professoren und Studenten, Berlin-Dahlem ²1952. Dieses Heft ver-sammelt die bis zum 15. Februar 1952 vorliegenden Informationen. Zu Lohmeyer siehe S. 15: »Professor für evangelische Theologie an der Universität Greifswald. Verhaftet beim Rektoratsantritt. Weiteres Schicksal unbekannt.« Weitere Auflagen u. a.: Verband Deutscher Studentenschaften (Hg.), Dokumentation des Terrors. Namen und Schicksale

Meldung sogar noch im Juli 1958 war, belegt ein Schreiben des Evangelischen Hilfswerks für Kriegsgefangene und Internierte an die Kirchenkanzlei der EKD, in dem am Ende um Hinweise gebeten wird, wo Dokumente bezüglich des Verfahrens von 1951 gegen Lohmeyer zu bekommen seien. Um Informationen über das Schicksal Lohmeyers trotz der russischen Todesanzeige zu erhalten, trieb das Hilfswerk einen erheblichen Aufwand. Denn im Juli 1958 hatte man etwa 1000 ausgewählte Heimkehrer befragt, aber keine hilfreichen Hinweise erhalten. Weitere systematische Nachforschungen erschienen nun vorerst als unmöglich, man hoffte aber, zukünftig vielleicht doch noch Informationen durch Heimkehrer zu erhalten.[517] Im Sommer 1958 veröffentlichte die kirchliche Presse schließlich Lohmeyers Tod.[518]

Die Todesnachricht aus Russland bestätigte die schon mehrere Jahre von Melie Lohmeyer und ihrer Familie als zutreffend angenommenen Informationen über das Schicksal Lohmeyers. Die beiden verbliebenen Kinder hatten sich mit ihren Familien eingerichtet und Melie Lohmeyer, die inzwischen Großmutter geworden war und in Charlottenburg am Lietzenseeufer 5 wohnte, erklärte gegenüber Hans von Campenhausen:»Meines Mannes Schicksal ist jetzt ziemlich klar – darüber denke u. schreibe ich in aller Gewissenhaftigkeit das auf, was, wie mir scheint, festgehalten werden muss.«[519] Auch von Campenhausen war

---

der seit 1945 in der sowjetisch besetzten Zone Deutschlands verhafteten und verschleppten Professoren und Studenten, Berlin ⁵1962, 91: »* 8. Juli 1890 in Dorsten. Prof. der ev. Theologie an der Univ. Greifswald. H: 16. Februar 1946 in Greifswald, nachdem er Rektor der wiedereröffneten Universität geworden war. Prof. L. wurde, ohne daß er verurteilt wurde, am 19. September 1946 im NKWD-UGef. Greifswald erschossen.« In dieser Auflage wird er auch zu Beginn auf einer Tafel »In memoriam« mit insgesamt 43 Opfern genannt.

[517] Schreiben vom 22. Juli 1958; ELAB 76/7.

[518] Das im Rheinland erscheinende »Sonntagsblatt« beispielsweise berichtete im August darüber, dass Lohmeyer am 19. September 1946 »verstorben« sei. Den Ausschnitt dieser Zeitung schickte der rheinische Pfarrer und spätere Landeskirchenrat Enno Hinrich Obendiek (*1926) aus Waldniel-Brüggen im August 1958 an O. Cullmann und schrieb: »Vor Jahren haben Sie einmal einen Aufsatz geschrieben, der an den verschollenen Ernst Lohmeier [!] erinnerte. Da ich seine Bücher bisher gerne benutzte, ist mir auch Ihr Aufsatz nicht aus dem Gedächtnis entgangen. – Heute habe ich beiliegende Meldung in unserem Sonntagsblatt gelesen. Sollten Sie über den Tod von Prof. Lohmeier noch nicht unterrichtet sein, so nehmen Sie bitte beiliegende Nachricht als eine traurige Bestätigung von Vermutungen, die wohl viele gehabt haben.« E. Obendiek an O. Cullmann, Brief vom 20. August 1958; UBBS: NL 353: C:VII:7.

[519] Siehe dazu den Brief vom 18. Dezember 1964 von M. Lohmeyer an Hans von Campenhausen; DSHI 110 Campenhausen 1427, 50, hier 50v.

dankbar dafür, dass nun eine gewisse Klarheit herrschte.[520] Aber eben nur eine »gewisse« und keine endgültige. Die fehlenden Informationen sollten erst im Zuge von Lohmeyers Rehabilitation im Jahr 1996 bekannt werden. Für Melie kamen sie freilich zu spät, denn sie verstarb 1971 im Alter von 85 Jahren.

Der Weg zur Rehabilitation

Die in den folgenden Jahrzehnten erscheinende Sekundärliteratur zu Lohmeyer kam aufgrund fehlender neuer Akten über Vermutungen nicht hinaus.[521] Nach der Wende 1989/90 entstanden zwar neue Forschungsmöglichkeiten durch die Öffnung zuvor verschlossener Archive. Mit Blick auf Lohmeyer ergaben sich daraus aber zunächst keine neuen Erkenntnisse. Die Vermutung, Lohmeyer sei im NKWD-Speziallager Nr. 9 bei Neubrandenburg (Lager Fünfeichen) gewesen und dort verstorben, erwies sich später als falsch.[522] Von seiner Anwesenheit in diesem Lager berichtete im Oktober 1990 die Tochter des dort ebenfalls inhaftierten Landesgerichtsrats Karl Hagemann, der dort mit Lohmeyer Schach gespielt habe.[523]

Jenseits der wissenschaftlichen Beschäftigung trat in den späten 1980er Jahren der 100. Geburtstag Lohmeyers in den Blick. Die Greifswalder Theologische Fakultät beschäftigte sich mit diesem Anlass seit 1987.[524] Am 19. September 1990 fand schließlich eine Gedenkveranstaltung statt, die an den 100. Geburtstag und an die Wiederkehr des Todestages erinnerte.[525] Im Vorfeld erinnerte die Ostsee-Zeitung zunächst ausführlich in einem zweiteiligen Artikel an Lohmey-

---

[520] »Ich habe oft an Sie und die vergangenen Zeiten gedacht – jedes Mal schon dann, wenn ich ein Buch Ihres Herrn Gemahls zur Hand nehme, um daraus in immer neuer Bewunderung zu lernen. Ich freue mich sehr darüber, dass Sie jetzt über sein letztes Schicksal eine Niederschrift machen können und hoffe, dass sie auch uns einmal zugänglich gemacht werden kann. Und so bitter es ist, ist es doch gut, dass Sie jetzt über seine letzte Zeit, wie Sie schreiben, wenigstens Klarheit erreicht haben. Ich dachte schon, wir würden darauf für immer verzichten müssen.« Hans von Campenhausen an M. Lohmeyer, Brief vom 22. Dezember 1964; DSHI 110 Campenhausen 1427, 51.

[521] Siehe dazu Köhn, Neutestamentler, 150–151.

[522] Haufe, Gedenkvortrag, 16; sowie Günter Haufe, Ernst Lohmeyer, in: Theologische Realenzyklopädie 21, 1991, 444–447, hier 445: »Lohmeyer war etwa ein halbes Jahr in Greifswald inhaftiert und wurde dann in das berüchtigte Lager Neubrandenburg/ Fünfeichen gebracht, wo er am 19. September 1946 verstorben ist.«

[523] Siehe dazu Haufe, Gedenkvortrag, 16. Eine zeitweilige Verlegung in ein Lager außerhalb von Greifswald scheint durchaus möglich gewesen zu sein; siehe dazu oben 61.

[524] Siehe dazu oben 55.

[525] Siehe hierzu Hans-Jürgen Zobel (Hg.), In memoriam Ernst Lohmeyer. 8. Juli 1890– 19. September 1946. Gedenkveranstaltung am 19. September 1990 anläßlich des 100. Geburtstages und der Wiederkehr des Todestages, Greifswald 1991.

er.[526] Gut zwei Wochen später folgte in dieser Tageszeitung unter dem Titel »1. Rektor gewürdigt« der Bericht über die akademische Gedenkstunde, den der Leiter der Presse- und Informationsstelle der Universität Greifswald, Dr. Siegfried Lotz, verfasst hatte.[527] Anders als ursprünglich geplant, hielt nicht Wilhelmus einen Vortrag, sondern der Neutestamentler Günter Haufe (1931–2011)[528], ferner sprachen als Rektor der Alttestamentler Hans-Jürgen Zobel (1928–2000) sowie der Dekan der Theologischen Fakultät, der Systematische Theologe Bernd Hildebrandt (geb. 1940).

Zudem kam Lohmeyer bei den Recherchen zu den Anfängen der CDU in Greifswald seit den frühen 1990er Jahren in den Blick, die der gebürtige Greifswalder und liberale Theologe Hans-Hinrich Jenssen (1927–2003) für die Konrad-Adenauer-Stiftung anstellte.[529] Jenssen hatte schon als Kind von Lohmeyer Kenntnis genommen. Denn in dem Elternhaus des später an der Berliner Humboldt-Universität tätigen Professors für Praktische Theologie, der nach seiner Emeritierung Präsident des Bundes für Freies Christentum war, wurde »häufiger über das tragische Schicksal von Prof. Lohmeyer gesprochen«. Jenssen erinnerte sich noch recht genau, dass seine Eltern der Meinung waren, »der eigentliche Grund seiner Verhaftung sei, daß er für Vergehen des Greifswalder Landesschützenbataillons in der Ukraine verantwortlich gemacht würde, obwohl überhaupt nicht erwiesen sei, daß er zum Zeitpunkt des Geschehens anwesend war.« Zudem lieferte Jenssen eine Information, die in keinen anderen Berichten vorkommt: Angeblich hatte Lohmeyer während seiner Zeit im Osten »ein Gut in der Ukraine geschenkt und auch eine Generalsuniform der Wlassow-Leute[530]« bekommen, die er einigen Leuten, so auch den Eltern von Jenssen, gezeigt habe. Dieses Geschenk sei aber – so Jenssen – nicht etwa Anerkennung einer nationalsozialistischen Haltung Lohmeyers gewesen, sondern vielmehr Ausdruck dessen, dass »er sich zu der ukrainischen Bevölkerung anständig und menschlich

---

[526]   Wolfgang Wilhelmus, In memoriam Prof. Ernst Lohmeyer, in: Ostsee-Zeitung vom 17./ 18. September 1990.

[527]   Siegfried Lotz, 1. Rektor gewürdigt. Gedenkstunde in der Aula der Universität für Ernst Lohmeyer, in: Ostsee-Zeitung vom 2. Oktober 1990. Siehe zur Gedenkfeier auch den Beitrag von Christfried Böttrich, in diesem Band.

[528]   Zur Person siehe Reinhardt Würkert, Haufe, Günter, in: Biographisch-bibliographisches Kirchenlexikon 34, 2013, 499–505.

[529]   Zum Folgenden siehe das Schreiben von H.-H. Jenssen an die Konrad-Adenauer-Stiftung aus dem November 1994; hier und im Folgenden beziehe ich mich auf die Aktensammlung zur Rehabilitation Lohmeyers, Privatsammlung Haufe und Onnasch (= PHO), Greifswald.

[530]   Die nach ihrem ersten Kommandanten Andrei Wlassow (1901–1946) bezeichnete »Russische Befreiungsarmee« (ROA) kämpfte als Freiwilligenverband während des Zweiten Weltkriegs auf deutscher Seite.

verhalten« habe. Vielmehr habe Lohmeyer den Nazis ausgesprochen kritisch gegenübergestanden. Der von Lohmeyer während des Krieges in Greifswald geleitete Hauskreis habe sich ganz in diesem Sinne »durch kritische Äußerungen zu politischen Fragen ausgezeichnet«. Zu ihm gehörten laut Jenssen, wie sich nach dem Krieg herausstellte, »einige Mitglieder, die sich illegal für das ›Nationalkomitee Freies Deutschland‹« betätigt hatten.[531] Auch im Elternhaus von Jenssen vermutete man eine Denunziation als Grund der Verhaftung Lohmeyers.

Das am 18. Oktober 1991 erlassene »Gesetz der Russischen Föderation über die Rehabilitierung von Opfern politischer Repression« stellt zweifelsohne eine Zäsur für die Aufarbeitung der politischen und rechtlichen Willkür in den Jahren nach 1945 dar.[532] Mit diesem Gesetz nahm Russland »erstmals nicht nur eine juristische und moralische Wertung des staatlichen Terrors gegen das eigene Volk und andere Völker« vor, sondern »es wurde auch die Notwendigkeit unterstrichen, alle Menschen, die aus politischen Motiven verfolgt wurden, zu rehabilitieren und die negativen Folgen dieser Willkür zu beseitigen«.[533] Wie ernst man diese Aufgabe nahm, wird allein schon an der Anzahl der zwischen Oktober 1991 und Juni 2002 bearbeiteten Rehabilitierungsanträge deutlich: Die Generalstaatsanwaltschaft und die Militärhauptstaatsanwaltschaft der Russischen Föderation entschieden rund 919.000 Rehabilitierungsanträge, prüften etwa 657.000 archivierte Strafakten von über ca. 906.000 Personen und rehabilitierten 632.000 unbegründet verfolgte russische und ausländische Bürger.[534] Für den Prozess der Rehabilitierung spielten die archivierten Strafakten eine zentrale Rolle, denn sie waren die unabdingbare Grundlage für jede Einzelfallentscheidung über die Rehabilitierung sowie für die Ausstellung der entsprechenden Bescheinigungen. Deshalb galt ihrem häufig mit mühsamem und langwierigem Suchen verbundenen Auffinden höchste Aufmerksamkeit und Priorität.[535]

---

[531] Zu ihnen gehörte auch der Wiecker Pfarrer und spätere Professor für Praktische Theologie in Rostock Gottfried Holtz (1899–1989). Zu den oppositionellen Personen siehe Matthiesen, Greifswald in Vorpommern, 423–425.

[532] Mit Blick auf Lohmeyer ist folgende Einschränkung wichtig gewesen: »Auf ausländische Staatsangehörige, die außerhalb der UdSSR repressiert wurden, findet das Rehabilitierungsgesetz nur dann Anwendung, wenn die betroffene Person durch ein Militärtribunal oder ein außergerichtliches Organ wegen Handlungen gegen Staatsbürger der UdSSR bzw. gegen die Interessen der UdSSR verurteilt wurde.« Leonid Kopalin / Aleksandr Čičuga / Ivan Tjul'panov, Zum Problem der Rehabilitierung widerrechtlich repressierter deutscher Staatsangehöriger, in: Andreas Hilger / Mike Schmeitzner / Ute Schmidt (Hg.), Diktaturdurchsetzung, 113–124, hier 115.

[533] Kopalin, Rehabilitierung, 133.

[534] Siehe dazu Kopalin, Rehabilitierung, 134.

[535] Siehe dazu Kopalin, Čičuga, Tjul'panov, Problem, 114.

Den ersten Antrag auf Rehabilitation Lohmeyers stellte Anfang September 1994 Generalarzt a. D. Dr. Horst Hennig (*1926) aus Köln.[536] Als Student war Hennig 1950 in Halle an der Saale zu 25 Jahren Lagerhaft verurteilt worden, die er seit 1951 im Arbeitslager Workuta verbracht hatte.[537] Nach fünf Jahren wurde Hennig durch die Intervention Konrad Adenauers (1876–1967) im Dezember 1955 nach Berlin repatriiert und nahm 1956 sein Medizinstudium in Köln wieder auf. Neun Jahre nach dem Eintritt in den Ruhestand reiste er 1992 nach Moskau, um zunächst die Rehabilitierung der zusammen mit ihm verurteilten Studenten zu beantragen. Ihre Rehabilitation erfolgte umgehend.[538] In der Folgezeit setzte sich Hennig für zahlreiche Rehabilitierungen ein – so auch für Lohmeyer – und organisierte Zusammenkünfte mit russischen Militärarchivaren und mit der Zentralverwaltung des ehemaligen KGB, um Zugänge zu Archiven für deutsche Betroffene zu eröffnen.[539] Der Antrag Lohmeyer betreffend wurde allerdings zunächst am 5. Dezember 1995 negativ beschieden.[540] Die Militärhauptstaats- anwaltschaft teilte das Fehlen von Angaben über Verfolgung und Verurteilung Lohmeyers mit, erklärte sich aber bereit, beim Auftauchen zusätzlicher Infor- mationen die Überprüfung wieder aufzunehmen.[541] Kurz vor dieser Ablehnung hatte Lohmeyers Tochter Gudrun Otto ebenfalls einen Rehabilitierungsantrag

---

[536] H. Hennig an M. Onnasch, Brief vom 21. August 1996. Die Generalstaatsanwaltschaft der Russischen Föderation bestätigte mit Schreiben vom 6. September 1994 den Eingang des Antrags; PHO.

[537] Horst Hennig, Von der Universität in das sowjetische Straflager Workuta, in: Gerald Wiemers (Hg.), Der frühe Widerstand in der Sowjetischen Besatzungszone Deutschlands SBZ/DDR, 73–78; Wilfriede Otto, Max Menzel und Horst Hennig. Zwei Generationen deutscher Vorkuta-Häftlinge, in: Jahrbuch für Historische Kommunismusforschung, 2006, 329–346; Klaus-Dieter Müller / Jörg Osterloh, Die andere DDR. Eine studentische Widerstandsgruppe und ihr Schicksal im Spiegel persönlicher Erinnerungen und sow- jetischer NKWD-Dokumente, Dresden ²1996.

[538] Gerald Wiemers (Hg.), Erinnern als Verpflichtung. Generalarzt a.D. Dr. med. Horst Hennig zum 85. Geburtstag, Leipzig 2011; Gerald Wiemers (Hg.), Erinnern statt Ver- drängen. Horst Hennig – Erlebtes in den Diktaturen des 20. Jahrhunderts, Leipzig 2016.

[539] Otto, Menzel und Hennig, 346.

[540] Generalstaatsanwaltschaft der Russischen Föderation an die Deutsche Botschaft, Schreiben vom 5. Dezember 1995; PHO.

[541] Schreiben der Generalstaatsanwaltschaft der Russischen Föderation an die Deutsche Botschaft in Moskau vom 5. Dezember 1995; PHO. Auch wenn im Einzelfall durchaus Akten vernichtet worden waren, so konnte in der Regel davon ausgegangen werden, »daß über jede Person, die repressiert wurde, eine Akte existiert«, die freilich in verschiedenen Archiven deponiert waren und manchmal jahrelanges Suchen erforderlich machten. Siehe dazu die Ausführungen von Leonid Kopalin, in: Deutscher Bundestag, Enquete- Kommission »Überwindung der Folgen der SED-Diktatur im Prozeß der deutschen Einheit«, Protokoll der Sitzung vom 7. Mai 1996; PHO.

gestellt, der von dem Historiker Dr. Hans Coppi (*1942) den zuständigen Stellen übergeben wurde.[542] Am 27. Juli 1995 reichte Hennig einen neuen Antrag ein, dessen Bearbeitung sich wegen der langwierigen Archivrecherchen bis in den Sommer 1996 hinziehen sollte.[543] Anlässlich des 50. Todestages im Jahr 1996 plante die Fakultät die Stiftung einer Gedenktafel und beabsichtigte bis dahin, das »tragische Schicksal« Lohmeyers »soweit wie möglich aufzuklären«.[544] Dazu sollte von Seiten der Universität ein Antrag auf ein Rehabilitierungsverfahren gestellt werden, was Gudrun Otto dankbar begrüßte.[545] Denn allein dieser Weg eröffnete die Möglichkeit, Lohmeyer betreffende Akten einsehen zu können und so neue Informationen über sein Schicksal zu erhalten.[546] In Greifswald übernahm der Professor für Neues Testament, Günter Haufe, die weiteren Recherchen und das weitere Vorgehen bezüglich des Rehabilitationsverfahrens. Unterstützung erhielten die Greifswalder Bemühungen neben Hennig durch Manfred Heinemann (*1943), Professor am Zentrum für Zeitgeschichte in Hannover. Durch sein von der Volkswagen-Stiftung finanziertes, gemeinsam mit dem Tübinger Professor für Osteuropäische Geschichte, Dietrich Beyrau (*1942), durchgeführtes Projekt »Archive in Moskau und St. Petersburg: Förderung der Infrastruktur und der deutschrussischen Forschungskooperation« seinen Forschungsschwerpunkt »SBZ und DDR im Bereich der Entwicklung des Hochschulwesens nach 1945«[547] war Heinemann nicht nur ein ausgewiesener Fachmann, sondern verfügte auch über wichtige persönliche Kontakte zur Russischen Militärstaatsanwaltschaft und hatte einen weiten Einblick in die Akten der SMT-Opfer.[548]

Die Rehabilitation Lohmeyers galt als ein gesamtuniversitäres Anliegen und das Rektorat unter dem Juristen Jürgen Kohler (*1953) war somit involviert.[549] Nach seiner Berufung auf den kirchengeschichtlichen Lehrstuhl übernahm Martin Onnasch (*1944) die zeitgeschichtlichen Recherchen und arbeitete mit dem Greifswalder Politikwissenschaftler Wolfgang Pfeiler (1931–2011) zusammen. Offen und zu klären war zunächst, auf welchem Weg am erfolgverspre-

---

[542] G. Otto an die Konrad-Adenauer-Stiftung, Schreiben vom 20. Januar 1995; ferner G. Haufe an J. Kohler, Schreiben vom 9. Juni 1996; beide in PHO.

[543] H. Hennig an M. Onnasch, Schreiben vom 21. August 1996; PHO.

[544] Siehe dazu die Aktennotiz von Christof Hardmeier vom 13. Mai. 1996; PHO.

[545] G. Haufe an J. Kohler, Schreiben vom 9. Juni 1996; PHO.

[546] Für die Antragstellung gab es ein einseitiges deutsch- und russischsprachiges Formular, das an den »Haupt Militär Staatsanwalt« in Moskau gerichtet und mit folgender Betreffzeile versehen war: »Durch ein sowjetisches Militär-Tribunal fühle ich mich unschuldig verurteilt. Ich bitte, das Urteil aufzuheben (Rehabilitation).« PHO.

[547] Siehe dazu Heinemann, Hochschuloffiziere.

[548] M. Heinemann an J. Kohler, Schreiben vom 18. April 1996; PHO.

[549] Siehe dazu die Aktennotiz von Dekan Christof Hardmeier vom 13. Mai 1996; PHO.

chendsten ein Rehabilitierungsantrag einzureichen war. Deshalb sollte Heinemann auf der 1996 von ihm durchgeführten Tagung »Wissenschaft und Macht«[550]
in den Franckeschen Stiftungen in Halle, auf der aus Greifswald niemand teilnahm, mit dem Militärstaatsanwalt Leonid P. Kopalin in Kontakt treten und ihn
bestenfalls nach Greifswald bringen.[551] Mit Blick auf die geplante Gedenkveranstaltung am 19. September 1996 traf man im Sommer des Jahres zwei Entscheidungen: Zum einen sollten auf Geheiß des Rektorats keine Vertreter der
ehemaligen sowjetischen Militäradministration eingeladen werden.[552] Zum anderen erklärte der Dekan der Theologischen Fakultät, Christof Hardmeier
(*1942), sich für die Recherchen bezüglich Lohmeyer in den Archiven – man ging
von einer längeren Arbeitsphase aus – Zeit zu lassen und sich nicht auf die
Gedenkfeier zu fixieren.[553] Insgesamt gesehen ging man die Angelegenheit etwas
zögerlich an, denn Mitte Juni 1996 war noch kein Antrag auf Rehabilitation
vorbereitet.[554]

Deutlich zielstrebiger agierte indessen Hennig. Er hatte sich zwischenzeitlich, um den Fortgang des von ihm gestellten Rehabilitationsantrags voranzu-
bringen, an den russischen Militär-Archivdirektor Oberst Viktor M. Mukhin mit
der Bitte gewandt, gegen Arbeitskostenerstattung weitere Recherchen anstellen
zu lassen.[555] Zudem konnte er gemeinsam mit Heinemann, die sich beide mit
großen Einsatz einbrachten, auf der Tagung in Halle Kopalin davon überzeugen,
weiter nach der Akte Lohmeyers suchen zu lassen. Der geplante Besuch des
Militäroberstaatsanwaltes in Greifswald war indes nicht zu realisieren.[556]
Schließlich ließ Hennig der Theologischen Fakultät einige »Anregungen« zur
Aufhellung von Lohmeyers Schicksal zukommen.[557]

---

[550]   Im Erscheinen begriffen ist dazu Manfred Heinemann, Wissenschaft und Macht. Zur
        ›Sowjetisierung‹ der Wissenschaften, Berlin 2018.

[551]   M. Heinemann an J. Kohler, Schreiben vom 18. April 1996; PHO. Die Tagung widmete
        sich dem »Stand der internationalen Forschung zum Themengebiet der Sowjetisierung
        der Wissenschaft«.

[552]   Horst Hennig hatte in einem Schreiben vom 4. Juni 1996 an Dekan Hardmeier (PHO)
        empfohlen, den Generalmajor der Justiz Wladimir I. Kupez einzuladen, der Vorsitzender
        der Verwaltung für Rehabilitation war. Hennig erhoffte sich, dass durch die Einladung
        der Druck auf die russische Seite erhöht würde und man dort die Suche intensiviere.

[553]   Dekan C. Hardmeier an H. Hennig, Brief vom 15. Juli 1996; PHO.

[554]   G. Haufe an M. Heinemann, Schreiben vom 14. Juni 1996; PHO.

[555]   H. Hennig an das Dokumentations/Archiv-Zentrum, Generalstab der Russischen Föde-
        ration, Oberst Viktor. W. Mukhin, Schreiben vom 26. April 1996; sowie H. Hennig an J.
        Kohler, Schreiben vom 5. Mai 1996; beide PHO.

[556]   M. Heinemann an C. Hardmeier, Schreiben vom 11. Juni 1996; PHO.

[557]   H. Hennig an C. Hardmeier, Schreiben vom 10. Juli 1996; PHO.

Neben den bisher genannten Personen und Institutionen wurde im weiteren Verlauf nicht nur der »Landesbeauftragte für Mecklenburg-Vorpommern für die Unterlagen des Staatssicherheitsdienstes der ehemaligen DDR« in Schwerin konsultiert, sondern auch der 1945 vom NKWD verhaftete und bis 1955 inhaftierte Politikwissenschaftler Günther Wagenlehner (1923–2006),[558] der bei einem Besuch mit Helmut Kohl in Moskau 1993 Kontakt zu den KGB-Archiven aufgenommen und danach in Bonn das »Institut für Archivauswertung« gegründet hatte. Über 50.000 Datensätze zu politischen Gefangenen in der Sowjetunion trug er zusammen, mit denen 8.500 Rehabilitierungen erreicht werden konnten.[559] Wagenlehner erhielt aus Greifswald ein Infoblatt mit allen Daten über »Ernst ›Heinrichowitsch‹ Lohmeyer«.[560]

Die Suche nach den Akten in den russischen Archiven zog sich hin. Erst Mitte Juli 1996 tauchten erste Archivalien auf.[561] Wenige Tage später erhielt am 1. August die Deutsche Botschaft in Moskau von Leonid Kopalin eine Kopie des

---

[558]   Horst Hennig / Gerald Wiemers, Günther Wagenlehner. Zeitzeuge und Historiker des Widerstands. Geb. 19. Nov. 1923 in Oederan/Sachsen, gest. 25. Juni 2006 in Bonn, in: Freiheit und Recht. Vierteljahresschrift für streitbare Demokratie und Widerstand gegen Diktatur, 2006, 9–10.

[559]   Die Sammlung befindet sich heute im Hannah-Arendt-Institut bzw. in der Stiftung Sächsische Gedenkstätten zur Erinnerung an die Opfer politischer Gewaltherrschaft in Dresden; Hennig, Wiemers, Günther Wagenlehner, 9. Nach einem Bericht von Leonid Kopalin haben wir es mit folgenden Zahlen zu tun: Insgesamt waren mehr als 200.000 deutsche Staatsbürger durch unterschiedliche sowjetische Organe Repressionen unterworfen gewesen: Ungefähr 70.000 Personen wurden von sowjetischen Gerichten verurteilt, »davon etwa 40.000 auf deutschem Gebiet und etwa 30.000 ehemalige Kriegsgefangene auf dem Territorium der Sowjetunion. Die größte Gruppe der Repressierten sei die der sog. Internierten, von denen ca. 128.000 auf deutschem Boden in Speziallagern des NKWD, die aus ehemaligen faschistischen Konzentrationslagern hervorgegangen waren, interniert wurden. Dies sei im Verlauf der Entnazifizierung geschehen. Nach dem Krieg seien ungefähr 130.000 deutsche Staatsbürger in die Sowjetunion deportiert worden, um die Wirtschaft wieder aufzubauen. [...] Nach einer offiziellen Mitteilung des Zentrums für die historisch-dokumentarische Sammlung des Staatlichen Archivdienstes Russlands seien 128.477 Personen deportiert worden, von denen 47.709 in der Sowjetunion verstarben; über 80.000 seien zurückgekehrt und nach Deutschland repatriiert worden.« Nach Kopalin war von den bisher durchgesehenen 8.000 Strafakten deutscher Staatsbürger nur bei ca. 6% die Rehabilitation abgelehnt worden. Siehe dazu: Deutscher Bundestag, Enquete-Kommission »Überwindung der Folgen der SED-Diktatur im Prozeß der deutschen Einheit«, Protokoll der Sitzung vom 7. Mai 1996; PHO. Im Jahr 2012 erklärte Kopalin allerdings: »Die Gesamtzahl der Opfer politischer Verfolgungen ist bisher noch unbekannt.« Kopalin, Rehabilitierung, 133.

[560]   W. Pfeiler an G. Wagenlehner, Schreiben vom 11. Juli 1996; PHO.

[561]   H. Hennig an C. Hardmeier, Schreiben vom 10. Juli 1996; PHO.

letzten Schreibens von Lohmeyer, das sie umgehend an Horst Hennig weiter-leitete, mit der Bemerkung, dass Kopalin »angestrengt an der Rehabilitierung des unschuldig zum Tode verurteilten Bürgers« arbeite.[562] Zeitgleich erkundigte sich Wagenlehner bei seinem Besuch in Moskau nach dem Stand der Recherchen bezüglich Lohmeyer. Er erfuhr von Kopalin, dass die Akten nach knapp ein-jähriger Suche in einem nicht dafür zuständigen Archiv des Verteidigungsmi-nisteriums aufgetaucht seien. Wagenlehner konnte Einsicht nehmen und war zuversichtlich, dass mit der Rehabilitation in Kürze zu rechnen sei.[563]

Mit dieser Vermutung sollte er Recht behalten, denn am 15. August 1996 wurde das »Abschliessende Gutachten«, das auf den Rehabilitationsantrag von Gudrun Otto reagierte, von Leonid Kopalin fertiggestellt.[564] Das in deutscher Übersetzung vorliegende dreiseitige Schreiben, das auf Grund einer sorgfältigen Recherche erstellt wurde und die individuelle Überprüfung des Falls belegt, hält am Ende fest, »daß Ernst Lohmeyer ohne ausreichende Gründe und nur aus politischen Motiven heraus verhaftet und verurteilt wurde. Deshalb gilt er gemäß Paragraph 3 des Gesetzes der Russischen Föderation ›Über Rehabilitierung der Opfer politischer Repressionen‹ vom 18. Oktober 1991 als vollständig rehabili-tiert.« Eine Überprüfung der Strafakte zur Anklage Lohmeyers ergab zweifelsfrei seine Unschuld. In den Akten fanden sich keinerlei »Beweise für eine verbre-cherische Tätigkeit Lohmeyers gegen die UdSSR und deren Bürger«. Für die Anklage insgesamt – so hält das Gutachten fest – gab es keinerlei Beweise. Die belegten Gräueltaten des deutschen Militärs im Kreis Slawjansk erfolgten vor Lohmeyers Ankunft. Somit bestätigt das Gutachten Lohmeyers seinerzeit for-mulierte Unschuldsbekundungen. Das Gutachten dokumentiert zudem, dass Lohmeyer den Krieg für ein Verbrechen hielt und an keinen Erschießungen sowjetischer Bürger oder an anderen Strafaktionen teilgenommen habe. Viel-mehr habe er bei Strafmaßnahmen Milde gezeigt und seine ganze Arbeit »auf den Prinzipien der Menschlichkeit« begründet und diese Haltung auch von seinen Untergebenen gefordert. Lohmeyers Einsatz für die Bevölkerung habe sich – so das Gutachten – gezeigt durch den »Aufbau der örtlichen Selbstverwaltung, die Wiederherstellung von Objekten der Industrie und Landwirtschaft« sowie durch sein Eingreifen bei »unbegründeten Verhaftungen, zwangsweiser Deportation nach Deutschland und anderen Strafaktionen«. Die Voruntersuchung seines Falles wurde wie in unzähligen anderen vergleichbaren Fällen »unter Verletzung der Forderungen der Strafprozeßordnung durchgeführt«. Der Rehabilitierungs-bescheid vom 15. August 1996 stellt die vollständige Rehabilitierung und die posthume Wiederherstellung aller seiner Rechte fest.

---

[562] Botschaft der Bundesrepublik Deutschland in Moskau an H. Hennig, Schreiben vom 2. August 1996; PHO.

[563] G. Wagenlehner an M. Onnasch und W. Pfeiler, Schreiben vom 12. August 1996; PHO.

[564] Das Gutachten befindet sich im PHO.

Dieser Rehabilitationsprozess zeigte exemplarisch für viele andere, dass Lohmeyer ein Opfer, um mit den Worten Kopalins zu sprechen, »der damaligen juristischen Maßlosigkeit« gewesen war, die eine Vielzahl von Menschen für Taten verurteilte, die sie nicht begangen hatten, sondern auf Grundlage von Anzeigen agierte, die jeder Grundlage entbehrten oder auf erpressten respektive gefälschten Aussagen beruhten.[565] Das NKWD war nicht nur in Greifswald praktisch ohne jede Kontrolle vorgegangen und seine Verhaftungen hatten häufig allein dazu gedient, »Andersdenkende auszuschalten und in der östlichen Besatzungszone eine Ordnung nach sowjetischem Muster herzustellen«.[566]

Die Rehabilitierung Lohmeyers und anderer zu Unrecht Verurteilter Deutscher fand durchaus Interesse in der medialen Öffentlichkeit. Dabei kam es allerdings zu neuerlichen irritierenden Meldungen, wenn beispielsweise ohne weitere Kontextualisierungen das »Focus Magazin« unter dem Titel »Freisprüche für die Wehrmacht« berichtete, Lohmeyer sei mit der Begründung erschossen worden, damals »in der Sowjetunion ›ein faschistisches Regime‹« errichten zu wollen.[567] Der Artikel bezog sich hier zwar auf eine Formulierung aus dem Rehabilitierungsbescheid, unterlässt es aber, diesen Vorwurf zu relativieren.

Einen wirklich weiterführenden und neue Erkenntnisse bietenden Artikel druckte die »Frankfurter Allgemeine Zeitung« am 15. März 1996 ab. Der damalige Göttinger Politikwissenschaftler und heutige Chefredakteur des Bonner »General-Anzeigers« Helge Matthiesen (*1964) betitelte den Fall Lohmeyer als »Eine tödliche Intrige« und verortete ihn in den Greifswalder politischen Auseinandersetzungen und hob die Beispielhaftigkeit und das Typische dieses Falls für das Vorgehen der Kommunisten hervor: »Man suchte sich eine Symbolfigur

---

[565] Leonid P. Kopalin, Stand und Problematik der Rehabilitierung der von Sowjetgerichten verurteilten Deutschen. Vortragsmanuskript; zitiert bei Klaus-Dieter Müller, Sowjetische Speziallager in Deutschland und ihre Rolle in der deutsch-sowjetischen Geschichte. Einführende Überlegungen, 9–37, hier 20; dieser Aufsatz ist folgender Monographie voran gestellt: Günter Fippel, Demokratische Gegner und Willküropfer von Besatzungsmacht und SED in Sachsenhausen (1946 bis 1950). Das sowjetische Speziallager Sachsenhausen – Teil des Stalinschen Lagerimperiums, Leipzig 2008.

[566] So Kopalin, Stand, 20.

[567] Siehe den Beitrag von Jan von Flocken, Freisprüche für die Wehrmacht, in: Focus Magazin Nr. 49, 1996; online Fassung: https://www.focus.de/politik/deutschland/kriegsgefangene-freispreuche-fuer-die-wehrmacht_aid_160357.html (letzter Abruf 15. April 2018): »Zu den Rehabilitierten zählen auch Ernst Lohmeyer und Alfred Saalwächter. Theologieprofessor Lohmeyer, Rektor der Universität Greifswald, diente 1939 bis 1943 als Hauptmann bei den Rückwärtigen Diensten. 1946 verhaftet, wurde der 56jährige am 19. September mit der Begründung erschossen, er habe in der Sowjetunion ›ein faschistisches Regime‹ etablieren wollen.«

und ging mit allen Mitteln in der Öffentlichkeit und verdeckt gegen sie vor.«[568] Lohmeyer sei deswegen geradezu als eine solche Figur geeignet gewesen, da er sowohl ein prominenter Vertreter der Universität als auch ein »lokal prominenter CDU-Politiker« gewesen sei. Diese Kombination habe ihn zu Fall gebracht. Auf diesen Beitrag reagierte der Greifswalder Mathematiker Joachim Buhrow (1927– 2014) mit einem Leserbrief, den die FAZ unter dem Titel »In Greifswald gern vergessenes Opfer« abdruckte.[569] Buhrow drückte einerseits die Dankbarkeit vieler Greifswalder über Matthiesens Artikel aus und beklagte andererseits, dass es weder im Greifswalder Rektorat noch in der historischen Aula einen Hinweis auf Lohmeyers Schicksal gebe. Auch sei Lohmeyer in den Reden zum 50. Jahrestag der Wiedereröffnung der Universität nicht erwähnt worden. Am Tag der Greifswalder Gedenkfeier erschien am 19. September 1996 ein weiterer Artikel mit einem Foto Lohmeyers in der FAZ. Dieter Wenz berichtete unter dem Titel »›... und alle seine Rechte sind wiederhergestellt (posthum)‹« über die anstehende Feier,[570] auf der neben Haufe die Kultusministerin des Landes Mecklenburg-Vorpommern und Landesbischof Eduard Berger sprachen. Zudem geht der Beitrag breit auf den Rehabilitationsprozess ein. Auch in diesem Artikel wird – wie im »Focus Magazin« – aus dem Rehabilitationsbescheid von 1996 zitiert, wonach Lohmeyer angeblich ein »faschistisches Regime« auf russischem Territorium habe errichten wollen. Der Artikel lässt aber keinerlei Zweifel an der Unschuld Lohmeyers und betont das ihm widerfahrene Unrecht. Die augenfällige Parallele zum Artikel im »Focus Magazin« ist auf die Pressemitteilung der Universität Greifswald zurückzuführen. Der damalige Leiter der universitären Presse- und Informationsstelle, Dr. Edmund von Pechmann, hatte nämlich in seiner Pressemitteilung am 16. September 1996 geschrieben: »Als er [Lohmeyer] am 14. Februar 1946 von einer Operativgruppe des NKWD verhaftet wurde, lautete die Anklage suggestiv, Lohmeyer habe ›ein faschistisches Regime‹ in der Sowjetunion einzuführen versucht [...]«. Der ausdrückliche Hinweis auf Lohmeyers Engagement für Kommunisten und Juden findet in den beiden Artikeln hingegen keine Erwähnung.[571]

Ebenfalls am Tag der Gedenkfeier startete die lokale Greifswalder Tageszeitung eine dreiteilige »Serie zum Tode des ersten Uni-Nachkriegsrektors«, die

---

[568]   Matthiesen, Intrige.

[569]   Siehe FAZ Nr. 76 vom 29. März 1996, S. 10.

[570]   Frankfurter Allgemeine Zeitung vom 19. September 1996, Nr. 219, 16.

[571]   Von Pechmann schrieb: »In der Rehabilitationsschrift wird ausdrücklich hingewiesen, daß es keinerlei Beweis für solche Vorgehen gibt oder je gegeben hat, daß im Gegenteil der Bekennende Christ Lohmeyer etwa 300 örtliche Kommunisten und Juden entlassen habe und er ›nur aus politischen Gründen verhaftet und verurteilt wurde‹.« Siehe dazu die Pressemitteilung 42/1996 vom 16. September 1996: Prof. D. Dr. Ernst Lohmeyer voll rehabilitiert. Gedenkfeier zu seinem 50. Todestag am 19. September 1996; UAG.

der damalige und eben schon erwähnte Hamburger Doktorand Helge Matthiesen verfasste.[572] Bei seinen Recherchen war er von der Greifswalder CDU-Bürgerschaftsfraktion unterstützt worden. Im Rückblick auf die Gedenkfeier[573] fragte Edmund von Pechmann mit durchaus kritischem Unterton, ob sich die Redner tatsächlich mit Lohmeyer auseinandergesetzt hätten. Zudem verwies er auf die Tatsache, dass die Gedenktafel wegen des Widerstandes des Hausbesitzers nicht am Wohnhaus Lohmeyers in der Arndtstraße 3 angebracht werden konnte.[574]

Vier Jahre nach der Rehabilitation erfolgte ein weiterer wichtiger Schritt in Greifswald. Im Jahr 2000 erhielt das neu von der Greifswalder Theologischen Fakultät bezogene Gebäude am Rubenowplatz den Namen »Ernst-Lohmeyer-Haus«. Damit setzte die Fakultät in der Universitäts- und Hansestadt ein deutliches Zeichen. Gut anderthalb Jahrzehnte später würdigte schließlich die Universität als Ganze den ermordeten Theologen, indem sie dem zentralen Platz des neuen geisteswissenschaftlichen Campus der Universität Greifswald an der Friedrich-Loeffler-Straße 2016 den Namen »Ernst-Lohmeyer-Platz« gab. Damit ist Ernst Lohmeyer siebzig Jahre nach seiner Verhaftung und Hinrichtung in der Universität Greifswald wieder präsent und dürfte den einen oder anderen zu historischen Nachfragen anregen. Mit der Namensgebung verbindet sich für die Universität der Auftrag, die Erinnerung an unerträgliches politisches Unrecht und totalitäre Willkür in den Jahren nach 1945 wachzuhalten.

---

[572] Helge Matthiesen, Serie zum Tode des ersten Uni-Nachkriegsrektors, in: Ostsee-Zeitung vom 19.–21. September 1996.

[573] Siehe dazu den Beitrag »Erinnern und Gedenken. Ernst Lohmeyer im Gedächtnis seiner Zeitgenossen« von Christfried Böttrich, in diesem Band.

[574] Edmund von Pechmann, Hören, lesen, fürwahrnehmen. Die Gedenkfeier zum 50. Todestag von Ernst Lohmeyer, in: Journal der Ernst-Moritz-Arndt-Universität 7, 1996, Nr. 4, 2.

II. Vorträge des Symposiums vom 24. Oktober 2016

Martyrium: gesetztes Ziel in Lohmeyers Theologie, erreichtes Ziel in seiner Biographie

James R. Edwards

Im Jahre 1933 stellte Arthur Darby Nock, Professor für Urchristentum an der Harvard Universität, fest, dass die römische Welt über die ersten Christen im Unterschied zum Judentum eigentlich nichts Wesentliches gewusst habe. Diese Wissenslücke, bemerkte Nock, sei nicht verwunderlich, weil die Christen der ersten beiden Jahrhunderte ihre Religion eher unauffällig lebten: Sie trugen keine eigentümliche Kleidung und fielen auch nicht durch öffentliche Zeremonien, Kirchen, Tempel, Priester usw. auf. Das Einzigartige oder Typische (in Nocks Worten), woran die antike Welt die Christen erkannte, war der Typos des *Märtyrers*.[1]

Schon einige Jahre bevor Nock diese Beobachtung in seinem Buch *Conversion* veröffentlichte, hatte Ernst Lohmeyer das Thema »Martyrium« mehrfach schriftlich bearbeitet. In seinem Kommentar zur »Offenbarung des Johannes« von 1926 schloss er die Ausführungen über Johannes als »Seher« und die Apokalypse als »Zeugnis« so: »[Die Offenbarung] ist ein Buch eines Märtyrers für Märtyrer, und durch sie für alle Gläubigen.«[2]

Im folgenden Jahr, 1927, veröffentlichte Lohmeyer in der *Zeitschrift für systematische Theologie* einen Vortrag, den er unter dem Titel »Die Idee des Martyriums im Judentum und Urchristentum«[3] schon früher in Paris gehalten hatte. In diesem Artikel, der übrigens weder in der Bibliographie noch im Artikel μάρτυς κτλ im *Theologischen Wörterbuch zum Neuen Testament* zitiert wird, behauptet Lohmeyer, dass das christliche Verständnis des Martyriums aus dem Boden der jüdischen – und besonders der makkabäischen – Geschichte hervorgewachsen sei. Für Lohmeyer steht der Märtyrer gleichsam als Zeuge zwischen zwei Welten. Einerseits ist er Stellvertreter des christlichen Zeugnisses der Kirche, andererseits ist er Anwalt Gottes auf Erden.

---

[1]   Arthur Darby Nock, Conversion. The Old and the New in Religion from Alexander the Great to Augustine of Hippo, Oxford ²1961, 192–193.

[2]   Ernst Lohmeyer, Die Offenbarung des Johannes, HNT 16, Tübingen ²1953, 202.

[3]   Ernst Lohmeyer, Die Idee des Martyriums im Judentum und Urchristentum, in: ZSTh 5, 1927, 232–249.

Schließlich behandelte Lohmeyer das Thema ausführlich 1928 in seinem Kommentar zum Philipperbrief in der Reihe KEK, in dem er den Philipperbrief grundsätzlich und umfassend als Martyriumsbrief interpretiert – als Erwartung sowohl des Martyriums des Paulus selbst (Phil 1,12–26) als auch des Martyriums der Gemeinde (Phil 1,27–2,16), danach als Hilfe im Martyrium (Phil 2,17–30), als Darstellung der Gefahren im Martyrium (Phil 3,1–21) und schließlich als Mahnung im Martyrium (Phil 4,1–9).

Wenn man Deutschland in den späten 20er Jahren sowie das persönliche Leben Lohmeyers während dieser Zeit betrachtet, erscheint eine solche intensive Beschäftigung mit dem Thema Martyrium durchaus nicht naheliegend. Folterungen und Morde an Christen gab es in Deutschland noch nicht. Dazu kam es erst zehn Jahre später. Schwere Christenverfolgungen fanden in Russland statt, aber die waren im Westen nur wenig bekannt. Wieviel Lohmeyer selbst davon wusste, lässt sich nicht sagen. In biographischer Hinsicht könnte man die Zeit seiner Beschäftigung mit dem Thema Martyrium, also die Breslauer Jahre, als den Höhepunkt seines Lebens ansehen. Der Umfang und die Anzahl seiner wissenschaftlichen Arbeiten sowie beide Bücher und Artikel legen davon ein eindrückliches Zeugnis ab. An der Universität bewegte er sich in einem anregenden Freundes- und Kollegenkreis. Viele klangvolle Namen füllen das Gästebuch in seinem Sommerhaus in Glasegrund in Schlesien. Wie von einem Schlussstein werden diese Breslauer Jahre Lohmeyers 1930–1931 von der Berufung zum *rector magnificus* der Friedrich-Wilhelms-Universität gekrönt.

Alle diese positiven Lebensumstände geben keinen erkennbaren Anlass, um das Thema des Martyriums in einem existentiellen Sinne aufzunehmen. Eher möchte ich deshalb vorschlagen, dass Lohmeyers intensive Bearbeitung dieses Themas aus vornehmlich theologischen und philosophischen Motiven stammte. Denn im Martyrium nahm er den Kern des Evangeliums wahr – nicht nur den Kern des individuellen Glaubens, sondern auch den Kern der gesamten Kirche. Schon in Lohmeyers ersten wissenschaftlichen Arbeiten, z. B. in seiner theologischen Dissertation zur Erklärung des neutestamentlichen Begriffs *Diatheke* (1913) oder in seiner Dissertation zum Dr. phil. über *Die Lehre vom Willen bei Anselm von Canterbury* (1914) begegnen wir immer wieder dem Bestreben nach »Sachlichkeit«, »Bestimmtheit«, dem »Zeitlosen«, d. h. dem, was nicht weiter reduziert werden kann. Als Neutestamentler und Theologe mit einer starken neukantianischen Prägung suchte Lohmeyer nach dem Bleibenden, dem Wesentlichen, dem Unverwandelbaren in seiner Exegese und Theologie. Lohmeyer fand im Martyrium den sachlichen und bestimmten Kern des Christentums. Das Martyrium ist der Kern des Glaubens, weil im Martyrium der Christ und die Kirche dem Wesen des Evangeliums auf eine einzigartige, unverwechselbare Art und Weise Zeugnis geben. In gleicher Weise erkennt und erlebt die Welt im Martyrium die Wahrheit und Kraft des Evangeliums, wie sie diese auf keinem anderen Wege und in keiner anderen Weise sonst erleben und verstehen kann.

MARTYRIUM ALS ZENTRIFUGALKRAFT DES CHRISTLICHEN GLAUBENS

Wenn man die verschiedenen Aussagen zusammennimmt, die Lohmeyer in Verbindung mit dem Thema Martyrium trifft, kann man ohne Übertreibung sagen, dass das Martyrium die Nabe ist, an der die verschiedenen Speichen von Lohmeyers theologischem Rad hängen. Die allerwichtigste Speiche ist der Glaube selbst. In Phil 3,10 heißt es: »Ihn möchte ich erkennen und die Kraft seiner Auferstehung und die Gemeinschaft seiner Leiden und so seinem Tode gleichgestaltet werden.« Lohmeyer legt diesen Vers folgendermaßen aus: »[Die Leiden des Paulus] stiften also die Gemeinschaft des Gläubigen mit Christus oder Gott. Damit scheint zunächst nichts anderes gesagt, als dass das Leben des Gläubigen ›Leiden‹ sei und so mit dem ›Leiden Christi‹ verbunden. Aber hier handelt es sich nicht um Glauben, der die Notwendigkeit des Leidens in sich schliesst, sondern um ein Erkennen, nicht um einen unveräusserlichen Tatbestand, den der Heroismus des Glaubens duldend und freudig trägt, sondern um ein wohl mit ihm gesetztes, aber noch nicht erreichtes Ziel.«[4]

Martyrium, so behauptet Lohmeyer, ist »gesetztes, aber noch nicht erreichtes Ziel« des Glaubens. »Gesetztes und erreichtes Ziel« beschreibt nicht nur den Glauben des Apostels Paulus, auch nicht nur den Glauben Ernst Lohmeyers selbst – obwohl man in diesen Worten den Titel dieses Vortrages hört – sondern tatsächlich den Glauben jedes Christen. Glaube verbindet den Gläubigen mit dem Leiden Christi, und »die Leiden des Märtyrers empfangen ihre eigentümliche Bedeutung erst dadurch, dass sie das Leiden Christi nachbilden.«[5] Dieses Leiden ist nicht das traurige Ende des Gläubigen, sondern das wahre Leben, weil »der Todestag des Märtyrers sein wahrer Geburtstag heisst.«[6] Glaube verbindet den Gläubigen nicht nur mit dem Leiden Christi, sondern auch mit der Gemeinde. »In dem Schicksal des Märtyrers fasst sich also das Schicksal des Volkes zusammen«, schreibt Lohmeyer.[7] Leiden ist nicht nur Nachbildung des Leidens, sondern die unausweichliche Voraussetzung der Auferstehung Christi. Lohmeyer fasst Leiden und Auferstehung in folgender Weise zusammen: »[Auferstehung] ist das letzte Gut, das Leben und Glauben seines irdischen Laufes krönt. Mit ihr ist als seine notwendige Voraussetzung die Tatsache seines leiblichen Todes gegeben. Von diesem Tode muss also das Sätzchen sprechen: ›gleichgestaltet seinem Tode.‹«[8]

Im Zusammenhang mit dem Glauben steht die Nachfolge als Nebenspeiche in Lohmeyers theologischem Rad. Wie der Glaube tritt die Nachfolge Christi als

---

[4]   Ernst Lohmeyer, Der Brief an die Philipper, KEK IX/1, Göttingen 1974, 139.

[5]   Lohmeyer, Brief an die Philipper, 139.

[6]   Lohmeyer, Brief an die Philipper, 140.

[7]   Lohmeyer, Idee des Martyriums, 237.

[8]   Lohmeyer, Brief an die Philipper, 139.

wesenhaftes Zeichen des Martyriums im Philipperbriefkommentar besonders stark hervor. Beide sind theologische Zwillinge im Verhältnis zum Martyrium. Für Lohmeyer, schreibt Erik Esking, ist »[w]ahre Nachfolge, wahrer Glaube, dasselbe wie leiden und bekennen.«[9]

»Leiden« und »bekennen« stehen für Lohmeyer als grundlegende Elemente des Martyriums. Um die Beziehung zwischen Leiden und Bekennen besser zu verstehen, müssen wir das Bild vom Rad durch zwei Kreise ersetzen bzw. ergänzen – zwei Kreise, die sich nicht nur berühren, sondern vielmehr teilweise übereinanderliegen. »In dem Begriff des Martyriums treffen sich«, laut Lohmeyer, »zwei grosse Gedankenkreise; es sind die Gedanken von dem religiösen Sinn des Leidens und der zeitlichen Notwendigkeit des Bekennens.«[10] Das Vorbild dafür existierte schon in Israel: JHWH erwählte das Volk Israel vor allen anderen Völkern, um Gottes Zeuge zu sein, und mit dem Begriff des Zeugentums steht der Nebenbegriff des Leidens in einer unlösbaren Beziehung. Lohmeyer versichert seinen Lesern, dass Israels Leiden nicht eine Folge seiner Sünden sind – jedenfalls nicht in erster Linie –, »sondern es ist mit nachdrücklicher Betonung unverdient und allein begründet in der Wahl zum Zeugentume.«[11] Israel ist Gottes Zeuge durch sein Leiden, und Israel leidet, weil es ein Zeuge Gottes ist.

Diese zwei übereinanderliegenden Kreise des religiösen Sinnes des Leidens und der zeitlichen Notwendigkeit des Bekennens sind im Neuen Testament vollständig übernommen, allerdings mit einem wichtigen Unterschied: der leidende Bekenner ist nicht mehr das Volk Israel, auch sind es nicht mehr die makkabäischen Leidenden oder der *Ebed-JHWH* selbst. Der leidende Bekenner ist nun Jesus, der »das höchste Beispiel urchristlichen Martyriums«[12] ist. Lohmeyer versteht Jesus als »verkörperte[n] Glaube[n]« und deshalb als die Verwirklichung des Begriffs des Martyriums. Diese Verwirklichung bezieht sich nicht nur auf Jesus als den leidenden Messias, sondern ebenso auf alle Christen und Kirchen. Lohmeyers wechselnde Beziehung zwischen Glaube und Martyrium – »Glauben heisst Leiden und Leiden bezeugt Glauben; und die Verbindung beider ist nur möglich, wenn Glauben das in Welt und Leben bitterlich angefochtene Erbteil ist«[13] – nimmt Dietrich Bonhoeffers berühmte Aussage über die Verbindung von Glauben und Leiden in seiner *Nachfolge* um einige Jahre vorweg. »In allen Orten«, bekennt Lohmeyer, »und zu allen Zeiten sind die Boten und Zeugen Gottes die Leidenden und Verfolgten.«[14] Die Leiden des Gläubigen empfangen ihre eigen-

---

9   Erik Esking, Glaube und Geschichte in der theologischen Exegese Ernst Lohmeyers, Kopenhagen / Lund 1951, 227.
10 Lohmeyer, Idee des Martyriums, 233.
11 Lohmeyer, Idee des Martyriums, 234.
12 Lohmeyer, Idee des Martyriums, 244.
13 Lohmeyer, Idee des Martyriums, 236.
14 Lohmeyer, Idee des Martyriums, 241.

tümliche Bedeutung, weil sie das Leiden Christi nachbilden, oder anders ausgedrückt, weil für den Christen der Tod die Forderung und Vollendung des Glaubens ist, wie er es für Jesus selbst war.[15] In solchen Leiden ist die Erkenntnis der spezifischen Gemeinschaft mit Christus vollendet.[16]

Der Märtyrer oder die Märtyrerin ist der unvergleichliche Zeuge Gottes, weil der Zeuge gleichsam zwischen zwei Welten steht, zwischen dieser irdischen Welt und zugleich unter dem unmittelbaren Schirm der göttlichen Welt.[17] In dieser Doppelfunktion ist der Märtyrer oder die Märtyrerin, nach Lohmeyers Verständnis, »Seher«[18] und »Prophet«[19] voller Geist und Weisheit, und in ähnlicher, aber erhabenerer Weise, »Anwalt Gottes«[20] und »Repräsentant Gottes«[21]. Der Märtyrer oder die Märtyrerin bringt die Botschaft der kommenden Welt gerade jetzt in die irdische.

Das doppelte Zeugnis des Märtyrers zwischen der irdischen und der göttlichen Welt erreicht für Lohmeyer sein Ziel und seine endgültige Bedeutung in der Rolle des Märtyrers als »Stellvertreter« des Gottesvolkes. Nach Lohmeyer schwankt die Gestalt des Märtyrers zwischen Individuum und Kollektivum, und so fasst das Schicksal des Märtyrers zugleich das Schicksal der Kirche zusammen. Der Märtyrer ist nicht nur Glied der Kirche, sondern »Exponent« ihrer tiefsten Mission, ja wesenhafter Typos der Kirche, weil dieser »Verachtete und Verfolgte unter den Völkern zugleich das von Gott Erkorene ist.«[22] Der Märtyrer fungiert als Stellvertreter der Gemeinde, da »die Gemeinschaft, die zwischen dem Märtyrer und der Gemeinde besteht, [...] die Erhebung der Gemeinde auf dieselbe Ebene wie der Märtyrer [fordert].«[23] Der Kern der Stellvertretungsidee findet seinen einfachsten und klarsten Ausdruck im Kommentar zum Philipperbrief, nämlich so: Die unmittelbare Bedeutung des Märtyrers für die Gemeinde besteht in seinem Leiden, denn »was der Märtyrer leidet und bezeugt, das leidet und bezeugt er *für* sie.«[24]

---

15 Lohmeyer, Idee des Martyriums, 237.
16 Lohmeyer, Brief an die Philipper, 139.
17 Lohmeyer, Idee des Martyriums, 239.
18 Lohmeyer, Offenbarung des Johannes, 202.
19 Lohmeyer, Offenbarung des Johannes, 202.
20 Lohmeyer, Idee des Martyriums, 239 und 242.
21 Lohmeyer, Idee des Martyriums, 242.
22 Lohmeyer, Idee des Martyriums, 235–237.
23 Esking, Glaube und Geschichte, 229.
24 Lohmeyer, Brief an die Philipper, 46. Dazu Eckart Reinmuth, Vom Zeugnis des Neuen Testaments zum Zeugen für das Neue Testament: Ernst Lohmeyer, in: Greifswalder theologische Profile. Bausteine zur Geschichte der Theologie an der Universität Greifswald, GThF 12, hg. von Irmfried Garbe / Tilman Beyrich / Thomas Willi, Frankfurt a. M. 2006, 268–269.

Zusammenfassung

Das Wort »Martyrium« kommt von dem griechischen μαρτυρεῖν. Es bezeichnete ursprünglich ein Beweiszeugnis im Bereich des Rechtslebens. Zunächst bezog sich das Wort dabei vor allem, ja ausschließlich, auf ein Zeugnis im Leben. Erst in der frühchristlichen Literatur wurde der Begriff »Martyrium« dann erweitert und bezeichnete nun nicht mehr nur das Zeugnis im Leben, sondern zusätzlich das Zeugnis *vom* Leben im Tod des Märtyrers. In der frühen Christenheit wurde μαρτυρία dann umfangreich für das christliche Zeugnis *im* Leben und *vom* Leben verwendet.

Wie wir oben gesehen haben, beschäftigte sich Lohmeyer in seiner Theologie hauptsächlich mit dem zweiten Sinn des Märtyrerbegriffs – mit dem Märtyrer als einem Blut-Zeugen. Außerdem betrachtete Lohmeyer das Martyrium nicht seelsorgerlich als eine bevorstehende physische Möglichkeit für ihn persönlich oder für andere, sondern als ein rein theologisches Thema, als die »*Idee* des Martyriums«, wie es im Titel seines bahnbrechenden Artikels heißt. Wie immer in seiner Theologie befasst sich Lohmeyer auch hier mit der »Sachlichkeit« des Märtyrerbegriffs. Das in diesem Vortrag Ausgeführte erlaubt uns mit vollem Recht zu behaupten, dass das Martyrium »gesetztes Ziel in Lohmeyers Theologie« war.

Können wir aber mit gleichem Recht auch die zweite Hälfte im Titel dieses Vortrags behaupten, nämlich dass das Martyrium auch »erreichtes Ziel seiner Biographie« gewesen sei? Mit »erreichtem Ziel« meinen wir keinen Fanatismus. Fanatismus ist nicht Zeugnis – jedenfalls nicht christliches Zeugnis. Fanatismus bezeugt etwas anderes – ein edles Ziel, eine glühende Ideologie, eine revolutionäre Bewegung usw., aber nicht Jesus Christus. Als »erreichtes Ziel seiner Biographie« meinen wir die *Bereitschaft*, den Weg und das Schicksal Jesu Christi in der Welt auf sich zu nehmen. Sicher hat Ernst Lohmeyer einen gewaltsamen Tod erlitten – vom sowjetischen NKWD »zu Unrecht hingerichtet«, wie es die Erinnerungstafel an der Theologischen Fakultät in Greifswald für ihn festhält. War sein Tod aber ein wirklicher *Märtyrer*tod? Lohmeyer selbst behauptete, dass das Martyrium etwas anderes sei als tapferer, frommer, heldenmutiger Tod. In seinem Artikel zu μάρτυς κτλ im *ThWNT* stimmt Hermann Strathmann dem zu, dass das Vokabular der μάρτυς-Wortfamilie für die Glaubens- und Gehorsamshelden in der LXX nicht benutzt wird, weil »bei dem christlichen μάρτυς immer daran gedacht ist, dass jemandem bezeugt wird, dass er sich verkündigend an andere wendet.«[25] Mit anderen Worten: Martyrium bezieht sich nicht auf den Märtyrer selbst, sondern auf Gott oder auf Jesus Christus oder auf das Evangelium. In diesem Sinne könnte man vielleicht behaupten, dass Lohmeyer letztendlich kein Märtyrer war – auch Bonhoeffer, Stauffenberg, Delp und vielleicht sogar auch Paul Schneider nicht. Sie alle starben nicht zuerst für das Evangelium, sondern für gerechte und menschliche Anliegen: für politische Freiheit, für Menschen-

---

[25]   Hermann Strathmann, Art. μάρτυς κτλ, in: ThWNT 4, 1942, 491.

rechte, oder – wie im Falle Lohmeyers – für die Unabhängigkeit der Universität von der sowjetischen Herrschaft.

Als letztes Wort zur Sache finde ich selbst diesen Schluss unbefriedigend, weil eine solche Beurteilung der Tat allein auf Tatbeständen und Ergebnissen beruht, ohne auch die Motive des Handelns in die Beurteilung einzubeziehen. Lohmeyer war sowohl Christ als auch Kantianer. Und für beide, Jesus und Kant, wurzeln Wert und Bedeutung einer bestimmten Tat ausschließlich in ihrem Motiv. Was »ethisch« ist, ist in erster Linie und im tiefsten Sinne von Ursache, Motiv und Grund her zu beurteilen. Die alles entscheidende Schlussfrage lautet deshalb: Was bewegte Ernst Lohmeyer zu tun, was er tat? Oder anders und noch schärfer gefragt: Wie hätte Lohmeyer an der Universität Breslau gehandelt, wie hätte Lohmeyer an der Ostfront im Krieg gehandelt, wie hätte er an der Universität Greifswald gehandelt, *wenn er nicht Christ gewesen wäre?* Wir kehren am Schluss zum allerwichtigsten Zitat für Lohmeyers Märtyrerverständnis zurück: »Ihn möchte ich erkennen und die Kraft seiner Auferstehung und die Gemeinschaft seines Leidens und so seinem Tode gleichgestaltet werden« (Phil 3,10). Wenn Ernst Lohmeyers Widerstand gegen die kommunistische Machtergreifung der Universität Greifswald 1945 aus diesem Motiv erwuchs – und sicher spiegelte sein Widerstand die Gleichgestaltung zur Gemeinschaft Christi wider – dann hat er im Leben und im Sterben seinen christlichen Glauben als Märtyrer bezeugt.[26]

---

[26]   Ich danke Prof. Dr. Christfried Böttrich für die Einladung, an dem Symposium zum Gedenken an Ernst Lohmeyers Tod vor 70 Jahren in Greifswald am 24. Oktober 2016 teilzunehmen. Ebenso danke ich Prof. Böttrich sowie Frau Ingrid Lavoie (Whitworth Universität) und Herrn Pfarrer i.R. Gerhard Lerchner (Chemnitz) für Verbesserungen im deutschen Stil des Vortrags.
Zur weiteren Lektüre vgl. Horst Eduard Beintker, Ernst Lohmeyers Stellung zum Judentum, in: Freiheit in der Gebundenheit. Zur Erinnerung an den Theologen Ernst Lohmeyer, hg. von Wolfgang Otto, Göttingen 1990, 98–134; Anton Fridrichsen, Sich selbst verleugnen, in: Coniectanea Neotestamentica 2, hg. von Gudmund Björck / Anton Fridrichsen / Gunnar Rudberg, Leipzig 1936, 1–8; Andreas Köhn, Von der »Notwendigkeit des Bekennens«. Theologie als Martyrium am Beispiel Ernst Lohmeyers (1890–1946), in: Martyrium im 20. Jahrhundert, hg. von Hans Maier / Carsten Nicolaisen, Annweiler 2004.

Das ›Jetzt‹ des eschatologischen Tages

Zu Wesen und Begriff der metaphysischen Bestimmtheit in Ernst Lohmeyers theologischer Arbeit in akademischer Lehre und Predigt

Andreas Köhn

> »Bessere Menschen leben immer im ›Jetzt‹
> des eschatologischen Tages.
> Das gilt ganz besonders auch von denen,
> die es mit der Wissenschaft ernst meinen.
> Das Gebrüll des Tages
> braucht ihnen nichts anzuhaben
> und *kann* ihnen vor allem nichts anhaben.
> Im ›odi profanum vulgus‹
> liegt ein gutes Stück Geschichtsphilosophie.
> Ich selbst wenigstens tröste mich damit,
> wenn ich mich auf Gefühlen tiefster Verachtung
> gegen den überwiegenden Teil philosophischer Produktion
> unserer Zeit ertappe.«[1]

Mit diesem Zitat aus einem Brief Richard Hönigswalds an Ernst Lohmeyer vom Jahresende 1932 – die Ernennung Hitlers zum Reichskanzler und das sogenannte *»Gesetz zur Wiederherstellung des Berufsbeamtentums«* warfen ihre verhängnisvollen Schatten bereits voraus – sind diejenigen Begriffe genannt, um die es in der

---

[1] Richard Hönigswald an Ernst Lohmeyer, 29. Dezember 1932, in: Wolfgang Otto, Aus der Einsamkeit – Briefe einer Freundschaft, Würzburg 1999, 59–60. Hönigswald war 1930 von Breslau nach München versetzt worden. 1933 wurde er in den vorzeitigen Ruhestand gezwungen. Martin Heidegger schrieb in seinem Votum vom 25. Juni 1933, die dem Neukantianismus und Liberalimus verpflichtete Lehre Hönigswald habe »unter scheinbar streng wissenschaftlicher philosophischer Begründung« bewusst den »Blick abgelenkt vom Menschen in seiner geschichtlichen Verwurzelung und in seiner volkshaften Überlieferung, seiner Herkunft aus Boden und Blut«. Vgl. Claudia Schorcht, Philosophie an den bayerischen Universitäten 1933–1945, Erlangen 1990, 159 ff. Zu Lohmeyer und Hönigswald vgl. Andreas Köhn, Der Neutestamentler Ernst Lohmeyer. Studien zu Biographie und Theologie, Tübingen, 2004.

hier vorgelegten Zusammenschau von Lohmeyers Arbeit als Neutestamentler und seiner akademischen Predigtpraxis noch einmal gehen soll.[2]

1.

»Philosophie ist [...] unmittelbar auch Theologie, und Theologie ist ebenso Philosophie.« Mit diesem Satz hatte schon der junge promovierte Theologe Lohmeyer sein Verständnis der Korrelation von Theologie und Philosophie, von Logik und Metaphysik – und damit insgesamt seine Anschauung der christlichen Theologie als Wissenschaft – pointiert zum Ausdruck gebracht. Nicht von ungefähr erschien in Lohmeyers Einleitung zu seiner von dem Erlanger Philosophiehistoriker und Cusanus-Spezialisten Richard Falckenberg betreuten philosophischen Promotionsschrift *Die Lehre vom Willen bei Anselm von Canterbury* ein versteckt eingestreutes Zitatfragment aus Goethes in Italien verfasstem Drama *Torquato Tasso*, in dem die Wissenschaft als jenes schöne Licht des frei denkenden Geistes dichterisch besungen wird, das endlich in die Dunkelheit (d. h. in das verfluchte Zeitalter der Unkenntnis und der Barbarei) eingebrochen ist:

> »[...] es bedurfte einer unendlichen Mühe und Arbeit, einer grausen Zucht des Geistes, diesen Fluch, der mit ›schwerer Dämmerung die Welt umher verbarg‹, mit dem Lichte des freien Denkens zu durchdringen.«[3]

Zeit seines Lebens sind in Lohmeyers Arbeit an den einzelnen Texten des Neuen Testaments immer auch Probleme der Erkenntnistheorie, der antiken Religionsgeschichte, der Mythenforschung, der Geschichtsphilosophie sowie der Sozialgeschichte und – hier vermittelt vor allem über Hönigswald – der Psychologie des Denkens und der Sprachphilosophie mit im Blick gewesen. *Methodenpluralismus*[4] nennt man das heute. Damals konnte ein solcher Ansatz unter neutestamentlichen Fachkollegn als ein unzulässig in die Philosophie abgleitender *Panmethodismus* kritisiert werden. Prinzipiell verstand Lohmeyer seine *kritische Theorie* bzw. seine theologisch-philosophisch begründete Arbeit an und mit den Texten des Neuen Testaments nicht einfach im Sinne einer lediglich historisch orientierten Quellenscheidung, sondern vielmehr als eine systematische (*kritisch-*

---

[2]   Dieser Beitrag sei Gerhard Sellin (5. 10.1943–13. 09.2017) gewidmet, der zwischen 1999 und 2002 meine Hamburger Dissertation zu Leben und Werk Ernst Lohmeyers begleitet hat.

[3]   Ernst Lohmeyer, Die Lehre vom Willen bei Anselm von Canterbury, Leipzig 1914, 2.

[4]   Vgl. Otto Merk, Wissenschaftsgeschichte und Exegese 2, in: ders., Gesammelte Aufsätze 1988–2013, hg. von Roland Gebauer, Berlin / München / New York 2015, 54.

historische) Darstellung eines Gesamtbildes des historisch Überlieferten.[5] Eine prinzipielle Wechselbeziehung zwischen dem Einzelnen und dem Allgemeinen galt Lohmeyer als konstitutiv für jede logische und somit wissenschaftliche Erkenntnis. In diesem Sinne verteidigte sich Lohmeyer am Ende der wissenschaftlichen Aussprache zu seinem am 11. Oktober 1928 auf dem zweiten deutschen Theologentag gehaltenen Vortrag über das Thema *Der Begriff der Erlösung im Urchristentum* mit einem Hinweis auf Goethes Roman *Wilhelm Meisters Wanderjahre:*

»Goethe hat einmal gesagt: ›Das Höchste wäre zu begreifen, daß alle Tatsache schon Theorie ist‹. Ich müßte tief in die schwierigsten Methodenfragen der Wissenschaft überhaupt einzudringen versuchen, wollte ich dieses methodische Ziel hier rechtfertigen. Ist es aber richtig gestellt, ist diese Einheit von Theorie und Tatsache, von Begriff und Gegenstand letzte Voraussetzung alles wissenschaftlichen Erkennens, dann ist es offenbar unmöglich, die Feststellung eines historischen Tatbestandes von seiner theoretischen Bewältigung aus letzten Prinzipien zu sondern, durch die jener Tatbestand im Leibnizschen und Kantischen Sinne ›möglich‹ ist.«[6]

Mit der Philosophie Hegels setzten sich sowohl Hönigswald[7] wie Lohmeyer[8] insbesondere 1931 im Gedenkjahr zu dessen 100. Todestag auseinander. Hönigswald hatte zwei Radiovorträge und noch eine weitere kurze Abhandlung zum Thema vorgelegt. Lohmeyer publizierte in den von Karl Ludwig Schmidt herausgegebenen *Theologischen Blättern* seine in Breslau gehaltene Vorlesung über *Hegel und seine theologische Bedeutung.* Darin ging es Lohmeyer nicht nur darum, auf die »epochale Bedeutung« Hegels innerhalb der neueren Theologiegeschichte hinzuweisen. Er begriff die auf den ersten Blick als dunkel oder abstrakt anmutende Dialektik Hegels als einheitliches philosophisches Denksystem. Lohmeyer verwies dazu auf eine wenig berücksichtigte Stelle aus Hegels *Religionsphilosophie:*

---

[5]   Vgl. Köhn, Neutestamentler, 234.

[6]   Ernst Lohmeyer, Der Begriff der Erlösung im Urchristentum, in: DTh 2, Göttingen 1929, 55.

[7]   Vgl. Roswitha Grassl, Der junge Richard Hönigswald. Eine biographisch fundierte Kontextualisierung in historischer Absicht, Würzburg 1998, 233–234.

[8]   Vgl. Ernst Lohmeyer, Hegel und seine theologische Bedeutung. Zum Gedenken an seinen 100. Todestag, in: ThBl 10, 1931, 337–342.

>>Ich erhebe mich denkend zum Absoluten über alles Endliche, und bin unendliches Bewußtsein, und zugleich bin ich endliches Selbstbewußtsein, und zwar nach meiner ganzen empirischen Bestimmung. Beide Seiten suchen und fliehen sich. [...] Ich bin das Feuer und das Wasser, die sich berühren, und die Berührung und Einheit dessen, was sich schlechthin flieht.<<

Der Philosophie Hegels, die Lohmeyer philosophiegeschichtlich exakt in ihrer Mittelstellung zwischen Romantik und Aufklärung verortet, geht es nach Lohmeyer letztlich um nichts weniger als um die prinzipielle Bewahrung der *Freiheit* des sich selbst als geschichtlich (sowohl als historisch betrachtetes als auch historisch betrachtendes) erkennenden Subjekts:

>>Dem Ich die Freiheit des Denkens und Erlebens zu sichern, welche die unendliche Bewegung und das unaufhörliche Ringen ermöglicht, den Dingen die Klarheit und Fülle zu geben, welche ihre unerschöpfliche Vielfalt erfordert, dieses beides aber in einem letzten Prinzip zu begründen, das ist das Ziel des Hegelschen Denkens, das ihn auf den Weg der Dialektik führt.<<

Der Rekurs Lohmeyers auf den Begriff der individuellen >>Freiheit des Denkens und Erlebens<< kann an dieser Stelle nur dann hinreichend gewürdigt werden, wenn man ihn im Zusammenhang mit der zum Jahreswechsel 1931/32 zwischen ihm und Hans Lietzmann sehr heftig ausgefochtenen Debatte um die *Grundsätze historischer Methodik* liest.[9] Im Begriff, genauer formuliert im unendlich voranschreitenden Prozess individuellen Begreifens, in methodisch angemessen begründeten Schritten der unerschöpflichen Begriffsbildung, kommen sich Subjekt und Objekt näher, ohne jedoch jemals ganz ineinander aufzugehen oder miteinander zu verschmelzen:

>>Daß Methode eine Funktion des Erlebens ist als Forderung, den Gegenstand zu bestimmen, und daß das Erleben zugleich Funktion der Methode als die notwendige Ichbezogenheit aller Akte der Bestimmung [sc. >>ist<<; Anm. d. Vf.], das ist der geläuterte und kritische Sinn dieser Identität.<<

Das erinnert inhaltlich wie auch sprachlich an Hönigswalds Formulierungen aus der 1925 erschienenen zweiten Auflage seiner *Grundlagen der Denkpsychologie*, auf die Lohmeyer in seinem Buch *Vom Begriff der religiösen Gemeinschaft. Eine problemgeschichtliche Untersuchung über die Grundlagen des Urchristentums*

---

[9] Zum Methodenstreit zwischen Lohmeyer und Lietzmann vgl. Köhn, Neutestamentler, 224–238.

eingegangen war.[10] Die spezifisch begriffs- und problemkritisch orientierte Fragestellung zur Geschichte des Urchristentums bildete damit unverkennbar auch in diesem Werk Lohmeyers das eigentliche Thema seiner Untersuchung, und nicht etwa eine – im traditionellen Sinne – nur geschichtliche Darstellung der sozialen Lage oder kirchlichen Verfassung der ersten christlichen Gemeinden. Die Geschichte bietet nach Lohmeyer lediglich das Material, an dem sich der metaphysisch bestimmte Glaube individuell verwirklicht. Das bedeutet für Lohmeyer jedoch keine Disqualifizierung der Geschichte, sondern allenfalls eine Absage an bestimmte Formen einer unkritisch dem Historismus verpflichteten Geschichtsschreibung. Hönigswald bemerkte im siebten – den Problemfeldern der Methode, des Vollzugs, der Sprache und der Geschichte gewidmeten – Kapitel seiner *Grundfragen der Erkenntnistheorie* von 1931:

> »Es ist ein Gemeinplatz, daß es ohne Beherrschung der Quellen keine Geschichte gebe – auch keine Geschichte der Philosophie. Aber es gibt ohne sachliche Beurteilung der Tragweite und Bedeutung dessen, was sie bekunden sollen, auch keine Quellen. Es trifft also zu, daß den Historiker der Philosophie die ›Quellen‹ zu leiten haben. Aber es ist ebenso wahr, daß auch die Quellen sich vor der philosophischen Kritik verantworten müssen. Sie müssen es sich gefallen lassen, in den systematischen Zusammenhang philosophischer Aufgaben eingegliedert zu werden. Nur als *Problemgeschichte*, d. h. als klar umrissenes Element systematischer Forschung ist Geschichte der Philosophie möglich.«[11]

In seinem Brief vom 18. Dezember 1931 bekundete Hönigswald seinem Freund Lohmeyer seine besondere Freude im Hinblick auf ihr gemeinsames Hegel-Verständnis: »Wir haben doch, ohne voneinander zu wissen, in vielen und entscheidenden Punkten, fast dasselbe dargelegt.«[12]

Beide teilten mit ihrer Auffassung von der im Hegelschen System fest verankerten Idee der Absolutheit des Geistes und der daraus resultierenden unbedingten Freiheit des wissenschaftlichen Denkens keineswegs den damaligen Zeitgeist. »Im Reiche des Geistes gehen alle Schranken hoch.« So paraphrasierte Lohmeyer in einem Manuskript zu einem Radiovortrag vom Jahresende 1932 eine aus Jacob Burckhardts sogenannten *Weltgeschichtlichen Betrachtungen* entlehnte Formulierung. Dieser Vortrag trug den Titel *Die geistige Bedeutung Deutschlands für Europa*. Lohmeyer nahm darin unter anderem auch die Idee

---

[10]   Das Buch erschien in der von Hönigswald unter anderen mit Ernst Cassirer herausgegebenen Reihe *Wissenschaftliche Grundfragen*, Leipzig / Berlin (Teubner) 1925.

[11]   Richard Hönigswald, Grundfragen der Erkenntnistheorie, hg. von Wolfdietrich Schmied-Kowarzik, Hamburg 1997, 155.

[12]   Otto, Briefe, 49.

Abb. 2: Richard Hönigswald und Ernst Lohmeyer in München, April 1934

einer zukünftigen demokratisch-föderalistischen politischen Einheit Europas sowie die Idee von einem *europäischen Deutschland* vorweg.

»1931 war das Jubeljahr Hegels, und mit ihm steigt das Bild einer philosophischen Bewegung auf, die in der Abgründigkeit ihrer Fragen ebenso deutsch ist wie in der Weite ihrer Wirkungen europäisch. 1932 war das Jahr Goethes, um dessen Sonne am Ende auch wie ein kleines Gestirn das Werk G. Hauptmanns kreiste, und wir haben erlebt, wie der Gestalt und dem Gedenken Goethes alle Nationen gehuldigt haben. 1933 ist das Jubeljahr von Johannes Brahms und Richard Wagner, und sie erinnern uns an die deutsche Kunst, die Musik, die seit mehreren Jahrhunderten den Ausdruck deutschen Wesens sicher [über] die Grenzen des deutschen Landes getragen haben und noch tragen. So sammelt sich in diesen drei Jahren alles das, woran wir zu gedenken gewohnt sind, wenn wir von der Bedeutung des deutschen Geistes in außer deutschen Ländern reden: *Philosophie*, und mit ihr die *Wissenschaft, Dichtung* und *Musik*. [...] Wir könnten nicht von einer geistigen Bedeutung Deutschlands reden, wären wir nicht durch die Lage unseres Landes, durch Geschichte und Schicksal mit den anderen Ländern und Völkern, die wir unter dem Namen Europa zusammenfassen, verbunden. Und diese Verbundenheit ist nicht nur äußerer Art, sondern sie bedeutet die Richtung auf ein geistiges Ziel, zu dem jedes Land in Gutem wie im Bösen, in Geist und Ungeist strebt. Nur [wer] ganz er selbst ist, in allen Stücken eine geformte und lebendige Ganzheit, nur der hat Bedeutung für den anderen. [...] Darum gehört es zu der Bedeutung des deutschen Geistes, auf den Grund zu gehen, häufig auch zu Grunde zu gehen, und von diesem Grunde neu aufzubauen. Es gibt für uns keine Grenze, vor der dieses Dichten und Denken halt machte, und es gibt auch nicht die feste Bindung einer Form, der es sich wie selbstverstaendlich fügte. [...] Nirgends sind darum die täglichen Dinge so mit den Fragen eines geistigen Standpunktes verknüpft, nirgends aber herrscht darum eine weitere Offenheit für den Geist anderer Völker und Länder, nirgends darum auch so die Möglichkeit, mit Fremdem zu verschmelzen und das Ererbte und Angestammte zu verlassen. [...] Darum ist es nicht zufällig, daß es unter uns für fremde Art und Form ein fast grenzenloses Verstehen gibt, und daß gerade anderen diese deutsche Art unverständlich und unheimlich erscheint. [...] Man hat viel von dem Weg des Deutschen in der Geschichte gesprochen; wenn an diesem Bilde etwas Wahres ist, so scheint es dies zu sein, daß dieser sein Weg auf dem Umweg über das, was alle Völker, was vor allem Europa bindet, zu sich selbst zurückführt. [...] Aber das eine ist damit klar, daß es zur deutschen Art gehört, von einer Mitte her bewegt zu werden, die sie mit anderen verbindet und ebenso von ihnen scheidet. Und diese Mitte ist uns in unserem Thema als Europa bezeichnet. [...] Was immer an geistig Bedeutsamem auf deutschem Boden entsteht, das trägt wohl die Farbe und den Duft seiner Heimat, aber es waechst seinem Sinn und seiner Bedeutung nach in Bezirke, die grundsätzlich allen zugänglich sind.«[13]

Vor dem Hintergrund der von Lohmeyer genannten Begriffe der engen geschichtlichen Verbundenheit Deutschlands mit anderen Nationen und der prinzipiellen geistigen Offenheit gegenüber Europa heben sich die 1933 von dem evangelischen Theologen Emanuel Hirsch in einer Reihe von Vorlesungen (die 1934 gedruckt erschienen) geäußerten Gedanken, besonders deutlich ab. In dem Kapitel mit dem Titel *Die deutsche Wende* bemerkte Hirsch:

»Alle geistigen Deutschen, denen von den eigenen Lebenswurzeln in dem Schicksale ihres Volkes her das Geschehen des deutschen Jahres 1933 aufgeschlossen ist, verstehen sich ungewollt und zu ihrer Überaschung in dem Einen, daß wir eben den schmalen Grat zwischen zwei Zeitaltern überschreiten. [...] Der neue Wille, so überlegt er zu Werke geht, ist nicht künstlich von uns gemacht: er ist als ein heiliger

---

[13]   Köhn, Neutestamentler, 308 ff.

Sturm über uns gekommen und hat uns ergriffen. Und er hat auch nicht, so entschlossen er schaltet, im Machenwollen oder Machen seine Mitte: er verwirklicht sich als Erziehung und findet im Volkhaften seinen Grund und sein Mass. [...] Unsere geistige Haltung ist von der des abgelaufenen Zeitalters am tiefsten dadurch geschieden, dass aus den Erschütterungen der Krise uns das Geheimnis der Grenze alles Denkens, Wollens und Gestaltens bewußt geworden ist und mit seiner dunklen und zugleich verpflichtenden Macht uns im Ganzen wie im Einzelnen bestimmt.«[14]

Es sei, so Hirsch, in den vergangen Jahrhunderten durch »Krisen und Stürme der Völkergeschichte, Überwanderung, Unterwanderung, Schichtenauswechslung« zu einer »Verschiebung in den rassischen Unterlagen« des deutschen Volkes gekommen und es sei daher »leicht zu verstehen, warum heute die Worte Blut und Rasse in aller Deutschen Munde sind und unser Handeln als Volk und Staat bestimmen. Wir sitzen zwischen einem Nachbar im Westen, der selbst dem Neger gegenüber das Gefühl rassischen Abstands verloren hat, und rassisch mannigfaltigen Nachbarn im Osten, die mit den Wellen ihres Nachwuchses auf uns eindringen und unseren Nomos bedrohen, und wir genießen nur mangelhaft des Schutzes der Einigung in einem gemeinsamen Staate. Unser deutscher Blutbund ist tatsächlich aufs Äußerste gefährdet, wenn wir ihn nicht wahren, und allein schon damit, daß er hier zugegriffen hat, hat der Nationalsozialismus sich eingeschrieben in das Ehrenbuch deutschen Geschichtsgedenkens. Aber mit dieser Wahrung unserer Existenz ist uns hier – gemäß der segnenden Macht des dunklen Verhängnisses, in das unsere jüngste Geschichte uns getaucht – noch etwas weit Tieferes aufgegangen. Die Erinnerung an Blut und Rasse ist die Weise, in der uns das ganz große Geheimnis der Grenze am nächsten ergriffen hat, und dadurch eine wesentliche geschichtliche Entscheidung an der Schwelle zweier Zeitalter.«[15]

2.

Vor dem Hintergrund der geistigen Lage im Deutschland der frühen Dreißiger Jahre[16] finden sich Lohmeyers theologische Überlegungen zum Begriff vom *Ende der Geschichte* prägnant in seinem Buch über Johannes den Täufer, das noch Ende 1932 erschienen war. Lohmeyer begriff darin in Anlehnung an Formulierungen

---

[14] Emanuel Hirsch, Die gegenwärtige geistige Lage im Spiegel philosophischer und theologischer Besinnung. Akademische Vorlesungen zum Verständnis des deutschen Jahres 1933, Göttingen 1934, 26.

[15] Hirsch, Die gegenwärtige geistige Lage, 44.

[16] Zum Ganzen vgl. Alf Christophersen, Kairos. Protestantische Zeitdeutungskämpfe in der Weimarer Republik, Tübingen 2008.

Hönigswalds die *Eschatologie* nicht nur als Teil eines Ganzen innerhalb der Theologiegeschichte des frühen Christentums, sondern als das »reine Ganze des Glaubens selbst«. Mit dem Gedanken vom »nahen Gottesende« der Geschichte »beginnt Johannes der Täufer, er durchwirkt Wort und Werk Jesu und trägt ebenso, ob auch mannigfaltig verwandelt, das Leben der ersten Bekenner und Gemeinden. [...] Das Wort von diesem Ende, in der allumfassenden Bedeutung, die das Urchristentum ihm gegeben hat, ist seine einzige Wahrheit und seine einzige Wirklichkeit, ist Grund und Geheimnis seines Stifters, Beginn und Impuls seiner geschichtlichen Ausbreitung und Formung.«[17]

Lohmeyer konnte zu Beginn der Dreißiger Jahre einerseits auf verschiedene eigene Arbeiten zur geschichtlichen Gestaltung des Themas »Urchristentum« zurückschauen, darunter auch auf sein frühes Werk *Soziale Fragen im Urchristentum* von 1921. Andererseits wirkte nun sein enger Kontakt mit den philosophischen Begriffsbildungen der Erkenntnistheorie Hönigswalds auf seine Darstellung ein. Das Buch zu Johannes dem Täufer war als Auftakt einer monumentalen Reihe von sieben Einzelbänden zu einer *Geschichte des Urchristentums* geplant, die auf lange Sicht die Neuauflagen im Meyer'schen Kommentarwerk zu den synoptischen Evangelien jeweils ergänzen sollte.

Auch wenn dieser Plan nicht realisiert werden konnte, so ist dennoch der Umstand, dass das erste Buch zur Geschichte des Urchristentums nicht Jesus, sondern Johannes dem Täufer gewidmet wurde, von besonderer theologischer wie wissenschaftsgeschichtlicher Bedeutung. Aus der speziellen monographischen Fachliteratur zum Thema konnte Lohmeyer nur auf wenige Monographien aus dem Ausland zurückgreifen, darunter vor allem auf die Arbeiten des von der Lebensphilosophie Henri Bergsons geprägten Maurice Goguel (des Nachfolgers von Adolf Loisy in Paris)[18] und des österreichischen Religions- und Kulturhistorikers Robert Eisler, der – nachdem er in Buchenwald und Dachau interniert

---

[17] Ernst Lohmeyer, Das Urchristentum. 1. Buch: Johannes der Täufer, Göttingen 1932, 4.

[18] Zu Maurice Goguel vgl. in diesem Zusammenhang neben seiner Arbeit zum Verhältnis zwischen Johannes dem Täufer und Jesus von 1928 (Jean-Baptiste. Au seuil de l'Évangile. La tradition sur Jean-Baptiste, le baptême de Jésus, Jésus et Jean Baptiste, histoire de Jean-Baptiste) die Trilogie zum Gesamtthema Jésus et les origines du christianisme: La Vie de Jésus (1932); La Naissance du christianisme (1946); L'Église primitive (1947). Lohmeyer hatte 1927 in Paris auf dem zu Ehren Alfred Loisys veranstalteten religionswissenschaftlichen Kongress einen Vortrag zum Thema »Die Idee des Martyriums im Judentum und Urchristentum« gehalten, der in Frankreich sowohl auf deutsch wie in französischer Übersetzung erschien und in Italien in der von Ernesto Buonaiuti zwischen 1925 und 1933 herausgegeben Zeitschrift *Ricerche Religiose* publiziert wurde. 1931 war Buonaiuti der einzige Theologe unter den italienischen Hochschulprofessoren, die dem faschistischen Regime offiziell den geforderten Gehorsam verweigerten.

worden war – 1939 ins britische Exil floh.[19] Hönigswald gratulierte am 5. Dezember 1932 Lohmeyer zu dessen Täufer-Buch:

>»Was mir zunächst als theologischem Laien und philosophischem Outsider auf theologischem Gebiet erfreulichste Klärung brachte, war die schöne *Gliederung* des Ganzen. Das Schlagwort vom ›Urchristentum‹ schwindet angesichts Ihrer vollen Beherrschung des Einzelnen einfach dahin und zurück bleibt ein großes folgenschweres *Problem.*«[20]

Mit der Gliederung des Stoffes hatte sich Lohmeyer schon im Rahmen seiner ersten Breslauer Vorlesung zum Thema *Urchristliche Religionsgeschichte (Geschichte der urchristlichen Religion)* beschäftigt. Das Vorlesungsmanuskript war aufgeteilt in die *Prolegomena* Lohmeyers über Aufgabe, Methode, Stoff und Gliederung der Vorlesung, gefolgt von einer *Einleitung* zur allgemeinen religiösen Lage in der hellenistischen Welt. Der erste Hauptteil war *Jesus* gewidmet, der zweite Hauptteil behandelte *Das Urchristentum im engeren Sinn.* Lohmeyer begriff die in der damaligen Forschung herrschenden Epocheneinteilungen in Spätjudentum oder Urchristentum als nicht eindeutig bestimmbare Größen und zog konsequent auch weitaus weniger wertende Begriffsbildungen vor: »Die Zeit der Anfänge«, »Die mittlere Zeit des Urchristentums«, »Die Endzeit des Urchristentums«. Die Urgemeinde wird von Lohmeyer als Bewegung der kleinen Leute dargestellt und erscheint im Zusammenhang der allgemeinen Religionsgeschichte. Der letzte Abschnitt zum Thema »Der Glaube« brachte das prinzipielle theologische Problem der urchristlichen Religionsgeschichte auf den Punkt.[21]

In seinem Buch *Soziale Fragen im Urchristentum* erscheint die Gliederung des Themas dagegen in insgesamt fünf Kapiteln: I. Jesus, II. Die Urgemeinde, III. Paulus, IV. Die mittlere Zeit des Urchristentums, V. Das Ende des Urchristentums. In diesem Buch fällt vor allem ins Auge, dass Johannes der Täufer nur an einer einzigen Stelle und wie im Vorübergehen genannt wird. Es ist für Lohmeyer Anfang der Zwanziger Jahre sozusagen noch allein die Gestalt Jesu, die den »Einbruch eines neuen religiösen Lebens in die Geschichte« bedeutet:

>»Sein besonderer Charakter spricht sich am reinsten aus in der eschatologischen Hoffnung auf das unmittelbar nahe Ende der Welt und wunderbare Kommen des Reiches Gottes. [...] Sie ist die eine Mitte, die alle Formen und Zeichen des einzelmenschlichen wie des gemeinschaftlichen Daseins im Urchristentum durchglüht. Sie strahlt zum ersten Male auf in dem Leben und Werk Jesu, der durch sie mit der kleinen

---

[19]   Robert Eisler war u. a. auch mit Walter Benjamin und Gershom Scholem bekannt geworden.

[20]   Otto, Briefe, 57.

[21]   Vgl. Köhn, Neutestamentler, 157–172.

Schar seiner ersten Jünger und Bekenner innig verbunden ist; sie ist, wenn auch verwandelt, die einzige Brücke, die über den durch den Tod Jesu aufgerissenen Abgrund von seinem geschichtlichen Dasein zu seiner übergeschichtlichen Wirkung im Glauben der ersten ›Christusgläubigen‹ führt.«[22]

Um die Mitte der Zwanziger Jahre wird dann die bisher weitgehend zeitlich-richtungsbestimmte Auffassung von der *endzeitlichen Bestimmtheit* des Urchristentums bei Lohmeyer durch eine erkenntnistheoretische Wahrnehmung der Eschatologie erkennbar. Ein besonderes eschatologisches Prinzip erscheint damit mehr und mehr in seiner religiösen Tiefendimension, oder wie Lohmeyer es immer wieder formuliert, in einer »Metaphysik zweier Welten«, welche für alle besonderen auch sprachlichen Formulierungen des urchristlichen Glaubens verantwortlich ist. Deutlich sichtbar wird dieses eschatologische Prinzip auch in Lohmeyers Beitrag für das von Paul Tillich 1929 herausgebrachte zweite Buch des *Kairos-Kreises*. Der Künder des nahen Gottesreiches steht selber am Ende der Geschichte, in der die eigene geschichtlich erlebte Zeit keine Bedeutung mehr hat. Denn, so Lohmeyer, »mit dem Nahen des Gottesreiches bricht auch die Zeit aller Zeiten an. Und es gilt auch nicht mehr dieses Volk; denn gerade sein festester Lebensgrund, das Bewußtsein einer göttlichen Erwählung ist zerschlagen, wenn es für alle seine Glieder unumschränkt heißt: ›Tuet Buße!‹. So steht dieser Verkünder gleichsam am Ende aller Zeiten, in einem ewigen Jetzt, zu dem alle bisherige Geschichte hinleitet und von dem nur mehr ein Harren auf das nicht mehr zeitgebundene ›Kommen des Reiches‹ möglich ist. Wie immer man solches Wissen um eine göttliche, nicht mehr zeitlich begrenzte, sondern eschatologisch bestimmte Sendung nennen mag, entscheidend ist, daß sie die Botschaft wie den Boten grundsätzlich dem Laufe von Zeit und Geschichte entrückt. Beide, Verkünder wie Verkündigung, stehen nicht mehr in ihm, sondern gleichsam außer und über ihm; sie stehen am Ende der Zeit, das nichts anderes ist als der gläubige Sinn und die göttliche Mitte aller Zeiten. Darum ist das Reich Gottes jetzt nahe; und dieses Jetzt trägt alle Fülle göttlicher Ewigkeit. Was in solcher gottgegebenen Sendung sich bekundet, ist nichts anderes als der gleichsam lautere Gestalt gewordene Begriff des Glaubens. [...] Der besondere Ausdruck dieser gläubigen Ewigkeit heißt Eschatologie; sie ist die notwendige Zeitform des Glaubens.«[23]

Die Wendung Lohmeyers zu systematischen Fragestellungen hing unmittelbar zusammen eben nicht nur mit der auf diese Zeit zurückgehenden Freundschaft mit Hönigswald, sondern auch mit der Bildung eines interdiszi-

---

[22]   So Lohmeyer unter Anspielung auf eine bekannte Formulierung von David Friedrich Strauss in der Einleitung zu: Ernst Lohmeyer, Soziale Fragen im Urchristentum, Leipzig 1921.

[23]   Ernst Lohmeyer, Kritische und gestaltende Prinzipien im Neuen Testament, in: Kairos. Protestantismus als Kritik und Gestaltung, hg. von Paul Tillich, Darmstadt 1929, 48–50.

plinären religionsphilosophischen Arbeitskreises verschiedener Breslauer Hochschulkollegen. Zu diesem Kreis zählten – neben Lohmeyer und Hönigswald – Richard Koebner, Otto Strauß, Eugen Rosenstock-Huessy sowie bis zu seiner Berufung nach Greifswald 1927 auch Rudolf Hermann.[24] Zwischen 1925 und 1933 las Lohmeyer im Rahmen seines erweiterten Lehrauftrags auch über die vorder- und ostasiatischen Religionen. Im Geist dieses besonderen Kreises steht Lohmeyers Darstellung des urchristlichen Gemeinschaftsgedankens in einem Ende 1924 vor der philosophischen Sektion der Schlesischen Gesellschaft für vaterländische Kultur gehaltenen Vortrag. Lohmeyer bemerkte dort, alles »Psychische wie Geschichtliche« stehe unter dem prinzipiellen Bezug auf das Ich. Dieser »Ichbezug« erhalte »vom Glauben aus eine neue und eigentümliche Wertung. Sie verleiht dem Ich eine zugleich religiöse wie metaphysische Substanzialität, die durch das Erleben des letzten und höchsten Gewißheitswertes bedingt ist; das Ich gewinnt Teil an der letzten und absoluten Tatsache, die Gott selber ist.«[25]

Hönigswald hatte zu diesen Gedanken in seinen *Grundlagen der Denkpsychologie* den Anstoß gegeben. »Nur was gedacht ist oder doch fähig ist, gedacht zu werden, genügt den Bedingungen ihres zeitlos-ewigen Seins, und nur Gedachtes, grundsätzlich Zu-Denkendes hat gegenständliche Bestimmtheit.«[26]

Zwischen Erkenntniswissenschaft und Psychologie besteht für Hönigswald kein Gegensatz.[27] Jeder Gegenstand ist bestimmbar oder wird bestimmbar nur in seiner Beziehung auf ein System von Urteilen, deren »Inbegriff Funktion der Geltung, als Determinationsform der Wahrheit ist.«[28] Das Psychische ist wie das Zeitliche jene allumfassende Bestimmtheitskategorie, durch die Erkenntnis überhaupt erst möglich wird. »Wo vom Psychischen als von einem Tatsächlichen gesprochen werden wird, da ist allemal und notwendig zeitbezogene, genauer: zeitbestimmte Präsenz gemeint. Es ist mit anderen Worten gemeint, daß ›jemand‹ zu einem objektiv bestimmbaren Zeitpunkt sagen könne, ›er‹ ›habe‹ (›erlebe‹) ›etwas‹. Denn diese ›Etwas haben‹ im Sinn von ›Etwas erleben‹ heißt, daß ein ›Früher‹ und ›Später‹ in der streckenhaften Einheit eines ›Jetzt‹ aufgehoben, daß dem ›erlebten‹, nicht-messbaren ›Jetzt‹ eine Stelle im Fluss der messbar verstreichenden Zeit angewiesen wird.«[29]

---

[24] Zu Hermann vgl. Arnold Wiebel, Rudolf Hermann (1887–1962), Bielefeld 1998.

[25] Ernst Lohmeyer, Von urchristlicher Gemeinschaft, in: ThBl 4, 1925, 137.

[26] Richard Hönigswald, Grundlagen der Denkpsychologie. Studien und Analysen [1921], Leipzig / Berlin 1925, 183.

[27] Hönigswald, Grundlagen, 196.

[28] Hönigswald, Grundlagen, 212.

[29] Hönigswald, Grundlagen, 307.

Somit ist Präsenz »gestaltete, d. h. nur als Ganzheit gegebene Zeit«.[30] In diesem prinzipiellen Sinn, so Lohmeyer, wisse auch der urchristliche Glaube eben von einer von Gott gestalteten, bestimmten Erfülltheit der Zeit (Gal 4,4) zu sprechen. Der »Gottesbegriff«, so formulierte es Hönigswald seinerseits in dem eigens dem Problem des Glaubens gewidmeten vorletzten Kapitel seiner erkenntnistheoretischen *Grundfragen* von 1931,»formt sich in der Geschichte, um doch auch wieder diese selbst zu bestimmen; so ist Gott geschichtlich, aber doch auch Geschichte setzend, und darum alle Geschichte überragend und überdauernd. Das Problem der Eschatologie ist das des Glaubens selbst.«[31]

Parallel dazu brachte Lohmeyer seinen Hegel-Vortrag aus dem gleichen Jahr mit den Worten aus Hegels Einleitung zu seinen *Vorlesungen über die Philosophie der Geschichte* zum Abschluss:

> »Niemals ist Gewesenes völlig vergangen, niemals auch kehrt die Geschichte zu Gewesenem zurück. So hat gerade Hegel mit aller Eindrücklichkeit gelehrt; denn der Geist ›ist nicht vorbei und ist nicht noch nicht, sondern er ist wesentlich itzt.‹«[32]

Im Hinblick auf Johannes den Täufer und dessen in der evangelischen Überlieferung bezeugte Lehrtätigkeit – d. h. die Verkündigung, dass *jetzt*»die Scheide und Wende der Zeiten da«[33] ist – wird nach Lohmeyer auch das Werk und die Person Jesu geschichtlich und theologisch genauer bestimmbar: »Johannes verkündet, was Jesus wirkt und ist, und zwischen beiden ist nur der eine Unterschied wie der zwischen Wort und Tat, Wahrheit und Wirklichkeit.«[34]

Der Täufer steht in bedeutungsvoller Weise am »Anfang des Evangeliums von Jesus Christus« (Mk 1,1). Er wird damit jedoch nach Lohmeyer gerade nicht in seiner Bedeutung reduziert. Er wird im doppelten prophetischen Sinn des Wortes als »Bote und Stimme Gottes« in der Wüste dargestellt, und das bedeutet einerseits sowohl die enge Bindung an die theologischen Voraussetzungen seines Volkes wie auch andererseits dessen theologische Kritik.

> »Glaube und Leben dieses Judentums ruht selbst auf unerschütterlichem Grunde, auf einer Offenbarung ›von Gott her‹ und nicht ›von Menschen‹. Sie ist abgeschlossen in ihrer Wahrheit; ihr läßt sich nichts hinzufügen und von ihr nichts wegnehmen. [...] Soll dieser Gedanke nicht zum Widersinn werden, so muß jede Offenbarung Eines, der als Bote Gottes auftritt, auf Taten Gottes sich richten, die aus der bisher überlieferten notwendig folgen. Wo diese Verheißung ist, da ist jene Erfüllung, wie sie der

---

[30]   Lohmeyer, Vom Begriff der religiösen Gemeinschaft, 69.

[31]   Hönigswald, Grundfragen der Erkenntnistheorie, 196.

[32]   Lohmeyer, Hegel, 342.

[33]   Lohmeyer, Urchristentum, 20.

[34]   Lohmeyer, Urchristentum, 29.

eschatologische Tag bringen soll. Dann spricht auch diese Verkündigung nicht von
einer neuen Wahrheit in der Geschichte, sondern einer neuen Wirklichkeit am Ende
der Geschichte; und nur aus einer solchen eschatologischen Offenbarung ist eine
Prophetie des Johannes möglich.«[35]

Die Einsamkeit der Wüste, in welcher der Täufer auftritt, wird so zum eschatologischen Sinnbild für die Geschichte eines Volkes, das sich selbst immer sowohl
als geschichtlich einmaligen Ort einer besonderen Gottesbegegnung oder Got-
tesoffenbarung verstanden hat, wie auch als eine von Gott geschichtlich auf die
Probe gestellte Größe. »Mehr als ein Prophet« ist Johannes der Täufer dennoch,
gerade in den Worten Jesu. Die bei Matthäus erwähnte Täufer-Predigt in Auseinandersetzung mit Pharisäern und Sadduzäern stellt ihn mit Jesus auf die
gleiche Ebene und »das Schema von Vorläufer und Messias« wird aufgegeben.[36]
Im lukanischen Lobgesang des Zacharias wird Johannes der Täufer als »Kind«
besungen, das »Prophet des Höchsten« genannt wird, »erfüllt von heiligem Geiste,
noch vom Mutter Leibe her«, er gibt »des Heils Erkenntnis seinem Volk«, und
vergibt »Sünden«, er leuchtet »den in Finsternis und Todesschatten Wohnenden«.
Darin wird Johannes nicht nur als vorangehender Prophet, sondern selbst als
Prediger und »Bringer des langersehnten eschatologischen Heiles«[37] verstanden.

»Er kämpft gegen jüdische Glaubenssätze mit dem leidenschaftlichen Ingrimm eines
Elia oder Amos und bleibt dabei doch auf dem Gebiete des ›Zeigens‹ und Beweisens. So
spricht er also wie ein Lehrer zu Schülern; und wir wissen, daß ein Kreis engerer
Schüler sich um ihn gesammelt hat. Er fordert von seinen Hörern ›Früchte‹, er treibt
also zum sittlichen Werk [...]. Er spricht in dunklem Worte von dem Sinn seiner Taufe,
gibt einzelnen Ständen konkrete sittliche Regeln und Vorschriften. Mit alledem stellt
er sich nur dar als der sittliche und religiöse Reformator seines Volkes, der Theologe
und Volksprediger zugleich ist. Doch umfaßt dies alles nur den geringeren Teil der
uns erhaltenen Sprüche. Ungleich wichtiger ist der rätselvolle Satz über seine Taufe
und die eigentümlichen dunklen Bildworte. Sie sind nicht einfach Metaphern und
Gleichnisse, die einen göttlichen Sinn veranschaulichen; sie sind auch nicht aus dem
halb dichterischen, halb religiösen Drang nach anschaulicher Lebendigkeit geboren,
der der Sprache alttestamentlicher Prophetie die eindringliche Wucht verleiht. Alle
diese bildhaften Sätze reden von kommenden Geschehnissen; es gehört zu ihrem
göttlichen Charakter, daß man sie nicht begreifen und deshalb auch nicht treffend von
ihnen reden kann. Und doch muß von ihnen geredet werden können; das ›Jetzt‹ ist da,
in dem sie geschehen sind, und der Bote ist da, der sie verkünden muß.«[38]

---

[35]   Lohmeyer, Urchristentum, 45–46.
[36]   Lohmeyer, Urchristentum, 15.
[37]   Lohmeyer, Urchristentum, 23.
[38]   Lohmeyer, Urchristentum, 54–55.

Die Übergänge von Johannes dem Täufer zu dem, was sein »Schüler«[39] (!) Jesus von Nazareth gelehrt und gelebt hat, sind von Lohmeyer als fließend verstanden. Erst die christlichen Bekenner entfernten sich zunehmend von ihren historischen Wurzeln. In Jesu »Verkünden, wie es die synoptischen Evangelien erzählen, ist kaum etwas von dem Glauben zu spüren, den später seine Bekenner erfüllt. Jesus steht und verharrt bei aller Schärfe seines Gegensatzes zum Judentum dennoch im jüdischen Herkommen, diese lösen sich langsam, aber unverkennbar von ihm los. Jesus verkündet, um es mit einem Wort des Markus-Evangeliums zu sagen, in Wort und Werk nur von dem ›Königtume Gottes‹; diese bekennen den Glauben an seine Gestalt, die alle Fragen der jüdischen Überlieferung löst und alle Fülle des Heils schenkt.«[40]

Die »apokalyptische Sprache« richtet den Blick auf den »eschatologischen Gottesboten zurück«, der auch in allem Äußeren seines Lebens und Wirkens als »Rufer in der Wüste sich darstellt.«[41] Bußruf und Taufpraxis tragen einen besonderen eschatologischen Sinn, der in der Geschichte des Christentums von bleibender theologischer Bedeutung geblieben ist.

> »Rein werden durch Gott, wissen um das eschatologische Jetzt, in dem Gottes Zorn droht, entnommen sein den bisher gültigen Bedingungen des geschichtlichen Lebens, dies alles charakterisiert genau das äußere Auftreten und die innere Haltung des Täufers.«[42]

Die Wassertaufe des Johannes ist nicht nur eine »unbestimmte Hoffnung auf den Kommenden, sondern sie ist selbst Zeichen und Zeugnis dessen, was mit Geist und Feuer sich vollendet.«[43] Johannes nimmt in der Rede von den noch von Gott zu erweckenden Kindern Abrahams den Gedanken und den Begriff an eine neue, eschatologisch bestimmte Gemeinde Gottes vorweg.

> »Die kommende Gottesgemeinde ist also noch an den Ahnherrn des jüdischen Volkes gebunden, obgleich die Frage des bluthaften Zusammenhanges wesenlos geworden ist. Was Gott ›jetzt‹ tun kann, ist nichts Neues, sondern etwas Altes und Vertrautes, das immer war und ›jetzt‹ wirklich werden soll. In Abraham ist also Sinn und Wahrheit dieser kommenden Gottesgemeinde gesetzt, seine Gestalt repräsentiert, was Gott eschatologisch schafft, und der Anfang des kommenden Äons kehrt zu dem Anfang der jüdischen Geschichte zurück.«[44]

---

[39]   Lohmeyer, Urchristentum, 3.
[40]   Lohmeyer, Urchristentum, 3.
[41]   Lohmeyer, Urchristentum, 56.
[42]   Lohmeyer, Urchristentum, 73.
[43]   Lohmeyer, Urchristentum, 81.
[44]   Lohmeyer, Urchristentum, 91.

166 ANDREAS KÖHN

Geschichtlich neu ist an der Taufe des Johannes nicht ihre besondere Form, sondern ihr prinzipieller, metaphysischer Gehalt. Sie steht im Licht des »›Jetzt‹ des eschatologischen Tages und ist damit grundsätzlich von allen bisherigen Formen einer geschichtlichen Gottesverehrung geschieden, ja ihnen entgegengesetzt wie die kommende der gegenwärtigen Weltzeit. Aber diese grundsätzliche Scheidung bedeutet, da sie im ›Jetzt‹ dieses Lebens und dieser Zeit steht, auch nur die tatsächliche Bindung an die im Vergehen begriffene Geschichte.«[45]

3.

Einen Gesamteinblick in Lohmeyers charakteristische Art und Weise der Auslegung neutestamentlicher Texte geben insbesondere auch seine Breslauer Universitäts-Predigten.[46] Das Projekt zur Herausgabe einer Auswahl dieser Texte geht auf das Jahr 1934 zurück. Die meisten seiner erhaltenen Predigten stammen aus seiner Breslauer Zeit. Neben seiner letzten noch 1935 in Breslau öffentlich gehaltenen Predigt (zu Psalm 98) sowie seiner Examenspredigt von 1911 (zu 2Kor 4,1–6) stehen im Zentrum dieser im Rahmen der Semestergottesdienste gehaltenen Ansprachen vor allem Texte aus dem Johannesevangelium, aus dem Matthäusevangelium sowie aus der Offenbarung des Johannes. Der Predigtstil Lohmeyers erscheint in dem immerhin fast 25 Jahre umfassenden Zeitraum ausgesprochen gleichbleibend, ruhig und konstant. Seinem theologisch-philosophischen Ansatz entsprechend erörterte Lohmeyer in seinen Predigten – ausgehend von dem jeweiligen Bibeltext – stets grundlegende Fragen des christlichen Glaubens, die er jeweils in der zeitgeschichtlichen und kirchenpolitischen Situation kontextualisierte. In seiner Predigt vom 22. Februar 1931 zu Mt 4,1–11 (»Von der Versuchung«) wird die Geschichte von der Versuchung Jesu durch den Teufel von Lohmeyer als ein besonders dunkles theologisches Problem meditiert. Lohmeyer fragt sich, wie es denn möglich und denkbar sei, dass der eben noch geistgetaufte Jesus, von dem auch die »Deutung des Täufers als des wiedererstandenen Elia geschichtlich [...] herrührt«,[47] nun vom Geist in die Wüste geführt und in besonderer Weise erprobt wird. Nach Lohmeyer wiederholt und verdichtet sich damit in ebenso mythologisch wie theologisch gleichsam auf die Spitze getriebener Weise die geschichtliche und religiöse Erfahrung des Gottesvolkes Israel. Eine psychologisch-moralisierende Auslegung der Erzählung

---

[45] Lohmeyer, Urchristentum, 148.
[46] Andreas Köhn (Hg.), Ernst Lohmeyers Zeugnis im Kirchenkampf. Breslauer Universitätspredigten. Mit einem Vorwort von Christfried Böttrich, Göttingen 2006.
[47] Lohmeyer, Urchristentum, 171.

weist Lohmeyer ab. Die geschichtlich einmalige Versuchung des Gottessohnes[48] wird für Lohmeyer nur im Zusammenhang der prinzipiellen Dialektik des menschlichen Daseins verständlich.

»Versuchungen sind da und bleiben, solange Menschen wissen und wählen, was sie tun; keiner bleibt verschont, und keiner darf je verschont bleiben: Er hätte sonst aufgehört, lebendig zu raten und zu taten.«[49]

Die Versuchung Jesu, die zwar unverkennbar Elemente des Typischen in sich trägt, ist doch eben in der endzeitlichen Zuspitzung der Auseinandersetzung zwischen den göttlichen und widergöttlichen Mächten einzigartig.

»Was der Teufel von Jesus fordert, ist zunächst nichts anderes als das ›Zeichen vom Himmel her‹, von dem wir in jüdisch apokalyptischen Vorstellungen vielfach hören. [...] Wenn also hier der Teufel Jesus auffordert: ›Wirf dich hinab‹, so bedeutet das nichts anderes als: Versuche durch diesen selbstmörderischen Sprung, ob Gott dich, seinen Sohn, errettet! Diese Versuchung ist also die typische Herausforderung des Gerechten durch Gottes Widersacher. [...] Wie sehr der hohe Berg, von dem man alle Reiche der Welt überschauen kann, eine besondere Vorstellung jüdischer Apokalyptik ist, so auch der Gedanke, daß dem Teufel diese ›Reiche der Welt und ihr Glanz‹ zu eigen sind.«[50]

In seiner Predigt aktualisiert Lohmeyer den Gedanken an eine endzeitliche politische Versuchung ausdrücklich, wenn er sagt: »Auch eines Volkes Not und Sehnsucht erfüllt sich nicht, wenn sie ins Grenzenlose schweift. [...] Alles Ungebundene ist und bleibt des Versuchers Versuchung. Alles grenzlose Sehnen ist im tiefen Sinne wider Gott gerichtet.«

1931 war das zweite Jahr der Weltwirtschaftskrise sowie das Jahr der Notverordnungen Hindenburgs, die in politischer Hinsicht den Anfang vom Ende der Weimarer Republik kennzeichnen sollten. Dem »Dunkel unseres gegenwärtigen Lebens« sind daher auch die Gedanken einer weiteren Predigt (zu 1Joh 1,5 und 2,8) »Das wahre Licht scheinet jetzt« vom 19. Juli 1931 gewidmet, in der Loh-

---

[48] Vgl. nicht nur Lohmeyers Aufsatz Die Versuchung Jesu, in: ZSTh 14, 1937, 619–650, und seine Vater-Unser-Interpretation (1946), sondern auch insgesamt seine Auslegungen zu Phil 2,5–11. Zu verweisen ist auch auf den posthum erschienenen Artikel Antichrist, in: RAC 1, 1950, 450–457.

[49] Köhn, Universitätspredigten, 113. Es handelt sich um eine versteckte Anspielung auf das Lied *In allen meinen Taten lass ich den Höchsten raten* von Paul Fleming (1609–1640), die J. S. Bach zu einer Kantate inspirierte (BWV 97).

[50] Lohmeyer, Versuchung, 104–110.

meyer die scheinbar dualistisch geprägte Weltanschauung des ersten Johannesbriefs auf die zeitgeschichtliche Situation überträgt.

»Wenn alle Welt im Argen liegt, wenn es um uns und in uns so finster ist, daß das Auge nichts mehr zu sehen vermag und die Hand nichts mehr zu greifen, was kann es dann noch bedeuten, zu sagen und zu glauben: Gott ist Licht, und Finsternis ist nicht in ihm?«[51]

Eine ausgeprochen seltsame Dialektik liegt nach Lohmeyer der Bildrede des ersten Johannesbriefs von Gott als dem *jetzt* scheinenden Licht zugrunde: »In seinem Lichte wird alles Greifbare unseres Daseins zu dem immer Unbegriffenen und darum von Gott Ergriffenen, alle Wirklichkeit zu verschleiertem Schein und darum von Gott entschleierten Sein.«[52]

Die Lösung dieses Widerspruchs ist nach Lohmeyer letztlich in jenem Rätsel begründet, das Gott selber ist. »Er wäre nicht das einzige Licht, würde er nicht in diesem Hier und Jetzt scheinen, er wäre nicht ohne alle Finsternis, verginge nicht jetzt alles Dunkel. Oder sagen wir es mit anderen Worten: In diesem Jetzt, das zu Gott gehört wie der Strahl zum Licht, sind wir an ihn gebunden, atmen wir von seinem Hauche und wachsen wir von seiner Macht. Und dieses Leben und Lebendigsein ist nichts als der helle Schein, den Gott in unsere Herzen gegeben hat. Darum bleibt es ein Jetzt, weil wir in ihm leben, und darum bleibt es Gottes Ewigkeit, weil sein Licht uns diesen Tag des Lebens erleuchtet.«

Vor der »ewigen Wahrheit« und »Majestät dieses göttlichen Geschehens«, vor diesem »Jetzt, das die Ewigkeit Gottes selber ist« – eben als die »göttliche und untrügerische, die wahrhaftige Mitte« –, verblassen nach Lohmeyer alle zeitgeschichtlichen Einschnitte, wie tief diese auch immer gehen mögen, zu unscheinbaren Nebeln. Die ewige Wahrheit des Evangeliums steht zu den tagespolitischen Ereignissen quer. Auf der einen Seite steht bedeutungsschwer das metaphysische Prinzip des ewigen Nun, auf der anderen Seite das schnell verfliegende politische Zeitgeschehen.[53]

Dieser Gedanke beherrscht auch Lohmeyers Predigt »Bist du ein König?« (Joh 18,37–38a) vom 10. Juli 1932. Das Königtum Jesu – das Reich Gottes – ist als Reich der Wahrheit dem politischen Reich der Welt und der zeitgeschichtlichen »Wirrnisse«, diametral entgegengesetzt. Die ewige theologische Frage nach Wahrheit kann – nach Lohmeyer – letztlich von keiner politischen Macht zum Verstummen gebracht werden. Diese theologische Grundüberzeugung leitete Lohmeyer nicht nur in seinem öffenlichen Eintreten für seinen Kollegen Ernst J. Cohn während der Ende 1932 von NS-Studenten iniziierten Breslauer Univer-

---

[51]   Köhn, Universitätspredigten, 120.
[52]   Köhn, Universitätspredigten, 122.
[53]   Köhn, Universitätspredigten, 124.

sitätsrandale.[54] Noch nach den Reichtagswahlen 1933 sowie der Ernennung Hitlers zum Reichskanzler hatte Lohmeyer nach damaligen Aussagen von Studierenden dem NS-Fachgruppenführer untersagt, sich im neutestamentlichen Seminar in Parteiuniform zu präsentieren. Als im Mai 1933 auf dem Breslauer Schlossplatz eine öffentliche Bücherverbrennung stattfand, zu der der evangelische Theologe Karl Eduard Bornhausen eine demagogische Rede hielt, stellte sich Lohmeyer gegen Studenten, die versuchten, in die Bibliothek des Neutestamentlichen Seminars einzudringen. Im Sommer 1933, zu Beginn seiner Christologie-Vorlesung, bezeichnete Lohmeyer den Nationalsozialismus offen als einen mit jeder freien wissenschaftlichen Forschung unvereinbaren »Ungeist«.[55] Nachdem Lohmeyer Ende Januar 1934 zwei gegen den katholischen Tübinger Theologen Karl Adam gerichtete Zeitungsausschnitte aus dem *Völkischen Beobachter* vom Fachschaftsbrett hatte entfernen lassen, wurde er mit sofortiger Wirkung von seinem Amt als Direktor des Theologischen Seminars suspendiert.

Am 29. April sprach Lohmeyer in seiner Semesterpredigt zu Johannes 16,7 (»So ich nicht hingehe, so kommt der Tröster nicht zu euch«) im Hinblick offenbar nicht nur auf seine eigene, sondern auch auf die kirchenpolitisch extrem zugespitzte Situation von der »chaotischen Wirrnis unserer Gegenwart«. Er brauche es, so sagte Lohmeyer, »nicht im Einzelnen zu schildern, wie es draußen aussieht.« Eine »Ordnung«, die »nicht die Macht hätte zu ordnen, ist keine Ordnung. Aber Gott ist größer als diese Ordnung und Liebe mächtiger als ihre Macht. Denn aller Kampf gebiert wieder den Kampf, er bewegt sich in sich selbst, und seine Notwendigkeit ist zugleich seine tiefste Not, für die Gott allein Richter und Retter ist.«[56]

Der Geist der Wahrheit offenbare sich dagegen jeweils nur im Verborgenen: »Es ist eine Umkehrung, die vor nichts Halt macht; vor ihr sind alle Erschütterungen des menschlichen Herzens und aller Wechsel der Geschichte nur wie das leichte Gekräusel von Wellen, die auf der immer gleichen Flut sich regen.«[57]

Lohmeyers letzte Breslauer Semesteransprache – es handelt sich um die einzige seiner Predigten, die noch zu seinen Lebzeiten publiziert wurde – erschien am 7. Juli 1935 im *Kirchlichen Wochenblatt für die evangelischen Gemeinden Breslaus* unter dem die Frage stellenden Titel »Wo wächst Gottes Same?«. Lohmeyer sprach dort in Auslegung des Senfkorngleichnisses (Mt 13,31–35) offen von den Kämpfen, die »unsere Kirche verwirren und zerstören«, ja von einer »grenzenlos verwirrten Kirche wie der unseren« – und das trotz des neuen Maulkorb-Erlasses des Reichskultusministeriums vom 28. Februar 1935. Das neutestamentliche Gleichnis vom Senfkorn verstand Lohmeyer offenbar als eine

---

[54] Köhn, Neutestamentler, 61 ff.
[55] Köhn, Neutestamentler, 64.
[56] Köhn, Universitätspredigten, 139.
[57] Köhn, Universitätspredigten, 141.

die damalige zeitgeschichtliche Situation besonders sinnfällig reflektierende Denkfigur. Gottes Same, so Lohmeyer, wachse dort, wo Gottes Geist weht, »im Schweigen und Stillesein« – und nicht in dem »Sturme der Taten und lauten Ereignisse, sondern in dem schweigenden Wehen, das fruchtbar über die Felder streicht und sanft und unwiderstehlich die Halme zueinander neigt«.[58]

Zum Wintersemester 1935/36 wurde Lohmeyer nach Greifswald strafversetzt. Er war damit der letzte der Bekennenden Kirche Schlesiens angehörende Theologieprofessor. Seine Tochter Gudrun stellt in ihren Erinnerungen fest, ihr Vater habe damals erfahren müssen, dass »menschliche Integrität und Christ-zu-sein Schranken schaffen kann, die unüberwindbar sind.«[59] Lohmeyer selbst hatte in einer letzten Predigt in Breslau am 13. Oktober 1935 offen davon gesprochen, dass Gottes Wort von »keinem Ringen« entbinde: »[...] es nimmt uns nicht die tägliche Mühsal des Lebens, ja wir müssen sagen, erst dort, wo wir Sein Heil sehen, wird uns das Unheil unseres Lebens voll bewußt. Wir sind gerade dann die Angefochtenen, wenn Er uns aus allem Streit reißt; und diese Anfechtung ist unendlich tiefer und größer als alle Anfechtungen, die wir von Menschen und Verhältnissen erdulden mögen.«[60]

Ganz ähnlich hatte es Lohmeyer bereits 1927 in seiner Predigt über Mt 7,7–11 (»Bittet so wird euch gegeben«) formuliert: »Es läßt sich nur in Gegensätzen sagen: Immer hat der Glaube gefunden, weil er immer sucht, und immer ist er gespannt, weil er in Gott ewig gelöst und ruhig ist. So gewiß er alle Erfüllung ist, so gewiß ist er auch die härteste Aufgabe; er entbindet von keiner Mühe und von keinem Kampf, aber er kann ihn nur fordern, weil er selber der alles überwindende Sieg ist.«

In Lohmeyers *Grundlagen der paulinischen Theologie* hatte das so geklungen: »Von dem Glauben als dem göttlichen Sinn und der göttlichen Macht der Geschichte kann also nur unter eschatologischen Gesichtspunkten gesprochen werden. Er ist als *Offenbarung* Gottes ›ewig‹ und doch zugleich als Offenbarung in der *Geschichte* ›vorläufig‹. Diese Vorläufigkeit gilt bis zur Parusie, die den Gläubigen das selige ›Schauen‹ des Herrn bringt.«

Der Glaube steht »als metaphysisches Prinzip, d. h. als eine Tat Gottes gleichsam in der Mitte ›zwischen den Zeiten‹. Er füllt die dunkle Pause, die zwischen der Auferweckung und der Parusie Christi noch rätselhaft ver-

---

[58]   Köhn, Universitätspredigten, 149.

[59]   Gudrun Otto, Erinnerung an den Vater, in: Freiheit in der Gebundenheit. Zur Erinnerung an den Theologen Ernst Lohmeyer anläßlich seines 100. Geburtstages, hg. von Wolfgang Otto, Göttingen 1990, 359.

[60]   Predigt Lohmeyers zu Psalm 98, gehalten im Rahmen des Schlesischen Kirchenmusikfestes. Publiziert in: Ulrich Hutter, Theologie als Wissenschaft. Zu Leben und Werk Ernst Lohmeyers (1890–1946). Mit einem Quellenanhang, in: JSKG 69, 1990, 123–169.

streicht. [...] Er steht auf der Schwelle der Zeiten, schon beglänzt von dem na-
henden Tag und noch umfangen von der sinkenden Nacht.«[61]
Die kleine »eschatologische Schar« der Christusgläubigen »weiß sich von
ihrem Herrn begründet und harrt der Ernte, die sie in himmlische Scheuer bergen
wird. Ihr Leben ist nur dieses Harren; sie ist noch auf der Welt und mit Unkraut
mannigfach vermischt. Wie die einzelnen Halme stehen sie in ihr, die doch die
Welt Gottes und das Reich Seines Menschensohnes ist.«[62]
Das Motiv der apokalyptischen Zwischenzeit hat Lohmeyer noch an zwei
weiteren Stellen seines exegetisch-theologischen Werkes behandelt. In dem
»eigenwilligen«[63], von ihm absichtsvoll ebenso zeitlos wie poetisch gestalteten
Kommentar zur *Offenbarung des Johannes* von 1926 interpretierte Lohmeyer die
halbstündige himmlische Stille vor der Öffnung des siebten Siegels in Apk 8,1–6
mit den Worten:»Die Bedeutung der Pause ist wohl nach einer jüdischen Vorstellung zu erklären [...]. Was dort als Regel erscheint, ist hier als einmaliges
Ereignis hingestellt. [...] Aber zugleich ist das 7. Siegel der Beginn neuer
eschatologischer Wehen, die durch die 7 Posaunen bezeichnet sind [...]. Das
Schweigen steht in deutlichem Gegensatz zu den Donnerrufen der Wesen (6,1 ff)
oder den ›Schreien‹ der Märtyrer (6,9 ff); so markiert es zugleich den Abschluß
der Siegel- und den Anfang der Posaunenvisionen. Unter den 7 Engeln [...] sind
offenbar die sog. ›Erzengel‹ gemeint [...]; ›die vor Gott stehen‹ ist term. tech. für
sie [...] und bedeutet seines Werkes gegenwärtig sein [...]. Posaunen sind seit alter
Zeit [...] bestimmt, eschatologische Ereignisse anzukündigen [...]. Die Darstellung
ist [...] nur auf wortlose Gebärde und Handlung gestellt, nichts Inhaltliches wird
laut. Erst der Wurf des Engels, dessen Gründe absichtsvoll verschwiegen werden,
löst die lastende Stille. Das Rauchgefäß ist während des Aufsteigens der Gebete
beiseite gelegt. Jetzt wird es wieder ergriffen, mit Feuer statt mit Weihrauch

---

[61] Ernst Lohmeyer, Grundlagen paulinischer Theologie, Tübingen 1929, 125. Lohmeyer
      »zitiert« hier seinen Breslauer Kollegen Friedrich Gogarten, ohne ihn jedoch namentlich
      zu nennen. Mit Gogarten und verschiedenen anderen Breslauer Kollegen hatte sich
      Lohmeyer im Januar 1934 für den Rücktritt von Reichsbischof Ludwig Müller eingesetzt.
      Vgl. Köhn, Neutestamentler, 78–93. Zu Gogarten vgl. jetzt insgesamt Daniel Timothy
      Goering, Friedrich Gogarten (1887–1967). Religionsrebell im Jahrhundert der Welt-
      kriege, New York / Berlin 2017.
[62] Zu Lohmeyers Kommentar über Mt 13 vgl. Ernst Lohmeyer, Das Evangelium des Mat-
      thäus. Nachgelassene Ausarbeitungen und Entwürfe, hg. von Werner Schmauch, Göt-
      tingen 1956, 235.
[63] Vgl. Jörg Frey, Was erwartet die Johannesapokalypse? Zur Eschatologie des letzten
      Buches der Bibel, in: Die Johannesapokalypse. Kontexte – Konzepte – Rezeption, hg. von
      ders. / James A. Kelhoffer / Franz Tóth, Tübingen 2012, 488 (Anm. 64).

gefüllt und hinabgeschleudert. Es ist gleichsam die antwortende Gebärde göttlichen Zornes auf die aufsteigenden Gebete.«[64]

Von der »dunklen Pause« sprach Lohmeyer wiederholt auch in seinem Kommentar zum *Evangelium des Markus*, der 1937 erschien. Zum Abendmahlswort Jesu (»Nimmermehr werde ich trinken vom Gewächs der Rebe bis zu dem Tage, da Ich es neu trinken werde im Reiche Gottes«) in Mk 14,25 bemerkte er: »Der Spruch ist in allen Einzelheiten aus jüdischen Vorstellungen erwachsen; dort wird häufig die eschatologische Gemeinschaft als ein Mahl vorgestellt, das Gott mit den Frommen hält.«

Die von Jesus verkündete eschatologische Zwischenzeit ist jedoch ein ganz bewusst von ihm selbst bestimmtes »Aufhören«. »Die Spanne zwischen dem Jetzt und Künftig ist also nicht völlig dunkel, sondern von dem Willen und Wollen Dessen erhellt, der sie jetzt konstatiert [...]. Damit empfängt der Augenblick, in dem Jesus dieses Mahl mit den Seinen teilt, die Weihe eschatologischen Sinnes und eschatologischer Wirklichkeit [...]. Sie faßt also zusammen, was dieser Gemeinschaft eines durchwanderten Lebens letzter Grund und Sinn ist; wie bisher, so ist auch jetzt die Stunde des eschatologischen Heiles voll, und der Grund liegt in Ihm, der wie ein frommer Jude gelobt und wie der göttliche Herr eines ewigen Mahles bestimmt, d. h. in des ›Menschen Sohn‹. Was zwischen dem Jetzt und Künftig geschehen wird, ist hier nicht gesagt; nur dieses ist vorausgesetzt, daß dieses Geschehen für eine Zeit die Mahlgemeinschaft aufhebt, weil es ›Ihn‹ dieser Gemeinschaft enthebt, anders gesprochen, daß es nicht ohne Ihn, vielleicht durch Ihn erfolgen wird. So faßt sich in diesem Worte folgendes zusammen: Die Tatsache einer eschatologischen Gemeinschaft in dem Jetzt und Hier des Trinkens, die Sicherheit einer vollendeten eschatologischen Gemeinschaft im Reiche Gottes, die Tatsache einer dunklen Pause, die zwischen dem Jetzt und Künftig diesen Einen der Gemeinschaft entnimmt. Gedanke und Tatsache dieser Gemeinschaft sind in dem Ich dargestellt, das hier spricht, das noch eben von der Frucht der Rebe trank, jetzt nicht mehr ›trinkt‹ und ›neu trinken wird im Reiche Gottes‹.«[65]

Mit der Überlieferung der letzten Abendmahlsworte Jesu kehrt die »Verkündung Jesu«[66] im Markusevangelium bedeutungsvoll an ihren Anfang zurück. Sie schließt sich damit wie zu einem Ring. Den »geheimen Rhythmus«[67] der frohen Botschaft hat Lohmeyer daher auch durch seine besondere poetische Übersetzung des Verses Mk 1,15 wiederzugeben versucht:

---

[64]   Ernst Lohmeyer, Die Offenbarung des Johannes, Tübingen 1926, 70–71.

[65]   Ernst Lohmeyer, Das Evangelium des Markus [1937], KEK I/2, Göttingen [11]1957.

[66]   Lohmeyer, Das Evangelium des Markus, 29.

[67]   Lohmeyer, Das Evangelium des Markus, 30.

»Erfüllt ist der Tag /
und genaht ist Gottes Königreich. Kehret um /
und glaubet der frohen Botschaft!«[68]

---

[68]   Zu den Berührungen Lohmeyers mit der Dichtung Stefan Georges vgl. Köhn, Neutestamentler, 173–223.

Lohmeyers »Vater-Unser«

Jüdisch-religionsphilosophische Wurzeln einer klassischen Vaterunser-Auslegung[1]

Heinrich Assel

1. Lohmeyers Vaterunser-Auslegung im Kontext

Lohmeyers Vaterunser-Auslegung (publiziert Göttingen 1946, entstanden 1938 bis 1945) gehört zu den drei ›klassisch‹ zu nennenden deutschsprachigen theologischen Auslegungen des Vaterunsers im 20. Jahrhundert.[2] Sie steht auf Augenhöhe, ja sie übertrifft die umfangreichere Vaterunser-Interpretation Karl Barths in seiner Ethik der Versöhnungslehre KD IV,4 (Fragment 1959–1961) an namenstheologischer, christologischer und religionsdialogischer Kraft.[3] Sie bietet auch eine überzeugende Alternative zum radikalen Vorschlag Dietrich Bonhoeffers in seinem Buch *Nachfolge* von 1937, der das Vaterunser unkommentiert belässt, weil sich keine subjekt-theologische Kommentierung in dieses Herzensgebet der ganzen Christenheit auf Erden einnisten solle. Was macht

---

[1]   Vortrag auf dem Greifswalder Lohmeyer-Symposium am 24. Oktober 2016.

[2]   Zum Kontext vgl. Beate Ego, Im Himmel wie auf Erden. Studien zum Verhältnis von himmlischer und irdischer Welt im rabbinischen Judentum, WUNT 34, Tübingen 1989. – Friedhelm Hartenstein, Die Unzugänglichkeit Gottes im Heiligtum. Jesaja 6 und der Wohnort JHWHs in der Jerusalemer Kulttradition, Neukirchen-Vluyn 1997. – John P. Meier, A Marginal Jew. Rethinking the Historical Jesus 2. Mentor, Message, and Miracles, ABRL 2, New York 1994. – Marc Philonenko, Das Vaterunser. Vom Gebet Jesu zum Gebet der Jünger, UTB 2312, Tübingen 2002. – Christiane Zimmermann, Die Namen des Vaters. Studien zu ausgewählten neutestamentlichen Gottesbezeichnungen vor ihrem frühjüdischen und paganen Sprachhorizont, AJEC 69, Leiden / Boston 2007. – Martin Luther, Der Kleine Katechismus, 1529, WA 30I, 346–402. – ders., Der Große Katechismus, 1529, WA 30I, 125–238. – Dietrich Bonhoeffer, Nachfolge, in: ders., Werke 4, hg. von Martin Kuske und Ilse Tödt, München ³2002 – Ernst Lohmeyer, Das Vater-unser, Göttingen 1946, ⁵1962. Nachfolgende Seitenzahlen im Text beziehen sich auf dieses Werk.

[3]   Zum Vergleich von Barth und Lohmeyer s. Heinrich Assel, Eliminierter Name. Unendlichkeit Gottes zwischen Trinität und Tetragramm, in: Gott Nennen, hg. von Ingo U. Dalferth und Philipp Stoellger, RPT 35, Tübingen 2008, 209–248, dort 244–247.

Lohmeyers Auslegung klassisch? Fünf Merkmale dieser Auslegung enthalten die Antwort.

1.1. Klassisch ist Lohmeyers Interpretation zunächst, weil sie angesichts dieses radikalen Vorbehalts Bonhoeffers das einzige Mögliche tut, nämlich *streng wissenschaftlich* versucht, »den ursprünglichen Gehalt des Vater-unsers im einzelnen wie im ganzen nach seinen geschichtlichen und sachlichen Gründen zu bestimmen« (6). *Sachlich* reicht sie damit weiter ins 21. Jahrhundert als Barths Auslegung. Warum? Antwort: Weil hier nicht nur Hintergründe historischer Judentümer zur Zeit Jesu beständig historisch im Blick sind, sondern auch das sachliche Gespräch mit der deutschen, diasporajüdischen Religionsphilosophie geführt wird, nicht nur mit Richard Hönigswald, sondern mit Hermann Cohen und Franz Rosenzweig. Das ›Wir‹, das Lohmeyer in jedem Beten des Vaterunsers performativ hervortreten sieht, dieses ›Wir‹ der Kinder Gottes, des Vaters, ist weder Kirche noch ist es Israel, weder Christenheit noch Judenheit. Wer ist dann ›Wir‹? Wer ist ›unser‹? im Vater-unser?[4]

1.2. Lohmeyers völlig originäre Durchdringung des Jesus-Gebets wird schon im Ansatz plastisch, wenn sie mit Barth und Luther verglichen wird.

Barth interpretiert fundamentalethisch[5] und ideologiekritisch: Die Bitte »Dein Reich komme!«, der Ruf »Vater!« sei fundamentaler als der kategorische Imperativ. Im Ruf »Abba!« ist die herrliche Freiheit der Kinder Gottes bezeugt, im Unterschied zur Autonomie und ihrer Exposition aus dem kategorischen Imperativ. Insbesondere die Bitte um das kommende Reich wird bei Barth oberster Maßstab (Kanon) praktischer Urteilskraft aus der Versöhnung. Dies führt ihn zur Ideologie-Kritik jener herrenlosen Gewalten, welche die Welt der beiden Weltkriege zu einer so durch und durch verkehrten Welt machten. Bei Barth ist das ›Wir‹ des Gebets das ›Wir‹ im Geist, ›die versöhnte Gemeinschaft namens Kirche, Kinder Gottes‹ als vorläufige Darstellung der versöhnten Welt; VATER ist Gott, der Souverän, dessen Reich die herrenlosen Gewalten vom Thron stürzt.

Luther pointiert Rechtfertigungsfrömmigkeit und Haustafelethos:[6] Das ›Wir‹ des Gebets ist das ›Wir‹ im Geist des Rechtfertigungsglaubens: Es sind die Kinder Gottes, die ganze Christenheit auf Erden. Eine bestimmte Pragmatik und Ethik des Glaubensgesprächs zwischen dem göttlichen Vater und seinen christlichen

---

[4] 2009 stellte Navid Kermani mit einem aktualitäts-heischenden Buchtitel die Frage: *Wer ist ›Wir‹?* bezogen auf *Deutschland und seine Muslime.* Lohmeyer formuliert Frage und Antwort von langer Hand, auch bezogen auf Deutschland und seine jüdisch-deutsche Diaspora, dies in der Epoche 1938 bis 1945.

[5] Eberhard Jüngel, Anrufung Gottes als Grundethos christlichen Handelns. Einführende Bemerkungen zu den nachgelassenen Fragmenten der Ethik der Versöhnungslehre Karl Barths, in: ders., Barth-Studien, Ökumenische Theologie 9, Gütersloh 1982, 315–331.

[6] Georg Nicolaus, Die pragmatische Theologie des Vaterunsers und ihre Rekonstruktion durch Martin Luther, Leipzig 2005.

Kindern macht dieses Gebet zum katechetischen ›Gebet der Gebete‹. Luther liest in die notorisch mehrdeutige vierte Bitte um das tägliche Brot des Reiches, *ton arton hemon ton epiousion*, all die menschlichen Grundbedürfnisse ein, die das Leben in den drei Ständen am Ort der Berufe mit sich bringt. Die vierte Bitte spiegelt Luthers Haustafel-Ethik von 1530, nicht mehr seine frühe Nachfolge-Ethik von 1519. Das Eschatologisch-Einmalige dieser Bitte um *ton arton ton epiousion* wird dadurch veralltäglicht. Sie richtet sich an den fürsorgenden Vater. Anders Lohmeyer!

Lohmeyer dagegen setzt ein mit Tertullians Formel vom Vaterunser als *breviarium totius evangelii*. Ist also Lohmeyers »Vater-unser« neutestamentliche Theologie und Christologie *in nuce?* Gewiss, dies ist es auch! Aber doch weit mehr, weil Lohmeyer *Evangelium* nicht zu einem biblisch-theologischen Lehrbestand eindampft. *Evangelium* ist jene innere Bewegtheit, in die das Vaterunser in jedem Wort, in jeder Bitte und im Ganzen hineinnimmt, eine Bewegtheit und Wachheit des Geistes, die genau jenem unvordenklichen Ereignis entspricht, auf die das Gebet in äußerster Hingabe und Spannung aus ist: die Heiligung des Namens, die Ankunft des Reiches, das Brot des Reiches heute. Schlichter, kürzer: *Evangelium ist Name Gottes.* Der Vokativname ›Vater!‹ enthält die gesamte eschatische Spannungsladung des Gebets und seiner Bewegung. Im göttlichen Namen Vater ist das Vaterunser, im Vaterunser das Evangelium enthalten. »Wenn Tertullian das Vaterunser ein *breviarium totius evangelii* genannt hat, so ist diese Anrede ›Vater‹ auch sein *breviarium breviarii.*« (212)

1.3. Im Spiegel des Gebets zum Vater exponiert Lohmeyer indirekt das ›Wunder der Existenz Jesu‹ (Ernst Fuchs). Der Jesus des Vaterunsers ist der Lehrer und der Meister. Er ist der Arme und der Bruder. Er ist der Einzige: der Sohn; und er ist der Erste: der Menschensohn. Enthält das Vaterunser also eine *implizite Christologie des historischen Jesus?* Nein! Was aber dann? Das Vater-Gebet ist von der Selbstzurücknahme des irdischen Jesus im Horizont seiner Reich-Gottes-Botschaft bestimmt. Diese Selbstzurücknahme des irdischen Jesus ins Gebet, *das er lehrt und mitbetet, mitbetet und lehrt,* macht es erst möglich, nach Ostern den Tod Jesu als das Ereignis zu verstehen, auf das hin und von dem her das Vaterunser betet. Das Ereignis, auf das hin und von dem her der Vater Jesu der Vater ist und unser Vater wird, ist das Medium des Gebets Jesu, aber gerade nicht sein (implizites) Thema.

1.4. Die Eschatologie-Theorie und Apokalyptik-Theorie Lohmeyers, die schon bisher vielfach vorausgesetzt wurde, sei jetzt in drei Formeln zusammengefasst: Eschatologie meint (a) »die Ferne und Nähe zur Geschichte in Einem«[7]: die absolute Ferne Gottes, im Himmel, und die Nähe des Vaters, dem sogar die Bitte um Brot angelegen ist; die Ferne und Nähe des Menschen zur Geschichte in Einem, fern, weil nicht von dieser Welt, nah, weil in Schuld und Versuchung gestellt.

---

[7]   Ernst Lohmeyer, Grundlagen paulinischer Theologie, BHTh 1, Tübingen 1929, 16.

Eschatologie meint (b) geschichtliche *Herrlichkeit* Gottes und eschatische *Heiligkeit* des Namens Gottes in Einem. Eschatologie meint (c) Verkehrung der Welt in Schuld, Versuchung unter ›den Bösen‹ und Weltferne des Vaters im Himmel in Einem: die apokalyptische Struktur einer Weltferne Gottes und einer *verborgenen* Ankunft seines Reiches in einer verkehrten Welt *im Gleichnis als Gleichnis, im Gebet als Gebet bei dem* ›*Wir*‹ *des Gebets.* Die komplexe Eschatologie- und Apokalyptik-Theorie Lohmeyers erweist sich jetzt als Beschreibung des im Vaterunser Prägnanten.

1.5. Von Bedeutung ist schließlich der Aufbau. Lohmeyer entwirft vor uns eine Ringstruktur des Gebets Jesu. Dieser Aufbau-Vorschlag ist natürlich bereits der hermeneutische Vorentwurf des Vaterunsers als Ganzes, der Entwurf dessen, was ich die innere Bewegung des Gebets als Gebet nannte, damit auch der Umriss des Ereignisses, das zu erwarten das Gebet lehrt:

VATER
1. und 7. Bitte
2. und 6. Bitte
3. und 5. Bitte
4. Bitte

Schöpfung ⬅ Gotteswelt   Menschenwelt ➡ Verkehrung

Lohmeyer widerspricht schon im Ansatz der These, als könne man das Vater-Gebet aufteilen: in ein Gebet, das Jesus betet (Anrede, Bitte 1–3) und ein Gebet, das er die Jünger lehrt (Bitte 4–7). Als sei die Frage: Gebet Jesu oder Gebet der Jünger die Frage eines historischen Übergangs vom Gebet Jesu zum Gebet der Jünger.[8] Nein, das Vaterunser als Ganzes ist bewegt durch eine *Schubumkehr aus konträren Gegenkräften*! Sie geht vom Namen aus und wird in der vierten Bitte manifest.

Das Vaterunser ist bestimmt von einem »konträren Gegensatz«, dem Gegensatz »zwischen dem heiligen Gott und seiner Welt und dem Bösen und seiner Welt [...] Dem apokalyptischen Grunde entspricht es, daß dieses Leben in Gegenwart und Zukunft von drei Gefahren bedroht ist: Alles menschliche Tun ist ein Sich-Verschulden, alles künftige Geschehen ein Versuchtwerden, alles menschliche Ergehen ein Verfallensein. Aus diesem dreifachen Ring bricht nichts heraus, was dem menschliche Dasein Glanz oder Freude, Tiefe oder Höhe zu geben vermöchte«. Dies meint apokalyptische Verkehrung der Welt. Der geschlossene Ring der Menschenwelt in den Bitten 5–7 erinnert in Lohmeyers Auslegung an die ausweglose Welt Franz Kafkas, aus welcher der Glanz des göttlichen Namens

---

[8] So der Untertitel von Philonenko, Vaterunser, 2002.

gewichen ist (wie G. Scholem formuliert).[9] Die Welt dieser Bitten wäre diese Welt, würde der Name nicht aus absoluter Weltferne im Namen ›ABBA‹ dagewesen sein.[10] Menschliches Leben ist »ein immer verstricktes und verschuldetes und verfehltes Dasein« – »und allein die Tat Gottes, sein Vergeben und Behüten sprengt den dreifachen Ring, befreit ihn aus der Umklammerung und rettet ihn in Gottes beseligende Nähe« (197–198). »Indem also der apokalyptische Grund bewahrt und zugleich so geklärt wird, daß nur die Macht des Guten noch das allein Wirkliche ist, steigt auch das Gegenwärtige zu der vorläufigen, aber schon eschatologisch bestimmten Wirklichkeit Gottes auf […] was bisher das Fernste war, ist das Nächste geworden, der Fernste und alle Fernen umfassende Gott zu dem nächsten und mit ›unserem Brot‹ alle Nähe schenkenden Vater.« (199)

Enthält der Name »Vater!« die gesamte Spannungsladung, so entlädt sie sich als apokalyptische Gegenspannung von Himmel und Erde, Ferne und Verkehrung, Ankunft und Versuchung, Heiligen und Vergeben, Gott und Bösem in den sieben Bitten. Die vierte Bitte aber weiß: Mit dem morgigen, himmlischen Brot heute wäre *alles* Gute da, ist *alles Gute schon da gewesen.*

Diese Merkmale, diese konträre Innenspannung, diese symbolische *Dynamis* des göttlichen Namens, der die apokalyptische Verkehrung unter Ausnutzung ihrer eigenen Kraft umkehrt (als eschatische Verkehrung der apokalyptischen Verkehrung, als ›Schubumkehr‹), bildet sich in der Vater-Auslegung aus.

2. VATER

2.1 DER NAME VATER UND DER NAME IM GEBET JESU UND IM NEUEN TESTAMENT

Zu unterscheiden sind absolutes »Vater«, »mein Vater«, »euer Vater«, »unser Vater«. Das absolute »Vater« ist in den Synoptikern beschränkt auf Jesus (Mt 11,27; Mt 24,36). »»Unser Vater‹ ist in den [synoptischen] Evangelien ebenso singulär [im Vaterunser] wie es die Anrede ›Vater‹ für andere Beter als Jesus ist.« (19) Das Johannesevangelium nimmt in jeder Hinsicht eine Sonderstellung ein, da hier das absolute *Vater* sowie *mein Vater* sehr häufig begegnen; ebenso darin, dass erst kraft Tod und Auferweckung *Jesu* Vater »euer Vater« wird. Wie das Vaterunser zentral für die Bergpredigt des Matthäus und die Feldrede des Lukas ist und als bekannt rezitiert wird: als Gebet, das Jesus lehrt (und betet?), dort aber

---

[9]   Gershom Scholem, Zehn unhistorische Sätze über Kabbala, in: ders., Judaica 3. Studien zur jüdischen Mystik, Frankfurt a. M. 1970, 264–271, 271 (freie Paraphrase des Vf.).

[10] Eschatische Gegenwärtigkeit ist keine erlebbare und erfahrbare, keine retentionale und protentionale Wahrnehmung, worauf Lohmeyer insistiert. Daher die Symbolisation als ›Spur‹ oder als ›Ankunft‹.

implizit christologisch bleibt, so wird es im vierten Evangelium *explizit* christologisch, bleibt aber als Gebet Jesu ausgespart.

Ernst Lohmeyer ging davon aus: *Abba* findet sich selten im Neuen Testament. Im jüdischen Gebet gebräuchlich ist *Avinu (Avinu malchenu)*. Seither zeigte sich: Alltagssprachliches *abba* wird für Menschen, im späteren Aramäisch bisweilen auch für Gott verwendet.[11] Religionshistorisch ist die Erforschung der Namen seither fortgeschritten, wie Christiane Zimmermann zusammenfasst: *Abba o pater als authentische Anrede Gottes durch Jesus*[12] ordnet sich in die normale Gebetsanrede des Judentums ein (ist also nicht analogielos). Es enthält wahrscheinlich authentische Erinnerungen an die Gebetsanrede Jesu. *Das Vaterunser bzw. Vatergebet*[13] wird in die Gebetstradition des Judentums (Nähe zum Kaddisch-Gebet und zu Ps 145) gestellt. *Analogielos ist aber die Verbindung des Vaternamens mit der Bitte um das Kommen seines Reiches.* Diese Verbindung von Vater mit dem Reich der Himmel unter Betonung des Vaters an erster Stelle *könne* auf den historischen Jesus zurückgehen. Das paulinische »Abba-Vater« und der »Geist der Sohnschaft«[14] betone, dass der Zugang zum Vater nur über den Sohn möglich sei und dass die Sohnschaft Jesu die Grundlage der Sohnschaft der Glaubenden und ihrer Vateranrede sei. Darin unterscheide sich diese Vateranrede von der jüdischen Vateranrede, die in der Erwählung Israels begründet sei.

1. Nirgends außerhalb des Gebets Jesu ist die Wendung an den Vater verbunden mit der Bitte um das Kommen ›seines‹ Reiches. Mit dem Vater ist sonst nicht Herrschaft, sondern seine unvergleichliche göttliche Fürsorge angerufen.

2. Im Ankommen des Reiches Gottes wird offenbar, dass und inwiefern der Einzige – der Vater ist.

3. *Zuvor und sachlich vorrangig* bestimmt das Heiligen des Namens im Namen Vater den Sinn des Ankommens von Gottes Reich.

4. Bei Paulus benennt die Formel »Gott, der Vater unseres Herrn Jesus Christus«[15] Jesu Einsetzung zur Sohnschaft kraft Auferweckung: Der Einzige ist Vater aufgrund der Auferweckung Jesu, diesem endgültigen Urteil über Jesus und die Welt.

5. Der Einzige als Vater ist offenbare Liebe und verborgene Heiligkeit.[16]

---

[11] Ulrich Luz, Das Evangelium nach Matthäus (Mt 1–7), EKK I/1, Zürich / Neukirchen-Vluyn ²1985, 440.

[12] Zimmermann, Namen, 76–79.

[13] Zimmermann, Namen, 84–87.

[14] Zimmermann, Namen, 127–129.

[15] Zimmermann, Namen, 137–140.

[16] Zimmermann, Namen, 162–166.

2.2 Der Name VATER und Der Name (JHWH)

Worin besteht die Neuheit des Vaternamens im jesuanischen Vaterunser, wenn er nicht *als solcher* neu ist? In der Verbindung mit der Botschaft von der *jetzt* sich offenbarenden Gottesherrschaft, die als Offenbarung Gottes als Vater interpretiert wird. Jesus knüpft mit seiner Vater-Anrede, *sofern sie das einmalig endgültig Neue des ankommenden Reiches benennt,* nicht an die Vater-Anrede des Judentums an, die im Vaternamen eher den Sich-Gleichen, Fürsorgenden nenne. »Die eschatologische Wirklichkeit und Gegenwärtigkeit dieser einen Tat und einen Sache, eben des Vatertums Gottes, ist also das Neue, das auch in der Anrede ›unser Vater‹ gelegen ist« (25).[17]

Lohmeyer pointiert aber nicht historische Differenz zur jüdischen Gebetsliteratur der Zeitenwende als Kriterium der Authentizität des Jesus-Gebets. Im Gegenteil! Sachlich blitzt plötzlich ein jüdisch-religionsphilosophischer Hintergrund in die gelehrte historische Auslegung, so fremd, so überraschend, dass kaum je verstanden wurde, was Lohmeyer da eigentlich sagt:

> »An manchen Stellen des Alten Testamentes ist an den heiligen Namen JHWH die eschatologische Prophetie geknüpft, daß ihn erkennen, die Wende von der gegenwärtigen Weltzeit zur Vollendung bedeutet. ›Darum wird mein Volk meinen Namen erkennen, darum an jenem Tage, daß ich es bin, der redet: Da bin ich‹ (Jes 52,6–7). Was also in dem Namen JHWH eschatologisch verheißen ist, das Da-Sein Gottes, wie schon die Erzählung vom brennenden Dornbusch (Ex 4,14 [sic!] 3,14) [...] bedeutet hat, das ist Grund und Gehalt auch des Vaternamens: Er ist da, ist bei den Seinen, er ist es als der Vater derer, die ihn bitten. In dem Gedanken also der eschatologischen Gegenwärtigkeit Gottes begegnen sich die alttestamentliche Verheißung und die neutestamentliche Erfahrung und Erfüllung. Man mag es vielleicht auch historisch die Tat Jesu nennen, daß er in dem Vaternamen alles das gesammelt hat, was der geheime, erst eschatologisch offenbare Name JHWH in sich bergen könnte. Und es wäre dann weiter sehr bezeichnend [...], daß Jesus gerade mit dem alltäglichen, unfeierlichen Wort Abba das Geheimnis des unaussprechlichen Namens ›ersetze‹.« (27)

Lohmeyer rekurriert in dieser merkwürdigen Passage zunächst auf kanonische Zusammenhänge: Auf die deuterojesajanischen Erweisworte als Verheißung, die im Namen JHWH konzentriert ist und sich *von daher* je geschichtlich erweist – ich

---

[17]   Mit dieser Interpretation von VATER unterscheidet sich Lohmeyer klar von Luther, der diese Anrede auf das Kindschaftsvertrauen des Glaubens bezieht: »Gott will damit uns locken, dass wir gläuben sollen, er sei unser rechter Vater und wir seine rechte Kinder, auf dass wir getrost und mit aller Zuversicht ihn bitten sollen wie die lieben Kinder ihren lieben Vater.« (Kleiner Katechismus, BSLK 512,20–24).

sage nicht: *heils*geschichtlich erweist (W. Zimmerli[18]): ›Darum wird mein Volk meinen Namen erkennen, darum an jenem Tage, daß ich es bin, der redet: Da bin ich‹ (Jes 52,6–7). Diese Erweisworte sind vom heilsgeschichtlichen Schema Verheißung / Erfüllung grundverschieden.

Lohmeyer vertritt sodann die These, dass hier der Name Jhwh zum Satz, zum Verheißungssatz wird: Ich bin da, Ich bin es, Er ist da. Beachten wir: Sein ist hier nicht intransitives Verb, sondern transitives Verb: Da-sein für, Dabei sein bei den Seinen. Lohmeyer bezieht dieses Da-Sein, Dabei-Sein auf die einmalige Wende von der gegenwärtigen Weltzeit zur Vollendung, von Alt zu endgültig Neu, auf die Ankunft des göttlichen Reiches. So kommt es zur Schlüsselthese: Im Name Vater ist der erst eschatologisch, erst zukünftig offenbare Name Jhwh verborgen und in seinem gesamten Verheißungssinn gesammelt und adressiert – aber erstaunlicherweise im höchst alltäglichen, unfeierlichen Wort Abba. Und nun wird dieser Sinn, diese Spannungsladung von »Abba« rückbezogen auf die Namensoffenbarung aus dem feurigen Dornbusch an Mose: Der Name dessen, der Mose beruft, ist Ich bin da, Er ist da.

Sieht man sich in der zeitgenössischen Literatur zwischen 1920 und 1945 um, um dieses merkwürdige Argument zu verstehen, so stößt man auf das Arbeitspapier, das Martin Buber und Franz Rosenzweig bei ihrer Übersetzung der Hebräischen Bibel verfassten. Dieses Arbeitspapier begründet eine weitreichende Neuerung ihrer Übersetzung: Die grammatische Erklärung von Ex 3,14 findet sich bereits bei Raschi: ›Er nennt sich *'hyh* [Ich bin da]; wir nennen ihn *yhyh* [Er ist da].‹ *hwh* gilt dabei als grammatische Nebenform zu *hyh*, ebenso *yhwh* als Nebenform zu *yhyh*. Raschi erklärt das Dasein als Dabeisein. Gestützt wird diese Deutung durch den Midrasch zu Ex 3,14a: »Sprach zu Mosche der Heilige-gelobtsei-er: Geh, sag Israel: – Ich bin mit ihnen gewesen in dieser Sklaverei, und ich werde mit ihnen sein in der Sklaverei der Fremdherrschaften.«[19] Bei Rosenzweig finden wir denn auch schon die These vom *transitiven* Sinn von ›Dasein‹. »Denn das hebräische *hyh* ist ja nicht wie das indogermanische ›sein‹ seinem Wesen nach Kopula, also statisch, sondern ein Wort des Werdens, Eintretens, Geschehens.«[20] Franz Rosenzweig schrieb zu dieser Entdeckung seinen letzten großen

[18] Walter Zimmerli, Das Wort des göttlichen Selbsterweises (Erweiswort). Eine prophetische Gattung, in: ders., Gottes Offenbarung. Gesammelte Aufsätze zum Alten Testament, TB 19, München ²1969, 120–132, 125–126.

[19] Franz Rosenzweig, Sprachdenken. Arbeitspapier zur Verdeutschung der Schrift, Gesammelte Schriften IV/2, hg. von Rachel Bat-Adam, Haag 1984, 95, Anm. 3.

[20] Franz Rosenzweig, Briefe und Tagebücher, Gesammelte Schriften I, hg. von Rachel Rosenzweig, Haag 1979, 1161.

Aufsatz im Jahr 1929: »*Der Ewige*«. *Mendelssohn und der Gottesname*.[21] Hier findet sich die Einsicht: Das *'hyh* sei an dieser einzigen Stelle (Ex 3,14) das momenthafte »Aufleuchten« der Namensbedeutung, »so daß also kein Teil des Namens vom Sinn undurchleuchtet bleibt ... und andrerseits die Flamme des Sinns an keiner Stelle über die Fläche des Namens hinausschlägt.«[22] Der Name JHWH ist völlig durchleuchtet mit Verheißung. Verheißung schlägt aber auch an keiner Stelle über den Namen hinaus. Das führt dazu, dass in der Übersetzung Buber-Rosenzweigs *'hyh* (wie sonst nur das Tetragramm und seine Namensäquivalente) selbst mit Versalien notiert ist: »ICH BIN DA schickt mich zu euch« (Ex 3,14bb BR). »Und eben diese Ineinssetzung (sc. von opakem Namen und Verheißungssinn) ist es, die mit ihrer aus dem Ich-bin-da-Ruf vom brennenden Dorn hervorschlagenden Glut in den Gottesnamen die ganze Bibel in eins schmiedet, indem sie überall die Gleichung des Gottes der Schöpfung mit dem mir, dir, jedem Gegenwärtigen vollzieht.«[23] Der Name als Verheißung habe »eine Kraft der Wandlung und Neubildung«, welche »die Sprache gewandelt, das Buch gebildet hat, – er selber Zeugnis eines Augenblicks der Offenbarung, der sich nun dem Leser in tausend Augenblicken der Erkenntnis wiederholt und erneuert.«[24]

Man sollte Lohmeyers These über den Namen ABBA! VATER! als gesammelte Verheißung des Namens JHWH vor diesem Hintergrund interpretieren. Dann erstaunt es nicht mehr, wenn er den Namen ›Vater‹ das *brevarium breviarii* des gesamten Evangeliums nennt. Wo der Name VATER da der NAME (JHWH), WO NAME da Verheißung, wo Verheißung da Spannungsladung von Schöpfung und Vollendung, Alt und Neu, Gegenwärtigkeit und Dabeisein Gottes. Fehlt die letzte Schlussfolgerung: Wo Dabeisein des Namens da ein Gesandter. Sie folgt prompt: »Gottes eschatologisches Vatertum offenbart sich darin, dass er jetzt das eschatologische Werk beginnt und die Person des eschatologischen Vollenders sendet; beides ist auf vorbereitende und verborgene, nur durch Offenbarung erkennbare Weise in der Gestalt und dem Werk Jesu gegeben. Darum heißt Gott also ›unser Vater‹, weil er der Vater Jesu ist.« (29–30)

2.3 JESUS UND VATER?

Die Vater-Anrede impliziert das göttliche Dabeisein, Gegenwärtigkeit; göttliches Dabeisein impliziert den Boten, den Gesandten, sogar den eschatologischen

---

[21] Franz Rosenzweig, Der Ewige. Mendelssohn und der Gottesname (1929), in: ders., Zweistromland. Kleinere Schriften zu Glauben und Denken, Gesammelte Schriften III, hg. von Reinhold und Annemarie Mayer, Haag 1984, 801–815.

[22] Rosenzweig, Der Ewige, 812.

[23] Rosenzweig, Der Ewige, 810.

[24] Rosenzweig, Der Ewige, 814. Dazu Heinrich Assel, Geheimnis und Sakrament. Die Theologie des göttlichen Namens bei Kant, Cohen und Rosenzweig, FSÖTh 98, Göttingen 2001, 258–263.

Boten. Impliziert die Anrede VATER! aber auch: DEN SOHN? Die Antwort darauf ist ein komplexer Gedankengang, auch ein angreifbarer. »Wie die Botschaft von dem Gottesreich ein Ereignis verkündet, welches kommt und da ist, mögen Menschen es sehen oder nicht, so lebt auch der Vatergedanke in dieser strengen Gegenständlichkeit des eschatologischen Geschehens.« (32) Gottes Reich kommt an ihm selbst. Im Auftreten Jesu kommt es aber in alltäglichen Ereignissen verborgen: in Gleichnissen als Gleichnis, im Gebet als Gebet. DER NAME (über allen Namen) ist im Alltagsnamen VATER, ABBA. »Was also der ›Vater‹ jetzt tut, das ist in all seiner eschatologischen Macht und Bedeutung auch ein irdisches Geschehen.« (33)

Erst durch den MENSCHENSOHN-Beinamen seien die ursprünglich getrennten Motive der Vater-Anrede und der Reich-Gottes-Erfahrung miteinander verbunden, so dass sie sich wechselseitig interpretieren. »Weil Gott durch den Menschensohn jetzt und hier eschatologisch handelt, daran wird erkennbar, daß dieser ›der Sohn‹, jener ›der Vater‹ ist und darum auch allen denen Vater wird, welche die Stunde und die Art, den Weg und das Mittel – oder auch den Mittler – dieses eschatologischen Handelns erkennen. Erst von dieser durch den Menschensohngedanken gestützten Anschauung empfängt der Name ›Vater‹ seinen klaren und begründeten Sinn.« (34) Vater-Anrede, Reich-Gottes-Erfahrung und Menschensohnglaube unterbricht das kontinuierliche Handeln Gottes (Für-Sorge, Treue) durch qualitativ Neues und Letztes. »Fragt man aber, was dieses eschatologisch Neue sei, so ist zu antworten: Nichts anderes als das geschichtlich Einmalige, was dieser ›Sohn‹ auf Erden wirkt. Was er zu sich zieht in Wort und Werk, die Kranken und Besessenen, die Zöllner und Dirnen, die Bettler und Sünder, das hat der ›Vater‹ zu sich gezogen. Dieser ›Sohn‹ als der lehrende und heilende Rabbi, dieser Rabbi als der bald sich offenbarende ›Sohn‹, er ist das Abbild jenes ›Vatertumes‹ Gottes, das in ihm zugleich verborgen und offenbar ist. Man begreift es nun, daß die Urgemeinde in dem Rufe ›Abba Vater‹ den klaren und reinen Ausdruck ihres neuen Glaubens gesehen hat.« (35)

3. VATER! GEHEILIGT WERDE DEIN NAME!

»Heiligen« begegnet in den synoptischen Evangelien vergleichsweise selten. Umso bedeutsamer ist es, dass es im Vaterunser sogleich an erster Stelle genannt wird als Bitte an Gott, seinen Namen zu heiligen. Bei Paulus kommt die Heiligung des Namens selten, aber an zentraler Stelle vor (Röm 15,8–9, die Zusammenfassung des Römerbriefes!).[25] Eine Ausnahme bildet das Johannesevangelium, in dem die Bitte Jesu an den Vater, seinen Namen zu heiligen, die Angelstelle des Evangeliums bildet und unmittelbar vor dem Passionsbeginn ausgesprochen

---

[25] Analoges gilt für Hebr 2,11 (vgl. 10,10.14.29; 13,12) und 1Petr 3,15.

wird (Joh 12,28;[26] vgl. 17,15-19; 10,36). Heiligung meint stets und primär Gottes eigene Heiligung des Namens. »Dieses ›Heiligen‹ vollzieht sich [...], indem er das Volk, obwohl es so vielerlei gegen ihn gesündigt hat, nicht völlig vernichtet, sondern einen Rest errettet, indem er die Heiden straft, welche sein Volk bedrücken.« (43)[27] Die Heiligung des Namens durch Gott am Rest Israels, indem er es dem Exil aussetzt und aus ihm um seines Namens willen errettet, ist wie eine Kurzformel der Geschichte Israels in der exilischen und nachexilischen Prophetie. Nun fragt sich, warum bei Jesus nur im Vaterunser und ansonsten nur im Johannesevangelium diese Kernformel auftaucht. Offenbar verlangt dies weitere Erläuterung.

3.1 GEHEILIGT WERDE ...

Die aramäische Form »geheiligt« legt nahe, dass es sich hier um ein selbstbezügliches und faktitives Verb handelt: »damit wird es wahrscheinlich, daß hier um etwas gebeten wird, was der Name Gottes an sich und für sich tun möge, nämlich sich als heilig offenbaren.« (44) Menschen heiligen sich, »indem sie Gott und seinen Namen heiligen; sie heiligen Gott, weil und indem sich Gott an ihnen und damit auch sie heiligt.« (44)

Lohmeyer verweist für diese Auslegung auf den rabbinischen Makarismus Rabbi Akibas: »Heil Euch Israel! Wer reinigt Euch und vor wem reinigt Ihr selbst Euch? Es ist Euer VATER im Himmel.« (mJoma 8,9; B Joma 85b) Dieser rabbinische Makarismus[28] kehrt in Lohmeyers Interpretation dreimal wieder (44, 124, 203) – ein weiterer Beleg impliziter religionsdialogischer Bezüge. Denn Akibas Makarismus ist auch das Leitmotto der Religionsphilosophie Hermann Cohens *Religion der Vernunft aus den Quellen des Judentums* von 1918.[29] »Der Name ist auf der einen Seite gleichsam das Kultbild des israelitischen Glaubens, und ist auf der anderen Seite gerade dadurch das Zeichen und Mal seiner Bildlosigkeit, so daß er nun den Begriff ›heilig‹ in einen Bereich hebt, welcher sich zu dem bisher angedeuteten verhält wie der Begriff zum Gleichnis [...]« (46). Die Pointe ist die Korrelation: Heiligen meint Aussondern, um zu bestimmen. »Damit ist aber über den Begriff der Heiligkeit das Grundsätzliche gesagt, daß er Gott und Menschen zu einer Einheit und Allgemeinheit zusammenbindet. Er ist nicht ein Prinzip der

---

[26] Hier aber nicht ›heiligen‹, sondern ›verherrlichen‹. Als Synonyme für Heiligen gelten: Erhöhtwerden, Verherrlichtwerden. Erneut ist es das Sprachfeld des Joh, das diese Verben am intensivsten verwendet.

[27] Ex 32,12-13; Num 14,6; Dtn 9,28; 32,17-18; Jes 48,11; Ez 20,9.14.22; 39,23.

[28] Der Makarismus schließt jenen Talmud-Traktat ab, der Liturgie und Theologie des Versöhnungstages regelt.

[29] Es ist auch Motto von Hermann Cohen (Religion und Sittlichkeit. Eine Betrachtung zur Grundlegung der Religionsphilosophie, Berlin 1907) und Leitmotiv von Franz Rosenzweig (Der Stern der Erlösung, Frankfurt 1921).

Sonderung, sondern Verknüpfung.« (46) Unterschieden sind der Rest bzw. die Jünger Jesu eben darin von der Welt wie in anderer Weise von Gott, dass Gott heilig *ist* und sie heilig *werden sollen.* Heiligkeit verhält sich zur Heiligung der Menschen wie Sein zu Werden.

> Gottes Sein ist Heiligkeit. »Gott ist heilig, darin liegt auch das Moment einer reinen Mächtigkeit oder mächtigen Reinheit, welche Gottes Wesen und Wirklichkeit bestimmt. Sie sondert ihn von allem Lebenden und Bestehenden, mit welchem ihn doch die Heiligkeit seines Tuns verbindet, sie läßt ihn in einem Lichte wohnen, da niemand zukommen kann [...] Heiligkeit ist hier das, was Gott zu Gott macht, der unfaßbare Grund seines Seins, das verborgene Wesen, welches niemand erahnt, das er nur offenbart, wie es ihm gefällt. Es ist nichts ›Ruhendes‹, sondern der Inbegriff der freien Wirksamkeit, die aus den unergründlichen Tiefen Gottes heraus wirkt und ins Offenbare tritt.« (47) Lohmeyer verweist dazu auf die Audienzvision des thronenden und heilig-wirksamen Jʜᴡʜ bei Jesaja: ›Heilig, Heilig, Heilig ist Gott der Herr Zebaoth, voll sind die Lande seiner Herrlichkeit.‹[30] »Unter diesem Gesichtspunkt heißt Heiligen soviel wie die verborgene Heiligkeit Gottes in offenbare Herrlichkeit verwandeln. Und dieses Verwandeln beschreibt nur den Gang, welchen die Welt von ihrer Schöpfung durch Gott bis zur Vollendung nimmt.« (48)

Die Heiligung der Menschen durch die nie ruhende, stets tätige Heiligkeit Gottes, die aus sich heraustritt und Menschen und Welt erfüllt als Herrlichkeit, »bedeutet einmal alles sinnlich Gegebene aufheben, das der Heiligkeit Gottes widerspricht [...] und [es] bedeutet sodann alles menschliche und geschichtliche Wesen in die Heiligkeit Gottes erheben und so vollenden.« (48) Der Prozess der Heiligung kommt aus der hintergründigen Tiefe Gottes, wird zur offenbaren Herrlichkeit und führt über die Welt hinaus, »denn sein letztes Ziel lautet nicht die Welt durch Gott, sondern Gott durch die Welt zu heiligen. Auch Welt und Menschen sind nur Momente in dem Prozeß der Heiligung, in welchem Gott sich selbst heiligt. Und dieser Prozeß führt aus der verborgenen Heiligkeit über Schöpfung und Vollendung zu seiner offenbaren Herrlichkeit.« (49)

Mit dieser zentralen, völlig unkonventionellen These tritt Lohmeyer nun erneut ins Gespräch, jetzt mit der religionsphilosophischen Basisfigur des *Jichud Haschem*, der Einigung des Namens Gottes, bei Herman Cohen und Franz Rosenzweig.[31]

3.2 … DEIN NAME: ERSTE BITTE UND JICHUD HASCHEM
Der Name Gottes einigt und heiligt sich in der Geschichte der Erwählung, im Prozess der Heiligung am Volk, am Rest. Es folgt ein merkwürdiger Satz:

---

[30]   Dazu Hartenstein, Unzugänglichkeit, 1997.
[31]   Dazu Assel, Geheimnis, 207–237; ders., Eliminierter Name, 2008.

»Wer daher den Namen Gottes kennt, der steht an der Pforte unsagbarer Geheimnisse und unsagbaren Lichtes oder mit späteren Worten gesagt: auf der Schwelle von dem offenbaren Gott (deus revelatus) zu dem verborgenen Gott (deus absconditus), auch auf der Schwelle von der Herrlichkeit Gottes zu seiner Heiligkeit.« (50)

Kein Geringerer als Karl Barth kapitulierte an dieser Stelle und versagte Lohmeyer die Gefolgschaft: »Wunderlich, wie Lohmeyer dazu kommt, den Satz daneben zu stellen: der ›Name‹ Gottes sei auch (als gäbe es da auch einen Weg zurück!) die ›Schwelle von dem Deus revelatus zu dem Deus absconditus‹! Nach Allem, was die Bibel vom Namen Gottes als solchem sagt, kann doch nur die umgekehrte Folge: vom Deus absconditus zum Deus revelatus in Frage kommen! Und würde man, da es im Namen Gottes um Gott selbst geht, nicht überhaupt besser statt etwas arg dinghaft von einer ›Schwelle‹ personhaft von dem *Schritt* reden – dem großen Übertritt Gottes ad extra –, den er tut, indem er sich einen Namen macht bzw. selbst auch in seinem Namen Gott sein will und wird?«[32]

Nun ist Lohmeyers Satz freilich eine kaum verhohlene Anspielung auf einen Kernsatz jüdischer Eschatologie und eine Schlüsselsequenz des jüdischen Jom Kippur, die etwa den gesamten Schlussteil von Franz Rosenzweigs *Stern der Erlösung* beschäftigt. »Schwelle« nennt Rosenzweig den Überschritt von der Offenbarung der Erlösung zur ewigen Überwelt, die aber nur in zwei Gestalten erfahrbar wird, im christlichen und jüdischen Gottesdienst und Festkalender. *Diese* Verborgenheit der Heiligkeit des Namens hat also überhaupt nichts mit dem *deus absconditus* der lutherischen Lehre zu tun, den Barth austreiben möchte. Sie ist eine Figur messianischer Verborgenheit der Heiligkeit des Namens in den unvereinbaren und wahrheitsverwandten Liturgien und Gottesdiensten der Judentümer und Christentümer und in ihrer Begegnung im Alltag des Lebens, wo das gute Gebot von Angesicht zu Angesicht, vom Nächsten her zum Nächsten des Nächsten aufzufinden ist.

Sach 14,9 und Zef 3,9 stehen über dieser Figur: »ER wird werden zum König über alles Erdland. An jenem Tage wird ER der Einzige sein und sein Name der einzige.« »Dann aber wandle ich den Völkern an eine *geläuterte, gereinigte Lippe*, – daß sie alle ausrufen Seinen Namen, mit geeinter Schulter ihm dienen« (Übersetzung nach Buber-Rosenzweig). So muss man jenen Satz deuten, den Lohmeyer anfügt: »So sammelt sich auf der einen Seite in dem Namen Gottes seine offenbare Gegenwärtigkeit [Ex 3,14!], durch welche er mit allem Geschaffenen sich verbindet und zugleich von ihm scheidet, und auf der andern Seite jene Vielfalt und Ganzheit der Dinge und Wesen, welche alle auf den Namen Gottes sich ebenso gründen und richten.« (51) Lohmeyer bezieht also die erste Vaterunser-Bitte auf die Reich-Gottes-Botschaft Jesu und das Kommen Jesu, das Wunder seiner

---

[32] Karl Barth, KD IV/4, 258. Textbasis: KD IV/4, 180–346 (§ 77 Eifer um die Ehre Gottes), vor allem 254–282 (Geheiligt werde dein Name!).

Existenz: Die eschatologische Einmaligkeit, in der Gott seinen Namen heiligt, impliziere, die Existenz Jesu als einzig zu werten. Hier ist kein Prophet, auch kein letzter Prophet. Hier, in der Existenz Jesu, heiligt sich *jetzt und ein- für allemal* der Name, doch in verborgener Heiligkeit. Erst im Rahmen dieser Eschatologie Jesu »werden die alten Erklärungen in einem größeren Rahmen von neuem gerechtfertigt: ›Wir bitten in diesem Gebet, daß er auch bei uns heilig werde.‹ Jener Gegensatz aber von Ferne und Nähe, von Heiligkeit und Väterlichkeit sind einer Auflösung weder fähig noch bedürftig; sie sind die Grundlage der neutestamentlichen Verkündigung.« (55)[33]

3.3 Namensheiligung und Christologie – Bündelung in Thesen

1. Nach Lohmeyer begründet Gottes Name die Herrschaft des Reiches Gottes, die Heiligkeit des Namens sein Königtum (55).[34] Diese These leitet auch die Sicht der Synoptiker und des vierten Evangeliums. »Die johanneische Anschauung hat [...] den Inhalt der ersten Bitte zum Inhalt und Ursprung, während die synoptischen Evangelien der zweiten Bitte das Thema ihrer Botschaft entnehmen.« (57)

2. Die Heiligung des Namens, als »ursprüngliches Erbe der evangelischen Tradition« (57), konkretisiert sich im Namen Abba.

3. Die Heiligung des Namens ist die offenbare Verherrlichung Gottes als Vater im Sohn (Joh 12,28). Sie hat hinter sich die Schöpfungsverborgenheit Gottes, vor sich die Verborgenheit des Todes Jesu (Tod Jesu bei Joh Verherrlichung, nicht Heiligung, außer Joh 17,19).

4. Die Bitte um Heiligung des Namens richtet sich auf eine endgültige Tat, »vor der alle geschichtlichen Unterschiede der Völker und Sprachen verschwinden, in der zugleich die Welt als eine in sich geordnete und ›geheiligte‹ Einheit vorausgesetzt ist.« (58)[35]

---

[33] Lohmeyer korrigiert von daher Luthers Auslegung der ersten Bitte grundlegend, nach welcher Gottes Name zwar *an sich* heilig, in dieser Bitte aber seine Heiligung auch *jeweils an uns* thematisch sei. Das Tempus und der Modus des griechischen Verbs (Aorist!) im Urtext »geheiligt« legt eine eschatologisch einmalige Heiligung des Namens Gottes nahe, die nicht in der Unterscheidung von Wesen (an sich heilig) und dauernd erforderlicher tätiger Namensheiligung durch die Menschen (auch für uns heilig) aufgeht.

[34] Karl Barths Auslegung des Vaterunsers zeigt, dass die umgekehrte Interpretation der Heiligungs-Bitte durch die Bitte um das Reich Gottes zu einer Totalitäts-Idee vom Reich Gottes führt, weil Souveränität und Reich Gottes nicht mehr durch die Unendlichkeit des Namens bestimmt wird, und zwar genau in jenem Sinn von Unendlichkeit, den Emmanuel Lévinas kritisch an der Idee von Totalität geltend machte, s. Assel, Eliminierter Name, 246–247.

[35] Der weiteren Ausführung dieser These widmet sich § 29 von Heinrich Assel, Elementare Christologie, Gütersloh, voraussichtlich 2019.

ERNST LOHMEYER UND DIE »SOZIALE FRAGE«

Christfried Böttrich

In dem Roman »Die Aula«, der an der Greifswalder Universität in den Aufbau-
jahren zwischen 1949 und 1952 angesiedelt ist,[1] wird die wachsende Spannung
zwischen der etablierten Theologie und der neuen marxistisch-leninistischen
Weltanschauung auf geschickte Weise inszeniert. Hermann Kant kleidet diese
Spannung dabei in das Gewand heiterer Unschuld. Gleich zu Beginn des Romans
lässt er seine Hauptfigur auf der Suche nach der Aufnahmeprüfung an der Arbeiter-und-Bauern-Fakultät aus Versehen in das theologische Hauptseminar über
die kleinen Propheten bei Professor Noth[2] geraten. Der Irrtum klärt sich schnell
auf – nicht zuletzt dank der altertümlichen Rhetorik des Theologen, der sich das
eine oder andere Bonmot gegenüber dem »lieben Arbeiterkind« nicht versagen
kann. Am Ende entlässt er den Kandidaten mit den Worten: »Also, mein Lieber, es
war uns eine Freude, Sie zu sehen, aber nun wollen wir Ihren Schritt nicht länger
bremsen, der just ansetzt zum Marsche auf die Fakultät nicht der kleinen, sondern der großen Propheten, die da Marx und Lenin geheißen. Fahren Sie wohl!«[3]

Aus dem zeitlichen Abstand heraus mag man der damaligen Situation durchaus
ihre heiteren Züge unterstellen. 1949 war indessen die ideologische Auseinandersetzung um die Gestalt einer neuen, sozialistischen Ordnung längst schon in aller
Schärfe entbrannt. Ihre Vorgeschichte reicht bis in den Februar 1946 zurück, als zur

---

[1]   Hermann Kant, Die Aula, Berlin ⁵2004 (1965). Über die literarischen Qualitäten und
      ideologischen Abgründigkeiten dieses Romans ist alles gesagt bei Marcel Reich-Ranicki,
      Ein Land des Lächelns. Hermann Kants Roman »Die Aula«, 1. April 1966 (Die Zeit);
      http://www.zeit.de/1966/14/ein-land-des-laechelns.

[2]   Martin Noth (1902–1968), war 1927–1928 PD erst in Greifswald, dann in Leipzig, ab
      1929 Prof. in Königsberg, ab 1945 in Halle und später in Bonn. Kant versetzt ihn hier
      wohl nur um des symbolträchtigen Namens willen in das Greifswald der Nachkriegszeit.
      Seine literarische Figur hat vermutlich den Alttestamentler Leonhard Rost (1896–1979)
      zum Vorbild, der 1937–1946 in Greifswald tätig war (so Roderich Schmidt in seinen
      »Erinnerungen an Greifswald aus der Zeit von 1944 bis 1958«, Typoskript von 1994).

[3]   Kant, Die Aula, 27.

Wiedereröffnung der Universität Ernst Lohmeyer als *rector magnificus designatus* in eben jener von Hermann Kant zu literarischem Ruhm gebrachten Aula seine Rektoratsrede nicht mehr halten durfte.[4] Lohmeyer hätte mit dieser Rede auch sicher ganz andere Akzente gesetzt, als das die Protagonisten in Hermann Kants Roman tun. Er hätte von »Freiheit und Gebundenheit« gesprochen – Freiheit gegenüber falschen Voraussetzungen, Zwängen und Willkür, Gebundenheit aber gegenüber »dem alten Wege, der [...] zu den Dingen selbst führt und sie in ihrer ursprünglichen Wahrheit, ihrer sachlichen Bedeutung und ihren menschlichen und sozialen Beziehungen zeigt.«[5] Er hätte – für die anwesenden Funktionäre sicher irritierend – von einem »Aufbrechen zu neuen und doch alten Zielen, auf neuen und doch alten Wegen mit neuen und doch alten Kräften« gesprochen.[6] An seiner Statt sprachen nun andere[7] – u. a. Vizepräsident Gottfried Grünberg, der eindringlich vor jedem Versuch warnte, »schematisch am alten Abgelegten festzuhalten oder gewaltsam die neuen heranwachsenden, fortschrittlichen Theorien oder Kräfte zu hemmen«, der die »Volksverbundenheit« der neuen Universität einforderte und den »großen Humanisten Stalin« rühmte.[8]

War Lohmeyer ein Mann, der zwangsläufig zwischen die Fronten verschiedener Interessen beim Wiederaufbau der Universität nach 1945 geraten musste? Erwies er sich als Repräsentant einer bürgerlichen Elite, den die neuen Machthaber ganz zu Recht nicht als einen der Ihren betrachten konnten?[9] Oder verfügte

---

[4]   Eine detaillierte Schilderung der Ereignisse liefert Andreas Köhn, Der Neutestamentler Ernst Lohmeyer. Studien zu Biographie und Theologie, WUNT 2/180, Tübingen 2004, 127–132.

[5]   Freiheit in der Gebundenheit. Rede zur feierlichen Wiedereröffnung der Ernst-Moritz-Arndt-Universität Greifswald am 15. Februar 1946. Aus dem Manuskript dieser nicht mehr gehaltenen Rede hat Werner Schmauch einen kurzen Passus zitiert; vgl. In Memoriam Ernst Lohmeyer, hg. von Werner Schmauch, Stuttgart 1951, 9–10; dieser Passus wird verkürzt zitiert im Vorwort des Bandes: Freiheit in der Gebundenheit. Zur Erinnerung an den Theologen Ernst Lohmeyer anläßlich seines 100. Geburtstages, hg. von Wolfgang Otto, Göttingen 1990, 8.

[6]   Ebd.

[7]   Vgl. z. B. Horst Eduard Beintker, »Es fiel ein Reif in der Frühlingsnacht« – Erinnerungen und Bemerkungen zur Rede bei der Wiedereröffnung der Universität Greifswald am 15. Februar 1946, in: Zeitgeschichte regional. Mitteilungen aus Mecklenburg-Vorpommern 1/2, 1997, 21–28.

[8]   Zu Grünbergs Rede vgl. Köhn, Ernst Lohmeyer, 128 und 130.

[9]   Einerseits sieht man in Lohmeyer einen »aufbauwilligen Demokraten«, einen »willigen Menschen, der sich Mühe gibt, mit den demokratischen Kräften mitzugehen«; andererseits habe er sich »von reaktionären Kräften beeinflussen lassen«, sei »von lauter undurchsichtigen, manchmal aber recht deutlich reaktionären Professoren umgeben«, stehe »im Kreise von recht zweifelhaften Gelehrten« und habe »keinerlei politischen

gerade er über Visionen und Erfahrungen, die ihn befähigten, die angeschlagene Universität in der aktuellen Umbruchssituation neu zu strukturieren und zukunftsfähig zu machen? Die Ehrenerklärungen, die verschiedene Persönlichkeiten zwischen 1946 und 1947 für Lohmeyer abgaben,[10] betonen seinen integeren Charakter und seine Widerständigkeit gegen den Nationalsozialismus, die auch persönliche Konsequenzen in Kauf nahm.[11] Als Mitglied des neu gegründeten Kulturbundes beteiligte sich Lohmeyer aktiv am politischen Leben.[12] Aber wie offen war er als Rektor für das politische Anliegen einer neuen Gesellschaftsordnung, die sich auf die Lehren von Marx und Lenin berief?

Mir scheint, dass sich eine Antwort auf diese Fragen in Lohmeyers kleinem Buch über »Soziale Fragen im Urchristentum« finden lässt. Hier entwirft er nicht nur sein theologisches Programm, sondern reagiert auch auf die politische Stimmungslage zu Beginn der 1920er Jahre und auf das Aufkommen einer Partei, die sich selbst mit dem Adjektiv »national-*sozialistisch*« schmückte. Was die frühchristliche Theologie für die soziale Wirklichkeit im 20. Jh. bedeutet – von dieser Frage ist Lohmeyer ganz offensichtlich sein Leben lang umgetrieben worden.

1. LOHMEYERS BUCH »SOZIALE FRAGEN IM URCHRISTENTUM« VON 1921

Ernst Lohmeyers Buch über »Soziale Fragen im Urchristentum«[13] gehört zu seinem Frühwerk. Es erscheint 1921 und ist die erste eigenständige Monographie

---

Halt«; vgl. Mathias Rautenberg, Der Tod und die SED. Zum 65. Todestag Ernst Lohmeyers, in: Zeitgeschichte regional 15/2, 2011, 20–33, hier 24–25.

[10] Vgl. deren Zusammenstellung von Hartmut Lohmeyer †, in diesem Band.

[11] Davon zeugen etwa sein Einsatz für den jüdischen Juristen Ernst Joseph Cohn 1932/33 in Breslau und die daraus resultierende Strafversetzung 1935 nach Greifswald, vgl. Köhn, Ernst Lohmeyer, 61–68; ebenso die Episode einer Denunziation in Greifswald wegen einer abschätzigen Bemerkung Lohmeyers zur Rede des Gauleiters, vgl. Henrik Eberle, »Ein wertvolles Instrument«. Die Universität Greifswald im Nationalsozialismus, Köln / Weimar / Wien 2015, 164.

[12] Mathias Rautenberg, Das vorzeitige Ende der demokratischen Erneuerung im »Kulturbund zur demokratischen Erneuerung Deutschlands«, in: Zeitgeschichte regional. Mitteilungen aus Mecklenburg-Vorpommern 3/1, 1999, 55–61; der Artikel berichtet über Lohmeyers Rolle bei der Gründungsveranstaltung in Schwerin.

[13] Ernst Lohmeyer, Soziale Fragen im Urchristentum, Wissenschaft und Bildung 172, Leipzig 1921. Die handliche Taschenbuchreihe im Verlag Quelle & Mayer (Leipzig) ist populärwissenschaftlich angelegt; sie will »den Leser schnell und mühelos, ohne Fachkenntnisse vorauszusetzen, in das Verständnis aktueller wissenschaftlicher Fragen einführen, ihn in ständiger Fühlung mit den Fortschritten der Wissenschaft halten und

nach den Qualifikationsarbeiten. Damit legt der noch ungewöhnlich junge Professor zu Beginn seiner Lehrtätigkeit in Breslau ein Programm vor, das die Geschichte des Urchristentums in den Mittelpunkt seiner künftigen Arbeiten stellt. Es steht im Zusammenhang einer ersten großen Vorlesung über die »Urchristliche Religionsgeschichte«,[14] mit der er seine Position in der exegetischen Zunft zu bestimmen versucht. Kurz darauf widmet er dem »Begriff der religiösen Gemeinschaft« (1925) eine weitere Monographie, um schließlich gut zehn Jahre später (1932) eine auf insgesamt sieben Bände angelegte Reihe über »Das Urchristentum« zu beginnen.[15] Bei deren erstem Band ist es dann freilich geblieben. Die politischen Turbulenzen in Breslau und Lohmeyers Strafversetzung nach Greifswald sind der weiteren Ausarbeitung dieses Projektes hinderlich. In Greifswald rückt zunächst die Kommentierung des Markus-Evangeliums in den Mittelpunkt.[16] Und bald schon zieht der nächste Krieg herauf – der zweite, der die akademische Arbeit Lohmeyers überschatten sollte.[17] Weitere Kommentarprojekte, Paulusstudien und Lehrverpflichtungen[18] drängen sich dazwischen. Dennoch scheint das eine Thema – die Geschichte des Urchristentums – in allen diesen Arbeiten eine Art Substruktur zu bilden.[19]

Das kleine, programmatische Buch von 1921 führt seither freilich ein eher einsames Dasein. Mit seinem Titel, der die sozialgeschichtliche Dimension der frühen Christenheit in den Blick rückt, sticht es aus der zeitgenössischen exegetischen

---

    ihm so ermöglichen, seinen Bildungskreis zu erweitern, vorhandene Kenntnisse zu vertiefen, sowie neue Anregungen für die berufliche Tätigkeit zu gewinnen.«

[14] Köhn, Ernst Lohmeyer, 157–172, hat diesem Entwurf, der noch im Manuskript vorliegt, eine eindringliche Analyse gewidmet; zu der seither geführten Debatte über Religionsgeschichte oder Theologie des Neuen Testaments vgl. jüngst Lukas Bormann, Theologie des Neuen Testaments. Grundlinien und wichtigste Ereignisse der internationalen Forschung, UTB, Göttingen 2017, 28–31.

[15] Das Urchristentum. 1. Buch: Johannes der Täufer, Göttingen 1932; Rez. von G. Bertram, in: ThLZ 59, 1934, 302–306.

[16] Vgl. Ernst Lohmeyer, Galiläa und Jerusalem, FRLANT.NF 34, Göttingen 1936; ders., Das Evangelium des Markus, KEK I/2, Göttingen 1937.

[17] Beide Male zum Wehrdienst eingezogen, schließt er während des Ersten Weltkrieges seine Habilitationsschrift ab; während des Zweiten Weltkrieges arbeitet er auf Feldpostkarten an seinem Matthäus-Kommentar, der 1956 postum erscheint.

[18] Eine Liste der Lehrverpflichtungen bietet Ulrich Hutter, Theologie als Wissenschaft. Zu Leben und Werk Ernst Lohmeyers (1890–1946). Mit einem Quellenanhang, in: JSKG 69, 1990, 123–169, hier 148–153.

[19] Dieter Lührmann, Ernst Lohmeyers exegetisches Erbe, in: Freiheit in der Gebundenheit. Zur Erinnerung an den Theologen Ernst Lohmeyer anläßlich seines 100. Geburtstages, hg. von Wolfgang Otto, Göttingen 1990, 53–87, hier 59, meint, dies sei für Lohmeyer kein »Gelegenheitsthema« gewesen; vielmehr habe für ihn das Christentum als soziale Größe, die in der Feier des gemeinsamen Mahles konkret wird, eine beherrschende Rolle gespielt.

Literatur heraus. Zwar ist das Thema als solches nicht völlig neu und Lohmeyer kann in seinem Literaturverzeichnis durchaus auch auf einige achtbare Gewährsleute verweisen[20] – aber ein wirkliches, methodisch reflektiertes Interesse an sozialgeschichtlichen Fragestellungen bricht erst sehr viel später in den 1960er und 1970er Jahren auf. Geht Lohmeyer hier also seiner Zeit voraus und erspürt, was schon in der Luft liegt?[21] Dann stellt sich allerdings die Frage, warum dieses Buch kaum rezipiert worden ist – selbst 50 Jahre später nicht, als sich die sozialgeschichtliche Exegese längst etabliert hat. Jüngere forschungsgeschichtliche Überblicke verzeichnen das Buch getreulich um seines vielversprechenden Titels willen, gehen dann aber inhaltlich nicht weiter darauf ein.[22] Eine sachliche Auseinandersetzung findet jedenfalls kaum statt.[23] 1973 erfolgt noch einmal ein Nachdruck bei der wissenschaftlichen Buchgesellschaft in Darmstadt,[24] der jedoch ebenfalls ohne erkennbare

---

[20] Im Anhang wird ein Literaturverzeichnis geboten, das die wichtigsten Autoren und ihre Standardwerke nennt: Max Weber, Ernst Troeltsch, Eduard Meyer, Emil Schürer, Gerhard Uhlhorn, Friedrich Hauck und andere. Allerdings entdeckt nur der Fachmann, wo Lohmeyer dann auch auf diese seine Gewährsleute Bezug nimmt.

[21] So John W. Rogerson, The Case for Ernst Lohmeyer, Sheffield 2016, 52: Das Buch sei »a reminder of how far ahead of his New Testament colleagues he in fact was.«

[22] Werner Georg Kümmel, Das Neue Testament. Geschichte der Erforschung seiner Probleme, München ²1970, würdigt Lohmeyers formgeschichtliche Arbeit sowie seinen geschichtsphilosophischen Ansatz, ohne dabei jedoch auf die »Sozialen Fragen« einzugehen; Gerd Theißen, Zur forschungsgeschichtlichen Einordnung der soziologischen Fragestellung, in: Studien zur Soziologie des Urchristentums, WUNT 19, Tübingen 1979, ³1989, 3–34, hier 6, verweist mit der Bemerkung »Nur ein der formgeschichtlichen Methode nahestehender Neutestamentler schrieb eine kleine lesenswerte Arbeit« auf Lohmeyers Buch, ohne im Folgenden davon jedoch Gebrauch zu machen; Georg Strecker, Neues Testament (NT), in: Theologie im 20. Jahrhundert. Stand und Aufgaben, hg. von Georg Strecker, Tübingen 1983, 61–145, hier 132–133, referiert Lohmeyer unter dem Stichwort Sozialgeschichte, verbleibt dabei aber im Allgemeinen; Ekkehard Stegemann / Wolfgang Stegemann, Urchristliche Sozialgeschichte. Die Anfänge im Judentum und die Christusgemeinden in der mediterranen Welt, Stuttgart / Berlin / Köln ²1995, erwähnen das Buch mit keinem einzigen Wort; William Baird, History of New Testament Research II, Minneapolis 2003, 462–469, referiert Lohmeyer unter Ausblendung der »Sozialen Fragen«.

[23] Lohmeyer hat sich mit seinem Buch jedenfalls nicht als einer der Väter sozialgeschichtlicher Forschung zu empfehlen vermocht. Die Interessen der Späteren sind auch ganz andere und konzentrieren sich nun vor allem auf die Analyse soziologisch relevanter Texte sowie auf die Auswertung der materiellen Alltagskultur.

[24] Soziale Fragen im Urchristentum, Darmstadt 1973. Das Buch erscheint in der Reihe »Libelli« (Band 283) als unveränderter reprographischer Nachdruck der Ausgabe von 1921; noch nicht einmal ein Vor- oder Nachwort ist dieser Ausgabe hinzugefügt, dem man konkrete Gründe für das erneute Interesse entnehmen könnte oder das Lohmeyers Arbeit nun in den veränderten Forschungskontext einordnete.

Reaktion bleibt. Liegt das vielleicht an dem philosophischen Ansatz, den Lohmeyer für seine Darstellung wählt, sowie an der Sprache, die mit poetischer Kraft vor allem die grundlegenden gesellschaftlichen Kräfte beschreibt, über Fakten und Details jedoch großzügig hinweggeht?

Erst eine Forschungsgeschichte von 1999 hat das Buch noch zu späten Ehren gebracht und als einen »Markstein in der Geschichte der sozialgeschichtlichen Exegese« bezeichnet.[25] Lohmeyer gehe deutlich über das hinaus, was er bei seinen Lehrern habe lernen können – also über das eher »volkskundliche« Programm, das Adolf Deißmann mit seiner Erschließung von Alltagsdokumenten inaugurierte, wie auch über die formgeschichtliche Frage nach dem soziokulturellen Kontext neutestamentlicher Überlieferungseinheiten, wie sie etwa Martin Dibelius entwickelte. Lohmeyer versucht sofort den ganz großen Wurf, rezipiert die religionssoziologischen Arbeiten Max Webers und Ernst Troeltschs und greift das Thema im Sinne einer grundlegenden »Sozialphilosophie«[26] auf. Darin liegt die Stärke – allerdings auch die begrenzte Reichweite – seiner Darstellung begründet.

Von Anfang an zeigt sich in dem kleinen Buch von 1921 das Profil von Lohmeyers künftiger Arbeitsweise in aller Klarheit – es ist gleichsam ein »echter Lohmeyer«. Als ein Lernbuch, mit dem sich Studierende auf das Examen vorbereiten könnten, wäre es völlig ungeeignet; Fußnoten und Nachweise fehlen; die Kenntnis der zitierten und eingespielten Literatur wird vorausgesetzt; der assoziative Stil bereitet allein dem Kundigen Vergnügen. Grundsätzlich geht es Lohmeyer um ein Gesamtbild, um die Aufdeckung und Beschreibung von »gesellschaftlichen Kräften« und um die Beziehung zwischen dem »überweltlichen« Evangelium zur »Welt«. Wer nach sozialgeschichtlichen Details und Fakten sucht, wird enttäuscht. Denn in diesem Buch kommt vielmehr so etwas wie das »Wesen des Christentums« zur Darstellung. Es ist eine Art Fundamentaltheorie für die Geschichte der frühen Christenheit – zwischen den Polen einer »apolitischen« Grundhaltung und gesellschaftlichem Engagement, zwischen Weltindifferenz und Weltverantwortung.

---

[25] Ralph Hochschild, Sozialgeschichtliche Exegese. Entwicklung, Geschichte und Methodik einer neutestamentlichen Forschungsrichtung, NTOA 42, Fribourg / Göttingen 1999, 188-197 = 5.3. Transzendentale Gemeinschaftstheologie und sozialgeschichtliche Exegese (Ernst Lohmeyer), hier 194.

[26] Zum Begriff vgl. Hochschild, Sozialgeschichtliche Exegese, 189.

2. DAS URCHRISTENTUM IM KONTEXT EINER ALLGEMEINEN SOZIALGESCHICHTE

Der zeitgeschichtliche Kontext, in dem Lohmeyer die »sozialen Fragen im Urchristentum« behandelt, ist unübersehbar und wird bereits in der Einleitung beim Namen genannt: Das »öffentliche Leben der Gegenwart« und die »vielverschlungenen Bewegungen der römisch-hellenistischen Zeit« gleichen einander darin, dass sie Erscheinungen von Übergangs- oder Umbruchszeiten sind (5). »Aus dem Treiben unserer Tage heraus ist uns der Gegenstand aufgestiegen [...]« (6), schreibt Lohmeyer und reflektiert damit sein Vorverständnis, mit dem er nun an die Antike herantritt. Unübersehbar ist aber schon die Kritik, die er dabei »dem Treiben unserer Tage« entgegenbringt. Sie richtet sich auf die »Tatsache, dass die soziale Bewegung unserer Zeit von Anfang an mit einer ›rein wirtschaftlichen Geschichtsauffassung‹ sich verbunden hat« (7). Nicht weniger kritisch beurteilt er deshalb auch jene Schlussfolgerungen, die sich daraus ergeben: erstens, dass alle gesellschaftlichen Veränderungen auf ökonomischen Entwicklungen beruhten; zweitens, das Religion und Sozialismus wesensgleich seien; und drittens, dass – ganz im Sinne Nietzsches – die Moral Klassencharakter habe (7–9). Dieser Diskurslage hält er die Texte des Neuen Testamentes entgegen – und zielt damit auf die vielfältigen Vereinnahmungsversuche, denen Theologie und Kirche zu Beginn der 1920er Jahre ausgesetzt sind. Die »geheimen Wechselwirkungen zwischen sozialen und religiösen Strömungen« lassen sich seiner Meinung nach durch das »Dogma von der alleinigen Triebfeder des wirtschaftlichen Interesses« nicht erklären (20). Immerhin sind ihm die Grenzen geschichtlicher Vergleiche wohl bewusst: »[...] diese heutige soziale Frage ist nicht die Frage aller Zeiten und Völker; die sozialen Probleme sind vielmehr in jeder Zeit und jeder Nation verschieden [...]« (15).

Der Titel von Lohmeyers Buch weckt Assoziationen. Mit dem Plural »soziale Fragen« bleibt der Gegenstand zunächst noch im Unbestimmten. Im Hintergrund aber taucht schon der Singular auf: »*die* soziale Frage«. Mit diesem schillernden Begriff, der bereits eine längere Geschichte aufzuweisen hat, verbinden sich ganz unterschiedliche Erwartungen und Ängste. Einerseits fasst man darunter seit dem frühen 19. Jh. alle jene Missstände zusammen, die aus der industriellen Revolution erwachsen waren und zur Verelendung weiter Teile der arbeitenden Bevölkerung geführt hatten.[27] Im Bereich der Kirche nimmt man die so verstandene »soziale Frage« als Herausforderung an und versucht, Strategien zur Überwindung von Armut und Abhängigkeit zu entwickeln. Dieser Ansatz führt zur Konzipierung einer christlichen Soziallehre, zum Aufschwung der Diakonie und zur Entstehung der inneren Mission. Auch in den Bibelwissenschaften bildet sich eine neue Wahrnehmung des Menschen in seinen sozialen Beziehungen heraus. Man entdeckt die Rolle

---

[27]   Vgl. Günter Brakelmann, Die soziale Frage im 19. Jahrhundert, Witten / Ruhr 1962, ³1966.

der christlichen Liebestätigkeit neu und fragt nach der Bedeutung von Arbeit und Geld.[28] Andererseits transportiert der Begriff der »sozialen Frage« auch eine Reihe von Vorbehalten. In erster Linie fürchtet man hier den wachsenden Einfluss der Sozialdemokratie und damit verbunden eine zunehmende Entkirchlichung, den Verfall von Sitte und Moral sowie das Schreckgespenst der Revolution. Die positiven Ansätze eines »religiösen Sozialismus« oder die Gründung verschiedener christlich-sozialer Kongresse sehen sich immer mit der Frage konfrontiert, was genau sie unter »sozial« verstehen. Theologie und Kirche tun sich schwer, die sozialen Implikationen der frühchristlichen Ethik in die politische Wirklichkeit des 19./20. Jh.s zu übersetzen und gegen sozialistische »Ideologie« abzugrenzen. Unter dem Stichwort der »sozialen Frage« wird somit ein höchst komplexes Phänomen thematisiert. Es erweist sich im Rückblick als »eine umfassende Geistesbewegung, die das Christentum vor vielfältige Herausforderungen stellte und dabei in besonderer Weise auch die neu entstandenen wirtschaftlichen und industriellen Verhältnisse sowie die Arbeiterschaft in den Blick genommen hat.«[29]

Lohmeyer ordnet sich diesem Diskurs zu, ohne ihn eigens zu reflektieren. Er versteht den Begriff des »Sozialen« nicht in dem allgemeinen Sinne jeder Interaktion zwischen Menschen, sondern verbindet ihn sofort und grundsätzlich mit dem Begriff der Gesellschaft, die er als die dritte große Form der Gemeinschaftsbildung neben Staat und Kirche identifiziert.[30] Die Gesellschaft wiederum betrachtet er als die beweglichste, flexibelste dieser drei Größen, in der sich alle Glieder wechselseitig bedingen und in der sich der ewige Kampf zwischen Individuum und Gemeinschaft abspielt. Daraus ergibt sich dann auch seine Definition des »Sozialen« selbst: »die soziale *Lage*« ist »die besondere, nach Zeit und Volk immer wechselnde Art der gesellschaftlichen Schichtung und Gliederung«. Dabei hat es nur eine untergeordnete Bedeutung, ob diese Schichtungen ökonomisch, politisch oder kulturell verursacht sind. Eine »soziale *Frage*« aber entsteht erst dort, wo man diese Unterschiede als ungerecht empfindet.

An dieser Definition wird schon deutlich, dass es Lohmeyer weniger um konkrete Formen zwischenmenschlicher Beziehungen geht, als vielmehr um den grundlegenden Bezug der (frühen) Christenheit zu einer sie umgebenden

---

[28] Auch Lohmeyer führt die beiden Klassiker in seinem Literaturverzeichnis auf: Gerhard Uhlhorn, Die christliche Liebestätigkeit, Stuttgart ²1895; Friedrich Hauck, Die Stellung des Urchristentums zu Arbeit und Geld, BFChTh 2/3, Gütersloh 1921.

[29] Vgl. Thomas K. Kuhn, »Wir leben in einem Zeitalter voller Fragen« – Kirche und soziale Frage im ausgehenden 19. und frühen 20. Jahrhundert, in: Reformation und Politik – Bruchstellen deutscher Geschichte im Blick des Protestantismus, hg. von Arie Nabrings, Bonn 2015, 79–100, hier 88; vgl. ferner Wolfgang Schmale / Josef Ehmer, Art. Soziale Frage, in: EdN 12, 240–245.

[30] Hier macht sich der Einfluss von Max Weber bemerkbar, den Lohmeyer auch nennt; vgl. Max Weber, Gesammelte Aufsätze zur Religionssoziologie I–III, Tübingen 1920/21.

nichtchristlichen Welt. Wie verhält sich die christusgläubige Gemeinde zu der Gesellschaft ihrer Zeit? Ist sie deren integraler Teil oder erscheint sie in ihr eher als ein Fremdkörper? Welcher Schicht ordnet sie sich zu? Übernimmt sie die gesellschaftlichen Spannungen oder vermag sie ihnen etwas entgegenzusetzen? Münden ihre Außenbeziehungen notwendigerweise in Konflikte oder gibt es hier auch Affinitäten?

Zunächst setzt Lohmeyer mit einem Kapitel antiker Sozialgeschichte ein, das er in »Das Zeitalter des Hellenismus«, »Die römische Zeit« und »Das Judentum« untergliedert. Alle drei Epochen bzw. Bereiche stellt er in ihrer jeweiligen Umbruchssituation dar, in der die »sozialen Fragen« nicht gelöst, sondern eher verschärft werden. In diese Situation aber tritt nun die frühe Christenheit ein. Lohmeyer gliedert ihre Geschichte in fünf Abschnitte: 1. Jesus, 2. Die Urgemeinde, 3. Paulus, 4. Die mittlere Zeit des Urchristentums, 5. Das Ende des Urchristentums. Interessanterweise hat Jesus selbst – ganz anders als bei Rudolf Bultmann – hier eine eigene Stimme.[31] Mehr noch: Am Format der Botschaft Jesu bemisst sich ganz entscheidend auch der Weltbezug seiner Schüler.

In diesem ersten Abschnitt über Jesus von Nazareth zieht Lohmeyer alle Register seiner Sprachgewalt,[32] um vor allem Eines deutlich zu machen: Die Botschaft Jesu ist »nicht von dieser Welt«, sie ist nicht kompatibel mit deren Strukturen. Von Jesus schreibt er: »Es ist ein Teil seiner geschichtlichen Aufgabe wie eine Notwendigkeit seines inneren Daseins, zu allem, was um ihn an Zeichen und Formen des religiösen und öffentlichen Lebens breit und laut war, ein Nein zu sagen. [...] Aber dieses schroffe Nein zu allem Gegenwärtigen quillt nur aus einem unbedingten Ja, das in seinem Herzen lebendig, das er selber ist« (64). Hier zeigt sich ganz offensichtlich die Faszination durch Albert Schweitzers Jesus-Interpretation ebenso wie das Grundmuster der dialektischen Theologie. Im Auftreten Jesu vollzieht sich der Einbruch von Gottes Wirklichkeit in den Erfahrungsbereich des Menschen. Diese Wirklichkeit lässt sich nicht einfach mit den bestehenden »gesellschaftlichen Schichtungen und Gliederungen« verrechnen, sondern tritt ihnen gegenüber. Jesus lebt »nicht aus den Gebilden und Gedanken seiner Umwelt, sondern aus den Kräften und Gesichten seiner Innenwelt« (64); sein inneres Wesen ist »erdenfremd und überweltlich« (67), seine Gebote »sind wie Strahlen von anderen erdenfernen Sternen« (78). In dieser Perspektive kann Lohmeyer die apodiktische Aussage treffen: »es gibt keine Bindung zwischen Welt und Evangelium« (71); das »übernationale Evangelium« tritt in einen Gegensatz zu allen »rationalen Ordnungen der staatlichen Macht« (76); »es ist ein Schicksal, das es bis an die Schwelle der neueren Zeit vor Segen und Fluch der

---

[31]   Seit Bultmann wird bekanntlich die Frage diskutiert, ob Jesus nicht vielmehr zu den Voraussetzungen der urchristlichen Theologie gehöre, deren Ursprung erst im Osterkerygma liege.

[32]   Rogerson, The Case, 56, erkennt hier im Besonderen Anklänge an Stefan George.

Nationalitäten behütet hat« (76). Diese »absolute Weltindifferenz« (77)[33] des Evangeliums aber zielt schon ganz deutlich auf die Gegenwart hin, wenn es dann etwa heißt, dass es »alle menschlichen Gebundenheiten, vor allem die des Blutes in Ehe und Familie« (72) scheide. Das »schroffe Nein zu allem Gegenwärtigen« (64), das Jesus spricht, sieht Lohmeyer also ganz offensichtlich auch an die eigene Gegenwart adressiert.

Von Jesu »sternenferner« Botschaft aus nimmt Lohmeyer dann auch die Jerusalemer Urgemeinde, den paulinischen Gemeindekreis und die Zeit der zweiten und dritten Generation in den Blick. Spannend sind hier vor allem die Übergänge. Im Abendmahl stiftet Jesus die Gemeinschaft seiner Schüler, die zur »Keimzelle aller irdischen christlichen Gemeindebildung« (79) wird. Dabei drängt Jesu Liebesgebot nun auch »zu seiner ersten erdenhaften Verwirklichung« (83). Lohmeyer greift Ernst Troeltschs Formel vom »Liebespatriarchalismus«[34] auf – nicht ohne jedoch sofort zu betonen, dass dies alles andere als der Versuch sei, »einen Kommunismus im Sinne gemeinsamen Güterbesitzes und Gütergenusses in dem Rahmen der damaligen Wirtschaftsordnung durchzuführen« (83). Es ist vielmehr »ein religiöser Liebeskommunismus«, der die »irrationalen Gebote Jesu« zum Maßstab habe (83). Bei Paulus beginnt dann der Prozess, dass sich »das unbedingte, alles Zeitlich-Erdenhafte entwertende Evangelium Jesu in zeitbedingte Formen« kleidet (85). Im paulinischen Denken kommt es zu einer »Rationalisierung des Evangeliums« (85), die freilich auch die Ausbildung einer eigenen sozialen Ordnung überhaupt erst ermöglicht. Es ist eine »kleinbürgerliche Welt« von »kleinen Handwerkern und Gewerbetreibenden« (89), nachdem der Übergang vom Land zur Stadt schon in der Jerusalemer Urgemeinde vollzogen worden war. Mit dem Schritt zur frühkatholischen Kirche aber weitet sich das Spektrum der sozialen Schichtungen wieder auf und die Ambivalenzen werden größer: Einerseits entstehen mit dem monarchischen Episkopat Strukturen, die auf Modelle ihrer Umwelt zurückgreifen (111); andererseits werden »Welt und Staat vollends zum Reich Satans« (127). Das »erdenfremde Evangelium« tritt nun endgültig »den erdenschweren Gang durch die Geschichte« an (110) und geht doch nie ganz in Welt und Geschichte auf.

Relativ leicht wird Lohmeyer mit konkreten Problemen der frühchristlichen Sozialgeschichte wie etwa der Rolle von Frauen oder der Sklaverei fertig. Hier attestiert er den Gemeinden, »sozialkonservativ« bzw. geradezu »revolutionsfeindlich« (95) zu sein, was auf das Konto ihrer »Erdenferne« bzw. ihrer gespannten eschatologischen Erwartung ginge. Darin aber zeige sich letztlich nur das Erbe der Gebote Jesu, die »ihrer ungewollten Wirkung nach konservativ« (78),

---

[33]   Immerhin: In dem »religiösen Liebesakosmismus« Jesu »wird Erde und Welt nicht verneint, aber in dem bekannten Doppelsinn des Wortes aufgehoben in einem Anderen, Göttlichen, Überweltlichen« (66).

[34]   Vgl. Ernst Troeltsch, Die Soziallehren der christlichen Kirchen und Gruppen, Gesammelte Schriften 1, Tübingen 1923, 67–83.

zugleich aber auch ebenso »absichtslos revolutionär« (79) gewesen seien. Dass dieses »absichtslos revolutionäre« Potential der Jesusbewegung wie auch der ersten christusgläubigen Generation deutlich mehr an Beachtung verdient, wäre aus heutiger Sicht mit Ernst Lohmeyer zu diskutieren.

Lohmeyers Darstellung der »sozialen Fragen im Urchristentum« erweist sich in ihrer Hauptlinie als ein leidenschaftliches Plädoyer für die Unabhängigkeit der christlichen Gemeinde von allen gesellschaftlichen Bindungen. Das spiegelt sich auch in dem vielfach variierten Wortspiel von »Gebundenheit« und »Gelöstheit« wider.[35] Die frühe Christenheit ist kein Massenphänomen und keine Proletarierbewegung, sie nimmt keinen Kommunismus vorweg und entwickelt kein revolutionäres Programm. Was an ihr konservativ oder revolutionär erscheint, ist es auf »absichtslose« Weise. Ihr Ursprung liegt nicht in sozialen Verschiebungen, sondern im Einbruch göttlicher Wirklichkeit in die Welt. Auch wenn Lohmeyer die Weltverantwortung der frühen Christenheit immer wieder betont und entfaltet, trägt doch die Weltindifferenz vielfach den Ton. Das ist zu Beginn der 1920er Jahre vor allem als exegetische Absicherung gegen jede völkische Blut-und-Bodentheologie zu verstehen und lässt schon den kommenden Kirchenkampf erahnen. Damit dürften aber auch 25 Jahre später die Hoffnungen der neuen Funktionäre enttäuscht worden sein, gerade den Theologen Lohmeyer als Mitstreiter für den Aufbau einer sozialistischen Gesellschaftsordnung gewinnen zu können.

3. IDEOLOGISCHE KONTROVERSEN IN GREIFSWALD NACH 1945

Ich komme noch einmal auf Hermann Kants Roman »Die Aula« zurück. Im Laufe der Geschichte gewinnen die ideologischen Fronten zunehmend an Format. Längst sind die Studentinnen und Studenten der Arbeiter-und-Bauern-Fakultät Greifswald zu allseitig gebildeten sozialistischen Persönlichkeiten herangereift. So hat es seine unbestreitbare Logik, dass sie eines schönen Tages auch gemeinsam ihren Austritt aus der Kirche erklären. Daraufhin lässt Kant den Bischof der noch jungen Pommerschen Evangelischen Kirche[36] in der WG »Roter Oktober« erscheinen und die vier nach dem Grund ihres Schrittes fragen.[37] Es beginnt ein launiges Gespräch bei

---

[35] Dieses Wortspiel hält sich durch bis zu seiner letzten, nicht mehr gehaltenen Greifswalder Rektoratsrede, die unter dem Titel »Freiheit in der Gebundenheit« steht.

[36] Seit 1968 änderte die Kirche dann auf staatlichen Druck hin ihren Namen in »Evangelische Landeskirche Greifswald«, um alle »revanchistischen« Assoziationen auszuschließen.

[37] Hinter der Figur des Bischofs Fangeltorn (erneut ein redender Name) steht wohl die Erinnerung an Karl von Scheven (1882–1954), der seit 1947 erster Bischof der Pom-

Kartoffelsalat und Tomatenwein, in dem der Wortführer schließlich erklärt: »Herr Bischof, mit dem Schritt ist das so: Wir fanden es nicht mehr passend, Christen zu heißen und keine zu sein. Das ist ehrlicher. Und um gleichzeitig in der Partei und in der Kirche zu sein, dazu sind wir nicht gebildet genug. Wir sind froh, wenn wir den einen Text behalten.« Was für ein verlogenes Pathos! Hier sind also die jungen Genossen die aufrichtigen Charaktere, die eine ehrliche Entscheidung treffen. Doppelzüngigkeit wird unter der Hand den Gebildeten und namentlich der Kirche zugeschoben. Doch »nur einen Text behalten zu wollen« – das war in der Bildungspolitik der DDR zu Beginn der 1950er Jahre schon längst nicht mehr als Entscheidungsfrage vorgesehen. Und wer es mit den kleinen Propheten oder gar mit dem Propheten aus Nazareth hielt, dem wurde das Bekenntnis zu den großen Propheten Marx und Lenin um den Preis ansonsten verweigerter Bildungswege abgepresst. Genau das war inzwischen auch die Erfahrung von Ernst Lohmeyers Tochter Gudrun geworden, die im neuen Schulsystem der DDR keinen Platz mehr fand.[38] Da lässt selbst der kalauernde Kant dann seine Kandidaten schließlich Klartext reden, nachdem der Bischof gegangen ist. »Mit einem Bischof kannst du nicht Religion debattieren. Du nicht, ich nicht. Pieck vielleicht, aber rum kriegt er ihn auch nicht. Sagst du ihm, du glaubst nicht an Gott, dann fragt er dich nach Gott, und auf dem Gebiet weiß er mehr. Nee, Klempner, bild dir nicht ein, wir hätten den besiegt. Wir haben ihm nur nichts zu greifen gegeben, und ick schätze, irgendwo hat auch der Tomatenwein geholfen.« Da gibt es nur noch den Gegensatz, nur einen einzigen Text, nur entweder oder. Die Konfrontation zwischen Staat und Kirche, die sich besonders spürbar auf dem Bildungssektor abspielt, nimmt in der Situation dieses Romans Fahrt auf. Für Ernst Lohmeyer wäre hier kein Platz mehr gewesen – zumindest nicht als Rektor der Universität.[39]

An dieser Stelle beginnen die Gedankenspiele. Wenn die Funktionäre im Schweriner Bildungsministerium Lohmeyers Buch von 1921 gelesen hätten, wie wäre ihr Urteil über den unbequemen Rektor dann ausgefallen? Vermutlich nicht

---

merschen Evangelischen Kirche war; vgl. dazu Friedrich Winter, Ein pommersches Pfarrerleben in vier Zeiten. Bischof Karl von Scheven, Berlin 2009.

[38]   Gudrun Lohmeyer, die nach der Verhaftung Ihres Vaters mit einem »Generalstudienverbot« belegt worden war, begann zunächst auf privater Basis bei Hans Pflugbeil in Greifswald Kirchenmusik zu studieren und ging dann 1947 nach Westberlin (wohin ihre Mutter ihr 1948 folgte); dort studierte sie Schulmusik, später Romanistik, und arbeitete 1960–1970 als Oberstudienrätin am Französischen Gymnasium; vgl. dazu Gudrun Otto, Erinnerung an Ernst Lohmeyer, in: DtPfBl 81, 1981, 358–362, hier 350 und 362.

[39]   Im Urteil der Tochter klingt das so: »Die Ursache, die zu seiner späteren Verhaftung führte, ist in der Tatsache zu suchen, daß man aus Sicht der Schweriner Landesregierung und der damals politisch einflußreichen Greifswalder Kreise gewahr wurde, den falschen Mann am falschen Platz zu haben.«; vgl. Otto, Erinnerung, 361.

anders als das eines Rezensenten von 1922,[40] der darin »eine schlagende Widerlegung des marxistischen Geschichtsmaterialismus« zu erkennen meinte. Was Lohmeyer mit Blick auf den totalitären Anspruch der nationalsozialistischen Ideologie geschrieben hatte, hätte früher oder später auch mit dem totalitären Anspruch des Marxismus-Leninismus in Konflikt geraten müssen. Was hätte Lohmeyer wohl zu dem Weg seines Schülers und späteren Greifswalder Nachfolgers Werner Schmauch gesagt, der die »apolitische«[41] Botschaft des Evangeliums unter dem Stichwort der »Proexistenz« nun in der Arbeit der »Christlichen Friedenskonferenz« sehr wohl politisch fruchtbar zu machen versuchte?[42] Wie hätte Lohmeyer das Aufkommen der Befreiungstheologie kommentiert, die dem Evangelium – namentlich des Lukas[43] – sozialkritische Sprengkraft zumaß? Wäre er in den 1970er Jahren zu einem Promotor der sozialgeschichtlichen Exegese geworden?[44] Und wie hätte er sich 1971 zu der Formel von der »Kirche im Sozialismus« verhalten?[45] Ich stelle mir Lohmeyer hier eher in kritischer Distanz vor. Denn mit seiner 1921 entworfenen »Sozialphilosophie« wehrt er sich gegen jede Vereinnahmung von Theologie und Kirche durch die jeweils herrschenden politischen Kräfte.[46] Das Urchristentum ist für ihn weder »eine soziale Massenbewegung« noch verkörpert es »ein neues soziales oder gar sozialistisches Ideal« (63); das Evangelium geht nicht in der Gesellschaft auf, sondern tritt ihr gegenüber. Doch wo es Gehör findet, wirkt es in Gestalt der Liebe bzw. der Liebestätigkeit verändernd auf die Gesellschaft ein. Es wäre spannend gewesen, hätte Lohmeyer selbst die Probe aufs Exempel gerade unter den veränderten politischen Umständen unternehmen können.

---

[40]   Rez. von Karl Weidel, in: ThBl 1, 1922, 17–18.

[41]   So lautet einer der Schlüsselbegriffe bei Lohmeyer. »Ein also begründeter Apolitismus muß aber letztlich auf alle staatlichen Ordnungen auflösend wirken und darum antipolitisch werden [...]« (77).

[42]   Vgl. dazu: Manfred Punge, Werner Schmauch, Christ in der Welt 51, Berlin 1981; In Memoriam Prof. D. Werner Schmauch. Gedenkrede gehalten an der Ernst-Moritz-Arndt-Universität Greifswald, Greifswalder Universitätsreden NF 22, Greifswald 1965; Festakt Prof. Werner Schmauch. »Zum 100. Geburtstag«, Greifswalder Universitätsreden NF 114, Greifswald 2005.

[43]   Interessanterweise hat Lohmeyer Markus und Matthäus kommentiert, Lukas jedoch nicht. Wenn – dann hätte er sicher jene spätere (Außenseiter-)Position geteilt, die Lukas gegen jede sozialrevolutionäre Inanspruchnahme verteidigt; vgl. Josef Ernst, Das Evangelium nach Lukas – kein soziales Evangelium, in: ThGl 67, 1977, 415–421.

[44]   Deren Profil lässt sich am besten erkennen bei Gerd Theißen, Studien zur Soziologie des Urchristentums, Tübingen 1979, ³1989.

[45]   Wolfgang Thumser, Kirche im Sozialismus. Geschichte, Bedeutung und Funktion einer ekklesiologischen Formel, BHTh 95, Tübingen 1996.

[46]   Dass sich Lohmeyer später auch der Bekennenden Kirche anschließt, ist nur konsequent. Die Barmer Theologische Erklärung von 1934 hat allen diesen Vereinnahmungsversuchen die theologisch fundierteste Absage erteilt.

Lohmeyers soziales Engagement ist vielfach bezeugt und wird von seinen Zeitgenossen geschätzt. Es entspricht jedoch weniger dem Ideal einer sozialistischen Persönlichkeit als vielmehr dem, was er in seinem Buch von 1921 als »akosmische Liebesethik« (74) oder als einen neuen Typos »aktiver innerweltlicher Askese« (91) beschreibt.[47] Wie das konkret aussehen konnte – davon erzählt eine kleine Anekdote, die sich in den kürzlich veröffentlichten Tagebüchern des Greifswalder Mediziners Gerhard Katsch findet. Am 3. November 1945 ist das Ehepaar Katsch bei Familie Lohmeyer zum Abendessen eingeladen. Katsch hatte dem Kollegen im Vorfeld eine Hammelkeule geschickt – in dieser Zeit eine seltene Kostbarkeit – um (wie es im Tagebuch heißt) »dem Rektor ernährungsmäßig etwas beizuspringen, da er offensichtlich einem Verelendungszustand entgegentreibt.«[48] Es kommt indessen ganz anders. Denn am Abend erweist sich die Hammelkeule im Hause Lohmeyer als Festessen nicht nur für beide Ehepaare, sondern für – einschließlich einer Flüchtlingsfamilie – noch weitere neun Personen. Katsch notiert einen bedauernden Seufzer: »Es wäre schade, wenn Lohmeyer gesundheitlich versagte, denn ich wüsste unter den gegenwärtigen Verhältnissen keinen besseren Rektor als ihn.« Die alte Ethik des Teilens im Bedarfsfall, entworfen in der Apostelgeschichte des Lukas, erweist sich für Lohmeyer als selbstverständlich geübte, verinnerlichte Praxis. Jedes Kalkül ist ihm dabei fremd. Was er in den »sozialen Fragen« zur Askese geschrieben hat, prägt auch ganz unmittelbar sein Leben.

Die »sozialen Fragen« von 1921 werfen ein bezeichnendes Licht auf die Persönlichkeit Ernst Lohmeyers als eines *homo politicus* und lassen ahnen, welche Probleme an der Greifswalder Universität nach 1945 auf ihn warteten. Für die sozialgeschichtliche Exegese des Neuen Testaments aber stellt das Buch ein *memento* dar, das den Pendelschlag in Richtung rein soziologischer Interpretationsmuster hemmt. Es insistiert darauf, dass im Evangelium eine andere Wirklichkeit aufleuchtet – und bleibt doch mit beiden Beinen auf der Erde stehen. Damit hat dieses kleine, aber inhaltsreiche Buch einen großen Teil seiner Rezeptionsgeschichte sicher noch vor sich.

---

[47] Besonders das »Asketische« nimmt man an Lohmeyer wahr. Schon die Kommilitonen seiner Studienzeit nennen ihn scherzhaft »Frater Ernestus«; vgl. Gudrun Otto, Erinnerung an den Vater, in: Freiheit in der Gebundenheit. Zur Erinnerung an den Theologen Ernst Lohmeyer, hg. von Wolfgang Otto, Göttingen 1990, 36–51, hier 45.

[48] Gerhardt Katsch, Greifswalder Tagebuch 1945–46, hg. von Mathias Niendorf, Kiel 2015, 60.

»Alle wissenschaftliche Theologie ohne gläubige Theologie ist leer, alle gläubige Theologie ohne wissenschaftliche Theologie ist blind«

Zur Aktualität Ernst Lohmeyers

John W. Rogerson

»Alle wissenschaftliche Theologie ohne gläubige Theologie ist leer, alle gläubige Theologie ohne wissenschaftliche Theologie ist blind.«[1] Diese Worte finden sich in einer Vorlesung, die Ernst Lohmeyer 1944 in Breslau hielt, als Beitrag zur Entmythologisierungsdebatte, die Rudolf Bultmann drei Jahre früher ins Leben gerufen hatte. Sie sind eine Anspielung auf Immanuel Kants berühmte Formulierung in seiner *Kritik der reinen Vernunft* »Gedanken ohne Inhalt sind leer, Anschauungen ohne Begriffe sind blind«.[2]

»Alle wissenschaftliche Theologie ohne gläubige Theologie ist leer.« Was ist »gläubige Theologie«? Sie ist der Versuch, die Erfahrung und den Inhalt des Glaubens systematisch zum Ausdruck zu bringen. Was ist Glaube? Um diese Frage im Sinn Lohmeyers zu beantworten, müssen wir die Philosophie von Lohmeyers Breslauer Kollegen und Freund Richard Hönigswald berücksichtigen, da Hönigswald Lohmeyer ermöglichte, seine wissenschaftlich-theologische Arbeit im Rahmen eines besonderen philosophischen Systems zu unternehmen.

Dass ein Philosoph sich zum Thema »Glauben« äußern sollte, ist auf den ersten Blick unwahrscheinlich. Hönigswald aber war der Meinung, dass es die Aufgabe der Philosophie sei, alle Aspekte der menschlichen Erfahrung kritisch zu überprüfen. Nach Hönigswald waren nicht nur die Naturwissenschaften »wissenschaftlich«, sondern auch Bereiche wie Jura, Musik, Ethik, Kunst und Religion. Es war die Aufgabe der Philosophie, diese letztgenannten sowie die erstgenannten Disziplinen zu überprüfen und nach den Implikationen ihrer Behauptungen zu fragen.

Grundsätzlich war Hönigswald der Überzeugung, dass alle Menschen einzigartig sind und dass jede menschliche Erfahrung deshalb einzigartig ist. Wir

---

[1] Ernst Lohmeyer, Die rechte Interpretation des Mythologischen, in: Freiheit in der Gebundenheit. Zur Erinnerung an den Theologen Ernst Lohmeyer anläßlich seines 100. Geburtstages, hg. von Wolfgang Otto, Göttingen 1990, 32.

[2] Immanuel Kant, Kritik der reinen Vernunft (²1787), Kants Werke 3 [Akademie-Textausgabe], hg. von Wilhelm Weischedel, Berlin 1968, 75.

sehen und erfahren dieselben Gegenstände, aber wir sehen und erfahren sie auf je einzigartige Weise. Die Gegenstände sind natürlich nicht von uns erfunden, aber von unseren Erfahrungen auf einzigartige Weise bestimmt. In der Begegnung zwischen dem erfahrenden Ich und dem Gegenstand werden sowohl der Gegenstand als das Ich neu bestimmt. Deshalb nannte Hönigswald seine Philosophie eine *Philosophie der Gegenständlichkeit*. In jeder Disziplin ist der Gegenstand, beziehungsweise sind die Gegenstände der Erfahrung einzigartig und es ist die Aufgabe der Philosophie, die erkenntnistheoretischen Gründe dieser Erfahrungen zu überprüfen und kritisch zu beurteilen.

In seinen *Grundfragen der Erkenntnistheorie* (1931) behandelt Hönigswald sowohl die Humanwissenschaften als auch die Naturwissenschaften und die Bedingungen, die für beide Disziplinen gelten. Im Bereich der Ethik erfährt man die Idee der Pflichten, die Hönigswald als »sich selbst rechtfertigende Aufgaben«[3] definiert. Im Bereich der Kunst oder Ästhetik erfährt man eine »bedingungslose Ganzheit«, eine »immanente Zweckmäßigkeit und Geschlossenheit«, die man nur als Ganzes erleben kann. Diese Erlebnisse wirken auf das erfahrende Ich zurück. »Ich erfasse es ›intuitiv‹ und doch beurteilend, beurteilend soweit ich ›mich‹ durch es bedingt weiß [...] Ich ergreife es, indem ich mich von ihm, seiner bedingungslosen Ganzheit, ergriffen weiß [...].«[4] Das Kunstwerk ist als ein Wert gegenständlich.

Im Bereich der Religion ist das Merkmal der Erfahrung eine Gewissheit, die dem Menschen geschenkt ist. »Es ist gleichgültig, wie man die Eigenart der Situation im Einzelnen kennzeichnet, d. h. ob man Gläubigkeit als Ehrfurcht, Vertrauen, Demut, Hingabe oder mit einer berühmten Formel etwa als das ›Gefühl schlechthinniger Abhängigkeit‹ charakterisiert. Das Wichtige bleibt die Eigentümlichkeit des Gewißheitswertes selbst, den der Gegenstand des Glaubens fordert [...].« Das Wort *Gewissheitswert* »drückt die eigentümliche Ich-Bezogenheit des Glaubens aus [...] Ich denke Gott im Sinne des Glaubens, indem ich mich selbst durch Gott ›gesetzt‹ weiß«. Und später behauptet Hönigswald: »Ich erlebe Gott in seinem Abstande von mir, mich in meinem Abstande von ihm. Als ›Sünder‹ erhebe ich mich zu ihm und in der Überwindung meiner ›Sündhaftigkeit‹ bejahe ich ihn, meine Sündhaftigkeit und mich selbst [...] Ich [...] weiß mich durch Gott gesetzt. Gottes Sein und meine Gemeinschaft mit diesem mich setzenden Sein sind eins [...] Ich werde im *Glauben* ›seiner gewiß‹. Ich ›vertraue‹ ihm in der Bedingungslosigkeit gläubiger Abhängigkeit, er ›erhört‹ mich, ich bin ›seiner Gnade teilhaftig‹, ich ›bete‹ zu ihm: ich bin nun in einem neuen, dem spezifisch gläubigen Sinne des Wortes ›Mensch‹.«[5]

---

3   Richard Hönigswald, Grundfragen der Erkenntnistheorie, Tübingen 1931, 123.

4   Hönigswald, Grundfragen, 139.

5   Hönigswald, Grundfragen, 151–152.

Ganz ähnliche Formulierungen finden sich auch bei Lohmeyer, insbesondere in seinem Aufsatz *Vom Begriff der religiösen Gemeinschaft*, der in einer von Hönigswald herausgegebenen Reihe *Wissenschaftliche Grundfragen* 1925 erschien. Die Idee der Gewissheit, die mit Glauben eng verbunden ist, kommt oft vor. Etwas zu *wissen* heißt, sich in einem System der Bedingtheiten zu befinden. Im Glauben erfährt das Ich die Gewissheit des Unbedingten, das »wohl an Bedingtheiten erlebbar, nicht aber in Bedingtheiten erfaßbar oder durch Bedingtheiten erklärbar ist.«[6]

Das folgende Zitat aus Lohmeyers *Vom Begriff der religiösen Gemeinschaft* zeigt das enge Verhältnis zwischen ihm und Hönigswald:

»Alles Psychische konstituiert sich in den Akten des Meinens und Ergreifens von Gegenständlichem, ist eingeordnet in die Gesetzlichkeit des Denkens von etwas; der Begriff des Glaubens […] fordert, dass die ›Tatsache‹ des Ichs […] selbst als ein ›Etwas‹ erlebt werde, das von einem Unbedingten gedacht werde. Auch jenes Meinen und Ergreifen von Gegenständen, in dem das Ich sich konstituiert, wird als ein Gemeintwerden und Ergriffenwerden von Gott erlebt; alles religiöse Erleben ist deshalb als ein von Gott Erlebtwerden zu bezeichnen.«[7]

Es muss betont werden, dass Hönigswald, der für Lohmeyer so große Bedeutung hatte, ein Philosoph und kein Theologe war. Obwohl er aus einer jüdischen Familie stammte und sich evangelisch-reformiert hatte taufen lassen, behandelte er den Glauben nicht vom Standpunkt einer religiösen Gemeinschaft aus, sondern als etwas, das in der europäischen Kultur vermittelt worden war. Genau so wie Musik, Kunst, Jura und Ethik innerhalb der europäischen Kultur vermittelt worden waren, so war es auch mit dem Glauben; und genau so wie es die Aufgabe der Philosophie war, Musik und Kunst usw. erkenntnistheoretisch zu überprüfen und zu beschreiben, so war es auch beim Glauben der Fall. Das ist wichtig, wenn wir Ernst Lohmeyer richtig verstehen wollen. Lohmeyer war Theologe und Neutestamentler und beschäftigte sich mit Dokumenten, die mit dem christlichen Glauben verbunden waren. Die Einzigartigkeit dieses Glaubens erkannte er uneingeschränkt an, und besonders in seinen Kommentaren äußerte er sich ergreifend über Aspekte des Glaubens. »Das Gebet ist dem Glauben, was das Atmen dem Leben ist; glauben und beten ist eins und dasselbe.« Und später im Kommentar über den Brief an die Kolosser äußerte er sich wie folgt über Dankbarkeit: »Wer nicht dankt, bleibt Gott immer fern; wer aber dankt, weiß ihm sich selbst und alles schuldig.«[8] Glaube aber war auch für Lohmeyer eng mit dem,

---

[6]   Ernst Lohmeyer, Vom Begriff der religiösen Gemeinschaft. Eine problemgeschichtliche Untersuchung über die Grundlagen des Urchristentums, Wissenschaftliche Grundfragen. Philosophische Abhandlungen, hg. von Richard Hönigswald, Leipzig / Berlin 1925, 24.

[7]   Lohmeyer, Vom Begriff der religiösen Gemeinschaft, 39.

[8]   Ernst Lohmeyer, Der Brief an die Kolosser, KEK IX/2, Göttingen 1930, 32–38.

was es hieß, Mensch zu sein, verbunden. Er vertrat einen Humanismus, der den Glauben einschloss, da der Glaube ein unentbehrlicher Teil der Antwort auf die Frage »Was ist der Mensch?« war. Es war Hönigswald, der Lohmeyer ermöglichte, seine Arbeit als Theologe im Rahmen einer Philosophie der Humanwissenschaften zu gründen, und das wird sehr wichtig sein, wenn wir den zweiten Teil von Lohmeyers Formulierung betrachten.

Zunächst wenden wir uns aber noch einmal dem ersten Teil von Lohmeyers Formulierung zu: »Alle wissenschaftliche Theologie ohne gläubige Theologie ist leer«. Ist das richtig? Und in welchem Sinn ist alle wissenschaftliche Theologie ohne gläubige Theologie *leer?* Vielleicht ist das Wort »alle« übertrieben. Es gibt ohne Zweifel Bereiche unter den theologischen Disziplinen, die man ohne Glauben untersuchen kann, zum Beispiel Textkritik, die Geschichte Israels, die archäologische Erforschung des Heiligen Landes, das Studium der hebräischen Sprache. Aber ist denn Theologie ohne Glauben wirklich *leer?* Vielleicht ist es unnötig, in Deutschland diese Frage zu stellen. Auf der anderen Seite gibt es heute in England und in den USA viele Wissenschaftler, die behaupten, dass man Bibelwissenschaft nur unvoreingenommen betreiben kann, wenn man keinen Glauben hat; dass der Glaube die Erforschung der Bibel verdreht und verfälscht.

Ich möchte eine ähnliche Frage stellen. Kann man Musikwissenschaft ohne Musik unternehmen? Die Antwort ist teilweise Ja. Man kann die Geschichte der Musik und das Leben der großen Komponisten sowie das Studium der Akustik oder der Materialien, die am besten geeignet sind, Geigen oder Klarinetten zu bauen, erforschen, ohne Musik zu hören, zu erfahren oder zu spielen. Es ist aber höchst unwahrscheinlich, dass ein Mensch, der keine persönliche Erfahrung mit Musik hat, demjenigen gegenüber, der Musik spielt und hört, im Vorteil sein wird, wenn es um Musikwissenschaft geht. Wenn es keine Musik gäbe, würde es keine Musikwissenschaft geben. Ähnlich ist es mit der Theologie. Wenn es keinen Glauben gäbe, würde es keine Theologie geben, und ich möchte Lohmeyer zustimmen: Theologie ohne Glauben kann ohne Zweifel etwas leisten; ohne Glauben aber ist sie letztlich leer.

So komme ich zum zweiten Teil der Formulierung »alle gläubige Theologie ohne wissenschaftliche Theologie ist blind«. Blind bedeutet in diesem Zusammenhang eine Unfähigkeit zu erkennen, was Glaube leisten kann und was er nicht leisten kann. Es gibt eine Tendenz, in der man zu viel über den Glauben behauptet, eine Gewissheit, dass Glaube Informationen über Bereiche erteilen kann, die ihm tatsächlich verschlossen sind. Kurz gesagt, Blindheit ist hier eine Art von Fundamentalismus, und in der heutigen Welt gibt es zu viel Fundamentalismus, ob wir über christlichen oder islamischen oder buddhistischen oder andere Arten des Fundamentalismus' sprechen. Lohmeyers Formulierung ist heute nötiger als zur Zeit ihrer Prägung.

Jede Form von Fundamentalismus ist mit dem Prinzip der Wissenschaften, wie sie an Universitäten verstanden werden, unvereinbar. Dieses Prinzip hat

Jürgen Habermas vortrefflich formuliert als die Bereitschaft eines Menschen, von dem zwanglosen Zwang des besseren Arguments gegen seine eigenen Interessen überzeugt zu werden.[9] Fundamentalisten sehnen sich nach einer Art von Gewissheit, die in einer wissenschaftlichen Disziplin nicht möglich ist. Wenn sie möglich wäre, dann würde keine Notwendigkeit bestehen, Forschung zu treiben. Es würde bedeuten, dass man keine neuen Tatsachen entdecken, keine neuen Methoden entwickeln, keine neuen Einsichten gewinnen könnte. Es gehört zum Begriff der Wissenschaft, dass die Möglichkeit bestehen sollte, dass alles, was bisher als gewiss angenommen worden war, im Licht neuer Forschung als falsch erscheinen könnte.

Lohmeyers Formulierung ist lehrreich, weil sie uns ermöglicht, zwischen Glauben und Wissen zu unterscheiden und den Unterschied zwischen gläubiger und wissenschaftlicher Theologie zu verstehen. Kurz gesagt, wissenschaftliche Theologie gehört zum Bereich des Wissens, gläubige Theologie zum Bereich des Glaubens. Das bedeutet, dass es keinen Unterschied zwischen wissenschaftlicher Theologie und anderen Wissenschaften gibt. Die Merkmale, die die Naturwissenschaften und die Humanwissenschaften bestimmen, teilt auch die wissenschaftliche Theologie. Was die Bibel über Kosmologie, Geographie oder Geschichte usw. zu sagen hat, muss nach den Normen dieser Disziplinen beurteilt werden. Dasselbe gilt für Fragen nach der Autorschaft der biblischen Texte. Ob man nach der Autorschaft von Texten fragt, die traditionell Shakespeare oder Homer oder die dem Propheten Jesaja zugeschrieben worden sind – stets benutzt man die identischen kritischen Methoden. Aus dem Gesagten folgt, dass alle Ergebnisse, die in dieser Weise gewonnen worden sind, provisorisch und korrigierbar bleiben müssen.

Dabei ist zu betonen, dass keine andere Weltreligion so viel Bereitschaft zeigt, sich kritisch überprüfen zu lassen, wie das Christentum. Keine andere Heilige Schrift ist so intensiv wissenschaftlich und kritisch untersucht wie die Bibel. Das Leben und die Lehre keines anderen Gründers einer Weltreligion sind so intensiv und kritisch behandelt worden wie das Leben und die Lehre Jesu. Das bedeutet, dass christliche Theologie eine Wissenschaft wie andere Wissenschaften ist, und in diesem Sinne ist die gläubige Theologie, die im Rahmen der wissenschaftlichen Theologie unternommen wird, nicht blind. Blindheit würde bedeuten, dass Theologen nicht bereit wären, sich vom zwanglosen Zwang des besseren Arguments gegen ihre Interessen überzeugen zu lassen.

Fundamentalisten irren, weil sie den Unterschied zwischen Wissen und Glauben falsch gezogen haben und weil sie zu Unrecht denken, dass eine Gewissheit, die tatsächlich zum Glauben gehört, auch zum Wissen gehören muss. Wie wir gesehen haben, stimmten Hönigswald und Lohmeyer darin überein, dass

---

[9]   Vgl. Jürgen Habermas, Kritik der Vernunft. Philosophische Texte 5, Frankfurt 2009, 277.

es eine Gewissheit im Glauben gibt, diese Gewissheit aber von einer ganz anderen
Art ist im Vergleich zu der Gewissheit innerhalb der Wissenschaften.

Sind Hönigswald und Lohmeyer heute überholt? In der Philosophie ist Hönigswald kaum als ein führender Denker des 20. Jahrhunderts rezipiert worden,
und seit seiner Ermordung ist Lohmeyer fast vergessen. Können sie beide als
»aktuell« angesehen werden?

Wegen seiner jüdischen Abstammung, obwohl er getaufter Christ war, wurde
Hönigswald 1933 im Alter von 58 Jahren zwangspensioniert.[10] Martin Heidegger
schrieb über ihn ein skandalöses Gutachten.[11] Nach der Zwangsemeritierung hat
Hönigswald viel gelitten. Seine Pension wurde von der bayerischen Regierung
gekürzt (er war 1930 von Breslau nach München berufen worden) und nicht
mehr regelmäßig gezahlt. Die Universität Halle nahm die Anerkennung seiner
philosophischen Doktorwürde zurück. 1938 verbrachte er einige Monate im
Konzentrationslager Dachau, bevor er endlich in die USA emigrieren konnte, wo
er in Armut lebte und 1947 im Alter von 71 Jahren starb. Nach 1933 hatte er in
Deutschland keine Möglichkeit mehr, seine wissenschaftlichen Beiträge zu
veröffentlichen. So ist er in Vergessenheit geraten. Nach dem Krieg wurde in
Würzburg ein Hönigswald-Archiv gegründet, das zehn Bände seiner unveröf-
fentlichten Arbeit ans Licht brachte. 1995 fand in Kassel ein internationales
Hönigswald-Symposium statt. Allmählich fängt man an, die Bedeutung seiner
Arbeit anzuerkennen. Er ist nicht überholt.

Ebenso wenig ist Ernst Lohmeyer überholt. Inzwischen wird es immer
deutlicher, dass er in einigen Bereichen seiner Zeit um gut fünfzig Jahre voraus
war. In den zwanziger Jahren des letzten Jahrhunderts schrieb er über die sozialen Umstände der ersten christlichen Gemeinden, fünfzig Jahre bevor solche
Themen Mode in der englisch-sprachigen Forschung wurden. Schon in seinem
Galiläa und Jerusalem von 1936 erkannte er die Bedeutung Galiläas für die Ur-
sprünge des Christentums, eine Einsicht, die erst vierzig Jahre später in Mode
kam. Seine Sicht des Unterschieds zwischen Wissen und Glauben, die er von
Hönigswald übernommen hatte, ähnelt dem, was man in Eberhard Jüngels *Gott
als Geheimnis der Welt* (1977) findet, wie das im folgenden Zitat, in dem ein
Unterschied zwischen Denken und Glauben angenommen ist, deutlich wird:

»Die Vernunft kann Gott [...] nur denken, indem sie dem Glauben nachgeht.
Sie selbst glaubt jedoch nicht. Sie denkt. Das Denken glaubt nichts. Es denkt nach.
Das Denken kann Gott nicht denken, ohne Gott und Glauben zusammen zu
denken [...] Glaube ist [...] verstanden als die durch das Ereignis des redenden

---

[10]   Siehe Daten zu Leben und Werk von Richard Hönigswald, in: Wolfdietrich Schmied-
       Kowarzik, Erkennen-Monas-Sprache. Internationales Richard-Hönigswald Symposium,
       Würzburg 1997, 463–473.

[11]   Vgl. Tom Rockmore, Philosophie oder Weltanschauung? Über Heideggers Stellungnahme
       zu Hönigswald, in: Erkennen-Monas-Sprache, 171–179.

Gottes ermöglichte und ins Sein gerufene existentielle Relation des sich auf den anredenden Gott einlassenden Menschen.«[12]

Lohmeyers Formulierung, die als Titel des heutigen Vortrags dient, stammt aus seinem Beitrag zur Entmythologisierungsdebatte. Diesem Beitrag möchte ich mich jetzt zuwenden. Das Thema »Mythos« ist immer aktuell, besonders in einer Welt, die glaubt, dass der Begriff »Mythos« etwas Falsches bedeute. Rudolf Bultmann vertrat eine religionsgeschichtliche Sicht des Mythischen. Seiner Meinung nach waren im Neuen Testament übernatürliche und göttliche Dinge als normale Ereignisse in der Welt der Menschheit dargestellt. In diesem Sinn waren sie »mythisch« und mussten entmythologisiert werden. Es war die Aufgabe der Theologie, die Haupteinsichten des Neuen Testaments von ihrer mythologischen Kleidung zu befreien und in die Sprache einer modernen Philosophie zu übersetzen, für Bultmann die Philosophie des Existentialismus. Ich muss hier betonen, dass meine Charakterisierung wahrscheinlich zu einfach ist; auch Bultmann hat hervorragende Kommentare geschrieben, besonders über das Evangelium des Johannes. Auch Lohmeyer war einer modernen Philosophie, der Philosophie Hönigswalds, verpflichtet. Was ich gesagt habe, muss jedoch genügen, um Lohmeyers Beitrag einzuleiten.

Lohmeyers erste Erwiderung war, dass es nicht die Aufgabe der Philosophie sei, über etwas, was zum Glauben gehörte, zu sprechen.

»Ihre Funktion ist [...] methodischer oder logischer Art, und mit ihr umfaßt sie auch das Gefüge der Theologie wie etwa das der Naturwissenschaft. Aber innerhalb des Bereiches, den der Gegenstand der Theologie umgrenzt, hat sie ebensowenig Recht mitzusprechen wie im Bereiche der Physik, und es ist dabei gleich, ob es sich um eine existentielle oder naturalistische, um eine idealistische oder um eine materialistische Philosophie handelt. Wohl mag es sein, dass die Existentialphilosophie zu ähnlichen Aussagen kommt wie die christliche Theologie, aber dann tut sie es nicht, weil sie Philosophie ist, sondern weil sie ihre Thesen aus anderen Bezirken nimmt, die nicht ihres Reiches und ihrer Art sind.«[13]

Über den positiven Beitrag des Mythos zum Glauben äußerte er sich wie folgt.

---

[12] Eberhard Jüngel, Gott als Geheimnis der Welt. Zur Begründung der Theologie des Gekreuzigten im Streit zwischen Theismus und Atheismus, Tübingen ⁵1986, 219.

[13] Lohmeyer, Rechte Interpretation, 30.

»Der Protestantismus weiß [...], dass es Gott gefallen hat, eben in dem Mythos sich zu offenbaren. Wir tragen diesen Schatz in irdischen Gefäßen – nicht nur weil wir irdisch sind, sondern weil Gott ihn in diese Gefäße gefüllt hat. Uns ist nicht gegeben, ja uns ist es nicht genommen, diese Gefäße zu zerbrechen, aber uns ist es auch aufgegeben zu erkennen, dass diese Gefäße irdisch sind.«[14]

Ich werde jetzt versuchen, diese letzten Worte zu erläutern.

Früher habe ich Lohmeyer zitierend gesagt, dass im Glauben das Ich die Gewissheit des Unbedingten erfährt, das »wohl an Bedingtheiten erlebbar, nicht aber in Bedingtheiten erfaßbar oder durch Bedingtheiten erklärbar ist«. Es ist die Aufgabe des Mythos, diese Erfahrung oder besser, dieses Erfahrenwerden, zu ermöglichen. Das tut der Mythos auf verschiedene Weisen.

In den Gleichnissen Jesu kommen Sprüche über das Reich Gottes vor, die vom Standpunkt des Wissens rätselhaft sind. Der Mann im Gleichnis von der kostbaren Perle (Mt 13,45) verkauft alles, was er hat, um die Perle zu besitzen. Das bedeutet, dass er all sein Vermögen verkauft hat, um etwas zu haben, das wertlos ist, wenn es um die praktischen Bedürfnisse des alltäglichen Lebens geht. Wir fragen uns, ohne dass wir die Fragen beantworten können, woher er Geld bekommen wird, um Essen zu kaufen. Ist er nun heimatlos und wenn ja, wo wird er wohnen? In diesem Gleichnis ist das Mythologische die Erwähnung des Himmelreichs am Anfang in den Worten »Wiederum gleicht das Himmelreich einem Kaufmann, der gute Perlen suchte« (Mt 13,45). Das Gleichnis stellt das Himmelreich als etwas so kostbares vor, dass ein Mensch ganz unlogisch und unvernünftig handeln würde, um es zu besitzen. Wenn wir versuchen würden, dieses Gleichnis zu entmythologisieren und den Hinweis auf das Himmelreich tilgten, bliebe nur das unverantwortliche Verhalten eines wahnsinnigen Menschen übrig. Im Ganzen spricht das Gleichnis aber von etwas, das unbedingt auch erlebbar ist.

Das gleiche unvernünftige Handeln kommt im Gleichnis vom verlorenen Schaf vor, das im Lukasevangelium (Lk 15,3–7) und im Matthäusevangelium (Mt 18,10–14) steht. Was hier unvernünftig erscheint ist die Tatsache, dass ein Hirte 99 Schafe in der Wüste lässt, um ein verlorenes Schaf zu suchen. Wer wird für die 99 sorgen? Wer wird sie vor Räubern oder Wölfen schützen? Diese Unvernunft ist tief in der menschlichen Erfahrung verwurzelt, die wir vermutlich alle schon erlebt haben, nämlich in dem Gefühl der Unvollkommenheit, weil wir etwas verloren haben. Dieses Gefühl der Unvollkommenheit rechnet nicht mit der Tatsache, dass das Verlorene wahrscheinlich nur eine Kleinigkeit ist im Vergleich zudem, was wir nicht verloren haben. Die Freude, die wir erfahren, wenn etwas Verlorenes gefunden ist, steht in keinerlei Verhältnis zur der Kleinigkeit, die verloren war. Genau diese Umstände sind im Gleichnis geschildert. Als der Hirte

---

14   Lohmeyer, Rechte Interpretation, 34–35.

das Schaf gefunden hat, »legt er sich's auf die Schultern voller Freude. Und wenn er heimkommt, ruft er seine Freunde und Nachbarn und spricht zu ihnen: Freut euch mit mir; denn ich habe mein Schaf gefunden, das verloren war.«

Im Zwillingsgleichnis vom verlorenen Groschen kommt Ähnliches vor. Die Frau, die einen einzigen von zehn Silbergroschen verloren hat, sucht ihn mit Fleiß »und wenn sie ihn gefunden hat, ruft sie ihre Freundinnen und Nachbarinnen und spricht: Freut euch mit mir; denn ich habe meinen Silbergroschen gefunden, den ich verloren hatte«. Die menschliche Allgemeingültigkeit dieser Erfahrungen ist zudem in der Tatsache dargestellt, dass ein Mann und eine Frau ähnlich handeln und Freude erleben, wenn sie etwas Verlorenes wieder gefunden haben.

Bis dahin kommt nichts Mythisches in den Gleichnissen vor. Sie sprechen von menschlichen Erfahrungen. Die Schlüsse aber sind mythisch. »So wird auch Freude im Himmel sein über einen Sünder, der Buße tut« und »So sage ich euch, wird Freude sein vor den Engeln Gottes über einen Sünder, der Buße tut.« Die mythologischen Elemente sind Himmel, Engel Gottes, Sünder und Buße. Die Gleichnisse laden uns ein, unsere Erfahrungen von Verlust und Wiederfinden mit einer Himmelsfreude zu identifizieren, und auf diese Weise wird es Einigen möglich sein, das Unbedingte zu erleben, worin das Zentrum des Glaubens besteht. Lohmeyer schreibt, »das Ziel aller Gleichnisdeutung [ist], dass dem Hörer das Herz brenne, nicht dass sein Verstand begreife.«[15]

Wenn wir diese Gleichnisse entmythologisieren, das heißt, die Erwähnung von Himmel, Engel Gottes, Sünder und Buße tilgen wollten, würden wir zwei Geschichten über Verlust und Wiederfinden und Freude haben, aber nicht mehr. Ich würde nicht sagen, dass es unmöglich wäre, diese Einsichten in die Sprache einer modernen Philosophie wie des Existentialismus zu übersetzen, aber ich weiß nicht, wie ich persönlich das tun könnte und was ich davon gewinnen würde.

Christliche Mythen sind die Sprache des Glaubens, und deshalb, nach der Sicht Lohmeyers, dürfen wir sie nicht lesen, als ob sie zum Bereich des Wissens gehörten. Wer Mythen oder mythologische Elemente entmythologisiert, handelt, als ob sie zum Bereich des Wissens gehörten, wo sie nicht mit den Ergebnissen moderner Naturwissenschaften übereinstimmen. Wer Mythen oder mythologische Elemente buchstäblich interpretiert, als ob sie Informationen über das, was jenseits unserer Welt von Raum und Zeit liegt, lieferten, behandelt sie ebenfalls so, als ob sie zum Bereich des Wissens gehörten. Wir müssen Lohmeyer wieder mehr an Beachtung schenken, wenn er sagt, dass im Glauben ein Unbedingtes erfahren wird, »das wohl an Bedingtheiten erlebbar, nicht aber in Bedingtheiten erfaßbar oder durch Bedingtheiten erklärbar ist.«[16]

---

[15] Ernst Lohmeyer, Vom Sinn der Gleichnisse Jesu, in: ders., Urchristliche Mystik. Neutestamentliche Studien, Darmstadt 1958, 154.

[16] Lohmeyer, Vom Begriff der religiösen Gemeinschaft, 24.

Am Ende seiner Rede, die Lohmeyer als Rektor der Universität Breslau im November 1930 gehalten hat, zitierte er einige Zeilen aus Goethes Gedicht *Paria:* »Seligem Herzen, frommen Händen / Ballt sich die bewegte Flut / Herrlich zu kristallner Kugel.«[17]

Seine Rede lief darauf hinaus, dass vom Standpunkt des Glaubens die menschliche Geschichte ein Ring sei, und dass alle Geschichte »nicht Anfang noch Ende hat, sondern ruhe- und endlose Bewegung hat«. In seinem Gedicht beschrieb Goethe eine indische Göttin, die die Elemente beherrschte und deshalb kein Gefäß benötigte, um Wasser vom Teich nach Hause zu bringen. Sie konnte das Wasser ganz einfach mit ihren Händen schöpfen und es zu einer kristallenen Kugel gestalten, um es zu transportieren. Da Lohmeyer die Zeilen in der ihm eigenen Weise im Zusammenhang mit dem Begriff der Geschichte ausgelegt hatte, möchte ich dieselben Zeilen auf Lohmeyer selbst anwenden.

Ich habe in dieser Vorlesung nur in Umrissen darstellen können, was über Lohmeyer zu sagen wäre. Deshalb möchte ich zusammenfassend sagen, dass Lohmeyer das Vermögen besaß, verschiedene Elemente so zu beherrschen, dass er sie zu einer kristallenen Kugel gestalten konnte. Seine Liebe für Poesie und für Musik, seine Fähigkeit, komplizierte Philosophie zu beherrschen, seine Kompetenz in klassischen und semitischen Sprachen und ihrer Literatur, seine Erfahrung des Glaubens, sein Fleiß – dies waren die Wasser, die er zu kristallenen Kugeln gestaltete.

Wenn man seine Dissertation über *Diatheke* liest, die er 1912 in Berlin verteidigte, bevor er sich in die Poesie Stefan Georges und in die Philosophie Richard Hönigswalds vertiefte, sieht man, was für ein Neutestamentler er gewesen wäre, wenn er sie nicht gekannt hätte. *Diatheke* ist eine hervorragende Dissertation, die aber jeder andere kompetente Doktorand auch hätte schreiben können. 13 Jahre später veröffentlichte er ein kleines Meisterwerk, *Vom Begriff der religiösen Gemeinschaft*, das niemand außer Lohmeyer hätte schreiben können, und so blieb es. Alles, was er danach produzierte, war einzigartig, eine Menge von kristallenen Kugeln. Seither ist nichts Vergleichbares mehr erschienen. Da er so eigenwillig war und blieb, hat er gelegentlich Thesen vertreten, z. B. über die Umstände der sogenannten Gefangenschaftsbriefe des Paulus, die damals keine Übereinstimmung fanden und auch heute keine Übereinstimmung finden. Deshalb ist er auch oft übersehen worden. Seine Thesen aber waren mit so tiefen Einsichten verbunden, dass man, wenn man seine Kommentare heute liest,

---

[17]   Ernst Lohmeyer, Glaube und Geschichte in den vorderorientalischen Religionen. Rede gehalten bei der Einführung in das Rektorenamt am 3. November 1930, Breslauer Universitätsreden 6, Breslau 1931, 26. Johann Wolfgang Goethe, Legende, aus Paria, in: Gedichte. West-Östlicher Diwan. Goethe. Werke 1 [Jubiläumsausgabe], hg. von Hendrik Birus / Karl Eibl, Darmstadt 1998, 205. In dieser Ausgabe steht »Welle« statt »Flut« im zweiten zitierten Teil.

immer wieder auf Schätze stößt, die anregen und erhellen. Als noch wichtiger aber erweist es sich, dass der philosophische Rahmen, in den er seine theologische Wissenschaft einfügte, bis heute unentbehrlich bleibt – wie in der Formulierung »Alle wissenschaftliche Theologie ohne gläubige Theologie ist leer, alle gläubige Theologie ohne wissenschaftliche Theologie ist blind.«

Lohmeyers Ermordung vor 70 Jahren hat das Leben und Wirken eines Theologen und Bibelwissenschaftlers, der wie kein anderer war, brutal beendet. Es ist gut, dass er in Greifswald nicht vergessen worden ist. Die Theologische Fakultät, die Universität und die Stadt können stolz sein, dass sie einen Anspruch auf einen solch großen Mann erheben können.

III. BIOGRAPHISCHE MATERIALIEN ZU ERNST LOHMEYER

Ehrenerklärungen für Ernst Lohmeyer aus den Jahren 1946-1947

Hartmut Lohmeyer †

Die folgenden Ehrenerklärungen, die nach Ernst Lohmeyers Verhaftung am 15. Februar 1946 von Kollegen und Freunden verfasst und im April 1948 den sowjetischen Militärbehörden übergeben wurden, umspannen den Zeitraum von Oktober 1946 bis Juni 1947 und enthalten insgesamt 18 Positionen.

Wie die beigefügten kurzen Anschreiben von Martin Buber und Ernst Joseph Cohn zeigen, sind diese Erklärungen von Hartmut Lohmeyer erbeten worden. Gudrun Otto schreibt dazu:»1946 sammelte mein Bruder nach der Verhaftung meines Vaters Gutachten jüdischer Wissenschaftler und evangelischer Theologen in der irrigen Meinung, Leumundsbeweise und Anerkennung des wissenschaftlichen Ranges könnten zu seiner Freilassung aus russischer Haft führen. – Zu der Zeit war mein Vater ohnedies schon liquidiert worden, und die Akte kam später mit dem Vermerk ›Keine Antwort‹ zurück.« (DtPfBl 81, 1981, 359).

Neun der Erklärungen werden ausdrücklich als »Eidesstattliche Erklärung« bezeichnet und beglaubigt; in zwei Fällen wird die Bereitschaft ausgesagt, die Erklärung unter Eid zu bekräftigen; in drei Fällen liegt auch ohne Verweis auf einen Eid die Beglaubigung einer Behörde durch Stempel und Unterschrift vor; der Jurist Ernst Joseph Cohn betont, dass seine Erklärung für amtliche Zwecke zu verwenden sei. Juristisch gilt eine »Eidesstattliche Erklärung« als Beteuerung dafür, dass eine bestimmte Aussage der Wahrheit entspricht. Vor Gericht ist sie als Mittel der Beweisführung zugelassen. Sie muss von einer dazu legitimierten Behörde bestätigt werden. Falsche Versicherungen an Eides statt gelten als Straftat und werden entsprechend geahndet. Die vorliegenden 18 Erklärungen stellen demnach den Versuch dar, durch gerichtsfeste Zeugenaussagen den Verhafteten im Prozessgeschehen zu entlasten. Dieses Ziel war nicht mehr zu erreichen. Keiner der Zeugen konnte ahnen, dass seine Erklärung längst ins Leere lief. Richard Hönigswalds Text ist einen Tag vor Lohmeyers Erschießung verfasst; alle anderen datieren bereits danach. Die späteste Erklärung ist die von Julius Schniewind; sie wurde erst ca. eineinhalb Jahre nach dem gewaltsamen Tod Lohmeyers niedergeschrieben. Familie und Öffentlichkeit waren während dieser Zeit über das Geschick Lohmeyers im Unklaren.

Die entsprechenden Schriftstücke sind als Kopien in den Unterlagen der Theologischen Fakultät Greifswald vorhanden. Ihre Abfolge wurde hier noch einmal neu (chronologisch) sortiert. Die Orthographie ist beibehalten, offensichtliche Schreibfehler sind stillschweigend berichtigt worden. Die kurzen Biogramme zu Beginn jeder Erklärung stammen von Christfried Böttrich.

Das Geheime Staatsarchiv Preußischer Kulturbesitz, GStA PK, VI. HA Familienarchive und Nachlässe, Nl Ernst Lohmeyer (Dep.), Nr. 18., bewahrt die Originale auf.

1. Dr. phil. et med. Richard Hönigswald (New York): 18. September 1946
   Prof. der Philosophie in Breslau und München
2. Prof. Dr. Rudolf Seeliger (Greifswald): 23. September 1946
   Prof. der Physik in Greifswald, Nachfolger Lohmeyers im Rektorat
3. Prof. D. D. Rudolf Bultmann (Marburg): 18. Oktober 1946
   Prof. der Theologie in Marburg, Vorgänger Lohmeyers in Breslau
4. D. Dr. Martin Dibelius (Heidelberg): 18. Oktober 1946
   Prof. der Theologie in Heidelberg, Mentor von Lohmeyers Habil-Verfahren
5. Prof. Dr. Hans Freiherr von Campenhausen (Heidelberg): 18. Oktober 1946
   Prof. der Theologie in Heidelberg, zuvor Dozent in Greifswald
6. Dr. Martin Niemöller (Büdingen): 19. Oktober 1946
   Pfarrer in Büdingen, später Kirchenpräsident von Hessen-Nassau
7. Katharina Strauss (Hildesheim): 22. Oktober 1946
   Ehefrau des Indologen Prof. Otto Strauss, früher in Breslau
8. Hanna Sommer (Osten / Basbeck Niederelbe): 23. Oktober und 25. November 1946
   Vikarin in Osten, früher Schülerin von Lohmeyer in Breslau
9. Lic. Gottfried Fitzer (Unterleinleiter / Oberfranken): 24. Oktober 1946
   Prof. der Theologie in Wien, früher Assistent von Lohmeyer in Breslau
10. Prof. Dr. Erwin Fues (Stuttgart): 24. Oktober 1946
    Prof. an der TH Stuttgart, Institut für Kraftfahrwesen, früher in Breslau
11. Lic. Katharina Staritz (Albertshausen): 28. Oktober 1946
    Vikarin in Albertshausen (Bad Wildungen), früher Mitarbeiterin von Lohmeyer in Breslau
12. Prof. Dr. Clemens Schaefer (Köln): 29. Oktober 1946
    Prof. der Physik in Köln, früher in Breslau
13. Robert Bedürftig (Hannover): 4. November 1946
    Studienrat in Hannover, früher drei Jahre lang Hauslehrer im Hause Lohmeyer
14. Prof. Dr. Martin Buber / Prof. Dr. Isaak Heinemann / Prof. Dr. Richard Koebner (Jerusalem): 18. November 1946
    Martin Buber: früher Prof. in Frankfurt / a. M., mit Lohmeyer freundschaftlich verbunden; Isaak Heinemann, früher Prof. in Breslau; Richard Koebner, früher Prof. in Breslau – 1946 alle drei an der Hebräischen Universität Jerusalem
15. Dr. Edmund Nick (München): 21. November 1946
    Komponist und Musikschriftsteller in München, früher in Breslau
16. Prof. Dr. Ernst Joseph Cohn (London): 28. November 1946
    Prof. der Rechte in London, Mitglied des englischen Gerichtshofes und Rechtsberater der britischen Kontrollkommission für Deutschland, früher in Breslau

17. Fritz Kleemann d. J. (Fürth): 10. Juni 1947
Industrievertreter, früher Kriegsverwaltungsinspektor des Truppenzahlmeisterdienstes

18. Prof. Dr. Julius Schniewind (Halle / Saale): 30. April 1948
Prof. der Theologie in Halle, früher Königsberg und Kiel

1. DR. PHIL. ET MED. RICHARD HÖNIGSWALD (NEW YORK): 18. SEPTEMBER 1946

Richard Hönigswald (1875–1947) wurde in Ungarisch-Altenburg in einer jüdischen Familie geboren. Dem Studium der Medizin und der Philosophie widmete er sich in Wien,
Halle und Graz. 1904 ließ er sich taufen und nahm den evangelischen Glauben an. 1906
habilitierte sich Hönigswald in Breslau im Fach Philosophie. In den folgenden Jahren
wirkte er hier als Arzt und Philosoph – seit 1910 als Titularprofessor an der Universität,
seit 1916 als Extraordinarius, 1919–1930 als Ordinarius. 1930 wechselte er an die
Universität München, wo er 1933 seiner jüdischen Herkunft wegen aus dem Staatsdienst
entlassen wurde. 1938 erkannte man ihm den Doktortitel ab. Während des November-
pogroms 1938 verhaftet, verbrachte Hönigswald fünf Wochen in dem KZ Dachau. 1939
gelang ihm die Emigration in die USA. 1941 entzog man ihm die deutsche Staatsbürgerschaft, woraufhin er 1944 die amerikanische Staatsbürgerschaft annahm. 1947 verstarb er in New Haven. Hönigswald gilt als einer der bedeutendsten Vertreter des Neukantianismus. Mit Lohmeyer verband ihn während der Breslauer Jahre eine enge
persönliche Freundschaft, die sich auch weit darüber hinaus noch in einer intensiven
Korrespondenz fortsetzte. Lohmeyers Exegese ist spürbar von Hönigswalds Philosophie
beeinflusst. Beide Männer verband auch in ihrer wissenschaftlichen Arbeit eine bemerkenswerte Geistesverwandtschaft.
Die folgende Erklärung wurde bereits veröffentlicht bei Wolfgang Otto, Aus der Einsamkeit – Briefe einer Freundschaft. Richard Hönigswald an Ernst Lohmeyer, Würzburg
1999, 119–120.

3240 Cambridge Avenue, New York 63, N.Y., USA   den 18. September 1946

Erklärung

Herr Universitäts-Professor D. Dr. Ernst Lohmeyer in Greifswald ist seit Jahrzehnten mein intimer Freund. Ich bringe ihm absolutes Vertrauen und bedingungslose Hochschätzung entgegen. Er hat sich mir in allen Lebenslagen als
Mann von humanster Gesinnung, vorbildlicher Toleranz und höchster Kultur
bewährt. Ich halte ihn einer unehrenhaften Handlung oder auch nur der kleinsten

Inhumanität für absolut unfähig. Ich kenne Professor Lohmeyer als bedingungslosen Gegner der nationalsozialistischen Herrschaft in Deutschland und als unversöhnlichen Feind jeder antisemitischen Tendenz, wie sich denn zu allen Zeiten in seinem engsten Freundeskreis Juden befanden, und er sich niemals, auch nicht auf der Höhe der nationalsozialistischen Herrschaft, gescheut hat, sich offen und rückhaltlos zu seinen jüdischen Freunden zu bekennen.

Als Gelehrter gehört Herr Professor Lohmeyer zu den Ersten seines Faches. Er ist ein ausgezeichneter Forscher und fruchtbarer wissenschaftlicher Schriftsteller auf den Gebieten der Kirchen- bzw. Religionsgeschichte, sowie der theologischen Systematik. Dort bewährt er die besten Qualitäten des nüchtern urteilenden Historikers und feinsinnigen Darstellers, hier bewegt er sich ganz und gar auf der Höhe vollwertiger philosophisch-wissenschaftlicher Einsicht.

Alles in Allem: Ich schätze Professor Lohmeyer als eine der wertvollsten Persönlichkeiten, denen ich im Leben und im Verlaufe meiner eigenen langen Laufbahn als Forscher und Hochschullehrer begegnet bin.

Dr. phil. et med. Richard Hoenigswald
früher ordentlicher Professor der Philosophie
an den Universitäten Breslau und München

2. Prof. Dr. Rudolf Seeliger (Greifswald): 23. September 1946

Rudolf Seeliger (1886–1965) stammte aus München und studierte in Tübingen, Heidelberg und München Physik. Über die Zwischenstation Berlin kam er 1918 nach Greifswald und lehrte dort seit 1921 als Ordinarius Theoretische Physik. 1946 übernahm er als Rektor der Universität Greifswald die unmittelbare Nachfolge des verhafteten Ernst Lohmeyer und bekleidete dieses Amt bis 1948. Danach leitete er seit 1949 das »Institut für Gasentladungsphysik« der Akademie der Wissenschaften, aus dem später das »Leibniz-Institut für Plasmaforschung und Technologie« hervorging. 1950 und 1956 wurde er in der DDR mit nationalen Preisen ausgezeichnet.

Prof. Dr. Rudolf Seeliger, Greifswald, Loitzerstr. 43/44   23. Sept 1946

Eidesstattliche Erklärung

Ich schicke voraus und betone, dass ich mich hier nicht als Rektor oder im Interesse der Universität äußere, sondern als Privatmann, der für Professor Lohmeyer wegen dessen Persönlichkeit, menschlicher Haltung und wissenschaftlichem Ruf stets nur höchste Achtung empfunden hat.

Prof. Lohmeyer ist als Theologe ein Forscher von internationalem Ruf, dessen Namen die wissenschaftlichen und kirchlichen Kreise des Inlandes und Auslandes kennen und schätzen. Er ist aber nicht nur wissenschaftlicher Theologe, sondern eine hochstehende Persönlichkeit, erfüllt von sittlichem Ernst, tiefem und warmem sozialem Empfinden und echter Menschlichkeit. Jede Härte oder gar Ungerechtigkeit gegen andere ist mit seiner ganzen Lebensauffassung unvereinbar. Ich bin deshalb persönlich überzeugt davon, dass er auch als Reserveoffizier stets und wenn nötig sogar dienstliche Befehle umgehend sich in diesem Sinn eingesetzt hat und die Auswirkungen militärischer Belange auf die Gegner nach Möglichkeit zu mildern bemüht gewesen ist. Ich bin ebenso überzeugt davon – auch wenn ich über Einzelheiten nicht unterrichtet bin, weil ich mich damals nur meiner Tätigkeit als Lehrer und Forscher widmete – dass er auch während seiner Amtszeit als Rektor sich nur von lautersten, selbstlosen Motiven hat leiten lassen und keiner Falschheit oder Hinterhältigkeit fähig gewesen wäre.

Bei dieser inneren Einstellung musste Prof. Lohmeyer zwangsläufig mit den Lehren des Nationalsozialismus in Konflikt kommen und sie schärfstens ablehnen. Wohl nur, weil man sich scheute, einen Mann von seinem persönlichen und wissenschaftlichen Ruf öffentlich allzusehr zu diffamieren, wurde er lediglich durch eine Zwangsversetzung nach Greifswald und nicht durch eine Entlassung bestraft.

[Unterschrift]

3. Prof. D. D. Rudolf Bultmann (Marburg): 18. Oktober 1946

Rudolf Bultmann (1884–1976) gilt als einer der einflussreichsten und bedeutendsten Neutestamentler des 20. Jahrhunderts. Geboren wurde er in Wiefelstede in Niedersachsen und studierte Theologie und Philosophie in Tübingen und Marburg. 1916 erhielt er einen Ruf nach Breslau, 1921 wechselte er nach Gießen und 1922 nach Marburg. Ernst Lohmeyer wurde 1921 in Breslau sein unmittelbarer Nachfolger. Bultmann blieb zeitlebens in Marburg, wo er besonders in der Nachkriegszeit mit dem Programm zur »Entmythologisierung« des Neuen Testaments bzw. zu dessen existentialer Interpretation von sich reden machte. Bultmann und Lohmeyer standen in kollegialem Austausch, korrespondierten gelegentlich miteinander und rezensierten gegenseitig ihre Bücher. Theologisch suchten beide das Gespräch mit der Philosophie, folgten dabei aber unterschiedlichen Ansätzen. Bultmanns Exegese stand ganz unter dem Einfluss Martin Heideggers, während Lohmeyer in engem Austausch mit Richard Hönigswald stand. In die von Bultmann ausgelöste Entmythologisierungsdebatte hat sich Lohmeyer nur noch mit einem kurzen Vortrag einbringen können. An der Gedenkschrift »In Memoriam Ernst Lohmeyer« von 1951 beteiligte sich auch Bultmann mit einem Beitrag. Er verstarb 1976 in Marburg.

Professor D. D. Rudolf Bultmann, Marburg a. d. Lahn, Calvinstr. 14

18. Oktober 1946

Gutachten über Herrn Professor D. Dr. Ernst Lohmeyer (Greifswald)
Herr Professor D. Dr. Ernst Lohmeyer ist mir seit über 20 Jahren gut bekannt. Ich schätze ihn als einen ausgezeichneten Charakter. Die Lauterkeit seiner Gesinnung, seine Wahrhaftigkeit und unbedingte Zuverlässigkeit wie seine menschliche Güte habe ich oft erprobt. Er ist eine Persönlichkeit von ungewöhnlich reicher Begabung und Bildung, von grosser Aufgeschlossenheit und Originalität

des Denkens. Als Lehrer der Studenten hat er stets sehr anregend gewirkt und, wie ich aus zahlreichen Äusserungen seiner Studenten weiss, grosse Verehrung genossen. In seiner Wissenschaft nimmt er einen hohen Rang ein, als ein Gelehrter, der die Forschung durch eine Fülle neuer Ideen befruchtet hat. Er ist deshalb nicht nur in Deutschland als Gelehrter von hervorragendem Ruf anerkannt, sondern ebenso im Ausland. Zeugnis dafür ist die Tatsache, dass er öfter zu Vorträgen ins Ausland eingeladen und zur Mitarbeit an ausländischen Zeitschriften aufgefordert wurde.

Was seine politische Gesinnung und Haltung betrifft, so weiss ich auf Grund unserer langjährigen freundschaftlichen Beziehungen, dass Herr Prof. Lohmeyer stets ein klarer und konsequenter Gegner des Nationalsozialismus gewesen ist, der die Weltanschauung und die kulturellen und politischen Ziele des Nationalsozialismus abgelehnt hat. Ich habe auch von manchen seiner Schüler erfahren, dass er in seinem akademischen Unterricht keinen Zweifel an seiner Gesinnung gelassen hat und, soweit es während der Herrschaft des Nationalsozialismus möglich war, gegen diesen gewirkt hat.

In den Jahren des Krieges habe ich manche Briefe von ihm aus dem Felde erhalten und, wenn er auf Urlaub war, Gespräche mit ihm geführt. Daher weiss ich, wie sehr er unter diesem Kriege und seiner unmenschlichen Führung gelitten hat. Ich erinnere mich z. B., wie er mir einmal sagte: Das Beste, was er in den besetzten Gebieten tun könne (er stand damals in Polen), sei, dass er die Einwohner vor den Grausamkeiten der ›Braunen und Schwarzen‹ (der SA und SS) schütze.

Menschen wie Professor Lohmeyer sind für den Aufbau Deutschlands in einem neuen Geiste dringend notwendig, zumal als Lehrer und Erzieher der akademischen Jugend.

Ich selbst, der ich dieses Zeugnis ausstelle, bin stets ein radikaler Gegner des Nationalsozialismus gewesen. Ich habe weder der Partei noch einer ihrer Organisationen jemals angehört. Ich wurde deshalb von der amerikanischen Militärregierung gleich nach der Besetzung in meinem Amt als Professor der Theologie an der Universität Marburg bestätigt und in den »Planungs-Ausschuss« berufen, der den Neuaufbau der Universität durchzuführen hatte, und ebenso in den »Untersuchungsausschuss«, der die Entnazifizierung zu besorgen hatte. Ich habe stets den internationalen Austausch gepflegt und wurde 1932 zum Mitglied der Akademie der Wissenschaften von Norwegen (in Oslo) gewählt und 1935 von der schottischen Universität St. Andrews zu ihrem Ehrendoktor ernannt. Einige meiner Bücher sind ins Englische, Schwedische und Dänische übersetzt, und ich habe Aufsätze für amerikanische, französische, schwedische und schweizer Zeitungen geschrieben. Ich habe oft Vorträge in Holland, Dänemark, Schweden, Norwegen und der Schweiz gehalten. Jetzt erhielt ich die Einladung zu der Tagung der Societas Studiorum Novi Testamenti (Gesellschaft der neutestamentlichen Forschung), die im März 1947 in Oxford (England) stattfinden soll.

Nach alledem glaube ich berechtigt zu sein, ein Gutachten über Herrn Prof. D. Dr. Lohmeyer auszustellen. Natürlich bin ich bereit, meine Aussagen unter Eid zu stellen.

D. Rudolf Bultmann, D. D. Prof. der Theologie
Die eigenhändige Unterschrift wird hierdurch beglaubigt.
Marburg, 18.10.46
Universitäts-Sekretariat

4. D. Dr. Martin Dibelius (Heidelberg): 18. Oktober 1946

Martin Franz Dibelius (1883-1947) war einer der renommiertesten Exegeten seiner Zeit. Er stammte aus Dresden. Das Studium der Theologie und Philosophie absolvierte er an den Universitäten Neuchâtel, Tübingen, Leipzig und Berlin. In Berlin übernahm er 1910 eine Dozentur und wurde dort auch zum Lehrer Ernst Lohmeyers. Seit 1915 lehrte er als Ordinarius Neues Testament in Heidelberg, wo sich Lohmeyer 1919 unter seiner Mentorschaft habilitierte. In der neutestamentlichen Wissenschaft gilt Dibelius vor allem als einer der maßgeblichen Begründer und Protagonisten der formgeschichtlichen Methode. Er verstarb 1947 in Heidelberg.

D. Dr. Martin Dibelius, D. D. (St. Andrews)   18. Oktober 1946

Ordentl. Professor an der Universität

Ich, Endunterzeichneter, dessen Personalien unten folgen, gebe hiermit folgende Erklärung an Eides statt ab:

Professor D. Dr. Ernst Lohmeyer ist mir seit 1910 bekannt. Er war in Berlin mein Hörer, dann Senior meines Seminars, habilitierte sich nach dem ersten Weltkrieg bei mir in Heidelberg, und auch nach seiner Berufung nach Breslau blieben wir weiterhin miteinander freundschaftlich verbunden.

Lohmeyer ist der Sohn eines westphälischen Pfarrhauses, ernster und wahrhaftiger Christ, ein Charakter von seltener Lauterkeit, ein Mensch von hoher geistiger Kultur, ein Gelehrter von ausserordentlichen Fähigkeiten, einer der besten seines Faches, dazu ein Künstler in der Stilisierung des gesprochenen und geschriebenen Wortes.

Für seine Art ist in all diesen Jahrzehnten eines charakteristisch gewesen: Seine Abneigung gegen alles lärmende Wesen, gegen allen »Betrieb«, gegen das Streben nach Äusserlichkeiten und lauten Erfolgen. Daraus ergab sich von vornherein eine Spannung zum Nationalsozialismus. Die – eigentlich gegen Nietzsche gerichtete – Äusserung Lohmeyers in einem Brief an mich aus Glasegrund vom 10.4.1944: »die stillen Dinge sind eben doch wahrer und mächtiger als die gewollten«, ist bezeichnend für ihn wie für seine Abneigung gegen die grossprecherische, sich immer mit Erfolgen brüstende Partei und gegen jeden prahlenden, säbelrasselnden Militarismus.

Beides ist Lohmeyers Wesen so entgegengesetzt wie nur möglich. Obwohl er sicher ein pflichttreuer und menschlicher Offizier war, in beiden Weltkriegen, ist es doch sein Ideal, »in der Stille ruhig und fleissig an diesen stillen Dingen weiterzuarbeiten« (Zitat aus dem gleichen Briefe; gemeint ist die Arbeit an seinem Matthäus-Kommentar). In seinen Briefen aus dem Feld redet er fast nur von theologischen und persönlichen Dingen, aber es sind eigentlich nicht die Briefe eines Feldsoldaten.

So ist es nicht zu verwundern, dass Lohmeyer bereits vor dem Jahre 1933 einen Konflikt mit Partei-Instanzen hatte, und dass seine Versetzung von Breslau nach Greifswald eigentlich als politische Strafmassnahme zu werten ist.

Lohmeyers wissenschaftliche Geltung habe ich schon hervorgehoben. Sie ist auch im Ausland anerkannt. Die amerikanische Society of Biblical Literature and Exegesis zählt ihn zu ihren Ehrenmitgliedern. Auch in Schweden hat er durch Wort und Schrift gewirkt (Vorträge in Lund und Uppsala 1940). Soviel ich weiss, bestand in Uppsala der Plan, eine Lohmeyer-Bibliographie drucken zu lassen.

Alles in allem: Lohmeyer ist eines der wertvollsten Mitglieder der deutschen Professorenschaft, eine menschliche Erscheinung von besonderem und edlem Gepräge. Im Blick auf die Lauterkeit seines Charakters bin ich persönlich überzeugt, dass er einer unedlen und unehrenhaften Handlung nicht fähig ist.

Über mich selbst darf ich mich auf das berufen, was der Rektor des ersten Jahres 1945/46 der wiedereröffneten Universität Heidelberg, der Chirurg Prof. Dr. Bauer, in einer Eingabe an die hiesige Militärregierung schrieb: »Professor Dibelius ist eines der ältesten und angesehensten Mitglieder des Lehrkörpers, deklarierter Antinazi, alter Demokrat, als solcher auch politisch tätig, von den Nazis aus politischen Gründen gemassregelt«. Ich bin am 14.9.1883 in Dresden geboren, habilitierte mich 1910 in Berlin und bin seit 1915 o. Professor der Theologie in Heidelberg. Ich war nie Pg und wurde schon im April 1933 von den Nationalsozialisten mit 2 Haussuchungen bedacht. Gleich nach dem Einzug der Amerikaner wurde ich Stadtrat und Dekan unserer Fakultät.

Die Richtigkeit der auszugsweisen Abschrift aus dem Schreiben des Herrn Rektors sowie die eigenhändige Unterschrift beglaubigt: Universitätssekretariat Heidelberg

5. PROF. DR. HANS FREIHERR VON CAMPENHAUSEN (HEIDELBERG): 18. OKTOBER 1946

Hans Erich Freiherr von Campenhausen (1903–1989) wurde in Rosenbeck in Livland geboren und musste seine Heimat nach der russischen Revolution verlassen. In Heidelberg und Marburg studierte er Theologie und Geschichte. Die weitere berufliche Laufbahn gestaltete sich aufgrund seiner Distanz gegenüber dem Nationalsozialismus schwierig. Verschiedene Lehraufträge führten ihn nach Gießen, Greifswald, Göttingen, Kiel, Heidelberg und Wien. 1945 wurde er zum Ordinarius für Kirchengeschichte in Heidelberg berufen, wo er bis zu seinem Tod 1989 lebte und verschiedene Funktionen bekleidete.

Hans von Campenhausen gilt als einer der führenden Kirchenhistoriker in der zweiten Hälfte des 20. Jahrhunderts. Er findet sich auch unter den Autoren zu der Gedenkschrift »In Memoriam Ernst Lohmeyer« von 1951.

Prof. Dr. Hans Frhr. v. Campenhausen, Rektor der Universität Heidelberg, 18.10.46

Mit Prof. Dr. Ernst Lohmeyer war ich mehrere Semester lang in Greifswald zusammen gewesen. Er war gegen seinen Willen von der nationalsozialistischen Regierung dorthin versetzt worden. Ich war als Dozent ohne Aussicht auf Beförderung ebenfalls in Greifswald kaltgestellt, nachdem meine Berufung nach Heidelberg am Einspruch der Partei gescheitert war.

So waren wir bis zu einem gewissen Grade Leidensgenossen, und schon dies musste uns bald näher zusammenführen. Prof. Lohmeyer war seinem Wesen, seiner geistigen Haltung und seiner immer wieder ausgesprochenen Überzeugung nach für eine Universität des dritten Reiches ein Fremdkörper, ein Gegner der politischen Ideen und Methoden des Nationalsozialismus und trotz der Benachteiligung, die er schon erfahren hatte, fest entschlossen, keinerlei Konzessionen zu machen. Seine zahlreichen internationalen Verbindungen, von denen die Aufsätze in englischer, französischer, schwedischer Sprache und seine Vortragsreisen und Ehrungen im Ausland Zeugnis geben, und seine nie verleugneten, freundschaftlichen Beziehungen auch zu nicht arischen Kollegen (wie z. B. dem Breslauer Philosophen Hönigswald) waren der echte Ausdruck seiner universal gebildeten, geistig und politisch gleich unabhängigen Persönlichkeit. Prof. Lohmeyer ist ein Gelehrter von europäischem Ruf. Literarisch ist er überaus fruchtbar gewesen, besitzt zahlreiche Schüler und gilt neben Dibelius und Bultmann mit Recht als der erste Neutestamentler in Deutschland.

Ich selbst bin nie Mitglied der Partei oder einer ihrer Gliederungen gewesen, bin nach meiner Ablehnung im Jahre 1937 erst 1945 zum Ordinarius ernannt und in diesem Jahr zum Rektor der Universität Heidelberg gewählt und bestätigt worden. Vorstehende Aussagen mache ich an Eides statt.
Richtigkeit der Unterschrift bestätigt: Universitätssekretariat Heidelberg

6. DR. MARTIN NIEMÖLLER (BÜDINGEN): 19. OKTOBER 1946

Martin Niemöller (1892–1984) wurde in Lippstadt geboren und besuchte das Gymnasium in Elberfeld. Nach der Schulzeit trat er eine militärische Laufbahn bei der Marine an und machte sich während des Ersten Weltkrieges einen Namen als U-Boot-Kommandant. 1919 begann er in Münster das Studium der Theologie und übernahm seit 1924 verschiedene Pfarrstellen. Nachdem er 1933 noch die NSDAP gewählt hatte, entwickelte er sich während des Kirchenkampfes zu einem entschiedenen Gegner des Nationalsozialismus. Als Mitglied der Bekennenden Kirche verteidigte er vehement das Barmer Bekenntnis und setzte sich konfrontativ mit der deutsch-christlichen Kirchenleitung auseinander. Von 1937 an befand er sich durchgängig in Haft, unter anderem in dem KZ Dachau, und entging 1945 knapp der Hinrichtung. Im November 1945 nahm ihn die Familie des Fürsten zu Ysenburg und Büdingen in ihrem Schloss in Oberhessen auf. 1946 wurde Niemöller zum Kirchenpräsidenten von Hessen-Nassau gewählt und übernahm fortan auch verschiedene Funktionen bei der EKD. Als Leiter des kirchlichen Außenamtes bahnte er erste Kontakte zur Russisch-Orthodoxen Kirche an. Maßgeblich war er an dem »Stuttgarter Schuldbekenntnis« (19. Oktober 1945) beteiligt. 1961–1968 fungierte Niemöller als einer der sechs Präsidenten des Ökumenischen Rates der Kirchen. Seit 1954 bezog er eine radikal pazifistische Position und engagierte sich in der Friedensbewegung. 1967 wurde er Ehrenpräsident des Weltfriedensrates. Bis zu seinem Tod 1984 lebte Niemöller in Wiesbaden.

D. Martin Niemöller D. D., DD., Pfarrer Büdingen / Hessen, d. 19. Oktober 1946 Schloss Ko. / M.

Bescheinigung

Professor D. Ernst Lohmeyer wurde in der Zeit des Nazi-Regimes aus politischen Gründen von Breslau nach Greifswald strafversetzt. Er hat sich im Kampf der Bekennenden Kirche gegen Anmassung und Gewaltherrschaft des Nationalsozialismus treu auf die Seite der Bekennenden Kirche gestellt. Ich würde es dringend befürworten, dass das Verfahren gegen ihn, wenn irgend möglich beschleunigt und er so seiner wissenschaftlichen Arbeit und seinen Angehörigen wiedergegeben werden könnte.

Ich selbst war wegen meiner Einstellung gegen Staat und Partei von 1937–1945 ununterbrochen in Haft und im Konzentrationslager.
(Pfarrer D. Martin Niemöller DD., DD.)

7. Katharina Strauss (Hildesheim): 22. Oktober 1946

Katharina Strauss schreibt ihre Ehrenerklärung als eine enge Freundin der Familie Lohmeyer. Ihr Ehemann war Prof. Dr. phil. Otto Strauss (1881–1940), der – aus einer Berliner jüdischen Familie stammend – seit 1928 den indologischen Lehrstuhl in Breslau innehatte. Sein akademischer Weg begann mit Studien in Berlin, München und Kiel. Seit 1913 lehrte er in Kalkutta Comparative Philology und wurde hier 1915–1920 von den Briten interniert. 1921 folgte er einem Ruf nach Kiel und kam schließlich 1928 nach Breslau. Bemerkenswert ist seine Würdigung Mahatma Gandhis in einem Aufsatz von 1923. Aufgrund der nationalsozialistischen Rassengesetze wurde er 1935 aus dem Staatsdienst entlassen. Daraufhin emigrierte er in die Niederlande, wo er einem Herzleiden erlag. Seine Frau Katharina kehrte nach dem Krieg vermutlich nach Deutschland zurück. Die Ehrenerklärung ist in Hildesheim verfasst.

Katharina Strauss, (20) Hildesheim, Brehmer Strasse 40 Hildesheim, den 22. Oktober 1946.

Gutachten

Herr Professor D. Dr. Ernst Lohmeyer ist mir aus den langen Jahren unseres Zusammenseins an der Universität Breslau, wo mein Mann Professor für Indologie und Sanskrit war, als intimer Freund meines inzwischen in der Emigration in Holland verstorbenen Mannes, sehr wohl bekannt. Er war sowohl als Mensch wie als Wissenschaftler von ungewöhnlichen Qualitäten, und seine überragende Klugheit und sein unerschütterlich wahres und aufrechtes Denken und Handeln erwarben ihm die begeisterte Liebe seiner Studenten, denen er stets ein gütiger Berater und Förderer war. Mit wärmster Fürsorge nahm er sich ganz besonders der unbemittelten Studenten aus seinem Hörerkreise an und zog sie in sein Haus, um ihnen mit allen Mitteln den Weg ins Leben zu ebnen.

Seine fanatische Ablehnung des Nationalsozialismus brachte ihn häufig in allergrösste Gefahr. Er ist der einzig mir bekannt gewordene Dozent, der sich mannhaft der Beschlagnahme »jüdisch-marxistischer« Bücher aus seiner Bibliothek widersetzte, indem er dem Abholungskommando entgegenhielt, dass sie dann auch die Bibel als ein von Juden verfasstes Buch mitnehmen müssten. Seine Einstellung zum Nationalsozialismus, aus der er nirgends ein Hehl machte, hatte eine Verhandlung gegen ihn zur Folge, in deren Verlauf sich grosse Unannehmlichkeiten für ihn ergaben, und die schliesslich seine Strafversetzung nach Greifswald mit sich brachte. Sein grosser persönlicher Mut erlaubte es ihm, die Freundschaft zu meinem Mann, der rein jüdischer Abstammung war, in unwandelbarer Treue aufrecht zu erhalten. Er ging als ständiger Gast in unserm Hause ein und aus, trotzdem es für ihn mit grossen Gefahren verbunden war. Er redete also nicht nur gegen den Nationalsozialismus, er handelte auch dagegen ohne Rücksicht auf die sich für ihn ergebenden Folgen. Er hasste den Nationalsozialismus aus tiefster Seele, nebst allen seinen Konsequenzen, weil er unvereinbar war mit seiner Anschauung über Menschenrechte und Menschenwürde, zu deren Verteidigung er sich als Mensch und Theologe berufen fühlte. Ich versichere dieses an Eides statt.

Die Richtigkeit der Unterschrift der Frau Katharina Strauss wird hiermit bescheinigt.

Gebühr 1,– RM bezahlt 4. Polizeirevier I.A. Polizeimeister

8. Hanna Sommer (Osten / Basbeck Niederelbe): 23. Oktober und 25. November 1946

Hanna Sommer, geb. Bedürftig (1908–1956) wurde in Breslau geboren. Nach dem Besuch der Viktoriaschule nahm sie an der Universität das Studium der Theologie auf. Bei Lohmeyer arbeitete sie als wissenschaftliche Hilfskraft und betreute die Seminarbibliothek. 1935 heiratete sie Lic. theol. Axel Sommer, der 1944 fiel; seit 1942 vertrat sie die Pfarrstelle ihres Mannes in Sulau (Schlesien). Nach dem Krieg verschlug es sie dann nach Osten, der östlichsten Gemeinde im Landkreis Cuxhaven in Niedersachsen. Erst 1950 erfolgte die Ordination. Bis zu ihrem Tod arbeitete Hanna Sommer als Pfarrvikarin in der

Diakonissenanstalt Kaiserswerth. Ihrer früheren Studienfreundin und Weggefährtin Katharina Staritz widmete sie 1953 einen Nachruf, der auch Erinnerungen an die gemeinsame Breslauer Zeit enthält.

Hanna Sommer, Vikarin, Osten / Labbeck Niederelbe   23.10.1946.

Professor D. Dr. Ernst Lohmeyer, Universitätsprofessor in Greifswald, war mein Lehrer, als ich von 1929 bis 1934 an der Ev.-Theologischen Fakultät Breslau Theologie studierte. In diese Zeit fiel auch das Jahr, da er Rektor der Breslauer Universität (1930–1931) war. Ich arbeitete unter Professor D. Dr. Lohmeyer als geschäftsführendem Direktor des Ev.-Theol. Seminars Breslau mit in der Verwaltung der Bücherei dieses Seminars von 1932 bis 1934. Professor D. Dr. Lohmeyer war auch in der Prüfungskommission, vor der ich mein 1. Theologisches Examen bestand. Seitdem hatte ich ständige wissenschaftliche und persönliche Verbindung mit ihm.

Ich will versuchen, nach 3 Seiten hin meine Meinung zu begründen, daß Professor D. Dr. Lohmeyer für den Aufbau eines neuen freien Deutschlands ein wichtiger Faktor ist.

1.) Professor D. Dr. Lohmeyer war als Wissenschaftler von unbestechlicher Fachlichkeit und Genauigkeit. Obwohl sein wissenschaftliches Urteil über die engen Beziehungen der Religion des Urchristentums zu der Israels und des Judentums nicht gern gehört, vielmehr scharf bekämpft wurde, hat er es offen und furchtlos nach 1933 genau wie vorher dargelegt. – Er hat auch mit großer Freiheit ohne dogmatische Bindungen die Sache seiner Wissenschaft vertreten. – Mit großer Sorgfalt pflegte er die Beziehungen zu den anderen Geisteswissenschaften. So hat er als Rektor ein Außenseminar veranstaltet, in dem er mit seinen theologischen Schülern und Mathematikern, Indologen (Professor Dr. Strauß), Philosophen und Rechtswissenschaftlern (Professor Dr. Rosenstock-Huessy) über wissenschaftliche Begriffe und Beziehungen arbeitete. – Er hielt nicht nur für sich persönlich, sondern auch für die Arbeit der Studenten darauf, in lebendiger Beziehung zum Stand der Wissenschaften im Ausland zu arbeiten. – Auch was hierfür durch die Anschaffung der dazu nötigen Literatur des Auslandes nötig und möglich war, hat er als geschäftsführender Direktor des Ev.-Theol. Seminars getan. – Über den Wert seiner Theologie zu urteilen steht mir als seiner Schülerin schlecht an. Sein Ruf aber in theologischen Kreisen ging und geht ja weit über die Grenzen Deutschlands. In Holland, Schweden und Dänemark arbeitete er vor und im Kriege durch Vorträge und Veröffentlichungen. Ich kann nur bezeugen, daß das, was er uns als Wissenschaft darbot, die Jahre des Kampfes um eine neue, freie Wissenschaft uns getragen hat und noch heute mir jedes Einsatzes von Energie wert erscheint.

2.) Wie aber er uns seine Wissenschaft mitteilte, mehr das, was er uns als Lehrer war, war fern von jeder Art des steifen, unlebendigen Wissenschaftlers. Er ging in den Seminaren mit geduldiger Weisheit den Gedankenwegen der Lernenden nach, wenn es lohnend war, und ließ sich als Meister des Gesprächs von der Wahrheit gemeinsam mit uns Lernenden zu neuen Erkenntnissen leiten. Die Freiheit des Denkens und des Urteils war ihm in seiner Methode des Lehrens die sicherste Gewähr für den Weg zur Wahrheit. – Er legte großen Wert auf die Weite im Lernen und Forschen der Studenten. Er verschaffte uns die Möglichkeit, wo immer er konnte, mit Kommilitonen anderer Nationen zusammen zu arbeiten und zusammen zu leben. – Er brauchte nicht den Glanz des Katheders, sondern erarbeitete in freien Arbeitsgemeinschaften, die eigentlich mehr Lebensgemeinschaften waren, wie etwa im oben erwähnten Außenseminar (Ostern 1930 in Löwenberg) oder in langen Gesprächen außerhalb des Hörsaals, die oft sich durch Jahre hinzogen, ja wohl durch das Leben einiger seiner Schüler sich hinziehen werden, – eine Stufe nach der anderen auf dem Weg zur Wahrheit. Was aber kann man mehr von seinem Lehrer bezeugen als dies, daß er nicht der Lehrer von einem war, sondern ist. – Schnitte man die Arbeit dieses Mannes ab, die für seine Schüler ihre stärkste Kraft in der Abwehr gegen jede Art des Nationalsozialismus als des Geistes der Unfreiheit bewährt hat, dann wird eine wichtige Energie abgedrosselt, die zu einem fruchtbaren Gedeihen der neuen, freien deutschen Wissenschaft unersetzlich ist.

3.) Der Charakter Professor D. Dr. Lohmeyers war aber dadurch bestimmt, daß er sich einem kommenden, neuen, freien Staat verpflichtet wusste all die Jahre des Kampfes gegen den Nationalsozialismus. Er wusste, daß es nicht nur ein Verbrechen an der Menschlichkeit, sondern auch am Geiste der Wahrheit war, wenn menschliche Borniertheit Grenzen zog. Er half jedem begabten Studenten beim Studieren, auch wo Schranken finanzieller oder gesellschaftlicher Art gegeben schienen. Er öffnete den Bedrängtesten sein Haus, die Achtung, die er uns vor dem Reichtum der jüdischen Religion lehrte auf wissenschaftlichem Gebiet, ließ ihn auch menschlich keine Grenzen sehen, wo die Beschränktheit der Rassenlehre sie zog. In seinem Hause war eine Freistatt für seine bedrängten jüdischen Kollegen in der Zeit ihrer Verfolgung. Er hat die Anschläge der N.S.-Studentenschaft an die schwarzen Bretter des Ev. Theol. Seminars nicht zugelassen. Er hat seiner mutigen Haltung wegen das Amt des Direktors des Seminars und schließlich auch seinen Lehrstuhl hergeben müssen in Breslau im Jahre 1936. – Seine Tapferkeit in diesem Kampf war und ist uns ein Vorbild. Nun aber, da wir nach der Vernichtung des Nationalsozialismus der umkämpften Freiheit ein großes Stück näher sind, Professor D. Dr. Lohmeyer als Wissenschaftler, Lehrer und Mensch verlieren zu müssen ist ein schwerer Schlag für uns, seine Schüler, und für die Erziehung der jungen Deutschen zu Bürgern eines freien Europas.

Hanna Sommer.

Mitglied des Kreisausschusses für Erwachsenenbetreuung

Mitglied des Kreisausschusses für Jugendfürsorge

Mitglied des Kreisflüchtlingsamtes im Kreise Land Hadeln
Für die Richtigkeit der Unterschrift: Osten Labbeck Niederelbe 24. 10. 1946.
Der Bürgermeister [Stempel, Unterschrift]

Hanna Sommer, Vikarin   25. 11. 1946

Professor D. Dr. Ernst Lohmeyer hat in der Zeit während seines Rektorats und danach als Konrektor der Breslauer Universität, als geschäftsführender Direktor des Ev.-Theol. Seminars und als Universitätsprofessor in Breslau in allen die Führung der Studenten betreffenden Dingen scharf Stellung genommen gegen die Einflüsse nationalsozialistischer Politik auf das Leben und die Arbeit der Universität. Besonders gegen die Bedrängungen derer, die durch ihre Rasse oder durch ihre religiöse Überzeugung den Nationalsozialisten unerwünscht waren, ist er scharf eingetreten. So hat er:

1.) als der damals neu berufene Jurist Professor Dr. Cohn seine Tätigkeit an der Breslauer Universität aufnahm und die NS-Studentenschaft einen scharfen Kampf gegen Cohn und zwar nicht nur mit Methoden des Geistes begann, diesen Kampf auf Seiten von Professor Cohn geführt. Er hat sich als dessen Verteidiger scharfen Angriffen ausgesetzt, diese aber nicht gefürchtet, sondern auch seine Stellung einige Male Massen tobender Studenten gegenüber verteidigt. Er wurde deswegen und weil seine Person sowie sein Haus als Zuflucht für die bedrängten jüdischen Kollegen und Studenten galten (in seinem Sommerhäuschen in Glasegrund Kr. Habelschwerdt hat er mehreren dieser bedrängten Menschen Aufenthalt und Ruhe gewährt!), schwer angefeindet, und man sann seit langem auf seine Beseitigung durch offenen Kampf und durch Intrigen aller Art.

2.) hat Professor Lohmeyer in einer offenen Erklärung bei Beginn einer Vorlesung im Sommersemester 1933, bei der ich selbst anwesend war, seine Stellung gegen den Nationalsozialismus in geistiger Beziehung klargelegt, weil nach seiner Meinung der Nationalsozialismus ein jede freie Wissenschaft lähmender Ungeist war. Er hat diesen angesagten Kampf auch trotz der immer größer werdenden Kraft der NS-Studentenschaft durchgehalten.

3.) hat Professor Lohmeyer durch mich Anschläge, die Studenten aus NS-Zeitungen am schwarzen Brett des Seminars anhefteten, entfernen lassen, weil sie Anfeindungen gegen Kollegen, die jüdisch oder nicht nationalsozialistisch waren, enthielten. Er hat durch alle diese Dinge seine Stellung als geschäftsführender Direktor des Ev.-Theolog. Seminars schon im Jahre 1934 verloren. Als 1933 Verbrennungen von den NS-Studenten unerwünschten Büchern stattfanden, ist es seiner Tatkraft gelungen, wertvolle wissenschaftliche Bücher des Seminars vor diesem Unfug zu schützen.

Professor D. Dr. Lohmeyer hat diesen Kampf ohne Rücksicht auf seine Stellung geführt bis zu seiner Verdrängung aus Breslau durch die Intrigen der NS-Politik an den Hochschulen. Er ist uns, seinen Schülern, das Bild des mutigen, unbeirrbaren Kämpfers gegen den Nationalsozialismus geblieben.

Ich habe bei Professor Lohmeyer von 1924 bis 1929 Theologie studiert. Ich habe bei ihm als geschäftsführendem Direktor des Ev. Theol. Seminars von 1932 bis 1934 als wissenschaftliche Hilfskraft bei der Verwaltung der Bücherei des Seminars gearbeitet und habe vor einem Prüfungsausschuß, dem er angehörte, 1934 das 1. Theol. Examen bestanden. Mit ihm verbindet mich eine jahrelange Freundschaft.

Vorstehende Angaben habe ich nach bestem Wissen und Gewissen gemacht und bin bereit, sie durch einen Eid zu bekräftigen.

Mitglied des Kreisflüchtlingsrates des Kreises Land Hadeln.

Mitglied des Kreisausschusses für das Jugendamt.

Mitglied des Kreisausschusses für Erwachsenenbetreuung.

Osten, 25. November 1946, Hanna Sommer.

Die Echtheit der Unterschrift beglaubigt:

Der Bürgermeister [Stempel, Unterschrift]

9. LIC. GOTTFRIED FITZER (UNTERLEINLEITER / OBERFRANKEN): 24. OKTOBER 1946

Gottfried Fitzer (1903–1997) wurde in Oswitz nahe Breslau geboren. Nach seinem Theologiestudium in Breslau war er Assistent bei Ernst Lohmeyer. 1928 wurde er in Breslau zum Lic. theol. promoviert, 1930 ordiniert, 1931 zum Privatdozenten ernannt; seine Tätigkeit als Dozent für Neues Testament endete mit dem Entzug der venia legendi 1935. Bereits 1934 hatte Fitzer eine Pfarrstelle in Kainowe übernommen; später wechselte er nach Unterleinleiter. 1951 steuerte auch er einen Beitrag zu der Gedenkschrift »In Memoriam Ernst Lohmeyer« bei. Zwischen 1950 und 1973 war er dann Professor für Neues Testament an der Universität Wien. 1997 verstarb er in Winklern / Mölltal. Vgl. zur Biographie Karl Schwarz, In memoriam Gottfried Fitzer (1903–1997), in: JSKG 82, 2003, 283–298.

Lic. Gottfried Fitzer, Pfarrer von Friedrichskirch (Schles.)

z. Z. Pfarrer in Unterleinleiter Oberfranken

Eidesstattliche Erklärung

Ich erkläre hiermit über die Person des Herrn Prof. Dr. Lohmeyer folgendes an Eides statt:

Herrn Professor D. Dr. Ernst Lohmeyer kenne ich seit dem Jahre 1925, zuerst als ich Student der Theologie war, dann als Assistent am Theol. Seminar Breslau, dessen Direktor er war, und schliesslich als Privatdozent der Theologie.

Ich bin auch ausserdienstlich viel mit ihm zusammen gewesen; in seinem Hause, in den Ferien tagelang mit ihm im Gebirge, und auch im Kriege gelegentlich seiner Urlaubstage.

Aus seinem Wirken als Lehrer an der Universität und als Erforscher wissenschaftlicher Probleme und aus vielen Gesprächen habe ich seine wissenschaftlichen, pädagogischen und politischen Anschauungen, kurz seine Welt- und Lebensanschauung kennengelernt.

In seiner politischen Haltung hat Herr Prof. Dr. Lohmeyer schon vor 1933 immer eine demokratische Linie innegehalten. Er hat von vornherein und scharf den Nationalsozialismus abgelehnt als eine Partei des Ungeistes, der Gewalt und der Willkür. In einem Gespräch, kurz vor einer Wahl, äusserte er damals, man müsse in dieser Situation immer die Partei unterstützen und wählen, die den grossen Gegensatz zur NSDAP trägt und in Gefahr sei, zu unterliegen, also die SPD und KPD (für einen Theologen seinerzeit ein erstaunliches Wort).

Er ist niemals in seiner Ablehnung schwankend geworden, auch nicht, als er wegen seiner Haltung erhebliche Nachteile mit in Kauf nehmen musste. Er wurde 1935 von der blühenden Universität und Universitätsstadt Breslau, mit der er durch eine langjährige Tätigkeit als Universitätslehrer verwurzelt war, in das kleine Greifswald strafversetzt.

Als Theologe hat er im Kirchenkampf eindeutig auf der Seite der Bekennenden Kirche gestanden. Ich selbst habe seit dem November 1932 auf kirchlichem Boden gegen den Einbruch der NSDAP in die Kirche gekämpft und habe deshalb mancherlei Nachteile erfahren.

Es war ihm eine Selbstverständlichkeit, eine Erklärung der Neu-Testamentler in der Judenfrage 1933 zu unterschreiben. Diese Erklärung mit dem Titel »Arierparagraph und Neues Testament« ist meines Wissens abgedruckt in der Sammlung »Bekenntnisse 1933« von Kurt D. Schmidt.

In seiner demokratischen Gesinnung hat er den »Militarismus« vollkommen abgelehnt. Er hat als Soldat im ersten Weltkrieg und in dem letzten Krieg seine Pflicht getan, so wie in jedem Volke von den Soldaten verlangt wird, dass sie ihre Pflicht tun. In seinen Dienststellungen hat er sich von menschlichem Gerechtigkeitsgefühl leiten lassen.

Den chauvinistischen Völkerhass hat er immer, nicht bloss im Frieden, auch im Kriege, verurteilt.

Sein Gerechtigkeitsgefühl bestimmte auch sein menschliches Verhalten, es ist verbunden mit unbedingter Wahrhaftigkeit. Hinterlist und Tücke, Freude an hinterhältigem Intrigenspiel, wie wir es zwischen 1933 und 1935 auf der Gegenseite erlebt haben, sind seinem Charakter völlig fremd. Den jüngeren Menschen oder den in Not Befindlichen ist er immer mit Verständnis und Güte entgegengekommen.

Von 1925 bis 1935 konnte ich beobachten, wie die Studenten zu ihm immer mehr Zutrauen bekamen. Er half, wo er konnte. Als Lehrer gewann er in Breslau einen immer grösseren Kreis.

Es hängt mit der Strenge der Wahrheit und seines Wissenschaftsbegriffes zusammen, dass er in Kolleg und Übungen von den Studenten viel an geistiger Mitarbeit forderte. Aber die Studenten, die durch seine Schule gingen, haben es ihm gedankt und sind in seltener Weise bereichert worden, nicht nur an theologischem Wissen, vielmehr noch an theologischer und wissenschaftlicher Urteilskraft.

Die wissenschaftliche Produktion Prof. Lohmeyers ist aus seinen veröffentlichten Büchern, gedruckten Vorträgen und zahllosen Aufsätzen in Fachzeitschriften ersichtlich.

Seiner wissenschaftlichen Arbeit liegt ein an Plato und Kant geschulter Wissenschaftsbegriff zugrunde: die Erscheinungen auf ihre Möglichkeit zu untersuchen, oder mit anderen Worten, das den geschichtlichen Ereignissen, von denen die neutestamentlichen Schriften Zeugnis ablegen, innewohnende Lebensgesetz zu erfassen und von ihm aus nun die Geschichte darzustellen »wie es eigentlich gewesen ist«.

Die systematische Kraft dieses Ansatzes ist gross. Von ihm aus hat Prof. Lohmeyer begonnen, die Geschichte des Urchristentums nach ihren innersten Motiven und den ihnen zugeordneten äusseren Erscheinungsformen darzustellen. Das erste Buch dieses Werkes über Johannes d. Täufer ist schon erschienen.

Auch seine Kommentare zu neutestamentlichen Büchern und seine Aufsätze zeugen von dieser systematischen Kraft, wie auch ganz besonders seine religionsphilosophische Untersuchung über den Begriff der religiösen Gemeinschaft.

Prof. Lohmeyer hat durch seine Arbeit eine einzigartige Stellung in der gegenwärtigen Theologie.

Seine wissenschaftliche Haltung erscheint darum für die Zukunft bedeutsam und fruchtbar, weil sie in einer klaren und sauberen Weise Wissenschaft und Glauben trennt.

Die theologische Wissenschaft hat ihre philosophische Begründung; dem Glauben aber bleibt der freie Raum, entweder in der Bindung an das Alte zufrieden zu verharren oder zu Neuschöpfungen fortzuschreiten.

z. Zt. Erlangen, den 24. Oktober 1946.

10. Prof. Dr. Erwin Fues (Stuttgart): 24. Oktober 1946

Erwin Richard Fues (1893–1970) wurde in Stuttgart geboren. 1919 erfolgte in München seine Promotion in Theoretischer Physik. Seit 1922 arbeitete er an der Technischen Hochschule Stuttgart, seit 1928 an der Technischen Hochschule Karlsruhe. 1929–1934 lehrte er als Ordinarius an der Technischen Hochschule Hannover, 1934–1943 dann an der Universität und an der Technischen Hochschule Breslau. 1943 wechselte Fues als Professor der Theoretischen Physik an die Universität Wien. 1945 wurde er außer Dienst gestellt. 1947 übernahm er die Professur für Theoretische Physik an der Universität Stuttgart. Er verstarb 1970 in Freudenstadt. Die Gedenkschrift »In Memoriam Ernst Lohmeyer« von 1951 enthält auch einen Beitrag von seiner Hand.

Professor Dr. E. Fues, (14a) Stuttgart N, Am Bismarckturm 58 24. Oktober 1946

Erklärung:

Herr Professor D. Dr. Ernst Lohmeyer ist mir nach meiner Berufung an die Breslauer Universität im Jahre 1934 als Kollege bekannt geworden. Später habe ich ihn und seine Familie durch Ferienaufenthalte im Glatzer Bergland, wo Lohmeyers Sommerhaus stand, nahe kennengelernt. Zwischen Lohmeyer und mir wurde eine völlig offene Aussprache, auch über politische Fragen, üblich. Von den Kriegserlebnissen Lohmeyers erhielt ich Kenntnis durch Briefe an seine Frau.

Lohmeyer war während der ganzen Zeit nationalsozialistischer Herrschaft ohne Schwanken ein Gegner des Nationalsozialismus, sowohl seiner politischen Praxis, wie seiner Grundsätze. Als tief christlicher Mann waren ihm Rassenhochmut und jede Art gewaltsamer staatlicher Unterdrückung nach innen und aussen verhasst. In dieser Beziehung sind äusserst scharfe und gefährliche Worte im Hause Lohmeyer auch vor fremden Ohren gefallen. Die Willkürherrschaft der Gestapo, ihre Unterdrückung der Juden wurden in schärfster Weise kritisiert. Lohmeyer und seine Frau haben, soviel sie konnten, bis in die letzten Kriegsjahre befreundeten Juden Beistand geleistet. Beide wünschten glühend den Untergang der Rechtlosigkeit in Deutschland. Lohmeyer hielt zwar eine Zeit lang die äussere Stabilisierung der nationalsozialistischen Herrschaft für möglich, hat aber keinen Augenblick in der Meinung geschwankt, dass solch ein äusserer Erfolg wertlos sei und dem Abgrund entgegen führe, wenn nicht eine innere Erneuerung aus den Kräften des Christentums eintrete. Er war überzeugt, dass die nationalsozialistischen Eingriffe in viele Lebensgebiete (übertriebene Planwirtschaft, Rassengesetze, Euthanasie) von vornherein verfehlt seien.

Lohmeyers Amtsversetzung von Breslau nach Greifswald war eine Strafversetzung wegen mangelnder nationalsozialistischer Haltung. Sein Ausscheiden hat aber das wissenschaftliche Ansehen der evangelisch-theologischen Fakultät Breslau stark herabgedrückt.

Lohmeyer hat nur widerwillig seiner Einberufung als Offizier zum Heer Folge geleistet und in Briefen oft dem Wunsch Ausdruck gegeben, wieder in seine theologische Lebensarbeit zurückkehren zu dürfen. Solange er Offizier war, hat er seine Aufgabe darin gesehen, als Ortskommandant (in Belgien und später in Südrussland) durch eine hilfreiche Amtsführung die Leiden der ihm anvertrauten Bevölkerung zu mindern und ihr zur Entwicklung ihres eigenen Lebens zu helfen.

Ich bestätige dies an Eides statt.

Dass Herr Professor Dr. Erwin Fues als derzeitiger Leiter des Instituts für Kraftfahrtwesen an der Technischen Hochschule Stuttgart eingesetzt und in diesem Amt von der amerikanischen Militärregierung ausdrücklich bestätigt und politisch nicht belastet ist, bestätige ich.

Der derzeit amtsführende Rektor der Tech. Hochschule Stuttgart:
Stuttgart, den 25. Oktober 1946

11. LIC. KATHARINA STARITZ (ALBERTSHAUSEN): 28. OKTOBER 1946

Katharina Helene Charlotte Staritz (1903–1953) wurde in Breslau geboren und war eine Schülerin Ernst Lohmeyers. An den Universitäten Breslau und Marburg studierte sie Deutsch, Geschichte und Theologie. 1928 erfolgte in Marburg ihre Promotion mit einer Arbeit über Augustin. Nach mehreren Lehrvikariaten und seit 1932 einem Stadtvikariat in Breslau wurde sie 1938 als eine der ersten Frauen überhaupt eingesegnet bzw. ordiniert. Sie engagierte sich in der Bekennenden Kirche und ganz besonders in der »Kirchlichen Hilfsstelle für evangelische Nichtarier«. Hier setzte sie sich in Zusammenarbeit mit Pfarrer Heinrich Grüber dafür ein, Juden die Auswanderung zu ermöglichen. 1941 wurde sie von der Breslauer Kirchenleitung aus dem Dienst entlassen. Zwischen 1941 und 1943 befand sie sich an verschiedenen Orten in Haft, zeitweise auch in dem KZ Ravensbrück. Im Januar 1945 ging sie nach Marburg und wurde von der Kurhessischen Kirche in den Orten Trusen, Sebbeterode und Albertshausen vertretungsweise eingesetzt, allerdings ohne Anerkennung ihrer Ordination. Bis Oktober 1949 blieb Katharina Staritz in Albertshausen. Im September 1950 wurde sie in Frankfurt als Vikarin für die Frauenarbeit eingeführt und erhielt dafür einen Predigt- und Seelsorgeauftrag in St. Katharinen, immer noch unter dem Titel einer Vikarin. 1953 verstarb sie in Frankfurt.

Ausführliche Informationen zu dieser bemerkenswerten Biographie bieten: Hannelore Erhart / Ilse Meseberg-Haubold / Dietgard Meyer, Katharina Staritz (1903–1953). Mit einem Exkurs von Elisabeth Schmitz, Neukirchen-Vluyn 1999, [2]2002.

Evangelisches Pfarramt Albertshausen, über Bad Wildungen

den 28. Oktober 1946.

Bescheinigung.

Herr Professor D. Dr. Ernst Lohmeyer ist während meines Studiums an der Breslauer Universität mein Lehrer gewesen. Auch als ich meine Ausbildung als Vikarin (evangelische Geistliche) abgeschlossen hatte, hat mir Herr Professor Lohmeyer gestattet, weiter an seinen Uebungen und Arbeitsgemeinschaften teilzunehmen. Auch in seinem Hause und in seiner Familie gab er mir Gelegenheit, aus und einzugehen, und ich hatte so die Möglichkeit, ihn genau kennen zu lernen.

Aus vielen persönlichen Gesprächen, die ich mit ihm allein oder auch im Studentenkreise hatte, weiß ich, daß er stets ein entschiedener Gegner des Nationalsozialismus gewesen ist und das auch jederzeit deutlich bekundet hat, sodaß wir in steter Sorge um ihn waren, wie denn auch sein Fortgang von Breslau nach Greifswald eine Strafversetzung um seiner antifaschistischen Haltung willen bedeutete.

Herr Professor Lohmeyer hat auch stets treu zu seinen jüdischen Freunden gestanden. Ich erinnere mich deutlich an eine religionsphilosophische Arbeitsgemeinschaft unter Leitung von Prof. Lohmeyer, an der auch der jüdische Historiker Professor Richard Koebner teilnahm, der bald darauf Breslau verlassen mußte und an die jüdische Universität in Jerusalem berufen wurde. Sein besonderer Freund ist Professor Hoenigswald gewesen, der gleichfalls um seiner jüdischen Abstammung willen seine deutsche Professur verlor.

Ich selbst arbeitete in Breslau als Leiterin der Schlesischen Vertrauensstelle des Büros Pfarrer Grüber (Hilfsstelle für Nichtarier) in der kirchlichen Judenfürsorge und -hilfe, besonders auch der Auswandererhilfe. Herr Professor Lohmeyer hat an dieser meiner Arbeit auch nach seinem Fortgang aus Breslau stets lebhaften Anteil genommen. Ich wurde deswegen am 18.12.1941 vom Schwarzen Korps angegriffen, später verhaftet, ins Gefängnis, Arbeitshaus und endlich in das Frauenkonzentrationslager Ravensbrück gebracht. Herr Professor Lohmeyer hat an meinem Schicksal starken Anteil genommen, und als ich probeweise entlassen war, ist er, obwohl ich noch unter staatspolizeilicher Aufsicht stand und mich zweimal wöchentlich melden mußte (ich gelte jetzt als »Opfer des Faschismus«) mit mir wiederholt in Breslau zusammengekommen, ja er hat mich dort gelegentlich einer öffentlichen Versammlung vor allen Anwesenden mit geradezu demonstrativer Freude und Herzlichkeit begrüßt.

So kann ich nachdrücklich bezeugen, daß Herr Professor Lohmeyer nicht nur selbst nie Nationalsozialist gewesen ist, sondern als einer der Führer der Bekennenden Kirche in Schlesien der Anwendung faschistischer Prinzipien Widerstand geleistet hat, sowie die vom Faschismus Verfolgten in jeder Weise unterstützt hat.

Der Dekan des Kirchenkreises der Eder, Nr. 880/46, Bergheim (Waldeck), 29. Okt. 1946

Evangelisches Pfarramt, (16) Albertshausen über Bad Wildungen

12. PROF. DR. CLEMENS SCHAEFER (KÖLN): 29. OKTOBER 1946

Clemens Schaefer (1878–1968) stammte aus Remscheid. Er studierte Physik an den Universitäten Bonn und Berlin. 1910 erhielt er einen Ruf nach Breslau als a. o. Professor für Theoretische Physik, ging dann 1920–1926 als Professor für Experimentalphysik nach Marburg (wo er auch zeitweise das Rektorenamt bekleidete) und kehrte 1926 wieder nach Breslau zurück. Nach 1945 lebte er in Köln und übernahm 1946 an der Universität den Lehrstuhl für Allgemeine Physik. Er war einer der renommiertesten Vertreter seines Faches, Mitglied vieler Fachverbände und Träger zahlreicher Auszeichnungen. 1968 verstarb er in Köln. Zu der Gedenkschrift »In Memoriam Ernst Lohmeyer« von 1951 hat auch er einen Aufsatz beigesteuert.

Prof. Dr. Cl. Schaefer, (22a) Köln-Marienburg, Marienburger Str. 12

den 29.10.1946

Erklärung.

Ich kenne Herrn Professor Dr. Ernst Lohmeyer aus Greifswald seit 1926, als ich nach Breslau übergesiedelt war. Ich lernte ihn dort in der Wohnung eines meiner besten Freunde, des (jüdischen) Philosophen Prof. Dr. Richard Hoenigswald kennen. Ich lernte Lohmeyer bald als Menschen wie als Gelehrten im höchsten Masse schätzen, und so wurden auch wir Freunde. Unser Verhältnis vertiefte sich, als der Nationalsozialismus immer weitere Kreise ergriff und schliesslich im Jahre 1933 an die Macht kam. Lohmeyer hat nie einen Zweifel darüber gelassen, dass er vom sittlichen wie überhaupt vom christlichen, aber auch vom politischen Standpunkte aus, den Nationalsozialismus auf's Schärfste missbilligte und er hat seine Meinung immer in mutiger und charaktervoller Weise geäussert. Als schliesslich im Jahre 1933 die Universität Breslau zum ersten Male einen na- tionalsozialistischen Rektor aufoktroyiert bekam, wurde die Situation für ihn bedenklich; denn fast die ganze evangelisch-theologische Fakultät war inzwi- schen mit sogenannten »deutschen Christen« besetzt worden. Lohmeyer war, soviel ich mich erinnere, der Einzige, der nicht dazu gehörte. Er wurde dadurch dem Rektor missliebig, und dieser war im Begriff, in Berlin seine sofortige Ab- setzung und Entlassung zu verlangen. Dieser Schritt wurde zwar durch das verständnisvolle Eingreifen des damaligen Kurators und seiner Freunde ver- mieden, aber Lohmeyer wurde dann nach Greifswald strafversetzt: Ein Mann, dessen wissenschaftlicher Name internationalen Klang hatte, der sehr oft zu Vorträgen und Vorlesungen ins Ausland gerufen wurde, war nicht einmal etatsmässiger ordentlicher Professor in Greifswald!

Lohmeyer ist, wie schon betont, auch nach der menschlichen Seite in jeder Hinsicht vollkommen einwandfrei. Er hat seinen Schülern – und dazu gehören viele schlesische Pastoren, die gegen den Nationalsozialismus gekämpft und darunter gelitten haben – stets ein prachtvolles Beispiel gegeben. Ich weiss aus eigener Erfahrung, wie sehr sie alle an ihm hängen, wie sehr sie sich sehnten, ihn zu sehen und zu sprechen, wenn er in Breslau zu Besuch war. Neben dieser Wirksamkeit im Grossen stand ebenbürtig seine vorbildliche Tätigkeit im Klei- nen. Obwohl nicht vermögend, hat er überall, wo er es nur konnte, Notleidende unterstützt. Ich betrachte es als einen Gewinn für mein Leben, dass ich mit Lohmeyer und seiner Familie in so nahen, freundschaftlichen Beziehungen stehen konnte.

Über mich selbst bemerke ich folgendes: Ich habe weder der Partei noch irgendeiner ihrer Gliederungen angehört, war bis zur Eroberung Breslaus durch die Russen ordentlicher Professor der Physik und Direktor des Physikalischen Instituts an der Universität Breslau und bin seit 1. April 1946 in gleicher Ei- genschaft an der Universität Köln tätig, woselbst ich von der britischen Mili- tärregierung vorbehaltslos bestätigt wurde.

o.ö. Professor der Physik an der Universität Köln.
Ehemals in gleicher Eigenschaft an der Universität Breslau.

Die Richtigkeit der Unterschrift und der von Professor Schaefer über sich selbst gemachten Angaben wird hiermit amtlich bestätigt.

13. ROBERT BEDÜRFTIG (HANNOVER): 4. NOVEMBER 1946

Robert Bedürftig (1910–1994) wurde in Breslau geboren und studierte dort Mathematik, Physik und Geographie. Über seine ältere Schwester Hanna (später verheiratete Sommer), die bei Ernst Lohmeyer studierte und als dessen Hilfskraft arbeitete, lernte er das gastfreie Haus der Familie Lohmeyer kennen. Hier war er zwischen 1932 und 1935 – bis zu Lohmeyers Strafversetzung nach Greifswald – als Hauslehrer (für den Sohn Helge) tätig. Mit seiner Schwester Hanna war er der Bekennenden Kirche in Schlesien eng verbunden; Gottfried Fitzer stellte ihm 1946 ein entsprechendes Gutachten aus. Seit 1939 arbeitete Robert Bedürftig als Assessor an der Heeresfachschule in Glatz; 1939 bis 1944 wurde er zum Militärdienst eingezogen. 1944 übernahm er einen Forschungsauftrag an der TH Braunschweig und wechselte dort nach Kriegsende kurzzeitig in die private Wirtschaft. 1946–1948 unterrichtete er Mathematik an der Wilhelm-Raabe-Schule in Hannover, 1948–1954 an der Christian-Schule in Hermannsburg (in Trägerschaft der Hermannsburger Mission) und 1954–1975 an der Theodor-Fliedner-Schule in Düsseldorf-Kaiserswerth; seit 1956 stand er als Oberstudienrat im kirchlichen Dienst. Die Verbindung zu Familie Lohmeyer blieb noch bis in die 1960er Jahre hinein bestehen. Robert Bedürftig ist auf dem Friedhof in Oyten bestattet.

Studienrat Robert Bedürftig, (20) Hannover, Engelhardtstr. 12

Gutachten über Herrn Universitätsprofessor D. Dr. Ernst Lohmeyer

Herr Professor D. Dr. Ernst Lohmeyer aus Greifswald ist mir seit etwa 16 Jahren gut bekannt. Durch mein Studium an der Universität Breslau lernte ich ihn zuerst als Lehrer und Wissenschaftler, später auch als Mensch näher kennen, da ich von 1932–1935 in seinem Hause wohnte und lebte. Der NSDAP habe ich selbst niemals angehört.

Herr Professor Lohmeyer war niemals Mitglied der NSDAP oder einer ihrer Verbände. Er hat in Gesprächen stets das Verderbliche der NSDAP genannt und offen gegen sie Stellung genommen. Nie hat er sich durch Form und Inhalt der nationalsozialistischen Bewegung blenden lassen oder ihrem politischem Druck in irgendeiner Weise nachgegeben. In seinem Hause verkehrten nur Gegner des Nationalsozialismus, darunter viele Juden. Auch nach 1933 hat sich Professor Lohmeyer rückhaltlos zu seinen jüdischen Freunden bekannt und sich dadurch zahlreichen Anfeindungen ausgesetzt (zum Beispiel: der Philosoph Prof. Hoenigswald, der Historiker Prof. Koebner, der Indologe Prof. Strauss, der Arzt Dr. med. Lange und viele andere). Er lehnte als Wissenschaftler alle Tendenzen und Dogmen des »Dritten Reiches« entschieden ab und war stets überzeugter Gegner der sog. »Deutschen Christen«.

Ganz besonders erinnere ich hier an den »Cohn-Skandal« an der Breslauer Universität im Jahre 1932/33: Der an die Breslauer Universität berufene jüdische

Jurist Prof. Dr. Cohn wurde vom NS-Studentenbund im November-Dezember 1932 boykottiert. Seine Vorlesungen wurden planmässig gestört und dadurch unmöglich gemacht. Da der damalige Rektor und Prorektor zu dieser Zeit abwesend waren und Professor Lohmeyer mit Führung der Rektoratsgeschäfte betraut war, griff er hier sofort entschlossen ein und liess die Studenten des NS-Studentenbundes durch die Polizei von der Universität entfernen. Durch diese Massnahme wurden die Vorlesungen Professor Cohns vor weiteren Störungen bewahrt. Infolge dieser seiner Stellungnahme in der Affäre Cohn wurde Herr Professor Lohmeyer in meinem Beisein wiederholt von NS-Studenten angepöbelt und bedroht. Der »Fall Cohn« wurde später mit einer der schwerwiegendsten Gründe, die seine Strafversetzung an die Greifswalder Universität zur Folge hatten.

Die Richtigkeit obenstehender Angaben versichere ich hiermit an Eides statt.

Die eigenhändige Unterschrift des Robert Bedürftig, wohnhaft in Hannover, Engelhardtstr. 12 wird hiermit beglaubigt.

Hannover, 4. Nov. 1946

14. PROF. DR. MARTIN BUBER / PROF. DR. ISAAK HEINEMANN / PROF. DR. RICHARD KOEBNER (ALLE JERUSALEM): 18. NOVEMBER 1946

Martin Buber (1878-1965) war einer der bedeutendsten jüdischen Religionsphilosophen des 20. Jahrhunderts. Geboren in Wien, wuchs er bei den Großeltern in Lemberg auf. Nach breit gefächerten Studien in Wien, Leipzig, Zürich und Berlin lebte er zunächst in Berlin und später in Heppenheim. Er engagierte sich in der zionistischen Bewegung und war publizistisch wie verlegerisch tätig. In seinem philosophischen Hauptwerk »Ich und Du« (1923) entwickelte er das dialogische Prinzip. Mit seinen Forschungen über den osteuropäischen Chassidismus erlangte er internationale Bedeutung. Gemeinsam mit Franz Rosenzweig fertigte er eine prägnante »Verdeutschung« des Alten Testaments an. 1938 wanderte er noch rechtzeitig nach Palästina aus und lehrte bis 1951 an der Hebräischen Universität in Jerusalem Anthropologie und Soziologie. In New York beteiligte er sich 1955 an der Gründung des Leo Baeck Instituts. 1965 starb er in Jerusalem. Mit Lohmeyer verbindet ihn ein denkwürdiger Briefwechsel. Als Buber 1933 mit einem offenen Brief auf Gerhard Kittels antisemitisches Buch »Die Judenfrage« reagierte, pflichtete ihm Lohmeyer in einem persönlichen Brief bei, der 1933 in seiner Klarheit und Dialogbereitschaft einzig dasteht. Bubers Wertschätzung äußerte sich u. a. darin, dass er zu der Gedenkschrift »In Memoriam Ernst Lohmeyer« 1951 bereits von Jerusalem aus einen Beitrag leistete.

Isaak Heinemann (1876-1957) machte sich einen Namen als jüdischer Philologe und Religionsphilosoph. Geboren wurde er in Frankfurt, wo er zunächst Bibel- und Talmudstudien betrieb. Später studierte er in Straßburg und Berlin. 1919-1938 lehrte er als Dozent am Jüdisch-theologischen Seminar in Breslau, 1930-1933 auch als Honorarprofessor an der Universität. Seit 1920 übernahm er die Herausgabe der renommierten »Monatsschrift für Geschichte und Wissenschaft des Judentums«. Eine seiner bedeutendsten wissenschaftlichen Leistungen liegt in der großen, gemeinsam mit Leopold Cohn angefertigten Ausgabe der Werke Philos von Alexandrien. 1938 ging er nach Jerusalem und lehrte dort seit 1939 an der Hebräischen Universität. 1957 verstarb er in Jerusalem. Richard Koebner (1885–1958) war einer der namhaftesten deutschen Historiker seiner Zeit. Geboren in Breslau und jüdischer Herkunft, studierte er in Berlin, Breslau und Genf. An der Universität Breslau lehrte er seit 1920 als Privatdozent, seit 1924 als a. o. Professor, 1930–1933 dann auf einer Vertretungsstelle. 1933 aus dem Dienst entlassen, nahm er einen Ruf an die Hebräische Universität in Jerusalem an und ging nach Palästina. Da er die englische Staatsbürgerschaft besaß, zog er nach seiner Emeritierung 1954 nach London, wo er 1958 verstarb.

The Hebrew University Jerusalem

Wie wir hören, ist Prof. D. Dr. Ernst Lohmeyer, zuletzt Rektor der Universität Greifswald, zu einer schweren Gefängnisstrafe verurteilt worden.

Diese Nachricht hat uns auf das Schwerste betroffen, nicht nur wegen der nahen persönlichen Beziehungen, die er noch in der Zeit des Nationalsozialismus zu uns – ungeachtet unserer Zugehörigkeit zum Judentum – unterhielt, sondern mehr noch aus politischen Erwägungen. Herr Professor Lohmeyer ist von jeher ein leidenschaftlicher Gegner des Nationalsozialismus; er ist einer der sehr wenigen Deutschen, die ihre Gesinnung offen bekannt haben; diesem seinem Mut hat er es zuzuschreiben, dass er von der Universität Breslau, deren Rektorat er bekleidet hatte, nach der kleinen Universität Greifswald versetzt wurde. Er ist daher einer der äusserst wenigen Professoren, die auf Grund ihrer Gesinnung und ihrer anerkannten wissenschaftlichen Bedeutung auf die akademische Jugend einwirken können, um sie vor der drohenden Gefahr des Rückfalls in den Faschismus zu bewahren. Wir bitten daher dringend, baldigst seine Strafe aufzuheben und ihm die Einwirkung auf die Jugend zu ermöglichen.

Jerusalem, 18. 11. 1946
Martin Buber, Professor für Soziologie, Universität Jerusalem, früher Universität Frankfurt
Isaak Heinemann, Jerusalem, früher Professor an der Universität Breslau
Richard Koebner, Professor für Geschichte, Universität Jerusalem, früher Universität Breslau

The authenticity of the above Signatures is certified herewith.
Edward Poznanski Acting Academic Registrar
18. 11. 1946

Authenticity of Signature   Jerusalem 18. 11. 1946
of Professor M. Buber certified herewith E. Poznanski
For the Academic Registrar Jerusalem, 19th Nov. 1946

Herrn Hartmut Lohmeyer, Karlsruhe

Sehr geehrter Herr Lohmeyer!
Dem von mir mit den Kollegen Heinemann und Koebner gemeinsam abgefassten und unterzeichneten Schreiben über die Haltung Ihres Vaters möchte ich ein paar Worte aus persönlicher Erinnerung beifügen.

Als ich dem Nazi-Professor Gerhard Kittel auf seine Schrift zur Judenfrage die – damals noch öffentlich mögliche – gebührende Antwort in den Theologischen Blättern erteilt hatte, erhielt ich von Ihrem Vater eine Postkarte (also nicht geschlossenen Brief!), auf der u. a. stand: »Es hat mich gefreut, wie Sie es diesem Wicht Kittel gegeben haben.« Später, als die Situation sich schon recht verschärft hatte, besuchte er mich in meinem Wohnort Heppenheim a. B., einer südwestdeutschen Kleinstadt, und sagte im Hotel, in dem er abstieg: »Ich bin hergekommen, um Herrn Professor Buber zu besuchen.« So ist mir damals berichtet worden.

Von Ihrem ergebenen
Martin Buber

15. Dr. Edmund Nick (München): 21. November 1946

Edmund Nick (1891–1974) wurde als Komponist, Dirigent und Musikkritiker bekannt. Geboren im böhmischen Reichenberg studierte er in Wien und Graz Jura sowie an der Wiener Musikakademie und am Dresdner Konservatorium Musik. 1921 übernahm er den Posten eines Kapellmeisters an der Schauspielbühne in Breslau, seit 1924 war er dort auch beim Rundfunk tätig. 1933 musste er den Sender verlassen und siedelte nach Berlin über. In der Zeit des Nationalsozialismus war die Familie immer wieder Anfeindungen ausgesetzt, da seine Frau als »Halbjüdin« galt. 1943 zog er sich aus Berlin über Böhmen nach Bayern zurück. Nach dem Krieg wurde er 1947 Chefdirigent der Bayrischen Staatsoperette in München und bekleidete eine Professur an der Münchner Musikhochschule. 1952 stieg er beim Westdeutschen Rundfunk in Köln ein und gründete die Cappella Coloniensis. Er starb 1974 in Geretsried und wurde in München bestattet.

Dr. Edmund Nick, München 22, Gewürzmühlstraße 1/III

Eidesstattliche Erklärung.
Der unterzeichnete Dr. Edmund Nick, Komponist und Musikschriftsteller, derzeit wohnhaft in München, Gewürzmühlstr. 1/III, politisch unbelastet, erklärt hiermit an Eides statt folgendes:

Ich kenne Herrn Professor D. Dr. Ernst Lohmeyer seit dem Jahre 1921. Unsere Bekanntschaft wurde durch einen gemeinsamen Freund, Dr. Heinz Schlögel, derzeit Bodenböhr / Opf., vermittelt, als Professor Lohmeyer an die Theologische Fakultät der Universität Breslau berufen wurde. Aus dieser Bekanntschaft entwickelte sich im Laufe der Zeit eine sehr innige Freundschaft, die in gleicher Weise auch unsere Ehefrauen betraf. Wir blieben beide bis zum Jahre 1933 in

Breslau, ich selbst mußte Breslau wegen Verfolgung durch die Nationalsozialisten im April 1933 verlassen und übersiedelte nach Berlin, Professor Lohmeyer wurde meines Wissens ungefähr zur selben Zeit von den Nationalsozialisten wegen seiner Gegnerschaft gegen das Dritte Reich nach Greifswald strafversetzt. Auch in den folgenden Jahren nach 1933 blieb unser freundschaftlicher Verkehr aufrecht. Ich fuhr mit meiner Familie zur Konfirmation seiner Söhne nach Greifswald, während uns wiederum Herr oder Frau Lohmeyer auf ihren Reisen nach Berlin besuchten.

Ich kann infolgedessen über Professor Lohmeyers Charakter und seine Einstellung zum Hitlerregime folgendes aussagen:

Ernst Lohmeyer ist einer der lautersten und besten Menschen, die ich in meinem Leben kennen gelernt habe. Seine Loyalität und Religiosität sind mir immer als beispielgebend erschienen. Ich halte es für ausgeschlossen, daß seitens Prof. Lohmeyers jemals irgend eine Handlung vorgenommen oder gutgeheißen worden sein kann, die irgend einem Sittengesetze widersprochen hätte, weil die ethische Grundhaltung dieses hochgebildeten, feinsinnigen Wissenschaftlers und Theologen es ausschließt, daß er an jenen von den Machthabern des Dritten Reiches vorgenommenen Missetaten auch nur den geringsten Anteil haben könnte. Ich weiß, daß Prof. Lohmeyer aus seiner Ansicht über die Verwerflichkeit der antisemitischen Massnahmen der Nazis keinen Hehl gemacht hat, weshalb ja seine Massregelung als Universitätslehrer erfolgt ist. Ich weiß ferner, daß er seinen Verkehr mit ihm befreundeten jüdischen Wissenschaftlern aufrecht erhalten hat, so wie er auch uns die Treue gehalten hat, obwohl er wußte, daß meine Schwiegermutter Volljüdin war und meine Frau Halbjüdin ist. Auch gelegentlich unseres letzten Beisammenseins im August 1944 (ich besuchte ihn damals in seinem Haus in Glasegrund in Schlesien) wurden meine Eindrücke über seine Gegnerschaft zum Dritten Reich aufs neue erhärtet, da wir uns über die Ablehnung der nationalsozialistischen Herrschaft, Ihrer Mittel und Ziele in allen Punkten einig waren.

München, den 21. November 1946.

Urk. Rolle Nr.: 4792.

Beglaubigt wird die Echtheit der vorstehenden, vor mir anerkannten Namensunterschrift des Herrn Dr. Edmund Nick, Kapellmeister in München, Gewürzmühlstrasse 1, über dessen Persönlichkeit ich mir Gewissheit verschaffte durch Einsichtnahme in seine Deutsche Kennkarte.

München, den einundzwanzigsten November Neunzehnhundertsechsundvierzig.

Der Notar (Dr. Hans Nobis)

16. PROF. DR. ERNST JOSEPH COHN (LONDON): 28. NOVEMBER 1946

Ernst Joseph Cohn (1904-1976) stand Ende 1932 im Mittelpunkt der Breslauer Universitätsrandale, während derer Lohmeyer für ihn Partei ergriff. Geboren in einer jüdischen Familie in Breslau, studierte er Rechtswissenschaften an den Universitäten Leipzig, Breslau und Freiburg. Nach einer Privatdozentur in Frankfurt und einer Lehrstuhlvertretung in Kiel wurde er 1932 nach Breslau berufen – und 1933 sogleich wieder zwangspensioniert. Über die Schweiz emigrierte er nach Großbritannien und lehrte zwischen 1937 und 1939 am King's College in London. Als Britischer Soldat kehrte er nach Kriegsende zurück und fasste noch einmal Fuß im akademischen Leben. 1957 wurde er an der Universität Frankfurt zum Honorarprofessor ernannt. Cohn engagierte sich im Vorstand des Jüdischen Weltkongresses, am Leo-Baeck-College und in der Society for Jewish Studies. Vielfach geehrt und ausgezeichnet starb er 1976 in London.

Erklärung

Ich, der Unterzeichnete Ernst Joseph Cohn, Mitglied des englischen Gerichtshofs und der ehrbaren Vereinigung der Lincoln Advokaten Innung, mache die folgenden Angaben:

1. Ich bin britischer Untertan, Doktor der Philosophie an der Universität London und Rechtsberater der britischen Kontrollkommission für Deutschland.

2. Im Jahre 1932 und 33 war ich Professor der Rechte an der Universität Breslau. Zur gleichen Zeit war Dr. Ernst Lohmeyer Professor der Theologie und stellvertretender Rektor an der gleichen Universität. Während dieser Zeit wurde mir Dr. Lohmeyer ein enger und vertrauter Freund, den ich durch und durch kenne.

3. Dr. Lohmeyer war zu allen Zeiten ein durchaus überzeugter und mutiger Antinazi. Er war einer der Führer der demokratischen Strömungen in Breslau, der in seiner ablehnenden Haltung dem Nationalsozialismus gegenüber keinerlei Schwankungen unterworfen war.

4. Kurz vor der Machtübernahme durch den Nationalsozialismus brachen an der Universität Ruhestörungen aus, die von nationalsozialistisch begeisterten Studenten angefacht und hauptsächlich gegen mich gerichtet waren. Während dieser fraglichen Zeit fand ich in Professor Lohmeyer den besten und entschlossensten Helfer. Ich bin überzeugt, dass es ihm gelungen wäre, die Ruhestörungen gleich zu Beginn durch seine Persönlichkeit und seinen niemals schwankenden demokratischen Glauben zu unterbinden, wenn er Rektor anstatt stellvertretender Rektor gewesen wäre.

5. Bei einer Gelegenheit, als Professor Lohmeyer mich persönlich bedroht glaubte, versuchte er mich mit seiner eigenen Person gegen die mich angreifenden Studenten zu schützen. Nach meiner Auswanderung hielt er die Freundschaft mit meinen Eltern, die noch einige Zeit in Breslau blieben, aufrecht.

6. Ich weiss von vielen anderen jüdischen Einwohnern von Breslau, dass Professor Lohmeyer seine Haltung niemals änderte, auch nicht, nachdem der Druck durch die Nazis noch erheblich verschärft wurde.

7. Meiner Meinung nach gibt es heute nur sehr wenige Menschen in Deutschland, die besser geeignet wären, Gedankenführer und Lehrer der akademischen Jugend zu sein als Professor Lohmeyer. Er gehört zu den überzeugten und aufrichtigen Christen, von denen ich als praktizierender Jude nur in tiefster Bewunderung und Dankbarkeit für all das, was sie mir und meinen Glaubensgenossen und für all die, die unter der Nazi-Verfolgung zu leiden hatten, getan haben, sprechen kann.

Ich mache diese Angaben in vollem Bewusstsein, dass sie für amtliche Zwecke verwendet werden.

London SW7 48 Princess Gardens, 28. November 1946

Gez. E. J. Cohn

Telephone: Holborn 6212/3, Telegrams:»Contilaw, London«

2. Clement's Inn., London W. C. 2   4.5.1947
Herrn cand. arch. H. Lohmeyer, (17a) Karlsruhe-Weiherfeld, Oos Strasse 3
Baden, U. S. Zone, Germany

Sehr geehrter Herr Lohmeyer,
Ich hatte vor ein paar Tagen Gelegenheit, über den»Fall« Ihres Vaters mit dem jetzigen Justizminister von Thüringen, Dr. Külz, zu sprechen, der mir versprach, durch den russischen General in Thüringen einen Interventionsversuch zu machen. Er hat in einem anderen ähnlichen Falle Erfolg gehabt. Walte Gott, daß er es auch diesmal erreicht!

Mit besten Grüßen
Stets Ihr E. J. Cohn

NB: Gerade erhalte ich die folgende Nachricht. Ein Freund sagt mir, daß die Organisation, an die sich Ihre Studentenvereinigung wenden sollte, die Architectural Association, Bedford Square, London W. C. 1 sei. Mein Freund kennt niemanden dort persönlich, meint aber, daß ein Brief – am besten in englisch – an den Sekretär ganz bestimmt auf Widerhall stoßen würde.
E. J. C.

17. FRITZ KLEEMANN D. J. (FÜRTH): 10. JUNI 1947

Zur Person von Fritz Kleemann lassen sich keine weiteren Angaben ermitteln. Bekannt ist nur das, was er selbst in dem folgenden Text über sich sagt. Ernst Lohmeyer lernte er erst an der Ostfront kennen und war ihm militärisch unterstellt. Er erlebte Lohmeyer dort während eines Zeitraumes von drei Jahren unter den besonderen Umständen des Krieges aus nächster Nähe und hatte als Kriegsverwaltungsinspektor und Truppenzahlmeister seine Anweisungen unmittelbar auszuführen. Freundschaftliche Beziehungen bestanden in dieser Konstellation nicht. Aus jedem Satz spricht indessen die Hochachtung gegenüber dem zufälligen Vorgesetzten.

Die folgende Erklärung wurde bereits veröffentlicht bei Andreas Köhn, Der Neutestamentler Ernst Lohmeyer. Studien zu Biographie und Theologie WUNT 2/180, Tübingen 2004, 110–111.

Fritz Kleemann d. J.

Industrie-Vertretungen
Fürth in Bayern
Rednitzstrasse 15. Ts 71960

Eidesstattliche Erklärung!
Zur Sache Univ. Prof. Ernst Lohmeyer, Greifswald, habe ich an Eides statt folgendes zu erklären:

1. Zur Person: Ich lernte Herrn Prof. Lohmeyer im März 1940 erstmals kennen. Er war damals Leutnant und ich Kriegsverwaltungsinsp. des Truppenzahlmeisterdienstes. Ende Mai 1940 wurde er zu unserer Einheit versetzt und damit lebte ich mit ihm bis zum April 1943 tagtäglich zusammen. Im Mai 1942 wurde Lohmeyer als Hauptmann Kommandeur unserer Einheit, als diese nach Russland verlegt wurde. Ich selbst übte die Funktion des Truppenzahlmeisters als Oberzahlmeister aus. Ich bin mit L. weder verwandt noch verschwägert oder eng befreundet.

2. Zur Sache: Lohmeyer hatte innerhalb der Truppe wohl keinen Feind. Seine hohen menschlichen Qualitäten, seine vornehme Güte, seine humanitäre Art, alle Dinge zu regeln, liessen in ihm nie den Offizier, aber stets den Seelsorger sehen. Jedermann (selbst der Russe, der mit ihm zu tun hatte) hatte Vertrauen, dass sein Anliegen gerecht behandelt und gelöst wird. Er war nie Nationalsozialist und übte häufig genug rücksichtslose Kritik an den Machenschaften der damaligen deutschen Machthaber. Niemand anders als er konnte dies ungestraft tun, weil die Achtung vor seinem Streben nach absoluter Wahrheit und vor seinem seltenen Menschlichkeitssinn jeden Verrat vor Scham unmöglich gemacht hat. Das rein menschliche überwog bei allen seinen Entscheidungen. Er war Humanist in idealster Form.

In jedem Einsatzorte sorgte er zu allererst dafür, dass die russische Bevölkerung, die oft zu tausenden versprengt war, wieder in ihre Heimat kam. Als er einmal 3000 Gefangene zu übernehmen hatte, rief er die russische Bevölkerung auf, diesen mit Verpflegung zu helfen, weil seine Vorräte hierzu nicht ausreichend gewesen sind. Noch am ersten Tage wurde festgestellt, dass es sich zum weitaus grössten Teil der Gefangenen um Zivilisten handelt und kurzentschlossen hat Lohmeyer für diese Pässe ausgestellt, damit sie ungehindert in die

Heimat reisen konnten. Am andern Morgen waren alle bis auf 300 Mann wirkliche russische Soldaten aus der Gefangenschaft entlassen.

Alles, was in der Küche übrig blieb, musste an die russische Bevölkerung verteilt werden. Unerbittlich war Lohmeyer bei Misshandlung von Russen. So bestrafte er einen Stabsfeldwebel zu 3 Tagen Mittelarrest, weil dieser im Streit um ein Paar Handschuhe einem Russen eine Ohrfeige gegeben hatte. (Übrigens die einzige Strafe, an die ich mich entsinnen kann, die Lohmeyer gegeben hat.) Einmal musste ein gefangener russischer Oberst einen Tag und eine Nacht bewacht werden. Diese Aufgabe löste Lohmeyer in der Form, dass der Herr Oberst bei bester Unterhaltung im Casino sein Gast war, am gleichen Tisch wie wir übrigen Off. Platz zu nehmen hatte, dasselbe Essen, dasselbe Trinken und dasselbe Rauchen vorgesetzt bekam. Dem Herrn Oberst wurde ein Zimmer mit 2 Betten (eines davon für einen deutschen Off.) zur Verfügung gestellt. Lohmeyer versuchte stets, aus jeder Not eine Tugend zu machen.

Diese hier geschilderte Sachlage entspricht der absoluten Wahrheit. Ich bin mir der Bedeutung der Abgabe einer eidesstattlichen Erklärung vollauf bewusst.

Fritz Kleemann

Beglaubigung mit Stempel (in der Kopie schwer lesbar)

18. PROF. DR. JULIUS SCHNIEWIND (HALLE / SAALE): 30. APRIL 1948

Julius Schniewind (1883–1948) war Neutestamentler und damit Fachkollege von Ernst Lohmeyer. Geboren in Elberfeld studierte er Theologie in Bonn, Halle, Berlin und Marburg. Seine akademische Laufbahn begann er in Halle. 1927 bekleidete er kurzzeitig das Ordinariat für Neues Testament in Greifswald, 1929 ging er nach Königsberg. Hier wurde er auch zu einem maßgeblichen Protagonisten der Bekennenden Kirche. 1935 zunächst zwangsversetzt (wie Lohmeyer auch) kam er wieder nach Halle, wo er 1937 vorübergehend aus dem Dienst entlassen wurde. 1946 übernahm er das Amt eines Propstes im Sprengel Halle-Merseburg und engagierte sich für den Wiederaufbau des kirchlichen Lebens in der Kirchenprovinz Sachsen. Theologisch versuchte Schniewind, bibelorientierte Frömmigkeit mit historisch-kritischer Methodik zu verbinden. Gegen den Trend seiner Zeit betonte er stets den engen Zusammenhang zwischen Altem und Neuem Testament und begegnete dem Judentum mit Respekt. Er starb 1948 und wurde in Halle bestattet.

Professor D. Schniewind   Halle / Saale, 30. April 1948
Ordentlicher Professor an der Universität Halle-Wittenberg

Herr Professor D. Dr. Ernst Lohmeyer wird von allen Fachgenossen als einer der massgebenden Forscher auf dem Gebiet der urchristlichen Religionsgeschichte verehrt und hochgeschätzt. Er besitzt in gleichem Masse die Fähigkeit der historischen Einzelforschung nach der Methode der philologischen und religionsvergleichenden Wissenschaft wie die Gabe der systematisch-philosophischen Zusammenfassung des historisch Erarbeiteten in grosszügiger und weitblickender Zusammenschau. Seine Bedeutung als eines einzigartigen Forschers ist weit über die Grenzen Deutschlands hinaus und über die Grenzen seines Fachgebietes hinaus anerkannt.

Professor Lohmeyer hat während der Kampfjahre seine leidenschaftliche Gegnerschaft gegen den Nationalsozialismus in vielen schweren Proben erwiesen. Er hat auch in gefährlicher Situation jüdischen Freunden die Treue gehalten, er hat in Aufopferung und Hilfsbereitschaft seine von tiefer Humanität getragene Gesinnung immer erneut bewährt.

Welch einen Verlust es bedeutet, dass Lohmeyers Stimme im Kreise der Mitarbeiter fehlt, da wir jetzt zum Neuaufbau unserer Wissenschaft und zum Neuaufbau der Kirche verpflichtet sind, wird uns umso deutlicher spürbar, da seine letzte Veröffentlichung, ein Buch über das Vaterunser, ganz neue und ungeahnte Erkenntnisse eröffnet hat.

Ich selbst darf mich zum Zeugnis der antifaschistischen Haltung von Professor Lohmeyer berechtigt wissen, da ich 1935 und 1936 wegen meiner Gegnerschaft gegen den nationalsozialistischen Staat und wegen meines Kampfes in der Bekennenden Kirche aus meinen Professuren in Königsberg und Kiel strafversetzt wurde. In den Jahren 1937 und 1938 wurde ich wieder in mein Amt gesetzt, jedoch unter dauernder Beschränkung meiner Befugnisse.

Schniewind

DER FALL LOHMEYER – DARGESTELLT VON SEINER FRAU (1949)

Melie Lohmeyer †

Ende April 1943 kam mein Mann, seelisch und körperlich stark reduziert, aus Russland nach Greifswald zurück. Eine schon lange laufende Reklamation, nach der er den leer gewordenen Stuhl des Prof. Deissner besetzen sollte, war endlich geglückt und schliesslich überraschend zur Ausführung gekommen.

Als mein Mann, es war gegen den 20. April 1943, plötzlich vor der Tür stand, bekam ich zuerst nur einen grossen Schrecken, so elend sah er aus. Gelb und mager, mit einem völlig veränderten Gesichtsausdruck. Die immer wiederkehrenden Ruhranfälle in Russland hatten seine Gesundheit untergraben. Dazu kam, dass er je länger je mehr unter der Trennung von zu Hause, besonders aber der Loslösung von seiner Arbeit gelitten hatte. Zu seiner Einsamkeit trug er auch an dem grausigen Ende unseres ältesten Sohnes Januar 1942 in der »Hölle von Demiansk« besonders schwer, wie auch die schwere Verwundung unseres zweiten Sohnes ihn besorgte. Am schwersten aber trug er um die Hoffnungslosigkeit der nationalen Lage, denn er glaubte so oder so an kein gutes Ende, und der zunehmende Druck des ihm von jeher verhassten Naziregimes empörte und beschattete sein ganzes Dasein. So war aus dem früher lebensbejahenden und von seinen Ideen ganz erfüllten Mann ein schwermütiger, kränkelnder Mensch geworden.

Auf ärztlichen Rat bekam er ausser 4 Vorderzähnen alle seine Zähne gezogen. Es dauerte aber bei den geringen Pflegemöglichkeiten lange, bis er wieder etwas frischer und stabiler wurde. Um auf andere Gedanken zu kommen, las er in dieser langsamen Genesungszeit Stunden und Stunden in altgeliebten Büchern: Dickens, Raabe, Meyer, Keller. Ich sehe ihn noch blass und matt mit einem Buch vor sich, geduldig sitzen und lesen. – Allmählich wurde er dann wohler und begann zuerst langsam, dann jedoch mit zunehmender, fast verbissener Energie seine Arbeiten wieder aufzunehmen. Er beendete damals auch das »Vater Unser«, dessen grössten Teil er in den freien Minuten seines fast 4 Jahre währenden Feldlebens sich abgestohlen hatte und was inzwischen von Vandenhoeck & Ruprecht in Göttingen herausgebracht wurde.

Am 30. April 1945 wurde dann die Stadt Greifswald kampflos den Russen übergeben. Eine Tatsache, die zuerst überall fast eher als eine Befreiung aus einer unerhörten Nerven- und Seelenanspannung erlebt wurde. Mein Mann, der immer der Meinung gewesen war, dass wir nicht um eine Auseinandersetzung mit dem Osten herumkommen würden, fand es am besten, sich dem Wiederaufbau zur Verfügung zu stellen und nahm das von den Greifswaldern vorgeschlagene und von den Russen bestätigte Amt des Rektors der Universität am 15. Mai 45 eigentlich mit Eifer und Hoffnungsfreude an.

Es begann nun an der Universität ein reges Leben. Alles atmete auf und half mit. Mein Mann hatte die grössten Ideen. Er wollte eine Universitas, wie sie von je in seinem Sinn gelebt hatte, aufbauen, eine Stätte, in der die Freiheit des Geistes in einer umfassenden Bildung gelehrt wurde; und seine Pläne und Massnahmen wurden damals in den Verhandlungen mit den russischen Professoren durchaus gebilligt. Niemand von uns durchschaute in diesen ersten Geburtswehen der neuen Ära, dass die kommenden Universitäten in der Besatzungszone mehr oder weniger als rein politische Instrumente gedacht waren. Alle waren froh, die Nazigewalt und ihre Engstirnigkeit erledigt zu sehen und scharten sich beglückt um ihren so ideenbewegten und unermüdlichen Rektor. Man sprach damals von »Jung-Weimar« und trug ihn auf Händen. Mein Mann lebte auf und nahm sich kaum Zeit, zu Tisch zu kommen. Alles schien in bester Ordnung. Die Vergrösserung und Bildung einer kommunistischen Partei im Ort machte einen Kontakt mit derselben notwendig. Mein Mann stellte ihn mit Verständnis und Objektivität her und war seines Teils der Meinung eines guten Verhältnisses. Es kamen mancherlei Männer in unser Haus, die neu nach Greifswald aus politischen Gründen gekommen waren, darunter auch der jetzige Kurator der Universität Greifswald, Franz Wohlgemut. Derselbige war einige Semester Student der kath. Theologie gewesen, im Ausland geschult worden und kam nun als politischer Schrittmacher nach Greifswald. Inwieweit mein Mann über seinen Werdegang orientiert war, weiss ich nicht. Jedenfalls liess er ihn durchaus in seiner Art damals gelten und nannte ihn mir gegenüber einmal »einen netten Kerl«. - Er lebte also - umgeben von mancherlei Politik und den Auspizien einer revolutionären Zeit - völlig arglos in seiner geistigen Arbeit und kam von den Verhandlungen, besonders mit den Berliner Russen, immer befriedigt zurück. Auch die Verhandlungen mit der sich allmählich konsolidierenden Landesregierung Schwerin glückten im grossen Ganzen. Bei unentschiedenen Fragen jedoch wandte sich mein Mann nach der Zentralregierung in Berlin, denn damals war die Trennung Berlin-Schwerin noch keineswegs so eindeutig und ausgesprochen wie später - wie denn überhaupt vieles, was damals erst wurde und jetzt ist, damals keineswegs so klar zu erkennen war.

Nichtsdestoweniger war mir instinktmässig bei manchen Dingen nicht wohl, und ich warnte meinen Mann des öfteren, doch er war so erfüllt von seinen Ideen, so überzeugt von seiner Vorurteilslosigkeit und Objektivität, dass alles an ihm abprallte. Er kam mir damals vor wie der Reiter auf dem Bodensee. Die drohenden Unwetter kamen gar nicht bis an ihn heran.

Da begannen im Dezember 1945 eine Reihe von Verhaftungen älterer Greifswalder Männer durch das NKWD (jetzt operative Gruppe), die grosse Aufregung verursachten. Und zwar war das so: Im Anfang des Krieges war das sogenannte »Landesschützenbataillon« von Greifswald zusammengestellt worden, das zu Besatzungszwecken verwendet werden sollte und nur aus älteren Männern zusammengesetzt worden war. Auch mein Mann wurde dazu bestimmt und führte als Leutnant des »Weltkrieges« einen Zug. Dieses Bataillon rückte am 11. September 1939 nach Polen aus, und ausser einer friedlichen Besetzung wurden einige Männer auch dazu kommandiert, Exekutionen an Polen vorzunehmen, die deutsche Bürger überwältigt hatten (Bromberger Blutsonntag!). Mein Mann, der ein Aussenkommando auf dem Lande bekommen hatte, ausserdem während dieser fraglichen Zeit öfters in Urlaub war, hatte mit der ganzen Sache nichts zu tun und war völlig ruhig und unbefangen. Er sagte: »Die Russen haben einen viel zu guten Nachrichtendienst, als dass sie nicht wüssten, dass das mich nichts angeht.« Die Verhaftungen schritten fort – auch zwei Offiziere des Bataillons wurden geholt. Mein Mann blieb völlig ruhig, wusste sich im besten Einvernehmen mit den Russen der Universität und der Regierung und interessierte sich nur im Interesse der früheren Kameraden für die Sache. Es geschahen aber nun verschiedene Dinge, die meines Mannes Stellung allmählich erschütterten.

Etwa 4 Wochen vor Weihnachten erschien plötzlich in Greifswald ein bis dahin unbekannter Dr. Müller von der Landesregierung Schwerin, der den Auftrag hatte, meinen Mann zu ersuchen, sofort alle früheren Mitglieder der NSDAP, die an der Universität waren, zu entlassen. Es gab lange Verhandlungen, bei denen mein Mann sofort neue Fragebögen anordnete und versprach, jeden einzelnen Fall gewissenhaft zu prüfen. Er weigerte sich jedoch, sofort Entlassungen vorzunehmen, weil er nicht glaubte verantworten zu können, den Betrieb der Kliniken und Institute lahm zu legen. Das wurde ihm in Schwerin als auch bei den kommunistischen Kreisen Greifswalds sehr falsch ausgelegt, und man hiess ihn einen »Naziprotektor«. Mein Mann erfuhr das aber damals gar nicht, das kam alles erst später heraus. Wohl wurde er nach Schwerin beordert, kam aber von dieser Aussprache nicht unbefriedigt zurück und hoffte, durch seine Erklärungen die dortige Spannung gelöst zu haben. Dem war aber keineswegs so. Es sind nun zwar nach manchem Hin und Her schliesslich alle die Herren geblieben, die mein Mann damals halten wollte, aber das kann ihm heute nichts mehr nützen. Der Zorn Schwerins war entfacht.

Es wurde ihm nun noch eine zweite Sache sehr übel ausgelegt, an der er völlig schuldlos war: Bei einer Zusammenkunft in unserem Haus von 12 Professoren zu Ehren des Ministers Grünberg aus Schwerin (ein früherer Bergarbeiter, der 12 Jahre in Russland lebte und dort geschult wurde, und der damals für meinen

Mann direkt schwärmte und den auch mein Mann leiden mochte und gelten liess) sagte dieser in meinem Beisein meinem Mann, er wünsche die Universität nach russischem Muster aufgezogen zu haben, und zwar Rektor und Kurator in einer Person vereinigt. Mein Mann solle darum den Kurator entlassen und die ganze Verwaltung der Universität selbst und alleine in die Hand nehmen. »Ein kleiner König in seinem Königreich«, wie er lächelnd hinzufügte. – Mein Mann wäre von sich aus nie auf die Idee gekommen, die der ganzen Tradition des Hochschulwesens widerspricht. Er war aber damit einverstanden und gab sich sofort daran, mit verschiedenen Kollegen eine neue Universitätsordnung auszuarbeiten. Ebenso entliess er den damaligen Kurator, der ohnehin mehr zufällig zu diesem Amt gekommen war. – Es wurde ihm nun später die Grünbergsche Anordnung als »Herrschsucht und Geltungsdrang« ausgelegt, und Grünberg selbst hüllte sich völlig in Schweigen darüber, dass er derjenige gewesen war, der diese Änderung der gewohnten Universitätsordnung befohlen hatte.

Ein neues Moment schlug jedoch schließlich dem Fass den Boden aus, und zwar war das so: Mitte Januar 1946 wurde mein Mann mit einem Kollegen nach Berlin beordert, um an den Feierlichkeiten zur Wiedereröffnung der Universität teilzunehmen. Zu seiner grossen Freude wurde ihm dort von den Russen als auch der Zentralregierung mitgeteilt, dass Mitte Februar in Greifswald ebenfalls die Universität wieder eröffnet werde – und zwar geschah das ohne jegliche Interpellation meines Mannes. Er war völlig unschuldig daran, und wenn er nun in Greifswald fieberhaft und höchst erfreut die Eröffnung vorbereitete, so gehorchte er nur einem Berliner Befehl. Schwerin aber war ausser sich, und er wurde sofort wieder hinbeordert und mit Vorwürfen überhäuft. Man glaubte in Schwerin, mein Mann habe in Berlin unter Umgehung der Landesregierung gearbeitet und wollte das auf keinen Fall dulden. Es verlautbarte später, man habe in Schwerin die Absicht gehabt, Rostock zur Landesuniversität zu machen und die grössten Mittel zu geben, während Greifswald mehr eine pädagogische Akademie mit politischer Tendenz werden sollte. So hiess es.

Schwerin musste sich nun jedoch fügen – Greifswald siegte –, aber der Prestigekampf Schwerin-Berlin blieb auf meinem völlig unschuldigen Mann hängen. Er selbst wusste sich wohl hierin nicht d'accord mit Schwerin, war aber völlig ruhig, sicher und überlegen und vertraute der Zentralregierung sowie Karlshorst.

Die Vorbereitungen für die Wiedereröffnung wurden fieberhaft betrieben. Mein Mann kam kaum noch nach Hause, und mir wurde immer schwerer zu Mute. Ich spürte genau, dass etwas in der Luft lag, erreichte aber damit nicht meines Mannes Bewusstsein. Er verwechselte es vollkommen, dass ein »gutes Gewissen« bei Politik gar keine Rolle spielt und glaubte sich geborgen in seinem reinen Willen. Er fühlte sich in der Tat völlig sicher.

Es kam nun der 15. Februar 1946, der Tag der Wiedereröffnung, heran. Mein Mann war den ganzen Tag ausser Haus – kam auch nicht zum Abendessen, telefonierte bloss, er käme später. Ich wartete bedrückt. Da schellte es gegen 11 Uhr, und es kamen 3 mir der Uniform nach wohlbekannte Männer des NKWD die Treppe herauf und fragten hastig nach meinem Mann. Ich sagte, er sei in der Universität und wusste Bescheid. Es war so weit. – Ich telefonierte sofort, erfuhr aber nur, mein Mann sei mit einem Kollegen zur Kreiskommandantur gegangen. Mittlerweile kam dann mein Mann nach Hause, sehr erschöpft und eigentlich in einer Verfassung, als ginge es ihn selber nicht wesentlich an, oder als nähme er es nicht ganz für ernst. Er erzählte, Dr. Müller sei inzwischen in der Universität gewesen in schwer angetrunkenem Zustand, habe dauernd auf den Tisch geschlagen und geschrieen:»Mönchlein, Du gehst einen schweren Gang!«, und habe ihn im Namen der Schweriner Landesregierung abgesetzt. Die Eröffnung fände aber morgen trotzdem statt. Ich sagte meinem Mann, es seien inzwischen die Männer des NKWD dagewesen, ihn zu verhaften.»Ach Unsinn«, sagte er,»die Russen wissen schon über mich Bescheid, sonst hätten sie mich längst geholt. Vielleicht soll ich noch die und die vor morgen rausschmeissen. Die Russen laufen ja gern nachts herum.« Gegen 1 Uhr etwa kamen die Russen jedoch wieder und verhafteten ihn. Sie machten 2 Stunden Haussuchung, bei der sie einen Stoss wertvoller Gelehrtenbriefe aus aller Welt, einige Photografien meines Mannes und unser Radio mitnahmen. Sie benahmen sich übrigens durchaus anständig. Ich hatte so das Gefühl, dass sie selber merkten, bei wem sie waren. Mein Mann stand während dieser Zeit meist am Ofen, sah entsetzlich elend aus und gab ruhig auf alle Fragen Antwort. Was in ihm vorging, weiss ich nicht. Er sagte nichts Persönliches. Er war wohl ganz erstarrt, oder aber er hielt es nur für eine vorübergehende Massnahme. Er sagte dem Kapitän nur in fast kindlichem Tonfall: »Sie wollen mich verhaften? Aber ich habe doch nichts gemacht.« Ich weckte, als die Zeit vorgeschritten war, unsere Tochter, die sich weinend an den Vater drängte, aber auch mit ihr sprach er nicht. Er sah aus wie aus Holz geschnitzt – unbeweglich und auch mit einem erstarrten Gesichtsausdruck. Gegen Ende der Haussuchung forderte mich der Capitain auf, Wäsche, Toilettensachen, Essgeschirr und Besteck zusammenzupacken. Mein Mann zog sich an, nahm den Rucksack um, und dann gingen sie. Meine Tochter brachte ihn bis zur Haustüre. Auch ihr hat er nichts mehr gesagt – er blieb erstarrt und stumm, und so ging er.

Dieses alles geschah in der Nacht vom 14. zum 15. Februar 1946. Am anderen Tag war dann trotzdem die Eröffnung der Universität, die mit vielen Reden von Herren der Schweriner Landesregierung begangen wurde. Der Sessel des Rektors blieb jedoch leer, und viele Augen waren feucht, – denn mein Mann war sehr beliebt. Die Bestürzung war allgemein.

Seitdem ist mein Mann verschwunden. – Bis Ende August/Anfang September 1946 war er im Gefängnis des NKWD in Greifswald, wie ich sicher weiss. Dann sollte er entlassen werden. Auch das weiss ich sicher. Ich weiss auch sicher, dass die gefangenen Männer des Landesschützenbataillons Anfang Mai verurteilt und Anfang Juni abtransportiert wurden, ebenso weiss ich sicher, dass er dieses halbe

Jahr in Einzelhaft sass und als »Zeuge« für die Bromberger Sache fungierte. Er wurde oft verhört und sowohl militärisch als auch politisch und privat immer wieder ausgefragt ohne erkennbares Ziel – bis er dann entlassen werden sollte.

Bis hierher wusste ich Bescheid. Was nun kommt, weiss ich nicht mit der gleichen Sicherheit. Mein Mann war (ich muss ausholen) nach seiner Tätigkeit im Landesschützenbataillon, die ihn via Holland nach Belgien führte, schon im Frühjahr 1940 zu einer bayrischen Einheit, die wiederum nur zu Besatzungszwecken verwendet wurde, versetzt worden, und zwar war er, vom Oberleutnant zum Hauptmann avanciert, dort Adjutant des Kommandanten, eines Majors, geworden. Im Sommer 1942 wurde er dann selbst Kommandant und wurde mit seiner Einheit nach Russland kommandiert, und zwar an den Kuban, wo er als Hauptmann die Stelle eines Majors bekleidete und eine Kreiskommandantur verwaltete. Er stand in dieser Zeit mit der russischen Bevölkerung wie auch der russischen Verwaltung ausgezeichnet und wurde wie ein »Vater« oder »Bruder« verehrt und geliebt. Als nach der Katastrophe von Stalingrad die russischen Armeen nach Westen drängten, hat dann mein Mann einer Reihe von russischen Männern zur Flucht weiter nach Westen zu verholfen, – wie er aber auch jüdische Russen in gleicher Weise vor der deutschen SS schützte. Dies alles erzählte mein Mann selbst Bekannten in Greifswald, als er heimgekommen war, und das war sein grosser, grosser Fehler. Soweit ich erfahren konnte, wurde das denunziert, eine Sekunde, ehe er entlassen werden sollte. Es hiess sodann, es sei auch angegeben worden, er habe Waffen versteckt gehabt und habe russische Dörfer in Brand gesteckt. Die beiden letzteren Argumente sind so heller Blödsinn, dass es sich nicht lohnt, darauf zu antworten – aber es zeigt (wenn es wirklich in dieser Weise denunziert wurde, was ich diesmal nicht sicher weiss), dass jedenfalls böse Kräfte gegen ihn am Werke waren. Man muss den Schluss ziehen, als sei seine Freilassung unerwünscht gewesen.

Wie dem nun auch in Wirklichkeit war (vielleicht werde ich es nie erfahren) – mein Mann schien nicht mehr im Gefängnis zu sein. Mal wurde mir hinterbracht, er sei am 26. Oktober fortgekommen, mal hiess es, kurz vor Weihnachten. Ich konnte nichts mehr erfahren. Einmal noch hiess es, er sei im April 1947 gesehen worden, als er aus einem Auto mit noch zwei anderen stieg und ins Gefängnis ging. Es ist dies nicht unmöglich, denn in jenen Tagen war anscheinend grosses Gericht, da die entsprechenden Autos von Schwerin vor dem Gefängnis standen. Es ist wahrscheinlich, dass mein Mann in diesen Tagen verurteilt wurde. Jedenfalls wurde bei mir bald danach die Enteignung der von den Russen registrierten Möbel vorgenommen, und das geschieht erfahrungsgemäss nur nach Urteilen. Von nun ab weiss ich nicht das Geringste Neue über meinen Mann. Es laufen hie und da Gerüchte verschiedener Art, auch das, er lebe nicht mehr, aber sie entbehren alle jeder Grundlage.

Es wird nun gerade 3 Jahre, die mein Mann verschwunden ist. Ein schwerer Verlust für die theologische Wissenschaft, und ein unermessliches Leiden für ihn selbst, der immer wieder sagte: »Wenn ich nur noch Zeit genug habe, ich habe noch so viel zu sagen.« Seines Lebens Ziel war, das Christentum in seiner ursprünglichen Art, gereinigt von allen Schlacken der Jahrhunderte, zu erklären und darzustellen. Sein Stil wurde immer klarer und einfacher. Sicher hätte er ein Werk vollendet, das nicht nur für die Fachwissenschaft Bedeutung gehabt hätte. Er wollte etwas Allgemeingültiges über das Christentum aussagen – und ganz gewiss hätten die tiefen Leiden seines Lebens seiner Arbeit eine Lebendigkeit und Reife gegeben, die erst aus gedanklichem Forschen zu der wirklichen Erkenntnis durchdringt.

Man hat mir immer wieder bei allen Vorstellungen bei den Behörden versichert, es sei ausserordentlich schädlich, etwas für meinen Mann zu tun und würde seine Lage nur verschlimmern. Mag sein, ich kann es nicht beurteilen und würde vor allem auch nie auf etwas dringen, wovon ich annehmen könnte, dass es dem Betreffenden Schaden bringen könnte. Meine Meinung war jedoch immer die, dass man ihm zu Anfang hätte helfen müssen, denn seine Unschuld war allen verständigen Menschen klar. Ich hatte damals auch Gelegenheit, davon zu hören, dass die Russen selbst sich wunderten, dass man nichts für meinen Mann täte.

Es sind nun 3 Jahre her. In der Stille ist später dieser und jener Versuch gemacht worden. Ob er sein Ziel erreichte, weiss ich nicht. Jedenfalls ist überall »Schweigen um Ernst Lohmeyer«, wie es kürzlich eine Schweizer Zeitung brachte, die an das Gewissen der Öffentlichkeit klopfte. Es ist zum mindesten festzustellen, dass dieses »Schweigen«, das man als so nützlich ansah, bis jetzt keinen Erfolg erbracht hat.

Ich wende mich in diesem Bericht nur an Männer, die in derselben geistigen Haltung stehen wie mein Mann. Man könnte darum sagen, es erübrigt sich, über ihn etwas zu sagen. Und doch will ich zu seiner Ehre und meiner Treue nicht darauf verzichten: Mein Mann ist ein geistiger Mensch, dessen Lebensaufgabe in theologischer, produktiver Arbeit zu sehen ist. Politik hat meinen Mann nie wesentlich interessiert, er stellte sich ihr nur soweit zeitliche Notwendigkeit es bedingte, und zwar war er vorurteilslos und sachlich.

Den Nationalsozialismus lehnte er mit aller Entschiedenheit von Anfang bis zum Ende ab – seine Strafversetzung von Breslau nach Greifswald war dafür die äussere Quittung.

Er war auch nie Militarist im Sinne einer aktiven politischen Haltung. Wohl hielt er als Offizier seinen Stand in Ehren und bemühte sich, aus dem immer mehr bedrückenden Kriegsleben das Beste zu machen: »Das Einzige, was mir mein Leben als Soldat erträglich macht, ist das schwere Los des Krieges hüben und drüben lindern zu helfen.«

Bei manchen meiner ahnungsvollen Befürchtungen sagte er nur still: »Du kannst ruhig sein. Mir kann nichts geschehen, denn ich habe nichts Unrechtes gemacht.« Es wäre für ihn ein Leichtes gewesen, von einer seiner vielen Dienstreisen nicht nach Greifswald zurückzukehren. Die Idee ist ihm nie gekommen. Er spürte, völlig und glücklich beherrscht von seinen neuen Ideen, die Universität zu gestalten, keine Gefahr. Er ruhte sicher in der Klarheit seines Geistes und der Lauterkeit seines Herzens. Aus dieser Haltung heraus ging er am 15. Februar 1946 in sein Verderben.

Dieser ausführliche Bericht soll Männern, die ihm nahestehen, die Möglichkeit des Mitlebens- und Tragens geben. Denen, die mit ihm mehr sachlich verbunden sind, möchte er eine gültige Beschreibung geben, wie es war und kam, dass ein der Kirche und der Universität so nötiger Mann vernichtet wurde.

Geschrieben vom 15. bis 20. Februar 1949 von Melie Lohmeyer

Berlin-Tempelhof, Schulenburgring 127. III

(Typoskript von 7 Seiten, Sammlung Haufe, Greifswald)

ERINNERUNGEN AN ERNST LOHMEYER (1992)

Karl Peters †

Der Text entstand im April 1992 und ist aus der Rückschau verfasst. Das Typoskript habe ich am 23.5.2013 von Hans Georg Thümmel (Greifswald) erhalten. Karl Peters (1904–1998) lehrte als Strafrechtler und Experte für Strafprozess- und Jugendrecht von 1942 bis 1946 an der Ernst-Moritz-Arndt-Universität Greifswald. 1946–1962 wechselte er an die Westfälische Wilhelms-Universität in Münster. Von 1962 bis zu seiner Emeritierung 1972 lehrte er an der Eberhard-Karls-Universität Tübingen. Danach kehrte er wieder nach Münster zurück. Zu dem Gedenkband von 1951 (In Memoriam Ernst Lohmeyer, hg. von Werner Schmauch, Stuttgart) hat auch Karl Peters einen Aufsatz beigesteuert: Die religiösen Kräfte in der Jugendfürsorge, 274–293.

Münster, April 1992

Im Herbst 1942 nahm ich in der Rechts- und Staatswissenschaftlichen Fakultät der Universität Greifswald meine Vorlesungen auf. 1943 kam Ernst Lohmeyer aus dem Feld zurück und begann wieder mit seinen theologischen Vorlesungen. Wir hatten unsere Vorlesungen in demselben Gebäude zur gleichen Zeit. So kam es, daß wir uns im Dozentenzimmer trafen. Wir haben in regelmäßigen Gesprächen uns näher kennengelernt. So entstand eine persönliche Verbundenheit. Wir lernten auch seine Gattin kennen. Daraus entwickelte sich auch ein familiäres Band. Besonders denken meine Frau und ich an den religiösen Gesprächskreis, den Lohmeyer leitete. An diesem Kreis nahmen außer Herrn und Frau Lohmeyer noch der Historiker Professor Dr. Noack und Frau sowie Herr und Frau Lachmund sowie wir teil. Wir kamen regelmäßig in den Wohnungen der Teilnehmer zusammen. Wir behandelten die Bergpredigt, das Glaubensbekenntnis und das Vater Unser. Wir als katholische Christen, die auch in enger Beziehung zu unserem von den Nationalsozialisten hingerichteten Pfarrer Wachsmann standen, denken mit Dank an die vielen geistlichen Anregungen zurück, die wir durch Ernst Lohmeyer erhielten. Eine ganz andere Seite unserer Verbindung kam in dem regelmäßigen Schachspiel zum Ausdruck. Sowohl in der nationalsozialistischen Zeit als auch in der sich anschließenden Russenzeit haben wir losgelöst von den politischen Sorgen Kraft im religiösen Fundament und Ruhe in dem uns fesselnden Spiel gesucht. Ich weiß, wie sehr sich Ernst Lohmeyer nach dem Zusammenbruch 1945 um die Wiedererrichtung der Universität und um den geistigen Wiederaufbau einer freien Wissenschaft bemüht hat, wie sehr er bestrebt war, den Lehrkörper gerecht und menschlich wieder herzustellen. Aber im Grunde genommen war das für uns kein Gesprächsstoff. Lohmeyer ging still, bewußt und verantwortungsvoll seinem Ziel entgegen. Ich durfte ihm ein menschlicher Begleiter sein. Dafür danke ich ihm.

Er machte kein Aufhebens davon, daß er einer der Unterhändler bei der kampflosen Übergabe Greifswalds an die Russen war. Indem er so einen wesentlichen Beitrag zur Rettung der Bevölkerung leistete, hat er still seine Pflicht erfüllt. Mit großer Erwartung sahen wir der Wiedereröffnung der Universität unter dem neuen Rektor Ernst Lohmeyer entgegen. Voller Spannung wartete die in der Aula versammelte Festschar auf den Einzug des Rektors. Das Orchester spielte eine barocke Musik. Immer wieder begann es von Neuem, als der Einzug des Rektors sich immer länger hinzog. Da ging es plötzlich von Mund zu Mund: »Lohmeyer ist verhaftet!« Wie gelähmt hörten wir die Nachricht.

Es war ein Abschied für immer. Mehr als Vermutungen erfuhren wir nicht. Der Tod dieses bedeutenden Wissenschaftlers und gerechten Menschen erschüttert uns heute noch. Meine Frau und ich blieben mit Frau Lohmeyer bis zu ihrem Tod in enger Verbindung. Wir besuchten sie in Berlin und sie uns in Münster und in unserem Ferienhäuschen im Sauerland. Von Frau Lohmeyer erhielten wir die Werke ihres Gatten, auch die nach seinem Tod veröffentlichten Arbeiten. Das Buch »Vater Unser« ist uns besonders teuer, da es uns unmittelbar an die religiösen Abendgespräche erinnert. Daß ich an der Gedächtnisschrift (1951) mit einer Abhandlung teilnehmen durfte, war mir nicht nur eine Ehre, sondern auch eine Freude. Die Schrift zum 100. Geburtstag und das Heft über die Gedenkstunde der Theologischen Fakultät sind für uns wertvolle Erinnerungen. Daß wir in dem Rektorat der Universität die (neu hergestellte) Büste Ernst Lohmeyers sehen konnten, hat uns tief beglückt. Kannten wir doch noch die ursprüngliche, zerstörte Büste. Unsere Gedanken gehen immer wieder zu ihm. Wir empfinden es als ein großes Geschenk, ihm so nahe gestanden zu haben.

Interview mit Brigitte Remertz-Stumpff: Erinnerungen an Ernst Lohmeyer (2016)

Christfried Böttrich

Nach dem Abendvortrag des Symposiums am 24. Oktober 2016 meldete sich in der Diskussion auch Frau Brigitte Remertz-Stumpff als eine Zeitzeugin zu Wort. Während ihrer Kindheit hatte sie mit Familie Lohmeyer in unmittelbarer Nachbarschaft gewohnt. Aus der Diskussion entstand die Idee zu einem Interview, das schließlich am 16. Dezember 2016 stattfand. Der folgende Text stellt die Kurzfassung eines längeren, angeregten Gespräches dar.

Christfried Böttrich: Darf ich Sie zunächst nach einigen biographische Daten fragen? Ihr Vater, der Jurist Siegfried Gustav Hermann Remertz (1891–1945), amtierte von 1927 bis 1945 als Ratsherr der Stadt Greifswald und von 1936 bis 1945 als stellvertretender Bürgermeister. Im April 1945 war er an der kampflosen Übergabe der Stadt beteiligt und übernahm danach selbst das Amt des Oberbürgermeisters. Am 6. Mai 1945 wurde er vom sowjetischen Militär verhaftet und verstarb am 8. Oktober in dem Speziallager Fünfeichen bei Neubrandenburg. Welche Erinnerungen haben Sie an ihre frühen Greifswalder Kinderjahre?

Brigitte Remertz-Stumpff: Ich bin im März 1931 in Greifswald geboren. Damals wohnten meine Eltern bereits in der Arndtstraße 3. Mein Vater war zuvor in Barth tätig gewesen und zog 1927 nach Greifswald. In der Arndtstraße 3 blieb unsere Familie bis zum Jahr 1938. Dann kauften wir ein Haus am St. Georgsfeld. Ich war damals sieben Jahre alt. Nach der Verhaftung und dem Tod meines Vaters wurden die Verhältnisse in Greifswald immer schwieriger. 1949 ging ich zu meiner Großmutter nach Göttingen, wo ich die Schule abschloss. In Göttingen habe ich dann auch Pädagogik studiert. 1956 heiratete ich. Mit unseren Kindern lebten wir in Heidelberg, Charlottesville (USA) und Bonn. 2003 bin ich mit meinem Mann wieder nach Greifswald gezogen, zunächst in das Haus meiner Eltern am St. Georgsfeld. Das war für mich wie eine Rückkehr zu den Wurzeln. Immerhin lag mein Fortgang von Greifswald damals schon 54 Jahre zurück. Dennoch sind die Erinnerungen gerade an die frühen Jahre der Kindheit noch sehr lebendig geblieben. Und dazu gehören auch die Erinnerungen an unsere erste Greifswalder Wohnung in der Arndtstraße 3.

Christfried Böttrich: Wie war die Hausgemeinschaft damals zusammengesetzt?

Brigitte Remertz-Stumpff: Unsere Familie bewohnte das Erdgeschoss, Familie Lohmeyer die erste Etage, und in der zweiten Etage wohnte die Familie des

Chemikers Prof. Langenbeck. Die Wohnungen waren alle sehr repräsentativ und mit schönen hohen Räumen ausgestattet. Das sieht man ihnen auch heute noch an. Auf der Rückseite des Hauses gab es nur einen kleinen Hof, um Wäsche zu trocknen, und einen winzig kleinen Garten. In einem einstöckigen Seitenflügel auf der Rückseite des Hauses wohnte der Hausmeister Herr Wacker mit seiner Frau. Vor Familie Lohmeyer hatte in der Wohnung in der ersten Etage der Mediziner Dr. Nauck gewohnt; Vormieter von Prof. Langenbeck war der Historiker Glagau gewesen. Im Haus pflegte man gute nachbarliche Beziehungen. Man begegnete sich auf der Straße, auf der Treppe und im Hof, sprach miteinander und besuchte sich auch gelegentlich.

Christfried Böttrich: Gehören zu diesen Kindheitserinnerungen auch solche an Prof. Lohmeyer aus der 1. Etage?

Brigitte Remertz-Stumpff: Als einen Professor habe ich Ernst Lohmeyer aus meiner Kinderperspektive gar nicht wahrgenommen. Er war für mich ein respektabler älterer Herr. Uns Kindern gegenüber trat er immer sehr freundlich und zugewandt auf. Scheu empfanden wir vor ihm keine. Die beiden ältesten Söhne von Lohmeyers, Helge und Hartmut, waren für mich schon unerreichbar groß. Zu Lohmeyers Tochter Gudrun unterhielt meine ältere Schwester einen freundschaftlichen Kontakt. Und auf diese Weise war dann auch ich manchmal mit bei Lohmeyers in der Wohnung. Vor allem Frau Lohmeyer erinnere ich als eine sehr freundliche Persönlichkeit, die sich uns Kindern gegenüber immer großzügig zeigte. Bei Lohmeyers fanden häufig Gesellschaften statt, bei denen eine intellektuell und künstlerisch aufgeschlossene Atmosphäre herrschte. Zu diesem Kreis gehörte auch der Jurist Lachmund, dessen Frau Margarethe später immer wieder von der oppositionellen Stimmung in dieser Gruppe erzählt hat. Hier berichtete Lohmeyer nach seiner Rückkehr von der Ostfront 1943 auch von den Schrecken des Krieges. Meine Mutter hat eine solche Gesellschaft in einem Brief an meine Großmutter, der heute im Greifswalder Stadtarchiv liegt, erwähnt.

Christfried Böttrich: Wie hat sich die Beziehung zu Familie Lohmeyer nach Ihrem Umzug in das Haus am St. Georgsfeld gestaltet?

Brigitte Remertz-Stumpff: Der Kontakt wurde etwas loser, riss aber nie ab. Ich erinnere mich noch sehr genau an jenen 6. Mai 1945, als mein Vater verhaftet wurde. Es war Ernst Lohmeyer, der uns diese Nachricht überbrachte. Er klopfte an die Hintertür, von der Gartenseite her. Meine Mutter ging nach unten und kam lange nicht wieder zurück. Die Szene lässt mich vermuten, dass Ernst Lohmeyer das Haus und den Gartenweg gut kannte, und dass er auch mit meinem Vater weiterhin verbunden war.

Christfried Böttrich: Können Sie sich noch an die Ereignisse um die Wiedereröffnung der Universität am 15. Februar 1946 erinnern?

Brigitte Remertz-Stumpff: Der Festakt steht mir noch sehr deutlich vor Augen! Ich ging damals zur Oberschule und sang bei Hans Pflugbeil im Chor. Dieser Chor war der große Lichtblick in einer trostlosen Zeit. Es war einfach phantastisch, was uns die Musik damals gegeben hat – als alles ringsum nur furchtbar war! Hans Pflugbeil wollte mit uns eine kleine Motette zur feierlichen Eröffnung aufführen. Dazu standen wir auf der Empore der Aula und konnten gut nach vorne sehen, wo die Honoratioren saßen. Der Beginn verzögerte sich. Man raunte im Raum, aber es ging nicht los. Eine spürbare Verunsicherung breitete sich aus. Plötzlich machte die Mitteilung die Runde, Lohmeyer sei verhaftet worden. Der Stuhl des Rektors blieb unbesetzt. Aber die Feier nahm schließlich ihren Lauf. Fortan war die Frage nach Lohmeyer eines der häufigsten Gesprächsthemen. Besonders in der Kirche wurde viel darüber gesprochen.

Christfried Böttrich: Haben Sie auch später noch Kontakt zu Familie Lohmeyer gehabt?

Brigitte Remertz-Stumpff: Wir haben Frau Lohmeyer noch des Öfteren in West-Berlin besucht. Ich entsinne mich an einen Besuch 1949, als ich gerade von Greifswald weggegangen war. Damals hatte Frau Lohmeyer bereits Gewissheit über den Tod ihres Mannes, der offiziell dann erst 1951 bestätigt wurde. Das ist ihr wohl damals schon hinterbracht worden. Auch zu Gudrun Lohmeyer gab es noch regelmäßig Kontakt. Die gemeinsame Greifswalder Geschichte hat uns miteinander verbunden.

Christfried Böttrich: Wie würden Sie das Bild von Ernst Lohmeyer beschreiben, das Ihnen vor allem anderen in Erinnerung geblieben ist?

Brigitte Remertz-Stumpff: Er war ein verlässlicher Charakter. Es gab in dieser Zeit nicht viele, denen man uneingeschränkt vertrauen konnte. Für uns Kinder war er zugleich Respekts- und Vertrauensperson. Und das war er wohl auch im Kreis der befreundeten Familien. Ich habe Ernst Lohmeyer als einen starken, männlichen, absolut verlässlichen Charakter in Erinnerung.

Christfried Böttrich: Vielen Dank für das Gespräch!

Auszug aus einem Brief vom 3. April 1941 von Elisabeth Remertz geb. Haberland an ihre Mutter

Der Brief befindet sich im Stadtarchiv Greifswald unter der Signatur: Slg. 6 B. Remertz-Stumpff. Er geht von Greifswald nach Göttingen und beschreibt unter anderem eine Konfirmationsfeier (der Tochter Gudrun) im Hause Lohmeyer, an der auch der Vater – auf Heimaturlaub von der Ostfront – teilnimmt. Ernst Lohmeyers Einsatz als Reserveoffizier umfasste den Zeitraum von 27. August 1939 bis zum 28. April 1943. Von der Theologischen Fakultät wurde Lohmeyers Rückkehr erbeten und befördert, als sein neutestamentlicher Kollege Kurt Deißner (1888–1942) am 6. November 1942 verstorben war und der Lehrbetrieb abgesichert werden musste.

Sonntag abend waren wir zu Lohmeyers zur Konfirmation eingeladen. Ich ging nun allein hin und zog das erste Mal nach Dieters Konfirmation das lange schwarze Kleid wieder an. Frau Lohmeyer war ganz entzückt davon. Der Abend war reizend, so echt Lohmeyersch. Professoren, Schauspieler, Pastoren und Jugend, alles durcheinander. Es war ein fabelhaftes kaltes Buffet aufgestellt und jeder aß, so viel er wollte und setzte sich hin, wohin er wollte. Herr Lohmeyer hielt eine kleine ganz entzückende Rede, die mich sehr gerührt und erfreut hat. Wie leidet er so unter der Trennung mit seiner Familie und wie schwer wird es ihm, wieder hinaus zu gehen! Die beiden Söhne gehen nun auch zum Militär. Neben vielen ernsten Reden wurde gesungen, von den Künstlern ganz wundervoll, aber leider auch mehr als genug von Frau Lohmeyer selbst. Nachher gab es Kaffe und Kuchen. Ich hatte so viel Kaffee getrunken, daß ich tatsächlich kein Auge zugemacht habe die Nacht, aber leid hat es mir trotzdem nicht getan. Montag war Kränzchen bei Frau Fleischmann. Da Frau Schmidt wieder nicht z. Zt. ausgeschlafen hatte, saß ich mit Frau Fleischmann alleine. Sie hatte wieder Kleidersorgen. Ihre Tochter erwartet das 3. Kind und nun fährt sie Ende des Monats hin. Frau Lieberknecht fängt an, sich zu erholen.

Interview mit Anneliese Pflugbeil (Auszug): Erinnerungen an Melie Lohmeyer (2014)

Rainer Neumann

Am 18. November 2014 führte Rainer Neumann ein Interview mit Anneliese Pflugbeil, geb. Deutsch, der »Mutter der Greifswalder Bachwoche«. Dabei kam auch zur Sprache, dass Melie Lohmeyer seinerzeit gleichsam die Ehe von Anneliese Deutsch und Hans Pflugbeil »gestiftet« hatte.

Anneliese Pflugbeil: Meinen späteren Mann lernte ich so kennen: Da war ein Vortrag von ... – der Name fällt mir noch ein, der wurde dann erschossen –, der hielt einen Vortrag im Lutherhof, und ich ging hin. Mein späterer Mann war gerade zurückgekommen und saß da mit nur einem Arm und war, wie man sich das denken konnte, sehr unglücklich, weil er dachte, dass er seinen Beruf nie wieder ausüben könne. Eine Dame, die Frau des Vortragenden, sah mich und sah Hans Pflugbeil, legte ihre Arme auf unsere Schultern und sagte: »Das ist ja schön, dass ich Sie treffe!« Ich hatte ihre Tochter im Unterricht. Nach dem Vortrag sagte sie: »Ach, Ihr müsst euch kennen lernen, kommen Sie doch morgen zum Abendbrot zu mir!« Und das war natürlich ganz herrlich, denn ich hatte ja damals kaum Beziehungen zu irgendwelchen Menschen. Anders als mein Mann – der war ja Kantor gewesen, als er noch beide Arme hatte. Das haben wir dann auch gemacht, sind hingegangen – und dann hat er zu mir gesagt: »Sie müssen mich einmal besuchen, ich habe nämlich einen schönen Flügel zum Spielen.« So lernten wir uns kennen. Und dann ging es so, wie es halt so geht. Der Vortragende war der Professor, der dann erschossen worden ist. Der hatte sehr dafür gekämpft, dass die Uni wieder eröffnet werden sollte. Den meine ich.

Rainer Neumann: War das Rektor Lohmeyer, der vor der Eröffnung der Universität verhaftet wurde?

Anneliese Pflugbeil: Ja, genau. Den meine ich. Der war dann plötzlich verschwunden und die Familie hat jahrelang versucht, herauszufinden, was los war. Ich hatte ihn schon vorher kennen gelernt, weil er so sympathisch war. Ich war ja noch ganz fremd. Ich lernte viele Professoren kennen. Die waren alle keine Musiker, aber sie spielten alle anständig ein Musikinstrument. Die lernten mich kennen, noch bevor ich einen Flügel hatte. Da habe ich unentwegt Klavier gespielt und die Leute begleitet zum Musizieren. Das war sehr schön. Ich war doch Flüchtling, hatte keine Tasse, keinen Teller, kein Geschirr – und nichts anzuziehen. Das war einem in der ersten Zeit aber ganz egal. Man war noch am Leben, hatte seinen Beruf und konnte musizieren. Und bald bekam ich dann das erste Klavier.

Erinnern und Gedenken

Ernst Lohmeyer im Gedächtnis seiner Zeitgenossen (Geburtstag: 8. Juli 1890 – Todestag: 19. September 1946)

Christfried Böttrich

Die Auseinandersetzung mit Leben und Werk Ernst Lohmeyers ist seit 1946 vor allem von der Wahrnehmung seines persönlichen Schicksals bestimmt. Das plötzliche Verschwinden wie die allmählich immer deutlicher werdende Gewissheit eines gewaltsamen Endes begleiten fortan auch die Rezeption von Lohmeyers theologischen Arbeiten.

Von einem solchen Zusammenhang zeugt in eindrücklicher Weise ein soeben erschienenes Buch. James R. Edwards[1] berichtet darin von seiner ersten literarischen Begegnung mit Ernst Lohmeyer. Als er in den 1970er Jahren an einer Dissertation über das Markus-Evangelium arbeitet, fällt ihm in der Bibliothek des Fuller Theological Seminary in Pasadena / Kalifornien jenes Beiheft in die Hand, das Lohmeyers Kommentar zum Evangelium nach Markus seit der zweiten Auflage von 1951 beigefügt ist.[2] Dort schreibt Gerhard Saß im Vorwort über Lohmeyer: »Sein mir vorliegendes Handexemplar zeigt, wie er ständig an der Verbesserung und Ergänzung seines Buches gearbeitet hat, bis ihn höhere Gewalt einem bis heute ungeklärten Schicksal entgegenführte.« Saß endet mit einem Wunsch: »Möge dadurch auch der Leser sich gedrungen fühlen, seiner in Fürbitte zu gedenken.«[3] Diese dunklen Worte werden für Edwards im fernen Kalifornien

---

[1] James R. Edwards, Between the Swastika and the Sickle. The Life, Disappearance, and Execution of Ernst Lohmeyer, Grand Rapids 2018.

[2] Das Evangelium des Markus, KEK I/2, Göttingen 1937, ²1951, ³1953, ⁴1954, ⁵1957, ⁶1959, ⁷1963, ⁸1967. ²1951: Nach dem Handexemplar des Verfassers durchgesehene Ausgabe mit Ergänzungsheft, unveränderter Nachdruck [Ergänzungsheft zur durchgesehenen Ausgabe. Nach dem Handexemplar des Verfassers herausgegeben von Gerhard Saß].

[3] A.a.O., 3. Das Vorwort ist datiert: Bad Godesberg, am 6. Juli 1950, dem 60. Geburtstag Prof. Lohmeyers. Gerhard Saß. Richtig müsste es 8. Juli heißen.

zum Anlass, genauer nachzufragen – und lösen bei ihm schließlich eine lebenslange Beschäftigung mit Lohmeyers theologischem Schaffen aus.[4]

Vor allem sind es in den Jahren nach 1946 die Geburts- und Todestage Lohmeyers, an denen man in regelmäßigen Abständen das Gedenken an den zu früh Verlorenen pflegt. Nach der politischen Wende von 1989 kommt es dann – vor allem im Vor- und Umfeld des Rehabilitierungsprozesses – noch einmal zu einer neuen Reihe von Gedenkveranstaltungen, die nun der Aufarbeitung jenes inzwischen gebrochenen Tabus gewidmet sind. Hatte man bislang im Westen Deutschlands Häuser mit Lohmeyers Namen benannt, so geschieht das jetzt auch im Osten. Inzwischen sind die rätselhaften Umstände von Lohmeyers Tod weitgehend aufgeklärt. Deshalb tritt seit Ende der 1990er Jahre wieder verstärkt die Auseinandersetzung mit seinem theologischen Werk in den Mittelpunkt des Interesses.[5]

Die folgende Zusammenstellung lässt in chronologischer Folge jene Publikationen und Veranstaltungen Revue passieren, an denen sich so etwas wie die Entwicklung einer spezifischen Erinnerungskultur im »Falle Lohmeyer« ablesen lässt.

Zunächst gilt es, eine Art Vorspiel in den Blick zu nehmen. 1940 erscheint im Deutschen Pfarrerblatt ein Artikel zu Lohmeyers 50. Geburtstag.[6] Der Geehrte ist bereits zum Militärdienst eingezogen;[7] seine fünf Jahre zuvor erfolgte Strafversetzung, weg von Breslau, dürfte der Leserschaft des Pfarrerblattes wohl bekannt sein. Werner Schmauch (1905–1964), einer seiner Schüler und 1954–1964 dann auch Nachfolger Lohmeyers in Greifswald,[8] schreibt als Vertreter jener »vielen, die in mannigfaltiger Weise Anteil haben dürfen an dem bisherigen Werk [...]« und verweist dabei ausdrücklich auf Lohmeyers Breslauer Mitarbeiter und auf

---

[4]   Vgl. noch James R. Edwards, Ernst Lohmeyer – ein Schlußkapitel, in: EvTh 56, 1996, 320–342; dass. bereits engl.: Ernst Lohmeyer: a final chapter, Jamestown 1990.

[5]   Vgl. dazu die beiden Dissertationen von Andreas Köhn, Der Neutestamentler Ernst Lohmeyer. Studien zu Biographie und Theologie, WUNT 2/180, Tübingen 2004; Dieter Kuhn, Metaphysik und Geschichte. Zur Theologie Ernst Lohmeyers, TBT 131, Berlin 2005.

[6]   Werner Schmauch, D. Dr. Ernst Lohmeyer. Zum 50. Geburtstag 8. Juli 1940, in: DtPfBl 44, 1940, 261; Nachdr. in ders., ... zu achten aufs Wort. Ausgewählte Arbeiten, hg. in Verbindung mit Christa Grengel und Manfred Punge von Werner Christoph Schmauch, Berlin 1967, 11–13.

[7]   Unter den Nachlässen im Geheimen Staatsarchiv Preußischer Kulturbesitz in Berlin finden sich zahlreiche Briefe von Kollegen und Freunden, die Lohmeyer zum 50. Geburtstag an der Front gratulieren.

[8]   Weitere biographische Einzelheiten vgl. in: Festakt Prof. Werner Schmauch. »Zum 100. Geburtstag«, Greifswalder Universitätsreden. Neue Folge 114, hg. von C. Böttrich, Greifswald 2005.

die schlesische Kirche. Dieses »bisherige Werk« stellt Schmauch in seinem kleinen Artikel dann auch ausführlich dar. Interesse verdient dabei die Charakterisierung, die er ihm beigibt: »Sachlichkeit in einem strengen und besonderen Sinne«, das Interesse am »Begriff«, methodische Strenge, »philologische Kritik und theologische Auslegung in einem funktionalen Miteinander«. Gerade diese »Sachlichkeit des Forschers« aber schaffe immer wieder »allerpersönlichste Bindungen«. Solche Worte deuten bereits das Bild einer Persönlichkeit an, die sich weder dem Schulbetrieb ihrer Zeit einordnen noch von den herrschenden Strömungen der auch im Deutschen Pfarrerblatt repräsentierten deutsch-christlichen Theologie vereinnahmen lässt.

Nach 1946 herrscht zunächst eine längere Zeit des Schweigens. Im Umfeld von Lohmeyers 60. Geburtstag im Juli 1950 wird indessen sein längst schon erfolgter Tod allmählich zur Gewissheit. Darauf nehmen verschiedene Artikel in der Tagespresse Bezug. Der Verleger Günther Ruprecht erbittet von Melie Lohmeyer ein Foto ihres Mannes, um es verschiedenen Zeitschriften anzubieten.[9] Der Evangelische Pressedienst weist am 24. Juni 1950 mit einer kurzen Meldung auf den 60. Geburtstag Lohmeyers hin, der »in diesen Tagen« erinnert werde.[10] Günther Ruprecht weiß gegenüber Melie Lohmeyer zu berichten, dass der Hessen-Nassauische Kirchenpräsident Martin Niemöller ihres Mannes im allgemeinen Kirchengebet gedacht habe.[11] Die Familie veröffentlicht zu Ostern 1951 in Berlin eine Traueranzeige. Im Deutschen Allgemeinen Sonntagsblatt erscheint 1951 eine Kolumne unter dem schlichten Titel »Ernst Lohmeyer †«.[12] Sie beginnt mit den Worten: »Aus dem Ausland erreicht uns die Nachricht, daß der Professor der Theologie Ernst Lohmeyer schon seit Herbst 1946 nicht mehr unter den Lebenden weilt. [...] Denn das reiche Leben, das hier gelöscht worden ist, bleibt ein menschlich, geistig und im Charakter ungewöhnliches Leben, das niemand, der es kannte, so leicht vergißt«.

Werner Schmauch, der schon zum 50. Geburtstag einen Gratulationsartikel im Deutschen Pfarrerblatt platziert hatte, plant nun zum 60. eine Festschrift. Als die Nachricht von Lohmeyers Tod durchsickert, wird daraus der Gedächtnisband »In Memoriam Ernst Lohmeyer«, der 1951 in Stuttgart erscheint. Die DDR ist schon gegründet (1949), die Mauer aber noch nicht gebaut. Schmauch, der zu

---

[9]   Brief an Melie Lohmeyer vom 17. Mai 1950; Köhn, Lohmeyer, 144; vgl. Abb. 27, in diesem Band.

[10]   Köhn, Lohmeyer, 145.

[11]   Brief an Melie Lohmeyer vom 28. Juni 1950; Köhn, Lohmeyer, 145–146. Niemöller gehört zu jenen Persönlichkeiten, die 1946 eine Ehrenerklärung für Lohmeyer abgegeben hatten; vgl. den Text in diesem Band. Bis 1952 stand der Name Ernst Lohmeyer auf der Fürbittenliste der EKD.

[12]   Die Kolumne liegt mir als Zeitungsausschnitt vor. Vermutlich stammt der Text von Hans von Campenhausen; vgl. dazu den Beitrag von Thomas Kuhn, in diesem Band.

dieser Zeit als Studienleiter des Sprachenkonvikts in Berlin (Ost) tätig ist, beschreitet einen durchaus noch üblichen Publikationsweg. Im Osten hätte er für dieses Projekt jedoch mit Sicherheit keinen Verlag mehr gewinnen können.[13] Zu der Gedenkschrift tragen viele bedeutende Persönlichkeiten bei. Unter ihnen befinden sich namhafte Neutestamentler der Nachkriegszeit,[14] von denen keiner diese Einladung ausschlägt. Sechs der Beiträger hatten bereits 1946 eine eidesstattlich beglaubigte Ehrenerklärung für Ernst Lohmeyer abgegeben.[15] Dass dabei mit Martin Buber, inzwischen Professor an der Hebräischen Universität in Jerusalem, gerade ein jüdischer Gelehrter den Reigen protestantischer Theologen eröffnet, zählt 1951 noch zu den auffälligen Besonderheiten – und hat zugleich programmatischen Charakter. Einige Beiträger, die zu den Bereichen Philosophie, Physik oder Recht schreiben, deuten den weiten Horizont von Lohmeyers Denken an. Der Geehrte selbst kommt mit einem nachgelassenen Aufsatz auch noch einmal zu Wort; eine Bibliographie von seiner Hand, durch den Herausgeber ergänzt, stellt das Lebenswerk in seiner nunmehr abgeschlossenen Gestalt vor Augen.

Bis in die 1960er Jahre hinein werden Lohmeyers Bücher, namentlich die Kommentare, noch in Nachauflagen gedruckt. So kann Schmauch seine Einführung auch mit den Worten beginnen: »Ernst Lohmeyer bedarf nicht eines Gedenkens, das ihn der Vergessenheit entreißt. Sein Werk ist gegenwärtig. Tief und rein ist es der Wissenschaft verbunden und dient zugleich der Kirche zum Verstehen des Wortes, von dem sie lebt. Sein Name wird in der Welt mit Hochachtung genannt.«[16]

1952 erscheint in der Theologischen Literaturzeitung (Berlin-Ost) eine Rezension des Bandes von Erich Fascher,[17] die sich ganz auf die Besprechung der Beiträge konzentriert, zur Person Lohmeyers indessen eher zurückhaltend for-

---

[13]   Drei Jahre später (1954), als Schmauch inzwischen Dozent an der Humboldt-Universität in Berlin (Ost) ist, gibt er postum Lohmeyers Matthäus-Kommentar bei Vandenhoeck & Ruprecht in Göttingen heraus. Auch das bleibt unproblematisch, weil V&R seit langem der Hausverlag Lohmeyers ist und auch noch vier weitere seiner Kommentare im Kritisch-Exegetischen-Kommentar (KEK) verlegerisch betreut.

[14]   So etwa Sherman E. Johnson, Anders Nygren, Otto Michel, Karl Ludwig Schmidt, Robert Henry Lightfoot, Günther Bornkamm, Oscar Cullmann, Johannes Schneider, Gottfried Fitzer, Rudolf Bultmann, Erik Esking, Gerhard Saß.

[15]   Vgl. deren Veröffentlichung in diesem Band. Es handelt sich dabei um Martin Buber, Gottfried Fitzer, Rudolf Bultmann, Hans von Campenhausen, Clemens Schaefer, Erwin Fues.

[16]   Schmauch, In Memoriam, 9.

[17]   Erich Fascher, in: ThLZ 77, 1952, 731–735. Erich Fascher (1897–1978) lehrte 1950–1954 Neues Testament in Greifswald und war mit den Verhältnissen vor Ort bestens vertraut.

muliert:»Gottes Ratschluss« habe ihn im Herbst 1946»aus dem Dunkel dieser Zeit in seinen Frieden« gerufen; die Spannweite seines Lebens und Schaffens sei »ungewöhnlich groß« gewesen; theologiegeschichtlich habe man Lohmeyer »als den Ferdinand Christian Baur unseres Zeitalters« gekennzeichnet,[18] obgleich er doch immer »ein ganz Eigener« gewesen sei; der Rezensent endet schließlich mit dem Bedauern darüber, dass Lohmeyer »der Theologie und der Kirche nicht noch seinen Matthäuskommentar schenken durfte«.[19]

Mit dem Bau der Berliner Mauer im August 1961 ist die Teilung Deutschlands endgültig fixiert. Fortan verläuft auch die Rezeption Lohmeyers auf unterschiedlichen Bahnen. Im Osten Deutschlands gerät der »Fall Lohmeyer« zunehmend zum Politikum. Umso mehr nimmt man sich seiner im Westen Deutschlands an.

Im Jahre 1962 wird in der Evangelischen Kirchgemeinde Duisburg-Hamborn ein neues Jugendhaus eingeweiht. Dabei erhält es den Namen »Ernst-Lohmeyer-Haus« – eine Wahl, mit Bedacht getroffen und aus verschiedenen Motiven gespeist. Das Haus selbst hat schon eine längere Vorgeschichte, die mit der Gründung der noch relativ jungen Gemeinde Marxloh im Jahre 1905 verbunden ist.[20] Im September 1926 wird hier auf dem Grundstück Ecke Dahlstraße / Rudolfstraße ein neues Gemeindehaus fertiggestellt, das zunächst Versammlungszwecken sowie der Aufnahme eines Kindergartens dient. 1944 fällt es einem Fliegerangriff zum Opfer. 1951 wird das wieder errichtete Gebäude von neuem seiner Bestimmung übergeben. Ab 1961 beginnt der Neubau eines Jugendheimes an der Dahlstraße.[21] Am 22. Januar 1962 beschließt das Presbyterium, diesem Haus den Namen Ernst Lohmeyers zu verleihen. Einweihung und Namensgebung finden am 20. Oktober 1962 statt.

---

[18] So Erik Esking in seiner Dissertation über Lohmeyer von 1951.

[19] Dieser Wunsch wurde dann vier Jahre später mit der postumen Herausgabe des Kommentars erfüllt: Das Evangelium nach Matthäus. Nachgelassene Ausarbeitungen und Entwürfe, hg. von Werner Schmauch, KEK Sonderband, Göttingen 1956, [2]1958, [3]1962, [4]1967.

[20] Die folgenden Informationen entstammen einer Festschrift zum 75. Gemeindejubiläum im Jahre 1980, hg. von Pfarrer Albert Grevemann, in Form eines xerokopierten Typoskripts. Auf Seite 31–35 befindet sich ein Text unter der Überschrift:»Das Ernst-Lohmeyer-Haus und andere Gebäude der Gemeinde«. Mein herzlicher Dank gilt Herrn Pfarrer Hans-Peter Lauer von der Kreuzeskirchengemeinde für alle freundlichen Auskünfte – vor allem aber für die Überlassung einer Kopie der Festschrift von 1980.

[21] In welcher Beziehung dieser Neubau zu dem bereits bestehenden Gebäudekomplex steht, konnte ich nicht ermitteln.

Der Festvortrag, von Gerhard Saß[22] gehalten, stellt einige programmatische Zusammenhänge her.[23] Lohmeyer, der im Pfarrhaus von Dorsten im Kreis Recklinghausen (»also nicht weit von hier«) geboren wurde, stehe für »ein reiches Leben und ein bedeutendes Werk innerhalb der theologischen Forschung.« Was aber hat das zu tun mit einem Jugendhaus »mitten im Industriegebiet« der Gemeinde Marxloh? »Nicht nur, daß man hier in fröhlicher Gemeinschaft spielt, bastelt und singt, sondern daß man die Botschaft des Neuen Testaments verstehen [...] möchte. Das bedeutet nun im Sinne Ernst Lohmeyers keineswegs, eng und einseitig zu werden, sondern gerade vom Neuen Testament aus die ganze Welt, das wirkliche Leben [...] zu verstehen und sich darin zurechtzufinden.« Hier wird also der aufrechte Exeget als ein Lehrer der Jugend in Anspruch genommen – in einer Gemeinde, deren soziale Spannungen sich bereits deutlich abzuzeichnen beginnen. Saß, selbst einer der Schüler Lohmeyers, weiß um dessen prägenden Einfluss gerade auf seine Studierenden. Für ihn ist er ein Vorbild, an dem sich die Jugend in schwierigen Zeiten zu orientieren vermag – ein »Mann, der da noch denkt, wo die Menge ihren Gefühlen folgt.« In diesen Worten klingt zu Beginn der 1960er Jahre sicher auch noch die Erinnerung an die Zeit des Kirchenkampfes nach, in der die Gemeinde Marxloh vor allem durch Pfarrer der Bekennenden Kirche geprägt worden war.

Die Geschichte des Jugendhauses ist offensichtlich nur von begrenzter Dauer gewesen. Irgendwann mietet sich dort die »Werkkiste«[24] ein, eine örtliche katholische Jugendberufshilfe; später steht es einige Zeit leer. 2013 wird das Haus dann verkauft und grundlegend umgebaut. An seiner heutigen Fassade ist das ehemalige Jugendhaus nicht mehr zu erkennen.

Im Jahre 1965 feiert in Herford das Gymnasium Fridericianum sein 425-jähriges Bestehen. Hier ist Ernst Lohmeyer zur Schule gegangen; hier hat er im März 1908 sein Abitur abgelegt. In der Festschrift, die aus diesem Anlass erscheint, wird auch des einstigen Schülers mit einem kleinen Aufsatz gedacht.[25] Er stammt aus der Feder von Studienrat Bernhard Otto und zeichnet Lohmeyers akademischen Werdegang nach. Gleich einleitend ist davon die Rede, dass vor

---

[22]   Gerhard Saß (1913–1991) hatte bei Lohmeyer in Greifswald studiert und 1938 auch bei ihm promoviert (»Apostelamt und Kirche«); auf die erste Pfarrstelle in Cammin folgte die Einberufung zum Kriegsdienst; nach dem Krieg wurde er Pfarrer in Essen, Studiendirektor in Bad Kreuznach und Superintendent in Bad Godesberg.

[23]   Der Vortrag ist im Typoskript (unter den Greifswalder Materialien) erhalten und umfasst neun Seiten. Das Skript trägt das Datum »Hamborn, den 8. Dez. 1962«.

[24]   Die Internetrecherche gibt dafür die Hausnummer Dahlstr. 42–44 an.

[25]   Bernhard Otto, Unserem ehemaligen Schüler Ernst Lohmeyer zum Gedenken, in: In alter Gebundenheit zu neuer Freiheit. 425 Jahre Gymnasium Fridericianum zu Herford, Herford 1965, 127–128.

zwei Jahren (also 1963) die Universität Heidelberg an Lohmeyer gedacht habe.[26] Otto nennt ihn einen Mann, »dessen Name in der Welt der Wissenschaft mit Hochachtung und Verehrung genannt wird« und versäumt es nicht, die außerordentlichen Leistungen des Schülers als eines der Besten seines Jahrganges herauszustellen. Dem kurzen biographischen Abriss fügt er noch einen Nachdruck von Lohmeyers letztem Aufsatz hinzu, den Werner Schmauch bereits 1951 postum herausgegeben hatte.[27] Interessanterweise aber wird nun der Titel jener Rektoratsrede, die Lohmeyer im Februar 1946 zu halten keine Gelegenheit mehr hatte, in modifizierter Gestalt als Titel für die gesamte Festschrift übernommen: »In alter Gebundenheit zu neuer Freiheit«.[28]

Zu Lohmeyers 90. Geburtstag im Jahre 1980 erscheinen zwei Aufsätze im Deutschen Pfarrerblatt, die eine Würdigung des wissenschaftlichen Werkes mit der ganz privaten Erinnerung an den Menschen verbinden.

Gerhard Saß geht es vor allem um »Die Bedeutung Ernst Lohmeyers für die neutestamentliche Forschung«.[29] Er setzt mit dem Gedankenspiel ein, was der zu früh Abberufene zur theologischen Arbeit der Nachkriegszeit wohl noch hätte beitragen können, und fragt: »Wo hat er Anstöße gegeben, die fortwirken? Hat er bereits seine Zeit gehabt, oder ist er erst ›im Kommen‹?« Die Antwort fällt differenziert aus. Saß rühmt die methodische Behutsamkeit Lohmeyers, der sich nie in einer Zerlegung der Texte verloren und stets den theologischen Zusammenhang gesucht habe. Kritisch beurteilt er hingegen die Sprache seines Lehrers, die – zwar geschliffen und von poetischer Kraft – stets auch ein erhebliches Maß an Einfühlungsvermögen verlange. Thematisch hebt er die Impulse hervor, die von Lohmeyers Arbeiten zur Christologie, zur Geschichte des Urchristentums, zum jüdisch-christlichen Gespräch und zum Thema des Martyriums ausgehen. Dabei lässt es Saß bewenden. Ich würde hinzufügen: Lohmeyer hat mit bemerkenswerter Hellsichtigkeit Themen erahnt und gesetzt, die erst heute auf breiter

---

[26] In Heidelberg hatte sich Lohmeyer 1919 bei Martin Dibelius habilitiert und seine Antrittsvorlesung als Privatdozent gehalten.

[27] »Mir ist gegeben alle Gewalt«. Eine Exegese von Mt 28,16–20 [unveröffentlichtes Manuskript aus dem Nachlass], in: In memoriam Ernst Lohmeyer, hg. von Werner Schmauch, Stuttgart 1951, 22–49; Nachdr. in: In alter Gebundenheit zu neuer Freiheit. 425 Jahre Gymnasium Fridericianum zu Herford, Herford 1965, 129–151.

[28] Freiheit in der Gebundenheit. Rede zur feierlichen Wiedereröffnung der Ernst-Moritz-Arndt-Universität Greifswald am 15. Februar 1946; die Rede ist heute verschollen. Der 25 Jahre später erscheinende, von Wolfgang Otto herausgegebene Gedenkband, wird diesen Titel dann in seiner ursprünglichen Form erneut übernehmen: Freiheit in der Gebundenheit. Zur Erinnerung an den Theologen Ernst Lohmeyer anläßlich seines 100. Geburtstages, hg. von Wolfgang Otto, Göttingen 1990.

[29] Gerhard Saß, Die Bedeutung Ernst Lohmeyers für die neutestamentliche Forschung, in: DtPfBl 81, 1981, 356–358.

Front diskutiert werden. Mit Lohmeyers Thesen muss man sich nach wie vor auseinandersetzen.

Ein berührendes Zeugnis stellt der Aufsatz von Gudrun Otto[30] dar, in dem die sehr persönliche »Erinnerung an Ernst Lohmeyer« im Mittelpunkt steht.[31] Aus der Perspektive der Tochter kommt darin das Bild eines Vaters zum Vorschein, der auf der Höhe seiner Schaffenskraft in die Isolation gerät und am Ende seines Lebens wieder aus der »Schreibtisch-Emigration« heraus in die Gestaltung des politischen Lebens eintritt.

In seiner westfälischen Heimat erhält Ernst Lohmeyer 1984 einen Gedächtnisort, der erneut im Leben einer Kirchgemeinde verankert ist.[32] In Herford, wo er das Gymnasium besucht hatte und wo im nahegelegenen Vlotho noch das Haus seiner Kindheit steht, wählt man den Namen Ernst Lohmeyers für das Gemeindehaus der Evangelisch-Lutherischen Marien-Kirchgemeinde Stift Berg.[33] Als *spiritus rector* fungiert hier Dr. Wolfgang Otto,[34] der Pfarrer der MarienKirchgemeinde und zugleich Vorsitzender der Gesellschaft für Christlich-Jüdische Zusammenarbeit in Herford ist. Mit der Person Ernst Lohmeyers verbinden sich in Herford somit lokale Erinnerungen wie auch programmatische Anliegen.

Die Einweihung des Gemeindehauses erfolgt am 16. September 1984 unter großer öffentlicher Anteilnahme. Der Tag beginnt mit einem Festgottesdienst, in dem die Bach-Kantate Nr. 38 (»Aus tiefer Not schrei ich zu dir«) erklingt; die Predigt von Pfarrer Friedrich Brasse zu Psalm 130 bezieht den Text auf die Ereignisse des Tages. Dem Gottesdienst folgt sodann eine Veranstaltung im Gemeindehaus, bei der Bischof Hermann Kunst[35] die feierliche Namensgebung

---

[30] Gudrun Otto, geb. Lohmeyer (1926–2004), ging 1947 nach Westberlin, wo sie Schulmusik und Romanistik studierte; 1960–1970 arbeitete sie als Oberstudienrätin am Französischen Gymnasium in Berlin. Ihr ganzes Leben lang hat sich Gudrun Otto um das Andenken und um das Erbe ihres Vaters bemüht. Viele wichtige Details sind allein ihren Erinnerungen zu verdanken.

[31] Gudrun Otto, Erinnerung an Ernst Lohmeyer, in: DtPfBl 81, 1981, 358–362.

[32] Dieses Gedenken findet im Umfeld des 38. Todestages statt, der dabei jedoch nicht eigens thematisiert wird.

[33] Vgl. zur Kirche und ihrer ehrwürdigen Geschichte: Wolfgang Otto, Die Stiftskirche St. Marien auf dem Berge zu Herford. Großer DKV-Kunstführer mit Aufnahmen von Dirk Nothoff, Berlin / München ²2015.

[34] Wolfgang Otto, Sohn des Studienrats Bernhard Otto in Herford (dessen Gymnasium Lohmeyer einst besuchte), hat sich in vielen Vorträgen und Veröffentlichungen um Lohmeyers Andenken und Erbe bemüht. Auf seine Initiative geht später auch der Kontakt zwischen Herford und Greifswald nach der Wende von 1989 zurück.

[35] Hermann Kunst (1907–1999) war 1934–1952 selbst als Pfarrer in der Marien-Kirchgemeinde Stift Berg tätig gewesen; unter seinem Vorsitz hatte das Presbyterium den Bau des Gemeindehauses beschlossen und durchgeführt. Von 1950–1977 war er Bevoll-

vornimmt.[36] Gudrun Otto, Tochter des Geehrten, hält einen von persönlichen Erinnerungen geprägten Vortrag.[37] Pfarrer Wolfgang Otto begründet in seiner Festrede die Wahl des Namens folgendermaßen:»In Breslau, seiner Hauptwirkungsstätte, gibt es heute keine evangelisch-theologische Fakultät mehr; in Greifswald, seiner letzten Wirkungsstätte als erster Rektor nach dem Kriege, ist er zu jener schlimmen Strafe verurteilt – wie Manès Sperber es sagte – ›niemals gewesen zu sein‹. So bleibt nur unser Raum, der Ort seiner Kindheit und Jugend, diesen Namen dem Vergessen zu entreißen.«[38] Anwesend sind unter anderen Honoratioren Kurt Schober (Bürgermeister der Stadt Herford) und Herbert Disep (Direktor des Gymnasiums Fridericianum). Der Ratsvorsitzende der EKD, Bischof Eduard Lohse, richtet ein schriftliches Grußwort an die Festversammlung.

Im Zusammenhang dieses Festaktes erhält die Gemeinde auch einen Bronzeabguss der Porträtbüste Ernst Lohmeyers, die sich als Wachsmodell im Besitz der Familie befindet. Wolfgang Otto lässt diesen Abguss in Berlin anfertigen. 1990 wird er dann einen zweiten Abguss mit nach Greifswald bringen. Heute befindet sich die Herforder Büste im so genannten »Ernst-Lohmeyer-Raum« des Gemeindehauses.[39]

In Gestalt von Gemeindebriefen und Informationsblättern wird die Namensgebung vorbereitet. Von Anfang 1983 liegt ein Faltblatt vor – im Titel mit Lohmeyers Porträt und Lebensdaten versehen –, das Leben und Werk in Stichpunkten vorstellt, zu einem Vortrag von Gudrun Otto am 16. Mai 1983 im Rahmen der Gesellschaft für Christlich-Jüdische Zusammenarbeit einlädt und schließlich Lohmeyers Brief an Martin Buber vom 19. August 1933 wiedergibt. Im Gemeindebrief vom September 1984 ist der bevorstehende Festakt das Hauptthema, begleitet von einem Auszug aus Lohmeyers Vater-Unser-Buch sowie einem teilweisen Nachdruck des Aufsatzes von Gerhard Saß im Deutschen Pfarrerblatt von 1981. Ein weiteres achtseitiges Faltblatt begründet noch einmal

---

mächtigter des Rates der EKD bei der Bundesregierung. 1957–1972 nahm er nebenamtlich die Funktion eines Militärbischofs bei der Bundeswehr wahr.

[36] Hermann Kunst, »Ich will Dich segnen, und Du sollst ein Segen sein.« Zur Erinnerung an Ernst Lohmeyer, in: Freie und Hansestadt Herford. Aus Politik, Wirtschaft und Kultur, aus dem kirchlichen und sozialen Leben in Vergangenheit und Gegenwart, Band 3, Herford 1985, 74–75.

[37] Gudrun Otto, »Habe Liebe, und dann tue, was Du willst!« Zur Erinnerung an Ernst Lohmeyer, in: ebd., 77–84; dass. als: Erinnerung an den Vater. Vortrag gehalten zur Namensgebung des Ernst-Lohmeyer-Hauses Herford am 16. September 1984, revidiert für den Druck im Februar 1989, in: Freiheit in der Gebundenheit. Zur Erinnerung an den Theologen Ernst Lohmeyer, hg. von Wolfgang Otto, Göttingen 1990, 36–51.

[38] Vgl. Herforder Kreisblatt, 17. September 1984.

[39] Zur Geschichte der Büste vgl. den Beitrag von C. Böttrich, in diesem Band.

die Namensgebung und bietet einen längeren Auszug aus Gudrun Ottos »Erinnerungen«, ebenfalls dem Deutschen Pfarrerblatt von 1981 entnommen.

Im Jahre 1984 sind die Ereignisse, die fünf Jahre später den Osten Deutschlands erschüttern werden, noch nicht abzusehen. In Herford macht man sich deshalb das Gedächtnis Ernst Lohmeyers auch stellvertretend für die Orte seiner früheren Wirksamkeit (Breslau und Greifswald) zu eigen. Die politischen Koordinaten werden von der Teilung Deutschlands vorgegeben. Theologisch wird Lohmeyer vor allem als Wegbereiter des christlich-jüdischen Dialoges wahrgenommen.[40] Der Kreis seines Lebens ist wieder an seinem westfälischen Ausgangspunkt angekommen.

Als im Jahr 1990 der 100. Geburtstag Ernst Lohmeyers ansteht, haben sich die politischen Verhältnisse gerade auf völlig unerwartete Weise verändert. An der Theologischen Fakultät in Greifswald trägt man sich schon länger mit dem Gedanken, dieses Datum für eine behutsame Öffnung des Tabuthemas Lohmeyer zu nutzen.[41] Erste Planungen, von Günter Haufe vorbereitet, bleiben zunächst noch im Bereich der Vertraulichkeit. Immerhin zeichnen sich mit Glasnost und Perestroika Veränderungen der politischen Großwetterlage ab, die auch auf neue Spielräume in dieser besonderen, lokalpolitischen Frage hoffen lassen.

Im Juli 1990 organisiert die Marien-Kirchgemeinde Stift Berg (Herford) in ihrem »Ernst-Lohmeyer-Haus« einen Vortrag mit Horst Eduard Beintker (Jena)[42]

---

[40]   Der Dialog, der zu Beginn der 1960er Jahre seinen Anfang nimmt, hat 1980 mit dem Synodalbeschluss der Evangelischen Kirche im Rheinland erstmals die kirchenleitende Ebene erreicht. Von dieser Dynamik ist auch die Gesellschaft für Christlich-Jüdische Zusammenarbeit in Herford bestimmt.

[41]   So Hans-Jürgen Zobel, Begrüßung, in: In Memoriam Ernst Lohmeyer (* 8. Juli 1890, † 19. September 1946). Gedenkveranstaltung am 19. September 1990 anläßlich des 100. Geburtstages und der Wiederkehr des Todestages, Greifswalder Universitätsreden NF 59, Greifswald 1991, 4: »Schon weit vor der friedlichen Revolution in unserem Lande hatte die Theologische Fakultät unserer Universität den Beschluß zur Ehrung von Ernst Lohmeyer gefaßt, von dem sie sich durch niemanden abbringen ließ und für die sie die Vorbereitungen konsequent verfolgte.«

[42]   Horst Eduard Beintker (1917–2012), ab 1961 Professor für Systematische Theologie in Jena, war auf besondere Weise mit der Geschichte Lohmeyers verbunden: Von der Insel Usedom stammend, hatte sich Beintker nach dem Krieg als Student der Theologie in Greifswald immatrikuliert; am 15. Februar 1946 hielt er während jener denkwürdigen Wiedereinweihung der Universität, die in Abwesenheit ihres designierten Rektors stattfand, eine kurze Rede für die Studentenschaft; vgl. dazu Horst Eduard Beintker, »Es fiel ein Reif in der Frühlingsnacht« – Erinnerungen und Bemerkungen zur Rede bei der Wiedereröffnung der Universität Greifswald am 15. Februar 1946, in: Zeitgeschichte regional. Mitteilungen aus Mecklenburg-Vorpommern 1/2, 1997, 21–28.

über das Thema »Ernst Lohmeyers Stellung zum Judentum«.[43] Dem korrespondiert ein Aufsatz Beintkers im Deutschen Pfarrerblatt unter dem Titel: »Stetigkeit des Weges. Ernst Lohmeyer zum 100. Geburtstag«.[44] Zwei weitere Vorträge folgen im Herbst:[45] Am 27. September 1990 spricht Horst Eduard Beintker noch einmal im Herforder Gymnasium Fridericianum zum Thema »Freiheit in der Gebundenheit«; am 22. Oktober 1990 ist Günter Haufe (Greifswald) zu Gast im »Ernst-Lohmeyer-Haus« in Herford mit dem Vortrag »Der Theologe Ernst Lohmeyer«. Gegen Jahresende erscheint dann in Göttingen der von Wolfgang Otto (Herford) herausgegebene Gedenkband: »Freiheit in der Gebundenheit. Zur Erinnerung an den Theologen Ernst Lohmeyer«. Der Osten und der Westen Deutschlands haben dabei in diesen westfälischen Gedenkveranstaltungen schon wieder zusammengefunden, was im Umfeld der deutschen Einheit am 3. Oktober 1990 besondere Aufmerksamkeit auf sich zieht.

Am 14. September 1990 hält Gert Haendler, Professor emeritus in Rostock,[46] eine Andacht beim Theologischen Arbeitskreis für Reformationsgeschichte in Wittenberg über Hebr 13,7: »Gedenkt an eure Lehrer, die euch das Wort Gottes gesagt haben; ihr Ende schaut an und folgt ihrem Glauben nach.«[47] Er verbindet den Vers mit einer ausführlichen Würdigung Lohmeyers und verweist auf die in wenigen Tagen anstehende Gedenkveranstaltung in Greifswald. Wieder offen über Lohmeyer sprechen zu können wird als etwas Neues und Befreiendes erlebt.

In Greifswald überstürzen sich unterdessen die Ereignisse. Anfangs hatte die Theologische Fakultät noch eine akademische Geburtstagsfeier im kleinen Rahmen geplant. Doch mit dem Herbst 1989 ist alles anders geworden. An der Universität beginnt ein grundlegender Umstrukturierungsprozess.[48] Im Juni

---

[43] Horst Eduard Beintker, Ernst Lohmeyers Stellung zum Judentum, in: Freiheit in der Gebundenheit. Zur Erinnerung an den Theologen Ernst Lohmeyer, hg. von Wolfgang Otto, Göttingen 1990, 98–133.

[44] Horst Eduard Beintker, Stetigkeit des Weges. Ernst Lohmeyer zum 100. Geburtstag, in: DtPfBl 90, 1990, 281–284.

[45] Im Informationsblatt der Gesellschaft für Christlich-Jüdische Zusammenarbeit und im Gemeindebrief der Marien-Kirchgemeinde Stift Berg werden beide Veranstaltungen übereinstimmend angekündigt, verbunden mit einem kleinen biographischen Abriss zur Person Ernst Lohmeyers.

[46] Gert Haendler (geb. 1924), seit 1961 Professor für Kirchengeschichte in Rostock, wuchs im Pfarrhaus von Neuenkirchen bei Greifswald auf, wo sein Vater, der Praktische Theologe Otto Haendler (1890–1981) von 1935 bis 1949 amtierte. Lohmeyer war bei Familie Haendler aus- und eingegangen.

[47] Die Andacht liegt als Typoskript unter den Greifswalder Materialien vor.

[48] Vgl. dazu Martin Onnasch, 2.3. Wende und Ausbau seit der deutschen Einheit, in: Universität und Gesellschaft. Festschrift zur 550-Jahrfeier der Universität Greifswald. I:

1990 wird der Theologe Hans-Jürgen Zobel[49] zum ersten Rektor nach der Wende gewählt. In enger Absprache zwischen Rektorat und Fakultät nimmt man nun einen solennen Festakt in Aussicht und legt dafür den 19. September, den Todestag Lohmeyers, fest.[50] Zum Ort wird die repräsentative Aula im Hauptgebäude der Universität bestimmt, in der seinerzeit – am 15. Februar 1946 – Lohmeyers Rektorenstuhl während der feierlichen Wiedereröffnung der Universität leer geblieben war. James R. Edwards hat diesen Festakt, der 44 Jahre später an dem selben Ort stattfindet, zutreffend als »a posthumous inauguration« bezeichnet.[51] In den »Greifswalder Universitätsreden« wird diese Veranstaltung nun auch ganz offiziell dokumentiert; das Heft trägt dabei genau jenen Titel, den schon der 1951 in Stuttgart erschienene Gedenkband getragen hatte: »In Memoriam Ernst Lohmeyer«.[52] Der Gedenkvortrag von Günter Haufe wird wenig später ganz aktuell in die von Wolfgang Otto bereits konzipierte und in Göttingen herausgegebene Gedenkschrift integriert.[53] Diese wiederum erfährt von Berthold Beitz (dem Aufsichtsratsvorsitzenden des Krupp-Konzerns und großem Förderer der Universität Greifswald)[54] finanzielle Unterstützung – ein weiteres Zeichen neuer deutsch-deutscher Kooperation.

Die Geschichte der Fakultäten im 19. und 20. Jahrhundert, hg. von Dirk Alvermann und Karl-Heinz Spiess, Rostock 2006, 116–123.

[49]   Hans-Jürgen Zobel (1928–2000) war seit 1973 Professor für Altes Testament in Greifswald; 1990–1994 übernahm er das Rektorat der Universität; 1994 wurde er Mitglied des Landtags von Mecklenburg-Vorpommern; 1994–1998 fungierte er als Präses der Synode der Pommerschen Evangelischen Kirche.

[50]   Mit diesem Datum entsteht ein doppelter Bezug – sowohl zum 100. Geburtstag im Juli des Jahres als auch zum 44. Todestag im September. Die Ehrung steht noch ganz im Banne der Erinnerung an Lohmeyers gewaltsames Ende; vgl. dazu Hans-Jürgen Zobel, Begrüßung, in: In Memoriam Ernst Lohmeyer (s. übernächste Anm.), 4–5.

[51]   James R. Edwards, Between the Swastika and the Sickle. The Life, Disappearance, and Execution of Ernst Lohmeyer, Grand Rapids 2018, Kapitel 1.

[52]   In Memoriam Ernst Lohmeyer (* 8. Juli 1890, † 19. September 1946). Gedenkveranstaltung am 19. September 1990 anläßlich des 100. Geburtstages und der Wiederkehr des Todestages, Greifswalder Universitätsreden NF 59, Greifswald 1991.

[53]   Günter Haufe, Gedenkvortrag zum 100. Geburtstag Ernst Lohmeyers, in: In Memoriam (s. vorige Anm.), 6–16; überarbeitete Fassung als: Ernst Lohmeyer – Theologische Exegese aus dem Geist des philosophischen Idealismus, in: Freiheit in der Gebundenheit. Zur Erinnerung an den Theologen Ernst Lohmeyer, hg. von W. Otto, Göttingen 1990, 88–97; modifizierter Nachdr. als: Theologische Exegese aus dem Geist des philosophischen Idealismus. Zum 100. Geburtstag von Ernst Lohmeyer, in: ZdZ 44, 1990, 138–140.

[54]   Berthold Beitz (1913–2013); vgl. zur Person ausführlich Joachim Käppner, Berthold Beitz. Die Biographie, mit einem Vorwort von Helmut Schmidt, Berlin [4]2010. Beitz, der sich selbst während der Nazizeit für verfolgte jüdische Mitbürger eingesetzt hatte, würdigte damit auch Lohmeyers klare und aufrechte Haltung.

Die Verbindungen zur Familie in Westberlin und nach Herford zur Marien-Kirchgemeinde Stift Berg sind bereits hergestellt. Aus Berlin kommt Gudrun Otto nach Greifswald; aus Herford reist Pfarrer Wolfgang Otto an und überreicht Rektor Zobel einen Abguss der Bronzebüste Lohmeyers, der fortan im Vorraum des Rektorates in der Greifswalder Domstr. 11 seinen Platz erhält.[55] In der Begrüßung durch Rektor Zobel kommt zum Ausdruck, dass sich dieser Festakt im Jahre 1990 auch mit der Hoffnung auf einen neuen Aufbruch universitärer Freiheit verbindet:»Wenn wir, Rektor und Senat, gemeinsam mit der Theologischen Fakultät Ernst Lohmeyers in gebührender Weise gedenken, dann ehren wir ihn als allseits geachteten Gelehrten und als den Rektor unserer Universität, in dessen Tradition wir selbst stehen, knüpfen wir doch in vielem über die unseligen Jahre und Jahrzehnte an den Neuaufbruch unmittelbar nach 1945 an. Wenn wir heute Ernst Lohmeyer in das Zentrum unseres Nachdenkens rücken, dann tun wir es deshalb, um ihm, dem jahrzehntelang von offizieller Seite Geschmähten, Gerechtigkeit, späte Gerechtigkeit widerfahren zu lassen. Dann tun wir es aber auch im Bewusstsein, unsere jungen Kommilitonen zu mahnen, niemals in ihrem Leben Unrecht, Gewalt und Verbrechen gegen die Menschlichkeit zuzulassen und dazu vielleicht noch zu schweigen.«[56] Das sind gewichtige Worte, die Lohmeyer als Vorbild für die Neuorientierung der Universität am Vorabend der neu errungenen deutschen Einheit verstehen. Günter Haufe, inzwischen sechster Nachfolger Ernst Lohmeyers auf dem Lehrstuhl für Neues Testament in Greifswald, unterstreicht in seinem Vortrag noch einmal das Unrecht, das nun erst öffentlich ausgesprochen werden kann:»Sicher aber ist, daß einem lauteren und hoch angesehenen Manne bitteres Unrecht widerfahren ist. Dagegen ist heute – heute endlich! – gerade von dieser Stelle aus laut Klage und Anklage zu erheben.«[57]

Diese erste öffentliche Gedenkfeier in Greifswald hat dann mit einer gewissen Zeitverzögerung noch einmal ein Nachspiel. 2011 (also 21 Jahre später) veröffentlicht Wolfgang Wilhelmus,[58] Professor emeritus für Neueste Geschichte an der Universität Greifswald, einen Artikel, in dem er für sich in Anspruch nimmt, seinerzeit Impulsgeber und eigentlicher Initiator dieser Veranstaltung gewesen zu sein.[59] Als Historiker war Wilhelmus schon lange mit Lohmeyer befasst. 1976

[55] Vgl. den Beitrag zur Büste von C. Böttrich, in diesem Band.
[56] Haufe, Gedenkvortrag, 4–5.
[57] Haufe, Gedenkvortrag, 15–16.
[58] Wolfgang Wilhelmus (geb. 1931) hatte 1952–1956 in Greifswald Geschichte studiert; Promotion und Habilitation erfolgten ebenfalls in Greifswald; seit 1976 war er hier Hochschuldozent, seit 1981 dann Lehrstuhlinhaber für Neueste Geschichte.
[59] Wolfgang Wilhelmus, Noch einmal Ernst Lohmeyer. Eine Rede, die nicht gehalten werden konnte, und eine Akte, in: Zeitgeschichte regional. Mitteilungen aus Mecklenburg-Vorpommern 15/2, 2011, 73–84.

hatte ihn der damalige Rektor mit der Erarbeitung einer Festschrift zum 525. Universitätsjubiläum beauftragt, in der auch die Geschichte seit 1945 dargestellt werden sollte.[60] Diese Geschichte begann jedoch mit einem Rektor, der inzwischen zum Tabu-Thema geworden war. Mit Bedacht hatte Wilhelmus in seiner Darstellung deshalb den Akzent vor allem auf die Leistungen Lohmeyers für die demokratische Erneuerung der Universität gelegt. Dennoch war es während der nachfolgenden Begutachtung des Manuskriptes zu der erwartbaren Kontroverse sowohl mit der Universität als auch mit dem Hochschulministerium gekommen. Der Verlag wurde angewiesen, den Namen und die Tätigkeit Lohmeyers wieder zu tilgen, weil»den bisherigen antikommunistischen Verleumdungen kein neuer Nährstoff geboten werden« sollte.[61] Zugleich forderte das Institut für Hochschulbildung Wilhelmus auf,»ausgehend von einer exakten Darstellung des gegenwärtigen Erkenntnisstandes [...] einen fundierten Vorschlag zu unterbreiten, der als offizielle Position der DDR in dieser Angelegenheit annehmbar erscheint.«[62] Das Hochschulministerium und der Verlag unterstellten Lohmeyer dabei»Verbrechen als faschistischer Offizier« und verstiegen sich dazu, dem wegen seines Widerstandes gegen den Nationalsozialismus Strafversetzten wider besseres Wissen eine»faschistische Vergangenheit« anzuhängen.[63] Alle Einsprüche von Seiten des Autors waren wirkungslos geblieben.

Dass dieses ideologisch begründete Zensurverfahren von dem Historiker Wolfgang Wilhelmus nicht einfach zu den Akten gelegt werden kann, ist gut zu verstehen. Der Fall geht ihm nach. In seinem Artikel schreibt er rückblickend, er habe Anfang des Jahres 1989 dem Direktor der Sektion Theologie, Hans-Jürgen Zobel, eine Gedenkveranstaltung zum 100. Geburtstag Lohmeyers vorgeschlagen;[64] sein Kontakt zu Gudrun Otto datiere bereits auf Ende 1988; durch ihn sei

---

[60]   Universität Greifswald. 525 Jahre, im Auftrage des Rektors verfaßt von Wolfgang Wilhelmus u.a., Berlin 1982.

[61]   Das bedeutet, dass man die bisherigen Ehrungen Lohmeyers im Westen Deutschlands sehr wohl zur Kenntnis genommen und zutreffend als Kritik an der eigenen Verurteilung Lohmeyers verstanden hatte.

[62]   Wilhelmus, Noch einmal Ernst Lohmeyer, 73.

[63]   Wegen »antinationalsozialistischer Haltung und Betätigung« war Lohmeyer nach Greifswald strafversetzt worden; seine politische Haltung hatte nie dem geringsten Zweifel unterlegen.

[64]   Die Fakultätsratsprotokolle bestätigen diese Kontaktaufnahme: am 23.1.1989 steht unter TOP 6 Verschiedenes, 100. Geburtstag von Lohmeyer »Vorgespräche mit Prof. Wilhelmus, Bitte um Unterstützung bei evtl. Kolloquium. Vorschlag: Vorbereitungsgruppe Prof. Haufe, Prof. Leder«; am 19.6.1989 steht unter TOP 7 Verschiedenes zum gleichen casus nur lapidar»Einzelheiten der Planung, Prof. Wilhelmus hat Mitarbeit zugesagt, 17. oder 18.9.1990 soll die Veranstaltung stattfinden«; vgl. UAG Theol. Fak. II-28.

der Kontakt zur Familie dann auch an die Sektion Theologie vermittelt worden. Deren Kollegium habe dem Vorhaben einer gemeinsamen Gedenkveranstaltung gern zugestimmt; Vorträge seien von ihm und Günter Haufe geplant gewesen, deren Manuskripte man sich im Vorfeld auch ausgetauscht habe. Als die Universitätsleitung von diesen Vorabsprachen Kenntnis erhält, werden Zobel und Wilhelmus einzeln von Rektor Peter Richter einbestellt. Das Ministerium hatte zuvor die Universitätsleitung informiert, dass in Greifswald ein »Kriegsverbrecher« geehrt werden solle. Beiden gelingt es, diesen Vorwurf zu widerlegen. Wilhelmus fertigt in der Folge eine Art Dossier an, das auf dem damaligen Kenntnisstand vor allem Lohmeyers eindeutig antifaschistische Haltung sowie seine klare Positionierung in der Bekennenden Kirche hervorhebt.[65]

Die Organisation der geplanten Veranstaltung liegt in der Verantwortung der Sektion Theologie, die im Dezember 1989 wieder Fakultätsstatus erlangt. Dem öffentlichen Gedenken steht nun im Jahre 1990 nichts mehr im Wege. Nur das Protokoll hat sich offenbar verschoben. Wolfgang Wilhelmus steht nicht mehr auf der Rednerliste. In seinem Artikel von 2011 schreibt er, Rektor Zobel habe ihn einen Tag vor der Gedenkveranstaltung gleichsam ausgeladen, weil »angesichts der neuen Lage in der DDR die Theologen die Veranstaltung nun nicht mit einem Marxisten durchführen wollten.«[66] Wilhelmus bleibt daraufhin der Veranstaltung fern und veröffentlicht am 17./18. September 1990 in der Ostsee-Zeitung einen Artikel, in dem er Teile seines Dossiers und seines geplanten Vortrages veröffentlicht.[67] Diesen nicht gehaltenen Vortrag legt er dann 2011 in dem genannten Artikel noch einmal vollständig vor. Er beklagt, dass Rektor Zobel in seiner Begrüßungsrede die schon von längerer Hand vorbereitete Veranstaltung ausschließlich als ein Projekt der Theologischen Fakultät dargestellt habe.

Die Zeitzeugen auf Seiten der Theologischen Fakultät lassen sich inzwischen nicht mehr befragen. Aber vermutlich sind die Dinge doch etwas komplizierter gewesen. Was mir an mündlicher Überlieferung bekannt ist, klingt durchaus anders. Die Idee einer Gedenkveranstaltung war längst gefasst. Dass man sich damit aber unter den hochschulpolitischen Bedingungen der DDR bedeckt hielt und auch dem marxistischen Kollegen und seinem persönlich motivierten Vorstoß zwar kooperationsbereit, aber dennoch mit Vorsicht begegnete, lässt sich leicht nachvollziehen. Der Vorgang zeigt in aller Deutlichkeit, wie delikat das Thema eines öffentlichen Gedenkens 1990 noch ist und welche Rolle der Kampf um die Deutungshoheit sogleich zu spielen beginnt.

Offenbar im Nachgang zu dieser ersten öffentlichen Gedenkfeier kommt in Greifswald die Idee auf, eine Schule nach Ernst Lohmeyer zu benennen. Es ist die

---

[65]   Wilhelmus, Noch einmal Ernst Lohmeyer, 74–75.

[66]   Wilhelmus, Noch einmal Ernst Lohmeyer, 75.

[67]   Wolfgang Wilhelmus, In Memoriam Prof. Ernst Lohmeyer, in: OZ, 17./18. September 1990.

Zeit, in der nach jahrzehntelanger staatlicher Reglementierung auf dem Bildungssektor nun überall im Land evangelische Schulen gegründet werden. Am 7. September 1991 berichtet die FAZ, dass auch Greifswald ein Evangelisches Gymnasium erhalten solle. Einen Namen gäbe es schon – nur das Geld fehle noch.[68] Der Name – »Ernst-Lohmeyer-Gymnasium« – muss dann wieder zu den Akten gelegt werden, denn die Finanzierung ist auch trotz intensiver Bemühungen nicht zu gewährleisten.

Ihren Höhepunkt erreicht die mit der Wende nun möglich gewordene Aufarbeitung des »Falles« Lohmeyer im Jahr 1996. Am 15. August erfolgt nach mehrjähriger Anbahnung die vollständige und rechtskräftige Rehabilitierung Ernst Lohmeyers durch den Generalstaatsanwalt der Russischen Föderation. Dieser Vorgang löst ein breites, deutschlandweites Presseecho aus. Die Vorbereitungen für einen weiteren Festakt setzen jedoch schon früher ein.

Am 27. Juni 1996 richtet Wolfgang Otto aus Herford ein Schreiben an den Ministerpräsidenten des Landes Mecklenburg-Vorpommern, Berndt Seite, in dem er an den Festakt von 1990 sowie an die bisherigen Herforder Aktivitäten erinnert, und gibt zu bedenken, »ob nicht die jetzige Landesregierung anläßlich des 50. Todestages Ernst Lohmeyers ein Wort des Gedenkens sagen bzw. in Greifswald eine Gedenkveranstaltung anregen könnte. Zur Beratung und Mitarbeit wäre ich gern bereit.«[69] An der Theologischen Fakultät beschließt man, zum 50. Todestag am 19. September 1996 das geschehene, nun aber auch aufgeklärte Unrecht noch einmal öffentlich zu thematisieren. Inwiefern beide Initiativen miteinander abgestimmt sind, lässt sich aus den Unterlagen nicht ersehen. Konkrete Gestalt nehmen die Greifswalder Planungen vermutlich erst in dem Augenblick an, als im August der Rehabilitierungsbescheid aus Moskau (datiert auf den 15.8.1996) eintrifft.

Erneut ist die Aula der geschichtsträchtige Ort, an dem die feierliche Gedenkveranstaltung stattfindet. Als Rektor fungiert inzwischen der Jurist Jürgen Kohler; von Seiten der Theologischen Fakultät sind Dekan Christof Hardmeier sowie die Professoren Günter Haufe und Martin Onnasch mit der Organisation befasst. Einladungen werden im Namen des Rektorates weit herum an Gäste aus Politik und Kirche sowie aus dem Umfeld der Familie verschickt. Die Kinder Hartmut Lohmeyer und Gudrun Otto müssen aus gesundheitlichen Gründen absagen; die Familie wird durch Gudrun Ottos Ehemann Klaus-Jürgen Otto, ihre Tochter Julia sowie Frau und Söhne eines Bruders von Ernst Lohmeyer aus Düsseldorf vertreten.[70]

---

[68]   So die FAZ vom 7. September 1991.

[69]   Der Brief befindet sich unter den Greifswalder Materialien.

[70]   Bei Irene Lohmeyer und ihren Söhnen Kai und Nils handelt es sich 1996 um die letzten noch lebenden Namensträger aus der unmittelbaren Verwandtschaft von Ernst Lohmeyer (Ernst war der vierte von sieben Geschwistern; es gibt noch drei Brüder und drei

Die Bildungsministerin des Landes Mecklenburg-Vorpommern, Regine Marquardt,[71] bringt mit ihrem Grußwort das Empfinden einer Umbruchssituation zum Ausdruck: »Das Gedenken an Ernst Lohmeyer gibt uns Gelegenheit, an die dunkelsten Abschnitte der Geschichte dieses Jahrhunderts zu erinnern und in der Betrachtung seiner Persönlichkeit und seines Handelns Orientierung zu finden, derer wir alle zu jeder Zeit – nicht nur in den Zeiten der Diktatur – bedürfen. Die Charaktereigenschaften Ernst Lohmeyers, sein außerordentlicher Mut, den er unter totalitären Regimen beider deutscher Diktaturen unter Beweis stellte und den er schließlich mit seinem Leben bezahlte, führt uns eine Haltung vor Augen, die ich als wesentlich erachte für den Bestand eines freiheitlichen Gemeinwesens. [...] Es ist mir sehr wichtig, daß wir am Ende des 20. Jahrhunderts, das sicherlich das ideologische Jahrhundert und das der Totalitarismen genannt werden kann, nicht etwa denken, daß Geschichte einfach so vergeht und nicht wiederkehrt. Die Bedrohung für den freiheitlichen Staat kann jederzeit in neuer Gestalt fröhliche Urstände feiern, das liegt wohl in der immer gleichen Natur des Menschen begründet. Das ist für mich die politische Dimension unseres gemeinsamen Gedenkens, das uns heute zusammengeführt hat.«[72]

Den Hauptvortrag hält Günter Haufe unter dem Titel: »›Den Krieg hielt er immer für ein Verbrechen‹. Zum 50. Todestag von Ernst Lohmeyer«.[73] Er nutzt dabei die neuen Einsichten, die sich aus der nun erst zugänglich gewordenen Untersuchungsakte Lohmeyers ergeben, reflektiert die politischen Konstellationen im Jahr 1946 und entwirft das Szenario einer politischen Denunziation. Die Ereignisse sind durchschaubarer geworden, aber das Ende bleibt immer noch offen: »Niemand weiß, wo Ernst Lohmeyer seine letzte Ruhe gefunden hat. Wir alle aber wissen, wer er war und für uns noch immer ist: ein hervorragender Theologe, ein großer Mensch, voller Lauterkeit und Arglosigkeit, ein Märtyrer für die Freiheit der Universität, in der Sprache Israels: ein ›Gerechter unter den Völkern.‹« Mit diesem Schluss wagt sich Günter Haufe weit vor. Der Ehrentitel eines »Gerechten unter den Völkern« wird vom Staat Israel seit 1953 nur an Nichtjuden verliehen, die unter Einsatz ihres Lebens Juden gerettet haben, wobei die Verleihung gesetzlich geregelt ist. Das trifft auf Lohmeyer nicht zu.[74] Der

---

Schwestern) – so die Auskunft von Gudrun Otto in einem Brief an Rektor Jürgen Kohler vom 22. Juli 1996.

[71] Regine Marquardt (1949–2016), studierte Theologin, arbeitete nach der Wende als Journalistin und kam über das Neue Forum und die SPD in die Politik; 1994–1998 fungierte sie als Kultusministerin des Landes Mecklenburg-Vorpommern.

[72] Das Grußwort liegt in Greifswald als Typoskript vor.

[73] Veröffentlicht in: Die Kirche, Nr. 38, 22. September 1996, 7–8.

[74] Immerhin wird der Einsatz für den jüd. Juristen Ernst Joseph Cohn in Breslau zum Auslöser jener Maßregelungen, die schließlich zu Lohmeyers Strafversetzung führen. Seine Wertschätzung Martin Bubers, zu dem er auch in der Öffentlichkeit steht, findet in

Impuls Haufes ist indessen nachvollziehbar. Lohmeyer ragt aus einer Exege-
tengeneration, die weitgehend mit dem Gift des Antisemitismus infiziert war, als
eine einsame Erscheinung hervor. Sein Ansatz für ein christlich-jüdisches Gespräch geht der Zeit weit voraus. Das zu würdigen, bleibt auch 1996 ein wichtiges
Anliegen.

Eduard Berger,[75] Bischof der Pommerschen Evangelischen Kirche, erinnert
an Lohmeyer als einen Mann der Bekennenden Kirche und betont dessen »Kraft
zur Verantwortung«. Aus der Betrachtung von Lohmeyers Leben und Sterben
zieht er den Schluss: »Lassen Sie uns hören, lesen und unterscheiden lernen,
unabhängig davon, welchen Erfolg dies haben mag.«[76] Vom Rektor im Vorfeld
darum gebeten, spricht er zum Abschluss der Veranstaltung noch ein Gebet,
eingebettet in den musikalischen Ausklang – ein durchaus ungewöhnlicher
Programmpunkt bei akademischen Feierstunden!

Der Festakt beginnt um 19:00 und zieht sich in den Abend hinein. Die Aula ist
dem Anlass entsprechend gestaltet: Auf dem Konzertflügel steht die bronzene
Porträtbüste Ernst Lohmeyers, die man vom Rektorat herübergeholt hat; auf einer
Staffelei befindet sich die marmorne Gedenktafel,[77] die während des Festaktes
von Dekan Hardmeier enthüllt wird und die vier Jahre später ihren Ort an dem
neuen Fakultätsgebäude finden soll; davor steht ein großformatiges Porträtfoto
Ernst Lohmeyers – das letzte, das noch in seinem Greifswalder Rektoratsjahr
entstanden war. Der Geehrte, dessen Abwesenheit im Februar 1946 durch die
Amtskette auf dem verwaisten Rektorenstuhl demonstrativ vor aller Augen lag,
ist nun gleich auf dreifache Weise sichtbar präsent. Die Festveranstaltung wird
von einem musikalischen Rahmenprogramm umschlossen. Ein Streichquartett

---

den 1930er Jahren kaum eine vergleichbare Parallele. Die lebenslange Freundschaft mit
Richard Hönigswald, der – obwohl zum Christentum konvertiert – als gebürtiger Jude
verfolgt und in die Emigration getrieben wird, wie auch weitere Freundschaften mit
jüdischen Kollegen in Breslau (Richard Koebner, Isaak Heinemann, Otto Strauss und
viele andere) belegen Lohmeyers eindeutige Haltung.

[75]   Eduard Berger (geb. 1944), war zunächst Superintendent in Meißen und amtierte dann
1990–2001 als Bischof der Pommerschen Evangelischen Kirche in Greifswald.

[76]   Thomas Jeutner, Hören und lesen und unterscheiden lernen. Mit einer Gedenkveranstaltung hat die Ernst-Moritz-Arndt-Universität am 19. September an den Greifswalder
Neutestamentler Ernst Lohmeyer erinnert, in: Die Kirche Nr. 39, 29. September 1996, 1.

[77]   Die Tafel wurde dann vier Jahre später, am 16. Oktober 2000, am neuen Fakultätsgebäude am Rubenowplatz angebracht; vgl. dazu den Beitrag von C. Böttrich, in diesem
Band.

mit Klavierbegleitung spielt Stücke aus Johann Sebastian Bachs »Kunst der Fuge« und aus dem »Wohltemparierten Clavier«.[78]

Im Anschluss lädt die Theologische Fakultät noch den engsten Kreis der Ehrengäste zu einem gemeinsamen Essen ein. Zahlreiche Dankesbriefe aus den folgenden Wochen belegen die große Resonanz und breite Zustimmung, die dieser gelungene Festakt in persönlicher wie auch öffentlicher Perspektive erfährt. Gudrun Otto richtet am 24. September ein Dankesschreiben an Rektor Kohler, in dem es heißt: »Wenn ich es auch sehr bedauert habe, nicht dabeigewesen zu sein, so ist für mich demgegenüber ungleich bedeutsamer, daß die Universität Greifswald sich an diesem Tag nicht nur meines Vaters in so würdiger Form erinnerte, sondern sich auch zu ihm bekannte.«[79]

Auch in Westfalen steht man in diesem Jahr nicht hinter Greifswald zurück. Am 17. September 1996 findet im »Ernst-Lohmeyer-Haus« in Herford eine Abendveranstaltung statt, zu der aus Texte aus Lohmeyers Vater-Unser-Buch gelesen werden, musikalisch umrahmt von Beethoven-Sonaten; am 27. September hält Wolfgang Otto am selben Ort ein Referat; am 23. September gedenkt die Gemeinde St. Stephan in Vlotho des einstigen Pfarrerssohnes.[80]

In der Tagespresse geht man im Vorfeld wie im Nachgang ausführlich auf die Greifswalder Veranstaltung ein.[81] Den Auftakt markiert im April 1996 ein sichtbar platzierter Artikel in der Frankfurter Allgemeinen Zeitung,[82] die das Thema auch weiterhin verfolgt.[83] In gebührender Weise thematisiert das Greifswalder Universitätsjournal den Festakt.[84] Zahlreiche lokale Blätter greifen

---

[78] Die Ausführenden sind: Prof. Matthias Schneider (Klavier), Florian Sigeneger (Violine 1), Ingeborg Kauffeld (Violine 2), Mechthild Heimrich (Viola), UMD Ekkehard Ochs (Violoncello).

[79] Der Brief ist unter den Greifswalder Materialien enthalten.

[80] Vgl. Ernst Lohmeyer vor 50 Jahren ermordet. Ein großer Mensch und Theologe, in: Westfalen-Blatt. Herforder Zeitung Nr. 215, 14. September 1996, 13.

[81] Eine Zusammenstellung aller mir bekannt gewordenen Artikel enthält die annotierte Bibliographie zu Ernst Lohmeyer, in diesem Band.

[82] Helge Matthiesen, Eine tödliche Intrige. Die Wiedereröffnung der Universität Greifswald 1946 und der Fall Lohmeyer, in: FAZ Nr. 64, 15. März 1996, 10; Joachim Buhrow, In Greifswald gern vergessenes Opfer [Leserbrief], in: FAZ, 29. März 1996; Jürgen Kohler, Unvergessener Lohmeyer, in: FAZ, 9. April 1996.

[83] Dieter Wenz, »... und alle seine Rechte sind wiederhergestellt (posthum)«. Die Universität Greifswald gedenkt ihres von der Besatzungsmacht hingerichteten ersten Rektors nach dem Krieg, in: FAZ Nr. 219, 19. September 1996, 16; Wolfgang Schuller, Die Verstummten sprechen. In das Dunkel der sowjetischen Archive fällt Licht, in: FAZ, 3. September 1997, 1.

[84] Edmund von Pechmann, Zeuge in dunkler Zeit. Rektor Ernst Lohmeyer vor fünfzig Jahren denunziert und ermordet, in: Journal der Ernst-Moritz-Arndt-Universität Greifswald 7, 1996, Nr. 2, 3.

den Festakt auf. Die Schlagzeilen setzen deutliche Akzente: »Ernst Lohmeyer vor 50 Jahren ermordet. Ein großer Mensch und Theologe«, »Opfer eines Unrechts-urteils«, »Tod eines Demokraten«, »Erinnerung an einen großen Menschen«, »Lohmeyer-Gedenkfeier. Einstiger Rektor vor 50 Jahren hingerichtet«, »Die töd-liche Intrige gegen Prof. Dr. Ernst Lohmeyer«, »Uni würdigte Wirken von Ernst Lohmeyer«, »Hören und lesen und unterscheiden lernen. Mit einer Gedenkver-anstaltung hat die Ernst-Moritz-Arndt-Universität am 19. September an den Greifswalder Neutestamentler Ernst Lohmeyer erinnert«, »Greifswalder Theologe endlich von Rußland rehabilitiert. Ernst-Moritz-Arndt-Universität gedachte 50. Todestag von Ernst Lohmeyer«, »Vor den Abgöttern des Hitlerismus und des Stalinismus niemals die Knie gebeugt«. Im Osten wie im Westen nimmt man Greifswald nun als einen Ort wahr, an dem das politische Thema »Lohmeyer« aufgearbeitet und das wissenschaftliche Erbe dieses bedeutenden Theologen gepflegt wird.

Zu einer besonderen Gedenkveranstaltung kommt es 1999. Im Rahmen der 53. Greifswalder Bachwoche wird in der Geistlichen Morgenmusik am 9. Juni 1999 (10:00 im Dom St. Nikolai) die Kantate »Stefanus« aufgeführt. Sie stammt von dem Herforder Kirchenmusiker Johannes H. E. Koch (1918–2013), der sie bereits 1990 zum 100. Geburtstag Lohmeyers komponiert hatte.[85] In Vlotho, wo Lohmeyer als Pfarrerssohn aufgewachsen war, steht gegenüber dem Pfarrhaus die alte Klosterkirche St. Stephan. Von daher lag das Thema nahe, zumal das Geschick Lohmeyers immer wieder als Martyrium verstanden wurde.[86] Das Li-bretto der Kantate basiert auf Act 6,8–14 und 7,48–60; der Text ist im Bachwo-chenheft von 1999 vollständig abgedruckt. In Vlotho oder Herford war die Kantate aber bis dahin noch nicht zur Aufführung gelangt. Der Greifswalder Handzettel weist das Ganze deshalb auch zutreffend als »Uraufführung« aus; auf dem Blatt findet sich zudem eine Zeichnung des Rubenowplatzes mit Universität, Denkmal und Dom, die nun den Zusammenhang zwischen der Kantate und Ernst

---

[85]   Die Partitur trägt die Widmung »Für Ernst Lohmeyer 1890–1946«; auf der Innenseite des Rückendeckels befindet sich der Auszug einer Rede von Dr. Wolfgang Otto (Herford) von 1996: »Ernst Lohmeyer – Gelehrter – Bekenner – Demokrat«; dieser Vortrag ist am 27. September 1990 von Wolfgang Otto bei einer Gedenkveranstaltung in Vlotho gehalten worden, angekündigt im Informationsblatt der Gesellschaft für Christlich-Jüdische Zu-sammenarbeit in Herford

[86]   Vgl. z. B. seine Einordnung in den Band: »Ihr Ende schauet an ...«. Evangelische Märtyrer des 20. Jhs., hg. von Harald Schultze und Andreas Kurschat, Leipzig 2006, 634–636; ²2008, 672–674. Insgesamt wird man hier vorsichtiger urteilen müssen. Lohmeyer stirbt nicht aufgrund seines christlichen Bekenntnisses, sondern wird ein Opfer politischer Willkür. Auch wenn es hier im 20. Jh. immer wieder Übergänge gegeben hat, ist doch zwischen beidem zu unterscheiden.

Lohmeyers Greifswalder Ende herstellt.[87] Um 9:45 erfolgt eine Einführung in die Kantate durch den Komponisten selbst; die Predigt während der Morgenmusik hält Pastor Hans Druckrey aus Greifswald. Der Handzettel kündigt überdies auch das jüngste Buch von Wolfgang Otto an, das den Briefwechsel zwischen Richard Hönigswald und Ernst Lohmeyer veröffentlicht und das zeitgleich mit der Uraufführung der Stefanus-Kantate erschienen ist.[88]

Ein Herforder Zeitungsartikel vom 5. September 1999 berichtet noch einmal von dieser Gedächtnisfeier in Greifswald,[89] bei der Wolfgang Otto »im vollbesetzten Dom« gesprochen habe, und zitiert aus seiner Rede.[90] Dass die Kantate 1990 in Vlotho nicht erklungen war, könnte an den fehlenden Möglichkeiten vor Ort gelegen haben. In Greifswald jedenfalls nutzt Jochen A. Modeß, künstlerischer Leiter der traditionsreichen Bachwoche, seine guten westfälischen Kontakte, um dem Werk mit etwas Verspätung an einem nicht weniger passenden Ort zu seiner längst verdienten Uraufführung zu verhelfen. Der Vortrag von Wolfgang Otto macht überdies deutlich, wie eng die einst durch die innerdeutsche Grenze getrennten »Heimatorte« Lohmeyers inzwischen miteinander verbunden sind.

Im Jahr 2000 erhält die Theologische Fakultät ein neues Domizil. Ihre bisherigen Räume im Westflügel des Universitätshauptgebäudes werden im Zuge einer umfassenden Sanierung Teil eines neuen Raumkonzeptes. Die Theologische Fakultät bezieht daraufhin einen zweistöckigen Neubau genau *vis a vis* des Hauptgebäudes, an der Nordseite des Rubenowplatzes gelegen. Die Einweihung des Hauses mit feierlicher Schlüsselübergabe durch Kanzler Carl-Heinz Jacob an Dekan Martin Onnasch erfolgt am 16. Oktober 2000; anwesend sind auch der Bildungsminister des Landes, Peter Kauffold, und Rektor Hans-Robert Metelmann.[91] Während dieses feierlichen Aktes erhält das Gebäude (nicht die Fakultät) nun auch den Namen »Ernst-Lohmeyer-Haus«.

---

[87]   Ein kleines Biogramm benennt daraufhin die wichtigsten Stationen Lohmeyers und verweist auf seine theologischen Arbeiten zum Thema Martyrium.

[88]   Wolfgang Otto, Aus der Einsamkeit – Briefe einer Freundschaft. Richard Hönigswald an Ernst Lohmeyer, Würzburg 1999.

[89]   Erinnerung: Märtyrer-Komposition zum 100. Geburtstag Ernst Lohmeyers. Lohmeyer – Bekenner und Märtyrer, in: Unsere Kirche. Evangelisches Sonntagsblatt für Westfalen und Lippe. Kirchenkreis Herford, Nr. 36, 5. September 1999, 19.

[90]   Auch in diesem Artikel wird auf das Buch mit dem Briefwechsel Hönigswald – Lohmeyer verwiesen.

[91]   Vgl. Theologische Fakultät zog in Plattenbau. Minister Kauffold heute bei Eröffnung dabei, in: OZ, 16. Oktober 2000, 13; Freude im Ernst-Lohmeyer-Haus. Theologische Fakultät nahm neues Domizil offiziell in Besitz, in: OZ, 17. Oktober 2000, 13.

Im Fakultätsrat der Theologischen Fakultät hatte es dazu eine längere De-batte gegeben.[92] Soll das Haus überhaupt einen Namen tragen? Und wenn ja – welche Programmatik verbindet sich dabei mit dem Namen Ernst Lohmeyer? Einerseits wird die Befürchtung artikuliert, die Namensgebung könne einer »Wiedergutmachungsinflation« Vorschub leisten; andererseits wird geltend ge-macht, dass ein solches Vorhaben sehr klar in der Konsequenz des Festaktes von 1996 liege. Zur Programmatik erörtert man Lohmeyers Unangepasstheit, die vielen eine Identifikationsmöglichkeit biete. Ausschlaggebend für den positiven Entscheid werden schließlich Lohmeyers aufrechte Haltung, die Freiheit und Unabhängigkeit seines Denkens sowie sein fachübergreifendes Verständnis von Theologie. In der Begründung, die dem Senat vorliegt, heißt es: »Mit der Ver-leihung des Namens wird Ernst Lohmeyer in dreifacher Weise geehrt: als weg-weisender Theologe, als mutiger Rektor und als ein couragierter Bürger, der die Würde bedrängter Menschen zu schützen sich bemühte, die Freiheit des Denkens selbst bewahrte und anderen einräumte. Mit unbestechlicher Wahrhaftigkeit war er dem Gemeinwohl der Stadt, der Universität sowie der Forschung verpflich-tet.«[93] Am 19. Januar 2000 erteilt der Senat seine Zustimmung.

Während der feierlichen Übergabe des Hauses wird im Eingangsbereich eine Gedenktafel enthüllt, die in knappen Worten Lohmeyers Lebensdaten und sein Geschick benennt.[94] 1996 war sie bereits während des Festaktes in der Aula präsentiert worden, musste jedoch noch weitere vier Jahre auf den Ort ihrer dauerhaften Anbringung warten. Heute ist sie neben dem schlichten Schild »Ernst-Lohmeyer-Haus« der erste Blickfang, der Besucher zur Frage nach Loh-meyer veranlasst.

Der 60. Todestag von Ernst Lohmeyer fällt in das Jubiläumsjahr der Uni-versität Greifswald, die 2006 mittlerweile auf stolze 550 Jahre zurückblicken kann. Geschichtliche Studien haben Konjunktur. Eine große zweibändige Fest-schrift arbeitet die letzten 200 Jahre auf und trägt nach, was unter den ideolo-gischen Restriktionen der DDR-Zeit verschwiegen blieb.[95] Unter all diesen Re-

---

[92]   Vgl. dazu die Gesprächsnotiz vom 3. November 1999, UAG 1413/10, Theol. Fak. III Nr. 12.

[93]   Anlage zum Fakultätsratsprotokoll vom 1. Dezember 1999; UAG 1413/10, Theol. Fak. III Nr. 12.

[94]   Vgl. dazu den Beitrag von C. Böttrich, in diesem Band.

[95]   Universität und Gesellschaft. Festschrift zur 550-Jahrfeier der Universität Greifswald. I: Die Geschichte der Fakultäten im 19. und 20. Jahrhundert, hg. von Dirk Alvermann und Karl-Heinz Spiess, Rostock 2006. Die Geschichte der Theologischen Fakultät (von Irm-fried Garbe und Martin Onnasch) umfasst den Zeitraum 1815–2004.

miniszenzen – so viel ist nach den letzten Jubiläen von 1956 und 1981 deutlich – darf Lohmeyer diesmal nicht fehlen.[96]

Von Andreas Köhn, der 2004 gerade eine Dissertation über Lohmeyer veröffentlicht hatte,[97] stammt die Idee, einen kleinen Band mit Lohmeyers Breslauer Universitätspredigten unter dem Titel »Ernst Lohmeyers Zeugnis im Kirchenkampf« vorzulegen.[98] Im Vorwort stellt Christfried Böttrich, Dekan der Theologischen Fakultät, den Bezug zur *alma mater Gryphiswaldensis* her: »»Wissen lockt‹ – so lautet das Motto, das über den Feierlichkeiten steht und das den Blick auf die Zukunft akademischer Bildung lenkt. Die Verlockungen der Wissenschaft führen von jeher in das unbetretene und noch unwegsame Gelände neuer Fragestellungen. Sie speisen sich zugleich aus dem Fundus gewachsener und bewährter Erkenntnisse, der seinen Ort in den Strukturen der Universitas litterarum hat. Diese Dialektik von Aufbruch und Bewahrung durchzieht als Tenor eine der großen Greifswalder Rektoratsreden – die nie gehalten worden ist. [...] Wenn sich das Gedenken an Ernst Lohmeyer im 60. Jahr seiner Ermordung mit dem 550. Jahr der Greifswalder Universität verbindet, dann hat dieses Zusammentreffen einen tieferen Sinn. Bindung an das Erbe und Freiheit zu neuen Aufbrüchen bilden sich in dieser Biographie auf eine Weise ab, die der Universität zur Ehre gereichen kann und zur Verpflichtung werden muss.«[99]

Die Bronzebüste Ernst Lohmeyers, 1990 von Wolfgang Otto aus Herford der Universität überreicht, war während der Sanierungsarbeiten am Universitätshauptgebäude auf einem Dachboden in der Greifswalder Bahnhofsstraße ausgelagert worden. Im Jubiläumsjahr findet sie nun eine neue Aufstellung in der Bibliothek des Fakultätsgebäudes, durch eine Installation des Wolgaster Metallgestalters Wolfgang Hofmann noch einmal optisch hervorgehoben.[100] Zur Semestereröffnung des WiSe 2006/07 steht sie sichtbar auf einem Sockel im Konferenzraum und wird zum Hauptgegenstand in der Begrüßungsrede des Dekans. Im Fakultätsgebäude, dem »Ernst-Lohmeyer-Haus«, behält sie auch nach dem Auszug der Bibliothek und dem Umbau des Erdgeschosses im SoSe 2016 ihren festen Ort. Der Raum mit der Büste Ernst Lohmeyers ist mittlerweile zu

---

[96] Lohmeyers Rektorat, sein Ende sowie die Gedenkfeiern von 1990 und 1996 nehmen in dieser Festschrift nun auch ihren angestammten Platz ein.

[97] Andreas Köhn, Der Neutestamentler Ernst Lohmeyer. Studien zu Biographie und Theologie [mit einem ausführlichen Geleitwort des Herausgebers Jörg Frey: Zur Bedeutung des Neutestamentlers Ernst Lohmeyer, V–XII], WUNT 2/180, Tübingen 2004 (= Diss. Hamburg 2002).

[98] Ernst Lohmeyers Zeugnis im Kirchenkampf. Breslauer Universitätspredigten, hg. von Andreas Köhn, mit einem Vorwort von Christfried Böttrich, Göttingen 2006.

[99] Böttrich bei Köhn, Ernst Lohmeyers Zeugnis, 9 und 17.

[100] Vgl. dazu den Beitrag zu der Bronzebüste von C. Böttrich, in diesem Band.

einem kommunikativen Zentrum der Theologischen Fakultät am Rubenowplatz geworden.

Eher als Randnotiz ist hier auch der »Lohmeyer-Cup« zu erwähnen – ein Fußballturnier, das seit Ende der 1990er Jahre im Sommersemester von der Fachschaft der Theologischen Fakultät Greifswald organisiert wird. Gern gesehene Gäste sind dabei auch stets die Kommilitonen aus Rostock. Fachschaft, Studienhaus, Kirchenmusik oder Mannschaften aus anderen Fakultäten treten unter Phantasienamen an und kämpfen um einen Wanderpokal, dessen Gewinn dann bei abendlicher Geselligkeit ausgiebig gefeiert wird. Lohmeyer, der mit seiner Tochter vierhändig Klavier spielte und mit seinen Studierenden Stefan George las, als Schirmherr für die Freunde des runden Leders? Vermutlich hätte er kopfschüttelnd notiert: *tempora mutantur.* Doch bei der Geselligkeit am Abend wäre er sicher zugegen gewesen, mit einer guten Zigarre und dem einen oder anderen Bonmot.

Gegenwärtig entsteht in der Greifswalder Altstadt ein neuer (alter) Campus, auf dem vor allem die bislang verstreuten Institute der Philosophischen Fakultät konzentriert werden sollen. Er befindet sich im Bereich der Friedrich-Loeffler-Straße 23 und nutzt hier diejenigen Gebäude, die seit dem Umzug des Klinikums in die Neubauten am Berthold-Beitz-Platz frei geworden sind. Seit Oktober 2015 trägt das Areal, das von diesem Gebäudekomplex umstanden wird, den Namen »Ernst-Lohmeyer-Platz«; die Gebäude ringsum führen dementsprechend die Postadresse »Ernst-Lohmeyer-Platz 1–6«.

Bereits im Dezember 2012 hatte die Bürgerschaft der Stadt Greifswald beschlossen,[101] bei künftigen Benennungen von Straßen und Plätzen auch den Namen Ernst Lohmeyer zu berücksichtigen. Anfang des Jahres 2015 wird dafür in ersten Gesprächen der Platz auf dem neuen Campus Loefflerstraße in den Blick genommen. Am 18. August 2015 liegt dem Senat der Universität ein entsprechender Antrag vor. Nach der Beratung in verschiedenen städtischen Ausschüssen erfolgt die Beschlussfassung in der Bürgerschaft am 28. September 2015. In der Begründung werden vor allem Lohmeyers klare antifaschistische Haltung sowie sein Eintreten für verfemte jüdische Kollegen hervorgehoben. Als einer der profiliertesten Neutestamentler seiner Zeit erwirbt er sich zudem mit der Übernahme des Rektorats nach 1945 große Verdienste um den Wiederaufbau der Universität. Die lange Zeit verschwiegenen Umstände seines Verschwindens sind mittlerweile durch die 1996 erfolgte vollständige Rehabilitierung durch den Generalstaatsanwalt der Russischen Föderation aufgeklärt.

---

[101] Vgl. den Beschluss B523–29/12 vom 10. Dezember 2012.

In der Tagespresse wird der Vorgang nur kurz erwähnt.[102] Universität und Stadt dokumentieren mit dieser Namensgebung, dass Ernst Lohmeyer nun den ihm gebührenden Ort auch in »seiner« Greifswalder Universität gefunden hat. Im Jahr 2016 jährt sich der Todestag Ernst Lohmeyers zum 70. Mal. Die Zeitspanne von 70 Jahren – eine geradezu biblische Epoche – hatte im vorausgegangenen Jahr vielfach Anlass zur Erinnerung an das Ende des Zweiten Weltkrieges gegeben. Für die Theologische Fakultät rückt diese Zahl nun noch einmal die Frage nach Ernst Lohmeyer und seiner Bedeutung für unsere Zeit in den Blick.

Nachdem über den längsten Zeitraum hin Lohmeyers Vita im Mittelpunkt des Gedenkens stand, erfolgt nun wieder verstärkt die Auseinandersetzung mit seinem Werk. Im wissenschaftlichen Diskurs ist Ernst Lohmeyer stets präsent geblieben. Seine Bücher werden auch nach seinem Tod bis in die 1960er Jahre immer wieder nachgedruckt und weit darüber hinaus rezipiert. Seine Arbeiten stehen für eine sehr eigene, unangepasste und keiner Schulrichtung zuzuordnende Stimme in den Debatten, von denen die Theologie der Nachkriegszeit umgetrieben wird. Dieses Werk aufzuarbeiten und zugänglich zu halten, ist deshalb eine bleibende Verpflichtung.

In bewährter Kooperation mit dem Alfried-Krupp-Wissenschaftskolleg Greifswald organisiert die Theologische Fakultät deshalb am Montag, dem 24. Oktober 2016, ein Symposium unter dem Thema: »Hoffnungsvoller Aufbruch – gewaltsames Ende. Symposium zum Gedenken an Ernst Lohmeyers Tod vor 70 Jahren«.[103] Die Rektorin der Universität, Johanna Eleonore Weber, spricht ein Grußwort. Zu den Vorträgen sind drei seit Jahren intensiv mit Lohmeyer befasste Kollegen aus den USA, aus England und Italien eingeladen; drei Kollegen der Theologischen Fakultät stehen mit ihren Vorträgen für das Erbe Lohmeyers vor Ort. Ein öffentlicher Abendvortrag des Altmeisters deutscher Forschungsgeschichte im Bereich der biblischen Exegese, John W. Rogerson aus Sheffield,[104] rundet das Programm ab.[105] Alle Vorträge des Symposiums sind in diesem Band noch einmal nachzulesen.

---

[102] Greifswald erhält Lohmeyer-Platz. Eine entsprechende Vorlage passiert derzeit die Ausschüsse, in: OZ, 12./13. September 2015, 10; Christfried Böttrich, Plädoyer für den Theologen Lohmeyer. Der Professor wurde vor 70 Jahren hingerichtet [Auszüge aus einem Leserbrief], OZ, 12. Oktober 2015, 10.

[103] Die Vorträge beginnen um 14:00 und finden im großen Saal des Krupp-Kollegs in der Lutherstraße statt.

[104] Von ihm ist gerade erschienen: John W. Rogerson, The Case for Ernst Lohmeyer, Sheffield 2016.

[105] Christfried Böttrich, Gedenken erhalten. Prof. Dr. Ernst Lohmeyer, in: Campus 1456. Magazin der Ernst-Moritz-Arndt-Universität Greifswald, Ausgabe 6, November 2016, 26.

Damit tritt das Gedenken an Ernst Lohmeyer in eine neue Phase ein. Vom verfemten Gelehrten und verschwiegenen »Fall« ist er nun zu einem geachteten und öffentlich geehrten Traditionsträger theologischer Arbeit in Greifswald geworden, dessen wissenschaftliches Werk bewahrt und gepflegt wird. Die Deutungskonflikte, die sich an den Verwicklungen seines Lebensweges entzündeten, gehören der Vergangenheit an. Vor Augen steht der Exeget, der in den Texten des Neuen Testaments stets nach dem Bleibenden, Übergeschichtlichen sucht – und dabei doch nie das Menschliche in seiner unmittelbaren Lebenswirklichkeit aus dem Blick verliert. Ihm bleiben Universität und Theologische Fakultät dankbar verpflichtet.

DIE BRONZEBÜSTE ERNST LOHMEYERS

Christfried Böttrich

Die Erinnerung an Ernst Lohmeyer lebt vor allem in seinem Werk fort – in seinen zahlreichen Monographien, Kommentaren und Aufsätzen. Was darin schon von seiner Persönlichkeit sichtbar wird, tritt dann im Bild noch einmal auf eigenständige Weise vor Augen. Von Ernst Lohmeyer haben sich nicht nur einige markante Fotografien erhalten;[1] von ihm existiert auch eine nicht weniger ausdrucksstarke Porträtbüste. Sie wurde 1931 von dem Bildhauer Philipp Theodor von Gosen (1873–1943) geschaffen, als Lohmeyer – damals gerade erst 41 Jahre alt – das Rektorat der Universität Breslau bekleidete. Seither hat diese Büste eine wechselvolle Geschichte erlebt, deren Spuren im folgenden nachgezeichnet werden sollen.

1. DER BILDHAUER PHILIPP THEODOR VON GOSEN

Philipp Theodor von Gosen (1873–1943)[2] zählt zu den profiliertesten Künstlerpersönlichkeiten Schlesiens während der ersten Hälfte des 20. Jahrhunderts. In seinen Porträtbüsten und Erinnerungsmedaillen spiegelt sich die intellektuelle Szene der Zeit auf lebendige Weise wider. Die Büste Ernst Lohmeyers fügt sich hier einer bereits etablierten, umfangreichen Werkgruppe unter den Arbeiten von Gosens ein.

Geboren wurde Philipp Theodor von Gosen am 10. Januar 1873 in Augsburg. Nachdem er das Gymnasium vorzeitig verlassen hatte, nahm er ein Studium an der Akademie der Bildenden Künste in München auf. Die anschließende kurze Phase freiberuflicher Tätigkeit endete 1906 mit einem Ruf an die Breslauer

---

[1] Vgl. dazu den Bildanhang in diesem Band.

[2] Der Bildhauer Theodor von Gosen 1873–1943, hg. von Hubertus Lossow, Silesia 22, München 1979; Piotr Łukaszewicz, Art. Gosen, Theodor (Philipp Theodor) von, in: Allgemeines Künstlerlexikon 59, München / Leipzig 2008, 154–156.

Abb. 3: Bronzebüste Ernst Lohmeyers von Philipp Theodor von Gosen

Kunstakademie.[3] 1909 beteiligte sich von Gosen maßgeblich an der Gründung des Künstlerbundes Schlesien und wurde zu dessen erstem Vorsitzenden gewählt. 1919 berief ihn auch die Preußische Akademie der Künste in Berlin zu ihrem Mitglied. Als die Breslauer Akademie 1932 geschlossen wurde, blieb von Gosen am Ort und lebte hier bis zu seinem Tod am 30. Januar 1943 wiederum als freischaffender Bildhauer. Die letzte Ruhe fand er in seiner bayerischen Heimat auf der Fraueninsel im Chiemsee. Als Wahl-Schlesier aber verbrachte Philipp

---

[3]   Zur Geschichte der Kunstakademie vgl. ausführlich und materialreich Petra Hölscher, Die Akademie für Kunst und Kunstgewerbe zu Breslau. Wege einer Kunstschule 1791– 1932, Bau+Kunst 5, Kiel 2003.

Theodor von Gosen die längste Zeit seines Lebens in Breslau, wo er in der aufblühenden Kunstszene der Stadt eine prägende Rolle spielte.

Die Entstehung der Bronzebüste Lohmeyers im Jahr 1931 fällt in eine Phase, in der von Gosen gerade den Vorsitz im Künstlerbund Schlesiens niedergelegt hatte (1930). In der Porträtplastik wie in der Medaillenherstellung hatte er sich bereits weit über Breslau hinaus einen geachteten Namen erworben.[4] Für die Anfertigung der Bronzebüste Ernst Lohmeyers konnte von Gosen auf eine lange Berufserfahrung zurückgreifen.

Vermutlich waren Lohmeyer und von Gosen schon länger miteinander bekannt. Lohmeyer pflegte in seinen Breslauer Jahren (1921–1935) intensive Kontakte zu Philosophen, Literaten und Künstlern – einer Szene also, in der auch von Gosen zu Hause war. Das zeitliche Zusammentreffen mit Lohmeyers Rektorat vom Wintersemester 1930/31 bis zum Sommersemester 1931 scheint eher ein Zufall zu sein. Ein Auftragswerk war die Büste jedenfalls nicht.[5] In der Familienüberlieferung ist die Erinnerung aufbewahrt, dass von Gosen in Lohmeyers Vorlesung gesessen und den markanten Kopf des noch auffallend jugendlichen *rector magnificus* in Wachs modelliert habe.

1932 wurde von Gosen zum Ehrendoktor der Theologischen Fakultät Breslau promoviert. Damit ehrte die Fakultät vor allem das intensive und umfangreiche Bemühen des Künstlers um die großen Themen der christlichen Ikonographie, das sich in seiner vielfältigen Gestaltung von Sakralplastik niederschlug.[6] Die Anfertigung der Bronzebüste geht der Verleihung der Ehrendoktorwürde um ein Jahr voraus. Beides, die Büste als Würdigung des Theologen und Rektors wie auch die Auszeichnung ihres Schöpfers mit akademischen Ehren, belegt die enge Beziehung, die zwischen von Gosen und der Theologischen Fakultät in Breslau bestand. Lohmeyer selbst wird man hier wohl als einen besonderen Exponenten dieser interdisziplinären Offenheit und akademischen Vernetzung verstehen können.

Die Porträtbüste von 1931 erweist sich somit als Ausdruck jener intellektuellen Atmosphäre Schlesiens während der 1920er und 1930er Jahre, an der auch Theologen wie Ernst Lohmeyer maßgeblich Anteil hatten.

---

[4]   Paul Dziallas, Theodor von Gosen. Das Medaillenwerk, Silesia 11, München 1971, listet den vollständigen Bestand aller 88 Medaillen (darunter zum größten Teil Porträts) auf, versehen mit zahlreichen Abbildungen.

[5]   Es wäre denkbar, dass die Universität Breslau (wie andere Universitäten auch) ihre Rektoren standesgemäß in Form von Gemälden oder Büsten verewigte; darauf könnte vor allem der Zeitpunkt – die Anfertigung der Büste nach Beendigung von Lohmeyers Rektorat – hinweisen. Nach der freundlichen Auskunft von Jarosław Suleja vom Muzeum Uniwersytetu Wrocławskiego (Mail vom 30.01.2017) war dies um die Mitte des 20. Jh.s jedoch keine übliche Praxis.

[6]   Lossow, Zur Einführung, in: Der Bildhauer Theodor von Gosen (1873–1943), 20–21.

2. DIE FRÜHGESCHICHTE DER BÜSTE ZWISCHEN BRESLAU UND GREIFSWALD

Philipp Theodor von Gosen fertigte die Porträtbüste Ernst Lohmeyers zunächst in Form eines Wachsmodells an, das sich bis heute im Besitz der Familie befindet. Ob es davon schon in Breslau einen Bronzeabguss gegeben hat, ist ungewiss. Lediglich zwei schriftliche Äußerungen weisen vage auf einen solchen Abguss hin. Die erste findet sich in einem Informationsblatt für die Marien-Kirchgemeinde in Herford von 1984, in dem die Büste abgebildet ist. Dort heißt es:»Die Büste von Professor Lohmeyer – siehe Bild im Text – wurde von dem Bildhauer Theodor von Gosen anläßlich des Rektorats von Professor Lohmeyer geschaffen und stand in der Universität Breslau.« Im Gemeindeblatt vom Oktober 1984 heißt es dann als Bildunterschrift noch einmal lapidar:»Prof. Dr. D. Ernst Lohmeyer, Büste von Theodor von Gosen in der Breslauer Universität«. 1984 hatte die Marien-Kirchgemeinde ihrem Gemeindehaus den Namen Ernst Lohmeyers verliehen. Pfarrer Dr. Wolfgang Otto hatte veranlasst, aus diesem Anlass einen Abguss für das Gemeindehaus herzustellen. Die zweite schriftliche Äußerung ist in den Greifswalder Universitätsreden Nr. 59 enthalten. Sie entstammt der Begrüßungsrede von Rektor Hans-Jürgen Zobel während der Gedenkveranstaltung zu Lohmeyers 100. Geburtstag am 19. September 1990 in der Aula der Greifswalder Universität. Wolfgang Otto hatte zu diesem Anlass – gleichsam als einen Gruß aus Herford – einen zweiten Bronzeabguss überreicht, worauf Rektor Zobel in seiner Begrüßung eingeht:»Sie [die Büste] stand im Vorraum zur Aula der Universität Breslau und wurde wahrscheinlich in den Kriegswirren des Jahres 1944/45 zerstört. Ein Gipsabguss befand sich in der Sammlung Preußischer Kulturbesitz in Westberlin; von ihm wurde diese Büste geschaffen.«[7]

In der Familienüberlieferung ist freilich nur das Wachsmodell bekannt; an einen Bronzeabguss aus der Breslauer Zeit gibt es keine Erinnerungen. Skeptisch stimmt auch die Tatsache, dass weder die ältere Literatur einen solchen Breslauer Abguss verzeichnet,[8] noch das Universitätsmuseum in Breslau von einer solchen

---

[7]   Hans-Jürgen Zobel, Begrüßung, in: In Memoriam Ernst Lohmeyer (* 8. Juli 1890, † 19. September 1946). Gedenkveranstaltung am 19. September 1990 anläßlich des 100. Geburtstages und der Wiederkehr des Todestages, Greifswalder Universitätsreden NF 59, Greifswald 1991, 5.

[8]   In der mir zugänglichen älteren Literatur kann ich eine entsprechende Dokumentation der Büste nicht finden; die Abbildungen der Büste im Internet geben immer»Greifswald« an und nehmen damit erst auf den Abguss von 1990 sowie die damit verbundenen Informationen Bezug.

Büste im Umfeld der Aula weiß.[9] Auch ein Gipsmodell lässt sich nicht nach-weisen.[10]

Die Idee als solche ist freilich verlockend, denn bei der Aula Leopoldina in Breslau handelt es sich um einen ausgesprochen repräsentativen Ort, gleichsam das Schmuckstück des Breslauer Universitätshauptgebäudes.[11] Erbaut wurde diese Aula in den Jahren 1728–1732 als einer der größten Barocksäle Europas. Der Name erinnert an Kaiser Leopold I. (1640–1705), der 1702 zum Gründer der Breslauer Universität wurde.

Wo genau die Büste im Bereich der Aula gestanden haben soll, lässt sich heute nicht mehr ausmachen. Einen Vorraum, wie Zobel sagt, gibt es dort nicht. Man betrat und betritt die Aula direkt vom Treppenhaus her. Immerhin befindet sich an der Stirnseite des Raumes in der Nähe des Podiums eine Art Hinter-zimmer. Dort wie auch im Bereich des Podiums selbst könnten durchaus einmal Büsten gestanden haben.[12] Bilder oder andere Nachrichten sind davon jedoch nicht mehr erhalten.

Rektor Zobel setzt 1990 die Zerstörung der Büste »in den Kriegswirren des Jahres 1944/45« voraus.[13] Während des Zweiten Weltkrieges blieb die Aula im Hauptgebäude der Breslauer Universität jedoch vor allen Zerstörungen glücklich verschont. Das dürfte somit auch für ihre Nebenräume gelten. Sollte dort also tatsächlich einmal ein Bronzeabguss der Büste gestanden haben, dann müsste

---

[9]   Vgl. die freundliche Auskunft von Jarosław Suleja vom Muzeum Uniwersytetu Wrocławskiego (Mail vom 30.01.2017).

[10] Die Gipsformerei der Staatlichen Museen zu Berlin teilte mir am 9. Januar 2017 mit, dass sich in ihrem Bestand keine Arbeiten von Gosens befinden; auch im Bereich der Alten und Neuen Nationalgalerie scheine ein solcher Gipsabdruck nicht vorhanden zu sein. Die Erinnerung an ein Gipsmodell erklärt sich m.E. am einfachsten vom Verfahren des Bronzegusses her: Hier ist die Herstellung einer Gipsform ein notwendiger technischer Zwischenschritt; die Gipsform hat nur eine temporäre Funktion.

[11] Henryk Dziurla, Aula Leopoldina Universitatis Wratislaviensis, Wrocław 1993; hier finden sich zahlreiche qualitätvolle Bilder sowie eine detaillierte Beschreibung der ba-rocken Ausstattung des Raumes.

[12] Auch diese Auskunft verdanke ich Jarosław Suleja vom Muzeum Uniwersytetu Wrocławskiego (Mail vom 30.01.2017).

[13] Zobel, Begrüßung, 5. Der Strafrechtler Karl Peters (1904–1998) schreibt im April 1992 in seinen »Erinnerungen an Ernst Lohmeyer« (in diesem Band) zu der Büste: »Dass wir in dem Rektorat der Universität die (neu hergestellte) Büste Ernst Lohmeyers sehen können, hat uns tief beglückt. Kannten wir doch noch die ursprüngliche zerstörte Büste.« Auch Peters geht also von einer Zerstörung aus. Wo aber sollte er die »ursprüngliche« Büste gesehen haben, wenn er Lohmeyer erst 1942 in Greifswald kennenlernte? Dann müsste eine solche Büste ja von Breslau mit nach Greifswald gekommen sein! Das aber ist nachweislich nur mit Blick auf das Wachsmodell der Fall. Täuscht sich Peters hier in seiner Erinnerung? Oder schließt er das alles nur aus Zobels Rede?

Abb. 4: Aula Leopoldina der Universität Breslau

sein Schicksal ein anderes gewesen sein. Als leicht bewegliches Objekt wäre die Büste vielleicht schon in den ersten Kriegsjahren entfernt und zerstört worden. Denkbar wäre auch, dass sie bereits nach Lohmeyers Strafversetzung an die Universität Greifswald (1. Oktober 1935) aus dem repräsentativen Bereich der Aula entfernt wurde und dann, ausgelagert, an einem anderen Ort verloren ging. Seit März 1940 fielen dem »Aufruf zur Metallspende des deutschen Volkes«[14] nicht nur Kirchenglocken, sondern selbst bronzene Kaiser-, Bismarck- und Lutherdenkmäler zum Opfer – also Kunstwerke des öffentlichen Raumes mit hohem Identifikationswert. Dass man in dieser Situation gerade in Breslau die bronzene Büste eines ehemaligen, nunmehr aber strafversetzten Rektors bewahrt haben sollte, ist eher unwahrscheinlich.

Solche Überlegungen gehören freilich in das Reich der Spekulation. Wahrscheinlich hat es einen ursprünglichen Breslauer Abguss nie gegeben. Das Wachsmodell, dem Kollegen in freundschaftlicher Zuwendung überlassen, ist Ausdruck einer persönlichen Beziehung und verbleibt in der Familie. Auf diese Weise kommt es nach Greifswald. Hier übersteht es die Wirren des Kriegsendes

---

[14]   Verordnung zum Schutz der Metallsammlung des deutschen Volkes vom 29. März 1940, in: Justiz-Strafrecht und polizeiliche Verbrechensbekämpfung im Dritten Reich, hg. von Gerhard Werle, Berlin 1989, 304.

sowie die Konfiszierung persönlichen Eigentums nach Lohmeyers Verhaftung offenbar unbeschadet.[15] Melie Lohmeyer nimmt dieses Modell 1948 bei ihrem Weggang von Greifswald mit nach Berlin (West). Dort wird es später von ihrer Tochter Gudrun, verheiratete Otto, weiter aufbewahrt. Eine öffentliche Wahrnehmung der Porträtbüste beginnt erst mit den Abgüssen für das Gemeindehaus in Herford (1984) und für die Universität in Greifswald (1990).

3. DIE ABGÜSSE FÜR HERFORD UND GREIFSWALD

Mitte der 1980er Jahre entstand auf Initiative von Pfarrer Dr. Wolfgang Otto in Herford,[16] der das Modell durch seinen persönlichen Kontakt zu Gudrun und Klaus-Jürgen Otto kannte,[17] ein erster Abguss. Angefertigt wurde er in der Bildgießerei von Wilhelm Füssel (1902–1992) in Berlin-Charlottenburg.[18] Dieser Abguss fand nach der Einweihung des »Ernst-Lohmeyer-Hauses« der Evangelisch-Lutherischen Marien-Kirchgemeinde Stift Berg in Herford[19] (16. September 1984) seine Aufstellung in dem so genannten »Ernst-Lohmeyer-Raum«. Die Büste traf indessen erst ein gutes halbes Jahr nach dieser Einweihung in Herford ein.[20]

---

[15]   Stefan Rettner (Mail vom 4.4.2017) verdanke ich den Hinweis auf einen größeren Riss auf der Rückseite des Wachsmodells, der im Zuge des Abgusses von 1984 dann wieder repariert worden ist.

[16]   Dr. Wolfgang Otto war während vieler Jahre Pfarrer an der Stiftskirche St. Marien auf dem Berge zu Herford. Mit der Geschichte Ernst Lohmeyers, der das Gymnasium in Herford besucht hatte, war er durch seinen Vater, Studienrat Bernhard Otto, bekannt. Wolfgang Otto veröffentlichte den Gedenkband: Freiheit in der Gebundenheit. Zur Erinnerung an den Theologen Ernst Lohmeyer anläßlich seines 100. Geburtstages, Göttingen 1990; ebenso publizierte er eine Sammlung von Briefen: Aus der Einsamkeit – Briefe einer Freundschaft. Richard Hönigswald an Ernst Lohmeyer, Würzburg 1999.

[17]   Verwandtschaftliche Beziehungen, die man aufgrund der Namensgleichheit zwischen Wolfgang Otto und dem Ehepaar Gudrun und Klaus-Jürgen Otto vermuten könnte, bestehen nicht.

[18]   Vgl. dazu Wilhelm Füssel, Charlottenburger Bronzegießer [Katalog zu einer Ausstellung vom 3. März bis 30. April 2011 im Georg Kolbe Museum Berlin], Berlin 2011. Die Bildgießerei wurde 1922 gegründet und befand sich in den folgenden Jahren an verschiedenen Standorten, seit 1958 in der Quedlinburger Str. 4; 1991 wurde die Werkstatt geschlossen; 1992 verstarb Wilhelm Füssel.

[19]   Vgl. dazu C. Böttrich, Erinnern und Gedenken, sowie C. Böttrich, Ernst Lohmeyers Häuser, beides in diesem Band.

[20]   Ein Brief von Gudrun Otto an Wolfgang Otto vom 25. April 1985 verweist auf zwei beiliegende Rechnungen (der Gipsformerei und der Bronzegiesserei) und teilt mit, dass die Büste schon auf dem Weg nach Herford sei. Demnach ist der Abguss von Gudrun Otto

Eine Veröffentlichung von 1985, die zwei Ansprachen aus Anlass dieser Namensgebung enthält, zeigt bereits eine Fotografie.[21] Heute steht die Büste in einer Schrankwand auf der linken Seite des Raumes.[22]

Abb. 5: Bronzeabguss der Büste im Gemeindehaus Herford Stift Berg

Ein zweiter Abguss wurde im Vorfeld von Ernst Lohmeyers 100. Geburtstag erneut von Wolfgang Otto in Auftrag gegeben.[23] In einem Brief vom 27. Juni 1996

---

in Berlin organisiert worden; Wolfgang Otto hat indessen in Herford den Auftrag ausgelöst und die Kosten aufgebracht.

[21] Freie und Hansestadt Herford 3, Herford 1985, 73. Das Foto der Büste ist mit der folgenden Unterschrift versehen: »Ernst Lohmeyer: Lehrer der Kirche – Vater des Glaubens – Märtyrer Christi (1890–1946).«

[22] Auf einer Rechnung der Berliner Bildgießerei vom 25. 11. 1985 ist mit Bleistift notiert: »für Museum der Stadt Herford«. Dabei handelt es sich jedoch um ein Missverständnis der Gießerei; bestimmt war dieser Abguss von Anfang an für das Gemeindehaus der Marien-Kirchgemeinde Stift Berg.

[23] Seiner Initiative verdankt sich auch die Benennung jenes Gemeindehauses in Herford als »Ernst-Lohmeyer-Haus«. Der im Folgenden genannte Brief ist unter dem Briefkopf der »Gesellschaft für Christlich-Jüdische Zusammenarbeit Herford« geschrieben.

schreibt er rückblickend an den Ministerpräsidenten des Landes Mecklenburg-Vorpommern, Berndt Seite:[24] »Ich habe 1990 anläßlich Lohmeyers 100. Geburtstag ein kleines Büchlein herausgegeben[25] und einen Abguß der Büste Lohmeyers als seinerzeitiger Rektor der Breslauer Universität der Universität Greifswald zur Verfügung gestellt.« Die Herstellung des Abgusses lag diesmal in den Händen der Bildgießerei Hermann Noack in Berlin.[26]

Dieser zweite Abguss der Büste wurde während des Festaktes zum 100. Geburtstag Ernst Lohmeyers am 19. September 1990 in Greifswald[27] von Wolfgang Otto an Rektor Hans-Jürgen Zobel überreicht. Schon einige Zeit vor der Wende hatte die Theologische Fakultät dieses Gedenken vorbereitet und dazu auch Kontakt zu Gudrun Otto, der Tochter Ernst Lohmeyers, aufgenommen. Unter den veränderten politischen Verhältnissen konnte der Festakt im September 1990 erstmals frei von allen Restriktionen stattfinden. Das Unrecht, das während der DDR-Zeit tabuisiert worden war, kam nun offen zur Sprache. Eine besondere Bedeutung gewann dieser Festakt aber noch einmal angesichts der Tatsache, dass nach dem Ende der DDR mit Hans-Jürgen Zobel wiederum ein Vertreter der Theologischen Fakultät Verantwortung für die schwierige Vergangenheitsbewältigung und für die ambitionierte Neustrukturierung der Universität übernommen hatte.[28]

Während des Festaktes in der Aula scheint die Büste auch sichtbar präsentiert worden zu sein. In seiner Begrüßungsrede ging Rektor Zobel kurz darauf ein:»Um dem Vergessen zu wehren, nehmen wir voller Dank die Büste Ernst

---

[24] Das Anliegen des Briefes besteht in der Bitte, die Landesregierung möge zu Lohmeyers 50. Todestag am 19. September 1996 ein Wort des Gedenkens sagen bzw. in Greifswald eine Gedenkfeier anregen. Diese Gedenkveranstaltung ist dann auch von Fakultät und Universität organisiert worden.

[25] Freiheit in der Gebundenheit. Zur Erinnerung an den Theologen Ernst Lohmeyer anläßlich seines 100. Geburtstages, hg. von Wolfgang Otto, Göttingen 1990.

[26] Diese Information verdanke ich der freundlichen Auskunft von Stefan Rettner (Mail vom 4.4.2017). In der Bildgießerei Hermann Noack, GmbH & Co. KG, Am Spreebord 9, 10589 Berlin, sind keine Informationen mehr vorhanden, die diesen Abguss betreffen (Mail vom 15.5.2018). Zur Geschichte vgl. Bildgießerei Noack, Veröffentlichungen des Kunstarchivs Nr. 47 [Jubiläumsschrift zum 30jährigen Bestehen], Berlin 1927.

[27] Vgl. dazu die Einzelheiten bei C. Böttrich, Erinnern und Gedenken, in diesem Band.

[28] Hans-Jürgen Zobel (1928–2000) lehrte seit 1973 Altes Testament an der Theologischen Fakultät in Greifswald; nach der Wende fungierte er als Rektor der Ernst-Moritz-Arndt-Universität (1989–1994); von 1994–1998 war er Präses der Synode der Pommerschen Evangelischen Kirche; 1994 wurde er Landtagsabgeordneter für die CDU in Mecklenburg-Vorpommern. Zu seiner Person vgl. Tobias Arens, Art. Zobel, Hans-Jürgen, in: Wer war wer in der DDR? Ein Lexikon ostdeutscher Biographien. 2: M-Z, Berlin 2010, 1479–1480.

Lohmeyers aus den Händen von Herrn Otto entgegen, um sie an einem gebührenden Platz in unserer Universität aufzustellen.«[29]

4. DIE AUFSTELLUNG DER BÜSTE IN GREIFSWALD

Einen »gebührenden Platz« erhielt die Büste dann schon bald im Vorraum des
Rektorates im Universitätshauptgebäude[30] in der Greifswalder Domstraße 11.
Hier befand sie sich während der folgenden zwölf Jahre zwischen 1990 und 2002.
Während der Gedenkfeier zum 50. Todestag Ernst Lohmeyers am 1. September 1996[31] wurde die Büste erneut in der Aula der Ernst-Moritz-Arndt-Universität präsentiert. In diesem Zusammenhang ging es vor allem um die kurz
zuvor am 15. August 1996 erfolgte vollständige Rehabilitierung Ernst Lohmeyers
durch den Generalstaatsanwalt der Russischen Föderation. Verschiedene Fotos
lassen erkennen, dass die Büste dabei in der Nähe des Rednerpultes auf dem
Konzertflügel platziert war. Zudem stellte die Fakultät in der Aula eine Marmortafel vor, die später im Eingangsbereich des neuen Fakultätsgebäudes angebracht wurde. In der Aula befand sich diese Tafel auf einer Art Staffelei –
oberhalb eines großformatigen Porträts von Ernst Lohmeyer im Bilderrahmen.[32]

Als in Vorbereitung auf das 550. Universitätsjubiläum 2006 auch das
Hauptgebäude einer gründlichen Sanierung unterzogen wurde, lagerte man von
2002 an alle beweglichen Kunstschätze aus. In diesem Zusammenhang gelangte
die Bronzebüste auf den Dachboden des Hauses in der Bahnhofsstraße 51,[33] wo
sie Platz in einem Regal neben anderen Objekten fand.[34] Nachdem die Sanierung
abgeschlossen war, erwies sich der ehemalige Ort im Vorraum des Rektorates in
seiner neuen Einrichtung als nunmehr ungeeignet, um die Büste wieder zurückzuführen. Daraufhin ergriff die Theologische Fakultät die Initiative, der

---

[29]   Zobel, Begrüßung, 5. Zobel nennt den Urheber der Büste dabei fälschlich »Goosen«.

[30]   Das Hauptgebäude wurde 1747–1750 von den Schweden errichtet; vgl. Das Steinerne
       Antlitz der Alma Mater. Die Bauten der Universität Greifswald 1456–2006, hg. von
       Michael Lissok und Bernfried Lichtnau, Berlin 2006.

[31]   Vgl. dazu die Einzelheiten bei C. Böttrich, Erinnern und Gedenken, in diesem Band.

[32]   Das Bild ist identisch mit jenem, das im Foyer des Ernst-Lohmeyer-Hauses in Herford
       hängt. Es hing in Greifswald dann seit 2006 im Treppenaufgang des Fakultätsgebäudes.
       Da es mit der Zeit stark vergilbt war, wurde es im Oktober 2016 durch ein anderes Porträt
       ersetzt. Inzwischen ist es restauriert und wartet auf einen neuen Platz.

[33]   Das Haus beherbergte zu dieser Zeit das Historische Institut, Neueste Geschichte und
       Hansegeschichte, sowie das Institut für Politik- und Kommunikationswissenschaften,
       Bereich Kommunikationswissenschaften.

[34]   Eine Notiz besagt, dass die Büste erst seit dem 13. Januar 2005 auf dem Dachboden
       lagerte.

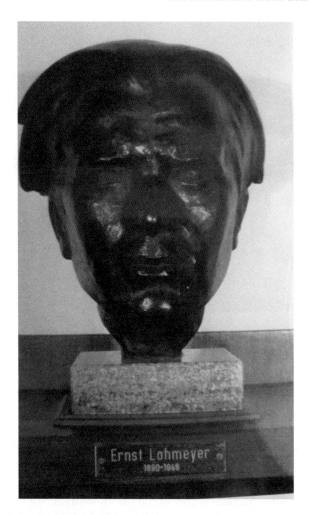

Abb. 6: Bronzeabguss der Büste im Vorraum des Rektorates in Greifswald

Büste einen »gebührenden Platz« in ihrem neuen Gebäude zu geben. Bereits seit dem Jahr 2000 trug der Neubau der Theologischen Fakultät am Rubenowplatz, *vis a vis* des alten Hauptgebäudes, den Namen »Ernst-Lohmeyer-Haus«.[35]

Am 8. September 2006 übernahm die Theologische Fakultät die Büste als Leihgabe von der Kustodie. Darüber wurde auch eine schriftliche Vereinbarung ausgefertigt.[36] Dekan Christfried Böttrich trug die Büste vom Dachboden der

---

[35]   Vgl. dazu die Einzelheiten bei C. Böttrich, Erinnern und Gedenken, in diesem Band.

[36]   Sie datiert vom 8. September 2006 und ist von Christfried Böttrich unterzeichnet. Fälschlicherweise ist darin der Urheber der Büste als »Theodor G. Bush« bezeichnet; die

Abb. 7: Gedenkfeier zum 50. Todestag Ernst Lohmeyers am 19. September 1996

Bahnhofsstraße 51 hinüber an den Rubenowplatz. Zur Eröffnung des Wintersemesters 2006/07 wurde sie am 16. Oktober 2006 im Konferenzsaal des renovierten Hauptgebäudes gut sichtbar auf einem hohen Holzsockel präsentiert. Nach dem Rechenschaftsbericht des Dekans erfolgte ein kurzes Gedenken an das gewaltsame Ende von Ernst Lohmeyer vor 60 Jahren (am 19. September 1946) – ein Gedenken, das im Rahmen des 550-jährigen Jubiläums der Universität seinen besonderen Platz erhalten sollte.[37]

In den folgenden Wochen erging durch Dekan Böttrich dann der Auftrag an den Metallgestalter und Restaurator Wolfgang Hofmann (Wolgast), eine neue Aufstellung im Eingangsbereich der Theologischen Fachbibliothek vorzunehmen. Am 25. März 2007 lag ein entsprechender Entwurf vor. In seiner Sitzung vom 11. April 2007 stimmte der Fakultätsrat diesem Entwurf zu (TOP 9). Am 19. Dezember 2007 war die Installation dann abgeschlossen. Mit einem kleinen, internen Festakt wurde die neue Aufstellung der Büste im Beisein des Kanzlers, des Bibliotheksdirektors und der Kustodin eingeweiht.

Inventar-Nr. lautet: KU 000186; in der Kustodie findet sich weiterhin eine Registrierung unter der Nr. P 13.

[37] Im Anschluss stellte der Dekan ein Buch vor, das aus Anlass des 60. Todestages aktuell erschienen war: Ernst Lohmeyers Zeugnis im Kirchenkampf. Breslauer Universitätspredigten, hg. von Andreas Köhn, mit einem Vorwort von Christfried Böttrich, Göttingen 2006.

Abb. 8: Semestereröffnung WiSe 2006/07 im Konferenzraum der Universität

Die neue Aufstellung im Eingangsbereich der theologischen Fachbibliothek, die bis 2016 im Erdgeschoss (und in den Kellerräumen) des Fakultätsgebäudes Am Rubenowplatz 2–3 untergebracht war,[38] folgte einer durchdachten Konzep-

---

[38]   Seit Dezember 2015 ist die theologische Fachbibliothek Teil des neuen Bibliotheksge-
bäudes der Geisteswissenschaften am Campus Loefflerstraße. Die ehemaligen Räume im

tion. Platziert war sie nun in der Mitte des Raumes an einem rechteckigen, den Raum optisch teilenden Pfeiler. Befestigt auf einer hölzernen Konsole an der Stirnseite dieses Pfeilers (mit Blickrichtung auf das Universitätshauptgebäude auf der gegenüberliegenden Seite des Rubenowplatzes) bot sich die Büste beim Betreten des Raumes als erster, markanter Blickfang dar. Zwei Holztafeln vervollständigten das Arrangement. Im Querformat enthielt eine Tafel auf der breiten Seite des Pfeilers in metallenen Buchstaben den Namen: Ernst Lohmeyer. Im Hochformat, eine Art Jahresskala assoziierend, waren an der schmalen Stirnseite des Pfeilers die Lebensdaten 1890 und 1946 angebracht – mit dem Todesdatum kurz nach der Hälfte der Skala, um das vorzeitige Ende anzudeuten.

Abb. 9: Aufstellung der Büste in der Bibliothek des Fakultätsgebäudes 2007–2015

Nach dem Umbau der Bibliotheksräume im Sommersemester 2016 stand dieser Pfeiler – nun einbezogen in eine neue Raumteilung mit Trockenbauwänden – nicht mehr zur Verfügung. Im Februar 2018 wurde die Konsole in einem der neu entstandenen Aufenthaltsräume in ähnlicher, leicht veränderter Lage wieder angebracht.

Die gegenwärtige Anbringung hat gegenüber den beiden vorausgegangenen Aufstellungsorten nichts an Attraktivität eingebüßt und sichert der Büste nach

Fakultätsgebäude Am Rubenowplatz 2–3 erhielten nach umfangreichen Umbauarbeiten neue Funktionen.

Abb. 10: Aufstellung der Büste im Fakultätsgebäude nach dem Umbau ab Februar 2018

wie vor einen »gebührenden Platz«. Ernst Lohmeyer, der in Greifswald ein eher zurückgezogenes Leben geführt hatte, wäre mit dieser neuen Platzierung in seiner Fakultät – mitten unter den Studierenden – sicher einverstanden gewesen.

DIE GEDENKTAFEL FÜR ERNST LOHMEYER IN GREIFSWALD

Christfried Böttrich

Nachdem das Schicksal von Ernst Lohmeyer in Greifswald gut 50 Jahre lang tabuisiert worden war,[1] erlangte der Gedanke, durch eine Gedenktafel öffentlich sichtbar darauf hinzuweisen, eine ganz besondere Bedeutung.[2] Angefertigt wurde die Tafel im September 1996. Ihren endgültigen Platz erhielt sie im Oktober 2000 an dem neuen Gebäude der Theologischen Fakultät.

Die Vorgeschichte der Tafel reicht bis in den Sommer des Jahres 1992 zurück. Am 15. Juni 1992 richtet eine Bewohnerin des Hauses in der Arndtstraße 3, Erika Grothe, einen Brief folgenden Inhalts an Rektor Hans-Jürgen Zobel: In der Universitätszeitung sei kürzlich zu lesen gewesen, dass die Gesellschaft von Freunden und Förderern der Ernst-Moritz-Arndt-Universität an der Neugestaltung der Gedenktafeln verschiedener bedeutender Persönlichkeiten arbeite; sei es in diesem Zusammenhang nicht geraten, auch für Ernst Lohmeyer, der in der Arndtstraße 3 gewohnt habe und dessen Schicksal so lange verschwiegen worden sei, eine Tafel anzubringen? Bereits am 24. Juni 1992 erfolgt die Antwort: Der Rektor bedankt sich für diesen hilfreichen Hinweis und teilt mit, den Brief an die Theologische Fakultät weitergereicht zu haben. Daraufhin wendet sich wenig später Dekan Bernd Hildebrandt am 30. Juli an Erika Grothe: »Ich darf Ihnen mitteilen, daß schon vor geraumer Zeit Aktivitäten begonnen haben, eine Loh-

---

[1] Bekannt war das Geschick Ernst Lohmeyers dank zahlreicher Veröffentlichungen im Westen Deutschlands durchaus; vgl. die annotierte Bibliographie in diesem Band. Am 19. September 1990 fand dann auch eine erste Gedenkveranstaltung aus Anlass von Lohmeyers 100. Geburtstag wie auch der Wiederkehr seines Todestages in der Aula der Ernst-Moritz-Arndt-Universität Greifswald statt. Diese Veranstaltung, bereits vor der Wende geplant, konnte nun erstmals frei von allen Restriktionen durchgeführt werden. Vgl. zum Ganzen C. Böttrich, Erinnern und Gedenken, in diesem Band.

[2] Die folgende Darstellung beruht auf Dokumenten aus dem Universitätsarchiv Greifswald (UAG Theol. Fakultät II Nr. 153, Gedenkfeier Lohmeyer, 1990–1992; UAG 945: 018 Feiern, Veranstaltungen, Jubiläen) sowie auf einem Aktenbestand der Theologischen Fakultät.

Abb. 11: Gedenktafel für Ernst Lohmeyer in Greifswald

meyer-Gedenktafel am Haus Arndtstr. 3 anzubringen. Insbesondere Herr Dr. Ballke als Chef der CDU-Fraktion hat sich dieser Sache angenommen. Ich stehe diesbezüglich im Kontakt mit ihm und hoffe, daß das Vorhaben alsbald vollendet werden kann.«

Gegen Ende des Jahres 1995 nimmt das Vorhaben konkrete Gestalt an. Nach verschiedenen Vorgesprächen im Kollegium der Theologischen Fakultät wendet sich Dekan Christof Hardmeier am 8. Januar 1996 mit einem Brief an die Gesellschaft von Freunden und Förderern der Ernst-Moritz-Arndt-Universität, in dem er für die Anfertigung einer Gedenktafel aus Anlass des 50. Todestages von Ernst Lohmeyer finanzielle Unterstützung beantragt.[3] Der Plan besteht nach wie vor darin, die Tafel am ehemaligen Wohnhaus Lohmeyers in der Arndtstraße 3 anzubringen.

Am 24. April 1996 richtet der Dekan deshalb ein Schreiben an den Hausbesitzer, in dem er ihm das Vorhaben mitteilt und um seine Zustimmung bittet. Der Brief bleibt jedoch unbeantwortet. Als Hardmeier Anfang Juni telefonisch nachfragt, wird er von der Ehefrau des Eigentümers kurz und abschlägig beschieden.[4] Das repräsentative Haus in der Arndtstraße, nahe der Altstadt und

---

[3]   Die beantragte Summe betrug zunächst 1000–2000 DM.

[4]   Von diesem Telefonat berichtet ein Brief Christof Hardmeiers vom 3. Juni 1996 an Rektor Jürgen Kohler. Vgl. zu dieser Verweigerung auch Thomas Jeutner, Hören und lesen und unterscheiden lernen. Mit einer Gedenkveranstaltung hat die Ernst-Moritz-Arndt-Uni-

Abb. 12: Wohnhaus Ernst Lohmeyers, Arndtstraße 3

zentral gelegen, wäre ein angemessener Ort für eine solche Tafel gewesen. So aber muss nun eine Alternative gefunden werden, die Sichtbarkeit und biographischen Bezug in vergleichbarer Weise bieten kann.

Zunächst einigt sich der Fakultätsrat der Theologischen Fakultät am 3. Juli 1996 auf einen Text, der in der Folge jedoch noch verschiedene Redaktionsstufen durchläuft. Diskutiert wird dabei vor allem die Frage, in welcher Wortwahl das gewaltsame Ende Ernst Lohmeyers zum Ausdruck gebracht werden soll.

– Die erste Fassung stellt lediglich einen Entwurf dar:

> In memoriam / Ernst Lohmeyer / geboren am 8.7.1890 / Professor für Neues Testament / 1936–1946 / Rektor der Universität / 15.5.1945–15.2.1946 / verschleppt und am 19.9.1946 ermordet

– Die zweite Fassung fasst die Rektoratszeit zusammen und untersetzt dafür Verhaftung und Tod mit eigenen Daten, wobei sie »ermordet« zu »umgekommen« zurücknimmt und den NKWD hinzufügt:

> In memoriam / Ernst Lohmeyer / geboren am 8.7.1890 / Professor für Neues Testament / 1936–1946 / Rektor der Universität ab 15.5.1945 / verhaftet vom NKWD am 15.2.1946 / umgekommen am 19.9.1946

---

versität am 19. September an den Greifswalder Neutestamentler Ernst Lohmeyer erinnert, in: Die Kirche Nr. 39, 29. September 1996, 1.

- Die dritte Fassung fügt der Greifswalder Lebensphase präzisierend den Ort Greifswald hinzu und ändert noch einmal die letzte Zeile:

  In memoriam / Ernst Lohmeyer / geboren am 8.7.1890 / Professor für Neues Testament / Greifswald 1936–1946 / Rektor der Universität ab 15.5.1945 / verhaftet vom NKWD am 15.2.1946 / umgekommen am 19.9.1946 in sowjetischem Gewahrsam

- Die vierte Fassung reagiert dann schon auf die inzwischen erfolgte Rehabilitierung, deren Bescheid Mitte August 1996 ganz aktuell in Greifswald eingegangen ist. Darauf nimmt nun die neue Wendung »zu Unrecht hingerichtet« Bezug:

  In memoriam / Ernst Lohmeyer / geboren am 8.7.1890 / Professor für Neues Testament, Greifswald 1935–1946 / Rektor der Universität ab 15.5.1945 / verhaftet vom NKWD am 15.2.1946 / zu Unrecht hingerichtet am 19.9.1946 / rehabilitiert am 15.8.1996

Diese Fassung gelangt auch zur Kenntnis Hartmut Lohmeyers,[5] der von Rektor Jürgen Kohler zu der für den 19. September 1996 geplanten Gedenkfeier aus Anlass des 50. Todestages Ernst Lohmeyers eingeladen worden war. In seinem Antwortschreiben vom 19. Juli gibt er zu bedenken: »Gegen den Text auf der Gedenktafel ist nichts einzuwenden. Ich hätte mir allerdings nicht nur eine Gedenktafel gewünscht, sondern einen Text, der den heute dort Studierenden, bzw. den Lehrenden (denn die sind ja auch schon mindestens eine Generation jünger) etwas mitgibt, das als Mahnung an die nachfolgende Generation dienen könnte. Also etwas in dem Sinne, daß hier ein Mensch, der den aufrechten Gang zu gehen versuchte, zwei in gleicher Weise mörderische Systeme nicht überstehen konnte.« Rektor Kohler nimmt diesen Gedanken in seiner Antwort vom 23. Juli auf, benennt aber auch die Schwierigkeit, einem solchen Anliegen auf dem begrenzten Raum einer Marmortafel gerecht werden zu können; zudem sei es »Greifswalder Tradition«, dass vergleichbare Tafeln stets nur die biographischen Daten enthielten.

- Die fünfte und letzte Fassung bleibt bei dem bisherigen Text. Allein die Zeilenanordnung wird noch einmal anders organisiert – aus acht werden nun neun Zeilen. Nach einer Abstimmung zwischen Gudrun Otto[6] und Dekan Hardmeier sowie einer abschließenden Information an den Rektor wird schließlich der folgende Text an die Kustodie übermittelt:

---

[5]   Hartmut Lohmeyer (1923–2000), der jüngere der beiden Söhne, konnte aus gesundheitlichen Gründen der Einladung nach Greifswald nicht Folge leisten.

[6]   Gudrun Otto, geb. Lohmeyer (1926–2004), Tochter Ernst Lohmeyers, verließ Greifswald 1947 und ging nach Westberlin, wo sie Schulmusik und Romanistik studierte; 1960–1970 arbeitete sie als Oberstudienrätin am Französischen Gymnasium in Berlin.

In memoriam / Ernst Lohmeyer / geboren am 8. 7. 1890 / Professor für Neues Testament / Greifswald 1936–1946 / Rektor der Universität ab 15. 5. 1945 / verhaftet vom NKWD am 15. 2. 1946 / zu Unrecht hingerichtet am 19. 9. 1946 / rehabilitiert am 15. 08. 1996

Im Nachgang schlägt Gudrun Otto am 22. August noch einmal telefonisch vor, anstelle der Wendung »zu Unrecht hingerichtet« vielleicht doch besser »hingerichtet in sowjetischer Haft« zu schreiben.[7] Zu diesem Zeitpunkt ist die Anfertigung der Tafel jedoch schon in Auftrag gegeben. Besucher und Passanten fragen heute gelegentlich nach genau dieser Wendung: wieso »zu Unrecht hingerichtet«? Im Kontext unseres Rechtssystems, das die Todesstrafe nicht mehr praktiziert,[8] macht diese Formulierung nachdenklich. Sie war 1996 indessen der aktuell vorliegenden Rehabilitationsakte geschuldet, nach der die Hinrichtung Lohmeyers im September 1946 ohne die vorgeschriebene Bestätigung des Todesurteils durch den NKWD Schwerin stattgefunden hatte; erst 1947 wurde sie angefordert und erteilt, als Lohmeyer schon Monate tot war und die Bitten um seine Freilassung immer drängender wurden. Insofern beabsichtigte die Formulierung ein Unrecht zu benennen, das nicht nur in der falschen Anschuldigung, sondern auch in der unrechtmäßigen Verfahrensweise begründet liegt.[9]

Bereits am 14. August 1996 hatte die Kustodin Birgit Dahlenburg ein Angebot der Greifswalder Steinmetzfirma Schapat eingeholt.[10] Am 20. August 1996 wird dann der Auftrag ausgelöst – mit der Maßgabe, die Tafel bis zum 10. September an die Theologische Fakultät zu liefern. Zwei Tage später, am 22. August 1996, wendet sich die Gesellschaft von Freunden und Förderern der Ernst-Moritz-Arndt-Universität an Dekan Hardmeier mit dem Hinweis, dass das Angebot der Firma den ursprünglich vorgesehenen finanziellen Rahmen bei weitem übersteige. Dennoch werde der Verein vorerst die Gesamtkosten übernehmen, beauflage jedoch die Fakultät, 1.000 DM selbst beizutragen.[11]

---

[7] Das belegt eine handschriftliche Notiz vom 22. August 1996, die für den Dekan mit der Bitte um Rückruf hinterlegt war.

[8] Nach Artikel 102 des Grundgesetzes ist die Todesstrafe in Deutschland abgeschafft. In der BRD erfolgte dieser Schritt offtelefonisch nachfragt, stellteziell 1949; letzte Hinrichtungen im Zusammenhang mit Kriegsverbrechen gab es bis 1951; in der DDR erfolgte die offizielle Abschaffung erst 1987. Die sowjetische Militäradministration verhängte zwischen 1945 und 1947 Todesurteile über 1.786 Zivilisten, von denen 1.232 vollstreckt wurden.

[9] Diese Klarstellung verdanke ich einer Auskunft von Martin Onnasch (mail vom 11. 9. 2017).

[10] Die veranschlagte Summe belief sich auf nunmehr ca. 4.500 DM.

[11] Als Frist für diese teilweise Refinanzierung ist der Zeitraum bis zum 30. Juni 1997 gesetzt.

Am 19. September soll die Tafel im Rahmen des geplanten Festaktes zum ersten Mal präsentiert werden. Als ihre Lieferung am 10. September ausbleibt und die Kustodin telefonisch nachfragt, stellte sich heraus: Der Auftrag ist bei der Firma in Vergessenheit geraten. Ein erneutes, dringendes Schreiben mit einer beigefügten Kopie des ursprünglichen Auftrages mahnt daraufhin höchste Eile an. Pünktlich zum geplanten Festakt liegt die Tafel schließlich vor.[12]

Das Gedenken an den 50. Todestag Ernst Lohmeyers am 19. September 1996 begeht die Theologische Fakultät mit einer Feierstunde in der Aula der Ernst-Moritz-Arndt-Universität.[13] Grußworte werden gesprochen von Rektor Jürgen Kohler, von der Bildungsministerin des Landes Mecklenburg-Vorpommern Regine Marquardt und von dem Bischof der Pommerschen Evangelischen Kirche Eduard Berger. Die Familie ist vertreten durch Klaus-Jürgen Otto, Julia und Stefan Otto, sowie die Ehefrau und die beiden Söhne eines Bruders von Ernst Lohmeyer aus Düsseldorf.[14] Die Festrede hält Günter Haufe[15] – als Professor für Neues Testament der inzwischen sechste Nachfolger Ernst Lohmeyers.[16] Den Höhepunkt der Veranstaltung stellt dann die Enthüllung der Gedenktafel dar, die auf einer Art Staffelei in der Nähe des Rednerpultes aufgestellt ist. Zu ihren Füßen steht ein großformatiges Porträtfoto Ernst Lohmeyers, das später im Foyer des neuen Fakultätsgebäudes seinen Platz findet. Auch die bronzene Porträt-Büste Ernst Lohmeyers hat man für die Zeit der Gedenkveranstaltung vom Rektorat herüber geholt und gut sichtbar auf dem Konzertflügel postiert. Fotos zeigen den Moment, in dem Dekan Hardmeier die Tafel enthüllt.

Geprägt und motiviert wird diese Veranstaltung vor allem durch die am 15. August 1996 nach längerer Vorbereitung gerade erfolgte vollständige Rehabilitierung Ernst Lohmeyers durch den Generalstaatsanwalt der Russischen Föderation.[17] Darin liegt auch das breite, deutschlandweite Presseecho begründet, das auf diese Greifswalder Veranstaltung Bezug nimmt.

---

[12]   Die Rechnung datiert auf den 23. September 1996 und geht über 4.385,32 DM.

[13]   Vgl. die Einzelheiten bei C. Böttrich, Erinnern und Gedenken, in diesem Band.

[14]   Gudrun Otto war aus gesundheitlichen Gründen verhindert, wie ein Brief vom 23. September 1996 mitteilt, und wurde durch ihren Ehemann und ihre beiden Kinder vertreten.

[15]   Günter Haufe, »Den Krieg hielt er immer für ein Verbrechen«. Zum 50. Todestag von Ernst Lohmeyer, in: Die Kirche, Nr. 38, 22. September 1996, 7–8.

[16]   Auf Ernst Lohmeyer folgten Konrad Weiß (1947), Gerhard Delling (1947–1950), Erich Fascher (1950–1954), Werner Schmauch (1954–1964), Traugott Holtz (1965–1971), Günter Haufe (1971–1996), Peter Pilhofer (1996–2003), Christfried Böttrich (seit 2003).

[17]   Am 29./30. August 1996 fuhr Martin Onnasch, Lehrstuhlinhaber für Kirchengeschichte, nach Berlin, um Lohmeyers Tochter Gudrun Otto den Rehabilitationsbescheid ihres Vaters samt einer mittlerweile in Dresden angefertigten deutschen Übersetzung persönlich zu übergeben (belegt durch einen Dienstreiseauftrag in den Akten). Bei diesem Besuch erteilte Gudrun Otto ihre Zustimmung, den Rehabilitationsbescheid bei der ge-

Abb. 13: Enthüllung der Tafel in der Aula am 19. September 1996

Einen dauerhaften Ort gibt es für die Tafel zu dieser Zeit noch nicht. Längst schon ist jedoch die Idee entstanden, sie an dem bereits im Bau befindlichen neuen Gebäude der Theologischen Fakultät Am Rubenowplatz 2–3, genau *vis a vis* des Universitätshauptgebäudes anzubringen. Damit ist die Sichtbarkeit an einem öffentlichen, zentralen Ort der Greifswalder Altstadt gegeben. Vor allem

planten Gedenkfeier verwenden zu dürfen; allein das beiliegende Gnadengesuch sollte der Vertraulichkeit vorbehalten bleiben.

Abb. 14: Neubau der Theologischen Fakultät, Am Rubenowplatz 2–3, seit 2000

aber stellt das Haus selbst den entscheidenden Bezug zu dem Geehrten her. Obwohl als Neubau aufgeführt, beherbergt es doch jene Fakultät, an der Lohmeyer elf Jahre lang tätig war. Aufgrund eines Senatsbeschlusses vom 19. Januar 2000 erhält das neue Gebäude den Namen »Ernst-Lohmeyer-Haus«.[18] Am 16. Oktober 2000 wird es feierlich eingeweiht. In diesem Zusammenhang erlebt die Tafel ihre zweite Enthüllung. Zu den Ehrengästen gehören an diesem Tag auch Gudrun und Klaus-Jürgen Otto als Vertreter der Familie.[19]

Platziert im Eingangsbereich, gleich links an der Wand unter dem gläsernen Vordach, präsentiert sich die Tafel seither allen, die das Haus betreten oder verlassen. Viele Touristen bleiben stehen und lesen den Text. Einige fragen nach oder machen ein Foto. Diejenigen aber, die in Greifswald Theologie studieren, werden hier in der Regel zum ersten Mal auf den Namen Ernst Lohmeyer aufmerksam. Die Tafel weckt ihre Neugierde – auf seine Bücher, seine Thesen, sein Leben. Das Lehrangebot im Fach Neues Testament trägt dafür Sorge, diese

---

[18] Ergebnisprotokoll des Akademischen Senats vom 19.1.2000, TOP 8: »Dem Antrag der Theol. Fakultät, dem Gebäude Rubenowplatz 2/3 den Namen ›Ernst-Lohmeyer-Haus‹ zu verleihen, wird einstimmig zugestimmt.«; vgl. UAG, R (uF) 1401.

[19] Während einer kurzen Sitzung des Fakultätsrates übergibt Klaus-Jürgen Otto der Fakultät das Manuskript von Ernst Lohmeyers Kommentar zum Philipperbrief (Der Brief an die Philipper, KEK IX/1, Göttingen 1928).

Abb. 15: Günter Haufe und Gudrun Otto nach der Einweihung des Fakultätsgebäudes

Neugierde auch zu befriedigen. Wer in Greifswald studiert hat, weiß, wer Ernst Lohmeyer war.

IV. Annotierte Bibliographie zu Ernst Lohmeyer

SCHRIFTEN VON ERNST LOHMEYER

Christfried Böttrich

Die folgende Bibliographie basiert auf verschiedenen Vorläuferinnen. Sie versucht, das bibliographische Material möglichst übersichtlich zu präsentieren und durch kurze Anmerkungen leichter zugänglich zu machen. Neu sind vor allem Rezensionen zu Lohmeyers Schriften hinzugefügt worden. Insgesamt haben sich verschiedene Ergänzungen, Präzisierungen oder Korrekturen ergeben. Dankbar in Anspruch genommen wurden die folgenden Vorarbeiten:

- Werner Schmauch, Bibliographie Ernst Lohmeyer (Von ihm selbst hinterlassen, vom Herausgeber ergänzt), in: In memoriam Ernst Lohmeyer, hg. von Werner Schmauch, Stuttgart 1951, 368-375 (1. Bücher, 2. Aufsätze, 3. Ausgabe, 4. Reden, 5. Rezensionen, 6. Verschiedenes).
- Dieter Lührmann, Bibliographie Ernst Lohmeyer, auf der Grundlage von In memoriam Ernst Lohmeyer (1951), S. 368-375, erarbeitet von Dieter Lührmann unter Mithilfe von Tatjana Gressert, in: Freiheit in der Gebundenheit. Zur Erinnerung an den Theologen Ernst Lohmeyer, hg. von Wolfgang Otto, Göttingen 1990, 181-191 (ergänzt um zwei weitere Abschnitte - 7. Veröffentlichte Briefe Ernst Lohmeyers, 8. Über Ernst Lohmeyer).
- Ulrich Hutter, Theologie als Wissenschaft. Zu Leben und Werk Ernst Lohmeyers (1890-1946). Mit einem Quellenanhang, in: JSKG 69, 1990, 123-169 (hier sind erstmals auch Archivalien verzeichnet).
- Andreas Köhn, Der Neutestamentler Ernst Lohmeyer. Studien zu Biographie und Theologie, WUNT 2/180, Tübingen 2004, 315-322.342-351 (die bislang umfangreichste bibliographische Zusammenstellung).

Alle Abkürzungen folgen Siegfried M. Schwertner, Theologische Realenzyklopädie. Abkürzungsverzeichnis, Berlin / New York ²1994.

Abgeschlossen ist eine solche Bibliographie nie. Weitere Ergänzungen sind vor allem im Bereich der Rezensionen, der Zeitungsartikel und der englischsprachigen Literatur zu erwarten. Der vorliegende Stand gestattet jedoch eine gute Übersicht, um Forschungsschwerpunkte, thematische Interessen und wissenschaftliche Diskurse im Werk Lohmeyers zu erschließen.

1. MONOGRAPHIEN (CHRONOLOGISCH)

Diatheke. Ein Beitrag zur Erklärung des neutestamentlichen Begriffs, UNT 2, Leipzig 1913 [Qualifikationsarbeit zum Lic. theol. in Berlin, bei Adolf Deißmann].

    Diese Dissertation ging hervor aus einer 1909 noch während des Studiums verfassten Preisarbeit unter dem Titel: »Der Begriff Diatheke in der antiken Welt und in der Griechischen Bibel«.

    * Rez. von Walter Bauer, in: ThLZ 38, 1913, 360-361.

    * Rez. von Paul Fiebig, in: DLZ 15, 1913, 913-914.

* Rez. von Rudolf Bultmann, in: ThR, 1915, 264–267.

Die Lehre vom Willen bei Anselm von Canterbury, Leipzig 1914 [Qualifikationsarbeit zum Dr. phil. in Erlangen, bei Richard Falckenberg].
* Rez. von Severin Aicher, in: ThQ 97, 1915, 151–152.

Vom göttlichen Wohlgeruch, SHAW.PH 1919/9, Heidelberg 1919 [Habilitationsschrift in Heidelberg, bei Martin Dibelius].
* Rez. von Hugo Greßmann, in: ThLZ 46, 1921, 226–227.
* Rez. von Otto Gruppe, in: DLZ 42, 1921, 559–560.
* Rez. von Ludolf Malten, in: OLZ 24, 1921, 110.

Christuskult und Kaiserkult, SgV 90, Tübingen 1919 [Antrittsvorlesung als PD in Heidelberg].
* Rez. von Ignaz Rohr, in: ThQ 101, 1920, 94.

Soziale Fragen im Urchristentum, Wissenschaft und Bildung 172, Leipzig 1921; Nachdr. Darmstadt 1973.
* Rez. von Karl Weidel, in: ThBl 1, 1922, 17–18.
* Ralph Hochschild, Sozialgeschichtliche Exegese. Entwicklung, Geschichte und Methodik einer neutestamentlichen Forschungsrichtung, NTOA 42, Fribourg / Göttingen 1999, 188–197 (5.3. Transzendentale Gemeinschaftstheologie und sozialgeschichtliche Exegese. Ernst Lohmeyer).

Vom Begriff der religiösen Gemeinschaft, Wissenschaftliche Grundfragen 3, Leipzig 1925.
Eine Art Kurzfassung bietet der Vortrag: Von urchristlicher Gemeinschaft, in: ThBl 4, 1925, 135–141.
* Rez. von Rudolf Bultmann, in: ThBl 6, 1927, 66–73.

Kyrios Jesus. Eine Untersuchung zu Phil 2,5–11, SHAW.PH 1927–28/4, Heidelberg 1928; Nachdr. Darmstadt 1961.
Ernst Lohmeyer, Kyrios Jesus, in: FuF 4, 1928, 76–77, stellt eine Art Selbstreferat bzw. Kurzfassung dieser Untersuchung dar.
* Rez. von Hans Windisch, in: ThLZ 54, 1929, 246–248.
* Rez. von Rudolf Bultmann, in DLZ 51, 1930, 774–780.

Grundlagen paulinischer Theologie, BHTh 1, Tübingen 1929.
Hans Lietzmann reagierte mit einem ablehnenden Brief auf dieses Buch (»dass ich nichts davon verstanden habe«), woraufhin Lohmeyer in einer Antwort seine Sprache und Methode rechtfertigt; vgl. Glanz und Niedergang der deutschen Universität. 50 Jahre deutscher Wissenschaftsgeschichte in Briefen an und von Hans Lietzmann (1892–1942), hg. von Kurt Aland, Berlin / New York 1979: Lietzmanns Brief vom

9. Februar 1929 (Nr. 636, 583-584), Lohmeyer vom 10. Februar 1929 (Nr. 637, 584-585).
    * Rez. von Rudolf Bultmann, in: ThLZ 55, 1930, 217-223.
    * Rez. von Wilhelm Mundle, in: ChW 44, 1930, 765-772 (Sammelrezension: Die Christusmystik des Apostels Paulus. Schweitzer - Lohmeyer - Liechtenhahn).

Das Urchristentum. 1. Buch: Johannes der Täufer, Göttingen 1932.
    Geplant waren ursprünglich 7 Bände: 1. Johannes der Täufer, 2. Jesus, 3. Die Urgemeinde, 4. Paulus, 5. Johannes der Evangelist, 6. Die nachapostolische Zeit, 7. Das Urchristentum in der Geschichte des Abendlandes. Der vorliegende erste Band kündigt an, dass Buch 2 etwa 1936 erscheinen solle, alle weiteren Bücher dann jeweils im Abstand von zwei Jahren. In der Folge ist es jedoch bei Buch 1 geblieben.
    * Rez. von Georg Bertram, in: ThLZ 59, 1934, 302-306.

Galiläa und Jerusalem, FRLANT.NF 34, Göttingen 1936; japan. Tokyo 2013.
    * Rez. von Werner Georg Kümmel, in: ThLZ 62, 1937, 304-307.

Kultus und Evangelium, Göttingen 1942; engl. Lord of the Temple. A Study of the Relation between Cult and Gospel, translated by Stewart Todd, London 1961; Edinburgh 1961; Richmond 1962.
    Das Buch geht auf eine Reihe von Vorträgen zurück, zu denen Lohmeyer im Winter 1939-1940 von der Theologischen Fakultät in Uppsala eingeladen worden war. Die seinem Militärdienst abgerungene Reise sowie die folgende Niederschrift der zunächst frei gehaltenen Vorträge erfolgen unter den schwierigen Bedingungen des Krieges; das signalisiert auch der Dank an eine Druckerei in Brüssel am Ende des Vorwortes.
    * Rez. von Walter Grundmann, in: ThLZ 68, 1943, 242-246.

Gottesknecht und Davidsohn, Symbolae Biblicae Upsalienses 5, Västervik 1945; Nachdr. hg. von Rudolf Bultmann, FRLANT 61 (= NF 43), Göttingen ²1953.
    Das Manuskript entstand während Lohmeyers Militärdienst 1942-1943 im Kaukasus. Er sandte es an Anton Fridrichsen in Uppsala, weil ihm eine Veröffentlichung während des Krieges in Deutschland als zu schwierig erschien und weil er es vor einem möglichen Verlust schützen wollte; vgl. dazu das handschriftliche Vorwort bei Wolfgang Otto, Freiheit in der Gebundenheit, Göttingen 1990, 55.
    * Rez. von Erich Fascher (zu ²1953), in: ThLZ 81, 1956, 42-44.

Das Vater-Unser, Göttingen 1946, ²1947, ³1952 (parallel hg. von Oscar Cullmann, AThANT 23, Zürich ³1952), ⁴1960, ⁵1962; engl. The Lord's Prayer, London 1965; ›Our Father‹ - An Introduction to the Lord's Prayer, New York 1966.
    * Rez. von Albrecht Oepke, in: ThLZ 74, 1949, 289-291.
    * Rez. von Philipp Vielhauer (zu ²1947), in: VF 1949/50, 219-224.

* Dieter Kuhn, Metaphysik und Geschichte. Zur Theologie Ernst Lohmeyers, Berlin 2005, 143-159 (8. Kapitel: Die Auslegung des Vaterunsers als Summe der Theologie Lohmeyers).

Probleme paulinischer Theologie, Stuttgart 1953, Darmstadt 1954, Stuttgart 1955, 1960.
  - I. Briefliche Grußüberschriften, 7-29; Nachdr. aus ZNW 26, 1927, 158-173,
  - II. Gesetzeswerke, 31-74; Nachdr. aus ZNW 28, 1929, 177-207,
  - III. Sünde, Fleisch und Tod, 75-156; Nachdr. aus ZNW 29, 1930, 1-59.

Urchristliche Mystik. Neutestamentliche Studien, Darmstadt 1956, [2]1958.
  - Urchristliche Mystik, 7-29; Nachdr. aus ZSTh 2, 1925, 3-18,
  - Von Baum und Frucht. Eine exegetische Skizze zu Matth. 3,10, 31-56; Nachdr. aus ZSTh 9, 1931, 377-397,
  - »Und Jesus ging vorüber«. Eine exegetische Betrachtung, G. A. van den Bergh van Eysinga zum 27. Juni 1934 gewidmet, 57-79; Nachdr. aus NThT 23, 1934, 206-224,
  - Die Versuchung Jesu, 81-122; Nachdr. aus ZSTh 14, 1937, 619-650,
  - Vom Sinn der Gleichnisse Jesu, 123-157; Nachdr. aus ZSTh 15, 1938, 319-346,
  - Das Gleichnis von den bösen Weingärtnern (Mark. 12,1-12), 159-181; Nachdr. aus ZSTh 18, 1941, 243-259.
  * Rez. des ganzen Bandes von Gerhard Delling, in: ThLZ 84, 1959, 290.

2. KOMMENTARE (CHRONOLOGISCH)

Die Offenbarung des Johannes, HNT IV/4, Tübingen 1926, [2]1953, [3]1970.
Die Offenbarung des Johannes. Übertragen von Ernst Lohmeyer, Tübingen 1926.
  Parallel zu seinem Kommentar, der sich formal dem Schema des HNT einfügt, hat Lohmeyer den Text der Offenbarung allein noch einmal in einem separaten Bändchen vorgelegt. Die dem Kommentar entnommene Übersetzung entbehrt dabei der Kapitel- und Verszählung; einziges Gliederungselement sind ausgewählte, durch blauen Druck hervorgehobene Anfangszeilen. Sprachlich ist die Übersetzung hier und da modifiziert; textkritisch als sekundär erkannte Wendungen sind getilgt. Der Text erfährt vor allem eine Strukturierung durch kurze Zeilen und kleinteilige Abschnitte. Auf diese Weise tritt der poetische Charakter der Offenbarung auch optisch hervor. Ein kurzes Nachwort führt in die Bildwelt der Offenbarung ein, bestimmt für ein breiteres Lesepublikum.
  * Rez. von Rudolf Bultmann, in: ThLZ 52, 1927, 505-512.
  * Rez. von Kurt Kuhl, in: OLZ 33, 1927, 959-960.

Der Brief an die Philipper, KEK IX/1, Göttingen 1928, 1974.
  * Rez. von Hans Windisch, in: ThLZ 53, 1928, 512-516.
  * Rez. von Rudolf Bultmann, in: DLZ 51, 1930, 774-780.

Die Briefe an die Kolosser und an Philemon, KEK IX/2, Göttingen 1930.
  * Rez. von Hans Windisch, in: ThLZ 55, 1930, 247-250.

Der Brief an die Philipper, Kolosser und an Philemon, KEK IX/1.2, Göttingen
^{2}1953, ^{3}1954, ^{4}1956, ^{5}1961, ^{6}1964 [mit: Beiheft, von Werner Schmauch].
  * Rez. von Gerhard Delling (zu ^{3}1954), in: ThLZ 80, 1955, 155-156.

Das Evangelium des Markus, KEK I/2, Göttingen 1937, ^{2}1951, ^{3}1953, ^{4}1954,
^{5}1957, ^{6}1959, ^{7}1963, ^{8}1967.
^{2}1951 Nach dem Handexemplar des Verfassers durchgesehene Ausgabe mit
Ergänzungsheft, unveränderter Nachdruck [Ergänzungsheft zur durchgesehenen Ausgabe. Nach dem Handexemplar des Verfassers herausgegeben von
Gerhard Saß].
  * Rez. von Werner Georg Kümmel (zu ^{2}1951), in: ThLZ 77, 1952, 158.

Das Evangelium nach Matthäus. Nachgelassene Ausarbeitungen und Entwürfe,
hg. von Werner Schmauch, KEK Sonderband, Göttingen 1956, ^{2}1958, ^{3}1962,
^{4}1967.
Der Kommentar entstand zu großen Teilen während Lohmeyers Militärdienst im
Osten in Gestalt von Einzelausführungen, Skizzen und flüchtigen Bemerkungen,
niedergeschrieben auf Feldpostkarten, gebrauchten Schulheften und anderem wie-
derbenutztem Papier. Von Werner Schmauch wurden diese Teile postum zu einem
geordneten Ganzen zusammengestellt.

3. EXEGETISCH-THEOLOGISCHE AUFSÄTZE UND BEITRÄGE (CHRONOLOGISCH)

Die Verklärung Jesu nach dem Markusevangelium, in: ZNW 21, 1922, 185-215.

Die Frage nach der Geschichtlichkeit Jesu, DLZ 43, 1922, 409-418.

Das zwölfte Kapitel der Offenbarung Johannis, in: ThBl 50, 1925, 285-291.

Urchristliche Mystik, in: ZSTh 2, 1925, 3-18; Nachdr. in: ders., Urchristliche
Mystik. Neutestamentliche Studien, Darmstadt 1956, 7-29.

Das Proömium des Epheserbriefes, in: ThBl 5, 1925, 120-125.

Replik [auf Albert Debrunner, Grundsätzliches über Kolometrie im Neuen Testament, in: ThBl 5, 1926, 231-233], in: ThBl 5, 1926, 233-234.

ΣΥΝ ΧΡΙΣΤΩΙ, in: Festgabe für Adolf Deißmann zum 60. Geburtstag am 7. Nov. 1926, Tübingen 1927, 218–257.
* Rez. des ganzen Bandes von Rudolf Bultmann, in: ThBl 7, 1928, 125–129.
* Rez. des ganzen Bandes von Erich Fascher, in: ChW 41, 1927, 475–477, spez. 476.

Die Idee des Martyriums im Judentum und Urchristentum, in: ZSTh 5, 1927, 232–249; franz. L' idée du martyre dans le Judaïsme et dans le Christianisme primitif, in: RHPhR 7, 1927, 316–329; dass. in: Extrait du congres d'histoire du Christianisme. Jubilé Alfred Loisy, hg. von Paul Louis Couchoud, Annales d'histoire du Christianisme II, Paris / Amsterdam 1928, 121–137; ital. L' idea del martirio nel Giudaismo e nel Christianismo primitivo, in: RicRel 3, 1927, 318–332.
    Fußnote 1 der deutschen Fassung lautet: »Der folgende Aufsatz gibt einen freien Vortrag wider, der auf dem Kongress für die Geschichte des Christentums zu Ehren Alfred Loisys in Paris am 20. April 1927 gehalten wurde.«

Probleme paulinischer Theologie I: Briefliche Grußüberschriften, in: ZNW 26, 1927, 158–173; Nachdr. in: ders., Probleme paulinischer Theologie, Stuttgart 1953, 7–29.
    * Reaktion von Gerhard Friedrich, Lohmeyers These über das paulinische Briefpräskript kritisch beleuchtet, in: ThLZ 81, 1956, 343–346.

Kyrios Jesus, in: FuF 4, 1928, 76–77.
    Der Aufsatz ist eine Art Selbstreferat oder Kurzfassung der im gleichen Jahr erschienenen Untersuchung Kyrios Jesus. Eine Untersuchung zu Phil 2,5–11, SHAW.PH 1927–28/4, Heidelberg 1928, auf die auch in einer Fußnote hingewiesen wird.

Über Aufbau und Gliederung des vierten Evangeliums, in: ZNW 27, 1928, 11–36; engl. The Structure and Organisation of the Fourth Gospel, in: Journal of Higher Criticism 5/1, 1998, 113–159.

Über Aufbau und Gliederung des ersten Johannesbriefes, in: ZNW 27, 1928, 225–263.

Probleme paulinischer Theologie II: Gesetzeswerke, in: ZNW 28, 1929, 177–207; Nachdr. in: ders., Probleme paulinischer Theologie, Stuttgart 1953, 31–74.

Kritische und gestaltende Prinzipien im Neuen Testament, in: Protestantismus als Kritik und Gestaltung. Zweites Buch des Kairos-Kreises, hg. von Paul Tillich, Darmstadt 1929, 41–69.

Der Begriff der Erlösung im Urchristentum [Vortrag auf dem zweiten Deutschen Theologentag, 9.–12. Oktober 1928, Frankfurt / M.], in: DTh 2, 1929, 22–45.

Probleme paulinischer Theologie III: Sünde, Fleisch und Tod, in: ZNW 29, 1930, 1–59; Nachdr. in: ders., Probleme paulinischer Theologie, Stuttgart 1953, 75–156.

Von Baum und Frucht. Eine exegetische Studie zu Mt 3,10, in: ZSTh 9, 1931, 377–397; Nachdr. in: ders., Urchristliche Mystik. Neutestamentliche Studien, Darmstadt 1956, 31–56.

Zur evangelischen Überlieferung von Johannes dem Täufer, in: JBL 51, 1932, 300–319.

Der Aufsatz war zuvor von Hans Lietzmann als dem Herausgeber der ZNW abgelehnt worden; vgl. Glanz und Niedergang der deutschen Universität. 50 Jahre deutscher Wissenschaftsgeschichte in Briefen an und von Hans Lietzmann (1892–1942), hg. von Kurt Aland, Berlin / New York 1979, Brief vom 12. Dezember 1931 (Nr. 771, 690–691). Lohmeyer machte seine Reaktion öffentlich; vgl. dazu Offener Brief an Hans Lietzmann. Breslau, am 25. Dez. 1931, in: ThBl 11, 1932, 18–21. In diesem Brief wird die Veröffentlichung des abgelehnten Aufsatzes im Ausland bereits angekündigt. Ein Jahr später erfolgte sie dann im Journal of Biblical Literature (Philadelphia).

»Und Jesus ging vorüber«, in: NThT 23, 1934, 206–224; Nachdr. in: ders., Urchristliche Mystik. Neutestamentliche Studien, Darmstadt 1956, 57–79.

Die Versuchung Jesu, in: ZSTh 14, 1937, 619–650; Nachdr. in: ders., Urchristliche Mystik. Neutestamentliche Studien, Darmstadt 1956, 81–122.

Das Abendmahl in der Urgemeinde, in: JBL 56, 1937, 217–252.

Vom Abendmahl im Neuen Testament. Nach einem Vortrag in Uppsala und Lund. Erster Teil / Zweiter Teil / Dritter Teil, in: DtPfBl 42, 1938, 97–98 / 173–174 / 191–192; dass. schwed., Om nattvarden i Nya testamentet, in: SvTK 14, 1938, 333–345.

Vom Sinn der Gleichnisse Jesu, in: ZSTh 15, 1938, 319–346; Nachdr. in: ders., Urchristliche Mystik. Neutestamentliche Studien, Darmstadt 1956, 123–157; Nachdr. in: Die Gleichnisse Jesu. Positionen der Auslegung von Adolf Jülicher bis zur Formgeschichte, hg. von Wolfgang Harnisch, Darmstadt 1982, 154–179.

Das Vater-Unser als Ganzheit, in: ThBl 17, 1938, 217–227.

Am Beginn des Aufsatzes findet sich die folgende Bemerkung: »Der nachfolgende Aufsatz ist als ein Kapitel eines Buches geschrieben worden, das Prof. Anton Fridrichsen - Uppsala unter Mitarbeit anderer schwedischer Theologen über das Vater-Unser in schwedischer Sprache herausgibt. Da in diesem Werke alle Einzelexegese und alles literarische und historische Material in besonderen Kapiteln behandelt ist, konnte in diesem Aufsatz, der jene Einzeluntersuchungen zusammenfassen soll, auf gelehrte Einzelheiten verzichtet werden.« Der Wortlaut verweist auf die Absicht bzw. auf das laufende Projekt. Dieses Buch ist indessen (in schwieriger Zeit) offensichtlich nicht mehr zustande gekommen. Unter den Arbeiten Fridrichsens lässt es sich jedenfalls nicht nachweisen.

Der Stern der Weisen, in: ThBl 17, 1938, 289–299.

Die Fußwaschung, in: ZNW 38, 1939, 74–94.

Vom urchristlichen Sakrament, in: DTh 6, 1939, 112–126.146–156.

Die Reinigung des Tempels, in: ThBl 20, 1941, 257–264.

Das Gleichnis von den bösen Weingärtnern, in: ZSTh 18, 1941, 243–259; Nachdr. in: ders., Urchristliche Mystik. Neutestamentliche Studien, Darmstadt 1956, 159–181.

Das Gleichnis von der Saat, in: DTh 10, 1943, 20–39.

Die rechte Interpretation des Mythologischen [nach einem Vortrag am 9. Januar 1944 in Breslau], in: Kerygma und Mythos 1, hg. von Hans-Werner Bartsch, Hamburg 1948, 154–165; engl. The Right Interpretation of the Mythological, in: Hans-Werner Bartsch, Kerygma and Myth. A Theological Debate, translated by Reginald Horace Fuller, London 1964, 124–136; Nachdr. in: Freiheit in der Gebundenheit. Zur Erinnerung an den Theologen Ernst Lohmeyer anläßlich seines 100. Geburtstages, hg. von Wolfgang Otto, Göttingen 1990, 18–35.

»Mir ist gegeben alle Gewalt«. Eine Exegese von Mt 28,16–20 [unveröffentlichtes Manuskript aus dem Nachlass], in: In memoriam Ernst Lohmeyer, hg. von Werner Schmauch, Stuttgart 1951, 22–49; Nachdr. in: In alter Gebundenheit zu neuer Freiheit. 425 Jahre Gymnasium Fridericianum zu Herford, Herford 1965, 129–151.

4. Herausgeberschaft

Deutsche Theologie 3: Das Wort Gottes. Verhandlungen des Dritten Deutschen Theologentages in Breslau, hg. von Ernst Lohmeyer, Göttingen 1931.
  * Bericht von Hans Windisch, in: CW 44, 1930, 1083–1089.

5. LEXIKONARTIKEL (CHRONOLOGISCH)

Art. Apokalyptik II: Jüdische, in: [2]RGG 1, 1927, 402–404.

Art. Apokalyptik III: Altchristliche, in: [2]RGG 1, 1927, 404–406.

Art. A und O, in: RAC 1, 1950, 1–4.

Art. Antichrist, in: RAC 1, 1950, 450–457.

6. REDEN UND VORTRÄGE (CHRONOLOGISCH)

Rede zum Gedächtnis an den Grafen Max Bethusy-Huc, Darmstadt 1922 [Privatdruck in 100 Exemplaren auf Bütten, 190x185].

Bei dem Grafen von Bethusy-Huc in Gaffron / Schlesien war Lohmeyer nach Abschluss seines Studiums von 1911–1912 als Hauslehrer tätig.

Jakob Böhme. Gedenkrede an Jakob Böhmes 300. Todestag, gehalten in der Schlesischen Gesellschaft für vaterländische Kultur zu Breslau, Breslau 1924.

Jakob Böhme (1575–1624), Schuhmacher, Mystiker und Theosoph, ist zeitlebens seiner niederschlesischen Heimatstadt Görlitz treu geblieben.

* Rez. von Felix Voigt, in: ChW 40, 1926, 244–247, spez. 245.

Von urchristlicher Gemeinschaft, in: ThBl 4, 1925, 135–141.

Der Text ist die Wiedergabe eines Vortrages, gehalten im Dezember 1924 in der philosophischen Sektion der Schlesischen Gesellschaft für vaterländische Kultur. Eine kurze Vorbemerkung verweist auf die im Druck befindliche ausführlichere Behandlung des Themas in der Monographie: Vom Begriff der religiösen Gemeinschaft, Wissenschaftliche Grundfragen 3, Leipzig 1925.

Glaube und Geschichte in den vorderorientalischen Religionen. Rede, gehalten bei der Einführung in das Rektorat am 3. November 1930. Breslauer Universitätsreden VI, Breslau 1931.

* Rez. von Carl Clemen, in: ThLZ 56, 1931, 507–508.
* Rez. von Ditlef Nielsen, in: OLZ 36, 1933, 600–601.
* Rez. von Werner Georg Kümmel, in: ChW 45, 1931, 765.

Für Adolf Kneser. Worte an seinem Sarge gesprochen von Ernst Lohmeyer am 27. Januar 1930, in: Zur Erinnerung an Adolf Kneser, Braunschweig 1930, 1–4.

Adolf Kneser (1862–1930) war Mathematiker und lehrte nach Stationen in Breslau, Dorpat und Berlin seit 1905 wieder an der Universität Breslau, wo er 1911/12 auch das Rektorat bekleidete.

Lohmeyers Nachruf ist Teil eines kleinen Gedächtnisbandes, in dem des Weiteren noch Nachrufe von Richard Hönigswald, Clemens Schaefer, Johann Radon und Lothar Koschmieder enthalten sind.

Hegel und seine theologische Bedeutung. Zum Gedenken an seinen 100. Todestag, in: ThBl 10, 1931, 337–342.

Der Text gibt eine Vorlesung wieder, die Lohmeyer am 14. November vor den Studierenden der Theologie in Breslau gehalten hatte. Darauf verweist eine kurze »Vorbemerkung« zu Beginn der Veröffentlichung.

Die geistige Bedeutung Deutschlands für Europa. Radiovortrag, Breslau 1932/33, in: Andreas Köhn, Der Neutestamentler Ernst Lohmeyer. Studien zu Biographie und Theologie, WUNT 2/180, Tübingen 2004, 308–313.

Der Vortrag wurde nach einem neunseitigen Typoskript im Besitz von Gudrun und Klaus-Jürgen Otto von Andreas Köhn zum ersten Mal herausgegeben.

Gnade und Männlichkeit [Vortrag], in: Rufende Kirche. Handreichung des volksmissionarischen Amtes beim Evang. Konsistorium der Kirchenprovinz Schlesien, Heft 3, Breslau 1935, 3–14.

Ort und Anlass werden nicht genannt. Der Text ist lediglich im Untertitel als »Vortrag von Universitätsprofessor D. Dr. Ernst Lohmeyer« gekennzeichnet und beginnt mit den Worten: »Das Thema, um dessen Behandlung Sie mich gebeten haben ...«.

Rede zur Gründung des »Kulturbundes zur demokratischen Erneuerung« für das Land Mecklenburg-Vorpommern, gehalten am 26. August 1945 im Schweriner Theater, bei Mathias Rautenberg, Das vorzeitige Ende der demokratischen Erneuerung im »Kulturbund zur demokratischen Erneuerung Deutschlands«, in: Zeitgeschichte regional. Mitteilungen aus Mecklenburg-Vorpommern 3/1, 1999, 55–61, hier 56–59.

Die Rede ist nach einer Mitschrift in Gestalt eines zehnseitigen, häufig fehlerhaften Typoskripts aus dem ehemaligen SED-Bezirksparteiarchiv Schwerin wiedergegeben. Lohmeyer war bei dieser Gelegenheit aufgrund des Ausfalls von Johannes R. Becher eher zufällig in die Rolle des Hauptredners geraten.

Freiheit in der Gebundenheit. Rede zur feierlichen Wiedereröffnung der Ernst-Moritz-Arndt Universität Greifswald am 15. Februar 1946 [eine Rede, die aufgrund der Verhaftung Lohmeyers in der vorausgehenden Nacht nicht mehr gehalten wurde].

Das Manuskript dieser Rede hat sich offensichtlich noch einige Zeit in Familienbesitz befunden. Werner Schmauch zitiert daraus einen kurzen Abschnitt in seinem Gedenkband von 1951 (In Memoriam Ernst Lohmeyer, 9-10); Wolfgang Otto wiederholt diesen Passus in dem Gedenkband von 1990 (Freiheit in der Gebundenheit, 8) in verkürzter Form – der Titel der Rede ist hier zugleich zum Titel des gesamten Gedenkbandes geworden. Alle Versuche, das Manuskript dieser Rede noch ausfindig zu machen, sind bislang leider vergeblich gewesen.

Die Stichworte »Freiheit« und »Gebundenheit« ziehen sich wie ein roter Faden durch alle Arbeiten Lohmeyers. Selbst das Gymnasium in Herford, das Lohmeyer einst besuchte, stellte 1965 seine Festschrift zum 425. Jubiläum unter den Titel »In alter Gebundenheit zu neuer Freiheit«.

7. PREDIGTEN (NACH DER BIBLISCHEN REIHENFOLGE)

Ps 98 (gehalten am 13. Oktober 1935 in Breslau)
Hutter, Ulrich: Theologie als Wissenschaft. Zu Leben und Werk Ernst Lohmeyers (1890-1946). Mit einem Quellenanhang, in: JSKG 69, 1990, 123-169, 159-163.

Ernst Lohmeyers Zeugnis im Kirchenkampf. Breslauer Universitätspredigten, herausgegeben [und kommentiert] von Andreas Köhn, mit einem Vorwort von Christfried Böttrich, Göttingen 2006:
- Mt 4,1-11: Von der Versuchung (gehalten am 22. Februar 1931 in Breslau), Köhn, Zeugnis im Kirchenkampf, 112-117, Kommentar 109-111.
- Mt 7,7-11: Bittet, so wird euch gegeben (gehalten am 19. Juni 1927), Köhn, Zeugnis im Kirchenkampf, 103-108, Kommentar 100-102.
- Mt 13,31-35: Wo wächst Gottes Same? (gehalten am 23. Juni 1935 in Breslau), Köhn, Zeugnis im Kirchenkampf, 146-151, Kommentar 143-145. dass. bereits in: Kirchliches Wochenblatt für die evangelischen Gemeinden Breslaus 121, 1935, 298-299.
- Mt 18,3: So Ihr nicht werdet wie die Kinder (gehalten am 25. Februar 1925 in Breslau), Köhn, Zeugnis im Kirchenkampf, 70-78, Kommentar 66-69.
- Joh 1,1: Vom Wort (gehalten am 7. November 1926 in Breslau), Köhn, Zeugnis im Kirchenkampf, 93-99, Kommentar 89-92.
- Joh 9: Vom Blindgeborenen (gehalten im Herbst 1924 in Breslau), Köhn, Zeugnis im Kirchenkampf, 60-65, Kommentar 57-59.
- Joh 16,7: So ich nicht hingehe, so kommt der Tröster nicht zu Euch (gehalten am 29. April 1934 in Breslau), Köhn, Zeugnis im Kirchenkampf, 138-142, Kommentar 132-137.

- Joh 16,33: In der Welt habt Ihr Angst (gehalten am 25. Februar 1923 in Breslau),
  Köhn, Zeugnis im Kirchenkampf, 40–46, Kommentar 36–39.
- Joh 18,37–38a: Bist Du ein König? (gehalten am 10. Juli 1932 in Breslau),
  Köhn, Neutestamentler, 304–307; Köhn, Zeugnis im Kirchenkampf, 127–131, Kommentar 125–126.
- 2Kor 4,1–6: Dafür halte uns jedermann (Examenspredigt, gehalten 1911 in Berlin),
  Köhn, Zeugnis im Kirchenkampf, 26–35, Kommentar 22–25.
- 1Joh 1,5 und 2,8: Das wahre Licht scheinet jetzt (gehalten am 19. Juli 1931 in Breslau),
  Köhn, Neutestamentler, 301–304; Köhn, Zeugnis im Kirchenkampf, 120–124, Kommentar 118–119.
- Apk 3,14–20: Siehe, ich stehe vor der Tür (gehalten am 26. Juli 1925 in Breslau),
  Köhn, Zeugnis im Kirchenkampf, 82–88, Kommentar 79–81.
- Apk 22,20: Ja, ich komme bald (gehalten am 24. Februar 1924 in Breslau),
  Köhn, Zeugnis im Kirchenkampf, 51–56, Kommentar 47–50.

Die Predigten befinden handschriftlich oder im Typoskript im Geheimen Staatsarchiv Preußischer Kulturbesitz in Berlin. Von Andreas Köhn wurden sie zum ersten Mal publiziert und kommentiert.

Allein die Predigt zu Mt 13,31–35 ist seinerzeit schon einmal gedruckt worden. Ein Predigtband, geplant bei Vandenhoeck & Ruprecht, kam nicht zur Ausführung.

8. SAMMELREZENSIONEN (CHRONOLOGISCH)

Die Offenbarung des Johannes 1920–1934, in: ThR.NF 6, 1934, 269–314; 7, 1935, 28–62.

Vom urchristlichen Abendmahl, in: ThR.NF 9, 1937, 168–227.273–312; 10, 1938, 81–99.

9. EINZELREZENSIONEN (CHRONOLOGISCH)

in: Christliche Welt (ChW), Deutsche Literaturzeitung (DLZ), Gnomon (Gn), Historische Zeitschrift (HZ), Orientalistische Literaturzeitung (OLZ), Schlesische Zeitung, Theologische Blätter (ThBl), Theologische Literaturzeitung (ThLZ)

Karl Bernhard Ritter, Über den Ursprung einer kritischen Religionsphilosophie in Kants »Kritik der reinen Vernunft«, Gütersloh 1913, in: ThBl 34, 1913, 567–568.

Karl Ludwig Schmidt, Der Rahmen der Geschichte Jesu. Literarkritische Untersuchungen zur ältesten Jesusüberlieferung, Berlin 1919, in: DLZ 41, 1920, 328–331.

Johannes Bauer, Kurze Übersicht über den Inhalt der neutestamentlichen Schriften, Tübingen 1920, in: ChW 36, 1922, 181.

Waldemar Radecke, Markus Germanicus oder Das Evangelium frei verdeutscht, Bonn 1920, in: ChW 36, 1922, 254.

Samson Eitrem und Anton Fridrichsen, Ein christliches Amulett auf Papyrus, Kristiania 1921, in: ThLZ 47, 1922, 401–402.

Thassilo von Scheffer, Die homerische Philosophie, München 1921, in: ThLZ 47, 1922, 432–433.

Johannes Leipoldt, Jesus und die Frauen. Bilder aus der Sittengeschichte der alten Welt, Leipzig 1921, in: DLZ 43, 1922, 536–538.

Emil Jung, Die Herkunft Jesu im Lichte der freien Forschung, München 1920, in: DLZ 43, 1922, 832–833.

Valentin Weber, Gal 2 und Apg 15 in neuer Beleuchtung, Würzburg 1923, in: ThLZ 48, 1923, 344–345.

Victor Schultze, Altchristliche Städte und Landschaften, Gütersloh 1922, in: ThLZ 48, 1923, 345–346.

Julius Schniewind, Das Selbstzeugnis Jesu, Berlin 1922, in: ThLZ 48, 1923, 418.

Gottfried Hoberg, Katechismus der biblischen Hermeneutik, Freiburg 1922; Ernst von Dobschütz, Vom Auslegen insonderheit des Neuen Testaments, Halle 1922; Johannes Behm, Heilsgeschichtliche und religionsgeschichtliche Betrachtung des Neuen Testaments, Berlin 1922, in: ThLZ 48, 1923, 461–463.

Arthur C. Headlam, The Life and Teaching of Jesus the Christ, London 1923, in: ThLZ 48, 1923, 466–468.

Robert Jelke, Die Wunder Jesu, Leipzig 1922, in: DLZ 44, 1923, 231–233.

Otto Schmitz, Der Freiheitsgedanke bei Epiktet und das Freiheitszeugnis des Paulus, Gütersloh 1923, in: ThLZ 49, 1924, 202–203.

William Healey Cadman, The last journey of Jesus to Jerusalem, London / Oxford 1923, in: ThLZ 49, 1924, 399–401.

Joseph de Ghelinck, Pour l'histoire du mot Sacramentum, Louvain 1924, in: ThLZ 49, 1924, 417–419.

Dmitri Sergejewitsch Mereschkowskij, Die Geheimnisse des Ostens, Berlin 1924, in: Schlesische Zeitung. Unterhaltungsbeilage vom 20. August 1924.

Albert Schweitzer, Das Christentum und die Weltreligionen, München 1924; ders., Aus meiner Kindheit und Jugendzeit, Bern 1924, in: Frankfurter Zeitung. Literaturblatt Nr. 18 vom 29. August 1924, 2.

Wilhelm Weber, Christusmystik. Eine religionspsychologische Darstellung der Paulinischen Christusfrömmigkeit, Leipzig 1924, in: ThLZ 50, 1925, 36–37.

Paul Mickley, Die Konstantin-Kirchen im heiligen Lande, Leipzig 1923, in: ThLZ 50, 1925, 37–38.

Johann Jakob Bachofen, Das Lykische Volk und seine Bedeutung für die Entwicklung des Altertums, Leipzig 1924, in: ThLZ 50, 1925, 81–82.

Otto Schmitz, Die Christus-Gemeinschaft des Paulus im Lichte seines Genetivgebrauchs, Gütersloh 1924, in: ThLZ 50, 1925, 223–225.

Eduard Meyer, Blüte und Niedergang des Hellenismus in Asien, Berlin 1925, in: ThLZ 50, 1925, 465–466.

Arthur Drews, Die Entstehung des Christentums aus dem Gnostizismus, Jena 1924, in: DLZ 46, 1925, 141–142.

Erich Fascher, Die formgeschichtliche Methode, Gießen 1924; Rudolf Bultmann, Die Erforschung der synoptischen Evangelien, Gießen 1925, in: ThBl 4, 1925, 184–186.

Eduard Sievers, Die Johannesapokalypse klanglich untersucht, Leipzig 1925, in: ThBl 4, 1925, 303.

Franz Xaver von Funk, Die Apostolischen Väter, neu bearbeitet von Karl Bihl-
meyer, Tübingen 1924, in: ThLZ 51, 1926, 29–30.

Martin Dibelius, An die Thessalonicher I.II. An die Philipper, Tübingen [2]1925, in:
ThLZ 51, 1926, 291.

Marie Albert Janvier, Das Leiden unseres Herrn Jesu Christi und die christliche
Moral, Kirnach-Villingen 1925; August Reatz, Jesus Christus. Sein Leben, seine
Lehre, sein Werk, Freiburg 1925; Joseph Wittig, Leben Jesu in Palästina, Schlesien
und anderswo, München 1925, in: ThLZ 51, 1926, 292–294.

Karl Barth, Die Auferstehung der Toten. Eine akademische Vorlesung über 1 Kor
15, München 1924, in: ThLZ 51, 1926, 467–471.

Walter Bauer, Das Johannes-Evangelium, Tübingen 1925, in: OLZ 29, 1926, 470–
471.

Georg Bichlmair, Urchristentum und katholische Kirche, München 1925, in:
ThLZ 52, 1927, 7.

Rudolf Bultmann, Jesus, Berlin 1926, in: ThLZ 52, 1927, 433–439.

August Bludau, Die ersten Gegner der Johannesschriften, Freiburg 1925, in: OLZ
30, 1927, 270.

Ildefonse de Viuppens, Le Paradis Terrestre au troisiéme Ciel, Paris / Fribourg
1925, in: OLZ 30, 1927, 382.

Adolf Schlatter, Die Geschichte der ersten Christenheit, Gütersloh 1927, in: ThLZ
53, 1928, 230–231.

Ludwig Lemme, Das Leben Jesu Christi, Berlin 1927, in: ThLZ 53, 1928, 412–413.

Wilhelm Michaelis, Täufer, Jesus, Urgemeinde, Gütersloh 1928, in: ThLZ 53,
1928, 512.

Johannes Behm, Die mandäische Religion und das Christentum, Leipzig 1927, in:
Gn 4, 1928, 293–294.

Wilhelm Schubart, Das Weltbild Jesu, Leipzig 1927, in: OLZ 31, 1928, 859–860.

John Oman, The Text of Revelation, Cambridge 1923, in: ThLZ 54, 1929, 323–324.

Julius Kaerst, Geschichte des Hellenismus, Leipzig 1927, in: ThLZ 54, 1929, 343–345.

Engelhard Eisentraut, Des heiligen Apostels Paulus Brief an Philemon, Würzburg 1928, in: ThLZ 54, 1929, 417.

Richard Reitzenstein, Die Vorgeschichte der christlichen Taufe, Leipzig 1929, in: DLZ 50, 1929, 1851–1860.

Ditlef Nielsen, Der geschichtliche Jesus, München 1928, in: OLZ 32, 1929, 100–102.

Friedrich Büchsel, Johannes und der hellenistische Synkretismus, Gütersloh 1928, in: OLZ 32, 1929, 865–866.

Hans Windisch, Die Orakel des Hystaspes, Amsterdam 1929, in: ThLZ 55, 1930, 253–254.

Joseph Peschek, Geheime Offenbarung und Tempeldienst, Paderborn 1929, in: ThLZ 55, 1930, 275–277.

William Kemp Lowther Clarke, New Testament Problems, London 1929, in: ThLZ 55, 1930, 293–294.

Henri Delafosse, Les Écrits de St. Paul, Paris 1926, in: ThLZ 55, 1930, 325–326.

Hermann Beckh, Der kosmische Rhythmus im Markusevangelium, Basel 1930, in: DLZ 51, 1930, 1543.

Adolf von Harnack, Ecclesia Petri propinqua, Berlin 1927, in: ThLZ 56, 1931, 98–100.

Heinrich Josef Vogels, Codicum Novi Testamenti Specimina, Bonn 1929, in: OLZ 34, 1931, 549.

John Mason Harden, The Anaphoras of the Ethiopic Liturgy, London 1928, in: OLZ 35, 1932, 48–49.

Karl Friedrich Müller, Aus der akademischen Arbeit, Tübingen 1930, in: HZ 148, 1933, 150–151.

Hugo Koch, Quellen zur Geschichte der Askese und des Mönchtums, Tübingen 1933, in: HZ 150, 1934, 612–613.

Roland Schütz, Die Offenbarung des Johannes und Kaiser Domitian, Göttingen 1933, in: DLZ 55, 1934, 151–156.

Wilhelm Michaelis, Die Datierung des Philipperbriefes, Gütersloh 1933, in: DLZ 55, 1934, 1249–1251.

Hans Windisch, Paulus und Christus. Ein biblisch-religionsgeschichtlicher Vergleich, Leipzig 1934, in: DLZ 55, 1934, 1489–1501.

George S. Duncan, St. Paul's Ephesian Ministry, London 1929, in: ThLZ 59, 1934, 418–421.

Vom Problem paulinischer Christologie. Zu Ernst Barnikols christologischen Untersuchungen, in: ThBl 13, 1934, 43–53.

> Diese Rezension, eher schon ein ganzer Aufsatz, ist unter einer gemeinsamen Überschrift von zwei Autoren verfasst: Ernst Lohmeyer 43–53, Walter Dreß 53–58. Eine »Vorbemerkung der Schriftleitung der ThBl« verweist auf die literarische Kontroverse zwischen Barnikol und Opitz und betont, dass die beiden Verfasser Lohmeyer und Dreß ihre Beiträge ohne deren Kenntnis geschrieben und auch nach ihrer Information durch die Schriftleitung keine Notwendigkeit gesehen hätten, eigens darauf einzugehen.

Erik Peterson, Εἷς Θεός. Epigraphische, formgeschichtliche und religionsgeschichtliche Untersuchungen, Göttingen 1926, in: Gn 11, 1935, 543–552.

Walter Bauer, Rechtgläubigkeit und Ketzerei im ältesten Christentum, Tübingen 1934, in: HZ 151, 1935, 97–100.

Paul Le Seur, Die Briefe an die Epheser, Kolosser und Philemon, Leipzig 1936, in: ThLZ 62, 1937, 178.

Martin Dibelius, An die Thessalonicher I.II. An die Philipper, Tübingen [3]1937, in: ThLZ 62, 1937, 399–401.

Josef Blinzler, Die neutestamentlichen Berichte über die Verklärung Jesu, Münster 1937; Josef Höller, Die Verklärung Jesu, Freiburg 1937, in: ThLZ 63, 1938, 228–229.

Franz Overbeck, Titus Flavius Klemens von Alexandria. Stromateis. Die Teppiche.
Übersetzung, Basel 1936, in: HZ 157, 1938, 572–574.

Edwyn C. Hoskyns und F. Noel Davey, Das Rätsel des Neuen Testaments,
Stuttgart 1938, in: ThLZ 64, 1939, 409–411.

Alfred Loisy, Autres Mythes à propos de la Religion, Paris 1938, in: ThLZ 64,
1939, 450–451.

Thomas Arvedson, Das Mysterium Christi. Eine Studie zu Mt 11,25–30, Leipzig
1937, in: OLZ 42, 1939, 742–745.

Roland H. Bainton, Concerning Heretics. An anonymous work attributed to Sebastian Castellio, New York 1935, in: HZ 159, 1939, 129–130.

Hans Jürgen Ebeling, Das Messiasgeheimnis und die Botschaft des Markus-
evangelisten, Berlin 1939, in: ThLZ 65, 1940, 18–22.

10. VERMISCHTE BEITRÄGE (CHRONOLOGISCH)

Theologische Thesen, welche mit Genehmigung des Herrn Dekans der hoch-
würdigen Theologischen Fakultät an der Friedrich-Wilhelms-Universität zu
Berlin zur Erwerbung des Grades eines Lizentiaten der Theologie am Mittwoch,
24. Juli 1912, 10 Uhr, in der kleinen Aula (Univ. Gebäude) öffentlich verteidigt
wird Ernst Lohmeyer aus Dorsten in Westfalen. Opponenten: Herr Privatdozent
Dr. M. Dibelius, Herr Privatdozent Liz. H. Scholz, Herr Kandidat H. Hartmann,
Berlin 1912.

> Der aus zwei Blättern bestehende Druck (der die Ankündigung beinhaltende Titel und
> die Thesen von I. bis X.) stammt aus der Universitäts-Buchdruckerei von Gustav
> Schade (Otto Francke).

Denkschrift zur Hundertjahrfeier des westfälischen Jägerbataillons Nr. VII am
3. Oktober 1915.

> In dem VII. westfälischen Jägerbataillon in Bückeburg hatte Lohmeyer am 1. Oktober
> 1913 seine militärische Dienstverpflichtung (der Begriff »Freiwilligendienst« be-
> zeichnet lediglich die Freiheit bei der Wahl des Standortes) begonnen, die dann am
> 2. August 1914 in den Ersten Weltkrieg überging.

Dichtung und Weltanschauung, in: Der Ostwart. Ostdeutsche Monatshefte des
Bühnenvolksbundes 1, Heft 3, 1924, 71–74.129–135.

Wendelin Heinelt, in: Hermann Stehr. Sein Werk und seine Welt. Dem Dichter und Menschen zum 60. Geburtstag, hg. von Wilhelm Meridies, Habelschwerdt 1924, 76-90.

Wendelin Heinelt ist eine literarische Figur in einem Märchen des schlesischen Schriftstellers Hermann Stehr (1864-1940). In der Nähe von Habelschwerdt lag Lohmeyers Sommerhaus in Glasegrund.

Religion und Kaufmann I/II, in: Der Kaufmann und das Leben. Beiblatt zur Zeitschrift für Handelswissenschaft und Handelspraxis 19/4, 1926, 25-29, und 19/8, 1926, 57-60.

Vom Neutestamentler- und Kirchenhistorikertag 1926 in Breslau, in: ThBl 5, 1926, 282-283.

Das kommende Reich, in: Die Tat. Monatsschrift für die Zukunft der deutschen Kultur 18, 1927, 846-853.

August Tholuck, in: Schlesische Lebensbilder 3. Schlesier des 17. bis 19. Jahrhunderts, hg. von Friedrich Andreae, Max Hippe, Paul Knötel und Otfried Schwarzer, Breslau 1928, 230-239.

Friedrich August Gotttreu Tholuck (1799-1877) war schlesischer Herkunft; er wurde in Breslau geboren und begann dort auch seine Studien, bevor er dann in Halle seine größte Wirksamkeit entfaltete.

Kapitalismus und Protestantismus, in: Der Kaufmann und das Leben. Beiblatt zur Zeitschrift für Handelswissenschaft und Handelspraxis 21/4, 1928, 25-30.

Caspar Schwenckfeld von Ossig, in: Schlesische Lebensbilder 4: Schlesier des 16.-19. Jahrhunderts, hg. von Friedrich Andrae, Erich Graber und Max Hippe, Breslau 1931, 40-49.

Caspar Schwenckfeld von Ossig (1490-1561) war eine der bedeutendsten Figuren der Reformationszeit in Schlesien. Er vertrat eine spiritualistische Theologie, die von den Wittenbergern als »Schwärmerei« kritisiert wurde. An ihm orientierte sich später die freikirchliche Richtung der »Schwenkfeldianer«.

Was heißt uns Bibel des Alten und Neuen Testamentes?, in: Wingolfsnachrichten 65/3, 1936, 217-222.

Der Wingolf ist eine christliche Studentenverbindung, die sich einer überkonfessionellen, ökumenischen Ausrichtung verpflichtet weiß.

Zum Gedächtnis Erich Schaeders, in: DtPfBl 40, 1936, 285-286; dass. in: Schlesische Zeitung vom 6. März 1936.

Erich Schaeder (1861–1936), systematischer Theologe, lehrte nach Stationen in Greifswald, Königsberg, Göttingen und Kiel seit 1892 an der Universität Breslau, wo er 1909/10 auch das Rektorenamt bekleidete.

11. BRIEFE, DIE IN GEDRUCKTER FORM VORLIEGEN

Offener Brief an Hans Lietzmann. Breslau, am 25. Dez. 1931, in: ThBl 11, 1932, 18–21; Bemerkung [mit Bezug auf den offenen Brief], in: ThBl 11, 1932, 93.

an Hans Lietzmann

Glanz und Niedergang der deutschen Universität. 50 Jahre deutscher Wissenschaftsgeschichte in Briefen an und von Hans Lietzmann (1892–1942), hg. von Kurt Aland, Berlin / New York 1979,

> Nr. 637, 584–585: Breslau, 10. Februar 1929
> Antwort auf einen Brief Hans Lietzmanns vom 9. Februar 1929 (Nr. 636, 583–584), der Lohmeyers Grundlagen paulinischer Theologie, BHTh 1, Tübingen 1929, gelesen hat und ihren sprachlichen Stil für unverständlich hält.
> Nr. 654, 594: Breslau, 27. November 1929
> Verweis auf die Übersendung von Lohmeyers Kolosser- und Philemonkommentar in der Hoffnung, er möge ihn verständlicher finden.
> Nr. 773, 692–693: Breslau, 25. Dezember 1931
> Antwort auf einen Brief Hans Lietzmanns vom 12. Dezember 1931 (Nr. 771, 690–691), in dem dieser einen Aufsatz Lohmeyers (Zur evangelischen Überlieferung von Johannes dem Täufer, später erschienen in: JBL 51, 1932, 300–319) für die ZNW ablehnt. Darin ist auch die Absicht ausgesprochen, eine grundsätzliche Antwort in den »Theologischen Blättern« veröffentlichen zu wollen.
> Diese Veröffentlichung findet sich dann als Offener Brief an Hans Lietzmann. Breslau, am 25. Dez. 1931, in: ThBl 11, 1932, 18–21; Bemerkung [mit Bezug auf den offenen Brief], in: ThBl 11,1932, 93.

an Martin Buber

Martin Buber. Briefwechsel aus sieben Jahrzehnten. Band II: 1918–1938, hg. von Grete Schaeder, Heidelberg 1973,

> Nr. 450, 499–501: Glasegrund bei Habelschwerdt, 19. August 1933; Nachdr. bei Ekkehard Stegemann, Ernst Lohmeyer an Martin Buber, in: Kirche und Israel 1, 1986, 5–8.
> Dieser Brief reagiert zustimmend auf Martin Buber, Offener Brief an Gerhard Kittel, in: ThBl 12, 1933 (eine kritische Stellungnahme zu Kittels Buch *Die Judenfrage*, Stuttgart 1933); Nachdr. in: Martin Buber, Der Jude und sein Judentum. Gesammelte Aufsätze und Reden, Gerlingen ²1993, 606–613. Die in Lohmeyers Brief geäußerte Dialogbereitschaft steht in ihrer Zeit einzig da.
> Nr. 454, 504–506: z. Zt. Glasegrund bei Habelschwerdt, 11. September 1933

Der Brief dankt für die Übersendung von Bubers Buch *Kampf um Israel. Reden und Schriften*, Berlin 1933, und betont die Gemeinsamkeiten (»fast möchte ich sagen, ein verwandtes Leben gespürt zu haben«).

an Hans von Soden

Theologie und Kirche im Wirken Hans von Sodens. Briefe und Dokumente aus der Zeit des Kirchenkampfes 1933–1945, hg. von Erich Dinkler † und Erika Dinkler – von Schubert, bearbeitet von Michael Wolter, AKZG.A 2, Göttingen 1984, ²1986,

> 84: Breslau 8. Mai 1934
> Der Brief ist Teil einer Gruppe weiterer Briefe, in denen es um die Zustimmung bzw. Unterschrift zu einer Erklärung »Bekenntnis und Verfassung in den evangelischen Kirchen« geht (81–95), die dann am 23. Mai 1934 veröffentlicht wurde.

von Richard Hönigswald

Hutter-Wolandt, Ulrich: Ernst Lohmeyer und Richard Hönigswald. Um die Wissenschaftlichkeit neutestamentlicher Exegese, in: Studien zur Philosophie Richard Hönigswalds, hg. von Ernst Wolfgang Orth und Dariusz Aleksandrowicz, Würzburg 1996, 205–230.

> Anhang 226–230: 3 Briefe von Hönigswald an Lohmeyer (31. August 1928; 18. Dezember 1931; 22. Dezember 1931).
> Nur der zweite Brief vom 18. Dezember 1931 findet sich auch bei Otto, Aus der Einsamkeit, 48–49.

Otto, Wolfgang: Aus der Einsamkeit – Briefe einer Freundschaft. Richard Hönigswald an Ernst Lohmeyer, Würzburg 1999.

> Die Briefe sind an Ernst und gelegentlich auch an Melie Lohmeyer gerichtet. Sie umfassen den Zeitraum 1924–1939. Zum Teil sind sie ausschnittsweise, mehrheitlich aber vollständig wiedergegeben.
> Im Vorwort heißt es: »Im Umfeld des 50. Todestages des Theologen Ernst Lohmeyer in Greifswald, im Zusammenhang seiner Rehabilitierung durch die russische Generalstaatsanwaltschaft, tauchte eine umfangreiche Sammlung von Briefen Richard Hönigswalds aus den Jahren 1924–1939 an Ernst Lohmeyer auf. Leider sind bis heute die Briefe Lohmeyers an Hönigswald, auf die er bezug nimmt, nicht aufgefunden worden, so daß von einem Briefwechsel nicht gesprochen werden kann; aber auch allein diese Briefe (insgesamt 159 Briefe und Karten) geben ein plastisches Bild des Menschen Hönigswald, seines Denkens, seiner Zeit.« (9)

Die Originale wurden bereits 1958 an das GStA Berlin abgegeben (I. HA Rep. 92 Lohmeyer Nr. 4.5.6); die Abschriften folgten durch Klaus-Jürgen Otto noch einmal mit dem Zugang 1999 (I. HA Rep. 92 Lohmeyer Nr. 44). Auch in Greifswald befindet sich unter den Materialien von Martin Onnasch ein Typo-skript der Briefe (149 Seiten), das von Klaus-Jürgen Otto angefertigt worden ist. Ein beigefügter Brief von Klaus-Jürgen Otto an Martin Onnasch vom 17. Januar 1997 erläutert den Bestand, verweist auf die noch nicht abgeschlossene Anfer-tigung eines Personenregisters und denkt über eine mögliche Veröffentlichung nach; zugleich erwähnt Klaus-Jürgen Otto, er habe ein weiteres Exemplar dieser Abschriften an Dr. Wolfgang Otto (Herford) geschickt – mit einer ähnlichen Bitte um Beratung und Unterstützung. Ein zweiter Brief von Klaus-Jürgen Otto an Martin Onnasch vom 3. Mai 1997 berichtet von der Zustimmung Henry Hö-nigswalds zur Veröffentlichung der Briefe seines Vaters und fügt ein Perso-nenverzeichnis sowie eine Bibliographie Hönigswalds hinzu. Wolfgang Otto hat dann mit seinem Buch von 1999 die Veröffentlichung dieses Bestandes über-nommen.

weitere

Hutter, Ulrich: Theologie als Wissenschaft. Zu Leben und Werk Ernst Loh-meyers (1890–1946). Mit einem Quellenanhang, in: JSKG 69, 1990, 123–169.

> 6 Briefe / Postkarten an Rudolf Bultmann 1920–1944, 154–159,
> 5 Schreiben zu universitäts- und kirchenpolitischen Vorgängen 1934, 163–167,
> 2 Ehrenerklärungen von Richard Hönigswald und Martin Dibelius, beide 1946, 167–169.

12. ÜBERSETZUNGEN

Übersetzung von Lutherschriften für die »Berliner Luther Ausgabe«, begonnen 1943, ca. 500 Seiten

> Gudrun Otto berichtet von dieser Übersetzung, die unveröffentlicht geblieben ist; vgl. Gudrun Otto, Erinnerung an Ernst Lohmeyer, in: DtPfBl 81, 1981, 358–362, hier 360. Ob das Manuskript noch existiert, ist mir nicht bekannt.

13. ARCHIVALIEN UND UNVERÖFFENTLICHTE QUELLEN

Verlagsarchiv von Vandenhoeck & Ruprecht, Göttingen

> 164 Dokumente: Briefe / Postkarten von und an Ernst Lohmeyer, von und an seine Frau, ein Brief von Hartmut Lohmeyer, Notizen, Zeitungsausschnitte
> Alle einzelnen Positionen sind verzeichnet bei Köhn, Neutestamentler, 315–318.

Universitätsarchiv Greifswald: UAG

Rektoratsakten (R 458, R 580/1–3): 34 Dokumente
Personalakte Ernst Lohmeyer (PA 347/1–4): 8 Dokumente
Alle einzelnen Positionen sind verzeichnet bei Köhn, Neutestamentler, 319–320.

Privatsammlung von Gudrun und Klaus-Jürgen Otto

Köhn, Neutestamentler, 2004, 321, verzeichnet 20 Dokumente.
Diese Dokumente befinden sich heute im Geheimen Staatsarchiv Preußischer Kulturbesitz, Berlin-Dahlem.

Geheimes Staatsarchiv Preußischer Kulturbesitz, Berlin-Dahlem: GStA PK, VI. HA Familienarchive und Nachlässe, Nl Ernst Lohmeyer (Dep.), Nr. 18

Köhn, Neutestamentler, 320–321, verzeichnet aus diesem Bestand 20 Dokumente. In Berlin existiert ein detailliertes Findbuch. Der darin aufgeführte Nachlass enthält Dokumente aus dem Familienbesitz und ist 1997 und 1999 noch einmal erweitert worden. Der alte Bestand umfasst die Positionen 1–17, 1997 umfasst 18–19, 1999 umfasst 20–49. Jede dieser Positionen enthält zahlreiche Einzeldokumente.

In diesem Dokumentenbestand befinden sich Manuskripte von Großvater und Vater Ernst Lohmeyers, wissenschaftliche Arbeiten des Studenten, Korrespondenzen mit Kollegen (427 Briefe), Briefe von Kollegen an Melie und Hartmut Lohmeyer (25 Briefe), Sonderdrucke von Aufsätzen und Vorträgen, Predigten und Reden (15 Manuskripte), Verse und Handzeichnungen, Zeitungsausschnitte, Glückwünsche zu Lohmeyers 50. Geburtstag im Feld (25 Briefe), Briefe im Umfeld der Strafversetzung nach Greifswald (19 Briefe), ein Personal- und Vorlesungsverzeichnis der Universität Greifswald, Korrespondenzen zur Reise nach Schweden 1937 (33 Briefe), Manuskripte, Kirchenakten aus Pommern, vermischte persönliche Dokumente, 18 Ehrenerklärungen von 1946/47, Rehabilitationsbescheinigung, Fotos, Ausweise und Passierscheine, Dokumente zum Prozess 1946 und zur Rehabilitierung 1996, Briefe von Richard Hönigswald an Ernst und Melie Lohmeyer, Urkunden.

Privatsammlung von Günter Haufe und Martin Onnasch (Greifswald)

Köhn, Neutestamentler, 321, verzeichnet 18 Dokumente der Sammlung Haufe.
Diese Materialen der Sammlung Haufe befinden sich heute gemeinsam mit weiteren Dokumenten (Kopien, Sonderdrucke, Briefe, Zeitungsausschnitte, Notizen usw.) aus der Sammlung Onnasch in der Theologischen Fakultät Greifswald im Dienstzimmer von Christfried Böttrich. Sie füllen im Ganzen 7 Aktenordner und enthalten mehrheitlich Kopien von Druckerzeugnissen oder Dokumenten zur Geschichte der Greifswalder Gedenkveranstaltungen 1990 und 1996, Zeitungsausschnitte, sowie eine Kopie der Briefe Richard Hönigswalds an Ernst Lohmeyer (veröffentlicht von Wolfgang Otto, Aus der Einsamkeit – Briefe einer Freundschaft. Richard Hönigswald an Ernst Lohmeyer, Würzburg 1999).

Weiterhin befinden sich in diesem Bestand das vollständige Manuskript von »Kultus und Evangelium« (1942) mit einem Sonderdruck sowie das vollständige Manuskript von »Gottesknecht und Davidssohn« (1945) mit beiliegender Korrespondenz zur Drucklegung.

Einen besonderen Fundus stellen 14 Briefe von Ernst Lohmeyer an Anton Fridrichsen (Uppsala) dar.

Dieser gesamte Materialbestand soll nach seiner abschließenden Ordnung an das Universitätsarchiv Greifswald übergeben werden.

Privatsammlung von Wolfgang Otto (Herford)

Diese Materialien wurden am 30. Juli 2017 von Wolfgang Otto an Christfried Böttrich übersandt. Sie sollen mit den Greifswalder Sammlungen von Günter Haufe und Martin Onnasch vereinigt und dem Universitätsarchiv Greifswald übergeben werden.

In dieser Sammlung befinden sich Sonderdrucke, Zeitungsausschnitte, Briefe, Bilder.

Akten der Universitätsverwaltung Breslau: AUWr S 182-183.185-187

verzeichnet bei Hutter, Theologie als Wissenschaft, 125, Anm. 14

Akten der Evangelisch-Theologischen Fakultät Breslau: AUWr TE 3.15.16

verzeichnet bei Hutter, Theologie als Wissenschaft, 125, Anm. 15

Personalbogen Ernst Lohmeyers in Breslau: AUWr S 220

verzeichnet bei Hutter, Theologie als Wissenschaft, 126, Anm. 16

Personalakte Lohmeyer 1945-1949, aus dem Bestand der SED-Landesleitung Mecklenburg (Rostock)

Die Akte trägt die Signatur: BPA Rostock, Abt. 5, Sammlungsgut, Kaderakten, unsortierter Bestand; bis 1993/94 befand sie sich in dem nach Bolz ausgelagerten Archiv der PDS; inzwischen scheint sie verschollen zu sein.

Diese Akte wird beschrieben und in größeren Auszügen publiziert von Wolfgang Wilhelmus, Noch einmal Ernst Lohmeyer. Eine Rede, die nicht gehalten werden konnte, und eine Akte, in: Zeitgeschichte regional. Mitteilungen aus Mecklenburg-Vorpommern 15/2, 2011, 73-84, spez. 80-82.

LITERATUR ÜBER ERNST LOHMEYER

Christfried Böttrich

1. MONOGRAPHIEN (CHRONOLOGISCH)

Esking, Erik: Glaube und Geschichte in der theologischen Exegese Ernst Lohmeyers. Zugleich ein Beitrag zur Geschichte der neutestamentlichen Interpretation, ASNU 18, Kopenhagen / Lund / Uppsala 1951. – Diss. Uppsala 1951.
* Rez. von Otto Michel, in: ThLZ 78, 1953, 608–610.

Lekai, Emery Amiano: The Theology of the People of God in E. Lohmeyer's Commentaries on the Gospel of Mark and Matthew, Diss. Catholic University of America 1974.

Otto, Wolfgang: Aus der Einsamkeit – Briefe einer Freundschaft. Richard Hönigswald an Ernst Lohmeyer, Würzburg 1999.
* Rez. von Irmfried Garbe, in: Baltische Studien. Pommersche Jahrbücher für Landesgeschichte NF 86, Marburg 2000, 212–213.
* Rez. von Gerhard Besier, in: Kirchliche Zeitgeschichte 13/1, 2000, 256–257.
* Rez. in: Philosophischer Literaturanzeiger 55/2, 2002, 174–177.

Köhn, Andreas: Der Neutestamentler Ernst Lohmeyer. Studien zu Biographie und Theologie [mit einem ausführlichen Geleitwort des Herausgebers Jörg Frey: Zur Bedeutung des Neutestamentlers Ernst Lohmeyer, V-XII], WUNT 2/180, Tübingen 2004. – Diss. Hamburg 2002.
* Rez. von Friedrich Wilhelm Graf, in: ZNThG 12, 2005, 346–347.
* Rez. von Albert Fuchs, in: SNTU.A 30, 2005, 276.
* Rez. von Robert Oberforcher, in: ZKTh 128,2006, 308–309.
* Rez. von Alf Christophersen, in: ThLZ 131, 2006, 853–856.
* Rez. von Lorenzo Scornaienchi, Ernst Lohmeyer, un martire nell'epoca degli estremi, in: Protestantesimo 61, 2006, 369–374.
* Rez. von Irmfried Garbe, in: Zeitgeschichte regional – Mitteilungen aus Mecklenburg-Vorpommern 11/2, 2007, 126–127.

Kuhn, Dieter: Metaphysik und Geschichte. Zur Theologie Ernst Lohmeyers, TBT 131, Berlin 2005. – Diss. Tübingen 2001/02.
* Rez. von Alf Christophersen, in: ThLZ 131, 2006, 853–856.

Rogerson, John W.: The Case for Ernst Lohmeyer, Sheffield 2016.
Edwards, James R.: Between the Swastika and the Sickle. The Life, Disappearance, and Execution of Ernst Lohmeyer, Grand Rapids 2018 (in Vorbereitung).

2. SAMMELBÄNDE (CHRONOLOGISCH)

In Memoriam Ernst Lohmeyer, hg. von Werner Schmauch, Stuttgart 1951.
In Memoriam
  – In memoriam, 9–16
  – Porträt, nach 16
Ernst Lohmeyer
  – Vita et Opera, 19–21
  – Ernst Lohmeyer, »Mir ist gegeben alle Gewalt!« Eine Exegese von Mt. 28,16–20 [aus dem Nachlass], 22–49
In Memoriam Ernst Lohmeyer
  – Martin Buber, Das Volksbegehren, 53–66
  – Leonhard Rost, Alttestamentliche Wurzeln der ersten Auferstehung, 67–72
  – Sherman E. Johnson, Jesus and First-Century Galilee, 73–88
  – Anders Nygren, Christus, der Gnadenstuhl, 89–93
  – Otto Michel, Opferbereitschaft für Israel, 94–100
  – Karl Ludwig Schmidt, Nicht über das hinaus, was geschrieben steht! (1. Kor 4,6), 101–109
  – Robert Henry Lightfoot, A consideration of three passages in St. Mark's Gospel, 110–115
  – Günther Bornkamm, Die Verzögerung der Parusie. Exegetische Bemerkungen zu zwei synoptischen Texten, 116–126; Nachdr. in: ders., Geschichte und Glaube. 1. Teil. Gesammelte Aufsätze 3, BEvTh 48, München 1968, 46–55
  – Oscar Cullmann, Sabbat und Sonntag nach dem Johannesevangelium Ἕως ἄρτι (Joh. 5,17), 127–131
  – Johannes Schneider, Zur Frage der Komposition von Joh. 6,27–58(59) (Die Himmelsbrotrede), 132–142
  – Helmut Gollwitzer, Zur Auslegung von Joh. 6 bei Luther und Zwingli, 143–168
  – Gottfried Fitzer, Sakrament und Wunder im Neuen Testament. Eine Betrachtung zu Ernst Lohmeyers Deutung des Brotwunders, 169–188
  – Rudolf Bultmann, Die kirchliche Redaktion des ersten Johannesbriefes, 189–201
  – Werner Schmauch, In der Wüste. Beobachtungen zur Raumbeziehung des Glaubens im Neuen Testament, 202–223
  – Erik Esking, Das Martyrium als theologisch-exegetisches Problem, 224–232
  – Gerhard Saß, Die Apostel in der Didache, 233–239

- Hans von Campenhausen, Lehrerreihen und Bischofsreihen im 2. Jahrhundert, 240–249
- Eugen Rosenstock-Huessy, Vivit Deus, 250–260
- Joachim Konrad, Moralismus und Nihilismus. Zu einem seherischen Wort Friedrich Nietzsches, 261–273
- Karl Peters, Die religiösen Kräfte in der Jugendfürsorge, 274–293
- Hartmut Lohmeyer, Grundfragen des Städtebaues, 294–308
- Clemens Schaefer, Die Problematik der modernen Physik, 309–328
- Erwin Fues, Physik und Glaube. Ein Brief an einen Theologen, 329–336
- Heinrich Vogel, Die Menschenrechte als theologisches Problem, 337–351
- Ernst Wolf, »Christlicher Humanismus?« Erwägungen zur gegenwärtigen Diskussion, 352–367
- Ernst Lohmeyer, Bibliographie (von ihm selbst hinterlassen, vom Herausgeber ergänzt), 368–375
* Rez. von Erich Fascher, in: ThLZ 77, 1952, 731–735

In Memoriam Ernst Lohmeyer * 8. Juli 1890, † 19. September 1946. Gedenkveranstaltung am 19. September 1990 anläßlich des 100. Geburtstages und der Wiederkehr des Todestages, Greifswalder Universitätsreden NF 59, Greifswald 1991.
- Porträt, 3
- Begrüßung durch den Rektor der Ernst-Moritz-Arndt-Universität Greifswald Prof. Dr. Hans-Jürgen Zobel, 4–5
- Gedenkvortrag zum 100. Geburtstag Ernst Lohmeyers von Prof. Dr. Günter Haufe, 6–16

Freiheit in der Gebundenheit. Zur Erinnerung an den Theologen Ernst Lohmeyer anläßlich seines 100. Geburtstages, hg. von Wolfgang Otto, Göttingen 1990.
- Porträt (als Rektor der Universität Breslau 1930), 3
- Wolfgang Otto, Vorwort, 7–9
- Ernst Lohmeyer – Leben und Werk, 11–14
- Ernst Lohmeyer an Martin Buber, 15–17
- Ernst Lohmeyer, Die rechte Interpretation des Mythologischen, 18–35; Nachdr. aus Kerygma und Mythos 1, hg. von Hans-Werner Bartsch, Hamburg 1948, 154–165
- Gudrun Otto, geb. Lohmeyer, Erinnerung an den Vater, 36–52
- Dieter Lührmann, Ernst Lohmeyers exegetisches Erbe, 53–87
- Günter Haufe, Ernst Lohmeyer – Theologische Exegese aus dem Geist des philosophischen Idealismus, 88–97; überarbeitete Fassung von: Gedenkvortrag zum 100. Geburtstag Ernst Lohmeyers, Greifswalder Universitätsreden NF 59, Greifswald 1991, 6–16; modifizierter Nachdruck als: Theologische Exegese aus dem Geist des philosophischen Idealismus. Zum 100. Geburtstag von Ernst Lohmeyer, in: ZdZ 44, 1990, 138–140
- Horst J. E. Beintker, Ernst Lohmeyers Stellung zum Judentum, 98–134
- Wolfgang Otto, Ernst Lohmeyer und Jochen Klepper, 135–180

- Dieter Lührmann, Bibliographie Ernst Lohmeyer, 181–191
* Rez. von [BL], in: IZBG 36, 1989/90, Nr. 3236.
* Rez. von Albert Fuchs, in: SNTU 15, 1990, 150.
* Rez. von [max], in: botschaft aktuell 45, 5. November 1990, 4.
* Rez. von David M. Scholer, in: Critical Review, 1991, 505–506.
* Rez. von Wolfgang Wiefel, in: ThLZ 117, 1992, 18–19.

Ernst Lohmeyer. Beiträge zu Leben und Werk, hg. von Christfried Böttrich, GThF 28, Leipzig 2018.

- Thomas K. Kuhn, »Es ist unheimlich still um ihn«. Der Weg zur Rehabilitation Ernst Lohmeyers (1945–1996)
- James R. Edwards, Das Martyrium: gesetztes Ziel in Lohmeyers Theologie, erreichtes Ziel in seiner Biographie
- Andreas Köhn, Das ›Jetzt‹ des eschatologischen Tages. Zu Wesen und Begriff der metaphysischen Bestimmtheit in Ernst Lohmeyers theologischer Arbeit in akademischer Lehre und Predigt
- Heinrich Assel, Lohmeyers »Vaterunser«. Jüdisch-religionsphilosophische Wurzeln einer klassischen Vaterunser-Auslegung
- Christfried Böttrich, Ernst Lohmeyer und die »soziale Frage«
- John W. Rogerson, »Alle wissenschaftliche Theologie ohne gläubige Theologie ist leer, alle gläubige Theologie ohne wissenschaftliche Theologie ist blind«. Zur Aktualität Ernst Lohmeyers
- Ehrenerklärungen für Ernst Lohmeyer aus den Jahren 1946–1947, zusammengestellt von Hartmut Lohmeyer †
- Melie Lohmeyer †, Der Fall Lohmeyer – dargestellt von seiner Frau (1949)
- Karl Peters †, Erinnerungen an Ernst Lohmeyer (1992)
- Christfried Böttrich, Interview mit Brigitte Remertz-Stumpff. Erinnerungen an Ernst Lohmeyer (2016)
- Rainer Neumann, Interview mit Anneliese Pflugbeil (Ausschnitt). Erinnerungen an Melie Lohmeyer (2014)
- Christfried Böttrich, Erinnern und Gedenken. Ernst Lohmeyer im Gedächtnis seiner Zeitgenossen
- Christfried Böttrich, Die Bronzebüste Ernst Lohmeyers
- Christfried Böttrich, Die Gedenktafel für Ernst Lohmeyer in Greifswald
- Christfried Böttrich, Annotierte Bibliographie zu Ernst Lohmeyer
- Christfried Böttrich, Bildanhang
- Kurzvita Ernst Lohmeyer

3. Aufsätze / Buchbeiträge über Ernst Lohmeyer (alphabetisch)

Arnold, Matthieu: Oscar Cullmann et l' »affaire Lohmeyer« (1946–1951), in: RHPhR 89/1, 2009, 11–27.

Baird, William: History of New Testament Research. Volume two: From Jonathan Edwards to Rudolf Bultmann, Minneapolis 2003, 462–469 [= Ernst Lohmeyer (1890–1946)].

Beintker, Horst Eduard: Ernst Lohmeyers Stellung zum Judentum, in: Freiheit in der Gebundenheit. Zur Erinnerung an den Theologen Ernst Lohmeyer, hg. von Wolfgang Otto, Göttingen 1990, 98–133.

Beintker, Horst Eduard: »Es fiel ein Reif in der Frühlingsnacht« – Erinnerungen und Bemerkungen zur Rede bei der Wiedereröffnung der Universität Greifswald am 15. Februar 1946, in: Zeitgeschichte regional. Mitteilungen aus Mecklenburg-Vorpommern 1/2, 1997, 21–28.

Beintker, Horst Eduard: Stetigkeit des Weges. Ernst Lohmeyer zum 100. Geburtstag, in: DtPfBl 90, 1990, 281–284.

Böttrich, Christfried: Ernst Lohmeyer zum 19. September 2006, in: Ernst Lohmeyers Zeugnis im Kirchenkampf. Breslauer Universitätspredigten, hg. von Andreas Köhn, mit einem Vorwort von Christfried Böttrich, Göttingen 2006, 9–18.

Bouttier, Michel: Ernst Lohmeyer et le martyre, in: RHPhR 89/4, 2009, 531–533.

Cullmann, Oscar: Ernst Lohmeyer (1890–1946), in: ThZ 7, 1951, 158–160; dass. in: ders., Vorträge und Aufsätze 1925–1962, hg. von Karlfried Fröhlich, Tübingen / Zürich 1966, 663–666.

Eberle, Henrik: »Ein wertvolles Instrument«. Die Universität Greifswald im Nationalsozialismus, Köln / Weimar / Wien 2015, 582–604. 629–630 [Biogramm].

Edwards, James R.: Ernst Lohmeyer – ein Schlußkapitel, in: EvTh 56, 1996, 320–342; dass. engl.: Ernst Lohmeyer: a final chapter, Jamestown 1990.

Effenberg, Peter: »Ernst Lohmeyer« – Stalinismus in der DDR: Geburtsfehler einer deutschen »demokratischen Republik«, in: ders., Zeitreise DDR. Elf Beiträge zur DDR-Geschichte, 108–119.

Esking, Erik: Ernesto Lohmeyer, in: Nvntivs Sodalicii Neotestamentici Upsaliensis 5, 1951, 1–36.

Garbe, Irmfried: Art. Lohmeyer, Ernst Johannes, in: »Ihr Ende schauet an ...« Evangelische Märtyrer des 20. Jahrhunderts, hg. von Harald Schultze und Andreas Kurschat, Leipzig 2006, 634–636; [2]2008, 672–674.

Gradewald, Joachim: Ernst Lohmeyer – Opfer zweier Diktaturen, in: Der Remensnider 130/31, 2012, 42–43.

Haendler, Gert: Rostocker Anmerkungen zu einem Buch über die Theologischen Fakultäten im Osten Deutschlands 1945 bis 1970/71, in: Mecklenburgia sacra. Jahrbuch für Mecklenburgische Kirchengeschichte 4, 2001, 49–84, spez. 50–51 [zu Lohmeyer].

Haufe, Günter: Ernst Lohmeyer – Leben und Werk, in: Pfarramtskalender 1996, Neustadt / Aisch 1996, 9–20.

Haufe, Günter: Gedenkvortrag zum 100. Geburtstag Ernst Lohmeyers, Greifswalder Universitätsreden NF 59, Greifswald 1991, 6–16; überarbeite Fassung als: Ernst Lohmeyer – Theologische Exegese aus dem Geist des philosophischen Idealismus, in: Freiheit in der Gebundenheit. Zur Erinnerung an
den Theologen Ernst Lohmeyer, hg. von Wolfgang Otto, Göttingen 1990, 88–
97; modifizierter Nachdr. als: Theologische Exegese aus dem Geist des philosophischen Idealismus. Zum 100. Geburtstag von Ernst Lohmeyer, in: ZdZ
44, 1990, 138–140.

Hochschild, Ralph: Sozialgeschichtliche Exegese. Entwicklung, Geschichte und
Methodik einer neutestamentlichen Forschungsrichtung, NTOA 42, Fribourg
/ Göttingen 1999, 188–197 [= 5.3. Transzendentale Gemeinschaftstheologie
und sozialgeschichtliche Exegese (Ernst Lohmeyer)].

Hutter, Ulrich: Theologie als Wissenschaft. Zu Leben und Werk Ernst Lohmeyers
(1890–1946). Mit einem Quellenanhang, in: JSKG 69, 1990, 123–169.

Hutter-Wolandt, Ulrich: Ernst Lohmeyer und Richard Hönigswald. Um die Wissenschaftlichkeit neutestamentlicher Exegese, in: Studien zur Philosophie
Richard Hönigswalds, hg. von Ernst Wolfgang Orth und Dariusz Aleksandrowicz, Würzburg 1996, 205–230.

Köhn, Andreas: Ernst Lohmeyer und die Apokalyptik, in: Eschatologie und Ethik
im frühen Christentum. Festschrift für Günter Haufe zum 75. Geburtstag, hg.
von Christfried Böttrich, GThF 11, Frankfurt u. a. 2006, 149–167.

Köhn, Andreas: Von der »Notwendigkeit des Bekennens«: Theologie als Martyrium am Beispiel Ernst Lohmeyers (1890–1946), in: Martyrium im
20. Jahrhundert, hg. von Hans Maier und Carsten Nicolaisen, Annweiler
2004, 109–121.

Kümmel, Werner Georg: Lohmeyer, Ernst [Biogramm], in: ders., Das Neue Testament. Geschichte der Erforschung seiner Probleme, München ²1970, 588.

Lieb, Fritz: Zum Tode von Ernst Lohmeyer, in: ThZ 7, 1951, 238–239.

Lührmann, Dieter: Ernst Lohmeyers exegetisches Erbe, in: Freiheit in der Gebundenheit. Zur Erinnerung an den Theologen Ernst Lohmeyer, hg. von
Wolfgang Otto, Göttingen 1990, 53–69.

Matthiesen, Helge: Greifswald in Vorpommern. Konservatives Milieu im Kaiserreich, in Demokratie und Diktatur. 1900–1990, Düsseldorf 2000 [nimmt
gelegentlich Bezug auf Ernst Lohmeyer und sein Greifswalder Netzwerk].

Merk, Otto: Die Evangelische Kriegsgeneration. Martin Albertz, Rudolf Bultmann,
Martin Dibelius, Erich Fascher, Gerhard Kittel, Johannes Leipoldt, Ernst
Lohmeyer, Karl Ludwig Schmidt, Julius Schniewind, in: Neutestamentliche
Wissenschaft nach 1945. Hauptvertreter der deutschsprachigen Exegese in
der Darstellung ihrer Schüler, hg. von Cilliers Breytenbach und Rudolf
Hoppe, Neukirchen-Vluyn 2008, 1–58, hier 38–46; dass. in: ders., Wissen-
schaftsgeschichte und Exegese 2. Gesammelte Aufsätze 1998–2013, hg. von
Roland Gebauer, BZNW 206, Berlin 2015, 3–68.

Onnasch, Martin: Ernst Lohmeyer in Greifswald, in: Die Retter Greifswalds, hg. von Uwe Kiel, Greifswald (Druck in Vorbereitung).

Onnasch, Martin: Ernst Lohmeyer und Greifswald. Vortrag zum Jahrestreffen des VERS (Verein Ehemaliger Rostocker Studenten), 28.–30. September 2001 in Greifswald [Typoskript]; als zusammenfassendes Referat: Zum Gedenken an Ernst Lohmeyer, den ersten Rektor der Universität Greifswald nach dem Kriegsende 1945, in: VERS-Nachrichten Nr. 32, 13–14.

Otto, Bernhard: Unserem ehemaligen Schüler Ernst Lohmeyer zum Gedenken, in: In alter Gebundenheit zu neuer Freiheit. 425 Jahre Gymnasium Fridericianum zu Herford, Herford 1965, 127–128.

Otto, Gudrun: Der Weg des Theologen Ernst Lohmeyer, in: Schlesischer Gottesfreund. Kirchliche Beiträge zur Ostfrage 39/5, 1988, 75–76.

Otto, Gudrun: Erinnerung an den Vater. Vortrag gehalten zur Namensgebung des Ernst-Lohmeyer-Hauses Herford am 16. September 1984, revidiert für den Druck im Februar 1989, in: Freiheit in der Gebundenheit. Zur Erinnerung an den Theologen Ernst Lohmeyer, hg. von Wolfgang Otto, Göttingen 1990, 36–51; dass. als:»Habe Liebe und tue, was du willst!« Zur Erinnerung an Ernst Lohmeyer, in: Freie und Hansestadt Herford 3, Herford 1985, 77–84.

Otto, Gudrun: Erinnerung an Ernst Lohmeyer, in: DtPfBl 81, 1981, 358–362.

Rathke, Heinrich: Lohmeyer, Ernst, in: Mitmenschlichkeit Zivilcourage Gottvertrauen. Evangelische Opfer von Nationalsozialismus und Stalinismus, Leipzig 2003, 330–331.

Rautenberg, Mathias: Das vorzeitige Ende der demokratischen Erneuerung im »Kulturbund zur demokratischen Erneuerung Deutschlands« [über Lohmeyers Rolle bei der Gründungsveranstaltung in Schwerin], in: Zeitgeschichte regional. Mitteilungen aus Mecklenburg-Vorpommern 3/1, 1999, 55–61.

Rautenberg, Mathias: Der Tod und die SED. Zum 65. Todestag Ernst Lohmeyers, in: Zeitgeschichte regional 15/2, 2011, 20–33.

Reinmuth, Eckart: Vom Zeugnis des Neuen Testaments zum Zeugen für das Neue Testament: Ernst Lohmeyer, in: Greifswalder Theologische Profile. Bausteine zu einer Geschichte der Theologie in Greifswald, hg. von Irmried Garbe / Tilman Beyrich / Thomas Willi, GThF 12, Frankfurt u. a. 2006, 259–273.

Saß, Gerhard: Die Bedeutung Ernst Lohmeyers für die neutestamentliche Forschung, in: DtPfBl 81/8, 1981, 356–358.

Saß, Gerhard: [Nachruf Ernst Lohmeyer], in: Kirche in der Zeit 15, Düsseldorf, 1960, 226–229.

Schmauch, Werner: D. Dr. Ernst Lohmeyer. Zum 50. Geburtstag 8. Juli 1940, in: ders., ... zu achten aufs Wort. Ausgewählte Arbeiten, hg. in Verbindung mit Christa Grengel und Manfred Punge von Werner Christoph Schmauch, Berlin 1967, 11–13; dass. zuvor in: DtPfBl 44, 1940, 261.

Schröder, Jürgen: Ein früher Protest gegen die Verhaftung des ersten Nachkriegsrektors der Greifswalder Universität, Prof. Dr. Ernst Lohmeyer, in:
Zeitgeschichte regional. Mitteilungen aus Mecklenburg-Vorpommern 1/1,
1997, 13–14.

Scornaienchi, Lorenzo: Ernst Lohmeyer, un martire nell'epoca degli estremi, in:
Protest. 61/4, 2006, 369–374.

Stegemann, Ekkehard: Ernst Lohmeyer an Martin Buber, in: Kirche und Israel 1,
1986, 5–8.

Theißen, Henning: Die Bibel als Begründungsanfang der evangelischen Theologie. Eine systematisch-theologische Erinnerung an den Breslauer und
Greifswalder Neutestamentler Ernst Lohmeyer, in: Gdański Rocznik Ewan-
gelicki 3, 2014, 265–279.

Wiebel, Arnold: »Der Fall L.« in Greifswald, Schwerin und Berlin – Was wurde zur
Rettung Ernst Lohmeyers unternommen?, in: Zeitgeschichte regional. Mitteilungen aus Mecklenburg-Vorpommern 1/2, 1997, 29–34.

Wilhelmus, Wolfgang: Noch einmal Ernst Lohmeyer. Eine Rede, die nicht gehalten werden konnte, und eine Akte, in: Zeitgeschichte regional. Mitteilungen aus Mecklenburg-Vorpommern 15/2, 2011, 73–84.

4. LEXIKONARTIKEL ÜBER ERNST LOHMEYER (CHRONOLOGISCH)

Schmauch, Werner: Art. Lohmeyer, Ernst, in: ³RGG 4, 1960, 441–442.

Schlier, Heinrich: Art. Lohmeyer, Ernst, in: ²LThK 6, 1961, 1130.

Bushinski, Leonard A.: Art. Lohmeyer, Ernst, in: NCE 8, 1967, 972.

Art. Lohmeyer, Ernst, in: Meyers Grosses Universallexikon in 15 Bänden 8,
Mannheim / Wien / Zürich 1983, 570.

Saß, Gerhard: Art. Ernst Lohmeyer, in: NDB 15, 1987, 132–133.

Lührmann, Dieter: Art. Ernst Lohmeyer, in: A Dictionary of Biblical Interpretation
1, 1990, 408–409.

Haufe, Günter: Art. Lohmeyer, Ernst, in: TRE 21, 1991, 444–447.

Weiß, Wolfgang: Art. Lohmeyer, Ernst, in: BBKL 5, 1993, 186–189.

Art. Lohmeyer, Ernst, in: Grete Grewolls, Wer war wer in Mecklenburg Vorpommern? Ein Personenlexikon, Bremen 1995, 265–266.

Taeger, Jens-Wilhelm: Art. Lohmeyer, Ernst, in: ³LThK 6, 1997, 1036.

Art. Lohmeyer, Ernst, in: DBE 6, 1997, 463.

Art. Lohmeyer, Ernst, in: Personenlexikon Religion und Theologie, hg. von Martin
Greschat, Göttingen 1998, 284.

Art. Lohmeyer, Ernst, in: DBI 5, München 1998, 2157.

Kollmann, Bernd: Art. Lohmeyer, Ernst, in: DBibII 2, Nashville 1999, 86–87.

Schmidt, Heiner: Art. Lohmeyer, Ernst, in: Quellenlexikon zur deutschen Literaturgeschichte 19, Duisburg 1999, 296–297.

Hutter-Wolandt, Ulrich: Art. Lohmeyer, Ernst, in: ⁴RGG 5, 2002, 503.

Art. Lohmeyer, Ernst, in: DBETh 1, 2005, 866.

Art. Lohmeyer, Ernst, in: Personenlexikon zum deutschen Protestantismus 1919–1949, zusammengestellt und bearbeitet von Hannelore Braun und Gertraut Grünzinger, AKZ.A 12, Göttingen 2006, 159–160.

Edwards, James: Ernst Lohmeyer (1890–1946), in: Dictionary of Major Biblical Interpreters, hg. von Donald K. McKim, Downers Grove 2007, 671–675.

Köhn, Andreas: Art. Lohmeyer, Ernst, in: EBR 13, voraussichtlich 2018.

Böttrich, Christfried: Art. Lohmeyer, Ernst Johannes, in: Biographisches Lexikon für Pommern, hg. von Dirk Alvermann und Nils Jörn, voraussichtlich 2018.

5. Pressebeiträge über Ernst Lohmeyer

Abkürzungen: DtPfBl – Deutsches Pfarrerblatt; epd – Evangelischer Pressedienst; FAZ – Frankfurter Allgemeine Zeitung; OZ – Ostsee-Zeitung.

Die folgende Zusammenstellung der Pressebeiträge über Ernst Lohmeyer beruht auf verschiedenen persönlichen Sammlungen von Zeitungsausschnitten, die nicht immer eindeutig identifiziert werden können; mitunter fehlen die Kopfzeilen mit Datum und Seitenangabe. Es besteht kein Anspruch auf Vollständigkeit. Weitere Ergänzungen sind willkommen.

von 1940–1951

Schmauch, Werner: D. Dr. Ernst Lohmeyer. Zum 50. Geburtstag 8. Juli 1940, in: DtPfBl 44, 1940, 261.

Cullmann, Oscar: Das Schweigen über Ernst Lohmeyer, in: Kirchenblatt für die reformierte Schweiz, 104, 2. Dezember 1948, 376; dass. franz., Le silence autour de Ernst Lohmeyer, in: Réforme, 15. Januar 1949; ein weiterer Nachdr. erscheint in La Luce [eine waldensische Zeitschrift]; Nachdr. des ganzen deutschen Textes auch bei Thomas K. Kuhn, Weg zur Rehabilitation, in diesem Band (Anm. 363).

Professor Ernst Lohmeyer, in: JThS 1949, 72.

Wo ist Professor Dr. Ernst Lohmeyer?, in: DtPfBl 49, 1. März 1949, 96; dass. in: Junge Kirche 10, 1949, 309.

Wieser, Gottlob: Das Schweigen über Ernst Lohmeyer, in: Kirchenblatt für die reformierte Schweiz 105, 1949, 73–74.

Wieser, Gottlob: Bericht von Ernst Lohmeyer, in: Kirchenblatt für die reformierte Schweiz 105, 1949, 28. April 1949, 143; Richtigstellung, ebd., 7. Juli 1949, 223.

Michel, Otto: Das Schweigen um Ernst Lohmeyer. Ein Wort der Fürbitte und des
   Gedenkens, in: Evangelisch-lutherische Kirchenzeitung 3, 1949, 28.
Gedenken an Ernst Lohmeyer, in: epd B, Nr. 202, 26. Juni 1950.
Kümmel, Werner Georg: Ernst Lohmeyer †, in: Neue Zürcher Zeitung, Nr. 557,
   14. März 1951, 1–2.
Wieser, Gottlob: Prof. Ernst Lohmeyer, in: Kirchenblatt für die reformierte
   Schweiz 107, 1951, 26. April 1951, 143.
Von den Sowjets zum Tode verurteilt, in: Der Kurier. Berliner Abendblatt, 2. Mai
   1951.
Ernst Lohmeyer – als ›Kriegsverbrecher‹ hingerichtet, in: epd, 4. Mai 1951.
Ihlenfeld, Kurt: Gottesfürchtige Wissenschaft. Betrachtungen im Gedenken an
   Theologieprofessor Ernst Lohmeyer, in: epd B, Nr. 16 vom 24. Mai 1951.
Campenhausen, Hans von: Ernst Lohmeyer †, in: Deutsches Allgemeines Sonn-
   tagsblatt (Hamburg), Nr. 27 vom 8. Juli 1951, 19.
Lilje, Hans: Ernst Lohmeyer †, in: Sonntagsblatt, 8. Juli 1951.
Ernst Lohmeyer †. Aus dem Ausland erreicht uns die Nachricht, dass der Pro-
   fessor der Theologie Ernst Lohmeyer schon seit Herbst 1946 nicht mehr unter
   den Lebenden weilt …, in: Sonntagsblatt. Ausgabe B (nur für Berlin), Ham-
   burg, 8. Juli 1951 [dem korrespondiert eine Traueranzeige der Familie zu
   Ostern 1951, Berlin-Tempelhof].
Aus der Evangelischen Kirche in Deutschland, in: Junge Kirche 12, 1951, 304–
   305.
Professor Ernst Lohmeyer, in: JThS, 1. Oktober 1951, 183.
Zum Gedächtnis von Prof. Ernst Lohmeyer, in: Der Protestant 54, 1951, 53–54.

im Umfeld der Einweihung des Ernst-Lohmeyer-Hauses in Herford 1984
In der Marien-Kirchgemeinde. Nun am Stift Berg: Ernst-Lohmeyer-Haus. Bischof
   Dr. Kunst nahm gestern die Benennung vor, in: Herforder Kreisblatt,
   17. September 1984.
Feierstunde zur Benennung des Stiftberger Gemeindehauses. Gemeinde ehrt den
   Theologen und Menschen Ernst Lohmeyer, in: Neue Westfälische, 17. Sep-
   tember 1984.
Bach-Kantate anläßlich der Namensgebung des Ernst-Lohmeyer-Hauses auf Stift
   Berg. Ein in Musik gefaßtes Thema des Gedenkens, in: Neue Westfälische,
   18. September 1984.
Personalien. Kirche: Als eine bewußte Ehrung hat die lutherische Marien
   Kirchgemeinde Herford ihr Gemeindehaus jetzt nach dem Theologen Ernst
   Lohmeyer benannt …, in: Die Welt, Nr. 223, 22. September 1984.
Ein Beispiel für alle. Gemeindehaus Stift Berg jetzt Ernst-Lohmeyer-Haus, in:
   Unsere Kirche. Evangelisches Sonntagsblatt für Westfalen und Lippe, Nr. 40,
   23. September 1984, 14.

Hermann Kunst, »Ich will dich segnen, und du sollst ein Segen sein.« Zur Erinnerung an Ernst Lohmeyer [Rede zur Einweihung des Ernst-Lohmeyer-Hauses in Herford, Gemeinde Stift Berg], in: Freie und Hansestadt Herford 3, 1985, 74–77.

im Umfeld des 100. Geburtstages 1990

Wilhelmus, Wolfgang: In Memoriam Prof. Ernst Lohmeyer, in: OZ, 17./18. September 1990.

Vor 44 Jahren ermordet. Gedenken an Ernst Lohmeyer in Herford, in: Unsere Kirche. Evangelisches Sonntagsblatt für Westfalen und Lippe, Nr. 43, 21. Oktober 1990, 2.

Höner, Bernd: Gedenken an Ernst Lohmeyer. Nur wenige Zuhörer im Friedrichs-Gymnasium, in: Unsere Kirche. Evangelisches Sonntagsblatt für Westfalen und Lippe, Nr. 45, 4. November 1990, 2.

Pfarrerssohn aus Vlotho starb in Gefangenschaft. Pfarrer Otto erinnerte an Professor Ernst Lohmeyer, in: Vlothoer Tageblatt, 13. November 1990.

Christlich-Jüdische Gesellschaft im Jahr 1990. Erinnerung an Ernst Lohmeyer im Mittelpunkt, in: Unsere Kirche. Evangelisches Sonntagsblatt für Westfalen und Lippe, Nr. 5, 27. Januar 1991, 2.

Einen Namen gibt es – das Geld fehlt. Greifswald soll ein evangelisches Gymnasium bekommen [über den Plan, ein »Ernst-Lohmeyer-Gymnasium« zu gründen], in: FAZ, 7. September 1991.

Erinnerung: Märtyrer-Komposition zum 100. Geburtstag Ernst Lohmeyers. Lohmeyer – Bekenner und Märtyrer, in: Unsere Kirche. Evangelisches Sonntagsblatt für Westfalen und Lippe. Kirchenkreis Herford, Nr. 36, 5. September 1999, 19.

im Umfeld des 50. Todestages 1996

Matthiesen, Helge: Eine tödliche Intrige. Die Wiedereröffnung der Universität Greifswald 1946 und der Fall Lohmeyer, in: FAZ, Nr. 64, 15. März 1996, 10.

Buhrow, Joachim: In Greifswald gern vergessenes Opfer [Leserbrief], in: FAZ, 29. März 1996.

Kohler, Jürgen: Unvergessener Lohmeyer, in: FAZ, 9. April 1996.

Pechmann, Edmund von: Zeuge in dunkler Zeit. Rektor Ernst Lohmeyer vor fünfzig Jahren denunziert und ermordet, in: Journal der Ernst-Moritz-Arndt-Universität Greifswald 7, 1996, Nr. 2, 3.

Ernst Lohmeyer vor 50 Jahren ermordet. Ein großer Mensch und Theologe, in: Westfalen-Blatt. Herforder Zeitung, Nr. 215, 14. September 1996, 13.

Opfer eines Unrechtsurteils, in: Unsere Kirche. Evangelisches Sonntagsblatt für Westfalen und Lippe, Nr. 42, 1996, 4.

Lohmeyer-Gedenkfeier. Einstiger Rektor vor 50 Jahren hingerichtet, in: OZ, 18. September 1996 [kurze Notiz mit Hinweis auf die Greifswalder Gedenkfeier am folgenden Tag und die dreiteilige Serie in der OZ].

Matthiesen, Helge: Serie zum Tod des ersten Uni-Nachkriegsrektors,
1. Teil: Die tödliche Intrige gegen Prof. Dr. Ernst Lohmeyer, in: OZ, 19. September 1996, 17,
2. Teil: Nach der Gründung der CDU folgte ihr schneller Aufstieg, in: OZ, 20. September 1996, 12,
Schluß: Streit um die Bodenreform begann im Herbst 1945, in: OZ, 21. September 1996, 14.

Wenz, Dieter:»... und alle seine Rechte sind wiederhergestellt (posthum)«. Die Universität Greifswald gedenkt ihres von der Besatzungsmacht hingerichteten ersten Rektors nach dem Krieg, in: FAZ, Nr. 219, 19. September 1996, 16.

Schüler, Horst: Tod eines Demokraten. Vor 50 Jahren richteten Russen den Rektor der Universität Greifswald hin, in: Hamburger Abendblatt, Nr. 220, 19. September 1996, 7.

Ernst Lohmeyer. Erinnerung an einen großen Menschen, in: Westfalen-Blatt. Herforder Zeitung, Nr. 219, 19. September 1996, 15.

A. L.: Uni würdigte Wirken von Ernst Lohmeyer, in: OZ, 21. September 1996, 13.

Haufe, Günter:»Den Krieg hielt er immer für ein Verbrechen«. Zum 50. Todestag von Ernst Lohmeyer, in: Die Kirche, Nr. 38, 22. September 1996, 7–8 [Wiedergabe des Gedenkvortrages in der Aula während der Gedenkveranstaltung am 19. September 1996].

Jeutner, Thomas: Hören und lesen und unterscheiden lernen. Mit einer Gedenkveranstaltung hat die Ernst-Moritz-Arndt-Universität am 19. September an den Greifswalder Neutestamentler Ernst Lohmeyer erinnert ..., in: Die Kirche, Nr. 39, 29. September 1996, 1.

Greifswalder Theologe endlich von Rußland rehabilitiert. Ernst-Moritz-Arndt-Universität gedachte 50. Todestag von Ernst Lohmeyer, in: Ostsee-Anzeiger [September 1996], 16.

Ernst Lohmeyer zum Gedenken – am 19. September 1946, vor 50 Jahren, wurde er ermordet, in: Gemeindebrief der Ev.-Luth. Marien-Kirchgemeinde Stift Berg, Herford, September 1996, 1–5 [Sammlung von Pressestimmen zum Tod Lohmeyers und Ankündigung von zwei Gedenkveranstaltungen im »Ernst-Lohmeyer-Haus« / Gemeindehaus am 17. September 1996 und 27. September 1996].

»Vor den Abgöttern des Hitlerismus und des Stalinismus niemals die Knie gebeugt«. Gedenkfeier für Dr. Dr. Ernst Lohmeyer im Gemeindehaus St. Stephan, in: Vlothoer Anzeiger, 27. September 1996.

Schuller, Wolfgang: Die Verstummten sprechen. In das Dunkel der sowjetischen Archive fällt Licht, in: FAZ, 3. September 1997, 1.

im Umfeld der Einweihung des Ernst-Lohmeyer-Hauses in Greifswald 2000
Theologische Fakultät zog in Plattenbau. Minister Kauffold heute bei Eröffnung dabei, in: OZ, 16. Oktober 2000, 13.
Freude im Ernst-Lohmeyer-Haus. Theologische Fakultät nahm neues Domizil offiziell in Besitz, in: OZ, 17. Oktober 2000, 13.
Vortrag am Donnerstag über Ernst Lohmeyer. Prof. Dr. Martin Onnasch referiert im Bürgerschaftssaal, in: OZ, 23. Januar 2001, 16.

im Umfeld des 60. Todestages 2006
Cassese, Michele: Uno sguardo su Ernst Lohmeyer, il »teologo apocalittico«, in: Gorizia, 12. Februar 2005, 14.
Oberdörfer, Eckhard: 1946 wurde Rektor erschossen, in: OZ, 16. September 2006.
Böttrich, Christfried: Zum 60. Todestag von E. Lohmeyer am 19. September, in: Mecklenburgische & Pommersche Kirchenzeitung. Evangelisches Wochenblatt für Mecklenburg-Vorpommern, Nr. 38, 17. September 2006, 8.
Oberdörfer, Eckhard: Universität wurde ohne Rektor wieder eröffnet. Amtsinhaber Ernst Lohmeyer wurde in der Nacht zuvor inhaftiert, in: OZ, 18. Februar 2011, 10.
Rautenberg, Mathias: Unirektor wurde 1946 erschossen. Vor 65 Jahren ließen die sowjetischen Behörden Ernst Lohmeyer aufgrund falscher Anschuldigungen erschießen. Ein Historiker stellt neue Erkenntnisse zu den Umständen des Todes vor, in: OZ, 2. Dezember 2011, 10.
Erst nach 50 Jahren wurde das Todesurteil aufgehoben. Nach der Wende widerfuhr dem Greifswalder Unirektor Ernst Lohmeyer doch noch Gerechtigkeit, in: OZ, 16. Dezember 2011, 10.
Oberdörfer, Eckhard: Wie Ernst Lohmeyer rehabilitiert wurde. Der sowjetische Geheimdienst hatte den Theologen und ehemaligen Unirektor 1946 hingerichtet. Lange galt er als Unperson. Wem gebührt das Verdienst, noch vor der Wende seine Ehrung angestoßen zu haben?, in: OZ, 27. Januar 2012.

im Umfeld des 70. Todestages 2016
Greifswald erhält Lohmeyer-Platz. Eine entsprechende Vorlage passiert derzeit die Ausschüsse, in: OZ, 12./13. September 2015, 10.
Böttrich, Christfried: Plädoyer für den Theologen Lohmeyer. Der Professor wurde vor 70 Jahren hingerichtet [Auszüge aus einem Leserbrief], OZ, 12. Oktober 2015, 10.
Oberdörfer, Eckhard: Ein Neubeginn ohne Rektor. 1946 wird die Greifswalder Universität nach acht Monaten der Entnazifizierung wiedereröffnet, in: OZ, 8. Februar 2016, 10.
Marx, Sybille: »Ein unabhängiger Charakter«. Warum der Theologe Ernst Lohmeyer nicht vergessen werden sollte, in: Mecklenburgische & Pommersche

Kirchenzeitung. Evangelisches Wochenblatt für Mecklenburg-Vorpommern, Nr. 48, 27. November 2016, 11.

Böttrich, Christfried: Gedenken erhalten. Prof. Dr. Ernst Lohmeyer, in: Campus 1456. Magazin der Ernst-Moritz-Arndt-Universität Greifswald, Ausgabe 6, November 2016, 26.

V. BILDANHANG

ERNST LOHMEYER IN PORTRÄTS

Christfried Böttrich

Ernst Lohmeyer gehört einer Generation an, in der Fotografien nur zu besonderen Anlässen entstanden und in der die persönlichen Bilddokumente eines ganzen Lebens kaum mehr als ein Fotoalbum füllten. Um so wertvoller sind alle Bilder, die sich noch erhalten haben und alle Wechselfälle dieses bewegten Lebens überdauern konnten.

Ich verdanke die im Folgenden publizierten Bilder vor allem Andreas Köhn, dem sie wiederum von der Familie Gudrun Ottos, geborene Lohmeyer, zur Verfügung gestellt worden sind. Beiden gilt ein herzlicher Dank für die freundliche Genehmigung, diese kleine Sammlung zugänglich machen zu dürfen.

Die Bilder, die chronologisch angeordnet sind, liefern Momentaufnahmen aus verschiedenen Lebensphasen. Durchgängig handelt es sich dabei um Porträtfotos von hoher Qualität, die zum Teil auch im Atelier entstanden sein dürften. Sie spiegeln etwas von der Persönlichkeit Ernst Lohmeyers wider, was durch kein anderes Medium zu ersetzen wäre.

Eine besondere Bemerkung verdienen die beiden Abbildungen 27 und 28. Das Bild entstand während Ernst Lohmeyers Verpflichtung als Reserveoffizier (1939–1943) im Jahre 1942. Im Umfeld von Lohmeyers 60. Geburtstag im Juli 1950 bat der Verleger Günther Ruprecht (Göttingen) Melie Lohmeyer um ein Foto ihres Mannes: »Ich würde dieses Bild gern dann auch gleichzeitig einigen deutschen Zeitschriften anbieten, denn es scheint mir, daß dieser 60. Geburtstag ein guter Anlaß ist, in besonderem Maße der großen wissenschaftlichen Leistungen Ihres Mannes zu gedenken.«[1] Melie Lohmeyer überlässt ihm daraufhin jenes Bild mit der Bemerkung, dass es »im Jahr '42 gemacht ist und sehr gut im Ausdruck. Er war ein tragischer Mensch geworden und endete wohl auch so. Das steht in diesem Gesicht geschrieben.«[2] Günther Ruprecht bedankt sich dafür und teilt Melie Lohmeyer wenig später mit, dass man »die Schwierigkeit, die für eine

---

[1]   Brief an Melie Lohmeyer vom 17. Mai 1950; vgl. Köhn, Lohmeyer, 2004, 144; zum ganzen Vorgang 144–146.

[2]   Brief an Günther Ruprecht vom 10. Juni 1950; vgl. Köhn, Lohmeyer, 2004, 145.

Publikation die Uniform bedeutete«, durch eine Retuschierung umgangen habe.[3] Zweifellos ist dieses Bild eines der ausdrucksstärksten Porträts, die es von Ernst Lohmeyer gibt – ein Bild, in dessen beiden Fassungen sich zudem schon ein Stück der Rezeptionsgeschichte niedergeschlagen hat.

Abb. 16: Jugendbildnis Ernst Lohmeyers, Datum unbekannt

---

[3]   Brief an Melie Lohmeyer vom 28. Juni 1950; vgl. Köhn, Lohmeyer, 2004, 145–146.

Abb. 17: Ernst Lohmeyer als Student am Schreibtisch, 1910

Abb. 18: Ernst Lohmeyer als Hauslehrer in Schlesien, März 1911

Abb. 19: Ernst Lohmeyer beim Wehrdienst in Bückeburg, nach 1912

Abb. 20: Ernst Lohmeyer mit seiner Mutter in Vlotho, 1916

Abb. 21: Ehepaar Melie und Ernst Lohmeyer, zwischen 1916 und 1918

Abb. 22: Ernst Lohmeyer als junger Ordinarius in Breslau, 1922

Abb. 23: Ernst Lohmeyer auf dem Kongress zu Ehren von Alfred Loisy in Paris, 1927

Abb. 24: Ernst Lohmeyer als Rektor der Universität Breslau, 1930–1931

Abb. 25: Ernst Lohmeyer in Breslau, Datum unbekannt

Abb. 26: Ernst Lohmeyer im Zugabteil, 26. Juni 1936

Abb. 27/28: Ernst Lohmeyer als Reserveoffizier, mit Uniform und retuschiert, 1942/1950)

Abb. 29: Ernst Lohmeyer in seiner Greifswalder Rektoratszeit, 1945–1946

Ernst Lohmeyers Häuser

Christfried Böttrich

Auf dem Lebensweg von Ernst Lohmeyer gibt es Häuser, die entweder für eine bestimmte Zeit Lebensmittelpunkt sind oder die nach dem gewaltsamen Tod die Erinnerung an seinen Namen bewahren.

Abb. 30: Pfarrhaus der Evangelischen Kirchgemeinde St. Stephan in Vlotho (Westfalen)

Das Haus der Kindheit Ernst Lohmeyers ist das Pfarrhaus in Vlotho (Kreis Herford), Lange Straße 108. Als Carl Heinrich Ludwig Lohmeyer 1895, von Dorsten kommend,[1] die Pfarrstelle in Vlotho übernimmt, ist sein Sohn Ernst gerade 5 Jahre

---

[1]   Ein altes Pfarrhaus ist in der 1854 gegründeten Gemeinde in Dorsten, Kreis Recklinghausen, nicht mehr vorhanden.

alt. Während einer Zeit von 13 Jahren geht er hier als Schüler aus und ein. Der Fachwerkbau mit einem Hausspruch aus Ps 119 steht gegenüber dem Westportal der Kirche St. Stephan, einer ehemaligen Klosterkirche vom Beginn des 14. Jahrhunderts. Das Pfarrhaus besteht seit dem 17. Jahrhundert und ist durchgängig Wohnort der Pastorenfamilien gewesen. Heute wird es nicht mehr als Wohnhaus genutzt; im Erdgeschoss befindet sich das Gemeindebüro, im Obergeschoss liegen verschiedene Verwaltungsräume. 1980 und 2010 wurde das Haus renoviert.

Aus Lohmeyers Breslauer Zeit ist die Wohnadresse Güntherstraße 19 überliefert;[2] heute wäre das die ulica Saperów 19. Ob die Familie durchgängig hier wohnte, ist unbekannt; immerhin wurden ihr in Breslau drei Kinder geboren. Das Haus scheint die Kriegswirren überstanden zu haben. Im Bild erscheint die heutige ulica Saperów 19 als ein großes, mehrstöckiges Mietshaus in der Häuserzeile.

Abb. 31: Wohnhaus Lohmeyers in Breslau, ulica Saperów / Güntherstraße 19

---

[2] Die Adresse entstammt dem Mitarbeiterverzeichnis aus: Hermann Stehr. Sein Werk und seine Welt. Dem Dichter und Menschen zum 60. Geburtstag, hg. von Wilhelm Meridies, Habelschwerdt 1924.

In Greifswald bezieht Ernst Lohmeyer nach seiner Strafversetzung 1935 das Haus in der Arndtstraße 3,[3] zentral gelegen und in fußläufiger Entfernung zur Universität. Die Wohnung umfasst das gesamte erste Stockwerk. Das Haus existiert heute noch und befindet sich in gutem Zustand.

Abb. 32: Wohnhaus Lohmeyers in Greifswald, Arndtstraße 3

Von Breslau aus erwirbt die Familie Lohmeyer ein Sommerhaus in Glasegrund (heute Szklary) in den Glatzer Bergen. Glasegrund liegt etwa 10 km südöstlich von Habelschwerdt (heute Bystrzyca Kłodzka). Dieses Sommerhaus wird für Ernst Lohmeyer zum Refugium, um ungestört schreiben zu können. Hier macht die Familie regelmäßig Ferien und empfängt Gäste. In Glasegrund finden bedrängte Freunde vorübergehend Zuflucht. Auch von Greifswald aus bleibt das Haus, wenngleich nun deutlich weiter entfernt, ein immer wieder aufgesuchter Ort.

Am 20. Oktober 1962 weiht die Evangelische Kirchgemeinde Duisburg-Marxloh ein neues Jugendhaus ein und verleiht ihm den Namen »Ernst-Lohmeyer-Haus«. Das Haus befindet sich in der Dahlstraße, wo es an der Ecke zur Rudolfstraße bereits ein Gemeindehaus mit Gemeindesaal und Kindergarten gibt. Später wird das Haus wieder aufgegeben und an die katholische Gemeinde vermietet, die darin die »Werkkiste«, eine örtliche Jugendberufshilfe,

---

[3]   Die Adresse entstammt den Personalunterlagen der Universität sowie der persönlichen Erinnerung vieler Greifswalder und Greifswalderinnen.

Abb. 33: Ernst Lohmeyer vor dem Sommerhaus in Glasegrund

unterbringt.[4] 2013 verkauft die Gemeinde das Haus, das daraufhin auch sein Aussehen verändert. Erhalten geblieben ist nur ein Bild von der Grundsteinlegung.

Abb. 34: Grundsteinlegung zum Ernst-Lohmeyer-Haus in Duisburg-Marxloh

---

[4]   Im Internet findet sich dafür die Adresse Dahlstraße 42–44.

Am 16. September 1984 verleiht die Evangelisch-Lutherische Marien-Kirchgemeinde Stift Berg in Herford ihrem Gemeindehaus den Namen »Ernst-Lohmeyer-Haus«. Es liegt dem Westportal der Stiftskirche St. Marien auf dem Berge gegenüber in der Stiftbergstraße 30. Das Haus ist geräumig, ausgestattet mit einem großen Saal und einer Bühne, einem kleineren Saal, einem Foyer, dem Ernst-Lohmeyer-Raum (einer Art Sitzungszimmer), Sanitärräumen, Wirtschaftsräumen und Küche. Im Foyer hängt ein großformatiges Bild von Ernst Lohmeyer (vgl. Abb. 29 in diesem Band). Darunter steht eine Vitrine mit verschiedenen Informationen zur Person. Im Ernst-Lohmeyer-Raum ist in einer Schrankwand der Bronzeabguss der Porträtbüste von 1984 platziert.[5] Der Schriftzug »Ernst-Lohmeyer-Haus« ziert die Giebelseite des Hauses (zur Straße zu).

Abb. 35: Ernst-Lohmeyer-Haus in Herford, Stift Berg, Giebelseite

---

[5]   Vgl. C. Böttrich, Die Bronzebüste Ernst Lohmeyers, in diesem Band.

Abb. 36: Ernst-Lohmeyer-Haus in Herford, Stift Berg, Vorderseite

Im Jahr 2000 zieht die Theologische Fakultät Greifswald aus dem alten Hauptgebäude der Universität (erbaut in den Jahren 1747–1750) aus und bezieht einen Neubau Am Rubenowplatz 2–3. Das Gebäude wird am 16. Oktober 2000 eingeweiht und erhält den Namen »Ernst-Lohmeyer-Haus«.[6] In diesem Zusammenhang enthüllt Gudrun Otto, geb. Lohmeyer, eine Gedenktafel im Eingangsbereich.[7]

---

[6] Vgl. C. Böttrich, Erinnern und Gedenken, in diesem Band.

[7] Vgl. C. Böttrich, Die Gedenktafel für Ernst Lohmeyer in Greifswald, in diesem Band.

Abb. 37: Ernst-Lohmeyer-Haus, Theologische Fakultät Greifswald, Vorderseite

Abb. 38: Ernst-Lohmeyer-Haus, Theologische Fakultät Greifswald, Namensschild

Am 12. Oktober 2015 beschließt die Greifswalder Bürgerschaft, dem Innenhof auf dem neuen geisteswissenschaftlichen Campus Friedrich-Loeffler-Straße den Namen »Ernst-Lohmeyer-Platz« zu verleihen. Als Postadresse weist er die Hausnummern 1–6 auf – unter anderem auch für die Bibliothek und das neue Auditorium Maximum.

Abb. 39: Ernst-Lohmeyer-Platz, Campus Loefflerstraße, Greifswald, Areal

Abb. 40: Ernst-Lohmeyer-Platz, Campus Loefflerstraße, Greifswald, Namensschild

VI. Kurzvita Ernst Lohmeyer

KURZVITA ERNST LOHMEYER

8. Juli 1890	geboren in Dorsten / Westfalen – als viertes von sieben Kindern des Pfarrers Heinrich Lohmeyer und seiner Frau Maria, geb. Niemann
1895	Umzug nach Vlotho / Westfalen in das Pfarrhaus der Gemeinde St. Stephan
1899–1908	Besuch des Gymnasiums Fridericianum in Herford
1908–1911	Studium der Theologie, der Philosophie und der Orientalischen Sprachen in Tübingen, Leipzig und Berlin
1911–1912	Hauslehrer bei der Familie Bethusy-Huc in Gaffron / Schlesien
Juli 1912	Promotion zum Lic. theol. in Berlin bei Adolf Deißmann
Dezember 1912	1. Theologische Prüfung beim Evangelischen Konsistorium Münster
1913–1918	Militärdienst
Januar 1914	Promotion zum Dr. phil. in Erlangen bei Richard Falckenberg
Juli 1916	Hochzeit mit Melie Seyberth (Kinder: Beate Dorothee, Ernst-Helge, Hermann-Hartmut, Gudrun-Ricarda)
Oktober 1918	Habilitation in Heidelberg bei Martin Dibelius, Verleihung der Venia Legendi und Antrittsvorlesung in Heidelberg
Oktober 1920	Verleihung einer außerordentlichen Professur in Breslau
Februar 1921	Berufung auf die Professur für Neues Testament in Breslau (Nachfolge Rudolf Bultmann)
Dezember 1921	Verleihung des Dr. theol. h. c. in Berlin
1930–1931	Rektor der Friedrich-Wilhelms-Universität Breslau (WiSe 1930/31 – SoSe 1931)
Oktober 1935	Strafversetzung nach Greifswald
1939–1943	Militärdienst
Mai 1945	Berufung zum Rektor der Universität Greifswald
15. Februar 1946	Verhaftung durch den sowjetischen Geheimdienst NKWD
19. September 1946	Erschießung durch ein sowjetisches Militärkommando
15. August 1996	vollständige Rehabilitierung durch den Generalstaatsanwalt der Russischen Föderation

ABBILDUNGSVERZEICHNIS

Die Porträts Abb. 2/16–20/22–24/26/28 stammen aus dem Privatbesitz von Gudrun und Klaus-Jürgen Otto. Sie sind Andreas Köhn während seiner Lohmeyer-Recherchen in Berlin-Wannsee (2000–2001) von Klaus-Jürgen Otto zur Publikation an geeigneter Stelle überlassen worden; Andreas Köhn wiederum hat sie freundlicherweise für den vorliegenden Band zur Verfügung gestellt. Aus der Sammlung von Maria Kiss, Tochter von Robert Bedürftig, stammen die Abb. 21/25/27. Ihnen sowie allen jenen Fotografinnen und Fotografen, die der Veröffentlichung ihrer Bilder zugestimmt haben, gilt ein herzlicher Dank!

Verzeichnis der Mitarbeiterinnen und Mitarbeiter

Heinrich Assel, Dr. theol., Professor für Systematische Theologie an der Theologischen Fakultät der Universität Greifswald

Christfried Böttrich, Dr. theol., Professor für Neues Testament an der Theologischen Fakultät der Universität Greifswald

James R. Edwards, Dr. theol., Bruner-Welch Professor emeritus der Theologie an der Whitworth University Spokane, Washington, U.S.A.

Andreas Köhn, Dr. theol., Pfarrer der Waldensergemeinde in Como, Italien

Thomas K. Kuhn, Dr. theol., Professor für Kirchengeschichte an der Theologischen Fakultät der Universität Greifswald

Rainer Neumann, Superintendent in Ruhe des ehemaligen Kirchenkreises Greifswald

John W. Rogerson, Dr. theol. Dr. h. c. mult., Professor emeritus für Biblical Studies an der University of Sheffield

Hartmut Lohmeyer † (1923–2000), zweitältester Sohn von Ernst Lohmeyer

Melie Lohmeyer † (1886–1971), Amalie, geb. Seyberth, Ehefrau von Ernst Lohmeyer

Karl Peters † (1904–1998), Dr. jur., Professor für Strafrecht in Greifswald, Münster und Tübingen

GREIFSWALDER THEOLOGISCHE FORSCHUNGEN (GThF)

ALTE FOLGE 1–5 (1933–1934)

im Auftrag der Pommerschen Gesellschaft zur Förderung der ev.-theol. Wissenschaft
herausgegeben von Professor D. Deißner und Professor D. Dr. Freiherr v. d. Goltz
Universitätsverlag Ratsbuchhandlung L. Bamberg, Greifswald

1 Eger, Hans: Die Eschatologie Augustins, GThF 1, Greifswald 1933.
2 Kampffmayer, Karl: Die Landschaft in der altchristlichen Katakombenmalerei, GThF 2, Greifswald 1933.
3 Schulz, Walter: Die Bedeutung der vom angelsächsischen Methodismus beeinflussten Liederdichtung für unsere deutschen Kirchengesänge, GThF 3, Greifswald 1934.
4 Pribnow, Hans: Die johanneische Anschauung vom »Leben«: Eine bibel-theologische Untersuchung in religionsgeschichtlicher Beleuchtung, GThF 4, Greifswald 1934.
5 Juhnke, Johannes: Das Persönlichkeitsideal in der Stoa im Licht der paulinischen Erlösungslehre, GThF 5, Greifswald 1934.

NEUE FOLGE 1–14 (2000–2007)

herausgegeben von Jörg Ohlemacher, Verlag Peter Lang, Frankfurt / M. u. a.

1 Liepold, Rainer: Die Teilnahme an der Konfirmation bzw. Jugendweihe als Indikator für die Religiosität von Jugendlichen aus Vorpommern, GThF 1, Frankfurt / M. u. a. 2000.
2 Die Identität der Religionswissenschaft. Beiträge zum Verständnis einer unbekannten Disziplin, hg. von Gebhard Löhr, GThF 2, Frankfurt / M. u. a. 2000.
3 Der Mensch und sein Tod. Grundsätze der ärztlichen Sterbebegleitung, hg. von Michael Herbst, GThF 3, Frankfurt / M. u. a. 2001.
4 Leder, Hans-Günter: Johannes Bugenhagen Pomeranus – Vom Reformer zum Reformator. Studien zur Biographie, hg. von Volker Gummelt, GThF 4, Frankfurt / M. u. a. 2002.

5   Mäkinen, Aulikki: Der Mann der Einheit. Bischof Friedrich-Wilhelm Krummacher als kirchliche Persönlichkeit in der DDR in den Jahren 1955-1969, GThF 5, Frankfurt / M. u. a. 2002.

6   Profile des Religionsunterrichts, hg. von Jörg Ohlemacher, GThF 6, Frankfurt / M. u. a. 2003.

7   Rudolf Hermann – Erich Seeberg. Briefwechsel 1920-1945, hg. von Arnold Wiebel, GThF 7, Frankfurt / M. u. a. 2003.

8   Kirche, Staat und Wirtschaft. Spannungslagen im Ostseeraum, hg. von Claus Dieter Classen / Hans-Martin Harder / Jörg Ohlemacher / Martin Onnasch, GThF 8, Frankfurt / M. u. a. 2004.

9   Garbe, Irmfried: Theologie zwischen den Weltkriegen. Hermann Wolfgang Beyer (1898-1942). Zwischen den Zeiten. Konservative Revolution. Wehrmachtseelsorge, GThF 9, Frankfurt / M. u. a. 2004.

10   Magedanz, Bernd:»Schöpfung« als Grundbegriff der Theologie Rudolf Hermanns, GThF 10, Frankfurt / M. u. a. 2004.

11   Eschatologie und Ethik im frühen Christentum. Festschrift für Günter Haufe zum 75. Geburtstag, hg. von Christfried Böttrich, GThF 11, Frankfurt / M. u. a. 2005.

12   Greifswalder theologische Profile. Bausteine zur Geschichte der Theologie an der Universität Greifswald, hg. von Irmfried Garbe / Tilman Beyrich / Thomas Willi, GThF 12, Frankfurt / M. u. a. 2006.

13   Leiten in der Kirche. Rechtliche, theologische und organisationswissenschaftliche Aspekte, hg. von Hans-Jürgen Abromeit / Claus Dieter Classen / Hans-Martin Harder / Jörg Ohlemacher / Martin Onnasch, GThF 13, Frankfurt / M. u. a. 2006.

14   Hans Georg Thümmel, Karpoi. Ausgewählte Aufsätze. Patristik – Philosophie – Christliche Kunst (1966-2004). Zum 75. Geburtstag herausgegeben von Christfried Böttrich, GThF 14, Frankfurt / M. u. a. 2007.

NEUE FOLGE 15-21 (2008-2011)

herausgegeben von Christfried Böttrich im Auftrag der Theologischen Fakultät Greifswald
Verlag Peter Lang, Frankfurt / M. u. a.

15   Leder, Hans-Günter: Johannes Bugenhagen Pomeranus – Nachgelassene Studien zur Biographie. Mit einer Bibliographie zur Johannes Bugenhagen-Forschung, hg. von Irmfried Garbe und Volker Gummelt, GThF 15, Frankfurt / M. u. a. 2008.

16   Zeitumstände: Bildung und Mission. Festschrift für Jörg Ohlemacher zum 65. Geburtstag, hg. von Michael Herbst, Roland Rosenstock und Frank Bothe, GThF 16, Frankfurt / M. u. a. 2009.

17   Zwischen Zensur und Selbstbesinnung. Christliche Rezeptionen des Judentums. Beiträge des interdisziplinären Symposiums am 15.-16. Februar 2007 im Alfried Krupp Wissenschaftskolleg Greifswald. Julia Männchen zum 70. Geburtstag gewid-

met, hg. von Christfried Böttrich, Judith Thomanek und Thomas Willi, GThF 17, Frankfurt / M. u. a. 2009.

18   Kirche im Profanen. Studien zum Verhältnis von Profanität und Kirche im 20. Jahrhundert. Festschrift für Martin Onnasch zum 65. Geburtstag, hg. von Irmfried Garbe im Auftrag der Historischen Kommission für Pommern, GThF 18, Frankfurt / M. u. a. 2009.

19   Ökumene des Nordens. Theologien im Ostseeraum. Beiträge der »Ostsee-Konferenz für wissenschaftliche Theologie« vom 15. bis 17. Mai 2008, hg. von Heinrich Assel, Christfried Böttrich und Henning Theißen, GThF 19, Frankfurt / M. u. a. 2009.

20   Onnasch, Martin: Um kirchliche Macht und geistliche Vollmacht. Ein Beitrag zur Geschichte des Kirchenkampfes in der Kirchenprovinz Sachsen 1932–1945, GThF 20, Frankfurt / M. u. a. 2010.

21   Balode, Dace: Gottesdienst in Korinth, GThF 21, Frankfurt / M. u. a. 2011.

FORTSETZUNG IN LEIPZIG 22- (2014-)

herausgegeben von Christfried Böttrich im Auftrag der Theologischen Fakultät Greifswald
Evangelische Verlagsanstalt Leipzig

22   Bekennen – Bekenntnis – Bekenntnisse. Interdisziplinäre Zugänge, hg. von Thomas Kuhn unter Mitarbeit von Marita Gruner und Reinhardt Würkert, GThF 22, Leipzig 2014.

23   Rituelle Beschneidung von Jungen. Interdisziplinäre Perspektiven, hg. von Martin Langanke, Andreas Ruwe und Henning Theißen, GThF 23, Leipzig 2014.

24   Abwehr – Aneignung – Instrumentalisierung. Zur Rezeption Karl Barths in der DDR, hg. von Michael Hüttenhoff und Henning Theißen, GThF 24, Leipzig 2015.

25   Theißen, Henning: Einführung in die Dogmatik. Eine kleine Fundamentaltheologie, GThF 25, Leipzig 2015.

26   Die Greifswalder Lehrsynagoge Johann Friedrich Mayers. Ein Beispiel christlicher Rezeption des Judentums im 18. Jahrhundert, hg. von Christfried Böttrich/Thomas K. Kuhn/Daniel Stein Kokin GThF 26, Leipzig 2016.

27   Thomanek, Judith: Zeugnisse christlicher Zensur des frühen hebräischen Buchdrucks im Greifswalder Gustaf Dalman-Institut, GThF 27, Leipzig 2017.

28   Ernst Lohmeyer. Beiträge zu Leben und Werk, GThF 28, hg. von Christfried Böttrich, Leipzig 2018.

29   Neugieriges Denken. Die Lehrtätigkeit und das theologische Werk von Hans-Georg Geyer. Mit vier unpublizierten Predigten von Hans-Georg Geyer, hg. von Frank Dittmann, Thorsten Latzel und Henning Theißen, GThF 29, Leipzig 2018.

30   Christliches Leben in der DDR. Diskussionen im ostdeutschen Protestantismus von den 1950er bis zu den 1980er Jahren, GThF 30, hg. von Andreas Stegmann und Henning Theißen, Leipzig 2018.

Frank Dittmann | Thorsten Latzel
Henning Theißen (Hrsg.)
Neugieriges Denken
Die Lehrtätigkeit und das
theologische Werk von
Hans-Georg Geyer
*Greifswalder Theologische Forschungen
(GThF) | 30*

304 Seiten | Hardcover | 15,5 x 23 cm
ISBN 978-3-374-05741-2
EUR 48,00 [D]

Hans-Georg Geyer (1929–1999) war Philosoph im Umkreis der Frankfurter Schule und Systematischer Theologe unter dem Einfluss von Karl Barth. In den Jahrzehnten vom Mauerbau bis zur Wiedervereinigung hat er an fünf Hochschulstandorten viele Studierende mit seinen Vorlesungen geprägt und den Weg der Kirchen begleitet.

Dieser Tagungsband präsentiert die Ergebnisse einer von Henning Theißen ins Leben gerufenen Arbeitsgruppe, die Geyers Nachlass erstmals aufarbeitet. Neben der fachlichen Breite und Tiefe der Lehrtätigkeit wird eine Vielzahl intellektueller und gesellschaftlicher Kontexte sichtbar, mit denen Geyers stets neugieriges Denken im Austausch steht. Die wissenschaftliche Edition von vier unveröffentlichten Predigten lässt zudem Geyer selbst zu Wort kommen.

EVANGELISCHE VERLAGSANSTALT
Leipzig www.eva-leipzig.de

Tel +49 (0) 341/ 7 11 41 -44   shop@eva-leipzig.de

Andreas Stegmann
Henning Theißen (Hrsg.)

Christliches Leben in der DDR

Diskussionen im ostdeutschen Protestantismus von den 1950er bis zu den 1980er Jahren

Greifswalder Theologische Forschungen (GThF) | 29

360 Seiten | Hardcover | 15,5 x 23 cm
ISBN 978-3-374-05701-6
EUR 68,00 [D]

Bei der Erforschung der Kirchen- und Theologiegeschichte der DDR standen bisher oft Führungspersönlichkeiten oder institutionelle Aspekte im Fokus. Der hier vorgelegte Band richtet den Blick dagegen auf ein bestimmtes Thema: die Möglichkeiten und Grenzen christlichen Lebens in der DDR. Die Existenz in der sozialistischen Gesellschaft war ein Schlüsselproblem, das den ostdeutschen Protestantismus seit den 1950er Jahren über den Mauerbau bis hin zu den Jahrzehnten von Entspannung und Nachrüstung begleitete und das kontrovers diskutiert wurde. Die Beiträge des Bandes behandeln neben wenig erforschten Protagonisten dieser Diskussion wie Johannes Hamel oder Gottfried Voigt auch exemplarisch das breite Spektrum von Themen wie das Luthergedenken oder Fragen von Umweltschutz und Menschenrechten.

EVANGELISCHE VERLAGSANSTALT
Leipzig   www.eva-leipzig.de

Tel +49 (0) 341/ 7 11 41 -44   shop@eva-leipzig.de